Franco y el imperio japonés

Florentino Rodao

フランコと大日本帝国

フロレンティーノ・ロダオ

深澤安博［訳者代表］

八嶋由香利、深澤晴奈、渡邊千秋、
砂山充子、磯山久美子［訳］

晶文社

Franco y el imperio japonés.
Imágenes y propaganda en tiempos de Guerra
by Florentino Rodao

Published in Japan, 2012
by Shobunsha Publisher, Tokyo.

凡例

＊本書は、Florentino Rodao, *Franco y el imperio japonés. Imágenes y propaganda en tiempos de guerra*（Plaza & Janés Editores, Barcelona, 2002）の第2章〜第7章の翻訳である。

＊出版事情を考慮して、本書全体の理解にとって大きな支障とはならないとの判断のもとに、本訳書では原本の第1章（「異なるもの、離れているもの」）を省いた。また、主にスペイン人読者向けに書かれた原本の「序」と「結論」に代えて、本訳書での「序」と「結論」は、原著者があらためて執筆したより簡潔なバージョンのものとした。その他、本訳書では、原本にある「序文」（スタンリー・ペイン）と「謝辞」も省いた。

＊原著者との協議のうえ、原本の本文と註における叙述また書誌の表記について本訳書ではいくつかの加除修正をした。

＊本文中の（　）と［　］は原著者によるもので、［　］* は訳者による補足ないし補註である。

＊原文のイタリック体には傍点を付した。

装丁　柳川貴代

フランコと大日本帝国　目次

第二章　東アジアにおける協力　75

第四章　厄介な友好関係　216

第五章　不可能な交渉　277

第六章　日本と戦後のスペイン　350

本書の出版はスペイン文化省のグラシアン基金より2002年度の助成を受けた。La realización de este libro fue subvencionada en 2002 por el Programa “ Baltasar Garcián ” del Ministerio de Cultura de España.

序

『アリーバ！』［ファランヘ党機関紙］*は、一九四四年二月に次の一論説を載せたが、それは持って回った言い方が多かった当時にあっては、明らかに日本に対する不快感を示したものだった。「日本の戦争行動に対して、新聞、それに全般的に［スペイン］国民の一致した意見は、日本が不満のかけらも示せないような態度を採ってきたのだ」。ファランヘ党の機関紙は、太陽の昇る帝国［日本］*の脅威を前にして、それまでの「親日主義」とその愚直さの過ちをはっきりと認めたのだった。ファランヘ党のこの「わが過ちによりて」は苦々しくまた悲壮でもあったが、過去の間違いを第一面でこんなにはっきりと認めたことで、とりわけ関心を呼んだのである。驚きをもたらした大きな理由は、他ならぬ『アリーバ！』の紙面が少し前まで日本の戦争行動を擁護して来た堡塁だったからだが、また、過ちを公に認めることがただならぬことだったからでもある。フランコ体制のような独裁体制において、さらには体制の非公式の機関紙と見なされていた新聞であれば、このようなことはまずなかったのである。

この「目を見張らせるようなニュース」（『タイムズ』はこのように評した）は、当時の人々に、体制の将来についてさまざまな思いを抱かせることになった。回顧してみれば、この異例の論説は、むしろ一九三六年から一九四五年までの間のスペインと日本の関係の基本的な性格をよく理解させるものである。つまり転変の激しさということである。このことは、マドリードの政府が、わずか二、三年の間になぜそれまでの日本崇拝から対日宣戦布告をしようとするまでに至りえたかということを見事に表している。戦争行動がやはり結局は大失敗に終わったイタリアやドイツのような他の国々は、そのような批難を浴びることはなかったのだが、日本は批難されたのだ。以上のことは、スペインと日本の関係が、非常に気難しげな後悔表明までありえたように、態度を簡単に変えてもよいようなものだったこと、突如の転換さえもありえたものだったことを示している。今までのことはすぐに忘れてもよいという態度は日本に対しては採ることができたが、他の国々に対してはできなかったのだ。

日本に対するたいへんに急激なこのスペインの旋回は、スペインと日本の関係にそのまま関係した四つの戦争があった時期――本書が扱う時期――の非常に激しい国際的状況によって可能となった。それらの戦争とは、スペインの内戦、日中戦争、ヨーロッパにおける第二次世界大戦、それに太平洋における戦争である。しかし、この突然の旋回について、またなぜそれがおこなわれえたのかということについてより深く検討するには、スペインと日本の相互のイメージの認識とその変遷を知ることが、あのとげとげしい環境に分け入り、かつまた当事者たちが振りまわす議論を越えて理解するための最もよい入り方である。これらのイメージの構造、形成、特徴を分析する必要がある。つまり、スペインと日本の関係の独特の変遷をとらえるためには、なぜあのような仕方でイメージが変わって行ったのか、どのようにしてあのような仕方でイメージの変化が起こりえたのかということを分析する必要があるのである。さらに一九三六年と一九四五年の間のスペインと日本の関係の場合には、相互の認識とイメージの役割が通常の時期よりも重要だった。というのは、プロパガンダの意義が大きかったので、イメージがいつも役割を果たしていたからであり、また、通常期の通商にせよ政治的関係にせよ両国の関係の他の面がどちらかと言えば内容を伴わないものだったのをイメージがカヴァーしていたからである。スペインも日本も、両国が同時にはまた同地域では決して加わることがなかった幾多の戦争の結果を直接に受けていたので、これらの認識やこれらのイメージを政治的利害に合わせることが、ときに戦場で武器をもって闘いとるほどの重要な目的になったのである。

イメージとそれをプロパガンダのために使おうとすることの重要性は、いわゆる「心理戦」の只中にあった当時にあってすでに十分に意識されていた。ベルリン・オリンピックで初めて直接中継に成功して以来、全体主義諸国家、それにのちに民主主義諸国家はプロパガンダにさらにいっそう注目することになった。ラジオがこの時期に初めて鍵となる役割を担うことになった。次に、ニュース映画館や、政府の政治的メッセージをたいへん離れた地域にまで伝えるための移動映画が同様の役割を担った。スペインも日本も、権力に役立つための新技術の使用がますます増えてゆく過程の局外にいたのではなかった。Ｎｏ－Ｄｏ（Noticiarios y Documentales. ニュースと情報映画）の放映は一九四〇年に始まった。日本政府は一九三八年と一九四〇年に二つのキャンペーンを展開し、もっとラジオを聞くように、また、国民精神強化のこの時期にあってはたいへん便利なこの新しい装置の使用許可を得るように住民に呼びかけた。

相互の認識がその関係を左右してしまうので、一九三六年と一九四五年の間のスペインと日本の場合のような、たいへんに移り変わりやすい推移を示す関係を首尾よく追って行くには、二つの相互補完的な理論的指針が我々にとって役立ってきている。一つは西洋と「東洋」の間の優越性の見方に基づくものであり、他は国際関係においてイメージがもたらす歪みを検討したものである。第一にミシェル・フーコーの知と権力の理論がある。この理論は、権力が我々に届く情報に決定的な統制を及ぼし、それゆえに知を支配するというものである。この解釈はエドワード・サイードによって引き継がれ、また発展させられた。サイードはその著『オリエンタリズム』で、東洋と西洋の間の認識論的かつ存在論的識別を検討した。サイードの説明によると、知の学問的形態としてのこのオリエンタリズムは、自らの必要とするところに応じて知識・情報を歪めたり脚色したりするのである。つまり、西洋の研究者はまず西洋人として、その後に研究者として東洋を研究するのである。サイードは、この挑発的結論によって、スペインと日本の関係の説明に直接に関わることを照射した。つまり、オリエンタリズム的認識が相互の関係において決定的だったことを示唆したのである。フランコのスペインは、友であるか敵であるかということよりも、まず日本の人々をかの日本の人々として見たのである。スティーブン・タナカがその著『日本のオリエント』Stephen Tanaka, *Japan's Orient : rendering pasts into history*（Berkeley, 1993）で検討したように、似たような感覚を日本人は彼らにとっての東洋に対して示したのである。東洋としてのアジアは、日本人にとって主要なエキゾチックな他者だった。しかしこの感覚は、黒アフリカの人々からスペインを含めたヨーロッパの最も遅れた国々まで、まだ発展していないと見なされた人々を一緒くたにし得るものだった。

第二に、指導者集団の認識の過程への注目は、イメージと操作的コードの重要性についてのロバート・ジャーヴィスの理論的貢献に基づいている。ジャーヴィスは、情報を受けとめる過程に作用するいくつかの心理的過程を挙げたのだが、これはスペインと日本の間の関係において起きたことを説明するのに最も適していると思えるのである。ジャーヴィスの視点はリチャード・スナイダーなどの著者、また最近ではシルヴァンとヴォスによって編集された『対外政策決定過程における問題表象』A. Sylvan / James F. Voss (eds.), *Problem representation in foreign policy decision making* (New York, 1996) によって磨き上げられた。シルヴァンとヴォスは、心理的要素のこの影響力を数量化しようとし、政策決定におけるもう一つの理論を構築しようとしたのである。これらの理解の仕方は、アジアの場合には、デイヴィッド・シャンボーの著『美しき帝国主義者——中国のアメリカ理解　一九七二〜一九九〇年』David Shambangh, *Beautiful Imperialist : China Perceives America, 1972–1990* (Princeton, 1993) の中でもおこなわれた。

典型としてのフランコ

認識形態、誤解、イメージ、判断の諸体系、認識の在りか、操作的コード、問題表象、認識の枠組み（パラダイム）、これらのことが、一九三六年〜一九四五年のスペインと日本の関係における諸問題の理解において基本的なこととなる。これらのすべての現象や過程を捉える元となっている基本的な理論的前提は同じものである。つまり、状況がほとんどそうさせるので、対外政策を説明するには関係諸個人とその認識のあり方が大事なのだということである。自国の歴史をどう見ているかということが両国ともそれぞれの国としての認識において重要な要素なのだが、戦時というのは緊張を最大限に高めたのであって、一九四〇〜四一年にも一九四五年にも戦争がすぐに終わるものなのかどうかという見通しをめぐって張りつめた状態があったのである。互いをどのように見るかということは権力者の意思によって操作されたのだが、それだけでなく、戦争中の大部分の期間にわたって様々なグループが異なった仕方でこのことに対応したのである。

この研究のためにいくつかの認識枠組みから決断に至

るまでの認識とその形状化の過程の働きを最も典型的に示すのはフランシスコ・フランコ・バアモンデ将軍である。一方で、サイードに倣って言えば「オリエンタリスト」的性格付けがフランコの日本についての見方を理解するのに役立つ。フランコはモロッコ*［戦争］で東洋人をよく知ってから東洋人の熱烈な擁護者として現れたのだが、同時に彼ら東洋人を異邦の他者なる範疇に入れて切り離してしまい、東洋人たちを自分たちでは主体性さえ確立できない人々とみなしてしまったのである。フランコは自らのモーロ親衛隊*［内戦中からフランコは、モロッコ人兵を重用して自らの親衛隊とした］を構え、またモロッコでの経験についてはしばしば語ろうとしたのだが、その言語をけっして学ぼうとはしなかったし、ありふれたこと以上にはモロッコ人たちの考え方や習慣を知ろうともしなかった。他方で、フランコは日本についてもよく知らなかったし、この国にとくに関心を示したのでもなかった。ラモン・セラーノ・スニェル*［一九四〇年～四二年のスペイン外相］と須磨弥吉郎*［一九四〇年～四五年の駐スペイン日本公使］の場合やアドルフ・ヒトラーと大島浩大使*［一九三八～一九三九年、一九四〇～一九四五年の駐ドイツ日本大使］の場合とはちがって、フランコはどの日本人とも特別の関係を持たなかった。総統《カウディーリョ》*［フランコのこと］は日本という国について何か特別のイメージを持っていたわけではなく、そのイメージはおそらく単純で表面的なものであったし、それ故、日本について何か新しいイメージを創ろうとした人物ではなかった。しかし、まさにこの故にフランコは日本に対するスペインの政策の推移の大枠を示してくれるので、我々は第二次世界大戦中のスペインと日本の相互関係における主導的な政策の軌跡を追うことができるのである。スペインにとっては日本との関係はけっして重要なものだったのではなく、よりよい対応をしよう、あるいはさらに接触を深めようとの目的のためにこの国のことをよく知ろうという試みもけっしてなされなかったのである。フランコは何らかのイメージを創り上げたのではなく、ありふれたものであれ陳腐なものであれその政治的要請によりよく当てはまる既存のイメージを用いただけだった。

とはいえ、フランコが日本とあまり関わろうとしなかったことは明らかだとしても、フランコは太陽の昇る帝国の支配下にあったフィリピンやそこでのスペイン人の出来事をあるていど身近なことと感じていた。フィリピンに異母兄弟がいた*［軍人だったフランコの父親はフィリピン赴任中にフィリピン女性との間に一子をもうけた」のをフランコが知っていたのかどうかはわからないが、嫌っていた父親がフィリピンに赴任したことがあったことはフランコがフィリピン諸島に寄せたいくつかの関心の少なくとも一要素ではあっただろう。以上の故にフランコは、太平洋戦争の最後の年にアジアでスペイン人に起きた出来事*［本書第六章参照］を心を揺り動かされながら目の当たりにしたのである。これを見て、フランコは彼の有する権力を発動しただけでなく、自己の認識をも変えたのである。かくして、スペインもフランコとともに行動することになったのである。

第一章　新秩序への期待

一九三九年四月のスペイン内戦終結は、一九三七年七月の日中戦争勃発後から緊密化してきた日西関係の転換点をなすものである。内戦終了後、スペインは日独伊防共協定に署名した。協定参加国間の友好関係は、ソ連という共通の敵に対する不信感に基づいていた。しかし、スペインの参加は、反共産主義の協力拡大でも、ソ連に対する新たな攻撃の兆しというわけでもなかった。逆に、一九三六年に日独の調印で始まり、三七年にイタリアが加わったこの協定にとって、スペインの参加が最後の「きらめき」となったのは歴史の皮肉であった。

スペイン内戦の終了とスペインの防共協定への参加（同様に満州国やハンガリーにも拡大された）は、枢軸国が主要な敵は誰なのかを問い直す時期と重なる。この頃から枢軸国の主な批判の対象に変化が生じ始め、西洋民主主義国が優先的な攻撃目標となっていった。それを最もよく示すのが、ヨーロッパでの第二次世界大戦勃発の数日前に締結された独ソ不可侵条約である。イベリア半島で平和が回復された直後、文脈は異なるが、日本のアジア戦略でも変化が見られ始めた。最初に、天津租界封鎖問題でイギリスの弱さが露呈し、アジアにおける西洋の利権に対する攻撃が可能になってきたこと、次にノモンハン事件を通して、北方の旧敵ソ連と正面から対決することが困難であることを、日本がはっきりと悟ったのである。このノモンハンでの日本とソ連の衝突が終わったのは、ちょうど欧州で戦争が勃発した時であった。

欧州での戦争が始まった（計算ミスによりヒトラー総統の計画よりも若干早く開始されたが、それが数年後、彼に悲劇的結末をもたらすことになる）。スターリンは一時的であるにせよ、枢軸側の戦闘の矛先を他へそらすことに成功した。国際紛争をもっぱらイデオロギー闘争の産物として考えてきた人々には驚きであったが、帝国の野望が優位を占めるようになっていく。

一九三九年九月の欧州における第二次世界大戦勃発は、生気を失いつつあった日西関係に新たな活力を注入した。ドイツのめざましい勝利を前に、日西両政府は、自分たちが勝者の側に立っていることに十分な満足を表明した。ドイツの勝利は全体主義諸国に新しい地政学的世界地図を開示した。そこでは彼らが自分たちの必要性に沿って新しい秩序を築き、主導権を握ることになるであろう。反共主義によって結ばれる国々は、もはやモスクワと戦うことよりも、自国の旗の下にできるだけ多くの領土をかき集め、英・仏植民地帝国との国力の格差を是正することの方に気をとられていた。彼らの野望は、すでに動き出しているもの、単なる願望にしか過ぎないもの、文化的影響力の増大をめざすもの、単に帝国という夢に新しい領土をつけ加えるだけというものと、さまざまであったが、その重要性は増していった。有名なお話にあるように、牛乳瓶一つ売れないのに、もう「新秩序」を描いていたのだ。

第一の条件は、西欧諸国に対する最終的勝利であった。彼らを打破したいという欲求から、スペインと日本はドイツ軍の一連の勝利を自分たちの勝利と同じように歓迎した。また、欧州の戦争に直接参加せず、それぞれが補完的な支援をおこなうという点でも、日西は似たような役割を担っていた。そして、帝国的野心の対象となる地は、それぞれ遠く隔たっていた。スペインは北アフリカへの進出の意図をはっきりさせていたし、日本は東アジアでイギリスの影響力を排除しようとしていた。スペインがタンジールの町を完全に占領する一方、日本は自らの野望に異を唱える者に対しては、誰であれ自分たちのルールを押しつけるつもりであった。問題が一つあった。日本は植民地の解放を喧伝していたが、この点について、枢軸側の友好国と敵であるイギリス側陣営との間に立場の違いはほとんどなかったのだ。というのも、これらの国はみなヨーロッパという一つの大陸および文化圏に属していた。日本がアジアにおいて排除しようと狙っていたのは、まさにそのヨーロッパの勢力拡大であった。

したがって、独・伊・西はアジアでのイギリスの覇権に対する日本の戦いを支持しつつ、それ以外では慎重な姿勢を崩さなかった。にもかかわらず、民主主義諸国に対する勝利を獲得するため、日本との関係強化に腐心した。欧州の独裁者たちは、不承不承ではあったが、長期的な問題には目をつぶった。東アジアの将来について日本との立場の違いを棚上げにしたのである。たとえば、ミクロネシアの旧ドイツ植民地は、第一次世界大戦以来日本の占領下にあったが、問題視されなかった。結局のところ、彼らの同盟は、大きな期待と同時に大きな矛盾も抱えていたわけで、長期的にはこれが同盟の将来に暗い影を落とすことになる。

日西間の外交関係の中身は、主にこうした将来への野心から成っていた。日本とスペインはこの最終戦争からそれぞれ恩恵を受けるべきだと考えていた。日本政府は満州や中国、あるいは徐々に形を取りつつあった南進政策、または南米諸国との関係促進といった課題において、日本の役に立つかどうかという点からスペインに着目していた。一方、マドリード政府はアジアにおける日本の躍進が枢軸国の最終的勝利に寄与し、それゆえ自分たちも利益を得るだろうと期待していた。この時期、外交関係はこうした強い野心に影響され、一貫性のある理性的判断がないがしろにされるほどであった。アメリカの経済力に関する情報は軽視され、イギリスの抵抗力はすでに尽きたとみなされた。日本はいかなる方向へも有利な形で打って出る用意があり、枢軸側の勝利が切望された。戦勝国は戦利品を世界的規模で分配することができるのである。さらに悪いことに、将来の危険性をないがしろにしつつ、当時多くの強弁がふるわれた。後に日本は、その高い代償を、敗者の一つと想定されたアメリカによって支払わされることとなる。将来への期待の大きさが、立場の違いを過小評価させ、利害を越えた支援の可能性を信じ込ませた。だが、スペインがフィリピンで経験したように、そのようなことは決して起こらなかったのだ。

幻想は長続きしない。一九四一年六月、ドイツがソ連を突然攻撃し、日本が同じ行動に出なかったとき、にわかにこの幻は薄れ始めた。それまでの日本のイメージが不完全なものであったため、「新秩序」の支持者たちは日本のこの決定を理解することができなかった。独・伊・西は、日本の中・長期的目標と自分たちのそれが異なっていることをはっきりと悟ったのである。しかも、さらに悪いことには、枢軸側の勝利はなかなか見えて来なかった。

1　枢軸にとっての新しい目標

一九三九年春、日独伊防共協定は他の国々へも拡大されたが、皮肉なことにそれは協定にとって「死の予告」となった。ハンガリー、満州国、スペインの加入で表面的には刷新されたものの、「防共」という協定の目的は忘れ去られたままであった。一九三八年から日・独・伊は新しい優先目標を持ち始め、自分たちの敵意を民主主義諸国に向けるようになった。一九三九年、英仏は、全体主義諸国の主要な敵はソ連ではなく自分たちであるという面白くない証拠を突きつけられる。この方向転換は段階を経て実行に移された。防共協定が拡大されてからしばらく後の五月二二日、ローマとベルリン間で「鋼鉄同盟」が、八月二三日には独ソ不可侵条約が結ばれ、世界を驚かせた。さらにその一週間後、ドイツはポーランド侵攻を開始し、パリ・ロンドンとベルリン間で宣戦布告が発せられ、ついに第二次世界大戦が始まったのである。

ドイツはポーランド支配のために、ソ連と協力することを決めていた。そしてポーランド侵攻に対し英仏が対独宣戦という形で応じたことで、枢軸側の優先目標が完全にひっくり返されてしまった。このような事態の急展開は驚きであるが、説明のつかないものではない。なぜなら、ナチス党は政権について以来、日・独・ソ間の三国間協力をイギリスの覇権に対抗する唯一の方法と考えていたからである。例えば、ナチの実力者カール・ハウスホーファーは一九三四年四月、この最終目標を見据えつつ、ナチス党と日本軍の第一回目の秘密協議の場として自宅を提供した。しかし、最も重要なことは、一九三九年のベルリンの方針変更にローマが、そして二年余り後には東京も続いたということである。日本のゆっくりとした方向転換はためらいがちであったが、五つの局面に区分できる。それを知ることは、絶頂期にあった全体主義国家間の関係を理解すると同時に、日本の外交政策の展開や日西間の交流の背景を知る上でも不可欠である。

日本がヨーロッパの危機を利用しつつ、自国の立場を強化する可能性を最初に見出したのは、「天津租界封鎖問題」である。事件はこの中国の港湾都市で始まった。親日派リーダーが暗殺され、その容疑者たちをイギリスが日本当局に引き渡すのを拒否したからである。法の裁きが容赦なく彼らに下されるのを恐れてのことであった。

イギリスが引き渡しを拒否したことで、日英間の交渉は紛糾した。日本側はこの治外法権居留地を封鎖しつつ、容疑者の引き渡しを迫った。日本は、国際情勢の緊迫化もあって、イギリスとその同盟者蒋介石の国民党を屈服させることができた。なぜならイギリスは、封鎖解除のために艦隊をアジアへ派遣することで、ヨーロッパで自分の弱点を敵が突いてくるのを恐れたからである。そのうえ、天津問題によって、イギリスはアジアよりもヨーロッパの方を優先するのだということが判明した。本国の生き残りのために、最終的に大英帝国の防衛は犠牲とされた。こうして日本はアジアにおける自由裁量権を拡大していった(1)。

日本がさらに前進するのを食い止めることができるのは、アメリカであった。フランクリン・ルーズベルト大統領は、日本の大陸進出後、親中国に傾いていく世論に支えられ、日本の前に立ちはだかろうとしていた。一九三九年七月二六日、ルーズベルトは一九一一年から続いてきた日米通商航海条約が六か月後に切れると通告した。原材料の大半をアメリカで購入し、さらに中国での戦争でその必要性が増していた日本にとって、この条約破棄は致命的となる。日本は代わりの市場を見つけるために、抑制のきかない戦いへと突き進んでいった。だが、たいした成果は挙げられなかった。他方、あらゆる手を尽くして石油の多くをアメリカから購入し続けた。こうして時間が経過するにつれ、日本は攻撃能力を失う前に攻勢に転じる必要を感じるようになった。天津で日本が勝利した後、ついにワシントンはある手段をとった。それは、当時言われたように、自分は水が徐々に減っていく水槽中の魚であると日本に気づかせることであった。こうした対日政策が、結局日本に真珠湾攻撃を決意させたのである。日本は勝ち続けたことで、さらなる努力を余儀なくされた。

日本の戦略転換の第二は、ソ連との国境の安定化である。日本は独ソ不可侵条約で不快感をすでに味わっていたが、対ソ関係において再び苦い思いをすることになる。独ソ不可侵条約の締結は、日本にとって実に不愉快極まりない驚きで、就任時に防共協定の強化を目標の一つに掲げていた平沼騏一郎内閣は、総辞職を余儀なくされた。軍事的に見ても、独ソ不可侵条約は日本に不利であった。なぜなら、スターリンはヨーロッパ国境ではなく、アジア国境ノモンハンでの戦闘に注意を集中することができたからである。ノモンハン事件とは一九三九年五月から九月にかけて、外モンゴル国境地帯で起きた日本軍とソ連軍との衝突である。衝突といってもその死者は一万七千人に上り、他の戦争にひけをとるものではない。公式な宣戦布告がされず、マスメディアによる報道がなかっただけで、ノモンハンはその規模と重要性からいって、戦闘というよりは戦争である。

西側国境が平穏だったので、ジューコフ将軍指揮下のソ連軍は、ここ四十年間で初めて、日本軍に深刻な敗北を与えることができた。その効果は大きかった。日本は援軍を送るという対応ができたかもしれない。だが、ドイツによるポーランド侵攻の報を聞き、自分たちの戦いをヨーロッパで発生した戦争と混同してはならないと気がつき、九月初旬に退却した。こうして戦いはすぐに終結し、数週間で和平協定が調印された。ノモンハンは、日ソ両国にとって再び立ち戻ってはならない場所となった。それ以来、両政府はこうした緊張の無益さについて熟考し、お互いの敵意を別の方向に向ける方が得策であると判断したのである。国境紛争の一つを減らすことは、ソ連にとって死活問題であったし、日本も反共の戦いはむしろ不必要な妄想であると考えるようになった。ノモンハンの一年前、張鼓峰で同様の国境紛争が発生したときも、日本軍は敗れていた。他方、南方方面における展望はより明るかった。戦いには常に勝利し、シベリアのステップ地帯と比べると、戦利品も一層興味深かったからである。ソ連軍の力を肌身で感じた日本は、ドイツの後に続き、対決の矛先を連合国とその植民地に集中することにした。戦略上の方向転換は、世論の支持を得るための単なる仮定の話ではなくなった(2)。

第三のステップは、一九四〇年七月末の近衛文麿の政権復帰である。一九三九年初め、彼が総辞職して以来、いくつかの短命内閣(平沼騏一郎、阿部信行、米内光政)が続いた。しかし、盧溝橋事件以後確立した拡大路線に代わる選択肢を見出すことも、当時の流動的な政局を安定化させることもできなかった。近衛の復帰は、次の三つの帰結をもたらした。外交関係における枢軸側への回帰、国内の権威主義の強化、そして新しい重要人物の入閣である。

日本の枢軸側への回帰は、それまでの内閣が日本外交を独伊の運命から切り離すことに失敗したことを示している。皇室や外交官、その他の行政の主要な部局も、日本が欧州民主主義諸国との対決姿勢を強めた場合の危険性に気づき、彼らとの関係改善を模索してきた。しかし、それは失敗した。なぜなら、ドイツによって仏・英・蘭が弱体化すれば、それは間接的に日本を利することになったからである。日本軍の短期的利益とアジアにおける「新秩序」追求の前に、穏健派の主張する道理や未来への警鐘は後退した。こうして戦争の論理が支配的となる。世界各地から入ってくるニュースによれば、日本と共通の目標と敵をもつドイツ帝国の勝利は誰の目にも明らかだった。日本はこの同盟者のステータスに無関心ではいられなかった。逆に、仏・蘭・ベルギーが敗北して以降、イギリスの存在はますます取るに足らないものに思われた。日本はヨーロッパのアジア植民地へ貪欲なまなざしを向けていたので、ベルリンがヴィシー対独協力政権と何らかの合意を結び、仏領コーチシナを占領するのではないかと不安であった。日本は親独派になっていったが、そこにはおのずと限界もあった。

第二に、近衛内閣は、ドイツと同様、国内の改革に着手した。第一次内閣の総辞職後、近衛は大政翼賛会を組織し新体制運動の総裁の地位につき、「総力戦体制」という理念を具体化してきた。これはナチス党やファシスト党とよく比較される。大政翼賛会は共産主義者から急進派右翼まで、非常に多様な起源の人々を一つの理念にまとめ上げていた。だが、近衛が首相に復帰するや否や翼賛会は政府への支持を拡大するための主要な道具となっていった。同時に体制への批判的な声は排除され、日中戦勝利のために戦力強化が段階的にとられていった。

近衛内閣の第三の帰結は、二人の急進的な人物の入閣である。一人は陸相および対満事務局総裁となった東条英機で、もう一人は外相に就任した松岡洋右である。東条は元統制派のメンバーで、いわゆる満州派の創設者でもあり、中国における日本の勢力拡大を熱心に擁護していた。松岡は一九三三年に日本が国際連盟を脱退したときの外交団長で、満鉄（南満州鉄道）総裁を務めていた。また、満州国建設の主要な擁護者の一人であった。満州は日本にとって、将来の自給自足と総力戦を可能にする資源の豊富な地であった(3)。松岡は政党解体の動きにも積極的であったが、何よりも欧米諸国との交渉で、彼の豊富な経験が買われた。アジア南東部にあるオランダやイギリスの植民地が攻撃を受けた場合、ワシントンは自動的に参戦すると警告していた。しかし、松岡は日本は南進をやめるべきではないと主張した。それが、日本は対等な立場の敵であるということを、アメリカ側に最もよく分からせる方法であったからだ。

アメリカとの間に正常な関係を回復するには、日本が強固で決然とした態度を示すしかなかった。だが、いかなる戦術的な駆け引きがより適切なのか、交渉に際してどのような宣伝に訴えるのか（強硬であるというイメージを示すか）について、日本側でも意見が分かれていた。松岡は外務省を刷新する。彼はその強力な個性で自分の重要性を引き立たせ、新しい政策の旗頭になろうとした。そして、その実現のために、日独の接近を遅らせようとしてきた外交官の多くを更迭したのである。その結果、枢軸側との関係推進は、一九三六年の防共協定交渉の時のような軍人主導ではもはやなく、外務省のもとでおこなわれた。松岡は新しい戦略的同盟関係の交渉を自分でおこなった。外務省は大きな人的・政治的コストを伴ったが、政治舞台の中心に復帰したのである。

一九四〇年九月二七日、日・独・伊は三国同盟に調印した。これは、かつて防共協定に署名した国々が関係を強化する過程の第四段階にあたる。この協定は、待望の勝利が得られた後、各国が持つことのできる勢力圏を確定している。その目的は防共協定のようにソ連を締め付けることではなく、日増しに拡大するアメリカの関与を押さえこみ、原料の輸出規制強化を撤回させることであった。三国同盟は厳密には、完全な軍事同盟ではなかった。たしかに、メンバー国がその時点でまだ参戦していない第三国から攻撃されたとき、同盟国は政治的・経済的・軍事的なあらゆる手段を使って互いに援助しあうことを約束していたが、自動的に参戦という義務はなかったのである。参戦するかどうかの決定は、日本が自主的におこなうことができた。むしろ、条文細部における性急さや杜撰さから判断すると、この協定は「安価に」イメージを演出するための広告上・宣伝上の努力であると言える(4)。各国間の協力は、異なった形ではあれ、言葉の範囲を越えるものではなく、報道機関の口調は抑制的で、一九三八年にイタリアが防共協定に参加した時のときのように、人々が祝賀のために示威行進をすることもなかった。イタリアの政治的凋落への配慮はなく、ファシストによる過大な宣伝も過去のものであった。

確かにイタリアは、それまで蓄えてきた巨大な政治的資産を短期間で失った。独ソ不可侵条約締結後の一九三九年、日本に「唯一真の友人である」と言わしめたイタリアは、一九四一年になると第三帝国の影にかすんでしまった。失墜の理由の多くは政治的なものである。天津危機以後、日本と連携して敵を締め付けるという戦術は機能しなくなった。なぜなら、イギリスがアジアの危機よりも、ヨーロッパでの脅威に全力で当たるという決意を見せたからである。両方面で同時に危機を作り出し、イギリス艦隊を二分させようとするイタリアと日本の思惑ははずれてしまった。さらに、イタリアとギリシャ間の戦争は、日本外交の優先順位を明らかにした。日本は、ヨーロッパで購入し、ギリシャ船籍の船で運ぶことになっていたくず鉄の到着を心配し、中立を宣言したのである。船が無事に商品を日本に引き渡し、たとえそれが連合国側の港であろうと、次の目的地に向けて出港できるよう、日本はあらゆる便宜をはかることを約束していた。しかし、中立の主な理由はイタリアの軍事的敗北にあった。その大国というイメージと現実との間には、あまりにも大きな落差があることが明らかになった。イタリアは泥足の巨人であった。一九四一年夏以降イタリアの外交官たちは、からかいの対象とまではいかなくても、無視されることが多くなった。

日本が反共から米英との直接対決に方針転換した最終局面は、一九四一年四月の日ソ中立条約締結である。日ソ間の関係は、満州国とモンゴル間の国境に関して合意に達した一九四〇年夏以降、はっきりと改善の兆しを見せていた。さらに、サハリン島での鉱山採掘許可や太平洋北部での漁業など、長年の問題解決に向けて交渉も再開された。その後、三国同盟の中では、ソ連との仲介役という奇妙な役割が日本に回ってきた。もっとも、スターリンは日本の友好的な素振りを信用することはなかった。そして最後に、決定的に重要なのは、松岡のヨーロッパ訪問である。欧州への途上、松岡はモスクワで、日ソ両国の関係を「調整する」交渉を開始するかどうかの権限を付与されていた。ソ連指導者たちとの会談後、彼はローマ・ベルリンを訪れたが、その時ドイツから対ソ侵攻が近いことをまったく知らされなかった。帰路、再びモスクワを訪れた松岡は、一九四一年四月十三日、日ソ中立条約に調印して世界を驚かせた。両国は今後五年間、締結国の一方が第三国から軍事攻撃を受けたとき、他方はその紛争が続く間、中立を守ることを約束したのである。この条約を盾にして、日本はソ連に対中支援の中止を働きかけながら、南進への自由と北部国境の緊張緩和を獲得した。

松岡はヒトラーを驚愕させたが、ヒトラーは直後のソ連侵攻によってそれを克服した。ドイツのソ連侵攻によって国際的な勢力図は再び大きく塗り換えられ、日本ではロシアを徹底的に叩き潰そうという以前からの野望が再び浮上した。だが数週間後、日本はモスクワがドイツを相手に戦い続けていることを確認しつつ、南進の続行を決定したのである。こうした玉突き外交にもかかわらず、中立条約は一九四五年八月まで、第二次世界大戦中、維持された。ここから最も利益を得たのはスターリンであった。というのも日本が南進に固執したおかげで、ヒトラーとの戦いに集中できたからである。十二月には真珠湾に新しい衝撃が走る(5)。世界の悲喜劇は終わりがないかのようであった。

1・1　膨らむ野望

国際社会は異様な状態にあった。あまりにも変化が急で、すべてがどう終わるかを予測できる者はいなかった。ドイツ軍が進攻を続けるにつれ、勝者の側の期待は膨らみ、常勝への喜びに加え過去の欲求不満を解消する賠償請求の声も上がった。国際社会は自制心を失っていった。

帝国日本の野望も同じであった。フランスとオランダの倒壊、そしてイギリスが受けた甚大な被害は、日本に「一生に一度の」好機と映った。中国での最終的勝利だけでなく、無防備な東南アジア植民地に対する支配も、そして陥落するものすべてを手にできると思われた。三国同盟の交渉で松岡外相に渡された文案には、日本政府が手に入れようとした領土のリストが記載されていた。それは日本の並はずれた野心を表している。旧ドイツ領ミクロネシア（すでに国際連盟のC式委任統治によって、日本の支配下にあった）の承認だけでなく、インドシナ、仏領ポリネシア諸島、タイ、マレーシア、ビルマ、英領ボルネオ、オランダ領東インド、オーストラリア、ニュージーランド、そしてインドまでが含まれていた。その上この長いリストの終わりには、万が一の場合に備えて「等」と書き加えられていた。この先行き不透明な激動の時代に、要求には制限を設けない方がよいということらしい(6)。

しかし、この夢や期待とは裏腹に、中国においてさえ日本の野望は困難であるという厳しい現実があった。だが軍国主義者は、ヨーロッパでの枢軸の勝利及び次に述べる二つの理由から、日本が最終的に勝利するという信念を失わなかった。理由の一つは、中国の民族主義者たちが外からの支援なくしてはまもなく資源を使い切ってしまうだろうという可能性、もう一つは、汪精衛が重慶を脱出した後に中国側で発生した内部分裂である。いわゆる支那事変（日中戦争）の後、中国は共産主義者、民族主義者、そして親日派という三勢力間の内戦に陥った。日本には「分割して、勝利せよ」という政策が成果を挙げると思われた。この時期、日本が好んだもう一つの活動舞台は、仏領インドシナである。日本は国民党政府の中国に対抗するために軍隊を派遣することについて、フランス人将軍や地元当局者らと最初の合意に達した。日本は最初、飛行場の建設や民族主義勢力への南からの支援を阻止するために軍事施設の利用を求めた。その後、さらなる譲歩を引き出し、南から中国を攻撃するために、仏印通過の権利を獲得した。日本の侵攻は、ヨーロッパでフランスが敗退したこと、さらにアジアのフランス植民地当局が協力的態度を示したことで、容易になったように思われた。

これに対する英米の反応は素早かった。アメリカはインドシナ問題に関して日本へのくず鉄輸出を全面的に禁止することを発表し、イギリスは重慶国民党政府への唯一確実な供給ルートであるビルマ・ルートを再開した。日本は進攻したものの、中国の決定的敗北を引き出せず、ますます重荷を抱えることになった。

オランダ領東インドはもう少し抵抗した。そこは日本にとって、仏印よりずっと重要な戦略的目標であった。なぜならアメリカから拒絶された石油を手に入れることができるからである。この目的のため、複数の外交使節団がバタビア、現在のジャカルタへ送られた。しかし、オランダ人統治者たちは十分な量の石油提供を拒否した。その理由の一つは彼らがロンドンに亡命していた本国政府に忠実であり、もう一つは日本の関税政策が中国への輸出を促進するものであったため、石油代金を支払うことのできる強い外貨が日本に不足していたからである。オランダ側の拒否は、東京で外交交渉に努力してきた勢力には打撃となり、軍国主義者たちには有利に働いた。たとえ軍事侵攻が製油所や油井を破壊することになっても、逼迫する燃料を確保するためにはオランダ領東インドを軍事占領する以外の道は残されていなかった(7)。そして、そこに到達する途上にある領土はすべて征服される必要があった。アジアのあらゆる地域が日本の支配下に置かれる何らかの理由を持っていたのである。

ヨーロッパでは帝国的野望が今にも達成されそうだった。ドイツは、民主主義的植民地帝国が最終的に敗北することを待ち望み、その先頭に立って成果をもぎ取ろうとしていた。ヒトラーの野望は主に、ドイツ民族が当然の権利として持つ居住地、つまり彼らが少数派であるチェコスロバキアのような地域において、ドイツ人の生存圏を拡大することにあった。それは主に、ロシア、あるいはスラブ民族によって占められている領土を念頭に置いていた。しかし、一九四〇年夏にフランスを占領したことで、ヒトラーは考えを変え、いわゆる「中部アフリカ計画」に重点を置くようになった。それはカメルーンからアフリカ東海岸までの広大な地域に及び、ベルギー領コンゴ、仏領赤道アフリカ、そしてアフリカ南西部における旧ドイツ植民地（現在のナミビア）をも含んでいる。さらに、モロッコの大西洋岸（アガディール、モガドール）やカナリア諸島での商業特権や海軍基地なども対象となっている。この「中部アフリカ計画」が、ヒトラーにとってどのくらいの期間、優先事項となり、どの程度練り上げられ、どの程度現実的なものであったのかは分からない。多分、長期計画として、またアメリカという未知の敵を阻止するために想定されたものであろう。とにかく、イギリスの敗北とその植民地の奪取が必要不可欠の条件であった(8)。それはスペインにも直接影響を及ぼすものとなる。

一方、スペインも満々たる帝国的野心を抱いていた。それは、アルフォンソ十三世時代から伝統的右派が唱えてきた権利の回復を意味するだけではなかった。チャールズ・T・パウェルが言うように、「狭義のイデオロギー的主張というよりも、フランコという一人の経験豊富なアフリカ派軍人の願望に沿ったものであると理解すべきである」(9)。同じような野望を抱いていたアフリカ派軍人の一人、ファン・ベイグベデール・アティエンサ将軍の外相就任、一九四〇年のタンジール占領は、スペイン政府のアフリカへの執着心を表している(10)。スペイン帝国の野望は、フェルナンド・マリーア・デ・カスティエーリャとホセ・マリーア・デ・アレイルサによる『スペインは要求する』という著名な本に明らかである—「イベリア半島内のジブラルタルの完全返還。アフリカ大陸におけるアルジェリア西部、及びイフニやリオ・デ・オロの領有に不可欠な緩衝地帯をスペインの主権下に組み込むこと。これが実現すればモロッコにおいて地中海から大西洋につながる道ができる。英仏がギニア湾で我々から奪った領土の返還。最後に、スペイン保護領をアラウィー朝モロッコ全土(タンジールも含む)へ拡大すること」(11)。

今の我々にすればとても実現するとは思えないが、当時のマドリード政府にとって、これらの野望は優先的な目標であった。しかし、ドイツや日本と違い、スペインの野心は敵の抵抗に遭うだけでなく、ほかならぬ味方の意志にも従わねばならなかった。ドイツが一番の不安材料である。なぜなら、ヒトラーは第一次世界大戦で失った旧ドイツ植民地の回復だけでなく、同時にアフリカの新勢力地図を作り、そこの盟主になろうとしていたからである。もし運がよければ、スペインにもいくらかの領土が分配されるかもしれなかった。第二の不安要因は、新秩序への戦いにおける「弟分たち」の存在である。ファシスト・イタリアもまた北アフリカで新しい植民地を獲得することに意欲的だったが、スペインが求める領土は、ペタン老将軍率いる対独協力政権の支配領域と重なるところが多かったのだ。スペインが狙っている領土の多くがフランスの支配下にあっただけでなく、ヒトラー自身、すでに不安定な勢力均衡にさらなる変化をもたらすよりは、現状維持の方を望んだ。さらに一九四〇年、ペタンに忠実な駐屯軍がダカールで連合国の攻撃を撃退したことで、ドイツは枢軸側の国境が、性急なスペイン人より猜疑心の強いペタン政権下のフランス人によって守られる方がよいと判断するにいたった。スペインは全体主義的な色彩に染まり、ヒトラーへの称賛を惜しまなかったが、その軍事力には疑問があった。そのうえ、連合国に対する勝利と和平の暁に、ドイツが各友好国の要求にどう応えるのか、その優先順位は全く分からなかったのだ。和平交渉でベルリンが大英帝国の版図を維持することも考えられた。枢軸国側が勝利しても、そうした疑念が払拭されるわけではなかった。

たしかにスペインの帝国的野心は、トランプの城のようにもろかった。その実現はイギリスの敗北だけでなく、ドイツの勝利が完全であるか、平和の到来時にヒトラーがスペインの要求を受け入れる度量の広さを示すか、分配をめぐりイタリアやフランスとの間で合意が成立するかどうか、などにかかっていた。しかも、アブドゥルカリームが数十年前に見せたように、その土地の住民が自分たちの将来を自分たちで決定するためには戦いさえ辞さないということを全く考慮しないでの話である。しかし、こうしたスペインの領土的野心は、当時のマドリード政府の中・長期的な政策決定にかなりの影響を及ぼしていた。客観的な困難さにもかかわらず、帝国的野望はマドリード政府に活力を与え、スペインを日本に接近させる主要な動機となった。協力し合いながら同じ敵に対し同時に戦いを挑めば、そこから双方が利益を引き出せるであろう。こうした相乗作用は、やがてプロパガンダ合戦という形をとっていくことになる。次にこれを分析してみよう。

１・２　反共主義の宣伝から連合国に対する戦いへ

抑えがたい野心が生み出す流動的な状況を前にして、宣伝活動も、新しい政治目標に合わせて臨機応変にならざるをえなかった。プロパガンダは日西の友好をさらに促進した。その主な狙いでもあったのが、相手のイメージを改善することが、その主な狙いであったからだ。両国ともイデオロギー的に近い立場にあったのみならず、反連合国という同じ陣営にも属していた。当時フランコ体制を支持するスペイン人ならば、誰しも二重の意味で、つまり反共産主義者かつ反（帝国主義的）民主主義者として、親日的でなければならなかった。日本も、モスクワやいわゆる「ＡＢ

CD［米・英・中・蘭］」に敵対し、より良い国際的ステータスを望んでいたのだから、スペインと同じであった。どちらも共通の敵、共通の目的を持っていることが前提とされ、「宣伝」と「イメージ」という世界を認識するための「レンズ」は同じ方角を向いて、ある特定の理念を推し進めるものでなければならなかった。日本におけるファランヘ党の代表、エドゥアルド・エレーラ・デ・ラ・ロサはこうした考えを持つ人物であった。数年後、日本の反西洋主義が彼を悩ませたときも、彼は「個人的には」英米こそが「スペインの主要な敵」であると表明しつづけた(12)。

他国のニュースは以上のような観点から理解された。日西両国にとって最も関心があったのは、自分たちが勝ち組に属していることを確認させるニュースであった。イギリスなど西欧列強の植民地政策によってアジアがいかに辛酸をなめているかをスペインの新聞が書きたてれば、日本の新聞は枢軸側への肩入れを示すスペインのあらゆる行動を報じていた。どちらの国も相手が敵である第三者にどのような打撃を与えられるかに関心を向けていたのである。一九三九年春から夏にかけての『アリーバ！』紙の天津危機に関する報道は、その一例である。報道は、この都市が中国におけるヨーロッパの影響力の拠点であると強調し、「今のところひびが入ったのはイギリスの覇権だけである」と結論づけた(13)。スペイン人は単にニュースを聞くだけでなく、最も好ましい結論に辿り着くために必要なデータをそこから読み取ろうとしていた。一九三九年五月にローマ・ベルリン間で「鋼鉄同盟」が成立したとき、「この合意は、イギリスに対する断固たる回答である」という報道がなされたが、これも同じである(14)。当時、日本はこの同盟から距離を置こうとしていたにもかかわらず、『アリーバ！』紙は日本が当然これを支持すると考えていた。日本でも、ジブラルタル陥落の可能性が好んで話題にされた。たとえば、東京の『読売新聞』は、セラーノ・スニェルのベルリン訪問を取り上げ、そこから「スペインのジブラルタル攻撃の日は近い」という自分たちに好都合な結論を導き出していた(15)。願望が客観的な事実を覆い隠していたのである。

したがって、耳障りなニュースは省略されるか、あるいは人々の期待に沿うように塗り替えられた。たとえば、マドリードの横山公使による、スペイン人は枢軸国参加に反対している、ドイツは「スペインの早期参加を歓迎しない旨を伝えている」といった報告は無視された(16)。脚色の一例として、猪俣という反共産主義の指導者がスペインを訪問したときのことを見てみよう。彼はスペインの同じような主義主張のグループによって招待されたのだが、最後までインタヴューを受け入れなかった。その理由は、バルセロナの新聞報道で、彼に関する「ある部分が消され、他の部分が歪曲された」からである(17)。どちらの国も、異なった方法ではあるが、相手の動きを自分たちの希望的観測の裏付けに利用しようとした。宣伝というものの本来の機能に従って、片隅に追いやられていたものが引っ張り出され、それまで忘れ去られていた情報が利用され、不都合な現実がごまかされるようになった。

1・2・1　新しいイメージ

当時、プロパガンダは臨機応変なものとなっていたが、取り巻く環境もそうした活動を容易にしていた。願望が現実よりも優先され、またヒトラーからゲッベルスまでナチスの宣伝者たちが熟知していたように、メッセージは繰り返されるほどその効果を増したからである(18)。イタリアの例でも分かるように、軍事的イメージは国を支える重要な要素であった。この時期、相手国の支配的イメージは、それ以前にあったものと、軍事面を称揚するのにとくにふさわしい文脈とから抽出された「二次的」イメージに他ならなかった。スペインが日本人の表象として持ち出したのは、近代性とスペインとの歴史的結びつきという二つの観念である。しかし、最低限の基本的知識だけで構成されていたため、微妙なニュアンスに欠けていた。こうした日本のイメージを一つずつ見ていこう。

当時、武勇を称揚することが一般におこなわれたが、日本とスペインではニュアンスの違いがあった。スペインでは日本の軍事的勝利への称賛と武士道への言及が目立ち、一方、日本ではスペインの武勇と騎士道精神が強調された。しかし、相手への称賛は表面的なもので、釣り合いもとれていなかった。日本軍はここ五十年にわたる長い戦勝記録を誇っていたのに対し、スペインはフランコ率いる「国民戦線派」軍が外国からの支援を受けつつ、スペイン人同胞に対して勝利を収めた内戦を除けば、敗北しか味わったことがなかったからである。

スペイン軍人の間では、中国における日本の勝利が称賛された。とくに、一九〇四〜一九〇五年の日露戦争における日本の戦略は高く評価され、軍事学校で陸・海軍の完璧な連携の一例であると教えられた。海軍提督カレーロ・ブランコは、当時すでにフランシスコ・フランコ将軍の有能な助手であったが、日本の功績に称賛を惜しまなかった。ある書簡で、二十世紀初頭の日本の戦いぶりを日中戦争と比較し、「当時の日本の軍事的基盤の確かさは、三五年後の今日も評価に値する。またある民族が将来の方向性を見定め、その目標に向かおうとする時、その働きと粘り強さがもたらす成果の、いかに素晴らしいものであるかをわれわれは目の当たりにしている」とコメントしている(19)。サントーニャ出身のこの海軍軍人は、一見したところ、日本の最終的勝利とその理由について、いささかも疑いを抱いてはいなかった。

封建領主つまり大名への忠誠心や滅私奉公といったサムライの古い倫理観は、スペインが日本を称賛するときに使うもう一つのイメージ手法である。宣伝担当者たちが必要と判断すれば、戦いにおける日本人戦士の情理や心構えが想い起こされた。新渡戸稲造の『武士道―日本の魂』の出版を見ても、サムライという理想像がいかにスペイン人の興味をかき立てたかを示している。一八八九年に書かれたこの本は、膨張主義への道を歩もうとする日本において、伝統を再定義しながら、武士道という規範が日本文化の最良で最高の価値と称賛している。この叙事詩は一九〇八年にスペイン語に訳され、それ以来この作品に関する数多くの論考がなされてきた。従って、ここで特筆すべきことは、祖国に命を捧げるサムライというステレオタイプが再浮上したことではなく、こうしたイメージに公的支持が与えられたということにある。一九四一年版の出版を日本が支援したこと(明記されているわけではないが、本の普及を「願っている」と書かれている)、またミリャン・アストライ将軍(外人部隊の創設者で、一九三六年の蜂起後、フランコの報道・宣伝の責任者であった)が書いた序文でもそのことが確認できる。序文で彼は次のように述べている。「トレードのアルカサルにある陸軍歩兵士官候補生に対する道徳教育で、私は大いに『武士道』からインスピレーションを得たし(……)、外人部隊の信条、つまり戦闘と死、規律と同胞意識、友情、忍耐強さと頑丈さ、戦火に赴く覚悟といった部隊の精神を私は『武士道』から学んだ」(20)。彼はとくに優れた記憶力を持っているわけではないし、『武士道』が彼の人生においてそれほど決定的であったとも思われないが、この序文の一節は、当時、彼が信じるに至ったもの、あるいは人に信じさせようとしたものが何であったかを語っている。

一方、日本はスペイン的なるものと軍事的なものとを結びつけようとした。この点で、日本がフランコに贈った三品は重要である。彼のために特別に鋳造された日本刀、建武の中興のために戦死した十四世紀の伝説的な武将である楠正成のブロンズ像、尊皇攘夷（天皇を敬い、外国人を排除する）運動の思想家であった吉田松陰の胸像である。最初のものは祖国会（名古屋の愛国的青年団）から、二つ目は日独伊防共協会から贈呈されたもので、松陰の胸像は山口県下関市が「偉大な政治家、勇敢な軍人」であるフランコに対する献辞とともに、「愛国主義の力によって已に打ち勝ち、国際共産主義を打倒したスペイン国に対し、日本愛国主義からの記念として」贈ったものである(21)。

時代の影響は明らかである。武士道に対応するスペインのイメージは騎士道精神であった。横山正幸公使は国家主義的な日刊紙『都新聞』に、スペイン滞在の印象を書いている。「スペインは戦いを愛する。スペインでは今日その騎士道精神が復活する傾向にあり、日本の武士道に対する関心も高まっている」。さらに、一九四〇年のスペイン経済使節団派遣に際して、彼は乾杯の音頭をとり、「高貴なるスペインによって月桂樹とサムライの心である桜とが結びつけられるだろう」と祝辞を述べた(22)。誇り高きスペインというイメージは、軍事を介して互いに結びつこうとの、またプロパガンダでの協力を推進しようとのねらいから生まれたものである。これは「武士は食わねど高楊枝」という日本の格言を思い出させるが、その主たる構成要素は「尊大さ」と「過去の栄光の記憶」なのである。

他の枢軸諸国は、それぞれにスペインは弱いというイメージを抱いていたが、日本はそれほどではなかった。日本の対スペイン政策は、スペインの対日政策よりもずっと練り上げられたものだった。プロパガンダは両国関係の全てをカバーするものではなく、経済使節団派遣に関する分析のところで見るように、日本はスペインをラテンアメリカへの架け橋として利用する可能性を追求していたのである。さらに、フランコ将軍の巧みな戦術に対する称賛はあったけれど、スペインは弱く、数多くの敗北を重ねてきたという印象はぬぐえなかった。この一世紀の間、スペイン軍はアメリカからタガログ人まで、実に多様な敵によって打ち負かされてきたのであり、またキューバやモロッコにおける反植民地主義の反乱にも迅速に対処できなかった。スペインに関する松岡の有名な言葉［一九四〇年に、天皇臨席の会合で、外相の松岡は「日本はスペインではなく、強力な海軍を有するアジアの大国であります」と述べた］からも分かるように、一八九八年の米西戦争での敗北やフィリピンにおける混乱を極めた植民地支配の終焉を思い起こせば、日本とスペインが同じ水準にはないと感じても不思議ではない。

第二次世界大戦の開始時に、スペインの宣伝戦略でよく取りあげられた日本のイメージが二つある。一つは技術的発展、もう一つはスペインとの歴史的結びつきである。日本の科学技術への称賛はスペインのプロパガンダの基本的な要素で、日本に関するニュースのかなりの割合を占めている。政治的利害のずれが生じ、賞賛の意味が薄れた後でさえ、「大日本帝国は地球の広い地域に科学の光を投げかけようとしている」といった類の宣伝が続けられた(23)。スペインは自給自足体制を確立するための解決策として、当時流行っていた自給自足政策(アウタルキー)理論を追及していた。それで、日本の科学技術への関心は、単に知的好奇心や友好国への称賛というレベルを超えていた。スペインは友好国からできるだけ多くのことを学ばねばならず、日本はスペインが自足経済の道をとるならば、必ず必要になる技術を供与してくれる国の一つであった。経済使節団のメンバーが日本の産業と技術を学ぶことに関心を持ち、同時にできる限りの情報を得ようと戦略を練っていた背景には、日本のこうしたイメージが影響したと考えられる(24)。進歩への期待感から、日本の伝統と近代性との融合というイメージのうち、前者よりも後者の方に重きが置かれた。なぜなら、日本の近代性は直接スペインに利益をもたらす可能性があったからである。

日本との歴史的結びつきというイメージも、単なる歴史的知識以上のものがそこから読み取れる。そこではスペイン人征服者たちのアジアと太平洋での偉業が称えられ、その栄光が思い起こされている。それを宣伝に利用した例として、すでに述べた『スペインは要求する』という本がよく挙げられる。著者のカスティエーリャとアレイルサは、コーチシナ戦争(一八五七—一八六二年)について一章を割いているが、他の章とは異なって、ここで語られるスペイン人の冒険譚と彼らの豪胆さを示すエピソードは、インドシナのフランス領を要求するものではない、とことわりを入れている。とにかく、内戦後に生まれた新国家の領土的野心に関する本の中で、アジアに関する論考が含まれているのは興味深い。同様に、当時のスペイン外交政策を理解する上で最も重要な雑誌『ムンド』にも、アメリカと太平洋でスペイン人が活動した歴史について、一連の記事が掲載されている。この雑誌は一九四〇年四月に発刊され、一九四一年九月から週刊誌になっているが、四〇年十月から「太平洋におけるスペイン人支配の歴史」と題する年代記を掲載した。この中の一つは次のように書いている—「十六~十八世紀の間、太平洋はスペインの内海であった。文明化という事業のためにそこを通ったのは、スペイン人とポルトガル人だけである。当時、フランス船もイギリスやオランダの船もその波頭を切って進むことはなかった。発見と征服以外に、スペインはもう一つ別の画期的な事業を成し遂げた。それは一五四〇年のフランシスコ・ザビエルによる日本へのキリスト教伝道である」(25)。スペインの覇権は十六世紀の間だけで、他のヨーロッパ諸国の船（彼らは都合良く「海賊」と呼ばれた）も時折太平洋を航行したのだが、このようなスペインの覇権を想起させることは無駄ではなかった。同様に、スペイン人宣教師や聖フランシスコ・ザビエル、それにキリスト教殉教者たちの努力により、日本にカトリック信仰が扶植されたことも指摘された。要するに、日本やアジアとの過去のつながりを持ち出して、フランコ新政権が今日の日本との関係や、アジアの現代政治にも関心を抱いていることを示そうとしたのである。

しかしながら、太平洋での過去の偉業を想起させるという試みが最終的に何を目指すものなのか、そのはっきりとした理由は分からない。太平洋戦争勃発後、『ムンド』誌は「極東からの憂慮すべき知らせが時局に及ぼす影響に促されて」これらの連載記事を始めたと述べ、「太平洋に我が国の国旗はもう五十年近くも翻っていないが、何世紀にもわたる輝かしい歴史の持つ精神的プレゼンスは続いている。それゆえ、太平洋戦争が繰り広げられている今日、我が国の歴史における忘れがたいエピソードを記事として掲載し続けるのだ……」と続けている(26)。過去を振り返りながら将来をも見据えている、とつけ加えることができよう。一連の記事が、セラーノ・スニェルが外務省を去った一九四二年に突然中断されたことからも、これが単に偶然や感傷の産物でないことは確かである。その後しばらくして掲載は再開されたが、その頻度は減り、おそらく文章や写真、挿絵などを印刷に回すだけの目的でおこなわれていた。帝国の夢は決してしぼみはしなかったが、最も大きく膨らんだのは一九四〇年から四二年の間であった。スペイン当局の宣伝によって繰り返された武士道、技術発展そしてスペインとの歴史的結びつきという日本の三つのイメージは、世界大戦の勝利は枢軸側にあるという認識を世間に広めるために仕組まれたものなのである。

1・2・2　行き過ぎ

以上の日本のイメージをより詳細に観察すると、スペインの親日的態度が過剰であったことが分かる。当時の特異な国際状況ゆえに、スペインの右翼は本来よりもはるかに好意的な立場を日本に対してとっていた。それは日本に関する宣伝の中で、次のような極端な形で現われている。第一に、アジアにおける日本との連帯の可能性を示唆し、第二に、アジアで日本を別格扱いにし、最後にスペインと日本との類似性を強調するというものだ。こうした手法に則って、いくつかの政策決定が導き出された。次にこれらの手法を慎重に分析してみよう。

第一に、中国で共産主義が拡大したという認識がスペインの指導者だけでなく、あらゆる地域にも広がった。「パクス・コロニアル*［植民地の平和］」がいったん弱体化すると、アジアにおける共産主義の伸長は、もはや押し止めることが不可能であると考えられ始めた。週刊誌『ムンド』のルポも、はっきりと次のように述べている。「アジアにおけるヨーロッパの影響力は減退しつつある。モスクワを首都とするアジア合州国建設というソ連の古い夢は潰えた。イスラーム教徒やインド人、中国人たちは別の世界を形作っており、ヨーロッパの影響力がなくなった暁には、おそらくソ連の敵となるであろう」(27)。ドイツやイタリアの後に続く必要から、スペインはアジアでの西洋列強の凋落を喜びつつ、日本の進出をソビエトに代わる唯一の好ましい選択肢と考えるようになった。中国における西洋列強の治外法権と「門戸開放政策」の終わりは間近で、それは避けられないものとされた。日本だけがソ連に対抗できるのであり、スペインはアジアにおける西洋の一国として享受してきた特権を、早晩放棄せざるをえないことを認めたのである。このような考えは、ホセ・マリーア・コルデーロ・トーレスによる『スペインの普遍的使命の諸相』に見受けられる。一九四二年に出版されたこの本は、歴史研究者からはあまり注目されないが、日本に関する当時の見解を理解する上で基本的なものである。この本には「いわゆる「白人の連帯」とは、それほど遠くない昔にスペインを太平洋から追い出した西洋の国々が、宣伝の武器として今日まで使ってきたものだ」という興味深い一節がある(28)。第二次世界大戦中のこの時期を除き、このような意見に同調するフランコ主義者はほとんどいなかった。これは、おそらくこの時期特有の主張であろう。マドリード政府は政治的な理由から、そしてなによりも期待感から、それまでのヨーロッパによる植民地支配よりも、日本のアジア進出の方を望ましいと考えたのである。

こうした政治力学の結果、今日では第三世界への連帯とも受け取れるようなスローガンが叫ばれた。一九四三年にファランヘ党機関紙『アリーバ!』が掲載した「三国同盟のメンバーは、インド人民が自分たちの希望を達成するのに協力する」という一文は、その最も顕著な例である(29)。この記事はドイツと日本軍によって支援された独立派指導者チャンドラ・ボースを称賛するものであるが、当時、イギリスの支配を窮地に追い込める人物なら（マハトマ・ガンジーでも）誰でも称賛されたのである。奇妙な光景である。ガンジーやネルー、あるいはボースでさえ、インドに権威主義体制を布こうとは思わなかっただろうし、西、独、伊の全体主義者が植民地主義に対する自制心を持ち合わせていたとも考えられない。ましてや植民地住民の政治的権利や福祉などに対する配慮はなおさらである。ねじれた政治状況の中で、ファランヘ党のこのような賛辞は人目を引いた。ヒトラー自身が、日本の政策を支持する場合の矛盾を認めている。彼はインド政策において、「基本的なことは勝つことであり、その目的のためには悪魔と手を結ぶことも躊躇しない」と当座の目標を優先させた(30)。日本によるプロパガンダが長期的にはマイナスであると考えながらも、以上の理由から西洋の枢軸国はこれを受け入れた。全体主義者たちは、政治的に必要であると判断した場合には、頑固な反植民地主義者たちと手を結ぶことも辞さなかった。ただし、それは互いの行動範囲が重ならない場合にかぎっての話であった。

第二に、スペイン人の日本に対するイメージは、肯定、否定を問わず、他の東洋の諸民族に対してとは異なっていった。スペイン内戦以降、アジアという概念はますます共産主義と同一視されるようになり、その悪に対抗するための要石とされたのが日本であった。

フランコ体制下では「東洋的」という言葉を否定的な意味合いで使用することは、内戦中にモロッコ人から受けた支援や、スペインが枢軸諸国とアラブ諸国との架け橋であるという自己認識からいっても、あまり都合が良いとは言えなかった。一方、「アフリカ的」という言葉も温情主義《パターナリズム》を想起させ、すでにアフリカに植民地を持っている以上、都合が悪かった。結果として、「東方の野蛮」というありふれた用語を使い、将来の同盟の可能性がある相手に対しては、あまり侮蔑的でない表現を使わなければならなかった。アラブ諸国については、それほど困難はなかった。モロッコ戦争ですでに良い東洋人と悪い東洋人とを区別する必要が生じていたからである。ホセ・アントニオ・プリモ・デ・リベーラ自身、アリカンテの監獄で「ゲルマン人とベルベル人」という題の文書を作成し、未開の「ベルベル的」スペインと、それに対抗するアーリア的スペインについて述べている。またエルネスト・ヒメネス・カバリェーロ（彼はフェルミン・イスルディアーガ神父とともに、フランコ総統の主要な礼賛者の一人である）は、共産主義者を「またしても東洋人だ！　紛れもない東洋人がスペインに戻ってきた」と形容している。このファランヘ党の文筆家は「モーロ人」と「アジア人」とを区別しようとした。そしてバルカンからはじまるヨーロッパへの「アジアの侵略」、イベリア半島にはじまる「黒人とベルベル人」の侵略に対する恐れを表明した(31)。このように「東洋的」という言葉はあまりにも身近で、また幅広いイメージを持っていたので、別の言葉を使用することが望ましかった。

この場合、「アジア的」という言葉が最もふさわしいと考えられた。それは経済的後進性、従属、野蛮、異人種、共産主義、遊牧民、黄禍、未知の恐ろしい諸民族による西洋への実際的脅威などを意味していた。この言葉は一九三九年、ドイツによるポーランド侵攻直後に起こったソ連のフィンランド侵入に対し、スペイン政府がおこなった公式声明で使用された―「アジアの野蛮に対して戦ったスペインは、フィンランドの人々へ深い親愛の意を表します」(32)。また一九四一年、ロペス・イボールという精神科医は、「西洋とは」という問いに対するスペイン人の倫理的「パトス」について語っている。つまり、「カトリック者としての尊厳をもって」生きるか、あるいは「アジアの共産主義者ジンギスカンのような人物の奴隷と成り果てるか」ということが問題なのである(33)。この著名な精神科医は実にあいまいな書き方をしているが、それは立場を変える必要に迫られた時、「ジンギスカン」とは歴史上実在したモンゴル皇帝であると言い逃れをするためである。いつどのように宣伝方針の転換がなされるか誰も予想できなかったからだ。

日本は、アジアのこうした否定的イメージの対極に位置づけられた。その昔に蒙古襲来に立ち向かったことよりは、日本の政治状況や進歩、工業発展のイメージ、そして過去に中国とは一線を画してきたというバランス感覚などが考慮され、日本はアジアと同一視されなかったのである。日本は友人で反共産主義であるとの認識から、「野蛮な」その近隣諸国と同じ形容詞を当てはめることはできなかった。ヘスス・パボンは、極めて興味深い文章を雑誌『頂点』*［ファランヘ党の月刊誌］に書いている。「共産主義の支配というのは、革命的東洋が帝国主義的西洋に対して勝利を収めたときにのみ可能となるであろう。それは世界がロシア人やインド人、中国人の軍門に下るときだ」(34)。弁証法的に見て、日本はこの論法を破綻させる存在だったので、その政治的・イデオロギー的矛盾を「後から」正当化しなければならなかった。

日本が反共主義で、しかも西洋から学んだおかげで進歩したのなら、この国がアジアに位置することは地政学上の過ちとして理解される必要があった。こうした辻褄合わせは、歴史上それほど珍しいことではなく、独裁期においてはなおさらであった。当の日本人も似たような自己認識を持ち合わせていたのである。

第三に、日西間であまりにも類似性が追い求められた結果、日本のイメージが極端になったことである。外務省高官たちも両国の類似性を強調した。たとえば、在マドリード公使だった須磨弥吉郎は、イエズス会士モイセス・ドメンサインの『日本、その発展と文化、宗教』の序で「二つの民族の並外れた共通性」を指摘している(35)。また、在東京スペイン公使メンデス・デ・ビゴも、日本におけるスペインのイメージは非常に好ましいと率直に語った―「知識人サークルの中には、まったく根拠がないわけではない一つの見解がある。それは両国の間に性格上きわめて似ている点があるということだ。それは互いの好奇心を刺激するのに明らかに役立っている」(36)。確かに、類似点を探すということは便利な手段であったし、今もそうである。なぜなら多くは国民に好意的に受けとめられ、違いを言い立てて互いの補完性を見つけ出すよりも容易で、危険性も少ない知的行為であるからだ。しかし、この類似性という概念が両国関係にとってどのような意味を持っていたのか、この点をもう少し掘り下げてみよう。

そのために、当時の文書を二つ挙げる。一つ目は一九四一年四月に『アリーバ！』紙に掲載された記事で、前述したエルネスト・ヒメネス・カバリェーロのものである。二つ目は一九四〇年五月に『現代日本』*Contemporary Japan* に登場した一連の記事である。これは、その後、独伊との同盟に最も好意的な『東京日日新聞』に転載された。執筆者は大学教授笠間杲雄と思われる。ヒメネス・カバリェーロは、相互の親愛感や共通の敵との戦いにともに立ち向かう日本への称賛を惜しまなかった。ただ、数日前に日ソ中立条約が調印されたので、共通の敵が誰であるか明言することを避けた。以下、それに続く一節を掲載する。

しかし、スペインの日本に対する称賛や親愛感は今に始まったものではない。それは、日本が地球の反対側にあるもう一つのスペインであることに我々が気づいた時から始まっている。つまり、日本は強大な西洋大陸（米国）と巨大な有色大陸（中国やインドのアジア）の間に存在し、一方、スペインも英・仏（西洋）とアフリカ（東洋）の間に位置している。つまり、スペインと日本は世界の二つの境界に位置する二つの扉であり、地球上で同じ運命を担っているのだ。

ヒメネス・カバリェーロは、日本を「有色大陸」から切り離し、スペイン人にとって受容しやすいイメージに変えてから、スペインが「日本の発見者、布教者」であったこと、その最初の「研究者、探求者」であったことなどを列挙し、それを両国共通のアイデンティティーとしている。さらに中国人と日本人との違いに言及し、日本人は中国人を理解できるほどに東洋的であるが、中国人を植民化するに足るアーリア的精神を持っていると述べる。それはスペインの「ベルベル人やアメリカ先住民」に対する立場と同様である。宗教については、「中国」仏教が「自身の記憶」に欠け、「衆生への思い」に過剰であるのに対し、日本は秩序を重んじ、祖先を敬い、「祖国のための名誉ある死」を知っているとする。日本人の「神身」（おそらく八百万の神々のことを言っていると思われるが、彼は英雄と訳している）への崇拝はここから来る。歴史を顧みながら、ヒメネス・カバリェーロは、スペインと日本との比較もおこなう。彼によれば、サムライの武将は切れ長の目をした「シッドたち」であり、天下統一をめぐる古い戦いと「カスティーリャとカタルーニャ、カルリスタと自由主義者、国民戦線派とアカ［共和国派*］」との戦いには類似性がある。また文学の領域でも、「俳諧」や短歌と自国のセラニーリャ*〔十五—十六世紀にはやった恋愛歌〕、あるいは能とロペ・デ・ベガやカルデロン・デ・ラ・バルカの古典演劇との間に類似点を見出そうとした。薩摩焼をタラベラの陶器と同列に扱い、日本人が「自分たちの科学を西洋化」した点も指摘することを忘れなかった。そして最後を、日西両民族への次のような賛歌で終えている。ハラキリ（切腹）と「ビバ・ラ・ムエルテ［死万歳*］！」のどちらも、生への執着を蔑むという点で共通であり、それは「神秘的な戦士の民族」から生まれ出た精神である。(37)。結局のところ、このファランヘ主義者の論考は、帝国的野心に溢れた当時のスペイン人が日本人に抱いたイメージの縮約なのだ。敬虔で、西洋化され、勇敢で、歴史上スペインと類似性を持ち、文化的に発展し、東西文化のかけ橋となる能力を備えた日本である。

一方、笠間杲雄は、同じく歴史および聖フランシスコ・ザビエルへの称賛から始めているが、執筆にもっと時間をかけていた。彼はザビエルがバスク人であることに着目して、この民族が「外見や言語構造において」東洋人、とくに日本人に似ているという点（そうではないと証明されているが）に依拠しつつ、「彼がバスク人だったことで、日本語がより容易に理解できたかもしれない」と述べている。またザビエルが十六世紀の日本で人を改宗させるよりも文化面で人々を導きたいと考えていたこと、さらにロドリーゴ・デ・ビベーロ・イ・ベラスコ（自分のガレオン船が日本に座礁した後、日本で生涯を終えたフィリピン総督）がルイス・フロイス（数世紀間、この「日出る国」の最大の理解者とされるポルトガル人イエズス会士）と同じくらい日本語に堪能であった「可能性」を指摘している。この二つもまたねじ曲げられた解釈である。なぜなら、この有名な総督が日本語に秀でていたとする証拠はなく、また日本ではザビエルは征服事業の前線総督《アデランタード》として描かれる方が多いからである。議論は、政治的文脈にしたがって（ほとんど）書き手の思うままにねじ曲げられていく。

　笠間は、より今日的テーマとして両国民の同じような戦闘心や冒険心に触れ、ピカソの作品と日本芸術とを比較し、人へのもてなしの心や感受性における類似点を指摘する。また、明治期の文明開化初期に見られた過剰な外国礼賛を批判することも忘れなかった。また、フラメンコにも着目する。それがヒターノ［イ*ベリア半島におけるロマ民族］に由来するものではなく、その逆であると断定し、フラメンコには直感性だけでなく、スペイン人の生活態度の基本的特徴である「品格と儀式を評価する姿勢」もうかがえると述べた。笠間は、東洋で最もスペインに近いのは日本であると断言する。イスラーム教徒や他のヨーロッパ諸国に対する戦い、あるいは異端審問によってスペインの男性が減少したことで、「スペインでは男性よりも女性の方が優れているという意見」に賛同する。そして、日本女性もスペイン女性も、洋の東西を問わず、他のいかなる女性たちよりも優れていると礼賛する。セビーリャのフェリア、メリメ、ビゼーのカルメンと日本の結婚式も比較される。ヒメネス・カバリェーロ同様、最後はサムライと「気高い貧しさ」に言及し、具体的な人物の名は挙げていないが、その精神はスペインにもあるのだと述べている(38)。笠間が描きだすのは、勇敢かつ日本化された、歴史や文化の発展において日本と類似点を持つスペインであった。

　ヒメネス・カバリェーロや笠間の文章は、当時の高揚した精神を反映して、資料をねじ曲げ、当時の政治的状況に都合の良いように両国の類似点を強調し、相違点を無視する傾向がある。だが、この二人のイメージ手法を比較してみると、そこに違いのあることが分かる。ヒメネス・カバリェーロが日本を帝国的野心達成の一モデルとして見ているのに対し、笠間の方はスペインのエキゾチックで民俗的な側面に着目している。前者は相手を男性的、後者は相手を女性的なイメージでとらえている。両国の存在はお互いにとって好都合であったが、スペインが日本の理想的イメージをつくり出す必要があったのに対し、日本はそれほどでもなかった。

実質的な関係が乏しいにもかかわらず、宣伝政策によって日本は新生スペインの主要な友好国の一つとなり、日本の理想的なイメージが出来上がった。たとえば、イタリアやドイツへ「ビーバ」が叫ばれた後に「日本万歳」が叫ばれ(39)、ヒトラーやムッソリーニの後に天皇の名が来るといった具合に、日本との友好の重要性が強調された。ミリャン・アストゥライも年頭の挨拶で「偉大なる指導者に導かれた大いなる民族の覚醒」以外に救済の道はないと説き、ムッソリーニ、ヒトラー、ヒロヒト、オリヴェイラ・サラザールの名を挙げ、最後にフランコ総統の名を呼んで締めくくった(40)。

しかし、日本の理想的イメージは長続きしなかった。それは一九三七年から膨らみ始め、フランスが降伏した一九四〇年夏に最大となったが、ドイツの対ソ侵攻を日本が支援しなかった一九四一年の中頃にはしぼみ始めた。それはヒメネス・カバリェーロの記事が出版されてわずか数か月後のことである。日本への幻想は短期間で、その反響も限定的であった。日本に関する情報は非常に乏しく、しかも間接的で、所詮日本はヨーロッパではないから、部分的な称賛はあったものの、日本のすべてに魅了されるということはなかった。たとえば、スペインが日本でどのように理解されているかについて、マドリード政府はあまり重視していなかったようである。それは外務省本省に送られてくる「スペインの第二次世界大戦に対する政策の日本における反響」と題する電報の量が、他国の在外公使館から来た電報の量に比して非常に少ないことからも分かる。

にもかかわらず、日本の理想化は、スペイン左翼がソ連に対しておこなったものに匹敵する。ソ連邦の社会主義が革新的で積極的な意義を持ち、「人類の偉大なる希望」であるという理想化された考えは、様々なイデオロギーの人々を引きつけた。たとえば、アントニオ・マチャードは決して共産主義者ではなかったが、彼の作品『ファン・デ・マイレーナ』の中でソ連やスターリンをも称賛している(41)。明らかに日本のイメージは軍国主義であり、社会主義ロシアのイメージとはかなり異なっていた。一方は膨張主義的なイメージで、他方は防衛的であった。一方はならず者の、他方は民衆の、一方は伝統の、他方は革命のイメージであった。前者のイメージはすぐに消え、後者はより長い間続き、フランコ独裁期も持ちこたえた。日本に対する認識は、左翼の人々の間におけるソビエト社会主義国ほど熱烈でもなければ強固でもなく、むしろ偏りがあったと言える。しかし、この二つには類似点もあった。どちらの国もスペイン人が実際に接触する機会が少なく、また彼らには幻想を信じる必要があった。どちらもプロパガンダの影響を強く受けたイメージであった。ソビエト化されたロシアもサムライ日本も、スペイン内戦で対立した各陣営によって理想化された価値を体現していたのだ。それは現実というより、各陣営の野心と願望の所産である。人は勝手なイメージを抱きはしたが、実態を知ることでその価値が損なわれることを恐れた。スペインと日本では、相手に対する認識の仕方に温度差があったが、どちらも肯定的なイメージを持っていたことは確かである。

こうして生み出された肯定的イメージが、実際のところ両国の関係強化にどの程度まで貢献したのかを知ることは難しい。明らかなのは、互いに相手に対する理解を深めたことである。ただ、日本の方がより積極的であった。スペインでは、当時出版された本や新聞紙上の域を出るものではなかったようだ。日本についての専門家集団がいたわけでもないし、知識を広める手段もなかった。スペインで唯一日本に関する宣伝活動をおこなっていたのは宣教師たちであったが、それも映画の上映や展示会の開催などにとどまっていた。一方、日本のスペインへの関心ははるかに大きく、その当時からすでに日本側の「片思い」状態であった。

日本のスペイン研究者たちの裾野は広く、彼らは政治的便宜を与えられた。それについては、日本在住のスペイン政府代表者たちも言及している。たとえば、在東京のスペイン公使メンデス・デ・ビゴは、笠間杲雄の論文について、両国間の通商促進への意欲がスペイン文化やスペイン語への関心を喚起していると指摘した。在東京ファランヘ党代表のエレーラ・デ・ラ・ロサも、当時の日本がスペインについてかなりの知識を持ち、「とくに政府の周辺では、おそらく他のどの国よりもスペインのことが注意深く研究されている」と語っている(42)。メンデス・デ・ビゴもエレーラ・デ・ラ・ロサも、名前は挙げていないが、軍国主義日本におけるスペインの主たる宣伝者として藤沢親雄という人物について触れている。彼は九州帝国大学の教授で、日本人の人種的純粋性を説き、非常に多くの宣伝をおこなった一人である。彼は日本が「母なる地」として先史時代に崇められ、神武天皇がダビデ王に由来し、またバビロニアやエジプト、中国が「子孫の地」と考えられていたことを示す考古学的、言語学的情報を探していた(43)。彼は大政翼賛会の研究部長などの要職に就き、メンデス・デ・ビゴやエレーラらスペイン人には『報知新聞』の編集局長として紹介されていた。この新聞は一九四二年、強制的な合併により『読売・報知新聞』となったが、一九二三年にビセンテ・ブラスコ・イバーニェスを東京に招き講演会を開催している。しかし、この藤沢という人物が編集局長というポストにいたかどうかは確認できない。

藤沢はスペインに強い関心を抱いていた。一九四〇年にはイタリア経由でイベリア半島まで旅行する計画を立てていたが、彼がスペインにやって来たという証拠はない。だがスペイン語で書かれたパンフレット『日本の世界政策の精神的基盤』からも、彼が広範な宣伝活動をおこなっていたことは確かである。藤沢は、スペイン語圏の人々に、日本の「国家」(44)は皇室という核が歴史を通じて拡大してできたもので、また「神道」は「創造的でダイナミックな日輪の宗教」であると説明するのに骨折っている。また、徳川時代の儒教学者である中江藤樹の「春の来ない冬がないのと同じように、平和の来ない戦争はない」という言葉を無理やり引き合いに出しながら、中国での作戦行動も同じように周期的な必要性から来るものであると分析する。彼は政局に通じ、おそらくその筋から、こうした文章を翻訳し出版するための助成金を得ていたと思われる。

藤沢は日本語でフランコ・スペインの政治構造に関する論文をいくつか出版している。「新生スペインのイデオロギー」や「再生スペインのイデオロギー的基盤」という論文において、ファランへをナチズムになぞらえ、それらは優れた者と劣った者の序列(die Rangordnung つまりヒエラルキー)を維持し、共通の目標(「第三帝国」あるいは「一つの、偉大な、自由なスペイン」)に達するための一致団結した協同運動であると定義した。彼はまた「人種に関する全体主義的理念。日本とスペインの基本的形態の類似性。フランコ将軍の政治原則」と題する論考で、スペインと日本との間にも類似点があると主張した(45)。出版の時期や彼が想定していた読者層、あるいは他の著作などから判断すると、藤沢はヒトラーがヴォルテールやフリードリヒ大王の作品を通して儒教の影響を受けていた、というようなスペイン人にとって理解しがたい主張を披露しているらしい。だが、筆者はこの論文の所在をまだ確認していない。もう一人、岡田峻という人物がフランコについて述べている。それはフランコの経歴や人物紹介に重点を置いたものであるが、やはりフランコの無謀さ（「フランコはいつも白馬に乗り、モーロ人の銃弾が飛び交う中、戦線を移動していたという話だ」）や帝国的野心といった先入観がちりばめられている。岡田は、カルロス五世（原文のまま）やフェリーペ二世に言及した後で、「フランコは明らかに過去の栄光を再現し、それを未来へ投影することを希求している」と断定する[46]。当時優先されたのは、現実よりもイメージなのであった。

当時、日本におけるスペイン研究者の活動は活発であった。たとえば一九四一年六月、慶応大学で「スペイン祭」が開かれ、学生たちによってスペイン人作曲家の作品や「カーラ・アル・ソル（太陽に顔を向けて）」のギター演奏がおこなわれた。彼らはおそらく、スペイン経済使節団歓迎行事で演奏した人たちと同じであろう。慶応大学での歓迎行事は、日本のスペイン・ファランヘ党（つまりエレーラ・デ・ラ・ロサ）や日西協会によって主催されたものである[47]。学生たちが参加したことは、大学教授が積極的に関与していたことを示唆しているが、それはスペイン人ではないだろう。共和国スペインの元臨時公使アルバレス・タラドゥリスは大学でのポストをまだ回復していなかったし、ホセ・ムニョス・ペニャベールはフランコ支配下の公使館に登録をする意志はなかったからである。

最後に、今まで述べてきたような肯定的イメージによって通商関係は好転するはずであったが、それは微々たるものであった。実際にはゼロからの出発であったし、当時の緊迫した国際情勢下での貿易は、外国為替など多くの難題を抱えていた。プロパガンダによる肯定的イメージの形成とは次元の違う難しさがあった。さらに、スペイン経済はアウタルキー政策を目指す一方、日本経済はもっぱら戦時経済への努力に集中し、スペインへの主な輸出品である絹や香水などの奢侈品は日本の税収源としてあまり役に立たなかった。両国のイメージは通商関係改善にあまり役に立たなかったが、両国の政治関係改善にはより大きな影響を与えることになった。

2　日本と内戦後の外交関係

スペイン内戦終結後、フランコの外交目的は引き続きドイツ・イタリアとの友好関係にあった。しかし、日西関係にも影響を与える二つの課題があった。一つは戦争で中断されていた外務省在外機関の早急な建て直しである。内戦の最後にようやくフランコ政権を承認した国もあったが、彼の軍事的勝利にもかかわらず、それを拒否し続ける国もあったのである。他方、枢軸側の結束によって日西関係が活発となり、欧州での戦争勃発後は、両国の補完的役割がますます認識されるようになった。

ラテンアメリカでは、内戦末期に設置された非公式代表らの活動によって、外交関係が正常化された。日本以外のアジアでは、そうしたことは起こらなかった。たとえば、中国では、スペインはイタリアの兵站支援に依存していた。それは資金不足という理由だけでなく、西伊両国がそれまでの協力の仕方に満足していたからである。イタリアは自分の威信を高めることができたし、フランコ政権にはそれよりも、インフラ支援の方が重要であった。こうしてスペインは内戦後も、紛争に関する情報収集、国民党政府支配地域での治外法権や領事権の維持、中国在住スペイン人の利益保護などについて、引き続きイタリアに頼り続けた。ホルダーナの後任ファン・ベイグベデール外相は、こうしたイタリアへの依存を快く思っていなかったが、彼も就任直後「日本軍占領下の中国全域での」スペイン人保護をイタリアに依頼する指示を出していた(48)。

イタリアは戦場でのその威信が傷ついても、スペインに対するこうした影響力のおかげで、ドイツに対する相対的な地盤沈下をある程度食い止めることができた。一九四〇年夏、スペインの海外におけるプレゼンスは、独伊の力関係の変化にしたがって再編されたが(49)、アジアではあまり変化が見られなかった。イタリアはスペインとの仲介役を演じ続けようとしたし、ドイツにもイタリアからその役割を奪い取ったり、スペインを通して自らの国際的威信を高めようとする意図はなかったからだ。その結果、中国大陸での両国のスペインに対する影響力はバランスがとれていた。内戦勃発以来、イタリアは一貫してフランコを支援してきたが、イタリアの国力に陰りが見えてからも、それは一定の成果を保ち続けたといえる。国際政治の舞台では独伊の均衡関係はすでに崩れていたが、日西関係は両国から同じように影響を受け続けたのである。

一方、一九四〇年九月二七日の三国同盟締結は、日独伊三国間の結束を強化し、間接的にスペインと日本の関係も強化していた。日西は参戦の可能性がある枢軸側の主たる予備軍であり、マスメディアもその点を強調していた。たとえば、『アイリッシュ・タイムズ』は、三国同盟の調印時にセラーノ・スニェルがドイツに滞在中であったことに触れ、「枢軸側の行動の活発化。チァーノのベルリン訪問に関する憶測。議題はおそらくスペインと日本についてか」と報じている[50]。複数の新聞が日本とスペインを同時に取り上げているが、フランコはその一か月後に秘密文書で三国同盟への支持を表明しているので、これは決して的外れとは言えない。フランコは、期限は明示しないものの参戦を約束し、さらにスペインのアフリカにおける支配拡大という自分の野心に注意を喚起することを忘れなかった。日西関係がローマとベルリンという仲介者を通して強化されたことは確かで、反共主義と反連合国主義がそこに吹き込まれた。

　世界大戦では、スペインと日本が、東と西から枢軸の戦いを支援するという役割が期待された。そして、イギリスに対する最終的な勝利に向けて、この二国の重要性は増していった。ドイツは戦後の領土要求を恐れて、日西両政府に冷ややかな態度を見せていたが、第三帝国の勝利が目前だと思われたので、それをあまり懸念してはいなかった。しかし、その後、戦局は複雑化し、ヒトラーはイギリスの重要な軍事拠点ジブラルタルとシンガポールを牽制するために、両国の協力が欠かせないと考え始めた。勝利の行方が不透明になってくると、独伊にとって日西がもつ補完的役割は、一層意味を持つようになったのである。

　枢軸側でも連合国側でも、指導者たちは両国の重要性に気がついていた。たとえば、ドイツのヨアヒム・フォン・リッベントロップ外相は、イギリス帝国とアメリカの圧力に対抗するため、一九四〇年ごろ「マドリードから横浜に至る」アジア・ヨーロッパ「大陸ブロック」の形成を構想した。一方、アメリカのコーデル・ハル国務長官は、シンガポールとジブラルタルが同時に攻撃されることを恐れていた。それは「大英帝国への致命的な一撃を意味した」からである[51]。一九四〇年にはムッソリーニ、リッベントロップ、チァーノと各国大使との会合で、スペインの参戦が論じられた。そこで、「とにかく、スペインが日本と同盟を組んで宣戦布告をすれば、イギリスには新たな、かつかなりの心理的打撃となるであろう」とはっきり指摘されている。また、チァーノとムッソリーニがスペイン参戦の必要性を論じたときには、話題がすぐに日本へ飛び、「しかし、日本で枢軸側への接近をはかる国家主義的な動きが活性化しているのは間違いない。日本の態度は、ある意味で、スペインよりも誠実である」と評された[52]。他の国々も、日本とスペインの補完的関係を理解していた。では次に、両国がこれをどう考えていたかを見てみよう。

2・1　日西関係の構造的変化

スペインと日本は、多国間・二国間関係での相互交流の重要性を認識していた。その中で、両国政府は、相手が自分たちの目標達成にどのように役立つのかを見極めようとしていた。お互いが二次的な目標でしかなかったので、相手に対する直接的な野心はなかった。しかし、日本はラテンアメリカでのプロパガンダ活動からアメリカにおける諜報活動まで、幅広い領域でスペインを利用しようとし、他方スペインにとっての日本の利用価値は、中国や満州、東南アジア、フィリピンとの接触が容易になることであった。日本にとってスペインは便利な拠点であり、スペインにとって日本との関係はアジア全域をカバーするものであった。日西関係史上、アジア大陸がこれほど日本を通して認識されることはなかった。そこで、両国関係の二つの構造的変化を分析してみよう。一つは、スペイン外交の比重が東京からマドリード本省に移ったこと、もう一つは多くの組織が外交に関わるようになったことである。そして、最後に、最も重要な案件となった経済使節団の日本訪問について検討を加えたい。

スペイン内戦後、両国の関係は大きく変化した。内戦中の一九三八年、公使としてメンデス・デ・ビゴが着任して以来、在東京スペイン公使館の政治的役割は弱体化し、それが両国の政治協力にとってネックとなっていた。東京が彼にとって退官前の最後の赴任地であったこと、また一九三六年七月に公使館が反乱軍の戦艦アルミランテ・セルベーラ号を海賊とみなすべきであると日本政府に通告したことが、一九三八年に本国から厳しく叱責されたことなどが、彼の仕事ぶりに影響していた。さらに、内戦終了後の一九三九年にホルダーナ外相が更迭され、スペインが枢軸側に接近したことで、メンデス・デ・ビゴの公使館はマドリード本省からさらに遠ざけられる。彼がホルダーナから得ていた支持と信頼はなくなり、彼にあまり注意を払う人はいなくなった。ベイグベデール外相は、満州国における公使館設置問題を彼に相談しなかったし(53)、セラーノ・スニェルも彼に対する配慮を欠いていた。一九三九年にマリアーノ・ビダール・トロサーナという外交官が東京に着任したが、それも公使館とマドリードやスペイン人コミュニティーとの関係改善、公使館の地位向上にあまり結びつかなかった。日本におけるスペインへの寄付活動が失敗したことからも、ビダール・トロサーナの着任が公使館の活動拡大にあまり役立たなかったことが分かる。彼が二年後に新しい赴任地を希望していることから、メンデス・デ・ビゴとの関係も良好とは言えなかったようだ。彼の希望は聞き入れられなかった。本書が取り上げている時期に、公使館は自分たちの義務を果たすだけで、政治的にも仕事の上でも危険をおかすような活動には出なかった。ただ、外から何らかの圧力がかかったときは別である。たとえば、ホアキン・ムスタロスという人物が、スペインからの経済使節団に書簡を出して、在東京公使館は「日本に在住する少数のスペイン人を無視し、彼らを寄せつけようとしない」と不満を述べた[54]。このときメンデス・デ・ビゴは彼に発言を撤回させたが、翌年の八月にムスタロスは神戸の名誉副領事に指名され、さらに彼の養女マリーア・テレーサ・ムスタロス（日本人女性）も東京の公使館に採用された。少なくとも、公使は批判を避けるために、日本在住スペイン人の有力者たちの歓心を買おうとしたようである。

しかし、マドリード本省は在東京公使館にもっと注意を払うべきであった。なぜなら、他の在東京外交官の平均的能力を見れば、メンデス・デ・ビゴの報告は十分考慮に値するものであったからだ。他の報告とは異なり、彼の報告は新聞の単なる要約ではなく、多くの事柄を分析、予見し、的確な指摘も少なからずあった。また、彼はある人物（すでに引退はしているが、元大使で外相、そして首相でもあった人物、おそらく広田弘毅であろう）[55]と親しい関係にあると豪語していた。それは、彼が日本に長く滞在し、東京倶楽部や東京会館で日本人やヨーロッパ人と親交を重ねてきたおかげであった。メンデス・デ・ビゴの抱える問題は、彼のもたらす情報が日西政府の期待するインプットとかみ合わないことであった。控えめではあるが、彼は折あるごとに、スペインが枢軸側に接近することの危険性を知らせた。たとえば「世界における新秩序と聖戦」を記念する行事において、反コミンテルンは「平和の福音が共産主義の教義にとって代わる」ために必要なものであり、未来における正義と信仰、平和の基であると述べた。こうした発言は、急進化する日本の世論の期待に応えるものではなかった。スペインが第二次世界大戦へ参戦する可能性について問われた時も、彼の言葉は日本人を満足させなかった。スペインの参戦に関して、日本の世論がいかに好戦的であるかを認めつつ、「しかし、賢明なる［日本の］メディアは、ありそうもない極端な幻想を退け、より穏当な立場をとっていることを指摘せねばなりません。また、総統《カウディーリョ》への心からの賞賛とともに、この困難で重大な時期に総統が慎重さと政治的分別をお見せになるだろうと述べています」(56)。彼は自分の意見を繰り返し報告したが、それは日本のメディアの多くが確実視していることとかみ合わなかった。

メンデス・デ・ビゴと彼の上司セラーノ・スニェルとの関係は険悪であった。たとえば、最後に送った報告書は、フランコ総統がムッソリーニとの会談のためにボルディゲーラを訪れることについて述べているが、そこにセラーノ・スニェルの名前は見当たらない。そこから外相と公使との冷淡な関係が少しうかがえる。フランコ将軍の偉大な義弟セラーノ・スニェルは、メンデス・デ・ビゴの意見をあまり信用せず、ホルダーナとちがって彼の提案にあまり耳を傾けなかった。たとえば、ある行事への参加について「現在のスペインの国際的立場から、またそれが日本国内向けの宣伝活動でしかないことから」、メンデス・デ・ビゴは出席を渋ったが、セラーノ・スニェルは自ら彼に出席を命じた(57)。おそらくセラーノ・スニェルは駐日公使の交代を考えたが、日本が地理的に遠く、またメンデス・デ・ビゴが外交官序列で最古参という高い地位にあったため、何の措置もとれなかった。省内の官僚主義が更迭に反対したに違いない。セラーノ・スニェルに残された方法は、その他多くの場合と同様、彼を無視することであった。こうしてメンデス・デ・ビゴは本国からも、また日ごとに枢軸に傾いていく日本の指導者たちからも孤立することになった。

スペイン内戦後の日西関係のもう一つの特徴は、外交に参加する組織が拡大したことである。たとえば、民間には内戦前からR・J・アラゴネス率いる対日輸入業者協会が存在し、十四企業がこれに参加して、取引を活性化しようとしていた。しかし、彼らが取り扱っている商品(扇、工芸品、ショール、漆器、万年筆、鉛筆)はあまり時節にかなったものとは言えなかった。取引を広げようにも、基本的情報に不足していたのだ(58)。商務省、財務省、陸海軍は自分たちが管轄する問題についての協議で、日本とそれぞれ直接交渉に入ったが、どこも同じような情報しか入手できなかった。これらの省庁は、一九四〇年の経済使節団派遣にも参加している。しかし、もっと重要で目新しい参加者は、カトリック教会とファランヘ党という半官半民の組織である。

日本との関係で、教会は質・量ともに自らの役割を拡大させた。彼らは長期にわたる日本滞在と日本語能力のおかげでこの国の文化に精通し、さらに時勢への適応力も十分あったからである。第一に、教会はスペインで日本に関する主要な文化活動を主催していた。ペドロ・エスクルセリュ神父とイエズス会士モイセス・ドメンサインの仕事が目立っている。前者は一九三九年にスペインに帰国後、「対日友好」のための個人的な活動を展開した。だが、かつてメンデス・デ・ビゴを批判したことで、その活動が制限されたことは間違いない。一方、ドメンサイン修道士は、日本への布教活動の資金を確保するのに、個人の努力だけではなくイエズス会の支援も受けることができた。彼の活動は長期にわたり、一九四一年には日本に関する展示会を開き、一九四〇年の経済使節団派遣のときにもプログラム作成に協力している。さらに、日本に関する本を二冊出版した。一つは『日本　その発展と文化・宗教』と題するもので、もう一冊はアマド・ビリオン神父が著した『日本滞在五十年』の出版である。さらに十七世紀の長崎二六聖人に関する「日本の血」と題する映画の上映にも関わったが、その上映会では「近代日本を称賛すること」も求められた(59)。教会の役割が増大した理由の第二は、日本軍の軍事進攻がスペイン人宣教師の居住区に影響を与えるようになったからである。日本軍が彼らの資産に損害を与えたとしても、マドリード政府は日本との友好関係を棚上げするつもりはなかったかもしれないが、少くとも情報収集のために、教会と連絡を取り合う必要があった。

第三の理由として、両国政府がバチカンと良好な関係を維持しようと望んだからである。日本は、バチカンの満州国承認やイタリアによるバチカン保護という重要な問題があったので、カトリック教会へは特別な配慮をおこなっていた。日本に対する政策決定過程で、マドリード政府は宣教師の役割を重視していった。その一例として、一九四〇年四月の布教団最高評議会の発足がある。このとき、フランコ将軍から宗教関係者に対して勲章授与がおこなわれたが、その多くはアジアで活躍する人たちであった。ファランヘ党が聖職者の影響力増大にあまり好意的ではなかったので、この評議会は一九四三年まで大した活動をおこなわなかった。セラーノ・スニェルが晩年、外相在任中のアジア政策について尋ねられた時、日本にいた聖職者の名前をだれも思いだせなかったのはそのせいであろう。彼が思い出せたのは、ドミニコ会士でマニラのサント・トマス大学学長シルベストレ・サンチョのみであった。シルベストレ・サンチョは布教団最高評議会のメンバーであり、またスペイン系諸国評議会（Consejo de la Hispanidad）のメンバーでもあった(60)。

日西関係を外交ルート以外にも拡大する、もう一つの主要な選択肢はファランヘ党であった。一九三八年十一月に在東京の代表としてエドゥアルド・エレーラ・デ・ラ・ロサが任命されたが、彼は日露戦争後の在東京スペイン公使館付き武官であった。彼はその年齢にもかかわらず、また仕事が強制的なものではないのに、精力的に仕事をこなし、日本における党の対外代表部は非公式なスペイン代表部としても機能した。エレーラはファランヘ党のニュースを政府高官、スペイン研究者、在東京スペイン人に配布するなどの宣伝活動をおこなった。その一方で、日本の国家主義者の宣伝集会にも出席し、彼の党が多くの面でナチ党やファランヘ党と同列に扱われるよう努力した。また、在日スペイン人には「新生スペインに対し興味や関心があればなんでも言ってください」と領事関係の仕事まで請け負った(61)。実際、スペイン人と日本当局との問題で仲介役を買って出たこともあった。たとえば、彫刻家で陶芸家のエウダルド・セーラ(将来のバルセロナ市長で副首相にもなった人物の叔父にあたる)は、自分の娘の誕生を「登録」している(62)。さらに、マドリードのファランヘ党全国代表部へ彼が送った報告書は、数こそ少ないものの、公使のそれに見劣りしない。なぜなら、彼は近衛文麿首相や外務省に雇われていた著名なイギリス人トマス・バディなどと交友関係があったからで、近衛は太平洋戦争中、病床にあったエレーラを大いに励ました。

ファランヘ党と公使館との関係はあまり良くなかった。メンデス・デ・ビゴは報告書の中で、エレーラについてほとんど言及していない。外務省とファランヘ党との綱引きは、ドイツやイタリアでも起こったが、日本ではそれほどエスカレートすることはなかった。元気な退職者エレーラの動員能力は限られたもので、セラーノ・スニェルが外相に就任し、ファランヘ党対外代表部への追い風となった時も、それをうまく利用することができなかった。たとえば、一九四一年七月十八日*［スペイン内戦開始五周年記念日］を祝うのに、エレーラはミサを主催し、その後コシード*［煮込み料理］をふるまい、ファランヘ党についての演説をおこなったが、七名の出席者を集めるにとどまった。それゆえ、「祖国への感情を奮い立たせるだけでなく、我々の考えや精神を一つにするためにも」、日本における修道会代表らに演説のコピーを送らなければならなかった(63)。エレーラが他のファランヘ党員同様、公使館と同等の代表部を設置したいと思っても、自分一人では、時間はあっても手段が不足する始末だった(64)。

在東京スペイン公使館の役割は外交官の個人的条件に左右され、また日本では、外務省ルートとは別の交渉チャンネルがつくり上げられたが、そのどちらも両国の意向に沿った形で関係を促進するには至らなかった。次に述べるスペイン経済使節団の日本訪問は、そのことを示している。

2・2　日本への経済使節団

イベリア半島に平和が回復されると、日本はスペインを宣伝活動とラテンアメリカへの橋渡しとして利用しようという以前からの目的を追求しようとした。さらに、アメリカの禁輸措置と輸入原材料の逼迫に悩まされていた日本は、膨張政策を続けるために、必要な物資の買い付け市場として、スペインを利用しようとも考えていた。スペインはこれに応えることができるし、また直接的な軍事関係よりも、このような支援の方が重要であるとの意見もあった。内戦直後に矢野公使が出した電報は、「これは私の個人的見解であるが、スペインが直接戦争に参加せずとも、鉱物その他の資材や経済的援助を提供してくれるなら、日本にとってそれで十分ではないであろうか」とはっきり指摘している(65)。資源と情報、これがスペインにおける日本の新しい目標となっていく。

ワシントンの影響力が及ばないところで原材料を確保するために市場を開拓することとは、一九四〇年のスペイン経済使節団派遣のそもそもの目的であった。同使節団派遣は本書で扱う日西関係史のなかで特筆すべき事柄である。そこには当時の日西関係を特徴づける三つの点が見られる。第一に両国関係を単に宣伝以上のものにするために日本がとった政策、第二に相互交流を実りあるものにすることの難しさ、そして最後に、これらの関係が国家レベルでおこなわれることの重要性である。この最後の点を中国の汪兆銘政権との関係で分析してみよう。

一九三八年から一九四一年にかけて、日本は原料輸入をアメリカに依存し過ぎているとの反省から、いくつかの経済使節団が招聘された。アメリカが日本を屈服させるために、輸出停止という方策を使っていたからである(66)。他のラテンアメリカ諸国（アルゼンチン、ペルー、メキシコ）と同様、スペインは一九三九年十一月、日本の商業会議所から日本への経済使節団派遣の誘いを受けた。マドリード政府の高官たちはその招待を喜び、当初の十五人の定員が二一人にまで増えた。団長にはフィリピン生まれのアフリカ派将軍アルベルト・カストロ・ヒローナが選ばれた(67)。彼はその後フィリピンを訪問する予定であった。外務省の対外政策・条約局長ホセ・ロハス・モレーリャ（カーサ・ロハス伯）は副団長である。

以下、メンバーは、海軍大佐アルトゥーロ・ヘノバ・トルェーリャ、砲兵隊中佐アルフォンソ・ムニョス・コボ・イ・エステバン、技師マリアーノ・デ・イトゥラルデ・イ・オルベゴーソ、アウレリオ・ソル・イ・パガン、アントニオ・ロベルト・イ・ロベルト、国政弁護人ホアキン・カルボ・ソテーロ、砲兵隊長ディエゴ・デ・ラクルス・ソラーレス、通商事務官エンリーケ・チャバリ・イ・ロドリーゲス・コデス、外貨局職員フェルナンド・ラミーレス・エスクリバーノ、参謀本部司令官ラファエル・マルティ・ファブラ、ファランヘ党員イサベル・アルグェーレェス・アルマダ、元中国税関職員フランシスコ・マルティ・ビダール、外交官ホセ・アントニオ・バレンチャーナ、カストロ・ヒローナの護衛官パブロ・モレーノ・ゴンサーレスとなっている。費用として四〇〇〇ドルが支給され、四名の女性同伴が認められた。三名は配偶者で一名が娘である。陸軍五名、海軍一名、外務省四名、商務省四名、財務省一名、内務省一名が、原則として言語上の理由から選出された。マルティ・ビダールは中国で二八年間の勤務経験があり、通訳として招かれ、政府役人とは唯一縁のない人物であった。一方、イサベル・アルグェーリェスは、ファランヘ党県組織長ラファエル・ドゥョスがアルゼンチンで「金とモラル」の問題を引き起こして党活動を停止されていたため、最後になって派遣団に加えられた。彼女は唯一自腹で旅費を支払わねばならなかった。

経済使節団は一九四〇年四月十二日に箱崎丸で出発し、約二か月後の六月二日に東京に到着した。東京で天皇への謁見や外務、大蔵、陸軍、海軍、商工、農林、拓務などの各省での会合、二つの会議、多数の企業訪問など過密なスケジュールをこなし、さらに東京から横浜、横須賀、日光、名古屋、鳥羽、奈良、大阪、神戸などを訪れた。彼らは当然疲労困憊である。多くは文化的行事であったが、はっきりと政治的内容を持つものもあった。たとえば、下関では幕末の思想家吉田松陰の肖像が贈られ、東京外国語学校では学生たちが「カーラ・アル・ソル」を歌って歓待し、スペインから持参した映画の中にはホセ・アントニオ・プリモ・デ・リベーラの葬儀に関するものがあった。当時の戦争状態がこうした政治的関心を助長したのである。そして、彼らが日本に滞在していた一九四〇年七月十日、イタリアが第二次世界大戦に参戦したというニュースが飛び込んできた。イタリア参戦はスペインにとって極めて重大なことであり、外務省は急遽ホセ・ロハスを呼び戻すことにした。彼はその後ルーマニア大使に任命された。また、カストロ・ヒローナのフィリピン訪問は、日本が同諸島での安全な航行を保障できなくなったため中止された(68)。代わりに上海への訪問、あるいはソ連を経由して帰国するという案も浮上したが、経済使節団は予定通りケープタウンを経由して八月に帰国した。

経済使節団の招聘は、この時期の二国間外交がいかに日本の利益に沿って進められていたかを示す最良の例である。また、表向きは友好関係が強調されたが、両国のさらなる関係促進に日本がためらいを見せたことも事実である。両国の経済協力の可能性は遠い先のこととされ、技術協力についての日本側の態度は全く冷淡であったので、招待されたスペイン人たちは裏切られた思いであった。報告書からは、彼らが期待した技術援助を日本から得ることができなかったことへの強い不満が読みとれる。参加したある民間人によれば、使節団の参加者は「我々の意向が聞き入れられることもなく、事前に用意されたプログラムを」続けねばならなかった。「日本に約一か月、さらに日本の影響下にあるアジア大陸に一か月半滞在するなかで、工業施設の視察は八か所のみであった。それも視察は「茶」のセレモニーで始まり、重々しい演説の後、兵器廠や工場の見学は駆け足であった。見学中どの場所でも五分ととどまることはなかった」(69)。軍関係者の不満はかなりのもので、士官学校一校と大阪の海軍工廠、巡洋艦一隻を見学しただけであった(70)。しかもそこから得た技術情報はわずかで「製造過程について質問をすると、どんな言い方で尋ねても日本の同行者はじっと黙りこんでしまう」(71)という状況であった。彼らへの持ち物検査もおこなわれメモなどは押収された。

スペイン人一行は抗議の手段をほとんど持ち合わせていなかったが、それでも日本でできる限りのことをやろうとした。スペインは将来の可能性として自給自足政策を検討していたので、日本からできるだけ学んでおきたかった。ディエゴ・デ・ラクルスが、日本が「すばらしい発展を遂げていることは間違いない。最も称賛すべき点は生産コストの抑制である」と述べたように(72)、日本における長期滞在を無駄にするわけにはいかなかった。軍関係者は持ち物検査にへこたれず、直接、陸軍に情報の提供を求めた。護衛官パブロ・モレーノの行動記録によれば、「質問表を彼らに送ってもよいかどうかを尋ねた。そうすれば我々の称賛する日本軍から何かを学べるかもしれなかった。もちろん、彼らが不適切と判断した質問に解答する必要はない、と付け加えた」。一方、工業省のメンバーは、繊維、産業の組織化・計画、燃料・代用品といった分野ごとに分かれて情報収集に当たった。

軍関係者もおそらく同じような方法をとったと思われる。雑多な情報から、どうにか報告書を作成した。その一つが、団長から特に委託されていた石油代替品という問題で、それは総理府の公文書館に残されているこの年の数少ない文書の一つである。使節団のメンバーの中には、苦労して日本との協力計画を本国に持ち帰った者もいた。それは、現在の赤道ギニアでの漁業問題からアルミニウムの製造に関するものまで多岐にわたっている。さらに、コメ生産者連盟の支援で、倉敷紡績株式会社の特許をスペインに売却し、SAIPA（稲わらパルプ製造会社）という新会社を設立することが、バレンシアで合意された(73)。しかし、いかに熱心に企画されようとも、それが実施に移されることはなかった。経済使節団が互いの通商関係促進に寄与することはなく、またもや期待と思い込みだけが先行したのである。

では、経済使節団の招聘を決めた時、日本のねらいはどこにあったのであろうか。日本政府は幅広い分野での協力の可能性を探るために、使節団が農業を除く複数の省庁代表から構成されるように求めてきた。それは「日西間の相互通商と関係強化の促進。通商・産業の諸条件の検討と日本の関係機関との接触」という派遣計画の目的に沿ったものであった(74)。その後、日本は、使節団が経済分野だけでなく、「スペインの対日友好親善」という目的も持っていると主張した(75)。団長を除けば、どういった政治機関の代表者が選ばれるかについて、日本はそれほど注意を払わなかったが、民間人の派遣には強い関心を示した。具体的な協力関係を進められる財閥のような企業責任者が使節団に含まれることを望んだのである。

日本側のこうした態度の背景には、第二次世界大戦前の両国間の貿易規模があまりに小さく、とても経済使節団受け入れという大きな出費に釣り合わないとの判断がある。一九三四年の日本の対外貿易で、スペインとスペイン領モロッコが占める割合は、全体の〇・〇三一％（七一五万五、六〇〇円）に過ぎない。スペインの日本からの輸入総額一七〇万円は、ヨーロッパからの輸入総額のわずか〇・七六％である。たしかに、スペインの対日輸出（二八五万一、六二五円）は、日本とヨーロッパ間の貿易の一％に相当し、イタリアの対日輸出（三四六万一、三七二円）と同じ水準である。スペイン領モロッコについては輸出入が不均衡で、日本からの輸入額（二五五万三、一六九円）が輸出額（一、八〇六円）を大きく上回っている。これはスペイン領モロッコがエジプトのような再輸出の拠点であり（エジプトの日本からの輸入総額は一億一、九二四万七、六七八円に上る）、エジプトほどではないが、日本製品の輸入窓口になっていたからである。

　両国間の貿易で最も期待されたのは、スペインの対日輸出である。その輸出品目には炭酸カリウム塩素酸塩や鉱物塩、水銀といった鉱物資源が多かったからである。特に水銀は火薬を製造するのに必要で、日本はその九七・一％を海外に頼っていた。しかも、その輸入先はイタリアを除けば、アメリカ以外にあまり考えられなかった。だが戦争中、日本はスペイン産水銀にあまり興味を示すことはなかった。この点については後で見ることにしよう(76)。日本製品、とくに手工業品はその原価が安かったおかげで、スペインも購入することができたし、日本の貿易収支の改善にもつながった。しかし、日本でスペイン産ワインやオリーブ油がそうであったように、日本製品もスペイン国内で代替可能であったのだ。内戦勃発後、それがより明らかとなる。一九三九年の統計ではスペインからの輸入水準は維持されたが、日本の対西輸出は三万二千円というほとんど零に近い水準まで落ち込んだからだ。経済使節団にとって、経済の明るい見通しはほとんど立たなかった。

　経済使節団が出発する少し前に発表された通商協定も、両国関係をあまり促進するには至らなかった。交渉はその後数か月間続けられた。協定の基本目的は、日本のコメとスペインの水銀や炭酸カリウムを交換することであった(77)。そのために「通商決済制度」というものが合意され、毎年スペイン外務省と在マドリード日本公使館の間で文書が交換されることになった。だが、この合意を具体化することはさらに困難であった。第一に、日本の国会の承認である。国会への提出義務を免れるために「協定」とか「条約」といった言葉は避けられ、「通商決済制度」という奇妙な名称がつけられた。国会で政府が提出した法案が議論や批判なしに通過することはまずなかったので、提出されれば、この合意の承認は非常に難しかったであろう。政府は明らかに、非与党議員を前に、あまりにもばかげた計画を擁護することを恐れていた。この決済制度が実施に移されなくても、日本政府が不思議がるようなものではなかった。第二に、貿易品目は思ったほど自由にならなかった。日本は不作という理由で、日本産のコメを手渡そうとしなかったが、スペインもイタリアとのカルテルを結んでいたため、水銀を自由にできなかった。第三に、現実とはかけ離れた両国の為替政策である。これについて当時の報告書は、「スペインで一ドル＝十二ペセタ、日本では一ドル＝四円である。どちらも本当の購買力水準を示していない。それぞれ自国通貨を過小評価していたので、為替の問題で両国が何らかの合意に達するのは不可能である」と指摘している(78)。この方程式によれば、三ペセタ＝一円という架空のレートができる。日本の新聞は一・八八ペセタ＝一円というレートを示していたが、これは自国通貨を過小評価していた。最後に、戦争と互いの国を隔てる地理的な距離が、目的の達成を妨げていた。一九四一年秋、イギリスで航行証明書を取得するのが困難だったため、三井(物産)は日本が「大至急」必要としていた水銀をスペインから買い付けることができなかった(79)。メンデス・デ・ビゴ公使は新聞紙上で「通商決済制度」の存在にあらためて気づき、あわてて「フランスとの合意は全く無理。イタリアとは実施困難」と本省に注意を促した(80)。このように両国間の経済協力の可能性はわずかであった。

少なくとも物々交換は可能と思われたが、これも合意には至らなかった。この時期、スペインが輸入に関心を示した品目(満州国のヒ酸塩や硫酸アンモニア、樹脂、銅など)で、日本が提供する意思のあるものは一つもなかった。日本はスペインの鉱物資源と日本製ランプ、ラジオ、電気抵抗器、歯ブラシ、くし、ボタンや他の類似品目との交換を申し出たが、スペイン側は拒否した。日本は鉱物資源を手に入れようとしたが、その支払いを外貨やスペインにとって有益な品でおこなう気はなかったのだ。文書の中で示されたコメはスペイン側担当者を説得するためのおとりでしかなく、日本が提供できた電化製品はすでにスペインでも製造されていた。結局、日本とスペイン間で交換できる物資はほとんどなかった。また、これをめぐる両国の利害調整も困難を極めた。したがって、経済使節団の招聘は、その名前が示すほどに経済的なものとはならなかったのである。使節団派遣の成果は限りなく薄められ、政治的結びつきだけが二国間協力の主たる推進力となった。

使節団派遣の最大目的である貿易促進は遠のき、日本が提示した通商面での協力も実施に移される気配はなかった。スペイン人は、言葉と現実との明白なギャップに気づかざるをえなかった。「演説や会話で見せる態度とは裏腹に、我々使節団の技術者が日本の産業を学ぶことを彼らは望まなかった」。ディエゴ・デ・ラクルスが「日本の真の目的が一体何なのかを測りかねる」と述べたように、使節団のメンバーは日本での出来事に当惑した。こうした苛立ちは、当時の日本が超国家主義的であり、また日中戦争も泥沼化していたことを考慮すれば無理からぬことであった。スペインは弱いというイメージがあったため、スペインの使節団は、日本側に態度を改め、自分たちを真に対等な友人として扱うように訴えることができなかった。おそらく彼らは経済使節団の有用性をそれほど理想化しなくなったのだろう。ましてや日本が旅費を払い、礼を尽くして歓待していたことを考えるとなおさらである。結局、言われるままにおとなしく従うほかなかった。

このように見てくると、使節団招聘の目的は中身よりその外見にあったようである。日本がラテンアメリカ諸国におけるスペインのイメージを利用し、スペインをこの地域への架け橋として考えていたことは明らかである。経済使節団に関する具体的な言及は確認できなかったが、こうした考えは何度か日本側によって表明されている。たとえば、ラテンアメリカ地域に在住する日本人外交官の会合で、「南アメリカの国民がラテン系民族に属していることを考えると、イタリア、スペイン、ポルトガルが彼らに対して持つ心理的影響力はかなりのものであり、我々としてもこれらの諸国（伊・西・葡）と協力する必要がある」ことが話題とされた(81)。さらに、スペインの「若手作家」たちを日本や満州国へ招聘し、「対ラテンアメリカ宣伝政策」に利用する可能性も検討された(82)。このように考えてくると、松岡が「日独伊提携強化ニ関スル件」の付帯条項の最初で、対中央・南アメリカ政策における三国間の協力強化について触れたとき、彼の念頭にスペインがあったとしても不思議ではない。日本はスペインを対ラテンアメリカ政策の踏み台とみなした。経済使節団招聘も、おそらくここに理由があったものと思われる。

スペインはその後、前述した矢野公使の電報にあるとおり、日本に決定的に重要な援助を提供してくれるようになる。それは諜報活動、つまり合法・非合法を問わず、敵に関する可能な限り全ての情報の収集である。ヨーロッパでの戦争が展開するにつれ、イベリア半島は秘密情報の漏洩と受信の主な舞台となった。一九三九年九月に着任した横山正幸公使が急に更迭された背景には、この情報活動の必要性があると考えられる。彼はパリで勉強し、フランス人と結婚し、一九四〇年八月には最も優秀な外交官の一人と言われていた(83)。しかし、数か月後に就任した松岡洋右外務大臣が大幅な省内刷新をし、外交官の配置換えをおこなったとき、そこに彼も含まれていた。新しい外務大臣がマドリードに求めたのは外交ではなかったのだ。横山の後任となった須磨弥吉郎は刷新後の外務省の重要人物で、省内の序列としてはマドリードよりもっと重要な地に赴任してもよい人物だった。ニューヨークと上海の元領事で、積極的で物おじしない人物との評判でを得ていた。彼は諜報活動をするためにヨーロッパに送り込まれた。彼の助手だった三浦文夫とともに、アメリカを経由してスペインへ向かい、旅の途中にも情報収集に当たった(84)。当然のことながら連合国側は警戒し、自分たちの利益にとってあまり好ましい人物とはならないと考えた。着任後、須磨がロンドンへの旅行許可を申請したときにはイギリス政府も驚いた。イギリスは自らの枢軸側への攻撃の可能性について彼が何らかの情報を入手するのではないかと懸念し、また彼がイギリス大使としてとどまるかもしれないという噂も立った。結局、イギリスは彼の申請を却下し、須磨は終戦までスペイン国内にとどまることになった。もし日本がマドリードをロンドンへの足場として考えていたのなら、彼をマドリードに置いたことは間違いではなかった。スペインで諜報活動の材料を入手する可能性は非常に高かったからである(85)。スペインとポルトガルは大戦中も中立を貫いたので、その領域内にあらゆる陣営の特務情報員が引き寄せられ、須磨は仕事に事欠くことはなかった。日西間の協力は、第三国が絡んだ場合、二国間だけの時よりもうまく機能した。この点については、第二章の東アジアでの相互交流のところで論じることにしよう。

3 ソ連侵攻と日本

一九四一年六月二一日、ヒトラーは突然ソビエト連邦に侵攻し、最後にはアメリカも巻き込む新たな世界戦争へと道を開いた(86)。欧州での紛争拡大を押しとどめるすべはなかった。非情な世界大戦がどのようにして終わるのか、確固たる見通しを立てられる者は誰もいなかった。なぜなら、戦略構想は事態の成り行きと見通し次第で常に変化したからである。ソ連侵攻は、第三帝国や日本がどのようにしたら最終的な勝利を手にすることができるか、その戦略構想の練り直しの中で生み出されたのである。

ソ連侵攻の三週間前、ヒトラーはそれを日本に通知した。しかし、その数か月前に松岡外相が欧州を訪問したとき、松岡がスターリンと日ソ中立条約調印の最終局面を交渉中であったにもかかわらず、ヒトラーはソ連侵攻のことをおくびにも出さなかった。ドイツの態度が変化したのは、日本をどのようにして自分たちの最終的勝利に協力させるかという総統ヒトラーの戦略が変わったからである。彼が松岡に黙っていたのは次のような理由（これはすぐに移り変わってしまうのだが）からであった。一つは、まだ具体的な目標が詰め切れていなかったこと、第二に、ヒトラーも参謀本部もその目的完遂のために「優等人種」しか考えに入れていなかったことである。実際、「バルバロッサ作戦」（ソ連侵攻計画）に日本の名は登場していない。一方、四月の段階でヒトラーは、日本が南進政策を継続し、対英戦に参加してシンガポールを攻撃することを望んでいた。それゆえ北への方向を日本にとらせることはまずかったのである。日本の介入で、自分の計画がかき回されることは好ましくなかった。

しかし、その後一九四一年夏までにヒトラーの考えは変わっていた。彼は日本がソ連打倒に参加して戦利品の分け前にあずかるように促して、彼らの野望をかきたてることにした。これは、戦況の行方と諜報活動から得た情報に基づく決定的な戦略転換であった。防諜活動により、ヒトラーは東京・ワシントン間の秘密交渉の会話を聞き取り、日本が三国同盟から離脱する可能性を嗅ぎとった。日本がその「神聖なる自己中心主義」（当時このように呼ばれた）によって単独講和を結び、その結果ドイツが弱いイタリアの支援のみで戦いを継続することを恐れたのである。ソ連への侵攻を促し、日本を自分の戦いに巻き込もうとした。しかし、その転換は遅すぎた。

ちょうどこの数か月間、日本も戦略上、重要な転換点にさしかかっていた。米英は政治面だけでなく軍事面でも切り離すことが難しいという結論に達していた。海軍は、日本がどんなにアメリカの利益を尊重しても、日英間で戦争が勃発したら、アメリカは早晩イギリス側に味方して参戦するだろうと主張した。こうして、御前会議で南進政策の続行が決定された。ドイツのソ連侵攻後も、この方針が履されることはなかった。ロンドンとワシントンが強固に同盟するという不都合を回避しようとして、日本はアメリカとの秘密交渉を開始した。それは最後の手段であり、結果は二つに一つであると考えられた。もしワシントンと東京との間で互いの勢力圏について何らかの合意に達することができたら、アメリカはヨーロッパでイギリスを全面的に支援することができるようになる。もし交渉が決裂すれば、戦争は不可避となり、制御することは不可能になる。そうなれば日本はいつ何時でもＡＢＣＤ（米・英・中・蘭は当時このように称された）すべてを敵に回すことになるかもしれない。彼らを引き離すことができない以上、日中戦争は否応なく日本を世界大戦に引きずり込んでしまうだろう。

したがって、ヒトラーの最大の過ちの一つは、松岡が二度のモスクワ経由でヨーロッパを訪問したときに、彼に何も言わなかったことである。なぜなら、日本への通知が対ソ侵攻の三週間前の六月初旬に大島駐独大使を通しておこなわれたとき、もはやヒトラーの期待したような効果は現れなかったからである。ドイツ軍が単独でソビエト国家を打倒しない限り、日本の対ソ北部国境安定化の動きを阻止することはできなかった。ヒトラーの誤算は大きかった。皮肉なことに、この問題で最も悩んだのは松岡自身である。彼はソ連との中立条約に署名したにもかかわらず、政府内でソ連への即時参戦を最も強硬に主張する人物となった。こうした一八〇度の方針転換は、政府内における彼への信頼を低下させただけでなく、彼の精神をも傷つけた。松岡の決断は、後に彼の身に災いとなって跳ね返り、彼は疎外され、閣外に去る。政府は、駐屯軍に国境での小競り合いを避け、ソ連崩壊が間近に迫るまでは攻撃を仕かけないように指示を出した。一九四一年八月二日以後、日本政府はソ連がいまだドイツの攻撃に持ちこたえているのを見て、ドイツから距離を置くことを決定した。日本には、一九三九年にドイツが独ソ不可侵条約のために日独伊防共協定をひっくり返しただけで、もうたくさんだった。二回の御前会議の後、日本は満州方面の対ソ作戦準備（関東軍特別演習）のスピードを緩め、対ソ行動を「攻撃」から「報復行動」に引き下げた。そして、既定路線である南進政策を推し進めた。それは、南進政策が順調で、また東南アジアがもたらす利益は、シベリアのステップ地帯での勝利よりもはるかに重要であったからだ。大日本帝国は、枢軸諸国の結束よりも優先されるべき独自の利益を追求したのである(87)。

日西関係にとってドイツの対ソ侵攻は、終わりなき戦いの単なる一エピソードでは済まされなかった。ソ連侵攻で全体の構図が完全に変わってしまったからである。一つには、ドイツの目が東に向いたので、世界大戦へのスペイン参戦の可能性は遠のいた。たとえ、マドリード政府が「道義上の交戦状態」という新しい段階に踏み込み、枢軸側に共鳴して「青い師団」[ドイツ軍のために独ソ戦に派遣されたスペイン兵力]*を派遣したとしても、スペインの介入はそこまでであった。他方、日本の反応はもっと緩慢であったが、断固としていた。もしも日本が中国の前線基地からソ連へ攻撃をしかけた場合、それはソ連の決定的な敗北のカギを握ることになるから、世界中が東京の出方を見守っていた。日本が冷静に対応したのに対し、スペインはドイツのソ連侵攻を熱狂的に歓迎した。両国の態度は対照的であった。フランコ将軍は七月、「ドイツ軍は今、ヨーロッパとキリスト教世界が長らく望んできた戦いを率いている」と嬉々として語った(88)。

独ソ開戦という重大局面での日西の反応の違いは、スペインにおける日本のイメージにも重大な影響を与えた。理想的なイメージは損なわれ、スペイン政府は日本に幻滅を感じた。また、スペイン政府は、日米秘密交渉に対してドイツが反発を示したことに一定の理解を示そうとした。その後、新聞紙上では日本に対する苛立ちだけでなく、日本が共同行動から離脱するのではないかという懸念も読み取れるようになった。雑誌『ムンド』には、「日本の国家的願望は枢軸の勝利によってのみ達成されるだろう」というタイトルの記事が掲載された(89)。『アリーバ！』紙は、「民主主義国の外交官たちは、アジアの新秩序がロシアの側、それゆえイギリスの側においても可能であると日本を説得しようとしている」が、日本を参戦させまいとする連合国側の試みは失敗に終わるであろう、と結論づけた(90)。一九四一年七月に入ると、スペインの苛立ちはさらにつのった。ファランヘ党の新聞はアメリカがシベリア経由でおこなっている対ソ支援（武器はほとんど含まれていなかった）に言及し、「太平洋におけるワシントンのあらゆる準備は、日本に対して向けられている」、また「ウラジオストクでの反日運動が危機を生むだろう」と報じた(91)。

八月になると、口調はさらにエスカレートした。スペインの新聞は日本政府を「日和見主義」と非難し、「東京は独ソ戦の展開を見極めるまで自国の立場を明確にしない。……ワシントンと東京の立場は、二方面での戦争を避け、現状から最大限の利益を得る、つまり今のところ戦争をしないで勝者の側につくという点で共通している」と指摘した(92)。スペインは、太平洋での戦争を回避するために日米交渉がおこなわれていることも知っている、と示唆することも忘れなかった。たとえば『アリーバ！』紙のある記事は、「不思議の国のアリス」の物語で始まっている。アリスがどの道を行けばよいのかと尋ねると、「目的地さえ分かっているなら、そんなことは大した問題じゃない」という答えが返ってくる。そして最後は「この本を日本政府にお薦めする」という一文で終わっている(93)。翌日の同紙に掲載された記事も、日米関係に関して「大事なのは生き残りではなく、君臨することなのだ」と述べ、アメリカの対ソ支援がウラジオストク経由でおこなわれていることを指摘している。スペインはその後も日ソ中立条約に関して、このことを繰り返し日本側に注意した。『アリーバ！』紙は、直接東京に向けて、「希望は文書の中ではなく、精神の中にある。帝国日本は枢軸とともにあり、いかに困難な将来が待ち受けようとそれにうち勝つだろう」というメッセージを送っている。日増しに露骨になる対日批判の背後には、ドイツの影がちらついていた。日米交渉への言及は、ナチスの諜報機関（ドイツは駐ベルリン日本大使館の通信ケーブルを傍受していた）の情報に由来していただけではない。ワシントンと東京の目論見を同列に扱った対日批判記事が、ドイツの『フランクフルター・ツァイツゥング』の記事にもとづいていたことは明らかである。状況がはっきりしない場合、マドリード政府はどちらの側につくかはっきりとした考えをもっていた。

一九四一年八月末、変化があった。対日批判が止んだ。ドイツは日本が対米開戦の準備を進めていることを確認したのである。その結果、対日批判は影をひそめ、日本は友好国であるとの好意的イメージは温存された。そして、一九四一年十一月二五日、防共協定の五年間延長という奇妙な議定書が調印された。これは将来の日本の奇襲攻撃をドイツが支持するという保証であり、リッベントロープが日本の参戦計画を知った四日後のことであった(94)。しかし、この新たな戦略的展開は、当事者の認識が元に戻るということではなかった。この議定書が宣伝以上の目的を持たないことはよく知られていたし、それまでの日本への称賛は確実に弱まっていったからだ。日本のイメージはもはやアジアの戦場で共産主義と戦う帝国ではなく、スペインの敵と戦う同盟国の一つに過ぎなかった。日本はもはや対ソ戦の同盟国ではなく、日本のイメージは反共産主義の闘士という積極的な意味を失ったのである。独ソ不可侵条約に影響されて、スペインではここ数年モスクワへの敵愾心が薄れてきていたが、それはまだ潜在的なものとして残っていた。それが一九四一年六月のドイツの対ソ侵攻で再燃した。日本は反共ではあったが、スペインからすれば、その熱意のほどは疑わしかった。

さらに、日本のイメージはスペイン国内の政治変化によっても左右された。ファランヘ党のイデオロギー的原則かフランコという権力者への忠誠心かを問われたとき、後者を選ぶ「親フランコのファランヘ党員」が勢力を増したのである。ファランヘ党はセラーノ・スニェルとホセ・ルイス・アレーセ（フランコ主義に染まったファランヘ党員の典型）という二大実力者の下に置かれ、前者はイデオロギーと教義を、後者は人事と党活動を担当した。その結果、それまでセラーノ・スニェルが支配してきた党に、フランコの直接的な影響がより強く及ぶようになった。アレーセの入党は決定的である。なぜならスペインのマスメディアを検閲する人民教育副書記局の人事入れ替えの結果、彼は対日イメージの製作と宣伝を統括するようになったからである。この機関はイタリアの人民文化省やドイツの人民教化宣伝省などをまねたものであった。それまでこうした役割は、ファランヘ党が内務省付属の新聞・宣伝次官局を通して掌握していたのだが、機構改編後も、この人民教育副書記局はそのまま運動《モビミエント》*［ファランヘ党はこのように称するようになった］事務局の管轄下に置かれることになった。そしてアレーセは部下のガブリエル・アリアス・サルガードをそこに据えた。彼はアクシオン・カトリカの出身で、全国カトリック普及者協会のメンバーで、伝統墨守派のカトリック右派であり、彼のファランヘ主義は「革命主義」とは程遠いものであった。このときから、総統《カウディーリョ》の支持を得て、アリアス・サルガード（彼の息子はポスト・フランコ期の中道右派の重要人物の一人）は最も近い協力者ファン・アパリシオとともに政治宣伝を掌握することになる。ファン・アパリシオはＪＯＮＳ*［国民サンディカリスト行動隊］の出身で、「唯一の、偉大な、自由な」というスローガンをつくった人物である。さらに一九四二年、アリアス・サルガードは世論調査所という機関を設立し、また一九五一年に情報省が設立されてからは、その大臣に就任した。結局セラーノ・スニェルはこの権力再編の中で敗れたのである。

　一般世論は気づかなかったかもしれないが、独ソ戦のニュースの中で、日本のイメージはこのようなフランコ体制内部の変化からも影響を受けていた。理想的なイメージの後退で、日本に関する報道にわずかな変化が見られた。日本と純粋にイデオロギー的な友好関係を結ぶことで利益が得られるという期待感は薄れた。もはやイデオロギー的親近感によって、最終目標の違いや情報が引き起こす両国の亀裂を覆い隠すことはできなくなった。反共主義という共通の足場がなければ、両国の友好関係は非常にもろいものだった。対日イメージの操作権限は保守主義者によって握られ、一方、ファランヘ党は日本を擁護する理由を見失ってしまった。

　ファランヘ党は、国際関係全般のみならず二国間関係でも日本がスペインとの協力に消極的であることを思い知らされ、親日的な感情を冷ます必要に迫られた。ラモン・セラーノ・スニェル外相は自らそれを体験する。彼は二、〇〇〇トンの石灰マグネサイトの供給を日本政府に要求した。おそらくスペイン国内の高炉で使用するのであろう。それらはリスボンに向かうイギリス人引揚者の乗った船で運ばれ、スペインの水銀と交換される予定であった。しかし、彼が「最大の関心事」であると述べたにもかかわらず、日本側は回答を引き延ばした。その一部を供給しようという姿勢さえ見せなかった。セラーノ・スニェルは再度日本政府に書簡を送っただけでなく、異例の厳しさで日本側からの連絡に対して答えた―「我が国の通商大臣は、日本当局がわざと引き延ばしをおこなっていると考えています。こうした日本側の態度は、水銀の売却に便宜を図り、ロンドンにおいて航行許可証の取得を支援した我が国政府に対しふさわしいものとは言えません」(95)。彼の言い分には一理ある。イギリスの封鎖網はヨーロッパ大陸への資源輸送を遮断していたが、これを回避するためにはイギリスの許可を取り付ける必要があった。彼はサミュエル・ホーア駐マドリード・イギリス大使との困難な交渉をおこなって、ようやく許可証をとった。しかし、はからずも友好国日本によって、敵であるイギリスだけでなく、自国政府内のライバルたちの前でも笑い物にされたのである。

帝国的野心が後退し、相互のイメージや好意的見解が両国関係の中心からはずされていった。日本の枢軸側との連帯やスペインが枢軸側との協調から期待する領土拡張は、日増しに疑わしいものになっていった。幻想はしぼみ、空腹に苛まれる多数のスペイン人の忍耐も限界に近かった。マドリード政府は小麦や綿花、ガソリンといった欠乏品を列挙し、それをアメリカ大使に請う以外方法はなかった。ドイツにゆとりがなくなっていったので、敵に援助を請わねばならないのだ。期待感あふれる幻想は冷酷な現実に道を譲り、敵から必需品の補給を受けるという現実も甘受しなければならなかった。最も傷ついたのは第三帝国との関係であったが、「親日派」も立場を失った。

こうした状況にもかかわらず、スペインが日本との友好関係を評価するだけの力を日本はまだ維持していた。それは日本の軍事力であった。九月二九日にパルド宮でおこなわれたフランコ将軍と須磨公使との会談、それは日本人がパルド宮に招かれた唯一の会見であったが、そこでも話題の中心は日本の軍事力であった。この会談は日本への関心がその後増していったことを示している。会談に関する須磨公使の報告では明示されていないが、フランコの目的が日本の軍事状況に関する情報を引き出すことにあったのは間違いない。日西関係は少しも話題に上らなかった。今回の会談は二月に須磨がフランコに信任状を手渡したときとずいぶん違っていた。その時フランコは両国の関係強化の期待を表明し、日本の中国や極東での問題解決への努力を賞賛したのであった(96)。

一九四一年八月、アメリカは対日石油輸出を全面的に停止した。その後、九月六日の御前会議で、対米・英・蘭戦争に突入することが国策として決定され、十月、交渉でのみ西洋と対決しようとした近衛文麿の第三次内閣は総辞職した。彼の後任となった東条英機将軍は、帝国日本は譲歩につぐ譲歩を続けてきたのであり、日米交渉で相手の撤兵要求を受け入れるべきではないと周囲を説得してきた。なぜなら、アメリカは東アジアの覇権を掌握するまでさらに要求をエスカレートさせるだけであるからだ。一方アメリカ側も、ヘンリー・スティムソン陸軍長官が指摘したように、一九一九年の山東省や一九二二年のワシントン会議におけるのと同様、強硬な姿勢で臨めば日本から譲歩を引き出せると考えていた。平和を維持する最良の方法は、日本に対し毅然たる態度で臨むことであるとされた。双方が忍耐にも限度があることを相手に思い知らせようとしたとき、戦争は避けられないものとなった。十二月一日の御前会議で日本は開戦の決定を確認し、交渉は尽きたと判断された。しかし、海軍はその五日前（つまり、首班の東条はそれを知らなかった）、択捉島の単冠湾からひそかにハワイ海域に向けて艦隊を出動させていた(97)。日本ではそれぞれの機関が独自の行動を起こしていたのだ。真珠湾も例外ではない。こうして太平洋戦争が勃発した。

東京のメンデス・デ・ビゴが送った情報には、戦争開始への不安と連合国側が犯した過ちに対する批判が書かれている。彼の見解がスペインの対日政策にどの程度影響を及ぼしたのかは分からない。その理由は一つに、彼が豊富なデータを送ることができなかったこと、第二に、彼の報告は何らかの形で盗み見られており、それ故にあまりはっきりと書くことができなかったことである。さらに、戦況は急展開するのに、手紙の到着には時間がかかった。たとえば、真珠湾への奇襲前にマドリードの本省が受け取った最後の報告は、十月に書かれたものであった。こうした通信状況であったが、メンデス・デ・ビゴは開戦前の日本の軍国主義的な政策に反対する意見を伝えただけでなく、特別な筋からの情報に接してもいた。一九四一年十一月三十日の報告書で、彼は次のように開戦を予告している―「この報告書を閣下がお読みになる頃、われわれは戦争の悲惨な光景を目のあたりにしていると言っても軽率の誹りを受けることはないでしょう」(98)。避けることのできない事態が迫っていたし、そのことを皆が知っていたのだった。

4　消えない痕跡

この章は、スペインの外交政策が最も枢軸側に傾斜し、また日本への親近感も大きく膨らんだ時期を扱ってきた。この時期の分析は、セラーノ・スニェルとファランヘ党急進派が外交政策をどのようにコントロールしたのか、さらに、アジアでのスペインのプレゼンスに影を落とし続ける過ちがなぜなされたのかを理解する上で不可欠である。ドイツの勝利に浮き立ってしまったので、フランコ体制はその極端なまでの野心をあきらめることも、枢軸への好意的な宣伝を抑制し、その協力関係に終止符を打つこともできなかった。短期的な目標に目を奪われ、セラーノ・スニェルやファランヘ党、フランコ体制支持者の多くは、自分たちの専有物ではない国家的利益という弾薬を使いながら、勝利を追い求めて、その偏った政治的弾丸を撃ち続けたのである。その結果、自分たちだけでなく、スペインという国のイメージをも傷つけてしまった。こうして、帝国という野望が消えたあと、この時期に犯された過ちは消すことのできない傷跡となって残り、ことあるごとに思い出されるようになる。長期的に見てマイナスの影響は深刻であった。

熱に浮かされたようなこの時期の後遺症は、日西関係にとってはそれほど深刻なものとはならなかった。双方とも、一過性の病気として忘れ去る方が都合が良かったからだ。たとえば、スペインは三国同盟に密かに支持を与えて日本と連携したが、それが秘密裏におこなわれたことが幸いし、この時期の小さな罪を葬り去ることに成功した。フランコが秘密の保持に固執したため、枢軸側は三国同盟の主な目的である宣伝効果を最大限活用するには至らなかった。フランコはイタリアのチァーノ外相の助言にも関わらず、秘密の保持にこだわった(99)。連合国の批判に対し、フランコ政府は知らないし、効力もないとして取り合わなかった。他方、日西の友好関係によって最も被害を受けた第三の国々は、当然のことながら、これを忘れようという気にはなれなかった。アジアでは両国の協力関係はそれほど秘密主義のベールに覆われていたわけではなく、一九四五年に戦争が終わっても、済んだことは水に流そうという雰囲気ではなかった。

第二章　東アジアにおける協力

日本がスペイン側と会談する際に、主にアメリカ大陸を念頭に置いていたとすると、スペイン側は、すでに日本軍の支配下にあった点からも、近いうちに支配下に置かれるだろうとされていたことからも、主として東アジアに目をつけていた。本章ではこの点を扱う。まず満州国について触れ、それから中国中央部に重点を置きながら、タイとフィリピンについて述べる。

1　遥かな満州

前章はスペインと満州国の反コミンテルン協定への加盟から始めた。容易に推察されるとおり、この協定調印による二国間の歩み寄りはほとんど見られなかった。というのも、両国の関係はいまだに膠着状態にあり、相変わらず、より積極的な協力への意思表明と、それを実行に移す困難さの狭間にあったためである。関東軍の支配下にあった満州国政府は、一九三九年四月、スペインに常設代表部を置いた。外務省文書館所蔵文書によると、同代表部は、定期的に宣伝紙を発行していたというものの、その実体ははっきりしないままであった。この非常に限られた活動も両国の関係性の不十分さを露呈している。そこでの重大な事柄は、メンデス・デ・ビゴ公使の来訪とスペイン経済使節団の訪問が示すように、政治的というよりは儀礼的で外交的な性格を帯びていた。公使の来訪は国交樹立の二年後にあたる一九三九年十一月であったが、それが大きな影響を及ぼすことはなかった。それに加えて、長春（当時の名は新京）で解決がこころみられていた二つの重大な問題が不成功に終わることになった。スペイン側の約束であった常設外交代表部設立の不履行の問題と、バーター貿易に基づいた通商協定建議の問題である(1)。唯一実現したのは、マニラへの旅行においてであり、そこでメンデス・デ・ビゴは、公使館の資産を確保したのだった。

セラーノ・スニェルの外相就任半年後にあたる一九四一年春、スペイン政府は、「世界新秩序の勝利を意味するかの国々との最大限に充実した関係の実現をかけた願い」をもって、即座に新京政府に向けて外交官を赴かせなければならない、という決定を下した(2)。しかしその意に反して、それが誘導剤となることもなかった。公使館を設立するのは、誰がそこへ赴くのが適当かという問題とともに依然として困難であった。このような状況下で、三人（マリアーノ・アモエード、トラータ伯爵、フェルナンド・バルデス・イバルゲン）が指名されたのだが、彼らが着任に至るようなことはなく、当局の命令に反してスペインに戻ることを拒んでいた北京在勤の外交官ホセ・ゴンサーレス・デ・グレゴリオ・イ・アリーバスにすがるほかはなかった。ゴンサーレス・デ・グレゴリオはもちろんこれを承諾し、太平洋戦争開始後の一九四二年一月、信任状を提出した。だが、当局の示唆にもかかわらず、彼が満州に常駐することはなかった。その理由は、公使館を設立しようとしていた建物について、彼がメンデス・デ・ビゴに宛てた私信からうかがうことができよう―「……七度から十度にしかならない気温の部屋で暮らすのは快適ではありません。最初に来た時のみはもっと暖房が効いていたのですが、あそこにいる時、私はいつも風呂場とベッドの間を行き来しています。そして、束の間その二か所以外に居なければならない時は、二、三枚のオーバーを羽織っています」(3)。この手紙はついに当局に届くことはなかったのだが、スペインとの関係のために送り込まれていたあるアメリカ人の次のコメントをある程度まで確証している。このアメリカ人は、通商関係もなければ、スペイン人居留地も全くない、宣教師も一人もいないと記した後、スペインのねらいを次のような最も荒っぽいかたちで解釈した――「枢軸国を前に良い位置にとどまること、それだけだ」(4)。この地でのスペインのプレゼンスは全く格好だけだったので、新聞記事に活用できることを別にして、満州国とスペインの関係はほとんど機能していなかった。

2　汪兆銘政権

中国のその他の地方の状況は、しかしながら、はるかに複雑であった。また、本章でとりあげる数年間の中国との関係は、本書で分析している十年間のなかで、そして二十世紀全般にわたってさえも、スペイン外交にとって最も入り組んだものであったと言えよう。一九三九年夏、スペインは中国における外交上の地位を正常化しようと図った。そのためには、公的な関係を樹立しなければならず、スペインでの内戦のために撤回されていた権益を回復しなければならなかった(5)。その願望は非常に微妙な時機に叶えられようとした。それはちょうど日本占領下の中国で中央政府が動き出すのと同じ時期だったからである。かくして、スペインの内戦は終結していたが、中国では対立状態が続いていたばかりではなく、いまだ主要な二派のどちらにも決定的勝利がもたらされることがないまま、争いが続いていた。両派とも最終的勝利が自らの側に傾くだろうと確信するに足る重要な動機を探っていた。これらの期待のなかで、国交を正常化し、以前のプレゼンスを回復しようとしたスペインの意図がこの争いに影響を及ぼしたのである。イベリア半島側から眺めると、それは実現可能な望みであった。しかし、中国から見ると、そうとは言えなかった。さらに、これらの誤解の真っ只中で、スペインの意向は二国間の含みを大きく越えて、これから見てゆくように、国際関係においてだけでなく中国の内政にまで関わることになったのである。

スペイン内戦終結後、権益を守ろうというスペインの望みはあらゆる種類の困難にぶつかった。第一に、司法権について、現地の法や裁判から外国人を保護する治外法権を回復しようとした。総計十八か国が十九世紀以来その特権を得ていた。しかし、それは中国ナショナリズムによって次第に異を唱えられつつあった。スペインは、期日を決めずにその期限切れを承認した一九二八年十二月二七日の最後の条約以来かろうじてその特権を確保していた。また、ソ連など、この特権を決定的に失っていた国々もあった。しかしながら、中国が理由なくそれを回復させることに同意するだろうとは思われなかった。第二に、政治的難局であった。なぜなら、中国で誰が勝利するのかを判断するのは困難だったからである。そのうえ、スペイン政府は、中国の諸党派からだけではなく、日本、イタリア、フランス、イギリスからも非常に多種多様な圧力を受けていた。その極めて重大な時期に、法的回復と外交正常化の追求を両立させることはできなかった。最後に、本来的な難題もあった。スペインは、直接の対話者の不足と目的の具体性の欠如というさらなる問題を抱えており、結局のところ、スペイン・中国間の関係そのものの重要性が薄れていたのである。そして、その関係は外部の他の要因に左右されていた。

その展開を見てゆくと、このことがとくにはっきりする。それは、スペインの新政府の優柔不断さ、動き出す際の難しさ、そしてとりわけアジアで独自の活動を成し遂げることの不可能さを明らかにし、結局スペイン政府がなぜイタリアを後ろ盾にするのがよいと思っていたのかを確認することになる。

これらの諸要因をその展開段階に分けて検討していこう。まず、中国の複雑な主権の説明から始め、次に、初めてのスペイン人外交官の着任及び一九四〇年のスペイン経済使節団訪問、最後に、一九四一年七月のスペイン政府による汪兆銘政府の承認について見てゆこう。

2・1　中国における権力と合法性

当時、中国における政治的分裂は極限に達していた。軍閥が割拠していた一九二〇～三〇年代の中国の無政府状態に、日本軍による最も人口の多い豊かな地域の占領という新たな問題が加わった。その複雑さは、中国の内戦に関して述べた「四つの中国と二つのスペイン」というホセ・E・ボラーオの発言に要約されている(6)。後に、これは中国の複雑な現状を単純化した見方であることがわかるだろう。

中国内には、一九一一年の清朝滅亡以来、中央政府が存在していなかったが、王朝時代にすでに政府の分裂は始まっていた。列強の侵略開始後、政府は取引時期に外国勢力を広東の在外商館に留め、それ以外の時期の商取引をマカオに限ることによって問題を回避しようとした。商業の後押しとともに、この枠組みは「条約港」と呼ばれる地をつくり出しながら拡張した。そこでは外国人の居留権・所有権・商業活動権が認められ、外国人が管理する中国の海事税関事務所があった。さらに、他の二種類の定住地が四十ほど出現した。つまり、地区又は地帯と訳された「租界」と、勢力範囲の設定のみとなった場合もあったが、かなりの数にのぼった租借地の獲得によって、その地での中国に対する外国勢力の権限はさらに明白になった。最初のものは、外国人によって管理された中国領であった。それらは、政府諸機関と独自の業務を有しており、中国の諸都市とは通常切り離されていた。諸租借地については、それらは「正当な」居留地であるとされ、領土は租借され、統治権は租借国の領事にあった。また、その「租界」との本質的な違いは、中国人又は他国民の立ち入り、居住、所有の各権利が否認されうることであった。一九三七年の日中戦争勃発以来、主な外国人定住地は南京、アモイに隣接する鼓浪嶼島、それに役人と外交官に制限された北京の外交地区であった。一方、最も重要な租借地は天津、漢口、アモイ及び広州に隣接した沙面島であった。そのうえ、マカオ、香港、台湾は外国統治領のままであった。半独立状態のチベットもネパール人商人の治外法権を維持しており、はるか遠方の新疆は中国政府に傾くこともあれば、ロシア政府に傾く場合もあった。

上海は特殊な状況にあった。上海は、揚子江の河口に位置し、中国貿易の半分を抱える経済の中心地であったため、外国列強の中国侵入にとってとくに重要であった。この時代を通じて、国の抱える無数の問題や、火災、洪水、日本人によって押し付けられた諸規制、それに一九三七年の市の商業地域の体系的な破壊というその特有の数多くの問題にもかかわらず、上海は商業・金融の首都であり続けた。上海は三つの統治機構に分けられていた。中国中央部の秩序回復のために親日派中国当局の裁量に委ねられて組織された大上海と、上海に居住するおよそ六万人の外国人によって支配された二つの居留地であった。後者は、制限選挙によって選出された市評議会と治外法権を持っていた諸外国の領事らの後見人によって統治された共同租界と、南部で面積の半分を占めるフランス租借地であった(7)。

したがって、上海は、大上海は支配していたが、宣戦布告の危険を冒すことを恐れていたために他地域では同様のことをできなかった日本軍に包囲されていた。その法的枠組みの複雑さと、中国における紛争は公式には戦争ではなく事変であるとされていた事実によって、そこでいかなる企業が取引することも阻止されなかった。上海には、外交の場でもそれと同様のことが起こっていた。

重慶の国民党政府に信任された者も南京の親日派政府に信任された者も、かなりの数の外国代表が居住していた。スペインの外交的地位やスペインの個々の領事たちがそうであったように、そこでは皆が複雑な外交的地位を明確にできないという難局に直面し続けていた。そこでは多くの場合、領事と外交官の職務は一緒になっていた。「我々は皆できるだけ共生しております」とあるスペイン人外交代表はその状況について語っている(8)。外国との錯綜した関係によって、スペインは結局のところかなり前途多難な状況にあった。

日中戦争の情勢によって、それがさらに困難なものになった。中国では、およそ一世紀にわたって、イデオロギーの相違や領地が引き金になったものにしろ、単なる権力争いであるにせよ、戦争状態が続いていた。しかし、一九三九年に争いの場にあった勢力は、大まかに三つのグループにまとめられる。共産党、国民党、そして日本軍とその取り巻きであった。まず、共産党は内陸部の農村地帯を支配しており、現在の陝西県にある延安を拠点としていた。しかしその当時、共産党は中国全体を統治することを望んでいたのではなく、国民党とともに日本軍の侵略に抗する統一戦線を結成しようと努めていた。

次に、国民的英雄である孫文が設立した国民党は、軍事的敗北のために困難な状況にあった。南京と武漢という以前の二首都から奥地に撤退し、四川内部の豊かな地、重慶に臨時政府を移さざるをえなかった。その結果、国民党は中部と南部の内陸諸省における勢力となり、中国の中央政府となるとの意思を弱めた。しかしながら、相変わらず権力を持っていた元軍閥勢力から、常に変わりやすいもののある程度の忠誠を得られるなどの種々の有利な条件は維持していた。これらの軍閥は、最も難局にあった時に連合国の援助を受けた南部の雲南省の龍雲、陝西省の閻錫山、広西省の李宗仁と白崇禧である。国民党はまた、イデオロギーの同一性というよりは状況に応じた必要の産物ではあったが、フランス、イギリス、アメリカの援助を受けていた（アメリカでは『タイム』誌や『フォーチュン』誌のようなヘンリー・ルースの雑誌グループによる強力な後援があった）。国民党と民主主義諸国との関係は、それほど密なものではなかった。その理由の一つは、国民党政府軍は一九三八年初めまでドイツの訓練と支援を受けており、党首であった蔣介石はかなり全体主義イデオロギーの影響を受けていたからである。彼は、ドイツとイタリアの例を見ながら、国の復興を成し遂げるために、中国には意気軒昂たる指導者が必要であると考えていた(9)。

中央政府の形成を望んでいた第三の党派は日本軍の一派であった。彼らは、日本軍の勝利の進撃によって国の最も人口の多い豊かな地域を占領していた。それ故に、蔣介石をドン・キホーテになぞらえて揶揄していた(10)。しかしながら、彼らの中国の概念は、全てを占有するというよりも、もっと限定されたものであった。それはまた、中国の地を少しづつ奪っていく中で変わっていった。台湾のようにすでに大日本帝国に併合されていた地域又は独立国満州国のように事実上分離された地域もあった。戦争の拡大に伴って、日本軍はますますこの方法をとるようになった。こうして、中国の北部にモンゴル王公出身者を長としたいわゆる蒙古連盟自治政府が創設された。同様に、王克敏を主席とした中華民国臨時政府というもう一つの政権は、河北、山西、山東の各省を支配し、一九四〇年三月以降、中華民国国民政府と呼ばれるようになった。中国南部には、上海と南京に梁鴻志を長とするいわゆる維新政府が置かれた。この政府は、一九三八年に北京政府とともに中華共和国政府連合を組織していた。

一九三九年以降、日本軍は、この極端な分裂は自らの利害に都合の良いものではないのではないかと疑い始めた。それ故に、日本軍は中央政府の設立を目論んだ。それが彼らの最終目的のためにも、またこれらの傀儡政権をより効果のあるものとするためにも有利なものとなると考えたためである。ある日本政府の報告書がこの見解を表している――「臨時政府も維新政府も中国人の熱烈な政治的支援を得て設立されたものではなかった。これらの政府に関与している者達の思想は共通していない。両政府ともに権威と意思が欠如している。両政府は国民政府への脅威となる代わりに、我々の内政に争いの種を蒔いてきた」(11)。中国国民党の一部の者たちに日本軍への期待を抱かせて、それによって国民党の中心的指導者の一人であった汪兆銘を離反させたことは、日本の政策の大きな変化であった。

汪には国民党を離れる理由があった。汪は国の英雄孫文から彼の後継者として推薦されていたので、有力な党首候補であったのだが、蔣が軍事力によるクーデターでその選択肢に片をつけた。一九三七年の盧溝橋事件の後、汪は中央指導部と次第に距離を置くようになり、一九三八年末には重慶を後にしてハノイに到着した。国民党の支配の及ばないこの地で、彼は当時の日本の近衛文麿首相による三大提案、すなわち善隣、防共、経済提携をもとに、将来の和平のために日本の支配を受け入れるようかつての同志たちに呼びかけた。蔣はそれを受諾せず、彼を反逆者であると非難したうえ、一九三九年春、彼の暗殺を命じた。そのため、汪は日本の地に避難せねばならなかった。この後、日本政府が、汪が中華民国国民政府と呼び、その他の者が中国中央政府又は維新政府と呼んでいたものを樹立することを約束すると、彼は中国大陸へ戻って行った。たしかに汪の人気は蔣に匹敵するものであったし、彼の政府は国民党に対抗して、中国の広い地域に支配権を有することになり得た唯一の親日政府であった。この時に、日本軍が全く誤っていたようには思われない。したがって、南京に到着し、統治のための新政府の機構を発足させた後の汪の重要な懸念の一つは国内と国外の両方で合法政府として認められることであった。そのために他国の承認を得ようとし始めたのである(12)。その中で、フランコのスペインによる承認はそれ程難しくないものの一つとなる。

2・2　関係の回復

フランコ政権の側でも、中国の一政府を承認しようとしていた。両国は中国での公式な関係を回復させようとしていた。「ここで起きていることを誰も把握していなかった。それは後に回想されるところによると、我々が内戦に勝ったばかりの時期であった」(13)ので、その解決のために、現場の状況を調査するべく、何の具体的な指示もないまま一人の外交官が上海に送り込まれた。中国での目的は、戦争前の地位回復のための摸索以外の何ものでもなかったので、ペドロ・デ・イグアル・イ・マルティネス・ダバンをスペインの首席代表として任命することを決めたときにも、この国で何が起こっているのか、また何を成し遂げようとするべきかさえも十分に理解されていないままであった。スペイン外交代表を中国側が承認するように工作して欲しいとの電報からは、マドリードの新政府が、スペイン共和国とつながりのあった中国国民党から承認されないだろうということも、代表の承認のための手続きさえ知らなかったということがうかがえる。たとえば、彼は日本軍支配下の上海で任命されることになっていた。つまり、そこでの日本軍の権力が非公式なものに過ぎず、北部や南京の親日政府が日本から認知されていなかったことさえ知らなかったのである(14)。

しかしながら、中国における国民戦線派スペインの問題は儀礼的要素をはるかに越えていた。一方では、単なる情報不足によって重大なミスが犯されてしまうといった関心の薄さがあった。他方では、治外法権とスペイン人の領事裁判権はもうなかった。一九三七年四月三日の中国法務省の第一七七決定で、それらは廃棄されてしまっていたのである。最後に、中国にはただ外交官が滞在していただけだったということである。中国に送り込まれた外交官の数の割には、内戦勃発以来、イベリア半島のいずれの政府も、中国の確かな情報を得ることはできていなかった。直ちに国民戦線派を支持し、この政府のために働き続けていた唯一の外交官は上海駐在の領事のエドゥアルド・バスケス・フェレールであったが、彼は給料を受け取ってはいたが、サラマンカとほとんど連絡を取っていなかったため、何の役割も果たさなかった。他の外交官たちは、国民戦線派に転向した際に外交官審判所によって一時的に粛清され、内戦の間ほとんどずっとフランコの新国家による認知を得ようとしていた。その中の一人、上海の副領事であったホセ・ララコエチェーアは、自らの信ずるところを直接訴えるためにスペインに戻った。しかし北京に配属されていたフスト・ガリード・シスネーロスとリカルド・ムニス・ベルドゥーゴの二人は奇妙な状況で中国に留まった。彼らは、首都として機能していなかった北京で公使館の建物に居住していたが、彼らを咎める者は誰もなく、それどころかその間の給料が支払われていた。それは、あきらかに数年前になされた付属地の一部売却による金であった(15)。最後に、到着したばかりのペドロ・デ・イグアルの人格については、戦後、「最も無責任で甚だしく軽薄な」人物の一人であると記述されたが、彼もやはりこれらの難題を一時的にでも解決することはほとんどできなかった(16)。イグアルはスペイン内戦の勝者代表の最高責任者として中国に赴いたのだが、その職務を遂行するにあたってかなりの困難に直面した。というのは、他国の外交官が彼の任命の正統性を疑っており、彼が語ったところによると(おそらく誇張しながら)、彼らは新聞で、彼を無視するようにとの合言葉を広めてさえいたからである。フランコ政権は国民党政権によって承認されておらず、北京市当局もイグアルに通常の外交特権を認めていなかった。かくして、公的機関はイグアルの連絡を無視し、税関では支障が生じ、彼の通信は香港で検閲されていた。一方で、彼が代表することになった八〇〇人近いスペイン人居留民は、治外法権終了のために微妙な状況にあった。宣教師たちは国中に離れ離れに住んでいたため、さらに悪い状況にあった。そのうえ、中国国内の戦争でますます身の安全が確保されなくなり、ヨーロッパで紛争が勃発すると、事態はさらに悪化した。一九三九年九月一日以降、アメリカ人と他ならぬスペイン人宣教師たち(バチカンが調査した全二一、八三四人の修道士のうち二六九人）のみが比較的正常な状態にとどまっていた。さらに、スペイン人居留民の中では、主にファランへ党員（上海でも天津でもとくにバスク人のハイアライ選手たち）と共和国支持者の関係が、以前からの各個人間の敵対関係も加わって、かなり悪化していた(17)。

しかし、スペイン人にとっての主要な問題は、一九三六年十月以降に治外法権がなくなってしまい、自分たちが公的に中国当局の管轄の下に移されてしまったことからくる他のヨーロッパ人に比しての不利益であった。つまり、内戦による一時中断の後に常態に戻ろうとしたことは、次の三つの大変重要な問題の故に妨げられた。それは、情報不足、侵略国日本と友好関係にあった故のフランコ新体制に対する潜在的な敵意、それにスペイン人居留民の孤立無援である。

スペイン内戦の終結とイグアルの赴任によって、スペインのプレゼンスの正常化のための多少の障害は克服された。古くからの二人の知人、中国駐在イギリス大使アーチボルド・クラーク・カー卿とイタリア領事ネイローネ少佐のおかげもあって、スペイン領事は領事として受け入れられ、フランス租借地の市評議会は、領事認可状の条件や事前の正式な承認を欠いていたとしても、結局そのスペイン領事の外交特権を認めた。イタリアもまた他の問題を解決するのに協力した。イタリアは、どのようにイグアル（公使ならびに総領事、つまり外交官と領事の職務を兼任）が任命されるべきかについて連絡し、またスペイン人居留民の利益の保護を引き受けた。それはまず、ベルギーの管理下に一〇〇人程のスペイン人がいた天津市において、後に、日本軍の支配下になかった中国領土においておこなわれた(18)。

しかしながら、治外法権を取り戻すことはさらに複雑であった。中国当局は犯罪人がスペイン人である場合には相変わらず領事館に引き渡してはいたが、それは恩典付与の域を出ていなかった。また、スペイン人居留民は十分な法的保障を有していなかったので、保護されていたのではなかった。したがって、イグアルの主な目的は明らかにこの特権の回復であった。彼の第一歩はマドリードにその必要性を強調することであった。

もちろんそれは些細な課題ではなかった。イグアルによって「最も重要な［原文強調符］取引を上海でおこなっているスペイン人修道士たち」とされたアウグスティヌス会修道士の代理人は(19)中国不動産公司に対して七十万中国ドルとその利子を支払えという有罪判決を受けていた(20)。イグアルはまず、イギリスの友人カーを介して中国国民党と直接の接触を取り付けようとした。イグアルはマドリードの政府に、治外法権を回復しようとし、自国民が治外法権を持っている他国の領事館に登録しに行くことがないようにと望むのであれば、重慶政府と正式な関係を結ぶことが必要であると説明した。以上のことを成し遂げる決意をしたイグアルはまた、マドリードの政府が国民党との関係を確立するために働きかけてくれないかと打診した。しかしイグアルは、それが困難であり、また双方の疑心暗鬼を克服するには何らかの援助が必要となるだろうということをわかっていた。関係を再開するには、無視できないあまりにも深い溝が存在した。それは中国の親日派の怒りの原因にも、また、たとえわずかではあれスペインが枢軸国側に確実に接近する際の一つのマイナス要因ともなるだろう。かくして、イグアルの目的は重要なものであったが、その全般的な意味合いはさらに重大なことになるかもしれなかった。

マドリードの政府は、国民党に接近しようとの政治的意味を見逃さなかった。スペイン政府はイグアルの要望を拒否はしなかったが、公使館の建物を維持する以外の機能を果たしていなかった北京に一人の書記官を任命し、また、天津のイタリア領事に対してその地に居住しているスペイン人の保護を要請する任を引き受けただけだった。重慶政府との友好関係樹立というイグアルの提案は公式の方針とは程遠いものであった。ホルダーナ外相は、更迭される直前に、厳格な命令ではなかったが、その方策を進めないようにイグアルに要請した―「全般的な状況という理由と何が最も重要かという理由が［治外法権の回復などに］優先されるべきであり、我々と親密な関係にある国々との状況を困難にするような提案は慎むべきである」(21)。他方でこれらの指示は、初期に中国の状況がスペインでは何も知られていなかった頃にイグアルに出されたいくつかの指示を想起させる―「……目前に現れる困難を回避していかなければならない。何の約束もせず、たとえばイタリアのような友好国の代表らの援助に頼ること……」。後に日本に派遣された経済使節団の副団長ホセ・ロハスの覚書にも「現在の情勢では非常に面倒な教義的方針」よりも何らかの現実的な解決策が望ましいと記されていた(22)。まだまったく方針は決まっていなかったが、全般的な意見は、反対の方向つまり中国の親日派へ歩み寄ろうとするのはあまりにも無謀だが、蔣を承認することもそれ程都合の良いものではないということだった。フランコ政権の外交は汪か蔣かを選ぶこと以上の二者択一を迫られていた。その決断はむしろ、日本との友好関係か、蔣がもたらすとされる利権、すなわち治外法権を取るかにあった。しかも、全般的利益と中国との関係という部分的な利益のどちらがより重要性を持つかということを考慮しなければならなかった。

駆け引きのような時期があり、その間、イグアルは独力で行動しようとした。領事はすぐに、「友好国の援助」によって自らが望ましくない状況にもって行かされようとしていることを悟った。たとえばイタリア人は、大上海の親日派市長を訪問するよう彼に圧力をかけた。この訪問は後にプロパガンダに利用された。彼はこれを不愉快に思い、今回もマドリードの意見を求めることなしに、いくつかの声明を新聞に発表した。そこでイグアルは、スペイン人の利益を保護するという願望からのみこの訪問をおこなったのだと言って、自らの行為を弁護した。また他方でイグアルは、ドイツやイタリアに対するスペインの謝意は防共協定にあるこれらの国々との結びつき以上のことを意味するものではない、とも付け加えた。イタリア領事がこれらの発言を気に入るはずはなかったし、また中国においてイタリアの政策に追随するようにとのスペイン政府の意向を拒否するためにイグアルがイギリス人カーに宛てた興味深い書簡も気に入るだろうはずはなかった。イタリア領事がこの書簡を読むということはなかっただろう。というのも、イグアルはそれをマドリードの上司にさえ送らなかったからである。しかしそれは、中国人の間での対応の変化をもたらすという重要な効果を持った。彼らはカーに、国民党の本拠地である重慶を一緒に訪問するようイグアルに提案させたのである。それは、フランコのスペインに対する中国のより柔軟な姿勢の前触れであった。マドリードは相変わらず日本の侵略を支持していたにもかかわらず、中国国民党は初めて、交渉を開始してもよいとの意向を示したのである。イグアルはすでに目標の半分を成し遂げていた。中国国民党の変化の兆しは、彼自身の成功であると理解されえたからである。

ただ、すべてがそうではなかった。というのは、全体の状況の様々な変化もまた一九三九年秋に中国国民党がスペインに対して示した柔軟性にとって決定的であったからである。この時期は国民党の存亡にとって最も厳しかった時期の一つだったため、蔣は外交上の成功の可能性を取り逃がすことはできなかったのである。汪兆銘はこの頃に南京に居を定めて、北京、上海、華北の親日派三政府の親玉たちに、うわべは統一された国民政府をつくるよう説得することに成功していた。汪の働きかけによって中国国民の大多数を統治しうる政府の樹立に至る可能性があった。この政府が蔣政権に対峙できるほどの力をつけた際には、勢力の均衡が変化するかもしれなかった。在中国イタリア大使が述べたように、スペインと似かよった状況がつくり出されるかもしれなかった(23)。汪の新政府は変化への多大な期待を生み出し、それ故、国民党のかつての同志たちの間には危惧の念が生まれた。彼らにとっては、ヨーロッパでの戦争勃発は彼らの戦争の継続をますます困難にさせるように思われた。イギリスとフランスはドイツとの泥沼にはまり込んでおり、ヒトラーとスターリンの間で交わされた不可侵条約は、アジアにおいてますます中立の立場をソ連にとらせることとなった。ノモンハンでの停戦後には日本との協定の実現の可能性もあったから、それは大いにありえたのである。

ヨーロッパでの戦争勃発とともに、新たなニュースは多くの者の予測を見直させることとなった。一九三九年秋に重慶の蔣介石政府はそろそろ消滅するだろうと見ていた領事イグアル当人もそのうちの一人であった。その結果、イグアルは、「人々が言うには、まもなく起こるだろう将来の事態」を待つとの提案をした(24)。数か月のうちに事態はすっかり逆転していたのだ。今や国民党の方がスペインとの関係確立のために新たな国交を結ぼうとしており、他方でフランコ政府側は日本が勝利すると見て、その利益に浴しようと窺っていたので、国民党への関心を失っていた。この新たな状況下で外務省が出した決定は、「急速に消滅に向かっている政府を率先して承認するようなあらゆる動きを全面的に控えられたい」であり(25)、ロンドンでやはり国民党と接触していたアルバ公爵に対しては、「日本に対して我々が不誠実な立場をとってしまい、望まざる重慶の承認をさせられるようなことにならないように」慎重に行動するようにとの訓令が発せられた(26)。今や汪兆銘の時代であり、それ故にその敵方は、枢軸国寄りだが、国民党に接近したいという態度を見せていた国、つまりスペインとの関係を改善することに特別な関心を示していた。

2・3　親日政権に対する好意的見通し

一九三九年から一九四〇年にかけての冬、蔣はかなりの苦境にあった。汪のような信望のあった人物による中国国民政府が樹立されると、国民党の他の将軍たちや将校たちまでがそれに引き入れられ、国民党政府を政治的に脇に追いやってしまう可能性があった。国民党の唯一の国際的戦略は、自らの命運を西洋民主主義国のそれと結びつけることであった。

フランコ政権が重大な決断を下さなければならなかったのはこの時期であった。なぜなら、中国の二政府のどちらかに傾くことになると、それが中国の国内の争いに国際的合法性を与え、重要な影響を与える可能性があったからである。実際に、両政府ともスペインがそれぞれの政府に傾くようにと努めた。中国国民党政府の場合には、この問題への関心はスペインの武器と水銀を買うという奇妙な申し出に示されており、この申し出はスペイン政府の長に直接になされた。他方、汪政権は日本を介してその関心を示した。日本は、汪政権が承認されるために、スペインが最も聞き入れそうな論拠、つまりイタリアはもう承認する用意があるという論拠をひねり出した。そのうえ、日本はその意向を述べた文書をパリとローマの大使館を通じて、あるいは直接にと様々なルートでマドリードに送った。それは東京のスペイン公使館を通じてではなかったので、サンティーアゴ・メンデス・デ・ビゴは他のたいていの場合と同様に、このことを新聞で知ったのである。

一九四〇年の初めには、スペイン人の眼には前年にあった二者択一はすっかりなくなったように見えた。スペイン外務省海外局は他ならぬイグアルの報告書に従って、国民党政府は「まもなく消滅する運命にある」と指摘した(27)。それが完全な決め手となった。その新情報でスペインは大いに満足したに違いなかった。スペインは蔣の失脚に全面的に賭けることに決め、ロンドンのアルバ公爵に、慎重におこなうようにとすでに勧告してあった交渉の中断を命じた。アジアにおいてイタリアの後について行ったことは成果をもたらしていたので、日本の勝利に賭けるという決定で外務省内は明らかに一致していた。汪はスペインに気に入られただけではなく、将来の中国の統治者になりそうであると思われていた。野心と期待とが一致しようとしていた。そういう訳でスペインは、蔣とは一度も関係を持ったことがないから構わないだろうとして、イタリアと同様に、国民党との関係確立を拒否し、汪と係わりを持とうとすることに決めた。かくして二月十四日、スペインの在イタリア大使ペドロ・ガルシーア・コンデは、在イタリア日本大使の天羽英二に以上のことを知らせた(28)。スペインはイタリアと同じ道を辿っていた。

スペインはイタリアがすでに得ていた治外法権を所望していたため、その姿勢は微妙に違うものとなった。そのために、外務省が汪の承認を決定すると、それをいかに交渉していくのかということについて内部で議論が起こった。それはスペインが決断しうるわずかな領域であったが、それを利用しようとしていたのである。外務省は様々な選択肢を考慮した。イタリアが汪政権を承認するのを待つか、ドイツがおそらくそうするようにその承認を引き延ばすか、それとも日本に対する友好の意の証しとして単独で先手を取って承認してしまうか。この議論のなかで、メンデス・デ・ビゴはある種の交渉を提議した。メンデス・デ・ビゴは、これと同じプロセスが一九三七年の日本によるフランコ政権承認の後にも起きたことを思い出させ、日本軍の前進に関する新たな情報を知らせた。しかし、汪が「政権樹立のために必要な確実な権威や名声を持った人々」に依拠できていない、ということにも触れた(29)。メンデス・デ・ビゴは同様に、元首相の阿部信行が日中両国の安定した関係を確立するような条約の交渉のために汪のもとに全権大使として任命されたことも報告した。間違いなく、メンデス・デ・ビゴは以上のことによって汪承認の決断を遅らせることを望んでいた。なぜなら、阿部と汪政権の交渉が開始されたのはその何か月か後の七月であったからである。それは直接の情報を持っていた者の強みであった。マドリードではそれを知る術はなく、かくしてメンデス・デ・ビゴは汪承認の決定を延期させることができた。

スペイン外務省は、ローマとベルリンのその外交代表部に、スペインが再び中国での治外法権を認められるためにイタリアとドイツからどのくらいの保障を得られそうかと尋ねた。他方、東京のメンデス・デ・ビゴに対しては、「スペイン政府が、汪の承認をイタリアとともにであれ、あるいは単独であれ、決断する時が来る時のため」の交渉の可能性について尋ねた(30)。メンデス・デ・ビゴはあらためて時間稼ぎに努め、汪政権の新たな代表が東京に到着するのを待つことを勧めた。なぜなら、この時点では彼の意見は外務省内の支配的意見ではなかったからである。外務省内では当面の利益を追求することと、治外法権の回復に眩惑されないことが望まれたのである。このため、スペイン外務省は汪政権の樹立以降いつでも汪を承認する準備をしていた。それは一九四〇年三月三十日に予定されていた。イタリアより後だろうが先だろうが、日本が汪政権の承認を要請したらすぐに、ドイツがどうするかなどはあまり心配することなく、スペインは汪を承認しようとしていた。たとえば、どの旗がこの政権により適切であるかという中国国内の事情などは無視された。イタリア大使は、このことはイタリアの汪政権承認を難しくさせるかもしれないと述べていたのである(31)。イタリアがスペインを後援していたといっても、結局は、スペインは一定程度の政治的自主性を持っていたのである。

しかしながら、スペインのこのような自由な行動の可能性は最終的には実現しなかった。三月後半、汪新政権がまさに宣言されようとしたとき、日本は以前の政策を転換し、汪政権の国際的承認を求めなくなった。汪計画は脆くなった。（国民党の要人の一人の兄弟だということだったが、氏名詐称者だということがわかった）宋子長を介してにせよ、いわゆる桐工作によってにせよ、汪は日本とどのような講和会談にも至ることができなかった。他方で、自らの政権のメンバーのうちの数人が国民党出身者であったが、汪は国民党の深刻な分裂も、約束された雲南又は四川での蒋に対する蜂起も成功させることができなかった。そのうえ、汪が自らの専決的体制を強く望んだことは、他の主要な指導者であり協力者でもあった臨時政府の王克敏と維新政府の梁鴻志に強い猜疑心をかきたたせた。また、自らの陣営から数人の中心人物が国民党陣営へ逃げ出しさえした。彼らは、交渉で日本がほとんど植民地化を強要していることを告げたのである。重慶の国民党政権は離反者によって弱体化していたが、時を経るにつれて、汪が国民党政府に対抗できる可能性は低くなっていた。さらに、国民党政府からの汪の離反が汪政権の軍事力を強化させるということは全くなかった。

不安定であったとはいえ、蒋は、日本軍が汪に傾くのを遅らせて国民党との交渉を維持させるために、十分持ちこたえていた。日本政府は、国民党を引き寄せて、中国共産党に対抗する以前の同盟に戻るという望みを残しておく方を選んだ。それ故、全てを汪に注ぎ込まないことを決断した。他方で阿部信行の任務は、ほかならぬ軍人たちの横槍で挫折していた。軍人たちはとくに、戦況不利になるかもしれないような条件を絶対に受入れなかったのである。つまり、阿部は汪との条約を交渉する権限を与えられていたが、汪の第一の要請であった日本軍撤退を認めることができなかったのである。ところがそれは、日本軍の将校が以前は秘密裏に受諾していたことであった。日本は、いつもと同様に、合意していたことを翻してしまった。中国側は日本側の動揺がいつまで続くのかわからなかった[32]。

たしかに東京の新聞は、アメリカの不承認表明の姿勢に対抗してイタリアと同様にスペインも汪承認の意向を非公式に伝えたと報道していたが、スペインは汪問題を介して日本支持を表明する機会を持たなかった[33]。他方で、国民党政府は外交的方策で汪計画を失敗させようといっそうの努力を重ねた。したがって、スペインの汪承認の意向を知ると、国民党はスペイン外務省に対してますます強い姿勢で圧力をかけるようになった。それは二つの戦線で別々におこなわれた。パリでは、スペインが急に汪政権の承認を言い出したことに異議を申し立て、上海では、イグアルにフランコ政権承認とスペインの治外法権を約束したのである。もちろんそれは、スペインが汪を承認しないという唯一の条件の下にであった。

イグアルはこれを見て、一九四〇年四月に、再び意見を変えた。フランス領事アンリ・コスムのおかげでフランス外務省に送付され、そこから在パリのスペイン大使館へ、さらにマドリードへと送られた電報で、彼は、日本の中国におけるやり方を「殺人、誘拐、略奪」だと決めつけ、汪政権を「操り人形組織」だと述べたのである(34)。東京のスペイン公使館を通じて送られた別の電文はより控えめで、蔣政権に「厚い信望、耐久力、そして万国からの支持」があると述べ、「事実でもってその安定が示され、新政府の権威が他国に認知される」までは汪承認を思いとどまらせることを言うにとどめてあったという(35)。言い換えれば、「決して承認しないように」ということであった。というのは、汪の敵方を「長命」とみなしていたのである。領事はついに、国民戦線派スペインと国民党とが関係を持ち始めるという長年の夢が果たされると見て、中国におけるスペインの利益にとって非常に重要だと考えたこれらの条件の受け入れを強い調子で支持し始めた。たった三か月間で、しかも目に見えた変化もなしに、中国内の抗争に関して彼の考えがまた転換した理由を正確に知るのは難しい。しかし、イグアルが中国国民党政府の立場を熱心に支持したことは、他にも何らかの動機があったのではないかということを示している。汪計画がさんざんな苦労をなめるだろうことは確実であったが、国民党もまだかなり厳しい時期にあったのである。とくに、ちょうど一九四〇年夏、国民党政府への主要な補給路であった通称ビルマルートが封鎖されてしまった。

国民党を支持することは、イグアルにとっては政治的に無謀な提議であった。イグアルは、一九三九年にロハスが述べていた「現実的な解決策」と「教義的方針」との一致を切り離すという望まれざる情報をマドリードに送っていたのである。そのうえ、イタリアの逆を行くことを提案していた。そのために、おそらく、同僚のイタリア領事ネイローネに気づかれることを懸念して、このスペイン領事は、その電報を東京から送ろうとした。表面上の理由は東京の公使館にはより安全な暗号があるということであったが（彼は宣教師の手を介して電文を送った）、サンティアーゴ・メンデス・デ・ビゴが枢軸国側への接近に懐疑的なもう一人の外交官であったということを見逃すべきではない。イグアルは日本側の暗号解読の可能性よりも、中国におけるイタリアの干渉の方を危惧していた。

イグアルの提議を伴った電報はスペイン外務省を当惑させ、南京の汪政権の将来の成功が疑われる最初のきっかけとなったが、外務省は決定を変えなかった。外務省の認識の枠組みからすると、国民党はまもなく消滅に向かうと言っており、彼らの期待にもっと沿っていた東京からの別の情報を取り上げるのがよかった。蔣と関係を確立すれば、スペインはより現実に即した状況に置かれるだろうということは受け入れられたが、マドリードは依然として汪の方に傾いていた。外務省のある報告書が言うところによると、「日本政府内で生ずるだろう反発は……かなりの反スペインの動きをもたらすことは疑いの余地がなく、したがって、中国におけるスペインの利益にあまり有利ではない」という理由からであった[36]。この論拠は興味深い。この地域でのプレゼンスを維持しようとして、中国におけるスペインの利益は日本との政治的関係に従属してしまっていたのである。計画の第一部がもう古いものだと分かったかと思うと、第二部は新奇なものだったというように、この時期の中国における交渉とプレゼンスは、完全に日本政府との関係をめぐって展開していた。

イグアルは自らの主張を通すことに熱を入れたので、さらに新たな情報を探そうとした。外務省は、「他の列強とくにほかならぬ日本による南京政府承認に関することについて、また、中国における我々の権利の保持はスペインがぜひとも明らかにしておきたい問題であることを日本に分からせることは可能か」探りを入れようとした[37]。汪に有利となるような返答が期待されていたが、マドリードはある重大なことを意味する新たな疑念を提起していた。それは、イタリアの影響力に追随していくことに対するさらなる懐疑であった。マドリードがあらためてイタリアの汪に対する態度と国民党との関係について質問すると、イタリア側はすぐにこのことに気がついた。不快感を抱いたイタリア側は、新たな情報を送ったり、ローマのスペイン大使と会談したり、マドリードでベイグベデール外相と会ったりと直接にスペイン側とかけあって反撃した。イタリアは何とかしてスペインを従属させ続けようとし、しかもそのうえ、ペドロ・デ・イグアルを直接非難した。それは、在中国の他の国々の領事と連絡をとらなかったこと（つまりネイローネに報告しなかったこと）、それにさらに悪いことには、スペインが「イギリスの下僕」となってしまうことであった―「遅れていた重慶政府との交渉［スペインによる承認手続き］がこのように始まったのは、あのイギリス大使［クラーク・カー］に吹き込まれたのであろうと判断する理由がある」(38)。イグアルと、この引用文の一節前で重慶の使者だと非難されたカーとの接触の意味は明らかであった。スペインの利益の後見人たるイタリアの役割に対するイグアルの公然とした挑戦がすでに答えを出していた。

外務省は、イタリアの圧力に屈した。ベイグベデール外相は在スペイン・イタリア大使フランチェスコ・レキオに対して、対中国政策を転換したことを否認し、その後、イグアルに「指示があるまでは、重慶政府の招待に応じることや、関係を回復すること」をしないようにと命じた(39)。領事は賭金のつり上げに負けてしまい、「スペインの利益を擁護する私の見解と一年近くにわたる私の苦労は、貴官の承認に値しないようである」と嘆いて、その失望を示した(40)。預言者故郷に容れられず、であった。イグアルはどうにか外務省の一部を彼の立場に同意させるようにしたが、彼には上層部の支持が欠けていた。なによりも、イタリアに代わってフランスとイギリスを仲介者として利用し続けたことで上層部のますますあからさまな拒否にあった。対中国政策では、治外法権の件は無視され、全般的利益が優先されたのである。

フランコ政権スペインの初期の断固たる枢軸国寄り政策のなかで、イグアルは自分の中国に関する知識をもって外務省に働きかけることができるだろうと考えて、行動した。しかし、それは意に添った情報を送っている間、または、彼が赴任した当初のように外務省にはっきりとした認識の枠組みがなかった間にのみ有効であった。しかしながら領事は、自分の相対的成功の基盤である粘り強さを失わずに、重慶の申し出に応じるのは都合が良いと力説し続けた(41)。他方で経済使節団の中国訪問は、彼にマドリードの公式な政策に立ち向かう新たな動機を与えた。イグアルは実に行動的な外交官であった。経済使節団の中国到着の際に、あらためてこのことを証明した。

2・4　中国における経済使節団

カストロ・ヒローナ率いる派遣団は、アジア大陸の日本軍占領地での旅程を続けるように指示され、その結果、朝鮮、満州、さらにその後、日本軍に協力していた中国に赴いた。それは、日本によってすら承認されていなかった時期に南京の汪兆銘傀儡政権を訪問した初の公式使節団となった。したがって、この訪問は重要な政治的意味を持つことになった。

ペドロ・デ・イグアルはその意味するところに気づき、その訪問をやめさせようとできる限りのことをした。彼はその行程を知らされてはいなかったが、使節団が南京へ向かうことを知るとすぐに、ハルビンで彼らと会おうと飛行機で満州に向かった。この親日国家の主要都市で、彼は使節団のメンバーにその政治的意味の危険性を説明した。というのも、使節団が、自らの汪政権訪問を承認するようにとマドリードに要請したからである。外務省はすぐに肯定の返事をし、その結果、彼らは行程を進めることを決定した。ただし、イグアルの言い分も聞き入れられて、訪問は三日間に短縮され、また四人のメンバーのみが参加することになった。この駐上海領事は、中国人が時を経ても覚えていることになる失敗を防ぐことができなかった。スペインは、ラテンアメリカとの関係においてだけではなく、日本の勝利の認知のためにも友好国日本に利用されていた(42)。

使節団は一九四〇年八月二日から四日にかけて南京を訪れた。滞在中の中心的行事は国民政府主席、汪のレセプションであった。初めての国際的な支援だったため、汪は当然ながら彼らを歓待した。汪はこの機を利用して、この訪問が正常な関係樹立に向かっての第一歩であるとの期待を表明し(43)、アルベルト・カストロ・ヒローナは、将来的な承認に関する何らかの口約束をもって応えなければならなかった。というのは、スペイン側の文書館には直接の関係文書はないのだが、中国側は後々までそれを根強く記憶していたからである。このアフリカ派の将軍は、スペインが中国に送った非常に重要な政治的土産に対して対日協力派の中国人たちが示した幸福感に浮かれたままになったはずである。スペイン人の訪問は、当の日本の庇護者たちも回避し続けていた待望の初の外交的承認を予示していたからである。在上海アメリカ大使館のある関係者の指摘したところによると、「それは、間違いなく「国民政府」がその「公式承認」の前約束を得たという意味を持つ。[汪は]それに関して明らかに桁外れの望みを抱いている」(44)。汪はスペインから、国民党を非合法としようとの資格を認められたのである。汪は、孫中山の真の後継者であると自称して(共産党を含めて皆がそう言っていたが)、自らの政府の「合憲性」と重慶政府の強力な「独裁」を対比して、蔣が和平へ向けてほとんど努力していないことを批判した。さらに、彼は西洋の一政権に承認されたのである。マドリードの決定はかなりの重要性を持った。

明らかな見返りなしに、スペインによるこの政治的土産の動機を理解するのは難しい。副団長のホセ・ロハスがすでにスペインへ発ってしまっており、また彼のアジアへの関心が最小でしかなかったことをとくに考慮するなら、経済使節団の汪訪問をカストロ・ヒローナのある種の至らなさのせいにするのは容易なことである。カストロ・ヒローナに関するとある逸話によって、いかに使節団の旅の準備が不十分であったかを理解することができる。彼が、ある肖像画に描かれている男性が誰であるかと質問したとき、周りの者は、それが中国の国民的英雄の師、孫中山であることをかなりの驚きをもって彼に教えた。カストロ・ヒローナは、その名を一度も聞いたことがない、と気後れすることもなく述べたのであった。イグアルはかなり後に、彼について「スペイン軍の最も間抜けな将校のうちのひとり」と言い切ったが、領事が不満を感じるのはもっともであった。なぜなら、訪問は全く私的なものとするという約束に背いただけではなく、ほとんど何の考えもなしに承認の可能性について喋ったのである。しかしながら、数々の失策は別にして、この訪問の決定的な理由はそのメンバーたちにあったのではなく、電報で直ちに南京訪問を認許したスペイン外務省にあった。

結局、カストロ・ヒローナ将軍はマドリードにあった雰囲気に組みしただけであった。使節団出発の際の指示には、はっきりと「蔣介石は我々にとって何の役にもたたない」とあった(45)。それは汪を強く支持した見解の表れであり、総統《カウディーリョ》もまた見たところそれに賛同していた。それは、第三インターナショナル解散について、フランコが後に須磨公使を前にして語った見方と一致していた。フランコは一九四三年五月、ロシア人にとって「インターナショナル」という語が使用されるのは大変都合が悪くなってきている、また、日本の動きは非常に効果的になっているので反共軍人たちを引きつけるのに成功した、と言ったのである。フランコは続いて、妙な結論を引き出した。「ロシアによるコミンテルンの解散は、まさにこの不安を抑えて、重慶政府崩壊を防ぐための一案であると言ったら間違っているだろうか」(46)。総統《カウディーリョ》は明らかに、いずれにしても共産主義であることの変数を、東アジアで起こっていることを理解するための唯一の決定因子であると考えていた。

南京訪問の許可をマドリードで誰がどのように決定したのかを知るのは難しい。早急にその答えを出そうとすると、どんな交渉をしようとしたのかあるいはどんな政治的見返りを得ようとしたのかについて考えられなくなってしまう。まずは、日本側の好意へのお返しや義理の意味合いがあろう。これ程大人数のグループ、ことに予定より三三%も多くなってしまった人数を招待してくれたという日本側の気前のよさの後に、あまりにも「小さな」好意を拒絶することは難しかったのである。しかも、決定の迅速さは、それを下す段階での軽率さを考えさせる。このことは、国民戦線派が一九三七年十一月に満州国を承認をしたときにも、同じように迅速だったことを思い出させる。代理公使フランシスコ・ホセ・カスティーリョが日本側の出した見返りを通知したら、承諾の返事がその日のうちにサラマンカから届いたのである。このような瞬時の返答は、そのための特別の会議での決定によるのではなく、たとえ上層部あるいは大臣へのちょっとした相談を経たとしても、むしろ部局の責任者が送った単なる手続き上の返答に過ぎなかったことを意味している。満州国を承認をするかしないかということが十分検討されなかったのと同様、責任者が汪訪問を許可することがそんなに意味のあることだと考えていたとは思われない。中国やアジアの他の地域に対するスペインの歴史的な無関心さを見過ごすことはできない。なぜなら、極東で失敗したとしても、失敗とはみなされなかったからである。それは、ある種の好奇心とみなされてもよいくらいであった。ヨーロッパやアメリカの国であれば、最大限の関心が払われたであろう。

結局、経済使節団はスペインと日本がプロパガンダの点において協力することがいかに容易であるかということを示した。アメリカの外交官はそれを「全くの政治目的によるもの……また日本政府の歓心を得たいという望みによるものである」と指摘した(47)。しかしながら同時に、両国の関係を他分野に発展させることは困難であった。経済面での繋がりを強化することが望まれていたが、あらゆる種類の多くの問題がそれを阻んでいた。政治的な友好関係は、ただプロパガンダ目的に利用されるのみであった。このことは、秋にラモン・セラーノ・スニェルが外相に任命され、政治的利害がかつてない程優先されることになったときに見ることができる。中国と関係を保つ道は、ただ一つ、つまり東京、ローマそれにベルリンを通る道しかなかった。

2・5 スペイン、中国政策を持たず

一九四〇年の夏が過ぎると、汪新政権が抱いていた期

待はすでにぼやけていた。その理由の大部分は、真に国民的な政府を成り立たせるためには日本軍が汪に課した制限が大き過ぎたことにある。内モンゴルはずっとその領域の外にありそうだったし、華北は事実上独自に動きそうだったし、日本軍が退去することはなさそうであり、あらゆるレベルの学校も含めて社会組織の広範囲な部面に日本人顧問が配置される模様であり、最後に、中国の財政と経済の管理は日本がおこなうことになりそうであった。国民党を倒すための汪オプションは、日本軍の展望がはっきりしていなかったことによっても失敗に終わった[48]。かくして、ヨーロッパでのドイツの勝利の後では、この時期に唯一実行可能であった軍事行動という選択肢に戻らなければならなくなったのである。

　他方、ペドロ・デ・イグアルは電文の内容を少しずつ過激なものにしていった。経済使節団訪問に伴う彼の新たな失策にもかかわらず、中国「国民政府」へのいかなる接近をも断念させようとし続けて、天津の副領事をイタリアの影響から切り離そうとした。そのうえ、彼は本省に対して徐々に次のような脅しの調子で語るようになっていった。「スペインが南京政府をあまりに早く承認すると、[国際]租借地における他国の外交代表との間で我々をかなり困難な状況に陥らせることになりましょう。とくに蔣政府との間では、その領土内の中国における我が国の宣教師の虐殺あるいはスペイン人とその財産への継続的な襲撃となって表れる可能性があります」[49]。不幸にもそれは的中し、この時期に、日本軍の爆撃の間に、国民党に属するいくつかの軍隊によってイエズス会宣教師リカルド・ポンソールが殺されたことが判明した。しかしながら、イグアルの数々の通信文に対してはもはやいかなる返信も来なくなった。かくして、汪政権について情報を受領するやり方に関して一つの提起がなされた。マドリードにあるイグアルの文書のコピーには次のような添え書きがある—「次官は何もするなと言っている」[50]。

　予測されたとおり、ペドロ・デ・イグアルは待命を宣告された。それは一九四〇年十一月九日、ラモン・セラーノ・スニェルがスペイン外交の指揮を執るようになってから三週間後のことであった。イグアルが待命の理由を問うたにもかかわらず、それは知らされなかった。見解の相違がここまで達してしまったことを知るなら、イグアルの失脚も、後の昇任差別も、また数名のスペイン人居留民の支援の手紙が役に立たなかったことも不思議ではない。しかしながら、この解任は、枢軸国側への深い従属と、連合国に対する近い将来のその最終的な勝利にスペインの利益を従わせるというこの時期の支配的風潮を大いに象徴している。太平洋戦争後、イグアルは、南京政府の承認は「ほとんど何の助けにもならない」と見抜いていたことを自慢した。彼の決断力を否定することはできないが、汪の承認がなされなかったのは当時の政治状況にもよっており、とくに、日本が中国におけるその傀儡政権の親玉に熱を入れることをためらったことにもよっていた。

こうした状況のなかで、中国古都の公使館で起こっている奇異の事態を解決するために、ホセ・ゴンサーレス・デ・グレゴリオが北京に配属された。そこにはフスト・ガリードとリカルド・ムニスが残っていた。イグアルと同じように、彼は、「華北」という漠然とした領域で何をすべきなのかをはっきりと理解せずにそこへ送りこまれた。経済権益もなく(通商は条約港を通じてすることになっていた)、スペイン人居留地の大半は南部にあって上海との連絡の方が容易であったためにこの市には十人の宣教師しか居住していなかったにもかかわらず、彼は公使館を領事館と命名しようとさえ考えた。ゴンサーレス・デ・グレゴリオは、結局、公使館の建物を保持することだけにとどめたが、それさえも難しい状況であった。というのも、フスト・ガリードが更迭を受け入れず、一九四二年にスペインに戻るまで公使の地位に居座り続け、決して彼の存在を認めなかったからである。おそらくスペイン公使館の口座を彼に譲渡することもしなかった。

スペイン外交にとっては、中国に関する決定を枢軸国側の利益に従わせることは、スペインを相対的に疎外させることを意味した。この数年間、この地域に赴任した外交官が持った影響力はアジアで最も低いものであった。まず決定が下され、後にその内容が理解されたのである。というのは、決定を下すに十分な能力や情報を持った専門家たちがマドリードにいたからではなく、枢軸国側の示すところに従っていただけだったので、それらは不必要だったのである。かくして、セラーノ・スニェルが外相に任命されると、スペインが独自に動ける余地は非常に少なくなったので、アジアにおけるスペインの地位を検討することはほとんど利益がないこととされた。アジアに対する歴史的な無関心と枢軸国側と政治的結束を固める緊急の必要性とが結びついたのである。

日本が汪政権を承認したことはその明らかな一例であった。松岡外相は一九四〇年秋、重慶政府との交渉で主役を演じた。彼は、軍人たちが一致団結できていなかったことを利用して、国民党と南京政府の間に何らかの連合体をつくらせようと考えていた。その後に日本は一切の領土併合または賠償を放棄してもよいとしていた。しかしながら十一月末、暫定的にでも中国に日本軍を駐留させることに日本政府が固執したため、松岡の試みは失敗した。それはまた、国民党が、三国同盟の締結によって自党の将来をかなり楽観視していたことにもよっていた。日独伊三国同盟の締結で、蔣介石は、財政上だけではなく武器の点においてもアメリカの援助をもっと得られると予測していた。それは間違いではなかった。なぜなら、ワシントンは日本に占領された中国から自国民を撤収させ、ビルマルートを再開させる命令を出したからであった(51)。中国は、西洋諸国の政府にとっても、対枢軸国戦争の最も重要な舞台となったのである。とはいえ、日本政府には一九四〇年十二月一日に公式に汪政権を承認するしか選択の余地がなくなった。それは予測されていたより半年以上遅く、しかも実際の効力がほとんどなくなってしまっていた時であった。

一方、スペインは独自の決定を一つも下さなかった。南京にとってはスペインによる承認の約束は重要であったため、汪政府の外交部長自らが上海のスペイン領事館に出向いて、「経済使節団がした約束を承認願いたい」とマドリードに圧力をかけた(52)。しかしながらすぐに、カストロ・ヒローナの過去の約束は一時だけのものであったことがわかった。彼がその時に何を言ったとしても、春先に彼らがスペインを出発したときとは状況が根本的に変化してしまっていたのである。一九四〇年十二月にはイタリアの影響力はすでにそれ程のものではなくなっていたが、他方で、スペイン政府には枢軸国の公式の方針から離れて自ら行動する能力は全くなくなっていた。セラーノ・スニェルの下では、その一歩を踏み出すにはドイツの許可を得る必要があった。そして、それが実現に至るには半年かかった。

他方でスペインは、治外法権回復に関して日本政府が明確な決断を示すかどうかを試す初めての機会を得た。一九四一年三月、アモイ国際港の日本租借地の中で、中国系スペイン人ゴメス・于我の最初の訴訟が起こされることになった。そこではフランス領事がスペインの利益代表をしていた。それ以前の親国民党の裁判と同様に、日本人顧問が介入したこの裁判では、スペインの治外法権に関して疑問が呈された。しかしながら、判決が執行されることはなかった。日本の諸当局はこれは中国人とスペイン人の問題であると繰り返し言っていたのだが、判決が執行されなかったのは、おそらくスペインからの外交上の抗議のためと、スペインとの政治的に良好な関係を乱すことを日本側が恐れたためであった。かくして、明確な承認のないままにもスペイン人は治外法権を享受し続け、それは南京政府の倒壊まで問題にされることはなかった(53)。

汪兆銘承認の訓令は一九四一年七月一日に届いた。それは当初予定されていたよりも一年以上遅く、しかもそれは、日本がソ連侵攻を決断することを望んでいたベルリンの利害によってであった。その頃には、今まで見てきたように、東アジアにおけるイタリアの政治的独立もスペインの自立性もほぼ過去のものとなっていた。軍事的な力が命令権を握っていたのである。この承認に関して次々と決定がなされた仕組みがそれを明確に示している。つまり、日本がまず承認を要求し、次にドイツがそれを決定したのだが、このことは公的な連絡文書にまで記録されていることである。イタリアは示された道を辿るしかなかった。他ならぬチァーノの日記にも自立性の欠如は明らかに示されている――「日本は汪兆銘政府の承認を得たがっている。ベルリンはそれに同意している。リッベントロップがそれを私に電話で伝えてきた」(54)。

スペインも例外ではなかった。承認を急がせ、またどのように承認の手続きをとるかについてスペインに知らせるため、別々に二通の口上書が届いた。一通はイタリアから、もう一通はドイツからで、それぞれ多少のニュアンスの違いがあった。完全にベルリンの決定であるのに、マドリードは最初に着いたという理由をつけてイタリアの示した方法に従うことを選んだ。それは、外相から在上海のスペイン外交代表宛てに電報が送られ、それが首相の汪に手渡されるというものであった。この決定は、以前からのスペイン・イタリア関係が消滅してしまうことへの抵抗と、ドイツの庇護の下であっても両国の関係を継続させようとしたことを意味している。当然のことながら、この地域の外交官らにこのことが相談されることはなかった。メンデス・デ・ビゴが日本の外務省アジア局で承認に関する公式報道について尋ねられた際、彼は何も知らないことを悟られないようにすることができなかった。彼はそのニュースを知らず、イタリア大使を訪問して初めてそれを知ることとなった。スペインの決定能力は最低まで落ち込んでおり、それは当時建国されたばかりのクロアチアと較べられるほどであった。クロアチアは汪政権を同じ日に承認し、それをローマを介して通告した。

この頃から、スペインと汪政権との関係は満州との関係に似た方向を辿っていった。それは二国間関係への無関心である。七月九日、新領事アルバロ・デ・マルドナードは、南京で命令を実行し、汪政権にマドリードの決定を公式に通知した。特別な儀式はおこなわれず、これによってスペインの治外法権の状況が公式に改善されることもなかった。なぜなら、汪政権の外交部長の徐良が、政府は署名された協定を遵守するであろうと口頭で保証するにとどめたためであった(55)。両政府ともに、セラーノ・スニェルが送った電報にしたがって相互に外交代表を送ることを提案した。しかし、一九四二年に中国側の代表はマドリードにやって来たが、新聞で報道されたにもかかわらず、スペインの外交代表は誰も南京に居住することがなかった。他方で、治外法権については何の進展もなかった。中国側の外交部長はスペイン外交官に対して口頭で、内戦以前と同じ権利と特権を認めると言ったが、それを文書にすることには決して応じなかった。マルドナード領事はより有利な処遇を得ようと努めたが、外相のセラーノ・スニェルはそれにとりわけ関心を示さなかった。偉大な義弟は、一九四一年十一月に次のように答えた―「現在の状況では法的理由を引き合いに出すことはできない。なぜならばこの件は、その論拠を固めて、それを権利として利用したり振りかざすには法的根拠を欠いている。一般論では、この点に関してスペインの置かれた状況が中国において同様に裁判権を認められている他の列強諸国と同じであるのは当然である」(56)。それは政治的な理由づけであった。中国に対するスペインの政治的自立性はそれまでに見られなかった程に落ち込んでしまっていた。それはセラーノ・スニェルの責任であった。優先されたのは日本との良好な関係であった。それによって、自らの政策についての満足感を低めてしまうかもしれないとの考慮はあまりなされなくなった。

3　中国におけるスペイン人と日本軍

これらの政府間の関係の他に、スペイン人と日本人の間にはより日常的な関わりあいがあった。それはそれほど友好的な関係ではなかった。政治の高みを日常的な関係へ移すことは非常に複雑なことであって、中国大陸でのスペイン人と日本人の直接的な関わりも例外ではなかった。これを知るのは興味深いことである。というのは、両国関係の異なる様相が見出されるからであり、しかもイグアル失脚の補足説明ともなるからである。スペイン人は、アジアにおける西洋のヘゲモニーを駆逐するという日本の決断の当然の影響を受けていた。状況は悪化しており、日本軍が彼らの支配者だったことから日本軍の兵士はスペイン人の言語の巧みさにもその振る舞いにも敬意を表することはなく、その待遇は本国の日本においてよりもひどかった。中国にいるスペイン人には、高次の国際政治における協約よりも肌の色の方が影響した。

再びペドロ・デ・イグアルの行動に戻ろう。彼の上海領事としての動きには興味深い様相が見られるからである。彼は中国の地でさらに強まった日本と枢軸国の優越的な地位に沿った行動をとり始めた。そして、彼自身が報告したように、居留民に対して日本との協力を強く促しただけではなく、一通のスペイン旅券をも発行した。それは、セラーノ・スニェルの推薦状によってあるドイツ人に発行されたのだが、後にその人物はナチスのスパイ組織の長だったことが明らかになった(57)。イグアルはそのことについて何か知っていたに違いないであろう。というのも、出生地ベルリンを省略したからである。さらにイグアルは、ドイツ、ポルトガル、イタリアの同僚と共同した彼の支援は上海国際共同租界領事会議において日本の目的を達成するのに大変重要であったと報告した。これはおそらく誇張であった。なぜならば、この会議で原則として投票権を持っていたのは、イギリス、アメリカ、中国、日本だけだったからである。最後に、イグアルは中国の土地私有権譲渡のためにやはり日本と協力したようである(58)。

こうした協力があったようだが、それでも、スペイン人居留民と日本占領軍との間の軋轢が絶えることはなかった。それは、ドイツも抱えていた天津の国際橋の渡橋問題や一人の日本兵が他ならぬイグアルを蹴飛ばしたといった瑣末なことから、宣教師たちの仕事に必要な財産の維持や平穏の確保といったもっと重要な他の問題にまで及んだ。スペイン人宗教者たちはたいてい辺鄙な地域に居住していたために十分な保護のもとに置かれておらず、また、世間一般の反西洋感情に苦しんでいた。領事自身も、スペイン人宗教者たちが「絶えず」待遇の悪さを彼に訴えて来たと記している。

イグアルは、彼自身の言うところによれば、最初は政府の指示に従っていたが、すぐにそれ以上のことをするようになった。それは、諸当局に対して「自分自身や在中国スペイン人居留民に断続的に向けられている礼儀や敬意を欠いた態度」について異議を申し立てることや、東京の公使館を介して地方行政当局に対しても本国の日本政府に対しても宣教師が被害をこうむっていることを訴える務めに留まらなかった。一九四〇年十月には、「我々の友好政策に対して彼らが言葉以上のものをもって応えるべきだと彼らに理解させるために」マドリードの日本公使館と交渉するよう上層部に要請した。この電文は、マドリードの否定的対応によって彼の野望が明らかに失敗に終わった頃に発信された。そこでは、在中国スペイン人が日本人寄りであるというイメージに起因する問題が長々と書かれていた。「彼らの領土拡大を支援したことで我々は我々自身の治外法権を犠牲にしてきたうえに、重慶や多数の国の代表と敵対関係にあります。蔣介石将軍の勢力地域においては我が国の宣教師たちを大変な危険に晒しています」(59)。つまり、在中国スペイン人居留民の諸問題を間接的に自らの上層部の責任だとしたのであった。

彼は、後に、明確には述べなかったが、国民党の手によるイエズス会士ポンソールの殺害を間接的にスペイン政府の責任にした。これは大変に重大な非難であり、その三週間後に通知された彼の更迭の直接の原因となったと思われる。実際にそうであったとは思われないが、このことは、彼が自身の運命はセラーノ・スニェルの登場とともに決定されたと考えていたことを示している。そのために、彼は、最後の頃の電文では、自制する必要もなく、マドリードの政策とは大きく異なった自身の行動について報告した。たとえば、上海のフランス租借地の防衛に関する議論については、西洋側の戦線に加わったと連絡した―「我々白人は我々自身の防衛のために結束しようとしています」。中国の脅威に対する結束と見せかけてはいるが、この電報が反日本の意味合いを持っているのは明らかであった(60)。イグアルは、マニラから来ることになっていた後任のアルバロ・デ・マルドナードを待つのみであった。

この数年間に日本人とスペイン人が直接に接近することは容易でなかった。だが、枢軸国の庇護と、事を難なく収めるための理想的なイメージが支配していた。マドリードの政府は、通常は日本に直接不満を訴えないようにしていた。二件についてのみ抗議したのだが、一件目はまさにイグアルに対する蹴飛ばしの件であった。二件目は、安徽省での郎渓伝道所に対する残虐な爆撃事件だったが、その抗議文では、スペインが「日本国に対する親愛、理解、友好のしるしを示すことをやめることはありません」と強調することを忘れなかった。スペインによる抗議によって最も恩恵を受けたのはイエズス会士たちであった。まず、日本が蕪湖にあったイエズス会学校を占拠しようとしていたのを結局断念させた。そのうえ、蕪湖と紹興の伝道所への被害を賠償させることまでできた(61)。これはスペインにとっての利益となったが、スペインが日本軍の進軍に伴う被害を外交手段によって抑えることができた唯一の国というわけではなかった。枢軸側諸国や、イギリス、フランス、アメリカも賠償を得た。中国における戦争は「事変」であったから、出来る限り国際的係争を避ける必要があった。友好関係が有利な条件となることはほとんどなかった。

4　親日のタイ

ヨーロッパで戦争が開始された頃、シャム以外のすべての東南アジアの地はいまだ西洋の支配の下にあった。シャムは、ヨーロッパ列強との交易上のバランスをとりながら、また、国土のどちらかというと周辺部分を手放しながら独立を維持することができた。その後一九三二年にクーデタにより絶対王政は終わりを告げ、それ以降シャムは、独立国の手本としても、一九三八年に国名をタイ、すなわち「自由民の土地」と変更するまでに高まりつつあったナショナリズムの称揚のためにも、徐々に強まった日本の影響力に関心を示していた。タイの対外的活動は日本の後を追うものだったので、国際的舞台においては、満州国や、イタリアの後を追うフランコのスペインの場合と同様に、日本の影響力を称揚していると受け取られた。かくして当時のプロパガンダにおいては、タイは枢軸国と同様の目的で戦うもう一つの国のようにみなされていた[62]。これはその通りで、それはとくに日本の反西洋プロパガンダの影響を大きく受けたピブーン政権時代に如実に表れていた。

とはいえ、タイのやり方にはそれなりの目的があった。それらはまず、法的な独立の完全なる回復と、日本が一八八〇年代から辿ってきた道に倣って、いわゆる不平等条約の全てを一挙に破棄することであった。一九二〇年代にシャムは、法典を含む一連の行政改革をおこなう中で、諸国が特権を放棄することも約束させた。それゆえに、一九三〇年代後半に期限が切れると、このような特権を享受していた諸国はきっぱりと不平等条約を放棄した。シャムは、固有の領土については法的な独立の回復を達成した。

スペインは唯一の例外であった。一九二五年に期限を定めてこれらのことを約束する署名をしていたが、他の諸国が不平等条約を正式に放棄した一九三七年はそれを実現するのに適当な年ではなかったので、その放棄が文書で確約されていなかった。これは、スペイン内戦に対するシャムの立場を混乱させた。反乱軍に味方する雰囲気と情報が優勢であったとはいえ、日本からフランコ政権を承認してほしいとの要請があったときには、それには不平等条約の廃棄を明確な条件とするという返答がなされた。ブルゴス側も、シャム固有の領土における主権に関して、「シャムが他の列強諸国と署名したもの［条約］と全く同じで同様の性格を持った形態で」同意する必要があった(63)。国民戦線派は、バンコクからのフランコ政権承認を得るためには反共での一致を掲げることが適当であると見ていたが、またそれだけでは十分でないということも分かっていただろう。それ故に、シャムは、明白な理由で国民戦線派があまり関心を持っていなかったことについての交渉を要求した。シャムは日本ではなかったし、それ以前の接触もとくに密ではなかった。そのうえ、あまり交渉の用意ができていなかった。以前の一九二五年の友好通商協力条約では、「スペインとの通商は無効である」と明確に謳われていて、すでに約されたことを認めなければならないどう見ても明らかなこの条件が、交渉の継続にとってどうしようもない障害となっていた(64)。

内戦が終結すると、再び両者の関係に弾みがつき始めたが、交流の欠如と無関心という状態はそのままであった。ある程度のひりひりとした関係さえあった。というのも、他の諸国がすでにこの十九世紀的な権利を放棄したことをおそらく知りながらかあるいは知らずにか、スペインのそれに対する抵抗が一層明確になっていたのであった。接触に弾みをつけた新たな動機は、タイで最も名高い教育施設であったアスンシオン会学校で働いていたガブリエル修道会の宣教師たちがフランコ総統に直接宛てた書状であった。ガブリエル修道会はその書状で、日本とタイの友好関係を利用してタイとスペインの関係を促進することを申し出、そのために、在東京スペイン公使をバンコクにおける代表として任命することを提案した。パルド宮から来たからか、新奇であったからか、あるいは、日本との友好関係が乗り移ったからか、ガブリエル修道会の提案は外務省で好意を持って受け入れられ、常駐代表を指名することも話題とされた。この代表（アジアにおけるスペインの政策では前代未聞のことだが）は、スペイン語諸国すべての利益をバンコクに集中させることを企てるものとされた(65)。だが、タイ政府が、スペインによる不平等条約の正式放棄を中心とした五つの条件を課したため、再び交渉問題が生じた。

この書状への返答は一年半かかった。直接にであれ上海を通してであれ、返答を急ぐようタイ側が要請した証拠は残っているが、遅れた理由は明らかではない(66)。しかし、その間に太平洋戦争が勃発した。そのうえ、スペインの回答は最恵国条項の問題及び暫定協定を中心としていたため、合意に至る可能性はなかった。かくして、交渉に時間がかかり過ぎるとみなされたため、より円滑に交渉を進めるために、リスボンに場を移すことが決定された。そうこうするうちに一九四三年になってしまった。この時期には、あらためて中立の態度をとったスペインがタイの国際的後援者［日本］*との関係を迷惑とみなすようになったため、関税問題は後景に退いた。時機は逸されてしまっていた。

交渉を中断せざるを得なくしたのはタイと大日本帝国の繋がりであったが、交渉が瀕死の状態に陥ったのは無関心と情報不足のためであった。一九四九年までには、タイの新たな後援国アメリカが日本と反対の効果をもたらした。スペインは、条約に署名して即座に代理公使を送り込んだだけではなく、両国関係の歴史のなかで初の常駐外交官を送ってからわずか四年後の一九五三年に大使館を開設した。朝鮮戦争が白熱化していたため、いつでもどこででもワシントンと接触を保っていることが適当だったのである。この最後の刺激が最も効果的であったが、その効果もまた一時的なものであった。というのも、同年にフランコ体制の国際的承認という主要目的が果たされてしまうと、タイはそれまでと同様にスペインの外交儀礼的関心の奥底へと再び追いやられてしまった。フィリピンの最後も同様であった。

5　フィリピンにおける野望

フィリピンは、東アジアにおけるスペインと日本の接触の最もとらえ難い部分である。両国の協力は、スパイ行為から将来のありうべき支援まで、確実な文書を手に入れることが困難な分野でおこなわれていたためである。憶測、思惑、欲望、期待がとりわけ支配していた分野で事が動いていた。こうしたことから、独立への移行期間としての連邦つまりコモンウェルスの宣言（一九三五年十一月）とスペイン内戦勃発（一九三六年七月）というほとんど同時に発生した二つの出来事によって変化したスペインのプレゼンスを追っていくために、まず、スペインにおけるフィリピンのイメージから見ていこう。アメリカは、これらの準備時期をよりよく後援できるようにと考えて、特定の期限を与えていた。だが、国際情勢によってこの状況が急激に変化した。日本の中国への領土拡大とヨーロッパでの戦争勃発に始まって、諸国家がますます決定的に二手に分かれて対立するようになり、そのなかでアメリカは最終的に態度を決めて、参戦した。フィリピンが平和だった間は、各列強がフィリピン諸島で望んでいたこと、将来起こりえることについての期待、各陣営または各国にとっていかなる結果が最も都合が良いかというそれぞれの希望が混在していた。これらの企画の主な当事者はアメリカとフィリピンであったが、過去、現在、未来のこのすべての混合物は、スペインと日本の関係にも大いに影響した。ここではまず、スペインにおけるフィリピンとアメリカの認識について分析することから始めよう。フィリピンについてはアジアにおけるスペイン的世界の飛び領土としての認識、アメリカについては遺恨の源としてさらには政治的コンテクストによって非常に変化しやすいものとしての認識が問題となる。

「未開の東洋」やヨーロッパ文化を破壊するような「アジアの無法者たち」といったスペイン人が持つイメージは、すでに述べたように、日本だけでなくこの旧スペイン植民地にも当てはまらなかった。これは偶然ではなかった。ひとつには、日本とフィリピンはアジアにおいて最も経済的に発展していた二つの国であったためで、それは一九七〇年代まで続いた。他方で、フィリピンの進歩をスペインの植民地化によるものと説明しようとしたからである。日本は独力で「西洋化された」としても、スペインでは、フィリピンの発展は間違いなく本国が残した三世紀以上にわたる遺産のおかげであると固く信じられていた(67)。

以上がフィリピンに対するスペインの大方の見方であったが、これに別の三点を付け加えることができよう。まず、フィリピンの発展は往々にしてオランダ領東インドの後進性と比較された。これは、ひとつには差異が明らかだったためである。現在のインドネシアでは教育された現地エリートがごくわずかだったため、余計にこの論調に信憑性を与えた。他方では、オランダ植民地はフィリピンと比較されることが最も多かった。それは、当時は東南アジアという用語が使用されていなかったため（「東南アジア」は日本人がつくり出した用語で、太平洋戦争後にアメリカ人が普及させた）、当該地域を分けるのに通常は大陸部と島嶼部とされていたことにもよる。第二に、容易に理解できるように、スペイン人の間には反アメリカのイデオロギー的感情が深く根を下ろしていたことである。ただし、それはスペイン植民地時代へのアメリカの批判に対してよりも、スペインに対する倫理的には疑わしい策謀とか、一八九八年の陰謀に基づくものであった。最後に、フィリピンに対する第三のそして最も新しい見方は、ほとんど独立した政府を持ったコモンウェルスの十年の移行期間が終わり次第、一九四五年には、部分的に失われてしまったスペイン化を回復しようとの希望であった(68)。

さらに、スペインにおけるフィリピンについてのこうした見方においては、フィリピン在住スペイン人コミュニティーの貢献がきわめて重要であった。スペイン社会が一八九八年に手痛い目に遭ってアジアに背を向けて以降も、フィリピンにおけるスペイン的世界はそれ自身の力で発展し続けていた。一見したところとは反対に、イベリア半島に起源を持つものよりもフィリピンにて培われた私的な人々の関係の方が両国の人々の関係により大きく作用していた。この二つの地の関係はアジアからヨーロッパに流れたおびただしい資本の動向に従っており、それはスペインの貿易収支の慢性的な赤字をカバーしていた。フィリピンの植民地化はスペインにほとんど利益をもたらさなかったとはいえ、植民地の経済的利益が頂点に達したのは一八九八年以降であった。かくしてフィリピンでは、今の言葉で言えばエスニシティとも名付けられるような強固なスペイン時代の形跡が、経済(フィリピンでその最も重要なものは、総合タバコ会社)、宗教、文化、社会面で重層的に維持されていた。スペイン系フィリピン人自身によるこうした強力な支えがあったからこそフィリピンにおいてスペイン的世界が維持されたのであった。それを確固としたものにするために、彼らは、スペイン総領事館の運営のために出資したり、様々な講演者や「話家」の旅費を負担したり、国民戦線派への外国からの全支援の十%にまでなった莫大な支援金や志願兵を送り込んだりしてスペイン内戦を生身で支え、スペインをフィリピンに引き付ける努力さえした。

スペインにおけるアメリカのイメージは、アメリカによるフィリピンの植民地化によってはほとんど影響を受けずに、どちらかと言えば政治的機会やアメリカ政府の新エリートの影響を受けていた。これらの認識の主な特徴は、九八年の敗北、軽蔑、ユダヤ人の影響力の三つであった。

(1)スペインの地位を再び強大化しようということが話題になった際には、容易に想像できるように、多くのスペイン人にとって、九八年の敗北の鮮明な記憶が、報復の欲求や姿勢を呼び起こすことになった。マニラの戦闘から四十年も経っていないときには、スペイン統治時代だけではなくスペイン文化擁護の闘いともみなされたものをある種の郷愁を持って思い出させる証拠に事欠かなかったはずである。

（2）ワシントンに向けられたもっと新たな姿勢は、軽蔑であった。明らかに報復の意味合いを持っていたとはいえ、アメリカが参戦するかもしれないことやアメリカの経済力の重要性を無視したことはこの時代に特有のものであった。もちろん戦争後には多くの者がアメリカの力を認めているとしたが、一九四〇〜四一年の時期には、この姿勢は枢軸国で広く共有されていた。それをよく表す理由付けのひとつは、アメリカにおける人種の混合が国の活力を削ぐというものであった。たとえば、ファランへ党員で、以前の愛国同盟のイデオローグで、中等高等教育局長であったホセ・ペマルティンは、影響力を持った著作『「新たなるもの」とは何か』の中で、アメリカは国家ではなく、「モラルが低下した人間と人種の巨大な塊である」と述べた(69)。またアドルフ・ヒトラーは、四十年代に入ってからも、アメリカの一、三〇〇万人の失業者や、アメリカがうまく世界に進出できそうもないどうしようもない脆弱性について語り続けていた。スペイン人の間にも同様の論理が見受けられた。

アメリカに対する他の定型的な認識も、アメリカに対する軽蔑や全くありきたりな見方に影響を及ぼした。ムッソリーニは、真珠湾の後に、ルイージ・バルツィーニのような専門家によってアメリカは戦闘や武器生産の面で無能であると説得されて、宣戦布告を急いだ。さらに、ヒトラーはその最後の日までアメリカを軽蔑し、アメリカ社会には精神、文化、文明が不足していると言っていた。一九四五年四月にルーズベルトが死去すると、ヒトラーは、これはアメリカという国の「人工性」を爆発させるであろうから、破局の一歩手前で自分自身を救う奇跡だと見た(70)。フランコも以上とそれ程隔たった見方を持っていたわけではない。たとえばスペインの対ソ戦への参加の直後にフランコは、「アメリカ大陸は大惨事を見ずして、ヨーロッパへの干渉を夢想することはできない」と宣言した(71)。これらは彼らを悲劇的決定に導いた見当違いであった。

（3）戦時中には、反ユダヤ的な見方が支配的であった。ワシントンは当時のことばで「金権政治」、すなわち富者が政府の中で優位であった最たる例であるとみなされていたが、一番の問題は政府支配層がユダヤ・フリーメーソンに支配されていることだと言われていた。米英ソの同盟を説明するのにこの認識が利用されることがあった。もちろんヒトラーはいつもそう言っていた。スペイン人の指導者のなかにも、軽蔑的に「金権政治の民主主義」と言っていたフランコや、一時期ソ連の共産主義とアメリカの民主主義体制を同等であると述べていたセラーノ・スニェルらがいた(72)。しかしながら、おそらくこのような見方をスペインで誰よりも明確にしていた人物は、すでに当時フランコの思想に決定的な影響を与えていたルイス・カレーロ・ブランコである。ブランコ提督は述べた—「ルーズベルト個人の行動により構築されるに至ったアングロサクソン・ソ連戦線はフリーメーソンおよびユダヤ人に仕えるものであり、実際には、ユダヤ主義がキリスト教文明を滅亡させるような破壊的状況を引き起こすために利用してきた古典的武器である民主主義、フリーメーソン、自由主義、金権政治、共産主義のそれら全てを詰めこんだ旗を掲げるユダヤ勢力の戦線である」(73)。要するに、アメリカはロシアの共産主義が形を変えたものとして捉えられていたのである。

5・1　独立の約束

一九三五年のコモンウェルス宣言によって、フィリピン人は対外関係などの重要分野を除いて自国の政府のより大きな管轄権を持ち始めたので、この宣言はその十年後の独立承認に向けた移行期の始まりとしての意味を持った。この準備期間の始まりは、フィリピン諸島におけるスペイン人にとって目まぐるしい変化の始まりとなった。というのも、移行期の終わりに向けての多種多様な計画とともに、移行期が完了しないうちにイベリア半島で内紛が勃発したためであった。

スペインにおける戦争は、フィリピンにおけるスペイン人居留民や他のスペイン系の人々の生活に大変な影響を及ぼしたが、戦争勃発によってスペイン人の経済力がどうしようもなく破綻してしまったわけではなかった。在フィリピン諸島のスペイン人居留民の大部分は、日雇い農民や労働者ではなく、経済界でかなりの地位を有していた人々だった。そのために、反乱軍支持者が大多数を占め、その割合は戦争末期には九〇%にもなった。国民戦線派支持者は、スペイン系フィリピン人の有力者一族の出資により早期に自らを組織し、ただちに、アンドレス・ソリアーノとエンリケ・ソベル・デ・アヤーラという二人の重要人物を頭として彼らをそれぞれ領事、副領事とした非公式な領事館と、フィリピンにおけるファランヘ党支部を設立した。かくして反乱初期に、スペイン・ファランヘ党のこの支部はソリアーノ、ソベル、それにスペイン人コミュニティーの他の伝統的指導者たちから好意的に受け取められた。彼らは、自社の従業員をファランヘ党指導部に入れたり、活動資金を供与したり、さらには総合タバコ会社でのように労働者を強制的に入党させるようなこともした。フィリピンでこのような「愛国的動員」がなされたのはこれだけではなかった。同様の過程は、より小規模ながらも、マニラ、セブ、イロイロの各カジノやサンティアーゴ病院など、島ごとに各種のスペイン人グループを生み出した。

ファランヘ党支部は、それ以前の他のスペイン人組織とは若干異なっていた。それは、代表がスペインで指名されなければならない点であった。かくして、反乱参加者のひとりで、フィリピンに親類がいたマジョルカ出身のマルティン・ポウが党を率いるためにまもなくマニラに到着した。ポウは代表の任に就くと、それまでのスペイン人組織の指導者たちがおこなってきたのとは反対に、ソリアーノやソベル・デ・アヤーラあるいはスペイン人居留民の寡頭支配者たちの命令に従うことをただちに拒んだ。ポウは、我が道を貫いて、独自の行動をとった。そのため、ポウに従ったファランヘ党支持者と、国民サンディカリズムとは距離を置いた寡頭支配層との間で冷戦が始まった。この争いは、反乱軍の勝利や国の祝日を別々に祝うまでに至り、緊張が高まった。ソリアーノの側は、フランコの総司令部外交部の更迭命令によってポウをフィリピンから追い出そうと試みたが、党の上層部は彼を解任しなかったので、ポウは、それに応じることはなかった。むしろ、ファランヘ党対外部代表のホセ・デル・カスターニョ・イ・カルドーナは、ポウを擁護し続けた。デル・カスターニョは、ついに屈服してポウにスペイン帰国を命じるまでの約一年間、反乱派内の他党派からの様々な圧力に耐え続けた。在フィリピン・スペイン人居留民の分裂がこれによって消滅したわけではなかった。逆に、約一年半のポウの滞在の結果、フランコ支持者の間の緊張は、すでに抑止不可能なまでに高まっていた。ポウの帰国はフィリピンにおけるファランヘ党の後退だとみなされたが、敵対グループが望んでいたようなファランヘ党の消滅を意味したわけではなかった。

以上の結果として生じた抗争は、当時ラテンアメリカの他の多くのスペイン人居留民や、またほかならぬスペインにおいて、「革命的」ファランヘ党員と、王党派、保守派、それにさまざまな毛色の反動派から成った伝統的右派との間で展開された抗争と似かよっていた。フィリピンにおいてもマルティン・ポウは、スペイン人居留民の中の伝統的勢力に対抗する一勢力を立ち上げたのであった。それまで、フィリピン諸島における全てのスペイン人組織の活動は有力家系の承認を得ることを必要としていたが、ファランヘ党はそれにあえて反対しつつ活動した最初のケースであった。ファランヘ党は彼らの承認を得なかったばかりかそれを得ようともしなかったが、それでも、存在し続けた。ポウは、有力家系のものとは異なるアイデンティティと目的を持った初のスペイン人組織を立ち上げて帰ったのであった。保守的王党派が支配的だったマニラにおいて、マルティン・ポウのファランヘ党は、アルフォンソ十三世時代への回帰を望むわけでもなく伝統的指導者の下に居続けたいわけでもないスペイン人居留民の中下層階級のさまざまな希望を代表するようになった。しかしこの抗争は、ある国王がよいとかある政党がよいかというのでは全くなく、様々な意味合いを持った。

フィリピンとその将来に関することが、明らかにファランヘ党員と保守派の間の争点の一部を成していた。そのうえ、これはスペイン人居留民に限られたものではなかった。というのは、スペイン人だけではなく、スペイン系メスティーソの大部分、あるいはフィリピンの諸当局が「スペイン系に入る人々」と呼んだイベリア半島のこととつながりがあると感じていた人々の大部分もこれに関係していたのである。かくして、商業がもたらす莫大な経済的利益によってアメリカに傾いていた伝統的右派に対し、ファランヘ党は、民主主義列強に反対して、枢軸国を支持する党という彼ら独自の主張をし続けた。さらに、イベリア半島から直接に任命された指導者を通じてマドリードに直結した服従をさせるというファランヘ党のあり方はかなりの従属関係を迫るものであり、有力家系がそれに同意することは決してなかっただろう。有力家系は、自らを非常にスペイン的であり、自らの血の一部が由来するスペインと文化的につながっていると考えて、それを大変誇りに思っていただろう。しかし、自らはフィリピンの指導者としてやっていけると感じており、とくにすでに見たようにイベリア半島での戦いに影響を与えた後では、スペインからの命令を受けるつもりはなかった。ファランヘ党の強化は、つまるところ、フィリピン在留スペイン人社会の容赦ない分裂をもたらしたのであった(74)。

スペイン系人内部でのこうした敵対関係は、フィリピンにとって決定的な時期に生じた。世界情勢はますます対立的関係へと発展していて、それがフィリピンにますます大きな影響を及ぼしていたので、細心の注意を払う必要があった。国際的な問題や緊張が渦巻きのように高まっていくなかで、イベリア半島でもフィリピンでもフファランヘ党と保守派の抗争はますます顕著になっていったのみならず、次第に過激化していった。

第二次世界大戦勃発によって、これは和解不可能な状態となった。英仏それにそれぞれの帝国という二つの明確な敵がファランヘ党によって示されたことによって、分裂がより一層明白になった。この議論における保守派とファランヘ党の意見の相違はフィリピンでもスペインでもはっきりと表れた。とはいえ、とくにヨーロッパの民主主義国が敗北を喫している間は、この点についての意見の相違がかならずしも和解不能なほどの分裂を引き起こすことはなかった。スペインのものであったものを奪ったとして、軽蔑とある種の復讐欲さえもがこれらの国に向けられた。それは親英派にも理解可能なものであっただろうが、他の人々と共有されていたのではなかった。というのも、この点については中間の立場にあった者が多かったためであり、また、フィリピンの場合には遠いところの問題として捉えられていたためであった。

一九四〇年夏そしてフランスの敗北以降、枢軸国が言うところでは、ドイツの勝利と新秩序の創設が実現可能の様相を呈し始めた。これは保守派とファランヘ党の分裂をより一層深めることとなった。上層階級の見方を代表していた保守派にとっては、スペインが枢軸国勝利の恩恵にあずかることができると言われても、それを喜ぶことはできなかった。保守派だったから、反英にも反仏にもなり得たが、彼らにとってドイツの勝利は、パンドラの箱を開けてしまう懸念をもたらしただろう。保守派にとっては、英仏の敗北よりも不確実性の方が懸念すべきことであった。どんな将来がもたらされるのか国外においても国内においてもわからないままであったのである。しかし、ファランヘ党員の間では、勝ち組となって有利になれるという希望が支配的だっただろう。彼らにとって、それは世界におけるスペインの将来の地位が国際的に明らかに優位となることであった。党員の多くが中流か中下層階級であったファランヘ党は、当時富裕層を指すのにとくによく使われた語を用いて金権政治体制への批判をますます強めていたので、ファランヘ党の未来も優位となるのだった。一方がせいぜいよくても将来を複雑な心境で見ていた時期に、他方は失うものがあまりなかったために将来を楽観視していた。フランコの反乱派を支持した人々の間の分裂は、共和派との敵対関係を二の次にする程に拡大していた。

最後に、アメリカの戦争への関与が高まるにつれて、この対立はいっそう激化した。ファランヘ党とスペイン政府がますます反米路線に向かっていたことに対して、保守派が少しずつ不信を抱き始めたためであった。この問題は、スペインでは、ソ連の対応が一つの論点になりえたと同じように、ドイツとイタリアが最終的に勝利する可能性はないのではないかとの論点が一つ増えただけにとどまっていた。フィリピンでは、逆に、とどのつまり胃袋か心かの二者選択を迫られていたので、この点をめぐる議論が爆発的に広がった。アメリカはフィリピンの輸出量の五分の四を占めていた国だったので、それによって多大な富と権威を得ていたフィリピンのエリート家系にとっては、アメリカとの関係はスペインとの繋がり以上に手をつけてはならない領域であった。しかしながら、フィリピンのファランヘ党員にとってはそうではなかった。彼らは、アメリカへの輸出から大きな利益を直接に得ていなかっただけではなく、彼らの友人のドイツに勝利の可能性がありそうだと見ていたため、反ドイツの議論にはより反感を抱いたのである。さらに、それまでの議論とは違って、この議論においては中間の立場にいようとすることはますます難しくなっていた。

5・2　スペイン化への期待

国際的状況によって加熱化したスペイン人居留民の中での分裂は、全ての人々が大筋において一致していたフィリピン独立後のスペイン化への期待についてもはっきりと形となって表れた。一九四五年という期限が、このような期待をかきたてる実際の基盤となっていた。だが、その対応は、政治的選択、時期、どのグループの提起かに応じて非常に多様であった。

スペインにおける左翼や、セルバンテスの家を設立した在フィリピンの少数の共和派の支持者も、また、アメリカの大変な賞賛者でありながらもスペインのプレゼンスについては保守派とほとんど同様の見方を持っていたビセンテ・ブラスコ・イバーニェスのような人物を含めた全てのスペイン人が、フィリピンのより一層のスペイン化を進めようとの希望を共有していたと言えよう(75)。異なっていたのは、「我が帝国の伝統の復活」というかの有名なスローガンに要約されうる、フランコ主義者が渇望したところのスペインの再生論であった。スペインが世界でそれにふさわしい地位に達することが必要であるとされたのである。そのための規範は英仏の帝国と同じようなもののままであったが、このような野心を漠然と宣言することが保守派とファランヘ党の間で激しい論争を呼ぶということはなかった。これは本来は危険な議論であった。西洋が発見できる大陸はもう地球上にはなかったし、ある国が勃興するためには他の国は衰退しなければならないという論であったからである。とはいえ、このような野心が具体化されたのはタンジールにおいてのみであった。スペインの政府が帝国の復活を目指す闘争において、どこまで、どのようにして、どの国に対して行動を起こそうとするのかはまだ様子を見なければならない状況であった。

スペインにとってフィリピンは非常に重要だったため、今までとは異なったその将来を前にして何をするべきかという様々な提案がただちに出された。たとえば、内戦前の最後の国務相の兄弟であったカミーロ・バルシアは、一九三九年に、フィリピンを外交政策の四つの基本方針のひとつに位置付けていた。さらに、バルシアが著作を出したのはまだ平穏な時期でもあったため、彼は動揺していたというのでもなく、むしろ平和を望んでいた—「スペインはフィリピンが一九四五年を平和な体制で迎え、あらゆる紛争から離れたかの地において、我々が、できることなら太平洋に調和のメッセージをもたらしつつ、スペイン的やり方で活動できることを望んでいる」(76)。平等な体制のなかでアメリカ的なものとともにスペイン的なものを推進するという期待は、必ずしも反米を意味したわけではなかった。

このように、アメリカのような強大国との対立を回避もしくは遅らせるために、予定された独立の期日を待とうとの考えは、スペインやフィリピンの保守派のみならずスペイン系コミュニティーの間でも広く共有されていた。フィリピンの政治支配エリートの中には独立に辿り着いた後にこの選択をしようとしていた者もいたようである。アメリカの文書には、「スペイン人が、スペイン生まれの者もフィリピン人となった者も、フィリピン政治においてより活発な役割を果たし、フィリピン国民党が全体主義的なやり方をするのに貢献するべきであろうとの公の会話がスペイン系の人々の間で」なされていたとの言及がある(77)。革命としてではなくまったく改革としてではあったが、ひとつの選択としてこのやり方が外されたわけではなかったようだ。このエリートたちは自らがフィリピンを統治できると考えていたと同時に、アメリカへの隷属の経済的利益が永遠に続くものではないことをよく知っていた。近隣諸国が全て植民地だった(しかもフィリピンより発展していなかった)ことから して、将来の独立はスペイン系世界とくにラテンアメリカとの深い繋がりを持つこととなると考えられていた。ホアキン・マリーア(マイク)・エリサルデは、その可能性が十分にあると思っていた。マヌエル・ケソン大統領も一九四〇年にメキシコと、当時最も経済成長期にあって同様の問題が提起されていた国のひとつであったアルゼンチンを訪問した際にこのことに関心を寄せた。さらにスペインでは、独立したフィリピン諸島が他のマレー人地域を支配する、またはこの地域に「文明化の影響」を与えるといったことが力説されていた。よく語られていたのは現在のインドネシアについてであるが、他ならぬカミーロ・バルシアなどのスペイン人は、太平洋の旧スペイン植民地グアムや、海峡のイギリス植民地マレーシアやシンガポールについても言及していた。将来の独立を前にして、これらの地はアメリカ支配と植民地状態に代わるモデルとなっていた。

月日が経ち、またドイツの勝利が相次ぐに連れて、何年もの間予見されてきたこれらのヴィジョンはもっと差し迫ったヴィジョンに道を譲った。フィリピンの将来がどうなるのか誰もわからなかった。そして、フィリピンにおけるアメリカのプレゼンスが多かれ少なかれ弱体化していくのを期待して、この機会を利用しようとするあらゆる種類の提議がなされた。アメリカでは自国の領土に閉じこもって孤立の姿勢を強化するという中立への支持が最も高かったため、これは非現実的な期待ではなかった。これらの期待には、周辺での枢軸諸国の勢力増大によってアメリカが弱体化したとはいえアメリカの支配力の維持を望んだものから、日本による植民地化までが含まれていたであろう。後者は、日本による統治の程度はさまざまであれ、フィリピンの独立を掲げることを忘れなかったものであり、フィリピンで大いに支持され、また日本もプロパガンダをおこなっていたものである。かくして、様々な議論を利用しながら、アメリカに対する明らかな報復の意味を持つ提起がこの時期に生まれた。スペイン人はこれに加わった。

たとえば、歴史形式主義者たちの議論は、アメリカの役割に対してスペインの役割を称揚するきっかけを与えた。一八九八年のパリ条約には誤りがあったのではないかということと、スペインは独立したフィリピンの将来の境界画定を支援する役割をあてがわれているのだということを根拠にして、パリ条約の無効を訴え始めた者も現れた。これはスペインの野心に火をつけることになった。たとえばカミーロ・バルシアは、これは「著名なスペイン人歴史家がパリ条約の交渉者の言葉の上の無知によって生じたとしている譲渡であり、彼らはアメリカにフィリピン諸島の支配を認めることが何を意味するのか気づいていなかったようだ」、とこの問題を論じた(78)。在マニラ領事のアルバロ・デ・マルドナードはもっとあからさまで、初期のフィリピン発公電の一つで、「恥ずべき九八年のパリ条約の廃棄通告をするべきであります！……文化関係評議会はフィリピンのことを忘れないのがよいでしょう。我々はアメリカを敵方としていますが（このことに留意すべきです）、勇気と意志をもってすれば多くのことが可能となるでしょう」とわめきたてた(79)。大いなる野望があったのである。

フィリピンでアメリカから償いを得られる他の可能性は、ダグラス・マッカーサーの意思を無視して、将来の独立を前に、保護国家としてスペインにフィリピンでの主要な役割をあてがうようにすること、このようにしてスペインを通じてフィリピンを「新秩序」に加わらしめることであった。これは一九二一年に創設された団体「フィリピンの連帯」の明確な目的であり、彼らは実際にセラーノ・スニェルの外相任命に際して電報を送った。電文には、フィリピン諸島での「様々な事柄における新秩序の必要性について」スペインの関心を引きたい旨と、「我々の母、偉大で不朽のスペイン」の保護下での自由な政府の創設を望む「フィリピンの連帯」のメンバーの、またフィリピン諸島の全ての「全体主義的伝統主義者」指導者と全ての青年の熱望が表明されていた(80)。この立場の者はごく少数に限られていただろうし、他にこれに言及したものも見当たらないが、夢想的な第三の道として提起されたものに違いない。なぜなら、スペインは将来アメリカよりも小さな役割しか果たせない見込みとなることに甘んじなければならなかったが、使えるカードは非常に少なかったためであった。スペインは日本と協力することを必要としていた。

5・3　日本を踏み台として

この局面での日本の出現はこの議論における新たな要素であった。日本の最初のイメージは好意的なものであった。なぜなら、様々な理由によって、あらゆる政治的立場の人々の間に、日本が達成したことに対する賞賛が浸透していたためであった。第一に、日本人は中国人の能力と対照されるものとして認識されたという利点を持っていた。さらに、とくにスペイン系のフィリピン寡頭支配層の間では、経済的達成、社会秩序、それに保守的に進化していった日本の経験を学ぶべしという考えが支持されていた(81)。第二に、日本の権威主義的イメージは好都合であった。政治面においては、当時、世界を席巻していたイデオロギーの波がフィリピン諸島にも到来し、マヌエル・ケソン大統領自身が権威主義的政府を公然と支持し、一九四一年には国会で非常大権を得るまでになった。経済面においては、コーポラティズム国家の思想が同様にフィリピン政府にも影響を与えて、国の資源のかなりの部分が国営企業の支配下に置かれた(82)。フィリピンにおける純粋な親日派は少数であったとはいえ、枢軸諸国のイデオロギー的提起は、日本のものであれドイツのものであれ、対抗イデオロギーとしてではなく、これらの国を好意的に感じさせるものとして作用したようである。

しかしながら、日中戦争とその後のヨーロッパでの戦争の勃発以降、日本のイメージはどうしようもないほど悪化した。日本の支配的イメージはその色合いを変えてしまい、軍事的拡張主義とますます同一視されるようになった。個々の場合には日本に対する賞賛がなされたが、全体としてはそうではなく、遠くから眺めていたものを直接に見ようとすることは段々と恐れをもってなされるようになっていった。アメリカからのフィリピン独立を訴えていたスペイン系メスティーソの多くの者にとっては、自国をいかに治めるべきかについて口出しされることは耐え難く、もっとアジア的になろうとすることは余計に我慢できないものであったため、彼らは日本の隆盛を心地悪く眺めていたであろう。そのうえ形勢が一変して、フィリピンの原住民が日本軍の支援を利用して、十九世紀末に起きたのと同様のやり方で国の支配権を彼らから取り上げることが起こりうる可能性もあった。フィリピンの将来への期待が次第に迫るなかで、日本はますます重要なファクターとなっていった。中国における日本の拡張政策はもちろんヨーロッパでの戦争のニュースをより照らし出すものとなったので、植民地領有諸国家に対する将来の戦争の可能性が増していく状況にあった。

日本は、アメリカとの正面対立をできる限り避けようとしていたため、フィリピンをあまり不安に陥れないように注意していた。これが、たとえば、一九四〇年秋に送られた三国同盟の交渉のための長いリストの中で、日本の渇望していたニュージーランドからインドにわたる領土にフィリピンが含まれていなかったことを説明する理由である。フィリピンは、その広範なリストの中で東アジアで唯一載っていなかった地域であった。フィリピンをこの不可解で壮大な「その他」においた動機は、フィリピンがその後どうなったかによっていくらか想像できる。将来フィリピン諸島で起こるかもしれないことに賭けることは、日本人にとってさえも困難だった。フィリピンがスペインの影響を受けた形で独立を遂げるかもしれないという可能性を前に、イベリア半島においてもフィリピン諸島においても、状況は常に変化していたのである。

かくしてスペインは、アメリカのフィリピンからの撤退を促す少なくとも梃子の役割を果すものとして日本を受け入れつつあった。その理由は明らかであった。アメリカ支配との闘いのために、アジアにおける日本の戦争と結合し、それを正当化することである。これに関しては多くの言及がある。前掲のコルデーロ・トーレスの激しい批判に加えて、たとえばペマルティンは、前に引用した文章の後に、「遅かれ早かれ日本がアメリカを打倒する」と言った。カミーロ・バルシアは、日本が他の列強を中国市場から閉め出そうとしていること（既に満州や台湾ではこのことをおこなっていたが）や、フィリピンに対して拡張主義の野心を持っていることを否定した(83)。他方で、後にセラーノ・スニェル自身は、実用的な意味でこうした親日の思いを抱いていたことについて、スパイ網Tō*［第3章以降を参照］に関する言明の中で次のように語った―「私は、偉大なアメリカ国民よりも日本人を好んでいるという訳ではない。しかし、我々の判断では、日本はスペインの政策が関心を持つことを励ましてきた。それは、連合国に対する枢軸国の勝利のことである。……他には日本に対する憧れの理由はなかった」(84)。この人物は過去を忠実に思い出すことにとくに秀でているわけではないが、共通の敵がいなければ日本との友好はその意味の大部分を失っていたことをこの発言が示している。

条約の廃棄、スペインの保護あるいは日本の梃子といった考えなどは、帝国スペインをあくまでも切望し、日本の理想的イメージを掲げていたイベリア半島のスペイン人にとっても受け入れられるものであった。だがフィリピンにおいては、こうした見方をする者は、様々な階層のスペイン系住民の間においてだけでなく、スペイン人居留民自体の中でも少数であっただろう。フランコ体制支持者をも含む多くのスペイン人にとっては、アメリカとの緊密な繋がりの方が優先事項だっただろう。大ざっぱに見て、急進的なファランヘ党のみが、フィリピンを最大限にスペイン化するために日本を利用することで意見の一致を見出しえたのである。

フィリピン諸島において最大限のスペイン化をいかに成し遂げるかというこの抗争は、寡頭支配層とファランヘ党との間の抗争の下に隠されていた。ファランヘ党は当時、この金権政治の伝統的権力に挑戦していたのである。スペインにおいては、ファランヘ党が軍人や経済権力保持者などのこうした保守的思考を代表した人々と対立して、イベリア半島におけるフィリピン諸島との仲介役として寡頭支配層に取って代わろうと試みていた。フィリピンのファランヘ党を支援するために、マドリードから様々な指示が出された。たとえば、スペイン国籍証明書やスペインの旅券を得るためにはファランヘ党員証の提出が義務づけられた。ファランヘ党は、スペイン人コミュニティー内で支配的地位を得るためにマドリードから強力な支援を受けていたが、外国の他の多くの居留地におけるのと同様にそれにあまり成功しなかったので、何か他のものを必要としていた。それ故に、アジアにおけるアメリカの敵でスペインの友人であった日本の前進はかなりの満足をもって受けとめられたであろう。日本の数々の勝利は間違いなく国際面における良いニュースであっただろうが、国内においてもそれなりの反響を呼びうるものであった。ファランヘ党は、フィリピンにおけるスペイン人コミュニティーの結束を維持するというよりは、自らが主導権を握ることを追求していた。それ故に、反アメリカの戦いと寡頭支配層の権力をたたく戦いにおいて、日本の前進は彼らにとって都合の良いものと捉えられた。そして、それは（彼らの）スペインにとっても都合の良いものとされた。日本と協力するとファランヘ党の目的の達成のために有利となると考えられたため、日本を支援しなければならなかった。そのための選択肢はいくつかあった。

5・3・1 プロパガンダでの協力

どのようにしてかはよく知られてはいないが、スペインでもフィリピンでも、ファランヘ党と枢軸国支持者たちは、かならずやアジアとも関係を持つであろう新秩序が将来的に勝利するよう出来る限りの協力をしていた。スペインでは、報道関係者がフィリピンに多大な興味を示していた。フィリピンがとくに関心を引いた例はいくつもある。ヘスス・パボンは、『頂点』誌で、「太平洋で起こる事件のうちフィリピンの現在と将来に関わらないものは何もない」と述べた。また『ムンド』誌は、松岡洋右のモスクワ訪問に関してスペインの野心を以下のように記した―「スペイン人は、フィリピン諸島がスペイン的世界の最前線にあることは間違いないと考えているが、それはまだ流動的である……。［フィリピンの主権の範囲の決定がスペインに委任されるということは］もちろん現下の戦争が自らに無関係ではないことを我が国民に喚起させることになる。今日出現している全ての出来事が密接に絡まり合っていることからして、それはどんな場合でも無関係ではありえないだろう。東京からベルリンまでの行程といった何か遠く離れたことにおいても歴史的なテーマが脈打っている。かくして、スペインは自らの視点で、錯雑した太平洋を舞台としておそらく起こるであろう戦いをいかほどかでも観察しなければならない」(85)。当時の華やかで気取った言葉遣いからは、「スペイン的世界」が強烈な影響を及ぼしていた様子が窺えるが、スペイン政府が自らのより能動的な役割を担おうとの願望を捨てていなかった様子も垣間見える。他の論説もこのようなもので、たとえば『ムンド』の太平洋戦争に関する論説は次のように結んでいる—「……ピレネー山脈からフィリピンまでの超大なるスペイン、偉大なスペイン、そして、現下の地球を揺るがしているどのような争いごとにも関心を示さないことのないフランコによって蘇ったスペインは、細心の関心をもって太平洋に、またアメリカに目を向けている」。また、一九四〇年四月には、親ドイツの日刊紙『インフォルマシオーネス』の論説までもが、より断定的な論調で述べた—「フィリピンを忘れるな。日本は新たな秩序を押しつけるだろう。我々の祖先がフィリピン諸島に永久に続くようにと撒いたものをヤンキーの支配が投げ捨てることは決してできない」(86)。それがどのようにいつなされるのかは何も明示されなかったとしても、この時期の入り組んだレトリックでもって、スペイン国旗が再びフィリピン諸島に翻ることを悪く思わないスペイン人がいたのである。これは共有された夢であった。

一方フィリピンでは、ファランヘ党が枢軸側の勝利を欲していることは決して秘密ではなかった。ファランヘ党は、何度かドイツのキャンペーンに協力した。たとえば、彼らは、アメリカのフランシス・B・セイヤー高等弁務官がユダヤ人移民のフィリピンへの入国を受け入れようとしたことに反対した。また、同党の新たなリーダーのフェリーペ・ガルシーア・アルベニスは、片手を上げた敬礼をし、ファランヘ党の服装でマニラ港に現れた。その活動がきわめて活発だったことは、ファランヘ党員であったスペイン領事自身がマドリードに次のように報告したことからもわかる—「イタリアとドイツの領事館は全体主義のプロパガンダに専念しており、ファランヘ党もそれに加わった」(87)。そのうえ、それを意識的かつ声高におこなったため、ファランヘ党周辺にいた人々や、有力家系との抗争において中立の立場を示していたフランコ信奉者とさえも衝突した。これらの人々の中には領事自身や先に述べたサント・トマス大学学長のシルベストレ・サンチョがいた。同学長は「フィリピンからファランヘ党を消すのが一番よい」と述べるに至った

(88)。スペイン人コミュニティーの外では反ファランヘ党の意見がもっと強く、マルドナード領事自身が全体主義のプロパガンダに協力しているとして非難された。

一九四〇年八月、アメリカ政府はファランヘ党の活動を抑えようとした。かくしてアメリカ政府は、イタリア領事館から書類を受け取って保管したことを認めたマルドナード領事に対する非難はやめたが(89)、向こう見ずなファランヘ党リーダーだったフェリーペ・ガルシーア・アルベニスの追放を決定した(90)。ファランヘ党と対決するとのこのような決定がなされると、ファランヘ党は公的活動を極端に縮小した。後のファランヘ党員たちの説明によると、この方策は彼ら自身によってなされた内部決定によるということだが、それについては非常に僅かな情報しか存在しない。おそらく議論があったのだろうし、あるいはスペインから命令されたのかもしれないが、当時、枢軸側の状況の見通しが最も良い時期だったこと、セラーノ・スニェルがそのすぐ後に外相に任命されたことを考慮すると、より控えめなやり方であれ、ファランヘ党が同じ目標を維持することにしたのももっともなことである。

こうした推測は、セラーノ・スニェルが一九四〇年十一月の外相就任以降に最初に採った諸措置のうちの一つによって補強され得よう。というのは、傑出したファランヘ党員、ヘナーロ・リエストラとホセ・デル・カスターニョをそれぞれハバナとマニラの領事に時を同じくして任命したからである。同一人物に領事とファランヘ党支部長を兼任させることで、スペイン人居留民の指導とファランヘ党の指導を統一させたのであった。こうすることによって、克服することが困難だった居留民の中でのファランヘ党のリーダーシップ問題を解決することが期待された。彼らの任命は『アリーバ!』紙の第一面を節度のないおべっかで飾るには値したが、アメリカの怒りを新たな限界に到達させることともなった。かくして、リエストラはハバナのポストに就くことができず、デル・カスターニョももう少しで同じ運命に遭うところであった。ファランヘ党対外部代表として、有力家系と対立していたマルティン・ポウを過去に支持していたことから、マニラにおけるデル・カスターニョの評判は「火付け役」であったが、このことが多くの者にとって不満と不快な驚きの原因となった。アメリカ国務省は、彼に信任状を付与しないことも考えていたが、最終的にはフィリピン諸島に赴任することを認許した。ただし駐ワシントンのスペイン大使カルデナスに対しては、プロパガンダ行為が少しでも見られればデル・カスターニョへの認許は取り消されることとなるとはっきりと通告していた。デル・カスターニョは、フィリピンに向かう途中でキューバとアメリカに立ち寄ったこともあって、これらの全てを知ることになった。そのうえ最初から、スペイン人居留民に対する最初のあいさつにおいても、高等弁務官へのあいさつの際にも、デル・カスターニョはフィリピンの法令を遵守するとあらためて言わなければならなかった(91)。フェリーペ・ガルシーア・アルベニスは激しすぎたのである。

5・3・2　「枢軸国の軍隊」

フィリピンのファランヘ党は、枢軸国とのプロパガンダでの協力の他にもおそらく隠れた協力活動をおこなっていた。こうした憶測をこれまで裏付けていたのは、『ファランヘ党。アメリカにおける枢軸国の秘密の軍隊』という派手なタイトルの本である。この本ではさらに、フィリピンのファランヘ党については「マニラで起こったこと」との表題のもとに叙述が始まっている。この本は一九四三年に出版されたもので、戦時の熱狂を受けて明らかに誇張されたデータも見られる。たとえば、フィリピンのファランヘ党員は一万人を数えたとの記述があるが、当時の在留スペイン人の総数はその三分の一程度であった。また、一九四〇年十二月にマニラ・スタジアムでホセ・デル・カスターニョの歓迎行事が開催されたという記述もあるが、彼が到着したのは一九四一年五月であり、上述のように、ファランヘ党自らがその活動の幅を狭めようとしていた時期であった。その他のラテンアメリカ諸国に関する情報についても、その大部分が信憑性を欠いている。アメリカにおいてもラテンアメリカにおいても、スペインの陰に隠れたナチス・ドイツの第五列の活動はなかった。スペインのプロパガンダが非難を受けていたことはたしかだが、スペインを「枢軸国の軍隊」とみなすこともできない(92)。著者のチェイスは、他にも多くのいい加減な主張をしている。フィリピンについては、たとえば、ホセ・デル・カスターニョがフィリピンにおけるファランヘ党代表に任命されたのは、アメリカ大陸におけるドイツの勢力拡大の推進者であったヴィルヘルム・フォン・ファウペルや他のナチス・ドイツ高官の仕業によるものであると記述されている。また、ファランヘ党が文民非常事態本部（CEA）に潜入して内部からその機能をサボタージュし、それによって日本軍のフィリピン諸島侵攻を助けたと非難し、ファランヘ党が日本の勢力拡大を支持していたとさえ述べている。

チェイスの他にもこの本の出版に関心を示していた人

物がいたはずである。引用の典拠や参照資料が明示されていないこと、出版の日付がないこと、この本の出版が支援を受けていたこと（たとえば『ニューヨーク・タイムズ』紙上での何度かの広告）のほか、（ニューヨークとハバナで）それぞれ英語版とスペイン語版が出されたことからも、何らかの有力組織がこの本を広めることに関心を持っていたのではないかと見ることができる。以上のことは、この本のデータを完全に排除してしまうのがよいということにはならない。ひとつにはこの本がスペイン・ファランヘ党非難の基本文献であり続けているからである。出版された年に少なくとも第四版まで増版されており、また本書が最も有用な参考書であり続けていることからして、本書のデータはアメリカ大陸とフィリピンにおけるスペイン人の通俗的イメージをつくり上げるものになっている。また、もし本書が信憑性を持つためにチェイスに資料を提供したのがアメリカの情報機関だったとすれば、虚偽の情報とともに確かな情報も彼に与えていたことが期待されるからでもある。つまり、玉石混淆の本である。さらに、マニラのファランヘ党の情報を含むスペインの情報の解読によって、アメリカ政府が大量の情報を得ていたことを思い出さなければならない(93)。いずれにせよこのテーマについては、より徹底的な検討が必要とされよう。

日本の領土拡張にスペインが協力したとされるもう一つのケース、ロメーロ大尉のケースは、アメリカの資料に出てはくるものの、その確認はより困難である。それはスパイ活動と関係しているからだけではなく、資料には、その責任者たちがファランヘ党員ではなく、むしろ前に述べたファランヘ党の敵対者たち、つまり、アンドレス・ソリアーノとマルドナード領事だと示されているからでもある。最初の情報は一九四〇年十月十六日付のもので、フィリピン軍大尉ルフォ・C・ロメーロが、ある外国の列強にアメリカ軍の秘密地図と情報をコピーして売り渡したとの容疑で軍事法廷で裁かれた際のものである。軍事法廷は有罪判決を出し、彼は懲役十五年の刑を言い渡された。報道によると、この「外国の列強」とは日本であったが、コレヒドール島の地図の何枚かを「有力な外国人」に売り渡そうとしていたことも話題とされた(94)。裁判の最中に、一九四〇年二月から十月にかけての日付で受領確認がなされ、アルバロ・デ・マルドナード領事の署名がある一連の小切手を被疑者が所有していることが明るみに出た。これらの小切手が公開されると、マルドナードは部下のゴンサーロ・デ・ボウモントを公金横領の疑いでマニラの検察に訴えた。

ボウモントは、四四歳の独身者で、非常に多忙な生活を送っていた。領事館での勤務に加えて、ソリアーノの会社と総合タバコ会社の研究所に勤めており、さらにサトゥルニノ・カジェーハ出版社のマネージャーやファランヘ党幹部会員を務めていた。ボウモントに対するマルドナードの訴えは非常に有効だった。この件はマニラの初級裁判所で数時間のうちに処理され、ボウモント自身から、実際に、マルドナードから委任された裏書きのない小切手を発行し、さらに、賭け事での負債の支払いのために他の人物にそれらを渡したとの証言がなされた。その結果、コスタ判事は彼に禁固六か月と在マニラのスペイン領事館への賠償を命じた。判決の執行が同日の午後四時になされ、ボウモントはマニラのビリビッド刑務所に収監された。アメリカの資料では、マルドナード・ボウモント事件は「フィリピンでの「裁判」の最速記録」だと記されている(95)。

ボウモントは異常なスピードで罰せられるところとなったのだが、事件の主役たちの出国という最もうまいやり方でこの件が明らかに隠蔽され続けたのが奇怪なところである。その直後の十一月二日、セラーノ・スニェルの外相就任後、マルドナードは領事ポストをホセ・デル・カスターニョに引き継いだ。ボウモントはベネズエラに移ることとなり、一九四一年四月にこの地に到着し、その後も親枢軸の狂信的な意見を振り撒き続けた。アメリカ政府の資料が確かなものだとすれば、これらの出来事は、日本の勢力拡張の野望に関してソリアーノとマルドナードが秘密に接触していた可能性を示唆することとなる。ボウモントがラテンアメリカ到着後に受け取った送金によって、この可能性はいっそう高いものとなったと見てよい。まずは二〇〇ドルの送金があったが、これは受領できなかったことが知られている。他にダイアモンドが送られたが、これは一九四二年九月に売却された。この売却で得た資金でボウモントは長期間にわたって自らの生活を維持したのであろう(96)。この資料は、フィリピン寡頭支配層のかなりあいまいな振る舞い方を示している。争いの結果がまだ分からないうちは、彼らには、勝者となりそうな側につくのが都合が良かったということである。これは、太平洋戦争中また戦後における彼らの後の行動からして少しも不思議なことではない。とはいえ、このテーマについてもより深い検討が必要である。他の多くの地の将来についてもそうだったが、フィリピン諸島への期待は大きく、また様々だったからである。そのうえ、現存の資料はけっして少なくはないのだが、当時の様子を反映してあまりにも一面的なものだからである。

5・3・3　フィリピン再占領？

スペインと日本の関係には、フィリピンが重要な鍵としての役割を果した別の側面がある。枢軸国称揚プロパガンダのための協力やイベリア半島でおこなわれていただろう秘密協力の他に、日本がフィリピン諸島におけるスペイン文化の推進を容認するだろうと信じられていたためだった。スペイン人の中には、フィリピンにおけるスペイン文化の役割の拡大を追求するだけでなく、ドイツの勝利への期待を抱きつつも、日本がスペイン的な要素の強化に協力するだろうと考えていた者もいたようだ。勝利した日本の手によるフィリピンのスペイン化という考えまで出ていた。

これまで見てきたとおり、これらは非常に脆い期待だったが、一時的ではあれそれは可能だと考えるに至った人々がいたのである。その理由を理解するには、戦時がもたらした対立の一部を成したイメージとその形成あるいは歪曲のプロセスを想起する必要がある。また、ヨーロッパにおけるドイツの勝利とアジアにおける日本の躍進によってパンドラの箱が開けられてしまったことも想起しなければならない。それによって、日本が絶対的な寛大さを擁しているといった理想的な日本のイメージが培養される地盤が作り出されたのであった。日本は当時こうした寛大さをひけらかしたのではなく、むしろその反対であったが、夢想や願望の覆いによって、それは全く見えなかったのである。勝利はそれほど完全ではないだろう、寛大といってもそれほど無欲ではないだろう、友好といってもそれほど無私ではないだろう、以上のことは、そうであって欲しいという期待や将来のイメージにとって代わられていた。これらと合わない情報は過小評価された。

調和しない情報をぼかし、好都合な情報を強調させることによって、こうしたイメージが存在することになり、また現実とは全くかけ離れた可能性が信じられることとなった。一九四〇年九月、フランコがアンダイユにおけるヒトラーとの会談後にセラーノ・スニェルに以下のように述べたことがこの時代に特有の無邪気さを物語っている――「［ヒトラーとリッベントロップは］許しがたい。彼らは何の見返りもなく我々が参戦することを欲している。我々が署名できるような公式の取り決めをすることなく彼らを信用することはできない。この取り決めは、私が彼らに説明したように、我々の権利であるところの領土を今すぐ我々に譲渡することをきっぱり述べたものでなければならない。そうでなければ、今我々が参戦することはない」(97)。フランコが、総統《フューレル》［ヒトラー］*が戦争に勝利した暁にはスペインにいくらかの領土を譲渡するだろう、その譲渡の根拠としては何らかの取り決めをしておけば十分であろうと認識していた事実は、少なくともフランコも砂上の楼閣を信じていたことを示している。文書による合意で確約させておきたかったと考えていたとはいえ、フランコはヒトラーに対して、めったには表さないある種の純真さを含んだ信頼を置いていた。それは「一時的な無邪気さ」であり、強烈な帝国の願望と、ドイツの電撃的勝利が可能とした期待からのみ説明できる。

こうした願望と期待が結集されると、とりとめもない考えに基づいたかなり異質な結論が出ることになった。その中には、ヒメネス・デ・サンドバルに近いファランヘ党員たちのフィリピン諸島を再占領しようとした計画があったと思われるが、これに言及したものはほとんどなく、断定的なことを言ったものは全くない。マニラで複製されたマドリードの日刊紙『エル・アルカサル』が、スペインがフィリピンに戻ってくるかもしれないとの記事を、その要求を明記した地図とともに掲載した、との噂があったことがアメリカの資料に出てくる。また、第二次大戦中のフランス駐在武官で君主政擁護の体制反対派であったフアン・アントニオ・アンサルドは、戦後の思い出話として、ドイツ軍の侵攻を前にベルギーを大急ぎで後にしたスペインのエドゥアルド・アウノス大使が、「私は確信している。総統《フューレル》［ヒトラー］*との合意および我々のドイツへの支援の褒美として、確実でただちに起こるであろうその勝利の後に、ドイツが我々にキューバとフィリピンを返還するだろう」と述べていたと語っている(98)。

フィリピン再占領を夢みる数々の要求を現実のものとするには、実現困難な一連の外交的幸運が必要であっただろう。それらは、枢軸側の勝利、しかも完全なる勝利、それに伴いスペインが「提供した貢献」に対して報奨を与えるとの決定がなされ、それがフィリピンのような重要な領土であり、そして日本が「主人」となろう地域で西洋の一国が後ろ盾となることを日本が許容する、というものであったであろう。今日ではこのような夢は実現不可能に見えるが、当時はこうした希望をかき立てる動機はあり余るほどあった。ヒトラーが過去のスペイン帝国の回復を援助するだろうという見方があったならば、日本もまたそれを許可すると考えられていたはずであった。当時のこうした期待を軽蔑することになった戦後には誰も想起しないだろうが、フィリピンにおいて絶頂期の日本の恩恵に浴そうとの基本的な考えがあったことを否定することはできない。以下では、どの時期に、どういったスペイン人たちがこの考えを抱くことができたのかを見ていきたい。反体制派の人々のみが当時のスペイン政府の期待は全く夢想だと考えていただけではなく、多くの確固たるフランコ支持者らも実はそう考えていたのである。

日本の隆盛に乗じてフィリピンにスペインが舞い戻ってくることがあるかもしれないという噂や記事の目的を理解するためには、いくつかの明確な説明が必要である。

まずは、間接的なプロパガンダの機能である。こうしたスペインの野心が広まったこととの背後には、アメリカの参戦の可能性を前にして、ワシントンのもくろみに影響を与えようとしたドイツのプロパガンダがあったであろう。第二次世界大戦のような総力戦においては、敵を破るためにはいかなる武器もが有効とされた。物質的なものも非物質的なものも価値があるとされ、敵の戦闘能力を徐々に削ごうとして、自らの目的に最も有利になるようなかたちで情報が捏造あるいは操作され、それは新聞や口頭での噂など最も適当な方法で広められた。フィリピンにおいて徐々に拡大していったスペインの活動というのはそのうちのひとつであった。三国同盟がフィリピンは日本の牙城であると非常にはっきりと認めたこととともに、フィリピンにおけるスペインについてのプロパガンダは、アメリカが西欧において参戦すれば（これはヒトラーが懸念していたことであった）恐ろしいことになることをアメリカに想起させるものであった。かくして、スペインによるプロパガンダの野心というものは、ヨーロッパの戦争にアメリカがもっと関与しようとするのを妨ぐためのひとつの方法であった。ドイツは、アメリカが世界大戦にますます関与しようとするのを思いとどまらせようとして、フィリピンにおいてはスペインを利用し、ラテンアメリカにおいてもそうしようとした。ロバート・ジャーヴィスが指摘するように、フィリピンがスペインに返還されるかもしれないことについての新聞記事や噂さえもが、だまし、つまりロバート・ジャーヴィスが言うところの「安価な方法で」イメージを発信しようとの目論みから説明がつくであろう。

二つ目の説明は、ドイツが自身の利益のため僅かではあれスペインの脅威があるとの操作をおこなったとすると、スペインがなぜこうしたキャンペーンに利用されるがままであったかということについてである。別の言い方をすれば、ワシントンでフィリピンに関するスペインの新聞の論評が解説されたように、フィリピンに関するこうしたあらゆる期待がなぜ「国内で消費されるための活発な話題」とされたのかということである(99)。スペインがフィリピンに戻ることについてのニュースや憶測については、スペインにおいてもマニラにおいてもそんなことはないとされたのだが(100)、その役割はどうやら内政のためだったようである。主要な目的は、枢軸国との友好関係を利用して体制への忠誠と信頼を保たせることにあったのだろう。プロパガンダは外国に対してだけではなく、スペイン人に対しても使えたのである。

すでに述べたとおり、スペインにおいて日本が理想化されていたということが唯一の一貫した説明となりえるだろう。一方で、日本とはドイツほどの接触はなかったので、現実よりも希望の産物である理想的イメージがもっと思いのままに描き出されることになった。より離れていて、より接触が少なかったために、希望や期待が現実とかけ離れる可能性がさらに高かったのである。日本人とは何者かという認識がばらばらだったため、日本の目的がいかなるものであるかという想像や思索の幅もより広かった。他方で、フィリピンへの期待が絶頂を極めたのはほんの数か月間だった。それは、一九四〇年十一月頃、ドイツがヴィシー政府との対立を嫌ったのを見て、フランコがフランス領に対する要求を断念することを認めた時からであった(101)。フランス帝国の一部を奪い取るという第一の選択肢が消されたので、イギリス領を主目的とするという選択肢が出てきたり、またアメリカに対してもあらゆる企てをすることが考えられた。こうした期待が下火になり始めたのはドイツのソ連侵攻が始まった一九四一年夏であり、同年冬、スペインが参戦したとしても領土獲得の報いはないことが明らかとなったとき、このような期待は最終的に消滅した。

第三に、日本に対する脅威や不信が消え去ることはけっしてなかったことを説明しておく必要がある。フランコはドイツに対して無邪気な言動をしていたとはいえ、第三帝国に全く頼ってしまうほど盲目ではけっしてなかったことはすでに見た。フランコはアンダイユで、セラーノ・スニェルに以下のように述べた――「我々が新たな犠牲を甘受しようとするのは、我が帝国の基盤となるべきものがその代償によって得られる場合だけである。彼らが何を言っても、今、公的な約束がなされないならば、勝利の後には、彼らは我々に何も与えないだろう」(102)。日本についても同様のことが起こった。大日本帝国に対する不信はいつも存在していた。もっと後の一九四四年、日刊紙『アリーバ！』にそれが現れた――「日本への傾倒」の風潮に逆らって「フィリピンの諸問題とその存在に心底取り憑かれたスペイン人らの声がある。それらの声は、フィリピン諸島にあるスペインのカトリックの多くの宗派に対する日本のやり方は全くうまくいっていないと言わざるをえなかった」(103)。こうした「コオロギ達」は保守派に属していたと考えられるが、帝国主義的な野心に強く傾斜していたマスコミに対しては、慎重さを呼びかけることを忘れなかった。他ならぬ『ムンド』誌も、日本軍の勝利の後の将来のフィリピンはスペインとの繋がりを失うこととなるだろうと明確に述べて、以下のように結んだ―「おそらく「アメリカは」何らかの失敗をして、スペインの利益をも損なうことになるだろう。スペインが道徳的な保護をし得る地を他の人種の人々が所有することは、我々からは非常に離れたところにいるが、結局のところは国民の思考である言語のおかげで実は非常に近いところにいる他の人々と我々を結びつけている繋がりを解いてしまうことになるかもしれない」(104)。「親日派」でさえ遅かれ早かれ日本と対立するかもしれないことを忘れていなかったのである。

日本軍、すなわち「他の人種の人々」はファランヘ党のシンパではあったが、その最終目的は異なっていた。これを想起させる役割を担ったのはヘスス・パボンなどのプロパガンディストであった。彼は、『頂点』誌において、こうした不信感を辛辣に表明した―「アメリカ人のためのアメリカに対してと同様に、スペインは、アジア人のためのアジアに対しても反対しなければならない。フィリピンの独立は太平洋の戦略的地位としてのフィリピン諸島の中立化にかかっているだけではなく、スペイン文化とスペイン語の維持および発展にもかかっている」(105)。当時の最も親日的な本であったコルデーロ・トーレスの『スペインの世界的使命の様相』においてさえも、「極東で最も進んだ国の支配下にある極東の政治的共同体の地域的組織［「大東亜共栄圏*」のこと］がスペインの権利」を損ねることはないとしながらも、そしてこのことはスペインがアジアにおける日本のヘゲモニーを不愉快には全く感じていなかったことを示すものだが、「この組織はスペインの正当な利益に敵対するような性格を持たないものとするという条件」を付けることはやめなかった(106)。つまり、フィリピンにおけるスペイン的要素の維持がそれを支持する条件であった。要するに、日本はある人々が幻想を抱きたがるような素晴らしい国ではないと想起させる人々がいなくなったことはなく、また、他のアジア諸国よりもフィリピンがスペインの優先事項とされ続けたのである。

最後に、想像と現実との乖離は、保守派、共和派、ファランヘ党員に、またスペイン人であろうとスペイン人でなかろうと、勝利から利益を得た人あるいは敗北しそうなので被害を受けた人、これらすべての人々に及んだことを示しておく必要がある。アメリカ人もスペインに関して非常に間違った認識を持っていたため、ファランヘ党の精力的活動に対する非難がそのまま信用されることになってしまった。フィリピンにおけるファランヘ党に対する非難はその大部分が偽りであったとはいえ（アメリカ軍によるマニラ占領直後にアメリカの防諜機関が作成した面接調査に基いた報告書においては、ファランヘ党はプロパガンダの運動であると記述されたのみだった）[107]、戦争中、アメリカ人は非常に奇妙な主張を受け入れる傾向にあった。かくして、彼らはスペイン人についてよく知ろうとはせず、また、すでに見たように大きな対立があったにもかかわらず、ファランヘ党と有力家系との間に存在した顕著な差異を認識するには至らなかった。たとえば、真珠湾攻撃数週間前のOSS*［戦略局］報告書においては、ファランヘ党はドイツや日本の工作員と並んでフィリピンにおけるアメリカの主要な敵だとみなされていた。アメリカは、海はスペインを帝国へと導く出発点となるというフランコのビゴにおける言明と、キューバのスペインへの返還の期待を表明したシルベストレ・サンチョの言明がキューバの新聞に載せられたことを利用して、スペインはフィリピンを奪い返そうとしているのだという見解を強調した。これは無視できない説明ではあったが、非常に問題の多い議論であった。上掲の言明の根拠が非常に弱かったというだけでなく、ファランヘ党員を有力家系の人々や教会と一緒にしてしまったことはOSSの無分別さを示すものだったからである[108]。（自己の）欺瞞的操作から免れた者は誰もいなかったのである。

そのうえ、噂話、情報提供者の「個人的確信」または「一般的な意見」で本当だと思われたことは、文書館に現在ある文書を増やし、また中堅幹部層の見方だけでなく、最上級幹部層にいた人々の見方にも大きな影響を与えた。ハロルド・イッキーズ内務長官やさらにはルーズベルト大統領の顧問などスペインに関して決定権を持っていた重要人物も、スペインがフィリピンを取り戻そうとしているという考えはありうるとみなしていた[109]。スペインが参戦するだろうことは広く信じられていたので、アメリカはスペインが放つ操作的コードにそのまま乗せられるということはなかった。というよりむしろ、それに乗ろうとはしなかった。なぜなら、自らは意識していなかったとはいえ、他の諸国と同様にアメリカもまたプロパガンダの必要にかられていたためである。「プロパガンダは他の国がおこなっていたことであり、とくにドイツ人がそうであった」と、戦時中アメリカの情報活動に精力的に携わっていたエリック・バーナウが回想している(110)。アメリカによるスペインの認識もまた非常に歪曲された部分を伴っており、それは他の諸国においてと同様に、事実が願望や予想と入り混じっていたためであった。

スペインとアメリカの違いについて言えば、アメリカの願望が予想と異なっていたということであった。スペインは自らが世界でさらに大きな役割を担いたいが、それは困難だと見ていたのに、アメリカはスペインの参戦は確実だとしながらも、それを望んでいなかった。これは些細な差異であったが、願望と予想が衝突する際に優勢なのは予想であることから、重要なことだった(111)。認識の一貫性、つまり、見えてくるであろうものを認識し、以前からあるイメージにその情報を同化させる素質は、フランコ派の行動の予測のために、彼らの現実の行動の認識と同様にあるいはそれ以上に重要なことであった。同様のことが敵側でも起こっていた。

6 忘れ難きこと

中国では、スペインが汪兆銘を支持したことが鮮明に記憶された。中国国民党と中国共産党はほとんど一致するところはなかったが、日本との戦争後に何ほどか一致するところがあったとすれば、南京でカストロ・ヒローナの訪問を受けた首相［汪］*を裏切り者のなかでも最も忌まわしい人物だと見なし、彼を徹底的に軽蔑したことである。容易に推測できるように、汪政権とフランコ政権との友好や親善関係、フランコ政権による汪傀儡政権の早期の承認を忘れるのは困難であった。中国国民党は、イデオロギー上は非常に近く、内戦敗北後にはその反共産主義を高く掲げたにもかかわらず、第二次世界大戦後、スペイン政府による国交再開の試みを拒否した(112)。かくして、一九五二年六月まで国交は回復されなかった。国交の回復は教会の仲介によるところが大きかった(113)。とくに、朝鮮戦争勃発後にイデオロギーの二極化がますます進行したことと、フランコ体制との関係を確立するようにとの圧力によるためであった。再び、より死活的な利害関係が優先され、そのために両国間関係が再開されるべきだとされたのである。つまり、アメリカとの関係が優先された。というのも、中国国民党は、アメリカ政府のおかげで反共産主義のアイデンティティを際立たせ、過去を葬り去ることができたのであった。これはそれまでとはおよそ異なった新たな敵に立ち向かうために最もよい方法であった(114)。

フィリピンでは、勝利への期待が、スペイン的アイデンティティの喫水線、つまりスペイン人居留民とこの国の相互浸透、それにスペイン人居留民の影響力とその一体性の維持に影響を及ぼした。この時期にファランヘ党対外部が追求していた目的のためにこの線は破壊されてしまった。到着数か月後でマニラから退去させられたファランヘ党のリーダー、フェリーペ・ガルーシア・アルベニスが述べたように、ファランヘ党が目指していたのは、内戦中に追求されていた組織上の自治あるいは何人もの指導者による自治などというものではなく、「すべての在外スペイン人が同じ指令の下で働く」ようにすることであったからである(115)。一九四〇年五月の週刊誌『ムンド』第三号におけるフィリピンのファランヘ党に関する現地報告によると、この地のファランヘ党自身は、マドリードの支援のおかげでこのような一体性を獲得したと見ていた――「マニラ地方指導部は、四年にわたる激しい内部闘争を経て、慣習とカシキスモにとらわれたいくつかのグループの政治的浄化に対する抵抗を打ち負かした」(116)。ファランヘ党自身はよく吹聴したとしても、彼らは、アンドレス・ソリアーノ率いる経済力を持つ集団を打ち負かすことはなかった。むしろ、在フィリピンのスペイン人の多くがスペイン国籍を放棄する事態をもたらした。ファランヘ党の狭い枠組みのイデオロギーは共有できないとして、主要な在フィリピン・スペイン人の多くがスペイン国籍を放棄した。フランコに直接送られた十一枚に及んだ意見書でスペインの参戦に反対の意を表した後に、アンドレス・ソリアーノ、アントニオ・ブリーアス、エンリケ・ソベルの息子たち、それにエリサルデ家の一部の者はフィリピン国籍を取得した(117)。スペイン領事館への登録者が減少したことを具体的な数で示すのは難しいが、疑いの余地がないのは、スペイン国籍を放棄したスペイン人たちの質的重大性であり、彼らがフィリピンにおけるその影響力や経済力を決定的に失ったということである(118)。スペイン人居留民を支配しようとのファランヘ党の願望は、スペイン人居留民が、ファランヘ党との繋がりではなく、スペイン自身との繋がりを切ってしまうことになるという結果を招いた。

そのうえ、フィリピンにいた多くのスペイン人及びスペイン化した人々は、国際ニュースやフィリピンにおけるスペインの代表者たちを見て、フィリピン諸島にますます良くないイメージをもたらすようになった国に関わろうとしなくなった。機会主義的な経済的動機も否定できない。フィリピンでは、スペインが世界戦争にまず間違いなく参戦することになったら、それによってすぐに生ずるだろうことが恐れられていた。オランダ領東インドで起こったこと、また海峡のイギリス領有地でのイタリア人やドイツ人の財産に降りかかったことと同様に、スペイン人の財産も差し押さえられるであろうと見られていた。だが、国籍放棄には他の理由もあった。というのも、我々の知る限り、世界大戦後に国籍を回復しようとした者は誰もおらず、そのうえほかの利益享受者もいたのである。コモンウェルスの大統領マヌエル・ケソン自身が、将来の独立共和国を見据えて、この国の上流階級を形成できるようにするために、スペイン人エリートがフィリピンの支配層となる歩みを支援していた。最後に、スペインのイメージは、この国とファランヘ党のイデオロギーが同一視されることによって決定的に損なわれた。それは、ファランヘ党が自党のイデオロギーを共有しない者は反スペインだと見なしていたこの時期の産物であった。このことは、国としてのイメージをイデオロギーとしてのファシズムのイメージと一緒にしてしまうことになった。そして、スペインは日本と一緒だとのイメージもつくられてしまった。スペインとフィリピンの関係は急激に変化した。太平洋戦争はこのような結末を決定的なものにした。

第三章　日本の勝利

一九四一年十二月七日から八日にかけて、アメリカと日本の間で戦争が勃発したことにより、とどまるところを知らないぎすぎすした衝突の中で、新しい時期がその到来を告げた。世界大戦が始まったのだ。数か月前にソビエト連邦が加わったこともあって、様々な闘争が決定的に一つになった。ラテンアメリカやサハラ以南のアフリカは、その政府は結果的には戦いに組み込まれることとなったとはいえ、かろうじてその戦いを免れることになった。五大陸は二つの陣営で対立するようになった。

アメリカと日本との紛争は驚くに値しないことだった。これはずっと以前から布告されていた戦争だった。アメリカとの和平交渉が失敗すると、東条英機将軍の新内閣が組閣された。この内閣は、アジアに対する西洋の支配に対抗はしたが武力への道に踏み出す用意はなかった前任者の近衛文麿に能力がなかったので、根底に軍事目的を掲げてつくられたものである。一九四一年十月に東条が国家を統率するようになってからの新常識は、日本はできるかぎりはやく戦争に突入しなければならないというものであった。もはや交渉の余地はなかった。石油やその他の一次産品を奪われ、日本は反発する能力がゆっくりとなくなっていくと感じていたのだった。その後、日露戦争時と同様に、日本は真珠湾奇襲攻撃によって戦闘を開始した。日本軍はこの攻撃によって、最初の数日間の一連の軍事的成功とともに、ベーリング海峡からインド亜大陸という非常に離れた境界まで支配領域を広げることになった。うわべだけの勝利によって広い地帯に膨張したのはいいが、それはのちには落し穴となったのである。

当時のスペインはファランヘ党と保守派との間の権力抗争による政治的騒乱の最中にあった。その動揺にあって、各陣営が勝利の可能性をどう見ているかは重要な論点であったし、太平洋戦争の勃発は決定的な衝突としてよりはむしろ将来何が起こるかを暗示する複雑な出来事として見られた。真珠湾攻撃はさし迫った重要性を持っていたわけではなかった。というのも日米開戦はすでに時間の問題だと捉えられていたし、各グループがあらかじめ持っていた考えを確認するものとしてそのニュースは使われたからである。解釈を変えるにはもっとたくさんのデータが必要だっただろう。

真珠湾攻撃後も、以前のソ連への攻撃の時のように、両国の関係の一般的状況は変わらなかった。スペインでは、日米のどちらかを支持したり、どちらかに反対するための街頭での示威行動はなかった。友好関係は継続したが、その性質は根本的に変わった。というのも、一方の国は戦闘に突入し、もう一方はそうではなかったからである。ヨーロッパの戦闘に直接関与せずに両国が枢軸国の戦いを支持した以前の平衡感覚は消滅した。相互の協力もスペインと日本の自然発生的な結びつきも終わりを告げた。チァーノ伯爵の有名な日記の中に、ハワイでの戦争の勃発に端を発した、その最後の例が出ている。イタリア外相はドイツの友人リッベントロップから電話を受け、アメリカへの宣戦布告に加わるよう求められた、と書いている。そして日記は決して回答のなかった質問の一行で終わっていた―「では、スペインはどうだろうか？」(1)。結果として日西両国間の関係は以前とは異なる利益に依拠するものとなった。日本はスペインの戦力をあてにし、スペインはフィリピンにおける自らの権益を擁護することを模索した。幻想は明白な現実に道を譲ったのだった。

民主主義諸列強と戦争に入った結果、日本とスペインの関係はそれまで以上に重要性を持つことになった。日本は中立国に委せる二つの主要な活動をスペインに頼った。つまりアメリカ大陸での自国民の利益を守ることと、アメリカに関する秘密情報を集めることである。スペインは、そこで初めて旧植民地のフィリピンが戦争の被害を受けているのに気づいた。フィリピンには多数のスペイン人が暮らしているばかりではなく、経済的・文化的にも強い絆があったのである。

真珠湾攻撃はスペインにおける日本のイメージに重大な意味の変化をもたらした。すでに分析したように、一九四一年の夏には理想化されたイメージに終止符が打たれ、新しい現実が決定的に優先され、期待はまったくなくなっていた。日本は夢みた地あるいは将来の計画において重要な存在ではなくなった。この頃にはスペインの将来の帝国としての自画像が消滅したからである。またそのスペインの理想像は、フィリピンの姿や、フィリピンでのスペインの遺産がどうなるかという懸念によって、すっかり飲み込まれてしまった。日本とスペイン両国の関係は将来性よりも現状を、理想よりも現実を見据えるものとなった。フランコのスペインでは、日本関連のニュースの持つ機能は根本的に変化した。ニュースはいつものように流されてはいたが、それは対外的野望を膨らませるのではなく、国内議論の糧となったのである。ファランヘ党員と軍部との間に起こった辛らつな権力闘争において、日本は論点を提示するものとなり、それぞれが都合のよいように使うようなものとなった。将来の可能性より現実の方が重かったようだ。

よって、本章以降ではスペイン人が持つ二つの日本のイメージを明確に区別することができる。一方は、楽観主義者の持つ日本のイメージであり、日本が枢軸国の最終的勝利に全般的に貢献するとしたもので、このアジアの帝国に不確かさからくる便宜を与えつづけていた。もう一方は嫉妬深い者たちの日本のイメージであり、アジアにおける日本の侵攻が悪い結果をもたらすとするもので、そのときまで動揺を導く以外のなにものでもなかった「新秩序」のための争いに賭ける前に植民地時代へと戻ることを夢見ていた。スペインの政治的分裂はこのような日本についての視点に集約されていて、ファランヘ党員は最も頑固な日本の擁護者であった。

太平洋戦争は両国の関係にもう一つの最終的な影響をもたらした。接触は再び主に外務省を通じておこなわれるようになったし、大臣のパーソナリティがその行方を左右する鍵となった。日本への賞賛が終焉したことによって、また太平洋における争いの発生によって、さらにはグローバル化された軍事対立に日本が介入したことによってつくられた新たな枠組みは、日西両国関係における未来の可能性の多くを除去してしまった。決定は直接的な結果を導いた。最も明確な結果は外相ラモン・セラーノ・スニェルの失脚である。なぜならば彼の辞任は外務省におけるファランヘ党勢力の後退を意味するばかりではなく、日本の戦力にたいするスペインの援助の終焉を意味していたからである。スペイン外務省を担った人物は、とても重要であった。なぜならば日本に関する決定は間髪を入れない反響を呼び始めたからである。日本は、フランコ体制の外交関係においてますます迷惑な「熱いじゃがいも」であったのだが、このとき以降、内政にも影響を及ぼすようになった。

1　真珠湾の輝き

一九四一年十二月七日、日本はそれまで四年半の間引きずってきた戦争で質的な鍵となる一歩を踏み出した。公式に宣戦布告したのである。かくして中国での事件から、力ある敵に対する対峙へと戦いを拡大した。この敵は、以前には公に衝突することは避けたいと思っていたはずの、日本軍が勝利のないまま駐屯する中国よりももっと勝つことが困難であるとわかっていた相手であった。この戦いには、日米戦争、太平洋戦争、大東亜戦争など、さまざまな名前がつけられた。これらの名称は史学史上最も用いられているもので、最もすばらしい偉業をあらわすと同時に、すべての国が忘却したい未完の事業の意味合いも含んでいる。それらは誰に対して負けたか（どこで敗北しなかったか）、攻撃者は誰であったか（つまり自己愛の戦いの正義とはなにか）、もしくはあまり発展していない国々に文明をもたらすという使命を帯びた戦いであったか（こうして攻撃の重みを軽減している）などを意味している。本書では、第二の、太平洋戦争という用語を使おうと思う。というのも日本の連合国への対峙が、スペインと日本の接触に重要な意味をもたらしたからである。しかしその一方で大東亜戦争という名称の利便性も忘れてはならない。大東亜戦争という語は、日本が野心を抱いた大東亜、そして戦いが展開した場の地理的範囲と、戦争の起源としての大陸における日本の帝国主義的野心をも明示している。大東亜の用語があまり使われなくなったのは、アメリカの占領下でこの言葉が使用禁止にされたことによるのだ。

これ以前の状況を思い出しておくのがよいであろう。つまりアメリカや他の西洋列強との戦争は一九三七年の盧構橋の小競り合いにさかのぼるだけではなく、一九三一年の日本軍の目覚ましい勝利から生じた満州事変にさかのぼるのである。また一九〇四〜〇五年の日露戦争にも発端はある。なぜならその折にも日本は、これは東洋における平和のための戦争であって、他に方法はないのだという同じような言い訳を使ったのだから。二十世紀初めの力学、とくに一九三〇年代初頭の軍事力による勝利の力学では、決定的な敗北に至らしめるまでは日本を降伏させるのは無理だった。これに関しては満州での勝利への人々の広い好感や一九三一～三二年の時期に日本に存在した関東軍の知名度と、最終的降伏の前に予測された苦しみ、死、飢えとを関連づける必要がある。前者がなければ後者もありえなかったろう。日本における十五年間の暗い谷間は、苦悩によって後に贖われることになる喜びのうちに始まった。それを忘れてはならない。なぜならば、よく知られていることだが、戦争を始めるのは戦争を終わらせるよりずっと簡単であるからだ。

多数の日本人が、打ち続く戦闘の行方や進展具合を心配した。日本の軍国主義に対する反対運動があったのは、後世の発見でもなんでもない。列車が目的地に着いたなら、光の当たった風景がどこにあるのかを知るのはやさしく、それは歴史家たちの研究にもよく現れている。しかし太平洋戦争が勃発すると、勝利を意味する叫び声である万歳や人々の間での喜びのデモンストレーションは、長期間にわたって日本人が物不足の中で生き、勝利の平和への約束で栄養を取りながら食料を奪われていたことを隠しえなかった。

国家主義者の熱弁は、戦争の行方に関して増加しつつあった内部分裂を部分的には隠した。おそらく日本の文化は突発的な変化や自らの行方を全面的に他の人びとに委ねることに反発するものであり、軍人も代表的文民も誰一人として、たとえ大政翼賛会や、戦闘が要求する国力増強のためにつくられた隣組のような組織をもってしても、社会に絶対的な権威を押しつけることはできなかった。東条は独裁をおこなわなかったし、彼の人物像は、戦争を有効に遂行するのにほとんど役に立たなかった。彼の取り巻きグループも、自分たちの指導者の重要な援軍にはなれなかったし、東条も将来の対外戦争に向けた熱情もしくは国家主義者的な熱望を呼び起こすことはできなかった。その理由は明らかである。大政翼賛会はどの指導者にとっても行動の支えにはならなかったし、ムッソリーニやヒトラーと比較できるような人物への崇拝もなく、首班の東条は軍の同僚によって首位にはあってもそれ以上の権威はない人間と考えられていたのだった。海軍は東条の命令に服従せずそれを公然と無視し、東条は陸軍参謀本部に対してさえも具体的なイニシアチブを強いることができず、また戦争の全体的進展の後にも、参謀本部が勝手に策定した戦略を捨てさせることもできなかった。個人としても、日本の「独裁者」には他のヨーロッパの指導者のようなカリスマ性はなかった。退役軍人のリーダー石原莞爾は一九四一年のはじめに、東条は逮捕され、処刑されるべきだったろうに、と述べた。また海軍作戦部長の田中新一中将はガダルカナルの戦いの後に面と向かって東条をばか者呼ばわりしたほどであった。批判を前にして、首相はほとんど何もしようとしなかった（できなかった）。たとえば、石原を封じ込めようとして、一九四二年の終わりに石原と会談することで石原を懐柔し、自分の政府のために使おうとした。しかし何も得られず、昔日の満州における膨張主義の信奉者の石原は、指導者としての東条に関する自分の否定的な意見をばら撒き続けた。東条は自分には権力が欠如していることをよくわかっていたし、その欠如を正当化するために、自分は単に上層部の意向を実践しているだけだと明言した。一億一心のスローガンは、ともかく対外的には有効であった。しかしそれは表の部分、つまり外部向けのものだったのだ。

裏の部分、つまり国内的な部分は、西洋ではあまり知られていなかった。軍部の権力は、膨張主義者中野正剛の埋葬に集まった二万人をはじめとする右派から自由主義的見解を持つ新聞まで、市民社会の間接的批判に耐えなくてはならなかった。マスメディアは知的で批判的な大衆を維持しようと尽力し、時には首相を揶揄する記事も掲載した。ある種の自由を手に入れるためには、海軍と陸軍の間の論争はよい隠れ蓑であった。自由を得るために必要な組織はなかったが、日本軍国主義への反対はあった。そのうえ、それは指導者層にのみ限定されたものではなかった。というのは指導者層に罰を与えることは難しいことだったが、一九四二年五月に軍人によって実施された帝国議会選挙で証明されたとおり、軍国主義への反対は国民の一部にも広がっていたからである。この選挙は、軍部の勝利の中でおこなわれ、軍部による推薦者の一覧表が存在してはいたが、一方で日本の歴史のなかで最も多くの立候補者が出た選挙であった。そればかりではなく、無党派が投票数の三分の一の得票を集めて、四六六人の議員のうちの八五人を占めた。日本人の多くは軍部の勝利に酔っていたに違いないが、一方で最も熱狂的に望んでいたのは、その勝利が決定的であることと、戦争がこれきりで終わるようにということであった。また、英米が黄色い砲火の前に敗北したときですら、日本政府への不信は人々の間に広まっていた(2)。

真珠湾の奇襲攻撃で日本軍が表向きには勝利した後、ドイツとイタリアはともに、十二月十一日にアメリカに宣戦布告した。それは、イタリアが独自に危険を冒してやろうとした宣戦布告の宣伝効果を盗むためにドイツがとった興味深い道筋であった。多くの人々はアメリカ艦隊の破壊の知らせは勝利への道をはっきり示すものだと考えたが、ヒトラーは世論に対して自分のとった方法を正当化して、遅かれ早かれドイツはアメリカに宣戦布告しなければならなかっただろうと言い、また真珠湾は勝利を約する重要な保障であると述べた(3)。ドイツとイタリアは、この攻撃で数年の間連合軍は動けなくなるだろう、連合軍は全体主義国家の軍の勝利の圧力に耐えることはできないであろう、と考えたのだった。ある意味で、その考えは理にかなっていた。日本は太平洋において空軍力と海軍力の優位を確立しており、そのおかげで、その戦力は大きな抵抗なくアジア南東部全体において油のしみのように広がっていった。しかしそれは数か月間だけのことだった。

目に見える形で勝ち続けた枢軸諸国は、相互協力体制に関する合意を取り付けることに躍起となっていたが、それらの合意は決して実行されることはなかった。アメリカが太平洋と大西洋のどちらで強く攻撃に出るかわからないので、アメリカの最も強い攻撃を受けたところが補償を約されることになった。たとえば、その概略は決して示されなかったが、そこに艦船を送るというようなことであった。しかし最も興味深い合意は一九四二年一月十八日に取り交わされた世界分割に関するものであった。これは約四世紀半前にトルデシーリャスでスペイン人とポルトガル人が取り交わしたものとそっくりであった。地球というケーキについて、日本はほぼインダス川河口に至る垂直線までを行動範囲とし、またそこから先がドイツの領土になるはずであった。しかしながら、そのもくろみを実行に移す機会はなかった。三国の協力の合意は、ドイツの援助なしで戦うことに対する日本の恐れの表れである他は、初期段階の高揚状態による宣言に過ぎなかった。だから戦争中にはこの合意は決して重要性を持たなかった。たとえば共同軍の指揮や一方の軍が別の軍の指揮に従うといった問題は話題にされなかった。軍事的・経済的な調整はほとんどなかった。そのようであったから、どのようにケーキを食べるのか、分け方を議論している間に、時機を逸してしまった。

スペイン政府は真珠湾攻撃を知ったからといって宣戦布告をしたわけではないが、イタリアやドイツに匹敵するような反応を示した。セラーノ・スニェルはアメリカ大使アレグザンダー・W・ウェデルと日本公使須磨弥吉郎の訪問を受け、東京には勝利を祝う祝電を送りマドリードの日本公使館にも祝いの書翰を送るよう係に指示を出した(4)。公的出版物でも同様のことをした。たとえば、影響力を持っていた週刊誌『ムンド』は日本のイメージに繰り返し現れ始めていた期待を示しながら当時よく使われていた華やかな言葉づかいで歓喜を表現した――「現在の世界戦争はスペインが望む新秩序を導く手段となるであろう。その信念と希望とのおかげで全世界で今起こっている大変な試練を、我々は男らしくも乗り越えることができるのだ」(5)。日本への親近感はその特権を取り戻したように見えた。スペインの公的立場は枢軸国寄りの非交戦国であった。これはヨーロッパでの戦争が勃発した時にスペインが日本に提案したこと、つまり共同して戦争をやめさせようとする計画とはかけ離れていた(6)。外交は既にほとんど存在意義を失っていた。

表向き、日本のイメージは新しい推進力を得たのだった。須磨公使は日本の記者団に、背中が痛いほどのあまりに多くの祝福を受け、またフランコ将軍自身の口から新年の夕食会で次のように聞いたと語った――「私にとっては、日本の有効で特筆すべき戦略が英米に突然に戦争の恐怖をもたらしたのはすばらしい出来事でした。これで彼らも、日本精神の何たるかを少しは知るでしょう」(7)。しかしそのような祝いや背中の痛みは、その後に幻想が消えるのまでの間続いただけであった。

スペインの「親日派」の感情には、ばら色の部分ばかりがあったのではない。真珠湾攻撃以降、日本の味方をすることは以前のように容易ではなくなった。というのもデータが欠けていたし、また国内の反対派をも大きく刺激したからである。この戦争でスペイン政府が直面した最初の問題は、望んだ情報が、つまり日本に好意的な情報が入ってこなかったことだった。入ってくるものは、最低限の信憑性もなかった。というのも日本がドイツの情報部に渡した情報であっても、多くの場合にそれは日本国内向けの宣伝文と大差なかったからである(8)。かくしてスペインには日本から来る最新の一次情報が不足したのだった。それは在東京のスペイン公使を通じても変わらなかった。その裏付けは、真珠湾以前の最新の直接情報が八月、九月、十月の日付になっていることで明らかだ。データの不十分さは新たに物議を醸し出したわけではなかったが、それが中国における権益よりももっと大きな権益をめぐる作戦区域に及ぶものとなると先鋭化した。そのうえで人々は、状況を補完するために、それほど有利ではないデータをも探した。というのも日本軍勝利の情報には具体性が欠けていたし、枢軸国側の敗北もますます確実なものになっていたからである。ヒトラーは約半年間も約束してきたにもかかわらずソビエト連邦へ決定的な打撃を与えられずにいたし、またヒトラーの敵ともなった冬将軍と、それにアフリカにおけるイタリア軍の新たな敗北が、大戦の行方を予想させるきっかけを与えた(9)。剣は高々と掲げられてはいたが、しかしアメリカの参戦によって枢軸国の最終的な勝利に対する疑いが強まった。あまりのデータ不足のため、セラーノ・スニェルは英・葡・日それにバチカンの各大使に対してスペインの立場を説明する会見の場をも、情報を最大限に収集するために利用した。太平洋戦争について議論する際には、他の多くの国でもそうだったように、スペイン人の間でも推測が優位を占めた。このことは、決定的なものとして勝利が伝えられたにもかかわらず、日本の参戦について人々が無関心だった理由を説明する手助けとなろう。

体制内では保守派が枢軸国の勝利について大きな疑念を表明した。アメリカからもたらされる数多くの情報から考えると、日本側のあまりに断片的なデータや日本の最終的勝利は揺るぎないものだとする公的見解は簡単には信頼できなかった。しかし、もっと別の理由もあった。というのも戦争の新たな局面にあっては、公式見解の相違はありうることだったからだ。保守派はますます公然とファランヘ党の新たな歓喜と矛盾する情報を得ようとした。もはや、イギリスが抵抗するかもしれないと主張したからといって、また連合軍が最終的には勝利を収めると信じるからといって、非国民呼ばわりされることはなかったからである。太平洋戦争では、ヨーロッパでの戦争とは異なって、データ分析はさほどの政治的含みをもたなかった。アメリカを支持することはドイツに対して友好を示したスペインでは政治的には正しくないことになりえたが、それはどちらかといえば理解しえる許容範囲内の態度であった。というのも歴史的・地理的理由からも経済的重要性の点からいっても、アメリカへの軽蔑の度合いはイギリスに対する場合よりも低かったからである。また日本という選択肢は絶対的な好感をもっては見られていなかったということもあった。

開戦に対するメンデス・デ・ビゴの反応は興味深い。メンデス・デ・ビゴは開戦の日の前夜にアメリカ人の友人ジョセフ・グルーと夕食を共にしていた。ラジオで日本の陸・海軍がハワイ、フィリピン、グアムでの戦闘を開始したというニュースを聞くや否や、二つの建物の近さを利用してアメリカ大使館へ出向き、もっとニュースをくれるようにとグルーに頼んだ。そのときにはグルーと会うことはできなかった。というのもグルーには日本の東郷茂徳外相との会談予定があったからである。その会談では、開戦ではなく日本とアメリカの交渉決裂が伝えられたのだった。だから、グルーが大使館へ午前九時ころ戻った時に真珠湾攻撃を知らせたのはメンデス・ビゴだった。グルーはすぐに東郷へ電話をかけて事実確認をしたが、東郷はグルーにまったく知らないと言った。東郷に公式に伝達が行ったのは、一時間たってからのことだったのだ(10)。この逸話から、日本外務省とその外交官がカヤの外に置かれ、また軍人たちが彼らに何週間にもわたって敗北のニュースを隠したことがわかるし、またスペイン人が日本人に政治的・個人的に接近するのはあまりに困難でハードルが高かったこともわかる。スペイン公使は日本人よりもアメリカ人に尋ねようとした。メンデス・デ・ビゴは実際、すでに同年の五月にグルーとの友好関係についてあえて母国に知らせていた。セラーノ・スニェルやファランヘ党員の怒りはもうどうでもよくなっていたのである。あまりに失望していたので、メンデス・デ・ビゴはアメリカ寄りの自分の感情を書き残すことに頓着しなかった。彼のケースは、日本が熱烈な膨張主義をとるという点ではフランコ体制との一致があるとわかっていながらも日本に疑念を抱いていた重要なオピニオン・グループの代表例だと思われる。太平洋戦争の勃発そのものによって疑念は噴出し、保守派はファランヘ党員やスペイン外務省のものとは大きく異なる見解を公に表明したのだった。

このことは、オーストラリアとオランダの分遣隊によってポルトガル領チモールが「予防的」に占領されたことがもとになって、開戦後たった十日で確認された。彼らはオランダの主権の下にあった島の残り半分を防御する必要があった。またポルトガルの領土を保護する必要があったと主張した。日本はポルトガルという中立国の支配下にある地帯を占領するつもりはなかったし、マカオにおけるポルトガルの主権を常に尊重していた。この占領は、ポルトガルと日本の友好関係に波風を立てるために主としてイギリスが企んだことであった。実際に、ポルトガル首相兼外相のアントニオ・デ・オリベイラ・サラザールは、占領に激怒して抗議しただけではなく、イギリス側の弁明を拒否した。

スペインではやはり、イギリスの占領に対する対応は日本の進出をどう見るかによって違っていた。『アリーバ!』はイギリスの策略を強く批判し、占領の最終的目的を見抜きながら、それはポルトガルの中立を冒すものだと批判して、イギリスの弁明をいいかげんなものだと評した(11)。しかし日刊紙『ABC』は明らかにそのような立場をはずれ、ポルトガルの置かれた難しい立場を指摘するだけにとどまらず、オーストラリアから発せられた予防的占領は法的に正当化できるとまで述べた。この新聞はそのうえ、ポルトガルの中立に対するイギリスの挑戦を非常に冷静に見てとっていた。というのは、この植民地の占領は不要なものだと認めながらも、ポルトガルがイギリスと結んだ相互協定で、日本に対する軍事基地としてのこの島の使用を避けることができるのだと主張したからである(12)。『ＡＢＣ』はスペインにおけるイギリス外務省のスポークスマンの役割を果たした。それによって、イギリスの水面下での目的についてよくわかっていた『アリーバ！』の役割との釣り合いが保たれた。まったくのところ、オーストラリア軍の到着は二か月後に日本軍による占領を引き起こしたが、その占領は中国でのマカオと同様に、この島を占領しない方がいいと考えていたはずの日本の元々の意図に反していた。かくしてイギリス（もしくはアメリカ、というのもポルトガル領チモールの占領を勧めたのはアメリカ海軍大将トーマス・Ｃ・ハートであったから）は最終的には日本とポルトガルの間に強固なくさびを打ち込むことに成功した。なぜならチモールのケースは、長期間にわたる戦争でこの両国政府間に、そして両国世論に緊張を生み出したからである。対立は役立った。そしてスペインではやはり立場によって主張が分かれた。しかしチモールは後でやってくる一飲みの前のたったの一口にすぎなかった。

フィリピン、戦争突入

フィリピンの情勢はスペインに直接影響を与え、また考えてみれば明らかなことであるが、フィリピンでの日本軍の侵攻はチモールでよりももっと強い懸念を生じさせた。フィリピンについては、すでに見たように、スペインは日本とアメリカとの対立がスペインにとって利益をもたらすようになると踏んでいた。一部の者は、日本の影響力の方が一時的でまだましのように見えたので、アメリカよりも日本の覇権の方が好ましいと思っていると表明していた。

しかしながら、日本の膨張と関連したフィリピンの将来への見通しは、理想の日本という幻想が終わったのと同様に、ソ連への攻撃とともに終わりを告げていた。時を同じくして、東アジアでの絶対的な支配権をますます希求する帝国の現実が先に立った。友人だろうが敵だろうが、東アジアには白人の自由になる場は隙間すらもないとされたのである。以前ののどかなイメージとは矛盾するイメージが増したことは、真珠湾攻撃が始まったまさに一九四一年十二月七日にロドルフォ・レイェスが雑誌『ムンド』に書いた「スペイン的精神」についての欄に明確に表わされていた。この論評は日本の掌中にあるフィリピンの未来に関してそれまでに示されていた論評に対して抜本的な転換を提言し、フィリピンではスペインの影響力はアメリカによる植民地化とも共存しうると断言するに至った。この数年間で初めて、最も公式の出版物で、前章で述べたようなフィリピン再占領の可能性をまったく捨てるだけではなく、日本に対抗して明らかにアメリカに味方する文章が読めるようになった——「しかし再征服の気分も可能性に見合わない尊大さもなく、スペインは社会的なことにおいて、現在フィリピン諸島を支配している決定的影響力と共存することができる。……その手段はある。その手段は政治的、国際的に全権を握っている監督者の疑念を起こさせないように注意深く管理されなければならない。そうすることによって、我々の配慮や要領の良さを通して我々の精神の内にあるフィリピンを保護するべきだ。それこそがスペイン的精神の根底にあるものの全てだ」[13]。スペイン的なものに対する日本の態度についての悲観主義が数か月前の楽観主義に取って代わった。こうしてスペインの唯一の目的ははっきりと文化面に特化された。

戦争が始まると、レイェスの論評に明らかなように、このようなイメージの変化はフィリピンの将来についてのスペインの公的立場として具体化されていった。スペインはフィリピンの将来について発言するようになり、またその独立を擁護するに至った——「我々スペイン人の最も強い要望は、地理的な宿命を超越した、独立し文明化されキリスト教的であるフィリピンの生命の維持である」。スペインは、日本がオランダやイギリスの植民地、あるいはいわゆる「マレー民族」を支配するのは理解できたが、文明化されキリスト教的でスペインの胸中に形成されたフィリピンの人々を占領するのは受け入れられなかった。様々な党派がそれぞれ異なる状況を加味しながら、この立場を受け入れた。あるグループには枢軸国側の勝利が重要だったし、また別のグループには日本の侵略によってスペインが喪失するものは何かが最も重要な情報だった。ある者たちは事実を操り、またある者たちは将来起こりそうなことに賭けつづける以外に選択肢はなかった。

確かに、当時フィリピン占領に関しては積極的な期待はほとんどなかった。ファランヘ党でも保守派でもそれは同じだった。というのも、望まなかったにもかかわらず、スペインの旧植民地が日本とアメリカが対立する戦闘地になってしまったことについて悲しみを表す人々が大勢を占めたからである。『ムンド』は戦闘開始の数週間後にスペインの抱える矛盾についてこう述べた―「地理的運命がフィリピンを太平洋の支配権をかけた戦いの中に巻き込んだ。アメリカはフィリピンを防波堤にしようとし、日本は南海へ出る橋渡しとしてフィリピンを必要としている。スペイン的精神の最も遠い子孫は、今その運命の最も重い十字架を背負っている」(14)。ファランへ党も保守派もすべてフィリピンにおける将来の出来事を恐れていた。願望は積極的なものであったが、見通しでは不安が支配的であった。

しかし不安は理解しうるとして、そのスペイン的精神の状態が保守派とファランへ党とのよく知られた対立における新たな言い訳に使われる中で、フィリピンに関するニュースは政治的なテストとなった。皆が太平洋戦争に、既存の自らの政治的立場を擁護するための論点を探した。ある人々はアメリカからもたらされた最も懸念すべきニュースを流すのをやめなかったし、また他の人々は被害を最小限にして伝えた。たとえば『アリーバ！』は、在マニラ・スペイン領事の電報を掲載し、全てのスペイン人は良好な状態にあり、大多数がマニラに踏みとどまりたいと言っていると報じた。反対に、『ABC』は在ニューヨークのEfe通信を通じてもたらされたアメリカ発のニュースを広めることを選択した。そのニュースはパナイ島のイロイロで死亡したスペイン人修道女のことを報じていた(15)。フィリピンに多くの家族的つながりを持っていたスペイン人読者に対して、保守的フランコ主義者は心配を静めるよりも、自らの主張が正当だと示すことを選んだ。フィリピンは平和で平穏であると言おうとする者もおり、また他の者は問題点を強調しようとした。

これらの報道の相違は大きかった。スペイン外務省は『アリーバ！』の見解に組みしようとしたが、その理由はあまり明確ではない。おそらく、在フィリピン・スペイン民間人の破滅や苦しみについて仲介するために、またそれらを避けるためにマニラのカスターニョ領事が送った提案によって、また東京の公使館の指示によってそうなったのであるとはいえ、セラーノ・スニェルの政治的必要性に合わせてフィリピン問題のあり方に関して世論を仕向けようとしたことは確かである。かくして東京からの電報の翻訳を受け取った後、スペイン外務省は次の公式声明を発表した―「フィリピンに親族がいるか、もしくはフィリピンに権益をもつスペイン人を安心させるため、また一人のスペイン人修道女がフィリピン群島への爆撃の犠牲となったという昨日のニュースの続報として、他の情報源によれば、前述の修道女は怪我をしただけであると付け加えなくてはならない」。外務省はこの情報を日本寄りの解釈を広めるために利用し、次のように述べた─「この点に関して、日本政府は日本の航空部隊によるフィリピンへの爆撃で生じた民間人の犠牲者は非常に少ないと明言し、日本の航空部隊はフィリピンへの攻撃にあたって、最も厳密に軍事目標のみを対象としようとしていると宣言している。ただし約五十の宗教団体の建造物や様々な文化センターや商業施設などを持つスペイン人居留民から偶然にも一人の怪我人が出たのは嘆かわしいことだと言っている」[16]。しかしながら、フィリピンに関する報道への公的な介入は、セラーノ・スニェルがこれが自分の意図なのだと須磨公使に言ったようには「大衆の感情を導く」のにはあまり役に立たなかった。というのも『アリーバ!』は人々の心を沈めようと新しい見出しを使ったが（「フィリピンでの空爆によるスペイン人女性の唯一の犠牲者は負傷したのみである」）、『ABC』はこの件について以下の情報を流すに留めたのである─「これは外務省の公式声明である」。フィリピンに親族を持っていた人々には自分たちが苦しみから楽になるのに最適な情報を信じる選択の自由があった。しかし外務省は日本への好意を示すという危険な一歩を踏み出してしまった。

というのは、この外務省覚書で、体制内派閥間の意見の相違が国際的様相を呈してしまったからである。一方では、スペイン外相が日本公使に伝えた大衆の感情についてのコメントがあったが、また公式声明の内容はアメリカ大使館がフィリピンのニュースに広く関与するように仕向けてしまった。大使アレグザンダー・ウェデルは、スペイン外務省を日本外務省のスポークスマンだとして、激しく攻撃した[17]。そして日本寄りの覚書に対しては公式回答をせずに放置はできないと述べた。それ故、「間違った印象」を与えないために、自らの敵対者たちの前述の覚書と同じように、アメリカの声明も公にするよう公式に要請した。

セラーノはこのアメリカ側の覚書の厳しさに動揺したに違いない。様々な回答案が出され、それは三枚の長さに及んだこと、そして「閣下の言葉遣いや意図からすると、回答する必要はなかったかもしれないが」とも主張したことが彼の動揺をよく表している。もちろん、彼は日本政府の仲介役であることを否定した。アメリカのラジオが伝える矛盾した報道の論拠は別の日本の覚書から取られたものであることからして、アメリカ側の覚書は嘘ではないとしても、悪意ある非難だとした。しかし最も重要なのはどのようにしてセラーノ・スニェルが自分の親日感情が結果として透けて見えるようにしたかである。セラーノ・スニェルは、暗号でメッセージを伝えることのできない当時のデル・カスターニョ領事の状況について、自身の将来の見込みを対置した。なぜならば、日本軍が支配すれば受け取ることができるようになるだろうと期待したマニラからの「自由に書かれた」報告に言及したからである(18)。

このような回答からは、スペインが依然として日本側の期待に最大限に応えていたことがわかる。称賛されるべき政治的協力は、前章で見たようにドイツ軍のソ連侵攻を契機としてすでに消えうせていた日本の理想的イメージの回復と結びついていた。報道された覚書を書いたのは日本側だとするアメリカの非難は正しくはないとしても、日本はセラーノ・スニェルやファランヘ党にそれ以上を頼むことはできなかった。須磨自身がスペイン人の日本に対する「良き感情」について言及して、それはイタリアやドイツへの感情よりももっと強いと述べた際に、そのことを認めた(19)。しかしそれは束の間のことで、他のあまり有望ともいえないニュースによって、輝きはすぐに鈍った。

2　より反米的な「親日主義」

セラーノ・スニェルは日本寄りの非常に冒険的な一歩を踏み出していた。その賭けは少からず危険なものだった。経済的現実がますます重くのしかかるようになり、くわえてアメリカは、ハワイで艦隊を沈められてはいたが、スペインに圧力をかけるという点では日本よりもずっと有力な手段を持っていたからである。たとえば、まさにこの十二月以降に石油の供給が停止されたことによって、スペインはアメリカへの敵対政策を続けるか、もしくは石油供給を再開してもらうために必要な処置をとるかを明確に決めなければならなくなった。かくして、スペインは頭を下げてアメリカの要求を飲まねばならなかった。それはスペイン人にとっての唯一の選択肢であった。交渉の間、時間はワシントンに有利に働き、スペインは、スペインが枢軸国側に石油を売ることを避けるためという理由によって、石油割り当てに関する全面的コントロールを受けるという侮辱的条件を飲まねばならなかった。スペインの困難な経済状況を打開しようとするならば、別の道はなかった。かくして、アメリカとの政治的立場の違いを際立たせようとしたセラーノの立場は政府内での信頼を失った。その状況は、フランコが商工相デメトリオ・カルセリェールに「我が外相は経済問題に関しては何もわかろうとしないのだな」と述べたコメントに表れている[20]。偉大な義弟は石油の運命がかかっている時には、物議をかもし出した覚書を固持することはできなかった。そして、論争の起爆装置を止めることを選択しなければならなかった。スペイン政府にとっては食糧援助の期待の方が、何の利益ももたらさないままの政治的対立よりも日を追って重要になった。

かくして、アメリカの断固とした答えに対し、セラーノ・スニェルは報道機関に再び公式声明を寄せることも、日本の占領以前に受けとったマニラからの電報を広めることもしなかった。というのも、論争に加わっていなかったフィリピンの首都の領事自らが、新聞発表の覚書に反論し、日本の爆撃による教会破壊のニュースを確認したからである。その結果、セラーノが総領事デル・カスターニョに出した命令は、より大きな破壊が起こらないように、スペイン関係の建物がどこにあるかを日本軍に知らせるようにというものにとどまった[21]。しかし外相の沈黙に対しアメリカ大使館は強気に出て、日本の空爆についての情報を広め続け、全ての国の外交代表にその覚書の写しを送った[22]。論争はセラーノの完全な敗北に終わっていたので、セラーノはこの問題を引き起こした日本にそのことを語ろうともしなかった。日本側がもう偉大な義弟ではなくなったセラーノ・スニェルを辱めるのは今回だけではないだろう。彼の「親日主義」はまったく危うくなっていた。分裂していて費用のかかる戦争に立ち向かうことのできない国というアメリカのイメージは正しくないことが明らかになっていた。というのも一方で、日本がアメリカ人に団結の動機を与えていたからである。そのうえ、このアメリカという「全権を握っている監督者」は、ロベルト・レイエスが『ムンド』で評したところによれば、たとえ多くのファランヘ党員がアメリカを憎もうと、そうやって憎まれるほうが、日本人のように猜疑心を抱かれたり軽蔑されるよりもまだましだとわかっていた。

ほとんどスペインへの輸出を独占していたこの必要物資のおかげで、スペインの外交関係においてアメリカの圧力はますます明らかになっていった。かくして、スペインと枢軸国の協力関係においてきしみを招いていた困難を軽減させるために、アメリカはスペインからさらにいくつかの譲歩を得ることができた。たとえば、フェリーペ・ヒメネス・デ・サンドバルが率いていたファランヘ党対外部の活動を停止するというような指示がそうである(23)。アメリカはセラーノ・スニェルの想像よりずっと力があった。日本が間接的な役割を果たした二つの新たな事象によってそれは明白となった。その二つとは、イベリア・ブロックとリオ会議である。

いわゆるイベリア・ブロックは、ポルトガルの独裁者アントニオ・デ・オリヴェイラ・サラザールとスペインの独裁者フランシスコ・フランコとの会談によって、一九四二年二月に機能し始めた。その目的は、ただ単に二中立国の結びつきを緊密にしようとするものだった。二国のうち一国はイギリス寄りの世論を持ち、もう一国には枢軸国寄りの世論があった。しかし、この会談の開始は連合国の戦略に沿うものであった。というのもイベリア・ブロックは、スペインを少しでもその代父であるドイツから切り離すための試みだったからである。つまりヒトラーを孤立させ、イタリアが戦争への参加を段階的に縮小できるように中立国グループをつくろうとする取引であった(24)。結局この試みは成功しなかった。なぜなら、それは時期尚早であり、スペインとポルトガルの関係は一九四三年まで深まることはなかったからである。

しかし他方、イベリア・ブロックはスペインにチモールをめぐるポルトガルと日本の間の緊張関係をもたらしたため、日本との関係には害が及んだ。イギリス軍が占領していたポルトガル領チモールを日本が占領したことで、この緊張は最高潮に達した。二月十九日、チモールでの日本軍の作戦開始とともに、ポルトガルと日本の間の緊張関係は高まり、それはスペインにも影響した。極東についてのスペイン世論へのポルトガル政府の影響力は大きくなっていった。チモールのことで脅えていたので、何人かのいつもの占い屋の予想に反して、ポルトガルは日本に宣戦布告はしなかった。しかしスペインの盟友である二国、つまりポルトガルと軍国主義日本との間の緊張関係がセラーノ・スニェルの政治的立場を害したのは想像するに難くない。第三の国々の間で軋轢を引き起こそうとするイギリスの戦略は、これらの諸国が知らぬ間に機能していた。しかしリスボンから送られたポルトガル兵がチモール島の防御のために間に合って到着していれば、それはもっと有効であったはずである。ポルトガルは自らは敗北を体験しなかった。ジョアン・ベロ号とゴンサルヴェス・ザルコス号は、日本軍の攻撃を受けて、インドに引き返さねばならなかったのだ(25)。

一九四二年一月十五日から二九日にかけてリオデジャネイロで開かれた第三回アメリカ諸国会議で、セラーノの政策はまたひとつ重要な打撃を受けた。この会議は、一九四〇年にハバナで承認された相互援助に関する大陸間合意の結果として開催されたのであるが、大陸外の国がアメリカ大陸に攻撃を仕かけた場合に自動的に招集されることになっていた。真珠湾攻撃の後、戦争によって広がった反日熱のなかで、共通の政策について議論するために大陸の二一か国が一堂に会したのであった。アメリカは大陸が一致して枢軸国側と国交断絶をするよう熱望したが、「権威主義体制の賛同者、スペイン寄りで、まったくの反米主義者である」と考えられていた外相エンリーケ・ルイス・ギニャスが率いたアルゼンチンが反対したため、アメリカの要望は通らなかった(26)。このアルゼンチン人は会議における不協和音であった。いくつかの国がすでに枢軸国に宣戦布告をおこなうかまた枢軸国との国交を断絶しているときに、ルイス・ギニャスは、一致して共通の方針を採択しようと考えるのは矛盾であると文句を言った。そのうえ、太平洋の真ん中にあるアメリカの「アジアの」領有地への攻撃はアメリカ大陸に対する攻撃には当らない、とおこがましくも断言した。

アルゼンチンは孤立していたわけではない。ボリビア、ペルー、ウルグアイ、チリと中立のためのブロックをつくろうとしたのである。しかしそれに従ったのは、世論がその海岸線への日本軍の攻撃に脅えていたチリだけであった。それ故に会議は、アメリカの経済的影響力と参加国の大半が持っていた反日感情、それと枢軸国との国交断絶を逃れられないものとする宣言に署名することにアルゼンチンとチリが示した嫌悪感の間で右往左往した。最終的にアメリカの諸共和国は、「アメリカ大陸のある一国に日本が攻撃を仕かけ、続いてドイツとイタリアがその国に宣戦布告したのであるから、日本・ドイツ・イタリアとの外交関係断絶を勧告する」という文書を承認した(27)。会議は、単なる訓戒としてしか一致した見解を示すことはできなかった。なぜならばチリとアルゼンチンには、ウルグアイ、ペルー、ボリビア、パラグアイ、ブラジル、エクアドルなどの国々が枢軸国に反対する一連の行動をとった時に、中立を維持することが許されたからである。これらの国々は一月末までには枢軸国との外交関係を断絶した。アメリカの経済的圧力は南アメリカの政治的論点よりも重みがあった。チリとアルゼンチンの中立さえも相対的なものであった。非交戦国と見なされたアメリカとは貿易が承認された一方で、イギリスを含めた他の国々との両国の貿易は明確に禁止されたのである(28)。

リオデジャネイロはサムナー・ウェルズ［アメリカ国務次官］[*]とルイス・ギニャスにとって相対的には成功だった。なぜ相対的かというと、アメリカ国務次官は一致した国交断絶は得られなかったものの全般的な支持を得たからである。また連合国にとっては連合国の戦艦がアメリカ大陸の港に入港できるようになったことなどの便宜が得られたからである。ルイス・ギニャスは会議がアメリカ寄りにならないようにすることはできなかったが、自分の立場の違いは鮮明にできた。彼は強情だと非難されたが、一時的な形ではあっても純粋に祖国の名誉を守ろうとしたことで熱狂的な賞賛を与えられた。リオ・サミットで完全に負けたのはスペイン外交だった。ラテンアメリカ諸国の中立を維持しようとしたスペインの試みはまったく失敗し、「汎スペイン主義」はアメリカが唱道《しょうどう》した「汎アメリカ主義」に敗れて、その後大陸から消滅した。ラテンアメリカにおけるスペインの影響力はこれまでにないほど弱くなり、世界大戦中も弱体化し続けるばかりだった。

　フランコ政権はこの失敗の一因は日本にあったことを忘れなかったに違いない。というのもアメリカの勝利は、アメリカ大陸全体にとっての共通の敵をつくり上げたハワイへの攻撃のおかげで得られたものだったからである。ロドルフォ・レイェスは『ムンド』において、アルゼンチン大統領と非常に似た形で理由づけをおこなった――「攻撃はあった。それは真実である。しかしそれはアジアでの話であるし、北アメリカの旗で覆われた場でのことであって、……アメリカ大陸でおこなわれたのではないのだ」(29)。スペインは真珠湾における日本の罪を部分的に認めた。自分たちの間違いを隠すために、必要以上に日本を非難したとも考えられる。それに対して、親日派の頭目であったセラーノ・スニェルは、将来の可能性を考慮に入れてのことである、としか答えられなかっただろう。同じことは言えなかったからである。

　そのうえ、ラテンアメリカにおけるスペインと日本の協力はリオ会議以後に弛緩し始めた。日本はそれに気付いたので、アメリカ大陸への跳躍台としてスペインを使おうという考えは、その意義を部分的に失った。たとえば戦争初期には、連合国側の放送の効果を減じようと、ラテンアメリカ向けの日本の宣伝のために、在フィリピンのスペインとポルトガルの役人たちにインタヴューするなどしてスペイン語のラジオ放送局を設立しようという計画があったが、その話題が二度と出ることはなかった(30)。部分的にはラテンアメリカの国々の多くがすでに日本との外交関係を絶っていたこともあり、ラテンアメリカでの宣伝協力には意味がなくなっていたのは明白であった。

戦争開始以来、スペインにおける日本のイメージには重要な変化が生まれていた。この時期には、二つの異なる見方を鮮明に区別することができた。保守派の見方は日本に反対するための新たな根拠をますます多く見出した。他方でファランヘ党の見方はその根拠をますます失っていった。そのうえ、もっと注意して見れば、「親日派」の日本のイメージはますます苦い味を秘めていき、日本の軍事的勝利に対するスペインの賞賛は以前の賞賛とは異なるものとなっていた。ファランヘ党の新聞を読んでいくと、明らかに、アメリカを打ち負したいと望むがために、日本が勝つように願っていたのがわかる。マニラ陥落の数日後に出た『アリーバ!』の論説では、アメリカへのあらわな批判とともに、日本を手放しで賞賛しないように気をつけているのが興味深い。太平洋戦争が勃発すると、日本の軍事的成功に対する絶賛がくり返されたにもかかわらず、新聞であけっぴろげな親日の熱狂は見られず、何人かの記者が言うように、新聞はフランコの見解もセラーノ・スニェルの見解も反映しようとしなかった(31)。逆に、ファランヘ党の中でも、「親日主義」が薄れ始める以前でさえ、反アメリカ感情が「親日主義」を超越していた。

フィリピンでの出来事は、日本に対する以前からの期待がなくなる決定打だった。そしてこの期待は単なる幻想以外の何ものでもなかったことがわかった。その年の初めに日本軍がフィリピンに侵攻したときにフランコが須磨に言ったことから、フィリピンにおけるスペイン的なものの将来はナーバスな問題であったのがわかる――「あなたたち日本人が、フィリピンは文化的にも歴史的にもスペインのものであることを、よく考慮するつもりであることはわかっています」(32)。メンデス・デ・ビゴは、東京から恐怖を煽り立てる役割を果たした。メンデス・デ・ビゴは、日本の新聞がフィリピンにおけるカトリック教会の権力に対する批判や一八九八年に「没落したスペインの王権」に対する批判をそのまま言いふらしているという情報を伝え、「日本がフィリピンの人々をアメリカやスペインという過去の体制の圧制から解放したのだとしている」との論調も付け加えたのである。しかし、日本の新聞にはスペインに対する激しい怒りはなかった。メンデス・デ・ビゴの情報が元にしたどの記事をとっても、そのような批判が見出しに踊っていることはなく、また特別な敵意も見られない。メンデス・デ・ビゴが英字新聞以外の新聞を読むことができなかったこともその一因となっている(33)。しかし、この王党派の外交官が重要視したこともあって、スペインではこの件について敏感な反応が生じた。スペイン政府は、フィリピンではスペインの利益は日本の利益と相反すると見たのである。この時期につくられた日本のイメージはセラーノ・スニェルの野望にはあまりに不利であって、セラーノ・スニェルは、在マニラ外交官でファランヘ党員のデル・カスターニョの関連情報にもあまり助けを見出すことはできなかった。なぜなら、デル・カスターニョは当初ほとんど一か月半の間、何の通信も送れず、その後、真珠湾攻撃後にはアメリカ人のもとで厳しい制約を受けながら、やっとのことで通信を送ったのである。電報は、暗号を使わずに、また英語で送られねばならなかった。デル・カスターニョが置かれた状況で唯一変化したことは、通信の中継が東京からおこなわれることになったことだ。ますますはっきりした形で、日本が敵と味方を区別する努力を怠っていることが分かってきた――「スペインに対してもアングロサクソンに対しても同様に怒りの火が放たれた」とメンデス・デ・ビゴは書いた。日本の友好的な善良さへの以前のような期待は冷水のシャワーを浴びたのだった。フィリピンでは、少なくともそれは見せかけのものであったことが判明した。

その結果、セラーノ・スニェルはもう新しい過ちを犯すことはできなかった。かくして、日本公使館が外務省の覚書として広めるようにとの意図（「フィリピンのスペイン人居留民には異状はないという、マニラにおけるスペイン総領事からの電報を貴省は公にすることができる」）で、セラーノに、マニラにおけるスペイン人居留民が安全な状況にあることに関して別の文書を渡したときに、セラーノは回答しなかった(34)。セラーノは日本の覚書も日本占領下のマニラからのデル・カスターニョによる最初の電報も公開しなかった。「日本による非人間的行為を支持し、擁護している」というアメリカの非難が彼を押し止めたので、セラーノ・スニェルは日本側に対して、デル・カスターニョに謎めいたメッセージを伝えてくれるようにと頼むにとどめた。そのメッセージとは、「キューバにおけるスペイン市民はよい状況にある」というものだった(35)。戦闘的なファランヘ主義者も、日本寄りの立場をもう強調しないようにした。というのも日本に対する以前の理想的な賞賛はあまりに「考えの甘い」幻想に基づいていたとわかったからである。マニラは、日本軍の圧倒的勝利に対するファランヘ党員の喜びに冷水を浴びせることになったのである。

3　戦争の世界化を前にしたスペイン

当初のニュースがもたらした驚きや愛すべき地への侵略に対する懸念の段階を越えて、スペイン政府はまもなく非常に離れた土地で起こった出来事ではあっても、新しい紛争がスペインにもたらす直接的な結果に気付いた。国境にまで届いていたヨーロッパの戦争の影響ほど重要ではないにしろ、太平洋戦争は国内的にも対外的にもスペインに影響を与えた。二重の影響があったのである。

3・1　太平洋戦争と外交的文脈

一九四一年秋は世界的紛争の結果の明暗を分けた。この時期に戦後の二大列強が、一九四一年のショックによって介入し始めたからだ。このことは戦後の戦略の立案に大きな影響を与えることになる(36)。当時は、当然のことながら、将来何が起こるのかはまったくわかっていなかった。しかし全ての国々の政治的な雑談の場では、アメリカとソビエト連邦という戦争に新しく参加した勢力の軍事力を測るのに一生懸命であった。その手がかりとなる問いは、二つの奇襲攻撃で決定的に動けなくなったかどうか、またそうでないとすれば、初期の敗北から立ち直るのにいったいどれくらいの時間がかかるのか、ということであった。枢軸国の敵が最終的に散々な結果に終わるだろうと見た人々にはこと欠かなかったとはいえ、しかしヒトラー自身が一九四一年九月十九日に初めて個人的にドイツの最終的勝利に疑念を抱いたのは示唆的である(37)。スペインでも、他のどの国でも起こったのと同様に、このことについて論争が起こった。違いはスペインに届いた情報にあった。日本の攻撃の重要性に関するその議論の中で最も目立ったのは、しかしながら、スペインにとって特別の利害関係があった二つの局面についてであった。つまり、戦闘の主要展開地としての海の利用と、ソ連に対する攻撃の可能性についてである。

太平洋戦争は大部分海上での戦いであり、それはスペイン軍の戦略にとって二つの理由で基本的なことであった。まず、第二次大戦にスペインが参戦するのか、それとも自らの領土の独立を維持するのかということは必然的に海と関連していた。とくにイベリア半島から非常に離れたところにあるカナリア諸島や、またバレアレス諸島という外国が野望を抱くのに余りに魅惑的な島々を保有するスペインからすれば、海はスペインがとる行動にとっての明らかな舞台であった。太平洋における様々な島々の位置測定とその距離関係への関心がその証拠だった。たとえば雑誌『ムンド』に至っては、戦争が始まるとすぐに、太平洋の地図を出したほどだ。第二には、日本の艦隊は当時世界の主要な艦隊の一つとして有名であり、報道機関や高級官僚の繰り返しの注目を集めていたからである。前マニラ領事だった上海領事のアルバロ・デ・マルドナードは、まだ敵意が芽生えていなかった頃、はっきりと日本の例に学ぶ可能性を示唆して、こう述べていた――「我々にとって、日本の例は利用し学ぶべきよい教訓である。ただ、スペイン人が海上ルートに再び目を向ければ、世界有数の列強の中にスペインが身を置くことも可能であろう」(38)。

スペインの視線はシンガポールに向けられていた。なぜならシンガポールはイギリス帝国の重要拠点であり、陥落しえない要塞として有名であったし、またジブラルタルのケースとよく似ていたからである。それ故に総統《カウディーリョ》は、須磨と話したわずかな機会に、こう宣言するに至った――「私はシンガポールもすぐに陥落すると確信しています。その時には太平洋における戦争は終わると考えています」(39)。シンガポールは陥落した。しかし、マレー半島からイギリス植民地を攻撃した日本の大勝利にもかかわらず、戦争は終わらなかった。スペインはこの戦略から何かを学ぶことができたはずだが、その頃はそういった作業はますますされなくなっており、日本が次に決定打を与える場所はどこかを考えることに賭ける方を好んだ。新聞はその未来の攻撃の場をインド亜大陸と予想した。これは当っていた。というのも真珠湾攻撃をおこなった南雲艦隊は、四月初頭にセイロンにおけるイギリスの東方艦隊を攻撃したからである。しかしイギリス艦隊を倒すには至らなかった。なぜならばアメリカ情報部からの情報で、イギリス海軍はサマーヴィル大将の指揮下にあって、日本の攻撃をかわしたからである(40)。戦争の終結は再び宙に浮いた。そのうえ、スペインが日本の戦略から学ぶところはほとんどなかった。むしろ、スペイン人から、またカリブ海からフィリピンそして赤道アフリカの広い範囲を治めたスペイン帝国海軍の歴史に残る様々な困難から学んでいたのは日本人だったにちがいない。なぜなら南雲は、そのセイロンへの長い旅を終えた後、それ以上は艦隊を完全な形で用いることはなかったからである。艦船の多くは帰還後には修理のためドックに入る必要があった。それがミッドウェー海戦での敗北理由の一つである。なぜならばこの戦闘を見てみると、日本の提督たちは新しい挑戦に備えるよりも走行距離を伸ばすことにより多くの時間を費やしたからである。このような形で、日本の覇権は消え去った。一方で、アメリカ軍は燃料と輸送の問題の故に初年は望んだ作戦の半分しか実行できなかったが、それらの問題は次第に解消していった。兵站が形勢を一変させていた。

日本に対するスペインの二番目の主要な関心は、日本のイメージがスペイン政府にもたらし続けていた主要な要素の一つと関係していた。それは反共産主義である。スペイン政府は、一九四一年調印の日ソ中立条約はあっても、日本はドイツの例に続くであろう、そしてソ連を攻撃するであろう、と見ていた。日本はそうはしなかったが、その可能性はなくなったわけではなかった。日本は強力な関東軍を満州に駐留させていたので、望みさえすれば、いつでもシベリアを攻撃することはできたであろう。この関心はまた、将来に起こりうる可能性にもよっていた。しかしそれはスペインにおける日本のイメージの肯定的な要素の一つであった。それは最も熱狂的なファランヘ党員だけでなく、一般にソビエトの敗北を熱心に願っていた人々の間にもあった日本のイメージだった。東京のスペイン公使、メンデス・デ・ビゴは、そのような人々のうちの一人だった。一九四二年二月に彼はこう期待した―日本軍の最新の勝利の後に、「次のロシア攻撃でウラジヴォストークを攻撃して、日本がドイツを援助するであろうというのが一般的な意見になっている」(41)。

フランコ将軍自身もこの可能性に非常に興味を覚えていたので、戦争が始まると、須磨を呼び出して、様々な機会にソ連への攻撃を示唆した。たとえば一九四二年一月には、ソビエトがもたらす重要な問題に言及して、こう付け加えた―「人々は、スペインか日本が状況を救わねばならないと言っているし、さもないと遅きに失することになるでしょう」。またしばらくして次の秋には、かなり回りくどい形で、日本にソビエト攻撃を仕かけさせようとして、「日本のアメリカおよびイギリス連邦に対する戦略、またソビエトとの中立条約において、日本の極東での立場は複雑ではあるが並外れたものです。日本の積極的な助力がなければ、戦争はもっと長く続くのではないかと思います」と言った(42)。スペインを巻き添えにすることなく、フランコは須磨に多くの人々が共有していた見解を述べたのである。それはつまり、そのような背後からの攻撃がソビエト連邦を決定的に打ち負かす唯一の可能性だという見解であった。

3・2　真珠湾を前にした内政

日本とアメリカが戦争状態に入ったことは、スペインの内政の文脈にも影響を及ぼした。フランコ体制の様々な派閥の間での緊張状態が起こったのはすでに見た通りである。軍人と古くからの保守派は中立寄りだったので、ファッショ化した若者が大部分を占め、ドイツやイタリアが打ち立てる新秩序を模索することを賞賛したファランヘ党とは対立していた。ファランヘ党の明白なリーダーはセラーノ・スニェルだった(43)。一九四一年十二月までには、セラーノに対する軍人の攻撃はその勢いを失った。軍人はフランコに対して、外交上のどのような約束事でも、それを受け入れる前に自分たちに相談するべきだと言ってはいたが、セラーノの更迭を頼むことはやめていた(44)。この事実は、日本の攻撃と時を同じくして、国内の議論に国際的事件が影響したことを示すものであろう。

しかし、穏やかな状況は長くは続かず、一九四二年一月から二月の間に、セラーノは国内での論争に勝つために、日本の勝利の恩恵を利用しようと試みた。ファランヘ党と保守派との間の論争は再び重大な様相を帯びた。ファランヘ党は自分たちに有利な論点を見つけるのに真珠湾のきらめきと日本軍の勝利に拠り所を求めたのに対し、保守派はさらに力を込めてファランヘへの主張を拒否した。ファランヘ党が日本を支持したことの副次的解釈がこの対立の中の最も興味深い点である。つまり、このことをどう解釈するかでフランコ体制内部の論争の様々なニュアンスをよく理解できるようになるし、またファランヘ党対軍人という一般化を越えた理解が可能となる。それ故、最終的勝利についての分析よりも、時には具体的な様相に集中したこの論争での三つの要素について分析することにしよう。

「親日派」の主張は、まず同時に反ドイツというコードで読み解くことができる。枢軸国の中でのドイツのヘゲモニーはますます圧倒的になっていったので、枢軸側のその従者たちは失われた均衡を最も完全な形で取り戻すために力を合わせることのできる別の強い存在を望むようになった。かくして、イタリアのファシスト党員やスペインのファランヘ党員のようにナチスのほとんど完全な支配をますます疎ましく感じていた者は、枢軸側の第三国の成功を好意的に受け入れたのである。チァーノは日記で、「ドイツに対するはらいせのために日本の功績を強調する」者の心の内に秘められた喜びを記している。チァーノ自身は親ドイツ派だったが、ムッソリーニ自身はナチスの耐え難い支配をからかうのが好きな人の一人であり、チァーノは彼について次のように言った—「ムッソリーニはいつも親日派だ。そして一方でドイツ人をますます嫌うようになっている」(45)。

スペインでも同じような感情には事欠かなかった。セラーノ・スニェルの場合でも、ドイツ人との、とくに外相リッベントロップとの関係が悪かったことはよく知られている。それ故に悪くなるばかりのドイツ人の印象と釣り合いをとろうとして、日本に魅力を見出そうとしても何の不思議もなかった。他ならぬ須磨が、もはや外相ではなかったが、真珠湾攻撃以降セラーノが自身の日本への賞賛が明白になったと言ったときのことを回想している—「この時期にドイツはあまりに強すぎた。そして彼［セラーノ・スニェル］はヨーロッパの全ての国をドイツの力を中和させる立場に置きたかったであろうし、もしくはドイツと対等の力関係を持つ国を通じてドイツに対処するために何かを仕かけたかったであろう」(46)。日本は将来的にドイツに匹敵する力を持つ唯一の国であり、それが日本との友好関係を築こうとする重要な理由の一つであった。セラーノの「親日主義」は、ただ反米的だったのではなく、ドイツに対する留保の一面も持っていたのである。

第二に、カトリック教会は、日本関連のニュースを介しておこなわれる、保守派に対するファランヘ党の論争の巻き添えを食っていた。ファランヘ党は、日本が占領地域で宗教に気を遣っているという日本側から喧伝された努力をたてに、聖職者ヒエラルキーとより特権的な関係を築き、論争に勝とうとした。聖職者ヒエラルキーは常にファランヘへの「国家主義的レトリック」に対して不信を抱き、他方でファランヘ党は教会がファランヘ党に国家機関の領域ではフリーハンドを与えてくれるように望んだ。ファランヘ党とカトリック教会との関係は曖昧であった(47)。ナチスと同様にファシスト党も教会に擦り寄っていった。宗教は彼らの命令に従わない別の権力を意味したことからして、これは当たり前のことであった。しかし、ナチスが宗教を支配したのに対して、南欧では、聖職者ヒエラルキーとはいわずとも、少なくとも民衆の宗教性には常に心を配らなくてはならなかった。ファシスト党がいかに野望を抱こうとも、伝統に代わりうるモデルを構築することはできなかった。エミリオ・ジェンティーレが言うように、「ファシズムは、全体主義国家とは何かを語らなければならない時はいつでも、カトリック教会によって代表されるモデル以外は持ちえない」のだった(48)。

ファランヘ党は自らを新しい対立に巻き込まれるままにするというわけにはいかなかった。だから、日本の宣伝はセラーノ・スニェルにとっては教会との関係を改善するのに役立った。かくしてファランヘ党は、フィリピンと他のアジア地域でカトリック教を支えるために、日本との仲介役を買って出て、世界のキリスト教化に賛同するものとしての自らの役割を強調した。これは側面からのものではあったが、非現実的な選択肢ではなかった。日本の新権力は被占領国の民衆を引き寄せようとして宗教的観点に注意を払い、このことを宣伝に組み入れようとしたからである。これは一九三〇年代にまで遡るやり方であった。その頃から日本は、宗教を通じて人びとの共感を得ようとして、メスキータを建築し旅行を企画するなど東南アジアにおけるイスラーム教の擁護者としての姿を自ら創造しようとしたのであった。カトリック教会に関して言うと、一九三九年にはキリシタン文化研究会もつくられていた。スペイン語圏の新聞は、日本の領域内でのキリスト教会の認知も含めて、これら表向き良好な関係について報道した。

　宣伝は功を奏した。太平洋戦争が勃発すると、日本陸軍は民衆の宗教的感情を支持することを決定し（自分たちの支配が乱されない限りにおいてではあるが）、タイで仏教が支持されたのと同様に、フィリピンではカトリック教が尊重された。かくして日本は、島々に多数の（日本人）カトリック宣教師を送り込むことに心をくだき、一九四三年三月には教皇庁との間に相互に代表者を派遣する合意を交した。このことは、「平和のため、また共産主義の撲滅のために」教皇ピウス十二世が日本を支持しているとの日本の宣伝を可能にすることになった(49)。ファランヘ党はその宣伝が気に入って、それを真実のものとして受けとめ、とくにバチカンと東京との間の公式な関係の確立を強調した。占領されたイスラーム教の国々への架け橋として常に枢軸国側におけるスペインの積極的役割を探してきたファランヘ党にとっては、この状況［*南部のイスラーム教地域を含むフィリピンの日本による占領］は自分たちの野望に都合が良いものだった(50)。そのうえ、初期の日本のキリスト教化の試みの記憶を、現代の文脈で使った。たとえば『ムンド』は、こう主張するに至った―「日本の教会はスペインの教会の娘である。世界を前に我々が他の肩書きを持たないときでも、この肩書きは我々に卓越した地位を得させるに十分であろう」。それまでの年月における争いや不和はすっかりなりをひそめた。というのも歩くべき新しい道があったからだ。

こうして、戦争勃発後、初めのうちは、日本への賛辞が増えた。保守派で在東京のメンデス・デ・ビゴも、ファランヘ党で在マニラのデル・カスターニョも、前者は日本人司教の田口芳五郎のマニラ訪問がもたらした好意的な様相に言及し、後者はフロリダブランカ市におけるアウグスティヌス会士への卓越した待遇について述べ、宗教に対する日本の態度を賞賛した(51)。マニラのサン・ファアン・レトラン学校長であったドミニコ会士ファン・ラブラドールが秘密裏に書いた『戦争日記』でさえ、日本人の宗教政策を良きものと評価した――「私は、日本人は征服された人々の宗教を尊重するであろうという確証を持っている。日本はこれらの民族と日本民族との間にある東洋人としての精神的な類似性を強調している。……大まかに言って、約束は守られたといえる」(52)。

しかしファランヘ党は、スペイン人にとってあまり適切でないと判断した情報は流さなかった。日本でスペイン人が就いていた責任者の地位は帝国臣民が占めるようになった。たとえば、四国教区代表モデスト・ペレスは大阪の司教によって任命されたハビエル・E・田中に任を引き継ぐよう、辞任を強いられた(53)。光るものが必ずしも金であるわけではなかったが、ファランヘ党は太平洋からもたらされたこれらの主張に非常に満足していた。自らの利益のために、スペインでの権力闘争に使うことができたからである。

第三に、セラーノ・スニェルの戦いは、個人的なものでもあった。おそらく彼は「ホセ・アントニオの思想」に従ったより良い世界を目指していたのであり、そのためにはカトリック的感情を称え、コーポラティズム国家を創造しなくてはならなかった。しかしこのファランヘ党員はまた、自分の権力の及ぶ範囲を広げるというあまりイデオロギー的ではない目的のためにも戦った。だからこそ、彼は、日本との協力を通じて、自分の個人的な立場を強化しようとしたと考えることができるのである。スペインが枢軸国側の手から飛び立てるようにするだけでなく、ファランヘ党員としてまた権力闘争をおこなう者として利を求め、大日本帝国の主張を探し求めたのだ。ドイツを警戒し、後に見るように、スパイ網を通じて、また日本の利益代表となるなど、日本との非常に広い協力を受け入れたことがそれを物語る。セラーノは日本の盟友になろうとしたばかりではなく、自分の目的のために、日本にとって欠かせない仲介者となろうとした。

その協力がラテンアメリカに集中していたことは、少なくとも戦争当初は、外相はアメリカ大陸と日本占領下のアジアとの間の仲介者としての役割を果たしたということを意味している。セラーノ・スニェルは、ドイツとイタリアが日本との政治的枠組みを作るのに懐疑的だったのとは反対に、ラテンアメリカで日本と政治的に協力できることを自慢にしていた。ヨーロッパの枢軸国構成員は、日本がすでに「割り当てられた」地域である東アジアを越えて、その政治的触手を伸ばす可能性があることを警戒していた。しかしセラーノ・スニェルはそのことを心配しなかったし、他のもっと個人的なそしてまた彼のファランへのグループの利益を考えていたのであろう(54)。しかし、彼の期待はそう長くは続かなかった。というのもリオ会議での失敗の後、日本がラテンアメリカの国々に影響を及ぼす可能性は非常に小さくなり、同様に日本がセラーノにかけた信頼も大きく損なわれたからである(55)。しかし、そのときにはすでに日本の勝利を願っての無理な努力は進行中だった。

4　勝利を助ける

太平洋戦争は、相争っていた体制内の派閥間の主張を勝たせるとか負かすとかという場合にだけスペインに影響を及ぼしたのではなかった。アジアでの政治的・軍事的諸事件は、日本のイメージを塗りかえ、スペイン国内の諸勢力の関係の変化を起こすだけでは済まなくなっていた。なぜならスペインも、スパイ活動、日本の利益代表、商業活動、フィリピンにおけるスペイン人居留民、という四つの要素を通して太平洋における戦争に参加したからである。

スペインの体制は、たとえば、敵の秘密情報や自らの領域内で不足している原料を得ること、戦闘中の国々における日本人移民の居留民を保護すること、少数の居留民の力を借りて日本に支配されていた民衆の支持を得ること、など、戦争に勝つために必要な援助で、多くの場合に日本が自らおこなうことは不可能であったことを日本に提供してくれるのに最適な国の一つであった。スペインが公式にとった中立という立場には、ドイツもイタリアも果たせない役割をスペインがおこない得るとの大いなる評価もあった。またナチスやファシスト党は秘密を日本と共有する準備はあったが、日本が必要としていた情報は持っていなかったし、これらの国には活動の自由もなかった。さらに、これらの国の外交使節団は友好関係にある国にしかいなかった。日本にとってスペインとの関係がもたらす利便性は重要なものだった。なぜならばスペインの領土内には枢軸国側の国民の他に連合国側の国民もいたし、スペインの外交使節は全ての重要な国に置かれ（ソビエト連邦を除く）、その新聞は世界中に特派員を持ち、相対的にその質は良く、また決定的なのは、スペイン国民には移動の自由があったからである。

そのうえ、日本とスペインは友好関係にあった。両国ともそれぞれが支持する側について疑念を抱いていなかったし、その最終的な勝利と関わりを持っていた。真珠湾攻撃の後のまばゆい最初の時期に目がくらんで、日本は、スペインが最前列の観客席から日本の闘いを援助したがっていると見ていた。日本は、ある者は真摯に、またある者は日本が勝つ方が政治的に見て望ましいという理由で、またある者は日本勝利の可能性にしがみつく必要があった為に、また他の者は日本の金を望んで、日本を援助することでスペインが自らの利益を得ようとしていることにも気付くことになるだろう。

4・1 スパイ活動

日本は、他の国々と同様に、生き延びるのに必要であったが時に口に出せない目的を達成するために、「諜報部」なるものを用いた。諜報とは三つの主要な概念を含んだ用語である。まず、機密もしくは公の情報、一連のデータの分析とその解釈。また、情報を集めることに関連する活動、たとえば情報収集や情報隠蔽、他の者が情報にアクセスできないようにしたり、データやその意味を取り違えさせること。そして最後に、その組織つまりその仕事を遂行するグループは、通常、隠密行動をとる秘密部員を使う、ということである(56)。

全ての国に諜報機関があった。たとえばドイツのドイツ情報部（Abwehr）、イギリスのイギリス情報局保安部（MI5）やイギリス情報局秘密情報部（MI6）、共和国陣営側スペインにおける軍事調査部（SIM）、フランコ陣営側スペインにおけるスペイン北東情報部（SIFNE）や軍警察情報部（SIPM）などがそうだし、またイタリアの軍情報局（SIM）やアメリカの戦略事業局（OSS）やアメリカ連邦捜査局（FBI）がそうである。どれもいずれかの省庁の何らかの部局に属していて、少なくとも理論上は、その活動は補助的なものであった。たとえばアメリカにはFBIがあったが、これは一九二四年以来エドガー・J・フーヴァーが指揮していたアメリカ国内における国家に対する脅威を調査する組織である。一九四二年四月にOSSが組織され、OS

Sが国外からの国家への脅威を受け持つこととなった。OSSを指導したのはウィリアム・J・ドノヴァンつまりワイルド・ビルであった。戦争が終結するとOSSは中央情報局（CIA）になった(57)。

日本も例外ではなかった。日本政府は第一次大戦以前のドイツを模範にしていくつかの諜報機関をつくったが、そこでは明らかに、典型的な日本の官僚機構の問題点の一つが浮き彫りになっていた。命令系統の不統一である。海軍にも陸軍にも諜報機関が存在した。それぞれの軍と同様にそれぞれは別個に機能していた。両軍の参謀本部はこれらの活動のための諜報局を別個に持ってはいたが、防衛のための公然とした諜報活動やあるいは秘密裏の行動を取りまとめる機構は存在しなかった。そのうえ、主にジャーナリストによって構成された外務省の特殊部門も存在し、彼らは半公的諜報機関としての接触や代役を務め、また軍の防諜機関も存在し、これはまた別個の組織である軍警察つまり憲兵隊の責任のもとに機能していた。このような不統一は諜報部員の訓練にも表れ、陸軍があの有名な陸軍中野学校を開いても、海軍は決してそれを必要とはみなさなかった。また海外では、そのようなすり合わせの欠如が顕著になった。各部署が秘密諜報部員を雇う予算を別個に持っていたので、たとえ探している書類は同じでも、三つの諜報部がそれぞれ世界中に人を派遣した。そのうえ、関東軍も、これはもはや第四の諜報部と言えるだろうが、スペインのように満州国を承認した国々の満州国公使館を通じて独自の情報網を持っていた。

諜報活動が必要となるにつれ、日本はイタリアやドイツの協力を仰いだ。これらの国は日本に情報・機器・技術のみならず、ヨーロッパにおいてアンテナを立てることができる安全な場を提供した。しかし、敵国における情報収集に関してはイタリアもドイツも役に立たなかった。というのも、これらの国の人々は敵国では自由には行き来ができなかったからである。そのようなこともあり、イベリア半島は最も適切な基地となった。第一次大戦時のベルギーと同様に、諸戦線が非常に近かったことと他の国々とのコミュニケーションが相対的に開かれていたおかげで、第二次大戦中、イベリア半島はスパイのメッカとなった。それはイベリア半島のために任命された諜報部員の数の多さに反映されている。交戦国の全政府がイベリア半島にスパイ活動のためのかなりの力を注ぎこんだ。たとえば、日本の須磨弥吉郎やその副官の三浦文夫、イギリスはサミュエル・ホーアやバーナード・マレイ、またアメリカではカールトン・ヘイズなどはこの分野に精通した大使であり、彼らは以前には諜報部員だった(58)。スペインが重要拠点だった究極の理由は、スパイがますますスパイを呼び寄せたということである。

そのうえ、日本はイベリア半島で諜報部を組織したが、それはスペインとポルトガルの両国での諜報機関だけでなく、枢軸諸国での中心的諜報組織と相互協力のもとに機能させるためでもあった。海軍の場合、イベリア半島両国の組織はローマの管轄下に置かれた。駐ローマ日本大使館付の海軍武官は嶋田繁太郎海軍大臣の娘婿である光延大佐であり、以上の組織はドイツ情報部が設けたラジオの連絡通信施設で結ばれていた。ドイツ情報部は日本の技術部員に通信施設を利用するための訓練をおこなった(59)。さらにスペインとポルトガルの日本公使館は直通電話で結ばれ、マドリードでは三浦、リスボンではおそらく上野武雄の外交官諜報組織の両ヘッドが、その電話を使うことが出来た。後者は財務顧問だったが、この職は規則的に諜報機関と連絡をとるために、須磨によって任命されたものだった。在マドリード公使館はラジオを通じてイギリスとアメリカの放送を聞くことを任務としていた(60)。同様に、内戦に参加した後にスペイン国籍を得たトルコ人のファランへ党員が率いていた在イスタンブール大使館を通じて、スペインはインドでのスパイ網を開発するのに専心した。インドにはそれ以前には情報網はなかったので、スペインはインド洋の動向を押さえるために、ムンバイ［ボンベイ］にスペイン人から成る情報網の中心を据えることになる(61)。海軍もアルヘシーラスへ諜報員を送り、ジブラルタル海峡をどのような艦船が通過するのか知ろうとした。またカナリア諸島へ一人の日本人を送りこもうとした(62)。

リスボンはアメリカの意図を知るのには格好の場であった。なぜならば、リスボンはロンドンやアメリカ東海岸からやってくる艦船が泊まる主要中立港だったからである。そのため、この国の諜報員は、連合国側から直接やってくる船員を通じて印刷物の情報を集めることを主な任務としていた。そういった情報の中には、専門的雑誌など入手困難な出版物が含まれていた(63)。ポルトガルは南アフリカとインドに戦略的植民地を保有していたので、諜報員はこれらの地で輸送船団に関する情報を得ようとしたし、また一方バルカン半島方面の情報にも強い志向を持っていた(64)。敵国の経済状態を知る必要が高まるにしたがい、ポルトガルとその情報解析チームの重要度も高まった。しかしポルトガルは諜報活動をうまく進めることができなかった。リスボンの新聞社は「文化的にあまりに低いレベルにある」外国には特派員を置かなかったので、ポルトガルの情報の質は粗悪であったからである。また、チモール占領によって生まれた緊張関係がポルトガルの役人と公式に連絡をとる折の障害となり、日本は結局、影響力のある人物との人脈をつくることができなかった(65)。これはスペインで起こったのとはまったく逆のことだった。

おそらくこれが両国の主な相違点だった。ポルトガルでは日本人が全ての重要な任務を引き受けたが、スペインでは諜報活動のためにさらに現地の人員を組み入れた。これらの現地人は与えられた政治的便宜のおかげで、ある種の責任をも負うことになった。

4・1・1　日本の諜報部で働いたスペイン人

日本がスペインの提供した手段を利用しようとしたときは、ドイツの仲介とその役人もあてにすることができたが、また日本の戦争遂行に協力しようとするスペイン人もあてにできた。そのうえ、その中心人物の一人として、その高い地位から可能な限り日本人を援助した者がいた。ラモン・セラーノ・スニェルである。

政治的また個人的利益の組み合わせが、セラーノ・スニェル外相が他の枢軸国リーダーが及ばなかった領域にまで日本と協力しようとした理由のようだ。一方で彼は枢軸国の勝利のための闘いに完全に巻き込まれていたので、以前にドイツやイタリアに対してしたように、諜報という手段で日本の戦争遂行を支えようとしたのは当たり前だった。そのうえ、当時使用されていた用語で言えばアメリカの金権政治に対する戦いは、最も差し迫ったものではなかったにせよ、ファランヘ党の目的に含まれていた。日本への援助は同じ敵を前に協力することを意味した。他方、セラーノ・スニェルにとっては、もう他に残された政治的選択肢はなかったのだ。フランコは常に政治的かけひきから一定の距離を保ち、異なった選択肢を持ち続けるすべを知っていたが、偉大な義弟は政治的スペクトルの極に身を置いたので、ただ枢軸国の勝利にのみ彼の政治的生命を保つ可能性が残っていた。しかしセラーノはそこでもすべての解決策を手に入れたわけではなかった。というのは、すでに見たように、彼とドイツとの関係は親密というには程遠かったのだ。

そのような政治的かつ個人的課題を抱えていたため、セラーノは自ら日本人のために動こうとしただけではなく、自分の指導下にある外務省や、自分が影響力を持っていたファランヘ党のメカニズムをも使おうとした。しかし、ことの緊急性と彼が有していた大いなる裁量からして、セラーノの日本への援助は、個人的な動機と、保守派との内部抗争に生かすために決定されたことがわかる。セラーノは軍との対峙のために権力を有する必要があった。諜報活動と同様に、スペインで日本にとっての不可欠な存在となることは、セラーノが自分の目的を果たす手助けとなった。そのうえ、この政治闘争において、日本の仲介を通じて得られる情報は死活的なものとなりえた。彼の敵対者にとって有害なニュースを知るというだけではなく、日本の勝利に関してもっとよく知ることで、セラーノの主張に有利な論点を与えることが出来たかもしれないからである。セラーノは真珠湾攻撃後に、太平洋の戦場に関する情報を各大使に調べさせていたのである。一九四〇年代においては、知ることは力であったのだ。

太平洋戦争勃発後の最初のセラーノの決断はシンプルなものであった。各スペイン大使館の情報を日本側に渡すことである。かくして、外務省官房長であり国外出版物のニュースの検閲官ヒメネス・デ・サンドバルに、ワシントン、ロンドン、リオデジャネイロ、ブエノスアイレスから受け取った外交文書を日本の公使館へ送るように命じた。日本公使館は、このようにして東京に送られた情報を「スニェル諜報文書」と名づけた(66)。須磨公使は、そのような協力姿勢を前にして、それをさらに一歩進めて、在ロンドンや在ワシントンのスペイン大使館の外交官が秘密裏に情報を得ることができるかどうかと尋ねた(67)。そのうえ、すでに派遣済みの外交官が秘密裏に協力するのは困難かもしれないので、セラーノに、諜報網をつくるために日本を助けてくれないかと尋ねた。セラーノは明らかに疑念なくそれに応じた。その結果、日本公使館の諜報員がセラーノと電信で連絡をとる時には彼個人の秘密の番号を使うこと、また郵送での報告は郵便小包として彼自身に宛てた私信として送ること、また諸当局は短波の送受信の際に起こりうる問題を黙認すること、そして最後に、関係者にはスペインのパスポートが発給されること、以上のことが認められた(68)。

セラーノの指示を守るべく、セラーノが全信頼を置いた二人の人物、ヒメネス・デ・サンドバルとアンヘル・アルカサル・デ・ベラスコがいた。しかし、ヒメネス・デ・サンドバルは諜報活動において日本と協力する作業に長くは関わらなかった。というのも一九四二年三月に不可解な事件を契機として更迭されたからである。外務省文書館に残っている彼が外務省官房長だった間のほとんど空のファイルは、ある時期にはそれが書類で溢れていたことを示している。アルカサル・デ・ベラスコはセラーノの旧友であり心酔者で、ジョアン・マリア・トマスの言葉を借りれば、セラーノ「自讃」本を出版したばかりだった。それは『ファランヘ党におけるセラーノ・スニェル』と題された書籍で、そこではセラーノこそホセ・アントニオの本当の後継者であるとされていた(69)。

アルカサル・デ・ベラスコにはファランヘ党急進派における長い政治的履歴があり、また彼は諜報活動の分野でも新参者ではなかった。フランコに権力を与えるに至った一九三七年のサラマンカ事件では、ファランヘ党の急進派リーダーだったマヌエル・エディーリャ支持者のうちの一人で、その反乱後に死刑を宣告された十二名のうちの一人でもあった。またアルカサル・デ・ベラスコは、収監されていたパンプローナの監獄で共和国軍側投獄者の大量逃亡を失敗させた褒美として減刑され、ついには刑を免れた人物である。監獄から出ると、アルカサルはマヤルデ伯に見出されてドイツ情報部で訓練を受けた後、諜報活動に入った。ドイツ情報部は、一九三五年からヴィルヘルム・カナーリスが率いた軍諜報機関であり、そのマドリード事務局は軍事組織だった。回想録でアルカサル・デ・ベラスコは、アストゥリアス革命にまで自分のスパイ活動を遡っているが、彼の最初の具体的活動は一九四〇年のことであった。そのときにはカール・エーリッヒ・キューレンタールとフリッツ・カナップの教導を受けた後、当時ナチズムの信奉者でドイツ勝利の暁にはイギリスの王位候補者となると見られていたウィンザー公をポルトガルで暗殺しようとした試みを撹乱させる手助けをした。

その後、一九四一年二月には、アンヘル・アルカサル・デ・ベラスコは諜報の世界のキャリアの中で最も重要な成功のうちの一つを収めた。イギリス大使館がロンドンでの広報担当官として彼の任命を支持したのだ。他ならぬイギリス大使ホーアはその回想録で、スペインにおけるイギリスの情報部チーフ、バーナード・マレイはアルカサルの任命を支持したことで最も重い過ちを犯したと認めている。アルカサルの名前こそ出してはいないが、イギリスは、フランコに対する急進的代案としてアルカサルを支持するのがよいかもしれないと考えてしまったからである(70)。アルカサルの成功は、明らかに彼の敵対者が犯した過ちと結びついていた。ロンドンに到着するとアルカサルは、ドイツのために諜報活動をしてくれる人物を探した。その間、イギリス外務省の役人は、マドリードのホーアの勧めにしたがって、アルカサルの不可解な言動を見極めようと精を出した――「私たちは注意深くスペインの帝国主義と立ち向かわねばならないだろう」というのがアルカサルのことを知った後のイギリス外務省の最初のコメントのうちの一つであった。しかしすぐに恐怖を感じ、一致して拒否の態度をとるようになり、彼のことを「最もたちの悪い蛇」と評するようにさえなった。その結果、イギリス外務省は、ホーアに自分の過ちを気づかせただけでなく、一九四一年四月に国内の防諜機関であるＭＩ５にアルカサルの活動に注意するように連絡した(71)。

以上から見るに、アルカサル・デ・ベラスコは、自分の主な目的の達成を難しくさせるような数々の無分別な行動をとった。彼に求められた報道関係の活動は、彼がフランス語も英語も話すことも読むこともできないので、ほとんどおこなわれないままだった。同国人からも陰険なやつだと不評だった。しかしながら、アルカサルはこの任務でまずまずの成功を収め、諜報網をつくり、それを機能させるのに協力した。この諜報網は、おそらくドイツによる爆撃の被害とイギリスの政治状況についてベルリンに情報を流すためのものであった。しかし戦後のアメリカの報告書によれば、諜報網は日本のためにつくられ、その情報は、その分の支払いがあるときにだけ外交袋でドイツ諜報部へと送られた(72)。スペインに二度出向いた後、アルカサルは太平洋戦争が始まる少し前におそらく最後の失敗を犯した。なぜなら、自分がワシントンでの外交官ポストに送りこまれると予告したからである。かくしてイギリスは友好国にそのことを知らせ、おそらくこの情報のおかげで、アルカサルのビザは出なかった。かくして、アルカサルはロンドンからアメリカへ渡る代わりに、ドーバー海峡を渡る羽目になり、マドリードでその旅を終えた(73)。一九四二年一月にロンドンでの役職を解かれたとき、彼はすでにマドリードにいた。アルカサルは、職業上の隠語を使って言うなら、もう干されてしまった。職業上の能力も欠いていたことを不用意にも知らしめてしまったので、そうなったのだといえる。とはいえ、アメリカでの冒険は異なる場所で前進した。マドリードで、である。それほどセラーノ・スニェルは信頼のおける人物に事欠いていたのであった。

マドリードへ戻った後、アルカサルは日本のために働き始めた。戦後の報告書によると、日本側に協力話を持ちかけたのは一九四二年一月のことで、日本側は彼の情報に金を払うことを受け入れた。アルカサルが諜報活動システムにこのようにすばやく入り込んだのは、主に三つの理由によった。前年の八月から、すでにアルカサルと三浦文夫は知り合いだった。三浦は諜報網の実務に携わっており、アルカサルに金を支払ったに違いない。また日本は情報を得る必要に迫られていた。最後にセラーノ自らがアルカサルを推薦したからであった。セラーノは日本にとって非常に有効な情報網の活用を申し出た。それは、日本は必要器機と経費とを受け持つ一方、スペインはその他のことを受け持つというものであった。かくしてアルカサルは、一月二日にミゲル・アンヘル通りとガルシーア・デ・パレーデス通りの角にあった公使館へ極秘情報を提供するために初めて出向き、須磨とレストラン、ラ・バラッカで昼食をとった後、八日にはもう暫定的に諜報員として受け入れられた。この日、公使館は、アルカサルがこれはフランコとセラーノだけが読んだものであると言って手渡した、二一人から成る彼らの諜報網が集めたイギリスに関する報告を東京へ送った。その情報には「Tō（トウ）」という独自の見出しが付されていた(74)。

もちろん日本側は諜報員を急いで見つけようとしていた。とくに、アメリカでの日本独自の諜報網が解体され、ドイツの諜報部が弱い中では、日本は必死に情報を収集する必要があった。かくして、日本にとっては、他の国々が提供する情報がスペインが提供する情報を上回ることはほとんど不可能だった。後に見るように、情報を集める上で、スペインはラテンアメリカ地域を橋渡し役として使える力を持っていたし、日本の利益代表となって友好的政策をとっていたからである。日本にはほとんど選択肢はなかった。だから、すぐにアルカサル・デ・ベラスコがもたらした情報を受け入れなくてはならず、その情報に、表意文字つまり漢字を使って、あまり用心深いとは言えない「盗」という名を当てたのだった。

すでに始動していた諜報網を通じて示された経験と、おそらく相互に情報を交換し合いながら彼に情報を提供していたであろうドイツとのつながりのおかげで、アルカサルはセラーノが推薦した最も適切なエージェントと見なされた。三浦と須磨は、この真正のファランヘ党員が提供し得る可能性を見極めるのにそう長くはかからなかった。一九四二年一月八日、まさに最初の情報を送った日に、彼らは情報を収集する以上の計画を実行に移すことの是非について東京に問い合わせた(75)。彼らの頭にあったのはイギリスからの情報を使うことであった。そしてまた、アメリカで探し求めたような諜報機関をセラーノの明らかな協力のもとにスペインで組織することであった。セラーノは、盟友のアルカサルがマドリードに残ることを唯一の条件として、スペイン外務省が経費の一部を支払ってもよいと申し出た。それは理想的計画のように見えた。必要性を完全に満たしていたので、日本はすぐに諜報活動を改善するための作戦費用として多額の金銭を渡すことを承認した(76)。

このようにして、日本は、スペインにおける諜報活動の土台をさらに広げながら、どうすればその情報網をもっと拡大できるかを考えた。だから、アルカサルが渡した情報には、音は同じだが意味はより薄い東方を意味する別の漢字［東*］が当てられた(77)。この命名は成功した。というのも、ほかの諜報員がもたらした情報も基本方位に従っていたからである。それらは、北（ポルトガル方面からもたらされる情報）、南（在マドリード・イタリア大使によるもの）(78)、西（イスタンブールの領事から送られてくるもの）と名付けられていた。ある情報が尽きた後に新しい情報のために名称を付ける際にも、同じ名称が続けて用いられた。このような名称が使われなくなった後も、地理に関連した命名は続き、たとえばポルトガル大使からの機密報告は、富士として知られていた。一方、各国スペイン大使の文書を含む「スニェル諜報文書」は、表音的なカナのひとつであるカタカナの「ス」で短縮表記された。これらの全情報の中でも際立って重要で複雑な作業は、アメリカにおける諜報網を軌道に乗せることだったにちがいない。それはアルカサルが提供した情報の全てと一緒にされて、Tō機関と呼ばれるようになった。FBIはこのTō機関を「スペー日」と呼んだが、それはFBIが、Tō機関の活動を熟知していたことを示す。このことに関しては次の節で見ていくことにする。

4・1・2　アメリカにおける諜報網

Tō機関は、他の手段では得られない情報を得ようとする日本の明らかな関心から生まれた。日本はアメリカと対立しており、在米日本人が西海岸から追い払われて強制収容所に住むように強いられた頃から、日本に届く情報は以前の諜報網が壊されたために最小のレベルに落ち込んでいた。日本はその主たる敵国アメリカに関するできる限り多くの情報を必要としていた。それを証明するものとして、在マドリード公使館がはじめてこの問題を提起したときの東京からの返答が挙げられる。諜報機関が得るべき目標を考えると情報を満たす必要性は大きかったのであり、イギリスを含めた他のヨーロッパ諸国について日本が求めていた情報よりずっと具体的な目標を定めなくてはならなかった。軍備に関しては、日本の高位の軍人たちは、ハワイで被害を受けたアメリカの戦艦の修理状況や戦艦また潜水艦の建造に関する統計を知りたがり、また戦前には南太平洋に依拠していた戦略物資の輸入問題をアメリカがどのように解決しているのか、またその生産能力を測りたがった。アメリカ軍の装備に関しては、戦艦の動向や、太平洋への軍艦派遣の状況を知ろうとし、また他の戦線の状況がアメリカの戦争のやり方にどのくらい跳ね返ってくるかということも気にかけており、スペインやアフリカに攻撃があった場合にその攻撃力はどのくらい影響を受けるかを知ろうとした。さらに宣伝活動の分野では、日本はルーズベルト大統領を失脚させる可能性について知りたがり、アメリカが抱える人種問題やインフレについての情報を得ようとし、また、とくにオーストラリアや南アメリカなどに言及してアメリカとその他の地域との関係についてもっとデータを集めるように求めた。最後に、軍に関する質問には、軍隊がどのような人種で構成されているかといった宣伝目的のものもあった(79)。

容易に推測できることだが、目標が設定されても、アメリカ大陸で諜報網を動かし始めることが一番難しかった。この点については、データを揃えるのが大変だった。とくにこのためにアルカサルは、けっして語られることのなかったある人物の協力を仰がねばならなかった。アルカサルはいつも、このある人物が実在したことについてのみ、またメキシコから一緒に入国したロヘリオなる彼のエージェントについてのみ語っているが、それ以外はその後も何もわかっていない。そのうえ、アルカサルがアメリカ大陸へ渡ったことは、否定もできないが、証明もされていない。アルカサルが自認するように、おそらく潜水艦で海を渡ったのかもしれないが、セラーノの希望はアルカサルがマドリードに留まることであったし、また継続的にスペインにいたことや英語での自己表現が得意ではなかったことは、アルカサルのアメリカ滞在に疑念をもたらす。さらに、とにかく、アルカサルはアメリカ在住の主要な接触者を必要としていたのだ。

ファランヘ党はイデオロギー的動機によって、またワシントンのスペイン大使館はインフラを必要としたため、それぞれ諜報網を軌道に乗せるべく最初の援助をおこなった。アメリカでの諜報網づくりでアルカサルが初めに接触したのが誰であったのかはわからない。しかしそれをセラーノ・スニェルが明確に承認していたことを考えれば、アルカサルはファランヘ党対外部と接触した可能性がかなり高い。エドゥアルド・ゴンサーレス・カリェーハによればファランヘ党には「地下活動の中核」があり、一九三八年にアレハンドロ・ビリャヌエバの旅行によって創設されてから、ニューヨーク、サンフランシスコ、ヒューストン、フィラデルフィア、ボルチモア、その他の港湾都市に広がっていた(80)。このグループについては二人の名前がわかっている。ニューヨークとワシントンにおけるファランヘ党の長としてホセ・デ・ペリグナットは(81)メキシコから課報員が入国するのを助けたようである。またホセ・マルティネス大尉はファランヘ党のサンフランシスコでの活動的な諜報員であった(82)。

アルカサルは、在アメリカのスペイン外交団の中に、この諜報網に関連して送られてくる外交文書や秘密文書を受け取ったり、諜報部員の活動を手助けして、諜報網を援助してくれる人物を必要としていた。これは必要な連鎖の一環ではあったが、多くのスパイ候補がいたため、新たな疑念が起こりもした。派遣されていた外交官のうち二名は日本に住んでいたこともあり、おそらく日本人と個人的なつながりも持っていた。それは王党派の古参のメンバーであるファン・フランシスコ・デ・カルデナス大使自身と、内戦勃発時に東京に在住していたエリオ・ファン・ゴメス・デ・モリーナ参事官である。彼らの他に、アメリカはとくに二人の人物を疑っていた。その一人、大使館の農業参事官で、以前に宣伝参事官を務めていたミゲル・デ・エチェガラーイはファランヘ党対外部の活動的メンバーと言われていたが、大戦が始まる少し前にホセ・マルティネスに会いにサンフランシスコに行っていた。最後に、空軍武官のマヌエル・デ・ラ・シエラ大佐がいたが、アメリカ側からの提起で一九四二年六月に退役した(83)。

イベリア半島から送られたスパイたちについては後に述べることにしよう。しかし、ここで知っておくべきことは、諜報員のうちの幾人かは戦争開始以前にアメリカへ向けて出発していたであろうということだ。アメリカの防諜部は、一九四二年一月に三人の諜報員がすでにニューヨーク、ワシントン、サンフランシスコに身を置いていると見ていたが、これはおそらく、同月に送り込んだ三人からはまだ重要な知らせを受け取っていないとセラーノ・スニェル自身が言ったことに基づいている(84)。

そのうえ、スペインが立てた計画は野心的なものだった。セラーノ・スニェルは日本の諜報活動に便宜を図るために外務省を使う許可を出そうとしており、また情報獲得のために新たに四名を外交官パスポートでアメリカに送り込む計画を立てた。四人のうちの一人はサンフランシスコの領事館に、一人はニューヨークのスペイン情報図書館(85)に、一人はセネガルのダカールへ、また最後の一人はマッカーサー元帥の将来の総司令部が置かれることになるオーストラリアへ行くことになっていた。この貪欲な構図はルイス・カルボ事件が引き金となって失敗した。事件がこう呼ばれたのは、ロンドンにおけるアルカサルの後継者で広報担当官であったルイス・カルボの外交袋を使った秘密活動がイギリスの諜報部に見つかったことによる(86)。これはセラーノ・スニェルがおこなった枢軸国のための秘密活動にとっては重大な失策となった。というのも、情報自体はさほど機密性の高いものではなかったのだが、広報担当官の逮捕とその後の証言によってその活動が明らかになってしまったからである。それにもかかわらずセラーノは、諜報活動のための秘密の暗号と公使館のインフラの使用を許可し続けたが、機密性を高める必要を回避することはできなかった。また他の国々が、経験がないのに任命されたスペインの外交官全てにあからさまな不信を抱くのを回避することもできなかった。アメリカはそれに気付いていただけでなく、情報局を動かして、アメリカに送り込まれるスパイを獲得する場になっているとして在スペインの日本公使館を非難する記事を新聞に載せ、さらにスペインに圧力をかける行動に出た(87)。以前には公然の秘密であったものが、世論の標的にさえなった。一九四二年二月から日本人が強制収容所に移されたことによって、計画は困難となった。外交官と称した者を日本のためにアメリカに派遣する構想は失敗した。

それは重大な失策であった。その後、四人の将来の「外交官」は務めずに済んだ任務に対するご褒美を受け取った後に、更迭された(88)。アルカサルは、実際のところ失職寸前であった。しかし結局は、ドイツ人がスポンサーとなっていたイギリスにあった諜報網からの情報を受け取り続けられるようにということで、彼の仕事は継続ということになった(89)。Tō機関のアメリカでの展開は、かくして様々な面でルイス・カルボ事件の影響を受けた。外交団に新たな人物を入れることが不可能となったこと、作戦業務開始の遅延、それに間違いなく起こった財政面でのセラーノの約束不履行である。日本は約束よりも多くの金を支払わねばならなかった。そのうえ、セラーノの立場は、日本との協力という彼がとったあまりに異常なやり方のせいでますます弱体化していった。それはいわゆる「スニェル諜報文書」が一九四二年一月二十日までしか、つまり「危機にあった」セラーノの親日政策が明らかに反対に遭った時までしか続かなかったことでもわかる(90)。しかしアメリカでの諜報網は存続した。日本はその諜報網を必要としていた。日本は必死だった。

最も重大な技術的・組織的な問題は、アメリカ大陸とマドリードの間で情報をどうやって伝えるかということであった。このことについては多くの言及があり、そこには、危険を分散させるために、また各諜報員や各種情報を可能なかぎりうまく状況に合わせせられるように、補完的に使われたはずの様々な方法が述べられている。後年、アルカサル・デ・ベラスコは、情報は普通メキシコへ送られ、そこから短波でカリブ海に停泊していたスペイン船に送信された後、マドリードへ送られていたと述べた。そのような説明からは、諜報活動が洗練された非常に高いレベルにあったことがわかるし、また三浦義秋の活動に支えられていたに違いないこともわかる（この三浦は、マドリードに赴任した三浦文夫と関係ない）。この三浦は、一九四一年夏に明らかに諜報活動準備のためにメキシコへ派遣された。それは明らかにイギリスにおける諜報網を機能させるための処置であった。イギリスではスペインに情報を送るために携帯打電器が使われた(91)。しかしこの方法は、せいぜいアメリカからイベリア半島へ情報を送るための一つの道でしかなかっただろう。その理由としては、アルカサルが情報の往路の旅について何の言及もしていないことが挙げられる。

他方、このような進んだやり方をとったとの説明を拒否することはできないにせよ、スペイン人諜報員は秘密情報を流すのにもっとありふれた方法を用いたと考える方がよいようだ。その方法とは、少なくとも補助的に使うようにと外務省が手を回したものや、イギリスでの諜報活動のモデルに沿ったものだった。アルカサルは話すのを常に避けてきたが、ルイス・カルボ事件後に挫折した諜報員の計画からは、たとえば、各公使館に設置された打電器で連絡が取られようとしていたこと、各公使館員自身が暗号の開発や人物の選択に力を尽くさなければならなかったことがわかる。アメリカの防諜機関は、いくつかの情報がワシントンのスペイン大使館の通信部を通じて送られたことや、また船舶についての情報はニューヨークの領事館からも送られたことを突きとめた。一方FBIは、在ワシントンのスペイン大使館がブエノスアイレスへケーブルを通じて情報を送り、その情報がマドリードからベルリンへと伝わったであろうと報告した(92)。他方、このブエノスアイレスの果たした役割から、チリやアルゼンチンなど南米の中立国も枢軸国のための情報収集に重要な機能を果たしていたことがわかる。これらの国々が中立を放棄した後でさえも、戦争が進むにしたがってその役割は大きくなっていった。しかし、アルカサルの言にもかかわらず、全てがアルカサルを通じておこなわれたものだと証明するものはない(93)。さらに、ジャーナリストとともに、より簡単で使いやすい手段が用いられた。たとえば、疑いを招かないような住所に送られた手紙に目に見えないインクが使用されたことや、新聞に送られる情報で使う暗号を三か月ごとに変えたことなどである。

このようにして情報を入手するのが、より簡単な手段だった。そしてスペインにおける情報網を機能させるためにアルカサルが雇った人々の名簿からは、これらの方法が最もよく用いられたことが推察される。かくして、情報網を機能させるためにアルカサルを助けたのは、彼の妻のほかに、フランシスコ・アギレーラ（もしくはエスコバル）なる運転手を務めた人物や、アルカサル・デ・サン・フアン生まれの印刷工で安全を期すために消えるインクを使って書かれたアメリカからの情報（主にワシントン周辺の消印のもの）の宛先となったアルトゥーロ・カステリャーノスなどだった(94)。

マドリードに着くと、情報は様々な機関に配布された。しかし、そのテーマによって配布先の数は変わったようだ。はじめのうち、アルカサルは日本側に情報のコピーを渡すとともに、セラーノ・スニェルにも手渡しでコピーを渡していたに違いない。しかし須磨は一九四二年六月に、何度もTō情報についてセラーノに聞いたがセラーノは何も知らないと言っていると報告している。須磨はスペイン側から、アルカサルは時によっては報告書を渡さなかった、というのも手渡ししなくてはならなかったので、外相の日程のせいでそれができなかった、との説明を受けた。しかし、そのような見解は全面的に正しいわけではない。とくに、実際には、アルカサルはいくつかの情報を勝手に捏造していたからである。セラーノは、ときに日本人を欺くことを楽しみ、「彼ら［日本人］の目は節穴だ」とコメントもしているが、盟友アルカサルが捏造したものではなく、真実の情報にだけ興味があったにちがいない(95)。

誰がどのような範囲でTō機関の情報を受け取ったかを知るのは困難である。そうしてはならないという指示があったにもかかわらず、ドイツや日本が買った情報は別の人間の手にも渡っていたようだ。アルカサルの情報の大部分は、ドイツ大使には送られなかったが、ドイツ情報部のドイツ特務局に送られた。同様の方法で、日本はイギリスからの情報を受け取っていた。両者とも、これはアルカサルの特別の厚意によるものだと明らかに考えていた(96)。第三国への情報のリークは諜報網の長自身の政治的というより個人的な決定によったようだ。だから、それは最終的に諜報網を機能させる鍵である誰が資金を出しているかに左右されていた。

日本軍の示した数値が正しいとすれば、日本は戦費の約〇・三三%を諜報活動に使った。そのうえ、増加する予算の中でもその率を維持し、後には、その率を増やしさえした。唯一使用できる資料によれば、陸軍の諜報活動の全陸軍予算に占める割合は相対的に安定しており、それは一九四一年には〇・三六%、一九四二年には〇・二六%であり、〇・四八%になった戦争の最後の年を除くと、平均〇・三三%であった。しかし総額は、一九四一年と一九四二年の四、二〇〇万円～四、六〇〇万円から、一億二、五〇〇万円～四億円へと、最後の二年で十倍に膨れ上がった(97)。資金が予算に組み込まれたとはいえ、日本からスペインへ確実な方法で送金し、その後に疑いを招かないように一部をアメリカに送金するのはもっと面倒なことだった。すでに開戦以前から、各省は後に諜報活動に使うために、ヨーロッパの銀行口座に充分な資金を蓄えてあった。かくしてスペインの場合には、須磨公使は日本政府の国庫とドイツ帝国銀行から金を引き出した。大石宗次海軍武官は、ドイツ帝国銀行とリスボン・アゾレス銀行の口座から引き出し、桜井敬三陸軍武官はチューリヒのフェデラル銀行から引き出した。

銀行の支店は必要な資金の一部を供給し得たに過ぎなかった。諜報活動の支払いには他の方法を使うことが肝心であった。最もよく使われた方法は、後の売却のことも考えて、真珠を送ることであった。真珠は持ち運びも容易で、また紙幣の価値がどうなるか予見できず公正とは言えない方法で多くの財産が築かれた中で、真珠はヨーロッパでは非常に高い値をつけたので、都合の良い方法だった。とはいえ重大な失策が二つあったのも事実だ。

そのうちの一つは、とくに面倒だった。太平洋戦争中に東京からマドリードへ送られたスペインの唯一の外交袋に入れられて、十万円の価値のあるミキモト真珠がリスボンにいる安藤という名の役人宛てに送られた。本件はトップシークレットとして扱われ、ミキモトには送付について知らせず、またスペイン側には全くの公用であるとされていた。しかしこの邪悪なもくろみは失敗した。真珠は宛て先には着かず、バミューダ島で差し押さえられたのだった。もっと不名誉だったことには、ある新聞がドイツへの輸送中に押収された日本からの別の真珠の売却について報道した後に、上述の真珠はワシントンのスペイン大使館へ引き渡されたのだった。この出来事は、日本のやり方がどんな問題を生むのかを立証することになった。もう一つの失策となった真珠の送付は、一九四二年九月に横浜を出港したブロッケイド・ランナーつまり「封鎖潜入船」［敵の境界線を通ってドイツ帝国と日本帝国間を商品輸送する船］ラコティス号によるものだった。ラコティス号はボルドー近くのビスカヤ湾で発見されてしまったが、敵の手に落ちる前に沈められてしまった。いずれにしても、戦争末期に公使館とその外交官が余剰金を持っていた事実からもわかるように、きちんと到着した送金もあった(98)。

諜報活動のためにどれくらいの金額がどのようにしてアメリカへ送金されたかはよく知られていない。ワシントンはスペイン人の銀行口座取引に怪しい動きがないかどうか、毎月その明細を調べてチェックしていた。たとえば、ある時には怪しい動きについてファン・ゴメス・デ・モリーナに詰問した(99)。宣戦布告をした際に、日本もワシントンの日本大使館の金庫に保管してあった約五十万ドルを使うことを考えた。というのもスペインがアメリカにおける日本の利益代表の役割を担っていたので、暗証番号さえわかれば、スペイン人が金庫を開けることは可能だった。そこには複雑な事情があった。なぜならば、この資金は諜報活動のためにも、日本の利益代表のためにも必要となり得るものであったからである。スペイン大使館は、国際法の規定によって、日本政府にどのようにそれを使うべきかを尋ね、後にそれを報告することになっていた。かくして東京からマドリードに暗証番号は知らされたのだが、金庫は決して開けられることはなかった。須磨は初めのうち、誰か役人が派遣されて来るのを待つつもりだった。なぜならば外交袋も自分たちの電信も信じられなかったからだ。待機中に、使えたはずの資金の使用は滞った。東京から政府がこのことを質問しても、須磨は、誰もまだ派遣されず、よって金庫を開ける確実な機会がなかったと答えた。しかしこれは真実ではなかった。なぜなら須磨自身がマドリードでカルデナス大使と会談していたのだ。ミキモト真珠をいきなり渡されたことで、スペインがこの件に協力するのを渋った、というのがありそうなことだ(100)。とにかく、この資金については、本書で後ほど再び言及することにする。

スペインでの日本の諜報活動費用の総額を知るのは難しいが、公使館の当初の予算は五十万ドルとなっていた。この額では不十分であったので、外務省は一九四三年に陸海両軍に費用を捻出するための援助を求めた。しかし、海軍だけがそれに応えた。その他の情報は偏ったものではあるが、ここで示しておくのがよい。というのも、諜報活動資金に関するスペインと日本の関係を知るのは常に非常に困難であるが、諜報活動の役割についてきわめて重要なデータを示唆するものだからである。たとえば、アルカサルが一九四二年八月に日本円にして約四十万円を請求したことがわかっている。それは諜報網のためのものであり（公的レートで一二〇万ペセタに相当する。うち十万円はミキモト真珠の売却で埋め合わされたのであろう）、また月々三〇〇ドル（公的レートで約三、六〇〇ペセタ）をアメリカにいる諜報部員に渡すためだった。一方、ドイツから報酬を得てイギリスにいた諜報部員は月々八〇〇ペセタ、現地のヘッドは二、〇〇〇ペセタを受けとっていた[101]。他方、タンジールにおける海軍の諜報網の月額費用は約三、〇〇〇ペセタだった。このことから、在アメリカの情報網は少なくともマドリードにあった全体資金の半分を使い、また日本から報酬を得ていた諜報員はドイツから報酬を得ていた者よりも多く稼いでいたことがわかる。しかし枢軸国だけが諜報活動に資金を費やしていたわけではなかったのは確かだ。状況は連合国側も同様で、またそれはもっと「知的な《インテリヘンテ》」形態でおこなわれた。連合国側は防諜機関のおかげで、敵の資源を自分たちに有利になるように使用したのだった。

4・1・3　アメリカの防諜機関

「防諜」とは、公安や対諜報活動機関という手段を使って、敵への情報を役に立たないものにすることを意味する。つまり、外国の諜報員を捕らえるか無力化して、彼らが秘密情報を得てそれを伝達するのを妨害する秘密行動のことである。諜報活動の四つの要素としては、データの収集、その分析、秘密行動、対防諜活動があるが、この節では対防諜活動を扱う。しかしその範囲は、その名称（防諜活動《コントラインテリヘンシア》）が示すように、諜報活動《インテリヘンシア》と同様に非常に広い。他国がその情報を知ることによって引き起こされる被害に応じて様々なレベルの情報を分類することから、情報を収集する敵の諜報員の活動能力を妨害する警察行動までを示す。この方策は、情報へのアクセスが妨げられる時には受身のものとなるし、また敵の諜報活動がどのように機能しているかを調べ、その活動を頓挫させ、最終的に自らの利益となるように仕向けようとする時には積極的なものとなる。いわゆる「防諜活動」、つまり敵の諜報活動を知ろうとすることは非常に多くの活動を意味する。たとえば常に監視をおこなったり、相手側を説得して転向させ、敵の諜報活動の中で働く二重スパイにすること、つまり敵国の諜報活動をするふりをしながら、実際には諜報活動をしているはずの国側のコントロール下にある諜報員をつくること、などである[102]。

戦争もこの段階になると、連合国は敗北が続いた初めの頃とは比較にならないほど大規模な勝利を遂げていた。かくして、大戦における敵国組織の活動を監視することに関する最大の成功は、イギリス人がダブル・クロス・システムで獲得したものであり、これによってイギリスは領土内におけるドイツの諜報システムをうまくコントロールすることができたのだった。帰国の途にあったあるドイツ人諜報員を逮捕した後、イギリスは非常に広範な諜報網を構築するにいたった。その諜報員たちは、戦争の最終局面までナチス高官を欺いたのみならず、新しい諜報員を獲得し、ドイツ諜報部のやり方や責任者についての情報を収集し、さらには敵国の暗号や秘密の数値を得て、ドイツの将来の意図を明らかに読み取ることができた。

アルカサルの活動はこのイギリスの有効なやり方の影響を受けていた。イギリス滞在中に彼がなぜ逮捕されなかったかわかるというものだ。アルカサルが使っていた諜報員がもたらした情報は何らかの方法で他ならぬイギリスの諜報員によってコントロールされていたに違いなかった。アルカサルがマドリードへ戻ってすぐ、一九四一年十二月にイギリスの諜報員たちは彼の日記を盗んだが、その後にその日記の内容は嘘で、それは主にドイツから資金を引き出すために用いられていたことを知った。キム・フィルビイが書いているところによれば、それは「一、二週間かかった骨の折れる仕事」であった[103]。他方で、アルカサルがスペインへ戻るまで、「不実のアルビオン」*〔イギリス〕が自国における彼のウソの活動を知らなかったとすれば、そのこと自体が、戦後にアメリカ人たちが書いているように、アルカサルが最初から日本人のために働いていたことを物語っているであろうし、もしくはこのダブル・クロス・システムの成功は完全なものではなかった、ということでもあろう。いずれにせよ、アルカサルの日記は、ルイス・カルボ事件が誘発されたとき、イギリスがコントロールしていなかったドイツ向けの通信方法の一つであったスペインの外交袋を押収するという入念に準備された決定を実行に移させ、イギリスが安全な道を行くのを助けた。この外交袋によって、スペイン広報担当官アルカサルは、諸指示の他に、ドイツ中央銀行によって作成された発覚されにくいにせ紙幣を受け取っていたのだった。

組織化された連合国側の防諜活動の成功はまた、アメリカで情報を得ようとしたスペインの試みを邪魔するものだった。アメリカに対してはアルカサル・デ・ベラスコという人物が持つ危険性について連絡がなされていたからである。警戒したアメリカ側は、このスペインのファランへ党員に外交官ビザを発給しなかったのみならず、彼に対する諜報活動をも準備した。一九四二年二月、FBIはアルカサル・デ・ベラスコに関する情報を国務省に要求し(104)、その後、一九四二年三月十日に開かれたFBI高官の会議で、スペイン人に対しては「最大級の警戒」をおこなうとした。その処置には、外交袋で送られるスペインの公的通信物を定期的にコントロールすることも含まれていた。この方法は、確かに越権行為ではあるが、他の中立国にも適用された(105)。アメリカの領土内でできる限り多くのスペインの諜報員を捕えるために、彼ら諜報員の活動を妨害する方策が追求され、結局は通常のやり方から最も進んだ方法、つまり先端技術までのあらゆる方法が用いられたのである。

連合国側の防諜活動は諜報活動の中でも最も有効な武器を当てにできた。それは情報の傍受である。二重諜報員や問題を起こして逃げた諜報員とは反対に、中央の情報部とその海外の支部との間で交された内部極秘情報の解読は、(だまされずに)敵の意図をよく知るのに、最も信頼の置ける確証方法の一つであった。

実際に、電信による伝達、書面による伝達、またとくにこの時期ではラジオ放送など様々な形態をとる情報を傍受することは第二次世界大戦における決定的な要素の一つであった。ただしそれは何も新しいことではなかった。全ての諜報機関や海外代表部は、暗号で書かれた情報や進んだ技術を取り入れた機器を使うことで、敵が自分たちの間で交される命令や情報を知ることができないように、常にこの分野でのセキュリティに気を使っていた。アメリカの第一次世界大戦への参戦は、実際に、ドイツに送られた電報を解読したことが元となった。ラジオ放送での情報は誰でも聞けるので、解読されないよう暗号を使うしかない。よって、文字の順序を変えたり、テキストにある文字を他の文字・数値・シンボル等に置き換えたり、この二つを組み合わせるなどの方策がとられた。だから、最も決定的な技術競争の一つは、その他の人々が、情報が電波で送られたときの一連の数字から整合的なテキストを読み出すことができないようにし、同時に敵の通信に対しても、自分たちの利益になるように同じようなことができるシステムを開発するというものだった。他の多くのことと同様に、この戦争の見込みと、後には戦争それ自体が、以前は想像するしかなかったレベルまで技術の革新を後押しした。かくして、情報の解読は、銃後が実践する最重要かつ必要な仕事の一つであった。皆が解読を切望し、実際に何らかの成果を挙げ、またあるときには皆が自分たちの最も大切な秘密が暴かれていると思っていた。

ここでもまた連合国が枢軸国に勝った。イギリスもアメリカも敵国の通信を解読することができた。しかし他の国々では、そこまで技術は進んでいなかった。この明らかな敗北の理由はたくさんある。しかし、具体的な個々の人々の知能や能力を検討するよりも、それぞれの科学的進歩に対する姿勢をさらに検討するためには、ヨーロッパの現場に目を留めるのがよい。戦争当初の数年から、枢軸国と連合国とでは、新しい技術がもたらすものに対する見解があまりに違っていたことがわかる。空爆でドイツは敵の目標物を破壊するのにより伝統的な手段を使ったが、イギリスは、たとえば、「作戦研究」に時間を割いた。これは、もっと良い結果を出すには、どのように砲兵隊をまとめたらよいか、あるいは銃弾を撃つ頻度をどうすればよいか、飛行機をカムフラージュするために最も良い色はどれか、危険地帯を通るときには輸送隊の規模はどれくらいがちょうどよいか、などについての研究である。一方が主に量的な進歩によって勝利を求めた（爆弾投下の場合は、過剰なまでに）のに対し、もう一方はもっと長いスパンで考え、戦闘で費やされる資金をできるかぎりうまく使うことを追求した。

長い目で見ると、この違いは決定的であった。それは戦略と無関係ではなかった。枢軸国はすぐに勝利することを望んでいた。だからこそドイツもイタリアも長期間にわたる計画を立てても役に立たないと判断し、戦況がもう後戻りできないところに来るまで自分たちの間違いに気づかなかった。しかしこの過ちはこのように説明することができても、技術発展に関する主要な問題は、ヒトラーやムッソリーニにあれほどまでに絶対的な形で決定プロセスが集中していたことだった。たとえば、ドイツが原爆を時宜よく製造できなかったのは、総統《フューレル》の意見が決定的な役割を果たしたからだった。このような種類の武器に対するヒトラーの個人的な不信が消えるまで、ナチス・ドイツは原爆開発のために必要な方策を採らなかったからだ。この技術競争（そして他にもたくさんあるが）でヒトラーを敗北に追いやったのは、彼の反ユダヤの狂信だけではなく、独裁システム全体の決定過程が有した困難のせいでもあった。部下が意見を変える必要があると指導者を説得する方法を考えている間に、第三帝国は貴重な優位を喪失し、もう決してそれを回復することはできなかった。民主主義システムの場合には、決定過程は一般的にもっと時間がかかるものだが、しかしその過程はたった一人の人間の気まぐれや個人の決断にばかり依拠していたのではなかった。たとえば、宣伝を大規模におこなうことをウィンストン・チャーチルは拒否したが、それはこの武器を使う上での一つの障害に過ぎなかった(106)。

決定権はそこまで一極集中していなかったが、太平洋でも似たようなことは起こった。アメリカの防諜局G-2の質的向上はかなりのもので、そのうえ量的にもそれは明らかとなった。日本の各公使館と東京の間で交された情報の大部分、また主に海軍のものであるが軍の通信のほとんどは解読された。外交文書に関しては、アメリカ側が解読した日本の情報の量が非常に多かったので、一九四二年四月以降は、毎日、『マジック・サマリーズ』*Magic Summaries*(後に『マジック・ディプロマティック・サマリーズ』*Magic Diplomatic Summaries* となった)という報告書が出された。この報告書には、電報の中から最も興味深いものが選択されて載せられ、データの重要性と信憑性についての検証もなされた(107)。かくして、連合国側の主要な武器とは日本の機密通信を解読できたことであった。翻訳には議論の余地がある。小松啓一郎は太平洋戦争の原因に関する興味深い博士論文で、戦争勃発に至らしめた誤解への道で支配的だったバイアスのせいで翻訳に間違いが生まれたとしたが、また一方で作家の逢坂剛は戦争の時期と『マジック・サマリーズ』に言及し、その翻訳を「ほとんど完璧だ」と評した。いずれにせよ、この『サマリーズ』は戦争の進展にとって鍵となる重要なものであった(108)。

戦争に勝利するためにとても重要な武器を手にしていたことを公に認めた後のアメリカの最初の反応は、真珠湾への攻撃は避けられたのではないかとの自問であった。この論争の重要性を察知したアメリカ政府は、『マジック・サマリーズ』へのアクセスを許可すると同時に、一九四四年に編集した『真珠湾攻撃の鍵となる背景』と題した数巻にもわたる資料集を出版した。この出版物は攻撃は奇襲であったということを言うために、日本側から傍受した情報を集成したものである。電信文が載せられたこの本の中では、攻撃されることが以前からわかっていたとは述べられていない。しかし解読された電話での会話の写しからすれば、前もって攻撃を知っていたことは明らかではないだろうか。その通話は、野村海軍大将とともに日本代表団を率いていた来栖大使と、外務省の東亜局長であった山本との間で一九四一年十一月二七日に交わされていた。そのなかで、山本は来栖大使に、たとえ何の結果も出せなくとも交渉を続けるよう求めている。そのうえ、戦争は差し迫っていると、二度繰り返している。「すぐに子どもが生まれるでしょう」という文言であるが、これを諜報部は「危機はまさに［原文強調体］切迫している」と解読した(109)。アメリカは危機が迫っていることを知っていた。この時にはまだ疑念を抱いていたとしても、その少し後の十二月三日には別の情報を解読し、日本が公使館の文書を全て焼却処分にするように命令したことを知っていたのである。皆がもはや戦争を回避する方法はないとわかっていた。雑誌『ムンド』の国粋主義者たちも、十二月七日の論説で次のような質問を投げかけた──「太平洋で戦争か?」。その答えは、インクが乾くか乾かないかのうちにはっきりしたのだった。

引退した海兵隊員でジャーナリストのロバート・スティネットの研究は、日本が攻撃してくることはわかっていたことのみならず、それは真珠湾でおこなわれることも前もって知っていたことを暴露している。ハワイ艦隊の司令官たち、ハズバンド・E・キメル総司令官とウォルター・ショート中将には意図的に攻撃に関する情報が隠されたのだ。それは日本が戦闘行為をおこなうのを妨げないようにするためだった(110)。そのうえ、南雲艦隊は千島列島からハワイへ向かう間ラジオで何度も連絡をとっていたので、そのメッセージの内容がわからなくとも、アメリカの艦隊にどんどん近づいていたのはわかっていたはずである。太平洋戦争は真珠湾攻撃の数時間前に現在のマレーシアのコータ・バルで始まっていたというような一連の補足的な出来事は、奇襲攻撃は避けられたことを示している。真珠湾攻撃は回避されたとも言える。なぜならば、決定的な瞬間にアメリカの航空母艦が分散して配置されていたことは、予期された事件を前にして、危険を分散しようとしていたと考えさせるに足るものだからである。ダグラス・マッカーサー将軍が頑固なためにフィリピンで維持された兵力を例外として、奇襲攻撃の後の日本の前進への抵抗が、なぜあれほど手薄であったのかと考えてみるとよいだろう。数か月間で日本はその支配領域を増やしたが、それと平行して自らの力を強化したのではなく、身体がコントロールできないほど大きくなる一方で、両足は泥から出来たままだった。日本軍の勝利そのものが、日本軍をこれまでにないほど弱いものにしたのだった。

結局、喧伝された「悪夢の日」はそれほどのものではなかったようである。なぜならばアメリカはそんなに愚かではなかったからだ。宣戦布告を渡すのが遅れたいい加減な役人についてのエピソードはさておき、現代の戦争の七〇%は公式の布告なしに始まっている。むしろ、攻撃側の日本人が後に認めたように、指導者側が不可避と考えていた戦争に立ち向かうよう国民を仕向けることになったので、真珠湾攻撃はアメリカ政府にとっては最良の贈り物になったようである。その時までは中立の国民感情が支配的であり、また親ドイツの感情がかなりの規模で存在していて、いわゆるラジオの司祭のような、ルーズベルトに批判的な人々がより権威的な政府を求めて、数年間に約四、〇〇〇万人の聴衆を集めることができたほどだった。公の宣伝、たとえば、『ヨーク軍曹』(第一次世界大戦を舞台とし、ゲーリー・クーパーが主演。平和主義者が敵のドイツ人二十人を殺し、一〇〇人以上を捕らえて英雄になった)のような映画や、戦争の進展そのものが、アメリカの人々にヨーロッパでの戦闘に参加する必要性を感じさせるのに貢献した(11)。しかし決定的だったのは真珠湾攻撃を下劣で裏切りであると考えた感情が生まれたことであり、それ以降日本人はアメリカで使われていた最悪の形容詞が付される対象となった。狂信的な人々、残虐な攻撃者、絶滅されるべき「非人間的動物」などである。宣戦布告を渡すのが遅れたことは、重大な軍事的結果をもたらさなかったようである。なぜなら日本は意表をつき続け、たとえば形式がととのっていないとがめられないような奇襲攻撃をかけて、フィリピンにおけるアメリカの航空母艦を破壊した。真珠湾後には、アメリカの世論は日本との戦争が長引くことに耐えられないだろうと思われたので、アメリカの技術上、兵站上、作戦上の戦略に心理的部面も加えられた。そのうえ、不名誉が中米や南米の人々を怒らせた。結果として、当時つくられた「ハレンチ」なイメージはかなりの成果を挙げた。そのイメージは何世代にもわたって継続し、戦後五十年の折には、販売部数の非常に多い雑誌が、見出しとしてルーズベルトが下院に戦争布告を提案したときに使ったフレーズを用いたほどである。アメリカの人々またアメリカから情報を受けていた多くの人々の心にはいまだに日本は邪悪だという感がある。

紛争の勃発のようなより小さなテーマへの影響以上に、防諜活動は、日本にとって戦争を遂行する上でのアキレス腱だった東インドからの石油の輸送を妨害するなどの決定的な作戦に貢献した。アメリカ陸軍参謀総長ジョージ・マーシャルの一九四四年の書翰は非常に明確に防諜活動の重要性を指摘している。その書翰は、共和党の大統領候補が、戦争の方針に防諜活動がもたらしたチャンスを利用してルーズベルトの再選を妨げようと計画したときに、この候補に送られた。

……珊瑚海海戦は解読された情報に基づいておこなわれ、かくて我々の少数の戦艦は大事なときに適切な位置にいた。そのうえ、我々は限りある我々の戦力を、ミッドウェーに進行してくる敵海軍と闘わせるために集中させることができた。そうでなければ、我が戦艦はおそらく三〇〇マイルは離れたところにいたに違いない。我々の潜水艦活動に苦しむ敵側の多大な損失について情報が刻一刻と送られてくるのだが、それは主に我々には敵の輸送船の出発日やルートが分かっているからで、それで我が軍の潜水艦に適切な場所で待つよう指示することができるのである。[112]

アメリカはたいへん優位な状況にあった。容易に推測できることだが、すでに見たように、彼らはマーシャル将軍の強い確信のおかげもあって、その優位を守ることに力を注いだ。『マジック』の配布は二十部という限定されたものだった。そして敵がその存在にわずかでも気づくことがないように、非常に厳重に取り扱われた。解読された情報は、読後にすぐに諜報部へ戻されたに違いなかった。その保存は誰にも許されなかったし、かくして、一連の情報全体を読むこともできなかったのだ。書面や電話でその存在を明かすことも禁止されており、ただいくつかの場合にだけ、海外の公使館へコピーが送られた。もちろん厳命によりその複製は禁止だったし、建物の外に持ち出すことも許されなかった[113]。

そのうえアメリカは、日本は価値の高い情報を得ることができたばかりでなく、敵はその友好国を通じてこれらの情報を入手できたことも知っていた。スペイン、スイス、スウェーデン、ポルトガルは戦争の間、その通信物を開封されるという辱めに甘んじなければならなかった。最近になって、日本の通信と同様に、三二もの国の極秘通信が傍受されていたのがわかった。同様に連合国側は、枢軸国はメキシコなどの連合国の友好国の秘密システムの情報を解読する技術力を持ち得ていたことを知り、ワシントンや他の場所のそれらの国の代表の情報を知らねばならないと感じていた[114]。

日本は防諜活動において独自の進歩を遂げた。たとえば、外務省の諜報部は真珠湾攻撃以前にアメリカの極秘書類のうちのあるものを差し押さえたし、海軍は情報のやりとりを分析するだけで重要な資料を手に入れた。陸軍の暗号表は一九四三年夏まで解読されなかったし、日本の暗号解読部隊いわゆる小和田通信隊は戦争末期には中国の全ての電信のみならずアメリカの電信も解読していた(115)。しかしこういった達成は、敵側の成果によって矮小化されてしまった。というのも、時期的にみれば、第一次世界大戦から一九二二年までにすでにアメリカは敵側の通信を解読していたからである。その後、アメリカは技術競争にも勝った。他ならぬ日本人もそのことを一九三一年に知り、その結果、日本の外務省は一九三四年にレッドマシーンという呼び名の進んだ技術を取り入れた最初の暗号機を使うことにした。しかしそれでも不十分であった。アメリカはその暗号機が使用されると、翌年、すぐに情報を解読し始めたからである。一九三八年に日本は、市場に出回っている中でも最新の機器に変えることにし、ドイツのエニグマ機を取り入れた。この機器が少しずつ世界の外交代表部に設置され始めた頃のことだった。しかしエニグマ機からの情報を解読するのも難しくはなかった。なぜなら、一方ではこの機器はやや遅れたものになっており、またドイツ自身が後に使った機種ほど精密なものではなかったからである。また公使館の中には、新しい機器の性能を試すために、古い機器とそっくりの情報を送っていたところもあったからだ。それは暗号解読部隊にとってはまさに天からの贈り物であった。アメリカにとっては、ポーランドの暗号開発者コヴァレフスキーが一九三九年に作り、連合国の間でパープルと呼ばれていた新しい暗号システムを知ることの方が大変な作業であった。しかし結局二十か月後には解読できたし、その暗号を生んだ機器を再生産することもできるようになった(116)。

日本は自分たちの極秘通信に他の国々が関心を持っていることを明らかに自覚していた。しかし日本の暗号が解読されるのを避けようとする努力は、敵国の努力には及ばなかった。だから、数字（秘密の公式で文章を変えるための類語表）やコード（直接的なテキストに代えて何千もの単語や語句、数値が埋め込まれていた）などをしばしば変更しても、解読は敵にとっては簡単に解決できる問題であった。日本の暗号の大部分は、イギリス、アメリカ、ソビエト、ドイツ、イタリアの少なくとも五か国で読まれた。また日本はポーランド人の開発になる前述の暗号機に盲目の信頼を置いていたが、財源を欠いていた。わずかな年月で新しい通信システムを軌道に乗せるための費用を捻出することはできず、またいつまでその価値があるかわからない新しい機器を買うことはできなかったのである(117)。

それ故に、アルカサル・デ・ベラスコに任せられたアメリカでの諜報活動網の整備は、考えられていたものよりもずっと大変な仕事になった。すでに始動していた強力な諜報活動に立ち向かうのみならず、日本が支払いを続けてくれるような、十分に信憑性の高い情報をもたらさなければならなかったし、そのうえ外交ルートを通じて送った暗号文章や、とくに日本に渡された情報が、時折その宛先よりも早くアメリカに知られるようになることに立ち向かわねばならなかった。専門能力に欠けていたのはアルカサルだけではなく、彼の上位にいた人々も似たり寄ったりだった。なぜなら日本が敵国の耳から自分たちの情報を保護しようとした努力は、非常に部分的なものであったからである。

ホルダーナ外相の時代のアメリカにおける情報と諜報網の発展については次の章で扱うことにする。セラーノ・スニェルが諜報網を構築しようとして尽力した結果のほとんどが、皮肉にも彼が外相ではなくなってから、実を結んだからである。セラーノは諜報網の構築を開始し、ホルダーナはそれを我慢して受け入れた。ホルダーナはまた、日本の利益代表も受け入れなければならなかった。では、それについて次に見ていこう。

4・2　利益代表

日本が緊急に必要としていたことの一つに、ひとたび戦争に突入した暁には敵国に在住する日本人を守らねばならないということがあった。これは新奇な問題ではなかった。現代における重要な戦争の後に、指導的諸政府はこういった種類の懸念が広がらないように、「人道的な処置」を規範化する一連の国際的規則を設けることにした。一九二九年には、第一次大戦時の経験に基づいて、ジュネーブで第二次世界大戦前の最後の国際的合意が形成された。そこで新たに導入されたことは、スペインと日本の関係に影響を与えることになった。たとえば、傷痍兵・傷病兵を助ける義務や戦争捕虜の諸権利、とくに中立国の規則が確立された。この中立国の規則は、交戦中の敵国領土に在住する自国民の利益を中立国を通じて守るための試みであり、中立国は捕虜の置かれた状況を観察し、人道的な扱いを要求することをその任務とした。

日本は中立国によるそれらの業務を緊急に必要とした。真珠湾攻撃の後、アメリカとイギリスの他にも、日本は多くの国々から国交断絶と宣戦布告を受けた。とくにアメリカ大陸においては、ほとんど全ての国々が日本に宣戦布告をするか（コスタリカやドミニカ共和国のように、すぐにそれをおこなった国もあったほどである）、キューバやベネズエラ、ブラジル、メキシコのように外交関係を断絶した。日本はポルトガル、スペイン、スイス、スウェーデンの四つの中立国に世界での日本の利益を保護するように依頼した。四か国のうちでもスペインは、ポルトガルが担当したメキシコとグアテマラを除いて、南北アメリカ大陸の大部分を担当しなければならなかった(118)。かくして、アメリカ、カナダ、コロンビア、キューバ、エクアドル、サンサルバドール、ベネズエラ在住の日本人はすぐにスペインの管理のもとに置かれたし、少し時間が経ったあとは、ウルグアイ、ボリビア、ブラジル、ペルーでもそうなった(119)。最終的には、日本が日本の利益を代表してくれるよう依頼したこれら四つの中立国のうちで、スペインが最も大きな責任を担う国となった。それは担当国の数によるだけではなく、担当した国々に、日本の居留民がたくさんいたペルーやブラジル、また政治的に最も重要な国であり、「我々の利益が最も多く存在している国、それについて我々が非常に深い懸念を抱いている国」であるアメリカという最重要国が含まれていたことによる(120)。

スペインは非常に重要な任務を日本によって任された。その理由には、技術的かつ政治的性格の動機が混ざっていたが、明らかに政治的動機の方が重要であった。技術的な理由としては、スペインがラテンアメリカに持っていた外交網の広さが挙げられる。この外交網は、ラテンアメリカでその移民の大部分が農村地域に居住していた日本にとって都合のよいものであった。そのうえ、以前に似たような経験があったことも大きい。つまりスペインは第一次大戦中、ドイツにおける日本の利益を代表したことがあったし、さらには、ヨーロッパでの戦争開始以降、ドイツ、イタリアの利益を擁護する国として行動していた。しかしまた政治的動機もあった。日本はスペインの役人が日本の利益をよく代表すると判断したのだ。それは敵側で、アメリカ大使グリューが、スペインに対して、日本におけるアメリカの利益を保護してくれるよう依頼したのと同じだった。メンデス・デ・ビゴは、マドリードで彼の上役がおこなっていたことにもかかわらず、はっきりとした連合国びいきであった(121)。

それだけが理由ではない。セラーノ・スニェル外相時代の外交文書の中にある日本に関する資料で参照することができるわずかな数の電報のうちの一通から判断すると、さらに別の意図があったようだ。この件に関してワシントンに送られた最初の情報によれば、スペインが日本の利益代表を引き受けたのは、少なくともアメリカに関しては、諜報による情報を得るための手段として日本の利益代表権を使おうと考えてのことだった。

日本政府の依頼により、スペインはこの国における日本の利益を代表することを受諾する。この国の政府にその旨伝達願いたい。また日本の各領事館に関する役割を果たすよう我が国の領事に命じられたい。スペイン領事館はないが日本領事館がある都市に至急情報を流されたい。各地域をスペインの領事館の管轄下に入れるように［不明語あり］。日本政府はとくに大使館と、ニューヨーク、サンフランシスコ、シカゴ、ロサンジェルス、ポートランド、シアトル、ニューオリンズ、ボストンにある領事館での全体的保護を求めている。至急、新たな役割を果たすのに必要な人員と資金を提議されたい。また各居留地に、アメリカの当局が「第五列」だとしてマークしていない、信頼の置けるスペイン人がいるかどうか、我が国家にとって大きな利益のあるこの任務の遂行に協力しうる人物がいるかどうか、知らせられたい。(122)

4・2・1　人道主義と批判

理由はどうあれ、スペインはすぐに多くの任務を請け負わねばならなかった。アメリカでの主な仕事は日本人の大量収容に関するものだった。第一世代も第二世代も、それに第三世代の六万人以上の日本人が、ほとんどの場合に彼らの家とはかけ離れた東海岸にあった、いわゆる戦時収容所に送られたのだった。その目立った活動によって逮捕された三千人ほどのドイツ人やイタリア人とは異なって、日本人に対しては政治的思想によって差別するようなことはあまりなかった。日本に情報を送るかもしれないという恐れもあったので、日本人は皆「収容所送り」となった(123)。アメリカ大陸の他の場所でも、その厳格さに差はあったものの、類似した方法がとられた。時にはアメリカへの送還もあったし、手紙の検閲や銀行預金の封鎖もおこなわれた。古くからの移民とその子孫にとってはとくに大変な時期であった。しかし南アメリカにおける主要な日本人居留地だったブラジルには約五十万人の日本人がいたが、そこでは大きな問題もなく、彼らのうちのわずかな人々が迷惑を被っただけだった。

それ故、スペイン人役人の予定表は、収容された日本人の置かれた状況を確認し、家族が同じ所にいられるように請願をおこない、日本との間を仲介するためにおこなう四〜六週間ごとの強制収容所および拘留収容所への訪問と巡回とで埋まっていた。仕事が増えたので、スペイン外務省は行政業務のために日本人を雇用しただけではなく、一九四二年一月二九日に中央保護局を発足させた。翌月には中央保護局の活動はかなり目に見えるようにまでなった。アメリカにおけるスペイン人外交官はすでに西海岸にあった強制収容所の全てを訪問し終えていた。たとえば、FBIが持っていた収容者のリストと赤十字のリストとの間の相違や拘留の性質について注意を喚起し、また学生の逮捕について疑問を呈した。そういったスペインの要求をアメリカは少なからず苦々しい思いで見ていたが、日本が対抗措置を採ることを恐れたのでスペイン側に不利なことを言うのは得策ではないことを知っていた。他方で、日本はスイスの外交官に日本列島での活動を許可したが、外交規則上では正しい論拠によっていたとしても、彼らが上海を除く日本の占領地へ出て行くのを許さなかった。かくして日本の支配地での拘留者の大部分は、金銭上でさえも自分の国からの援助を受けることができず、日本の示した条件のもとで苦しい体験をした。目に見えた唯一の援助は、戦争中に二度にわたっておこなわれたスイスおよびスペインによるアメリカと日本の間の民間人の交換事業だった。その一度目は一九四二年六月に、二度目は一九四三年九月におこなわれた。

しかしスペインの事業は、役人がおこなうにはあまりにも大きな範囲のものとなり、非常に複雑なものになってきた。その主要なものの一つは、拘留はされなかったが「反日」の波動にさらされた人々を援助することであった。日本企業はブラックリストに載せられ、その銀行預金は凍結され、大量の解雇が生まれ、それに破壊的な活動によって商売がめちゃくちゃにされたため、それまで割に良い経済状況のもとにあった日本人居留民は貧困に陥った。必要に駆られて、スペインは日本とアメリカの両政府に対して、まず急激に貧困に苦しむようになった日本人を金銭面で助けるように要求した。初めのうち日本は、ジュネーブ条約がそのような援助をおこなうことを義務化しているのを知っていながら、援助を拒否した。しかし、誰も金銭を提供しようとしなかったので、最終的には日本がそれを受け入れるしかなかった(124)。

問題は他にもあった。たとえば交戦国である両国が外交官にかける圧力がそうである。日本政府は、たとえば、「スペイン経由」で流される情報は人道主義の先をいくものであり、それによって臣民の間に戦意と宣伝効果が生まれるようにしたいと願った(125)。それ以降、スペイン政府はどんな種類の情報でもそれを送るのにますます疑い深くなり、かくして須磨は上層部に「情報の取扱いにもっと慎重になっていただきたい。というのもスペイン政府を窮地に陥れたくはないからであります」と要請

ラモン・セラーノ・スニェル。自身の国内での政治的闘争に有利になるように日本との関係を利用しようとした。

ホルダーナ伯爵。日本との関係を友好的関係から不和の関係に変えた立役者だった。

ホセ・フェリクス・レケリーカ。ファシズムに傾斜していったその政治的経歴の故にアメリカとの関係には障害もあったが、日本との緊張関係を連合国への接近のために使おうとした。

エルネスト・ヒメネス・カバリェーロ。大日本帝国の称賛者の一人で、最後まで在スペイン日本公使館と良好な関係を保っていた数少ない者の一人だった。

東条英機。アメリカに対して強硬な姿勢を示すべきだと説いて、政府首班となる（首班は通常は首相と訳されるが、その役割は中世的な意味での第一人者に近かった）。その政府は太平洋で連合国と対立するに至る。

近衛文麿。ますます増大していった軍部の影響力を抑えられるとの期待を担っていた最後の文民首班。しかし、中国とも連合国諸政府とも友好関係を築くことができなかった。

松岡洋右。外務省の影響力を保つことができた唯一の外相（1940年〜1941年）。枢軸国の宣伝においてはリーダーと見なされた唯一の人物だった。写真は、1941年４月13日、日ソ中立条約を締結した後にスターリンと。

汪兆銘。国民党の主要な指導者の一人だったが、党の指導部から次第に排除されると、中国を統治するために日本軍と協力する道を選んだ。1944年に亡くなるまで、主要な親日政府となった南京政府を率いた。

スペインでの須磨弥吉郎。写真は1936年に暗殺された右派政治指導者カルボ・ソテーロの追悼式のときのもの（1941年）。元上海とニューヨークの領事。重要な諜報活動に携わっていた日本外務省の重要人物。

ホセ・デル・カスターニョ・カルドーナ。スペイン内戦中のファランヘ党対外部長。総領事およびフィリピンのファランヘ党の長としてマニラに派遣された。アメリカがフィリピンで勝利すると、日本軍のフィリピン占領中のその活動はフランコ政権にとって主な悩みの種の一つとなった。

シルベストレ・サンチョ。聖ドミニコ会士。マニラのサント・トマス大学学長。太平洋戦争中はスペインにいて、布教者最高評議会およびスペイン系諸国評議会のそれぞれのメンバーに任命された。セラーノ・スニェルが晩年に至るまでよく覚えていた唯一の人物。このことは、スペインと東アジアとの関係における教会の影響力を物語る。

アンドレス・ソリアーノ。多くの企業経営（その一つがサンミゲル・ビール会社）によってフィリピンで財を成した人物の一人。スペイン内戦中にフィリピンから国民戦線側を支援した中心人物。反ファランヘで、スペインの第二次世界大戦参戦反対の意思表明に率先して関わったが、フィリピンにおける親枢軸の人物とみなされた。

アンヘル・アルカサル・デ・ベラスコ。マドリードの自宅で本書の著者とともに。ヒタニートの名でのそのアマチュア闘牛士時代を描いた絵の前で。

日本の外交団員と日本企業から派遣された人々。1944年4月29日の祝日を祝って。前列の一番左に海軍大佐の大石宗次、一番右に陸軍武官の桜井敬三、桜井の後ろにいるのは日本公使館ナンバーツーの三浦文夫。

マドリードのカーサ・デ・カンポを散歩する日本公使館の人々。1944年4月の桜見物。右から左へ、林屋永吉（1980年代の在スペイン日本大使）、公使の須磨弥吉郎、守衛、「イシカワケンジ」、「ナイトウタケシ」。座っているのは「ツジョウゾウ」。

収容所送りとするために、すべての日系人の出頭を命じたポスター。親枢軸の活動で目立っていた者もいたドイツ人やイタリア人の場合には誰もが収容されたではなかったのに対し、日本人は区別されることなく、さらにはアメリカ国籍を取得していた日本人も収容された。

大和ホテル。満州国における日本の主な建物の一つ。

日本に占領された満州ムクデンの観光ポスター。南満州鉄道株式会社（満鉄）作成。重要な戦略的役割を担った満鉄は日本植民地主義が推進した主要な事業だった。

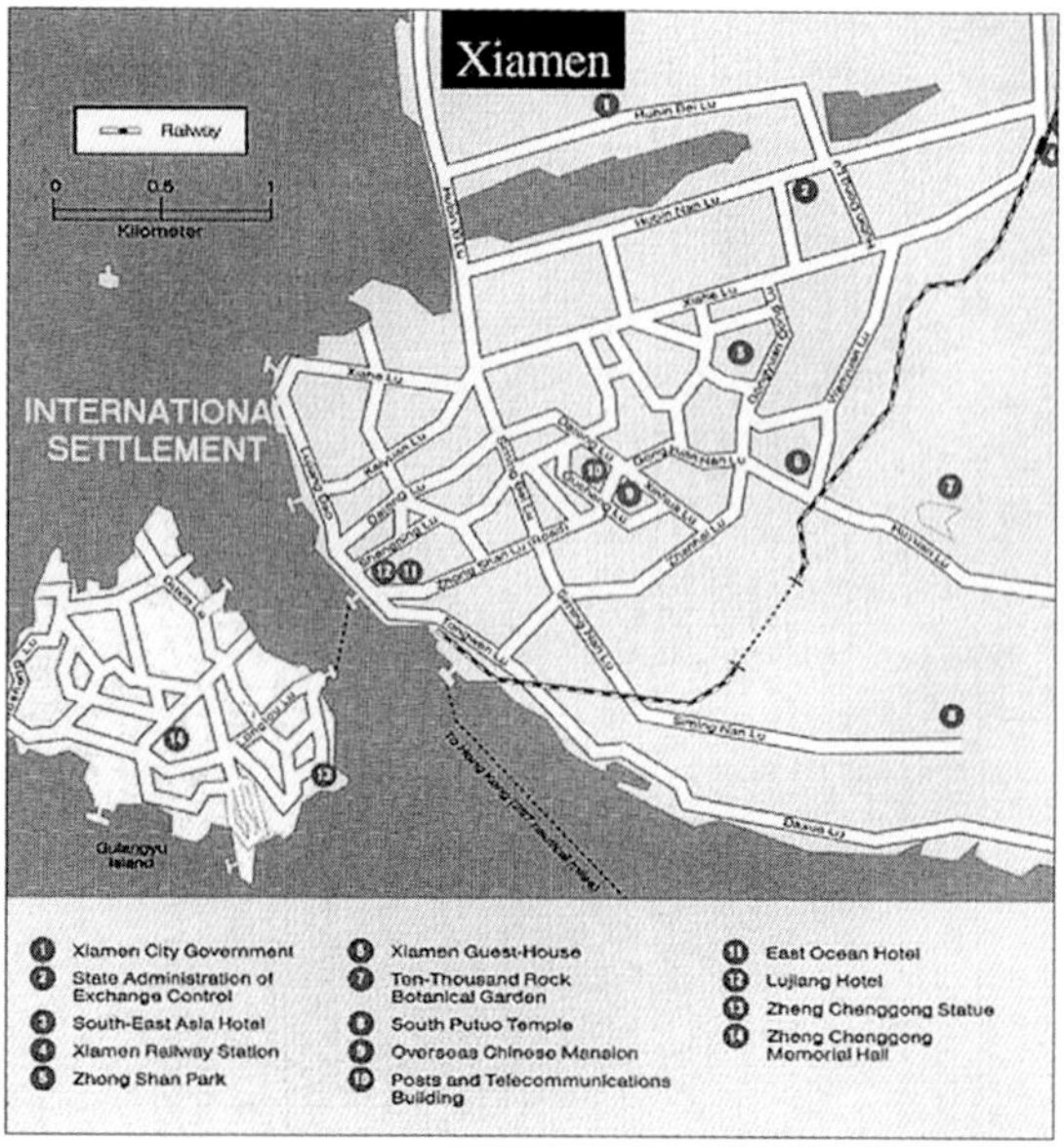

アモイ国際租界の地図。鼓浪嶼島も描かれている。この福建の都市とフィリピンとの関係は非常に深かったので、その港の一部は「スペイン人の桟橋」と呼ばれた。

上海の地図。国際租界とフランス租借地の範囲がわかる。ハイアライ競技場（パルク・ド・スポールないしオーディトリアムとも呼ばれた）はロワ・アルベール通りとジョッフル通りの交差地点にあった。そこにはスペイン領事館もあった。

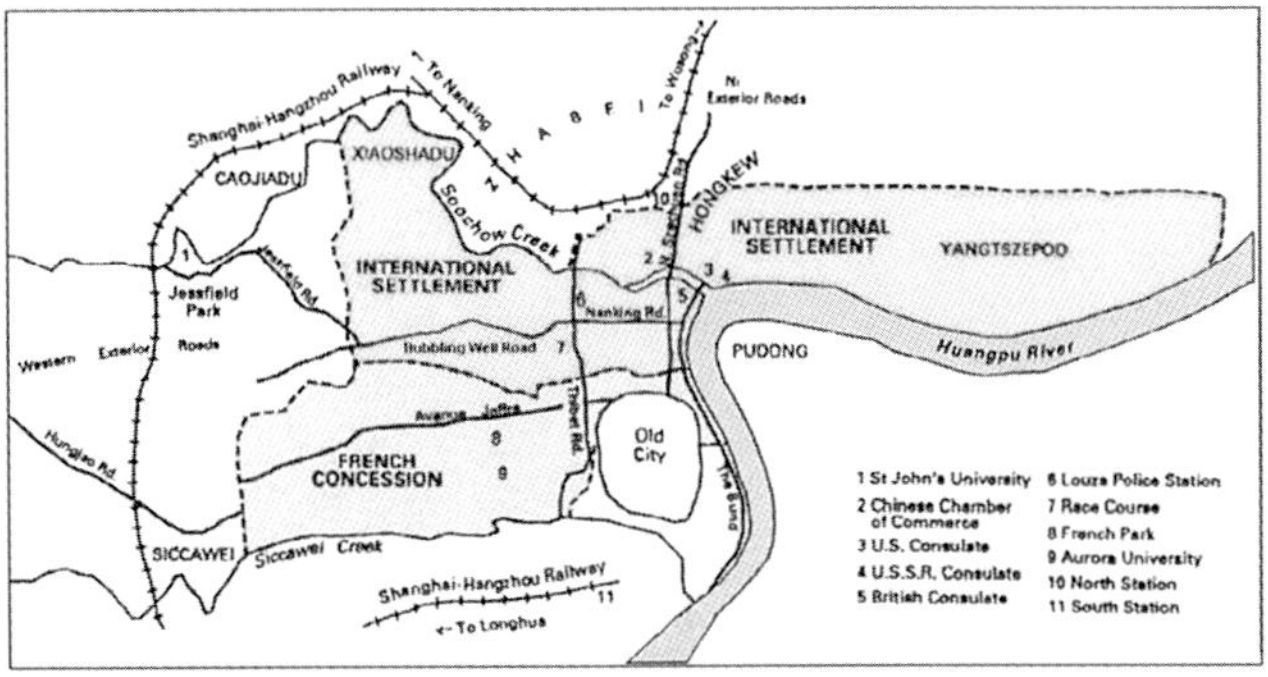

日中戦争時の中国におけるドミニコ修道会のいくつかの建物。

四国教区ドミニコ会の教会。この教団は1904年に日本に再び設立された。

MUNDO

REVISTA SEMANAL DE POLITICA EXTERIOR Y ECONOMIA

MADRID AÑO II, NUM. 83
7 DE DICIEMBRE DE 1941
REDACCION Y ADMON.:
CALLE DE AYALA, NUM. 5
TELEFONO NUM. 24600
APARTADO DE CORREOS 1112

¿GUERRA EN EL PACIFICO?...

... malos vientos hacia el Pacífico: vientos de gue-... que nadie sabe, en tanto escribimos las presentes ... si se podrán sujetar o no; vientos que se encalman ... los representantes respectivos de los Gobiernos ... Washington y Tokio restablecen su contacto, y que ... cuando se separan los autorizados inter-... en actitud más o menos dada al equívoco. De ... los corresponsales y cronistas lleguen a conver-... psicólogos, que se afanan por predecir el rumbo ... sucesos, según puedan darlo a entender éste o ... frase suelta, comentario incidental, de Kuru-... de Sumner Welles o de Nomura, y

poner—que no trascendiera al orden universal, es de tan grave índole, que se explica perfectamente la bien calculada prudencia con que el Japón se conduce para cargarse de razón y sólo apelar a las armas cuando no le quede otro recurso a la defensa de su propia existencia, amenazada por el cerco económico y diplomático que tratan sus enemigos, en diversidad de matices, de imponerle. Toda la política exterior de Tokio, a través de sus diferentes fases, se caracteriza por su mesura, flexibilidad y realista concepto de los factores que ha de manejar. Ni un impulso ciego, ni siquiera un arrebato de la voluntad. Dueño de sí, en absoluto, el Japón hablaba uno de estos

対外政策および経済についての週刊誌『ムンド』。同誌が太平洋で戦争が起こるかもしれないとの論説を載せた1941年12月７日に真珠湾とコータ・バルへの日本の攻撃が起きた。

在東京公使が訪問した時に集まった上海のハイアライ選手たち。座っているのは左から上海領事のペドロ・デ・イグアル、在東京公使のサンティアーゴ・メンデス・デ・ビゴ。

フィリピンのコモンウェルス大統領マヌエル・ケソン（ポケットに手を入れている）。在東京のスペイン公使メンデス・デ・ビゴを迎えて。左側に在フィリピン・スペイン領事アルバロ・デ・マルドナード。1940年3月。

信任状提出後に張景恵にあいさつするメンデス・デ・ビゴ。1939年10月31日。

中国におけるドミニコ会大聖堂の内部。

マドリードの日本公使館におけるスペイン経済使節団を迎えての宴会。1940年２月。

東京外国語学校でのスペイン経済使節団歓迎会。1940年 6 月。

「カーラ・アル・ソル（太陽に顔を向けて）」を歌うスペイン経済使節団員。1940年 6 月。

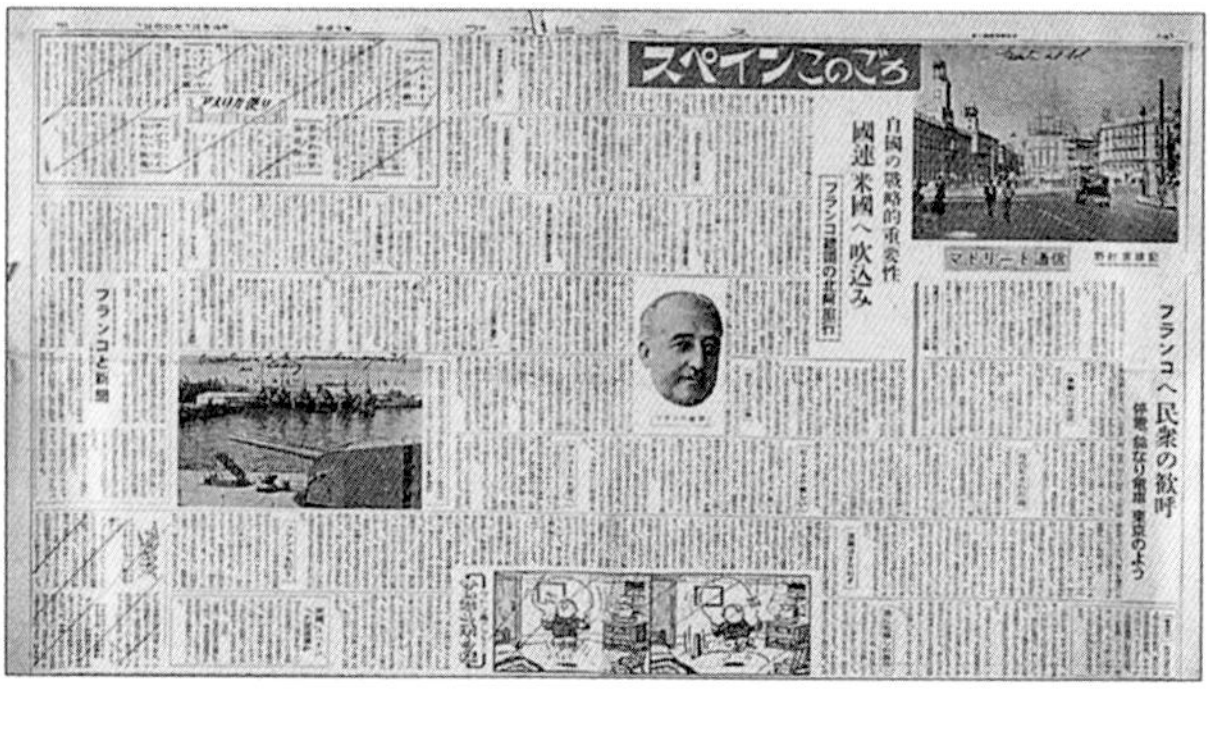

スペインこのごろ

自國の戦略的重要性
國連米國へ吹込み

マドリード通信

フランコと新聞

フランコへ民衆の歓呼

全ページを使って内戦後のスペインについての記事を載せる『朝日新聞』（1940年11月 4 日号）。

黄禍の図。ドイツに率いられたヨーロッパ諸国が表象されているが、イギリスはいやいやながらついていっている。大天使や女神たちは紅蓮の炎を上げる龍に座して進撃してくる仏陀を恐る恐る眺めている。この版画が現れた後の1905年のロシアに対する日本の勝利が恐怖を広めた。

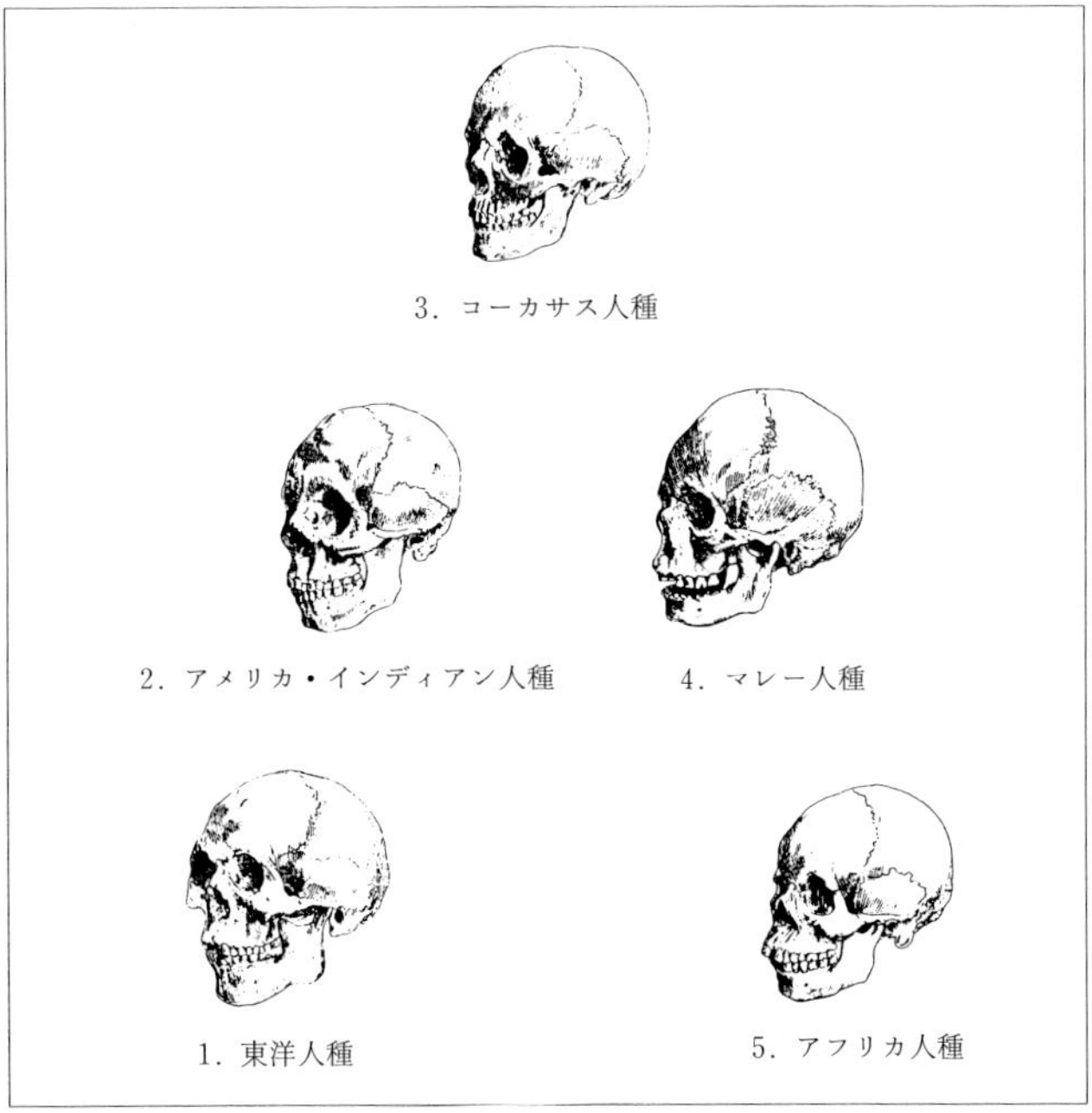

ドイツの自然科学者J・F・ブルーメンバッハが1795年に考え出した人種理論。コーカサス人種の「理想的な」頭蓋骨から等比的に退化していった2系統があったとする。19世紀から20世紀初頭にかけて多くの研究者が白色人種の優秀性を「科学的に」示すための研究をおこなった。日本ではこれらの理論に対するあいまいな姿勢が見られた。天皇裕仁の執務室にはダーウインの胸像があった。

日本の中等学校教科書に取り入れられたノルマントン号事件。日本人遭難者に対するイギリス人の明らかな侮蔑的態度が西洋の理想的イメージに大きな打撃を与えるものとなった。

冒険ダン吉。20世紀初頭の日本の漫画と映画で最もよく知られた人物の一人。太平洋の熱帯のある島に辿り着いたダン吉は、その島の国王になると、住民を識別するために彼らに番号を付けた。立ち位置は異なったが、日本人はヨーロッパの植民地国家と同様のやり方で彼らなりの「東洋」を見た。

ミリャン・アストゥライ将軍の翻訳（1941年）になる新渡戸稲造の『武士道　日本の魂』（1899年）の表紙。軍国主義者の願望と美学を結び合わせたこの書のイメージは第２次世界大戦後にも引き継がれた。それは、たとえばルース・ベネディクトの『菊と刀』に見ることができる。

ビルバオ港で下船する満州国使節団員。

太平洋におけるヒトラーの計略。枢軸のギャング団。ヒトラー、ムッソリーニ、フランコが日本にアメリカを攻撃させようとしている。日本の軍国主義者は震え上がっている。マニラのスペイン人左派の週刊誌『民主主義』に掲載された漫画（1941年５月31日）。

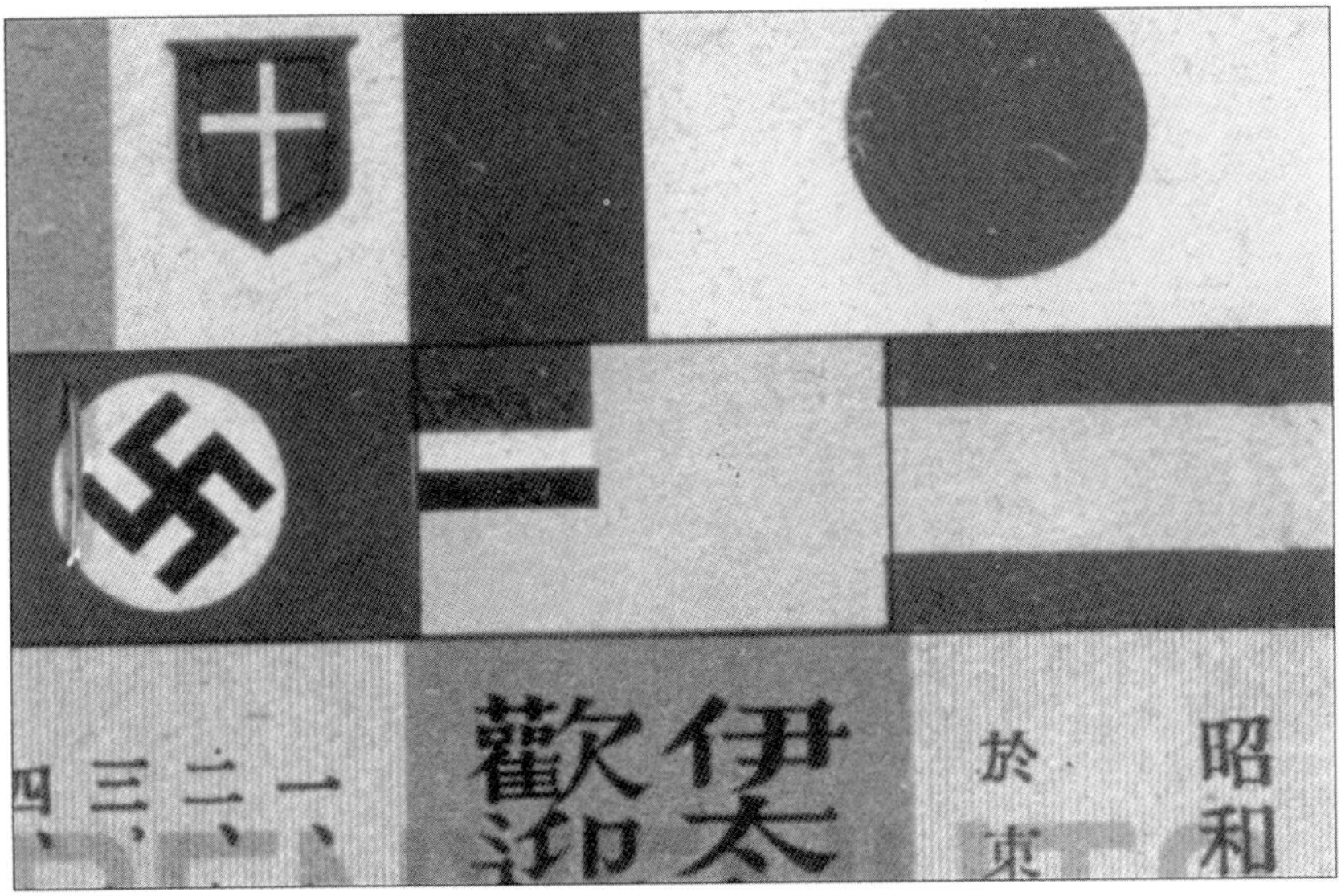

イタリア・ファシスト代表団歓迎の東京での防共集会（1938年３月27日）への招待券。日本、イタリア、満州国、ナチス・ドイツ、スペイン国民戦線派のそれぞれの旗が描かれている（前２者は上部。真ん中右側がスペイン国民戦線派の旗）。

ローマでの満州国特別友好使節団の行事を主宰するベニート・ムッソリーニ。1938年10月。

満州国使節団長の財務部大臣韓雲階と会談するフランコ将軍（上）。満州国使節団の行事に参加した人々。そのほとんどは日本人だった（下）。

満州国使節団の国民戦線派スペイン訪問の記事。フランコ将軍、外相のホルダーナ将軍も参加した歓迎会、ブルゴス大聖堂のそれぞれの写真が載せられている。

『ムンド』のフィリピン・ファランヘ党に関する記事（1940年5月）。ファランヘ党が「慣習とカシキスモにとらわれたいくつかのグループの政治的浄化に対する抵抗」を打ち負かしたことが述べられている。このグループとはアンドレス・ソリアーノに率いられたスペイン人たちを指している。この記事を書いたフェリーペ・ガルシーア・アルベニスはファランへの制服を着て、挙手の動作をして初めてマニラ港に現れた。数か月後にガルシーア・アルベニスはアメリカ当局によってフィリピンから追放された。

PAG. 26 MUNDO BIBLIOGRAFIA

Falanges Españolas en el Archipiélago Filipino

UNA OBRA DE UNIDAD

EL ALEGRE SERVICIO DE LAS O. F. FILIPINAS

『週刊朝日』の表紙に載ったフランコ将軍。これは、スペインが第2次世界大戦に参戦してジブラルタルを攻撃するのではないかと見られていた時期である。

ナチス・ドイツは、民主主義的帝国が最後には崩壊することを期待して、先頭に立ってその利益にあずかろうとした。ヒトラーの思想に従ったその野望の中心はドイツ民族の生存圏の拡大にあった。

カレーロ・ブランコは、ロシアに対する1904～1905年の日本の戦略をいつも賛美していた。

そろばんをうまく使える生徒たち。満州国の宣伝映像。国の秩序とその産業の発展を強調している。スペイン経済使節団の目的の一つはこれらの技術の進歩や国の秩序の様子を見てくることだった。これはスペインでの日本のイメージが生み出したものだった。

した(126)。これは骨の折れる協力であり、スペインにとっては交換船を除いては、宣伝の恩恵はほとんどなかった。

４・３　相互貿易への支持

日本は商業上の協力も求めていたが、様々な行政上また政治上の問題が発生し、戦争開始から数か月間でその遠慮がちな試みは失敗に終わった。すでに述べた日本にとって好都合な宣伝となるニュース以外に、「通商条約」なるものの更新が閣議で決まった主要方策だとして通告されたが(127)、行政側は、太平洋戦争勃発以前でさえ相互貿易を妨げていた問題を知っていたので、それを促進するためにほとんど動こうとはしなかった。

戦争が始まった頃には、諸企業は二国間の通商を促進することに引き続き関心を持っていた。たとえば、三菱はスペインを通じて南米の特産品を購入するための調査をおこない、同時に、ビルマでの生産で必要分をまかなえたにもかかわらず、イタリアでコルクと交換に鉛を手に入れる可能性を模索した(128)。

スペインの場合には、フィリピン総合タバコ会社が「フィリピンを中継点とするスペイン・日本間の通商を確立する可能性をつくる」ために、様々な方法でスペイン外務省を派手に巻き込んで圧力をかけた。同社の経営陣はセラーノ・スニェル外相を訪問しただけではなく、マニラが陥落してすぐに、フィリピンへスペイン船を送る可能性について尋ねるために、外務省高官（次官のパン・デ・ソラルーセ、そして通商局長）が須磨公使に会いに行くようにさせた。ソフィンドゥス社が関わっていただろう計画は複雑なものだった。同社は日本、アメリカ、イギリスに打診しただけでなく、相互に商品を運ぶことを計画していたようだ。表向きには、スペインは日本の領有地からコルクを購入し、銅を売り、食糧を運ぶことになっていた。しかしそれだけではなく、フィリピン産タバコを輸入しようとしていたようだ。そのためにはイギリスが輸入商品に対して航行許可書を出す必要があったし、まだ戦闘状態にあったため、アルゼンチンを通るもっと長い航路を考えなくてはならなかった(129)。

日本もそれを拒否せず、ほかならぬ須磨公使でさえ、三井がいくつかの物資に利益を見て取るだろうと踏んで、計画を支持した。戦争が勃発した時に三井はそれらの物資を買い取る寸前だったからである。しかしその実施が困難だということも、十分に分かっていた。他方で日本は、船の使用目的や、またスペインとアルゼンチンとの間の交渉の進み具合を心配していた(130)。ともかく、スペインは真剣にフィリピンを接触点とするスペイン・日本間の貿易の可能性を考えていたようだ。そうすれば、外国の商社を通さずに日本と直接に通商をおこなうこともできるからであった。

スペインの役人はたしかに、これらの交渉に並々ならぬ力を割いた。なぜならば総合タバコ会社はスペインにとってもフィリピンにとっても重要であったからである。戦争が進むにつれてフィリピンでビジネスを展開するのが難しくなったので、セラーノ・スニェルは可能な限りの方策を用いて、問題を解決するように命令を出した。しかしできることはほとんどなかった。同社の本部が最初に考えたことは、フィリピンでできるだけ早く事業を始めることであったが、マニラ占領によって一時的に立ち往生してしまった後には、貿易を開始するのはますます困難になっていった。フィリピン在住の一スペイン人が東京を訪問して、メンデス・デ・ビゴと話したことが重要な警告となった。この人物は、仲介者なしで初めてメンデス・デ・ビゴに、会社の損失が大きいことに加えて、タバコ貿易の落ち込み、スペイン人居留民のひどくなるばかりの苦悩について報告した。この知らせがマドリードに届くと、ほかならぬ外務省がとても実行不可能な通商計画を軌道に乗せようと画策し、その結果、アルゼンチン船を使うことまで考えた(131)。後で見るように、以前のこのスペインの領有地は、フィリピン諸島に在住していた人々をも含めて、日本との関係において鍵となる役割を果たし続けたのだった。

4・4 フィリピンにおけるスペイン人

フィリピンにおけるスペイン人コミュニティーは、外国にあって第二次世界大戦によって影響を受けたスペイン人コミュニティーのうちで最も重要なものであり、すでに日本によるマニラ占領に関する箇所で見たように、スペインに届くその困難に関するニュースを人々は興味を持って聞いた。彼らは大筋では日本人を悪く思わなかった。しかし戦争が始まると、どんな代償を払ってでも法と秩序を維持することが最大の関心事となった。ドミニコ会のサン・フアン・レトラン学校長であったラブラドール神父は次のように日記に書いた―「こんなにひどい略奪を止めてくれるよう、多くの人々が日本の到来を望まなければならなくなっている。もう誰も安心していられないほどなのだ。マニラは征服された都市の様相を呈し、その市民自身による略奪にさらされている」(132)。

この文書は、保守的な感情が支配的であったことととともに、とくにスペイン人が平和を求めていたことを示している。

そうはいっても、日本の攻撃はスペイン人の資産に損害を与えた。サン・フアン・レトラン修道院やサンタ・カタリーナ修道院のようにイントラムーロス［スペイン統治時代の中心地域で、城壁によって囲まれていた］*の中にあった修道院、それにコンコルディア学校は爆撃された。あまり堅固ではなかった資産は、サン・フェルナンドにあった総合タバコ会社の倉庫のように火災によって失われたり、何隻かの船は日本人が使えないようにするために破壊された。またスペイン人は太平洋戦争勃発とともに、強い緊張感を強いられた。無政府状態における商店の略奪や、もっと政治的動機によることではセブでのように、第五列として非難された三人のファランへ党員が逮捕されたからである(133)。そのうえ、マニラのファランへ党は、ドイツ人やイタリア人が受けたような扱いの標的とならないようにその事務所を閉鎖し、武器をとってスペイン・カジノや領事館を守った。「親米派による攻撃を恐れて」領事館はレコレートスの修道院に移された(134)。しかし、日本軍がやってくる前にはトラブルは相対的に少なく、これら初期の攻撃において死者が出たというニュースはなかった。電信で送られたかのイロイロの修道女の死亡のニュースも出なかった。これらの問題が去った後、人々は占領が相対的に早く済んだのを喜んだが、領事デル・カスターニョ自身はそれまでの恐怖をこう表現した—「日本人がマニラを占領するのに三週間以上かかっていたとしたら、我々の仲間のうちの誰かが注目の的となったか、少なくとももっと迷惑を被っていたであろう」(135)。スペイン人コミュニティーは最初の試練ではある程度無傷で状況を乗り越えたのだった。

新しい占領者の居座りという第二の試練は、望まれていた社会秩序が回復したことやスペインと日本が政治地図全般の中で保っていた良い関係によって、ある程度まで耐えられるものだったに違いなかった。そのうえ、日本が他の経済上の計画を何も立てていなかったので、上層階級の支配権が脅かされるようなことは、少なくとも経済面においては当面はなかった(136)。しかし、そうはいかなくなった。占領が始まると、日本兵の対応は思っていたものとまったく異なっていた。とくに、あいさつのときに格好だけでも兵士の前で頭を下げないなどの小さな手抜かりに対しても、いくらでもビンタが食らわされた。そのうえ、日本はフィリピンが西洋の影響から抜け出す必要があると主張した。その影響には、「ハリウッドの四十年」だけではなく、「修道院のもとでの三世紀」も含まれていた。日本の目的は、公的な宣伝が示したのとは異なり、カトリック教会の長年にわたる影響力を取り除くことであった。

フィリピンにおけるスペイン人コミュニティーの対外的な関係はとくにひどいことになった。日本は通信に関してとくに厳しい処置をとった。手紙や電報は英語で（あるいは日本語で）書かなくてはならず、また暗号を使ってはならなかった。そのうえ、二月からマニラにある外国領事館を公式に廃止することにした。とはいえ、居留民の「保護と指導」の機能を実際に果たすためにも、また自国民の不満を知るためにも、領事館は、口頭の許可を得て、実際には以前通りに機能し続けていた。スペイン人居留民と同様に、フィリピン社会に生きる人びと全てにとっても、不安の念が支配的となった。

この結果、スペイン領事ホセ・デル・カスターニョは、公的な地位のないままフィリピンに残った。外部との情報のやり取りに暗号を使うこともできず、領事館の標識は撤去され、また解決しなければならない問題を山のように抱えることになった。フィリピンを出国する機会もあったが、カスターニョはマニラへの残留を望み、かくして非常に適切な決断をしたのである。なぜなら、そのおかげで領事館が機能し続けたからである。不安定な時期に、スペイン人たちは（他の国民と同じように）日本兵の横暴に対して、ますます保護を求めるようになった。「これまで領事館に足を踏み入れたことがなかった同胞が何年分もの登録費を支払いにやって来ました。はるか昔の婚姻の登録に来たり、二、三人もの子どもたちを同時に登録しに来たりしました。正規の書類を持っていた人たちは、徴発された家や車、商店や商品を要求しにやって来ましたし、ビンタをくらったり不当な扱いを受けたことに対して抗議しにやって来ました」(137)。領事館は、半公式のものであったにせよ、今までにない意義を持つものとなった。

そのうえ、領事館の機能はスペイン人コミュニティーの中でも拡大した。なぜならば情報を提供したり、もしくは地方の県やまだ日本軍が占領していない地域で起こったことに関するうわさを確かめる必要があったからである。こうして、ニュースの必要性が高まるにつれて、スペイン語のラジオ放送から得られた情報を載せた一枚のビラが編集された。そのための人員や資金の必要性が高まると、この時期の特異な状況が考慮されて、スペイン外務省は人員の増加をごまかして物品費として記すことにし、マニラでの資金の引き渡しのために裏取引をおこなった。スペインへあるまとまった金額を送金したい人々を利用して、外務省が彼らの銀行口座にその金額を入金し、一方で彼らは領事にその金を給与として支払う、というものである(138)。危急の事態を前にして、できるだけのことがなされたのであった。

ファランヘ党と占領

フィリピンのファランヘ党は、デル・カスターニョの表現に従えば、ほっと一息つく感じで、日本の占領を受け止めた。明らかに枢軸側の支持国であるため、報復を受ける心配がなかったからだ。しかし、日本はスペインの政治的同盟者ではあったが、アメリカを負かしたいということ以外には二国の間に共有するものはほとんどなかったので、日本人への疑念は決してなくなりはしなかった。ファランヘ党は長い間望んできたアメリカの敗北に居合わせた。なぜならばフィリピンからアメリカ人は放逐されたままだったからである。しかしそれを味わう時間はあまりなかった。というのも、勝利はアメリカと同じぐらい信頼できない他の者たちの手中にあったからである。かくして、ファランヘ党員たちは新しい時代が始まったとき、矛盾した感覚を抱くようになった。占領者が到着したときには希望が支配的感情だったが、すぐに、現実は夢見ていた喜びとはかけ離れたものだとわかった。スペインの影響に対する日本の批判、通信や連絡ができないこと、敗北したアメリカに対して示したと同じような日本人のスペイン人に対するある種の蔑み、それに厳格な統制が、以前に期待されていたものとはかけ離れた現実を最もよく表す特徴であった。日本軍が支配した他の地域でドイツ・ナチス党員やイタリア・ファシスト党員に起きたのと同じように、わずかのうちに、日本人とファランヘ党員との間には一致ではなくあざけりが目立つようになった。そのうえ、日本の占領が始まって、ファランヘ党のフィリピンでの目標は根本的に変化した。なぜならば、他者の掌中に権力があったからだけではなく、ファランヘ党にとって意義のある見通しがなくなったからであった。考えていたのとは反対に、スペイン人たちはすぐに、日本が指揮する立場にある限り、将来のフィリピンにおいてスペインが担う役割は単なる観客の立場でしかないと理解したのだった。

その結果、ファランヘ党の活動はスペイン人居留民に集中した。一方で、党は主に娯楽・文化組織として機能した。彼らは講演会を開き、ミサをとりおこなった。他方、社会扶助組織の慈善事業部門は、資金不足のために食糧分配の頻度を日に一度から週一度に下げ、そのうえその食糧には味がついていなかった。ファランヘ党の事務所では人々は社会変革のプランを練るよりもピンポンにかまけて時を過ごし、ファランヘ党の名は新聞にも出ず、デル・カスターニョが言うところによれば、ファランヘ党は諸当局と重要な関係を結ぶことはなかった。「党の事務所を訪れる日本人はおりませんし、我々の活動があまりにも慎み深いままだったので、ファランヘの名前はあの時代、どんな新聞にも載りませんでした」(139)。前の時代からの唯一の変化は、すでに日本でも経済使節団があちこちで見せたホセ・アントニオの埋葬に関する映画を上映できたことだった。

しかし、デル・カスターニョは自らが内戦勃発以来加ってきたスペイン人コミュニティーの中での権力闘争を忘れてはいなかった。ファランヘ党の目標は社会の他の人々にはあてはまらなくなり、スペイン人コミュニティーの状況は変わってしまっていた。デル・カスターニョは自分が決定的に優位に立つために、権力者や他の散り散りになってしまった人々のある程度の同意を得ることができた。たとえば、共和国派は、共和国会館を閉鎖し、以前は『スペインの民主主義』という名称だった『民主主義』という優れた雑誌の発行を停止してしまった。一方、保守派は、アンドレス・ソリアーノの亡命によって指導者を失い、フィリピンのエリート層と同じように、新しい統治者に対してより柔軟な立場を採ることにした。

かくして、デル・カスターニョは自分のグループの優位を確立するための方法を模索した。スペイン・カジノやサンティアーゴ病院などの伝統的組織の指導評議会を関係者で埋め、また日本の占領によって領事館で新しく人々を雇う時にも同じようにした。たとえば、機関紙『ユーゴ』(くびき)の前編集長であり、アンドレス・ソリアーノと最も対立していたリーダーの一人、フランシスコ・フェレールがそうである。この人物はその兄弟と一緒に、「マニラ・グラフィカ」というマニラの外国新聞の大きな販売店の一つを所有していた人物であったが、マドリードの政府の反対にもかかわらず、領事館代表書記官となった(140)。デル・カスターニョは自分の仲間が困難な時期をできる限りうまく生き延びられるようにしただけでなく、過去の出来事に対して復讐しようとした。かくして、日本軍部がスペインの左翼の人々の名を尋ねた時、領事はスペインの体制に反対する共和国派の影響力を決定的に一掃するために、この機を利用することに決めた。このようにしてデル・カスターニョは、外国の権力をスペイン国内の事柄に巻き込んだのだった。このことは、在東京の上司サンティアーゴ・メンデス・デ・ビゴに宛てた手紙の中に現れている。

……日本軍の占領後まもなく、憲兵隊長が私に在住スペイン人の中の赤色分子の名を明かすように求めてきました。我々の戦争時［スペイン内戦］*のみならず日本軍侵入までの間、活動的であり国益に反する行動が目立っていたこれら赤色分子の数は、十二名を超えないと思われます。その大部分は憲兵隊が「ビリャモール・ホール」と呼ぶ建物に収容されており、他の国籍を持つ政治的理由で望ましくない分子もそこに入れられました。数週間後には大多数が自由の身となりましたが、そのうちの一グループでより重要な任務を負っていた人々は、サンティアーゴ要塞の軍刑務所へ移送されました。その中には、スペインの赤色地域での行動が目立っていたベニート・パボン・イ・スアーレス・デ・ウルビーナや、以前マニラの共和国会館の事務局長だったホセ・マリーア・カンポスなどがいました。(141)

デル・カスターニョは日本当局に十四名を告発した。フィリピン人五名（ミゲル・プハルテ父子、トマス・デル・リオ父子、レスティトゥト・インチャウスティ）、アメリカ人一名（リカルド・アリアンディアーガ）、そしてスペイン人五名（作家であり詩人でバルセロの未亡人であったレオノール・ゴンサレス、一名の共和国軍大佐、ペンネームをラミーロ・アルダーベとしていたラファエル・アントン、そしてすでに述べたカンポスとパボン）、さらに、マニラにいなかったので逮捕を免れた三人である。彼らの罪状はどちらかといえば軽いものであった。ベニート・パボンとラファエル・アントンは他の者たちよりも長く投獄されていたが、一九四二年秋には釈放された。デル・カスターニョは彼らを投獄し続けて欲しいと要求したが、日本軍は彼らの健康が弱まっていることを釈放の理由にした。彼らのうちの誰かが日本軍によって処刑されたかどうかは不明であるし、またデル・カスターニョがフィリピン人やアメリカ人を密告していたかどうかも不明である。領事として、少なくとも彼らのうちの何人かが違法なことをしていたことはわかっていたに違いないだろうが、デル・カスターニョは常にスペイン人に関係することに対応した。

そのうえ、デル・カスターニョがパボンとアントンの逮捕に関する唯一の責任者というわけでもなかった。というのも、スペイン政府もそれに同意していたからである。逮捕の情報を受けとると、外務省はすぐにデル・カスターニョに命令した――「日本側が大犯罪の張本人であるベニート・パボンとラファエル・アントンを確実に拘留しておくように、適当な時期が来たら彼らをスペイン当局に引渡すように交渉されたい」(142)。これは、内戦がまだ清算されなければならなかったことを示している。内戦距離的に離れているにもかかわらず、内戦後のスペインから、反対勢力を罰しようとする要望がはっきりと示された。一九四〇年以降、マルドナード領事がマヌエル・ケソン政府に対して雑誌『民主主義』の編集長ピオ・ブルン・クエバスの国外追放を求めたのは、このような姿勢の一つの表れであると言えよう。フィリピンへの干渉は、距離のせいではなく、結局はフィリピン側に支障が出たために制限された。なぜならドイツ人が到着したときのフランスで起こったのと同様に、ファランヘ党員には、その同盟者が権力を握ったときには、過去の傷を償いたいという気持ちがあったからである。

戦争が終わると、デル・カスターニョは日本に明らかに協力した他の行動によって告発された(スペインに送られるために東京に送られた文書がその証拠とされた)。コレヒドール島の奪取とそこでのアメリカの抵抗の終焉を、在フィリピン大日本帝国陸軍司令官に対して祝福した手紙である。その文面はこうである――「マニラにおけるスペイン人居留民の名において、閣下に対して、ミンダナオとコレヒドールにおける最近の決定的な勝利を心よりお喜び申し上げます。この国が今や偉大な日本国の保護と指導の下に末永く平和の恩恵に与ることができますように……。成すべき復興という大変な仕事のために、フィリピンにおけるスペイン人コミュニティーは日本軍当局に対する誠心誠意の協力を改めて申し出るものです」(143)。スペイン領事は日本との近しい関係を、自分、またその側近グループさらにはスペイン人居留民の現状を改善するための都合の良い梃子として見ていたのだった。

どの点までデル・カスターニョが他の同国人たちの考えを代表していたかを知るのは難しい。日本軍占領後の初期に彼が示した明確な協調主義的行動からは、果たしてスペイン人コミュニティーの他の人々もそうだったのかという疑問が浮かぶ。家族また地域や個人的な状況が外国籍に属していることよりもはるかに多くの影響を及ぼした。外国人であるということは非常に特殊な時期の感覚だったのであって、フィリピン社会の中では、スペイン的アイデンティティーはスペイン人であるとの証明書を持たなかった多くの人々が共有するものであった。

そのような多様性の中で、日本の膨張に極端に反対したスペイン人の例にはこと欠かなかった。彼らは、今はラテンアメリカに向けた第二の拡張の局面だと確信してさえいた(144)。しかし、フィリピン社会の他の人々のスペイン人コミュニティーについてのイメージを分析すると、スペイン人は日本の新たな権力と良い関係を築こうとしていると見た人々が多かったのがわかる。

戦争中、このイメージは主に民衆層で強かった。フィリピン民衆はスペイン人を日本の軍事権力に最も近い外国人グループの一員として見ていた。しかしフィリピン人エリートの間ではそうではなかった。このエリートたちも、自分たちの利益を守り自分たちを追い払おうとする新しい社会階級の登場を避けるために、新しい権力に協力しなければならなかった（必ずしもそんなに愛想はよくなかったとしても）。とはいえ、スペイン人と新たな軍事権力との間にあったであろう協力に関してはもっと深く研究する必要がある。日本軍に物資や食料品を調達して経済的な利益を得たスペイン人がいたことは確かである。しかしまた、カマリネス地方やヴィサヤス地方におけるゲリラ活動によって、処刑されたり暗殺されたスペイン人もいた。その動機は多くの場合に個人的なものであり、抑えのきかない暴力の多くのケースにイデオロギー的な理由を見出そうとするのは行き過ぎだと思われる。しかし、デル・カスターニョ領事自身が、一九四三年にスペイン外務省に秘密裏に送られた報告書で、スペイン人が日本軍に協力しているとフィリピン社会が見ていることに関する政治的諸問題について指摘した。彼の主張は、ネグロス島ではゲリラによって殺害されたスペイン人はいなかったという事実に拠っていた。その島のスペイン人居留民は主にバスク人農場主から成っており、彼らは経済的に恵まれた地位にあったが、ファシズムよりはナショナリズムに近い立場にいた。スペイン内戦中、彼らはバスク民族主義党を支持したのであり、太平洋戦争中には彼らの何人かはゲリラとともに戦うことさえした(145)。かくして、とくにフィリピンでも有数の砂糖生産地域においては、現地のニュースは新聞での祝辞よりも重要だった。スペイン人に対する憎悪はなかった。

その当時、フィリピン人が日本軍への協力を拒絶するのは、デイヴィッド・J・スタインバーグの名著『第二次世界大戦におけるフィリピン人の協力』が後に言うように、フィリピン人にはアメリカに感謝すべき義理（utang na loob）があったからだとはまだ理解されていなかった。デル・カスターニョがとった態度は、日本との協力は第三者への感謝や友情からというよりは、むしろ自らの利益のために決定されたのだと考えさせるものである。とくに占領初期、人々が日本の支配は長く続くと考えていた頃はそうだった。この意味で、デル・カスターニョが、自分たちには関係のない戦争に巻きこまれてしまった他の多くのスペイン人在留者と異なっていたとは考えにくい。それぞれがそれぞれの家庭的、社会的、地域的、あるいは国全体の状況に即して、できる限りうまく苦境を乗り越えようとした。誰もこの不安定な時代が何をもたらすのか、よくわからなかったからである。生活の糧を求め、金を稼ぎ、生き延びることは、将来何をしてくれるか分からない国への忠誠よりももっと決定的な動機であったに違いない。「アイ・シャル・リターン」という非常にてらった言い方で、ダグラス・マッカーサーが戻ってくると宣言したことはわかっていたが、彼の政府が実際にどのような決定をしたかは知られていなかったし、このフレーズは、一時期はからかいの対象ですらあったのだ。ある者は、大衆受けを狙ったこの将軍と同じようにもったいぶって、このフレーズを自分が便所から戻るのを知らせるために使った。

スタインバーグの解釈は、フィリピン人がなぜあのように行動したかという理由を知るためというよりはむしろ、アメリカ人の尺度を知るのに興味深いものである。最も重要なことは日本との戦いでフィリピン人がアメリカの味方だったのか、それとも敵であったのかを見極めることであった。そのためには、ファランヘ党の姿はフィリピンの新聞からは消滅したとはいえ、アメリカでは時間とともにますます現れるようになったということを考慮するとよい。このことを理解するには、『ニューヨーク・タイムズ』のある記事が興味深い。この記事はグラナダでのピラール・プリモ・デ・リベーラによるフィリピン・ファランヘ党への特別叙勲や、アントニオ・トバールが真珠湾攻撃は「アメリカの名声を激しく攻撃している」と述べた宣言や、メキシコにおけるファランヘ党諜報員らしき人物の報告書などを掲載した。同紙はフィリピンでのこのグループについてつけ加えて述べた――「ファランヘ党は商業・文化活動に影響力を持ち、その社会扶助は大きな事業を成し、大きな影響力を獲得している」。そしてとくに挑発的な文章で記事を閉じた。「フィリピン人はアメリカのくびきを捨て去るこの機会を心良く思っている」と[146]。アメリカはファランヘ党が親日的であるというよりは、むしろ反アメリカ的だということをよくわかっていた。長期的に見ると、それはアメリカの主要な問題であった。アメリカとあれほど対立して「親日主義」の体現者となったセラーノ・スニェルのケースを、イベリア半島に目を戻しながら見ていくことにしよう。

5　不信

考えうるかぎりのあらゆる問題があったにもかかわらず、セラーノ・スニェルが政治的に生き残るには、日本を援助し、その勝利を信じる以外に選択肢はなかった。ますます権力を失っていくファランヘ党の中の一角に追いつめられて、セラーノの可能性は他の人々と結束を固めることにではなく、唯一自分を支持し続けてくれた外国の盟友が勝利するかどうかにかかっていた。似たようなことはマニラにいるデル・カスターニョ領事にも起こった。デル・カスターニョはアメリカへの敵意から日本を選んだのだが、日本人がやって来てしまうと、それを好まなくなったとしてももう後戻りはできなかった。ファランヘ党は日本に賭け、もう後退することはできなかった。外相在任中、セラーノには戦争初期に日本に与えた協力を続ける以外にできることはなかった。その協力の内容は、諜報活動もしくはラテンアメリカにおける日本の利益を代表すること、また日本への熱狂的な支持と友愛を示すことなどであった。ファランヘ党は、すぐに焼けつく針にしがみついているのだと認めざるを得なかった。

このような日本との仲介者の地位はすぐに苦しみに満ちることになった。この一九四一年十二月、セラーノ・スニェルは、ほかならぬフランコから指示を受け、須磨にスペイン人の「不安」を和らげ、雰囲気を静めるために何かしてほしいと頼んだ。しかし次のような認識も示していた――「時間的危急さから見て、これらの事柄のうちのいくつかは大目に見なくてはならないでしょう」(147)。須磨は東京に、「セラーノの対日外交は今までとは反対のものになっており、危険な状態にあります」と知らせた。またもっと具体的に、「裕福な階級がフィリピンと常に最大限の連絡をとっている一方、彼の部下がある種の消極的な抵抗をおこなっている証拠があります。同様にビジネスの世界でも、外相の無能さに対して声が上がっています」と述べた(148)。その結果、須磨自身が、デル・カスターニョ領事がマドリードと直接連絡をとれるように、またフィリピンにおけるスペイン人のビジネスが尊重されるように気を配るよう要請したが、東京がそれを取り上げることはほとんどなかった。外務省は軍国主義日本ではほとんど権力を持たなかったし、おそらくこれらの問題を軍に知らせる以外には何もできなかった。軍は、スペインが政治的盟友であることは常に認めながらも、白人に対抗する全般的な宣伝を変えるつもりはなかったし、フィリピンにおけるスペインの植民地化に対する批判を変えるつもりもなかった。また外務省自体も火急にセラーノを助ける必要があるとは思わなかったようだ。というのも、双方の公使館を大使館に格上げする件のように、外務省サイドの決定をおこなうのにも時間がかかったからである。マドリードの準備が終わっても、東京は待つ方を選んだ。

マニラの占領、それにスペインへの攻撃に関するメンデス・デ・ビゴの情報が着いただけで、一九四二年一月にはセラーノ・スニェルの思いやりは尽きた。セラーノ・スニェルは須磨に、フィリピン問題によって自らが困難な状況に置かれていると述べただけではなく、彼と食事をともにした折を生かして、非公式にではあるが、フィリピンにおけるスペイン人居留民の状況について、また、スペイン植民地期に対する日本の言論攻撃について、尋ねるまでになった。これは、彼の活動の幅がスペインにとっての旧植民地の重要性によって減じてしまった最も明白な証拠だった。須磨がこれらのことを説明したので、東京は彼に答えた。東郷外相は日本政府の態度を正当化した。外相は、電報の問題に関しては、それは複雑な時期だからこその問題であり、また東京以外の場所を通じては電報は出せないのだと主張した。そのうえ、デル・カスターニョ領事には「当然ながら」平和な時期と同じようにはできないだろうが、「大目に見て」彼がスペイン人の利益を図れるようにすると保証した。外相は、このような処置はデル・カスターニョだけに特別に許すものなので、他の国に対しては秘密を守って黙っているようにと付け加えた(149)。それはそんなにありがたい返答というわけではなかった。須磨は、外相のスペインについての無関心と、スペインとの友愛と協力が危険な状態にあることを理解していた。だから東郷に送った電報で不快感を示した―「我々の友好国との関係を維持する機会をこんな形で浪費して、古傷を再び開く理由はまずありません。近い将来、このような「反スペインの新聞」記事に対しては断固たる対応がなされるように、適切な処置をおとりいただきたい」(150)。こうして、良き時代は終わりを告げた。

日本と他の枢軸国との関係と比較すれば、状況はいたって普通のものだった。問題が発生するのに、旧植民地が日本の掌中にある必要はなかった。戦時下で増大した神経質な状況は友好国間の関係をも不和にしたのである。たとえばムッソリーニは、日本は世界を支配することを望んでいる、ミカドはこの世における唯一の神であり、ドゥーチェもヒトラーもこの現実の前にひれ伏すのだと記者団に述べた白鳥敏郎大使の言明に憤慨した。チァーノはもっと落ち着いていたが、「本当に言語道断だ」と向こう見ずな白鳥のこの言葉を批判した(151)。日本は独自の道を歩んでいた。このようなとっぴな転変を見て、セラーノは日本の勝利の流れが自分に恩恵を与えるという期待が裏切られたのがわかった。当てがはずれたのである。セラーノは最も微妙な時期にアメリカとの不必要な論争にはまっており、マニラの占領はセラーノに期待を抱かせるよりもむしろ彼の反対派の恐怖を助長させ、それに真珠湾攻撃の激震は、リオデジャネイロ会議において証明されたように、彼のラテンアメリカへの努力を無に帰してしまっていた。セラーノは日本の勝利の流れから恩恵を受けるだろうと考えていたのだったが、しかしその勝利は時間が経つにつれてますます有害な悪臭を放った。その結果、日本との関係は、全般的な悪影響をこうむるようになった。かくして、一九四二年春に初めて、スペイン外務省と日本公使館との間での若干の緊張を見出すことが出来る。日本の前進が弱まるやいなやのことである。

日本の勝利につぐ勝利の一〇〇日が経つと、その進軍は止まり、敵は初期に予想されていたのよりもっと早いスピードでその地域における戦闘能力の建て直しを始めた。連合軍はヨーロッパ戦線優位を決定したが、アジアは長い間隅に追いやられていたのではなかった。日本の進軍に対する抵抗の願望は増し、たとえば、一九四二年の春と夏にアメリカから太平洋へ送られた補給部隊は、援軍の兵隊数を含めて、最初の六か月にヨーロッパに送られたものの二倍になっていた(152)。

部隊の配置や援軍とともに、日本軍の最も弱い側面を突いた連合軍側の反日宣伝も増えた。スペインはアジアにおける日本の反西洋の戦いに、長い目で見ればヨーロッパ文化を喪失させるこの戦争にまさに巻きこまれたのだった。連合軍は日本軍の戦況報告とは相矛盾した報告を流しただけではなく、たとえば、全ての白人は家の外へ出ないように、そうしないと日本兵に撃たれるだろうという日本軍の命令についても知らせた。さらに、これは白人に対する迫害の第一歩に過ぎず、白人は間違いなく逮捕されてしまうだろう、と付け加えた(153)。セラーノ・スニェル自身がイギリスのBBC放送によっておこなわれた「心理戦」の成功、そのスペインにおける「すさまじい効果」を認めた。日本は、自らを全く否定するようなこのような敵の宣伝をはねのけようとした。しかし、それに対抗できる手段がなかったのと、多くの国の公的メディアがそういった種類の反日的なニュースを好意的に受け入れたので、日本ができることはほとんどなかった。

すでに述べたように、一九四二年春にはセラーノ・スニェルの外務省での右腕フェリーペ・ヒメネス・デ・サンドバルの更迭という重要な出来事が起こった。ヒメネス・デ・サンドバルは、セラーノ外相のもとにあった外務省官房の長で、外国の新聞に対する検閲をおこなっていた。この頃から、スペインにおける日本に関する公的な情報は明らかに保守主義的フィルターを通して流されるようになった。日本の攻撃力が最高潮に達し、その当時まで日本がずっと勝ち続けていたにもかかわらず、ファランヘ党の新聞でさえ日本の勝利の戦況報告に絶対的な信憑性を与えないことに誇りを感じていた。日本が戦闘で勝利してはいないという最初の情報は、珊瑚海海戦（一九四二年五月六日から八日にかけてのパプア・ニューギニアとオーストラリアの海岸線での戦い）についてのもので、実際にこの情報は日本に対する最初の懐疑的論評を生じさせた。この戦いは日本側の勝利だったが（日本の戦艦一隻も沈んだが、日本はアメリカの空母一隻を沈め、もう一隻を戦域外に追いやった）、スペイン政府は初めて、もちろん全面的な勝利について語った枢軸国側の戦況報告と連合国側のニュースの信頼性を比べたのだった。日刊紙『アリーバ！』では、その後、「珊瑚海とミッドウェー島周辺海域での二つの混乱した戦闘」に関するコメントが発表されるに至った(154)。日本の海路進出の行き詰まりは、日本の絶頂期以前でさえもすでに感知されており、それは日本のイメージに重要な変化をもたらすものとなった。日本への期待は以前のように輝いて見えるものではなくなった。日本はまだ敗北してはいなかったが、いつか敗北すると見られたのである。

しかし、まだ日本の敗北は望まれてはいなかった。その大きな理由は、悪の帝国に対してドイツ（そして青い師団）が決定的に勝利するように、シベリアのステップで日本が奇襲攻撃をしてくれるという期待がまだあったからである。スペイン側はロシア戦線で日本が動かないことに対してますます不安になり、日本に行動を起こすよう圧力をかけるため、フランコ体制が両国の友好にはどのような様相が重要と考えているかを示して、可能な限りのことをおこなった。その結果、マドリードはシベリアにおける日本の攻撃をよりはっきりと求める提案の場となった。すでに述べたように、フランコだけがそれをおこなったのではなかった。イタリアやドイツの大使がそれぞれ「ほとんど同時に」、「戦争の終結を早めるために」須磨に中国やインドではなくソ連を攻撃することを提案したのをはじめ(155)、新聞までもが、そのことについてますます直接的に報道するようになった（「日本はおそらくウラジヴォストークが日本にとってもたらす危険を遠ざけようとするだろう」）。一九四二年八月に、マドリードでは、まず日本が攻撃しなければ、自分でその結果の償いをすることになるだろうと指摘されるほどになった――「ソ連と日本の間の武力紛争の可能性がある。ウラジヴォストークは極東における危険地域である。それは日本に脅威を与えるばかりでなく、満州や朝鮮に対しても脅威を与える。アングロサクソンは将来の援助をソビエトと議論するにあたって、この切り札を使っている」(156)。戦争がどのようにして終わるのかわからない不安や焦りがあり、日本に対する失望はますます確かなものとなっていった。

他の二つの小さなトラブルで、両国は大きく友好関係を損なうことになった。これらの出来事から双方の信頼は薄れ、それによって、相手についての情報で以前には耳を傾けようとしなかった情報を聞いたり信じたりするようになったと思われる。トラブルの一つ目は、ヒメネス・デ・サンドバルの提案であった。それは彼がまだセラーノの外務省官房の長であったときのことで、アントニオ・アウノス教授をバルセロナにおける日本の名誉総領事として任命する件に関するものだった。須磨は、当面は代表部を開設する計画はないとして、それを断ったが、それは本当の理由ではなかったようである。というのも、戦争の末期にバルセロナには二人の役人がいたからである。このことは、総領事館が非公式な形で機能していたか、もしくは連合軍占領地から逃げて来た外交官が後にバルセロナに配置されていたことを示していよう。サンドバル自身このことを知っていたに違いないし、また、外交上の情報を不法に引き渡したり、好意的なニュースを流すことによって、継続して日本の側に味方していたのにもかかわらず、個人的にも見返りが余りに少ないことにひどく落ち込んでいたに違いなかった。

第二の事件はかなりスペインの信頼性を損ねたし、金さえ手に入れば何でもよいのだという「金儲け主義」のスペイン人のイメージをつくることになった。数名の日本の外交官が交換船でリスボンから日本へ戻る途中で、フエンテス・デ・オローニョのスペイン税関を通ろうとしたとき、スペイン人職員が総額三、四〇〇ペセタを日本人から取り上げた。日本は外務省を通じて金銭の返却を求めたため、この事件は長い間決着がつかなかった。日本側は金を取り戻すことはできなかった。というのは税関職員がそんなことはしていないと否定し、支払い証明書を要求したからであり、上司は誰一人として税関職員に返却を求めることができなかったからである。この取り上げ事件はスペイン政府の建物の中で起こったのだが、金は決して取り戻されなかった。関係者が外交官であったこともあり、事件はスペインがどう見られているか、またスペイン人と協力するとどうなるかということに、否定的な影響をもたらした。スペイン人は「金儲け主義」であり、なによりも金を要求したと見られたのである。だから外交袋に入れて送られたミキモト真珠が到着せず、キューバへ向かっていたスペイン外交官がその調査を依頼され、袋がすでにバミューダ諸島で開封されていたという報告を受けたときも、日本側はそれを鵜呑みにしたわけではなかった(157)。この二つの出来事は小さなことだった。しかし、相互の信用という、決断の過程の喫水線に影響した。両国間には率直な関係がないことがあらためて思い出され、お互いに深い不信が生じた。それほど重要でなかったとしても、この反響は戦闘のニュースよりもずっと長期間の影響力を持ったため、しまいには耐えられないほどになった。

　そのうえ、ファランヘ党が鼻にかけていた成功の一つは、すぐに宣伝されていたほど正しいものではなかったことが判明した。日本政府とカトリック教会との素晴らしいとされた関係は、さほどのものではなかったのだ。三月末に、東京からメンデス・デ・ビゴはマドリードへ「全宣教師が受けている不当で厳しい扱い」についての情報を伝えた(158)。見解の異なるこの情報を受け取るに当たってのセラーノ・スニェルの処置は大いなる注目に値する。翌日、スペイン外務省はメンデス・デ・ビゴに「電報でより詳しく」日本における宣教師の置かれた状況について報告するように依頼した。その結果、外務省は無礼な行為の長いリストを受け取った。イエズス会のアルーペ神父、グアム司教のオラーノ猊下、そしてサイパン島とロタ島の二人のスペイン人宣教師は、「去る十二月にスパイ容疑により異端審問よろしく逮捕された」のだった。さらに、公使は具体的には述べなかったが、「この国の政治的な盲目的疑心」によってもたらされた他のケースもあった(159)。おそらく情報は意図的に誇張されていた。たとえば、後にイエズス会総長となったペドロ・アルーペ神父は、一九四〇年にスペインへ戻ったモイセス・ドメンサインの後任として山口の教区司祭となっていたが、一九四二年一月十一日に自由の身になっていたので、この情報がマドリードに着いた頃には既に解放されて二か月ほどが経っていたことになる(160)。またグアムの旧スペイン人居留地のミゲル・アンヘル・デ・オラーノ司教も野蛮な扱いを受けたわけではなかった。司教は、日本軍が占領したときに、信者から彼を離すために、二人の現地人修道士が教会の面倒を見るという条件で、秘書とともに島を出るよう強いられたのであった。しかし、ひとたび目的が達成されると、司教はひどい辱めを受けることはなかったし、また日本に到着すると、自由の身になった(161)。

しかしながら、メンデス・デ・ビゴが誇張したのは理解できる。自身が苦境のときを過ごしており、そのためにより否定的に状況を判断せざるをえなかった。自分のものと矛盾するニュースを含むマニラにおける総領事デル・カスターニョの情報がスペインに届くのを妨げようとさえして、それらを外交袋に入れず、電信で要約して送った(162)。メンデス・デ・ビゴの情報は、とにかく影響力があった。なぜならスペインに対する批判を前に何もせず、カトリック教会に何の好意的行動も起こさなかったとする非難を生んで、セラーノ・スニェルの孤立を招いたからである。その結果、五月初めに、セラーノ・スニェルはスペイン人の利益を擁護しようとして初めて行動し、公式に日本との緊張関係があることを示すに至った。それは二度起こった。一度目は、東京の『報知新聞』の、スペインがカトリック教を通じてその政治権力を拡大しようとしたとする記事に対して公に不平を言った時のことである(163)。また後には、ルソン島パンパンガ地方で何人かの修道士が受けた扱いについて日本に公式に問い合わせた時である(164)。このように宗教に関することについて続けて大げさに争点を提示したことは、わずかなものではあれ、初めて双方の緊張関係を引き起こすことになった。

6　セラーノ・スニェル失脚

このような公式の見解発表は、関係の悪化を止めるものではなかったし、それはセラーノ・スニェル自身の落日とも重なっていたのである。スペインと日本とのつながりはたしかに一九四二年の夏以降、もはやどうにもならないほどまでに悪化した。戦前には主に将来への夢と期待とに基づいて関係を維持できていたが、その期待が予想されていたのとは非常に異なる形で一度結実し始めると、火花が飛び始めた。双方の目的がますます離れていくにつれて、また、もう目標達成は不可能だと思う者さえ現われると、諸問題を覆っていた政治的マントの庇護は弱くなっていくばかりだった。他方で、つながりが増えるにしたがって、緊張もとめどなく増えた。その責任は個々の事件にあるのではなく、むしろ両国関係それ自体の進展にある。というのも両政府とも関係の進展に満足していなかったからである。資料から見るに、一九四二年夏に両友好国間の緊張の様相はもう手のつけられないものとなり、関係修復が不可能となる限界にまで達していったことは明らかである。その理由は明確であった。内政が両国間のつながりに関与したからである。日本の場合には、初めての日本人の帰還が交換船によっておこなわれたことによる。スペインの場合には、連合国側へ舵を変えていく必要性が生まれたことによる。それぞれ自身の問題を相手のせいにしなければならなかったのだ。

アメリカ大陸での日本の利益の擁護はすぐに国内的な反響を呼んだ。最初の交換船が日本に着くと、スペインの態度に対する日本の反応は、スペインがアメリカ大陸において日本人居留民をいかに保護したかとは随分と違ったものとなった。なぜなら、日本の利益代表として新聞の第一面に載ることで、スペインは内政の餌食となったからである。日本の宣伝における「アングロ・アメリカの悪魔」に対する主要な非難の一つは、その人道性の欠如と限界のない残酷さに基づいていた。それは、日本兵の士気を高揚させたばかりでなく、彼らの抵抗を盛り上げた基本的な理由の一つだった。なぜなら多くの兵士は、死に至るまで残虐に拷問される前にむしろ死を望むようになったからである。日本の兵士はこのことを頭に叩き込まれ、また実際にそうなった。日本は、無実の日本人がアメリカで受けると予想された虐待を強調するような情報であればどのようなものでも欲しかったのだ。だからスペインには、真珠湾攻撃の後に日本人が最悪の囚われの状態に苦しんでいると確信させるようなニュースを何らかの形で裏付けることが期待されていた。しかし、スペインはずっと、そういった種類のニュースを与えるとアジアで囚われている西洋人に影響が及ぶと考え、また日本の利益を擁護する役割を担ってからラテンアメリカでおこなわれた新聞での強い批判キャンペーンもあって、そのような日本側の宣伝熱を促進することには気が進まないという態度をとった。利益代表を引き受けて政治面で将来的な見返りを得ようとするスペイン側の動機は、たった数か月で非常に弱くなった。かくして、利益代表の仕事をきちんとやるかどうかは、各国在住のスペイン人外交官の職業的判断に任された。その結果、節度によるにせよ、アメリカに不満を抱かせないためにせよ、純粋な不注意であったにせよ、アメリカにおける虐待に関してスペインに届いたニュースはお蔵入りにされてしまうか、もしくはできる限り柔らかい形で伝えられることになった。日本側はスペインという盟友からアメリカや他の国々で収容された日本人の苦しむ姿を確信させるような情報を受け取ることを熱心に望んでいたが、スペインは沈黙することを選択したのだった。

かくして、最初の交換船が着くと、新聞には、「非人道的扱い」、「恐怖」、盗み、拷問、暴力、強制収容所での生活環境の悪さ、殴打、ゆすり、日本の商店からの強奪などに関する強制送還者の声明が溢れた。これによって、彼らの利益の擁護のためにスペインがおこなったことに対する非難、十分な注意を払わなかったことに対する不満が噴出した。また、日本が選んだ送還者の何人かが帰って来ないこともスペインのせいにされた。日本に戻るかどうかの決定は各個人がおこなったのだが、スペインが圧力をかけたので、彼らはアメリカに残り、自分の国を捨てたのだとされた。民間人の交換による日本人の到着は、結局、公的な領域でのスペインに対する批判を噴出させた。

そのうえ、日本の東郷外相は、その雰囲気が影響を及ぼすままにした。東郷は、スペインが調査においてもアメリカ政府との交渉においても十分な注意を払わなかったと、直接スペインを非難したのである。彼の批判はどんどん急進化した。初めのうちは、交換船のための強制送還者の身元確認において、在ワシントンのスペイン大使フランシスコ・ホセ・デ・カルデナスがアメリカ政府にだまされたと非難した――「カルデナスはアメリカのだましの意図に溢れた故意の説明を文字通りに受け取ったようだ。まったく信じがたいことである。彼には自分の態度を説明する能力がなかったのだ」(165)。船が到着した後、東郷はスペインに対する非難をさらに誇張し、強制送還者の言明は「我々に全てうまくいっていると保証しているスペイン大使の報告は誤りであること」を示していると言った(166)。スケープゴートが必要だった。関係を回復する可能性はますます小さくなっていった。

しかし、このような緊張を、政府が宣伝を必要としていたことからのみ説明することはできない。というのも、それは新聞の見出しを飾るだけではなかったからである。アメリカ大陸にいる自国民についての日本の懸念は外交代表への電報の中にも現れているし、臨時の仕事をする人間を雇ったり、代表を依頼する国を変えたりして、よりよい保護を与えようという試みのなかにも認められるのである。スペインには無理であった宣伝的要素の不足への不満はさておき、実際に自国民の状況を改善したいという望みも存在した。そのために、東京はスペインにかわる選択肢を探した。それはバチカンであった。この目的で、「とくにアメリカでの日本人の状況を全般的に」調べるようにと、一九四二年七月に東郷外相は教皇庁日本公使に原田健を任命した(167)。それと引き換えに、日本は占領地域における捕虜、とくにカトリック教徒に関する情報を流すことになる。これは法的側面においても政治上でも困難な解決策ではあったが、ピウス十二世は「交戦国にいる戦争捕虜民間人に関連する情報交換」に「個人的に参加すること」を最終的に受け入れた(168)。

このことは明らかに、日本が人道的事業の行方に満足していなかったことを示している――「我々の利益を代表する国［スペイン］を通じてアメリカ国内にいる日本人居留民についての確かな情報を得ることは難しいようですから、バチカンを通じて正確で詳細な情報を手に入れられればと考える次第です」(169)。外務省はこのような事柄に長けているスイスのような国を選ばなかったことをすぐに後悔した。と同時に、自国の移住者たちの状況を改善するために多くの外交官が努力していたことを全く無視した。多くの宣伝を必要とした戦時の状況においては、政治的目的が人道的目的を凌駕したのだった。

スペインにおいては、この過程は別方向へ向かった。むしろ具体的な事実のせいで変化が起きたのではない。むしろ耐えられない状況を招き、両国の関係をもう引き返せないところへ導いたのは出来事の多様性であった。こうして一九四二年夏に、フランコは日本とは距離を置こうとする国際的な傾向に追従することを決定した。スペインが友好関係を保っていた体制は、影響力が弱まっていた枢軸諸国であれ、ポルトガルや教皇庁であれ、日本との緊張を深めていった。ポルトガルについては、連合軍がチモールの「予防的占領」をおこない、日本軍によるこの島の占領を挑発したので、ポルトガルと日本間の強い緊張を引き起こすという目的は果たされた。バチカンの場合には、日本が宣伝したカトリック教会への援助に対する教皇庁の不信が増すとともに、やはり日本との関係において緊張が生じた。教皇庁はこの件に関して矛盾したニュースを受け取っており、他方で日本は教会が連合国へ情報を流しているのではないかという懐疑心をますます抱くようになり、本当に教会が中立かどうかを疑っていた。最後に、友好国間のこういった緊張関係の一例として、イタリアのカトリック新聞連合が日本大使に出した、在東京ドイツ人特派員の、カトリシズムに対する日本の不信感と「神道を通じて大東亜における全ての宗教を統一する」という計画に関する報道を否定するようにという要望を挙げることが指摘できる(170)。日本はだんだんとヨーロッパとのつながりを失っていった。

こういった一般的な傾向のほかに、スペインにとっては、日本との緊張関係は友好国よりもむしろ敵対国と関連して生じた。日本とイタリア、ドイツ、ポルトガル、バチカンなどとの不和は、日本がアメリカと敵対していることほどにはスペインには影響を及ぼさなかった。フィリピンにおけるファランヘ党員の幻滅や自らの活動についての失望は極度に影響することはなかった。というのもそれは新しい要素ではなかったからである。期待していなかった者もいるが、すでに言及したフランコから須磨への警告に見られるように、皆が日本がフィリピンにおけるスペイン的なものを考慮する可能性はあると考えていた。むしろ、太平洋戦争勃発後にスペインが日本との関係をどのように見ていたかに関連する新しい点は、この友好関係のせいで汚名をそそがれる可能性があるというものであった。アメリカ大陸におけるスペインに対する攻撃はスペインを困惑させた。リオデジャネイロ会議の失敗、日本の利益代表を引き受けたことに対する新聞での批判キャンペーン、反アメリカの意図的なニュースを流す宣伝の中心として機能した在ワシントンのスペイン大使館に対する直接的非難などがその例である。アメリカはスペイン政府を日本の仲介者として強く攻撃した。アメリカは内戦後のスペインで必要とされた生産物の供給の鍵を握っていたのみならず、日本との関係を攻撃しても、これ以上スペインが枢軸国に肩入れするような反応はしないことをわかっていたのであった。

アメリカ政府はスペインを壁際に追いやるすべを知っていた。そしてスペイン政府は唯一可能な方法で反応したのであった。日本との友好関係を弱め、太平洋戦争という背後の扉を通じて連合国側へ近づく、ということである。このことによって、一九四二年夏に、アメリカ大使を前にして、フランコが枢軸国の中で初めて離反することを選択したのが日本だったわけを説明できる。内戦中は国民戦線側の頑固な支持者であり、スペイン研究の教授としても有名なアメリカ新大使カールトン・J・ヘイズの信任状提出の際に、総統《カウディーリョ》は彼に、アメリカにはヨーロッパの平和こそが望ましいであろう、というのもそれによって全戦力を太平洋に集中することができるようになるからであると言った。総統は続けて、世界における紛争についての彼独自の理論の最初のいくつかの基準をつけ加え、まったく別々の戦争が二つあって、一つはヨーロッパにおける反ソ連の戦争、もう一つは太平洋における反日本の戦いだと言った(171)。ヘイズは驚いたに違いない。なぜならまさに自分が赴任した時から、フランコ総統は明らかに日本の将来に限界を見始めていたからである。日本はアメリカの敵であった。しかしフランコの友人たちの友人でもあったのである。スペインは、結局、これらの友好国がスペインに対応するのと並行して、日本に対峙することになっていった。ただし動機の違いや、さらにもっと大きな内部の意見の相違があった。スペインは自らが日本を援助し過ぎている、しかしその割に見返りがないと感じていたのである。

その直後、日本はスペインにおける日本の偉大なる擁護者ラモン・セラーノ・スニェルを失った。軍とファランヘ党の困難な関係は、一九四二年八月半ばにバスク地方のベゴーニャの聖母マリアの聖地で起きたファランヘ党員の攻撃で終わりを告げた。事件後、陸相ホセ・エンリーケ・バレーラ将軍と内相バレンティン・ガラルサ将軍がセラーノ自身とともに内閣を後にした。セラーノは、ファランヘ党政治評議会議長も辞任した。依然として偉大な義弟ではあったが、その権力は失われた。彼の仕事を無視するというフランコの決定を覆す可能性はまったくなく、それは非常に小さな権力のみでやってきたセラーノが、次第に消耗した末に起きた当然の結果であった。

セラーノ自身は、日本への断固たる支援を通じて自分の権力喪失を避けようとしたが、それは何の役にも立たなかった。そのうえ日本は、セラーノが一度たりとも公然とは対峙できなかったフィリピンとの関係をめぐる問題で、セラーノを泥沼に陥れた。日本を盾として恩恵を得ようというセラーノの期待は全て無駄に終わった。真珠湾でのアメリカの敗北は決定的なものではなく、フィリピンの占領は言われていたような恩恵に満ちたものではなかった。またカトリック教会は宣伝されていたようには尊重されてはいなかったし、ソ連との戦争は勃発しないままであった。日本を断固として支持して、セラーノはスペインにおける日本の利益の唯一の代弁者に、ますます人の心が離れたものとなっていく日本という大義名分の擁護者になっていった。

日本はセラーノのことをもっとありがたがってもよかったのかもしれない。しかし日本はまったく彼を助けようとはしなかった。彼の権力がますます失われていること、ドイツやイタリアの盟友からの信頼も薄いこと、また彼の政治的駆け引きをもよくわかっていたので、日本もセラーノを丸ごと信じていたわけではなかった。東郷茂徳外相の言がそれを示している。セラーノ・スニェルは一九四二年六月にムッソリーニとチァーノの好意と支持を得ようとして、イタリアへ旅立った。しかしムッソリーニもチァーノももうそのようなことはできなかった（また彼らはそれを望まなかった）。セラーノがローマで和平に関する何らかの交渉を画策していると考えて、東郷はセラーノ・スニェルに対して大きな不信の念をあらわにした――「ことの性質から考えて、セラーノがこの件についての情報を知っているに違いないのは確かである。にもかかわらず、なぜ貴官*［須磨］に対して言い逃れの口実を探しているのかを知りたいと思う。貴官は特別な理由があると考えられるのか？　私への情報のためにお答え願いたい」(172)。スペインの外相は須磨の友人であった。しかしあまりに緊張をはらんだ状況のせいで、日本は何者をも信じることができなくなったのだ。

　最後の瞬間までセラーノを支持した方が、日本にとっては有効であっただろう。偉大な義弟が天使だったからではなく、他に選択肢がなかったからである。セラーノの失脚で、スペイン国内でも国外でも、日本とスペインの相互協力はほとんど決定的な終焉を迎えた。なぜなら、スペインと日本の相互不信には、重要な相違があったからである。片方が駆け引きの能力を維持していた間に、もう片方はそれを急速に失ったのだ。セラーノの後任ホルダーナ伯が中立へと方向転換したときには、日本政府には戦争を遂行する以外に方策は残っていなかった。日本は諦めなくてはならなかった。ますます遠のいていく最終的な勝利を手にしないうちは、日本にはスペインと協力する以外の選択肢はなかった。戦争に乗り出しながら、日本人は外交的解決策を捨ててしまっていた。日本にはトランプカードのエースだけが残り、賭け金を上乗せするたびごとに、そのカードの価値は薄れていったのだった。

第四章　厄介な友好関係

一九四二年九月一日、日本でもスペインでも外相が失脚した。東郷茂徳とラモン・セラーノ・スニェルである。そして権力基盤の崩壊と軍との対立という二つの平行したプロセスが終了した。日本では新組織、大東亜省の創設により、すでに失速していた外交力はさらに弱まることになった。スペインでは支持基盤の弱体化が明らかになるという危機的状況の結末だった。ファランへ内部でさえもそうだった。

両国の進展の平行状況はこの時点で終わる。日本の外相の役割はスペインの外相と比較すると重要ではなく、新外相の谷正之は行動力に欠ける人物だった。翌春、外相が重光葵に交代しても、日本の外交政策の基本路線には何ら変化はなかった。武力による問題解決という考え方が支配的で、政府はさらなる武力増強が必要だと考えていた。他の選択肢はあまり考えられなかった。ますます狂信的になっていく国にとって、外交の役割はたいしたものではあり得なかったからだ。一方、スペインのホルダーナ伯爵の果たす役割は重要性を増していき、外務省は強力になっていった。一つの理由は、ホルダーナが政府内部で常にフランコと接触し、重要な役割を担っており、さらには、日本とは正反対に、外交がますます決定的な役割を持つようになってきたからだった。ホルダーナはスペインが戦争による問題解決を拒否し、枢軸国との友好関係から中立に向けて方向転換をするよう指揮した。ホルダーナは、谷よりも、後の重光よりも重要な役割を担っていく。

ホルダーナはさらに難しい決定を下す必要に迫られた。戦争が連合国優勢で推移していくなか、枢軸国寄りになっていたフランコ体制の外交代表として調整役を務めなければならなかったからだ。ホルダーナは、連合国の圧力、枢軸国の圧力、フランコ政権の野望との板挟みとなり、様々な意見が飛び交うなか、外交においてきわめて慎重な対応をしなければならなかった。他の人物の方がうまくできたのかもしれない。しかし、前任者セラーノ・スニェルも、後任者のレケリーカも、ホルダーナほど沈黙のうちにすべてを遂行することはできなかっただろうというのが大方の見方である。きわめて慎重な政策遂行が求められた。彼は経験豊富であったわけではないが、大方の人にうまくやったと評価された。スペイン外交の方向転換は比較的スムースに進んだ。

対日関係はスペインが中立への方向転換を示した一例だった。日本に対する逡巡や緊張感から、ホルダーナが率いる外務省は二面性を持っていた。表向きは日本や枢軸国と友好関係を保ちながら、裏では、それまでの関係を精算する方策を模索していた。しかし、この時期の対日関係の重要性は、将来の敗戦国向けの政策の一例というだけではなく、連合国側への接近の試金石の役割を果たしていたことにある。日本はスペインと深い関係を持っていた国ではなかったが、スペインにとって対日政策は友好関係から中立に、さらに中立から次第に対立へと進んでいくという政策転換の試みの最初のケースだった。日本の軍事力が枢軸国三国の中で一番弱かったわけではないが、スペインの対日外交の変化は最も迅速で完璧なものだった。スペインにとって、日本はたった二年間で「良い」国から「悪い」国へと変わった。その変化はまず個人的な会話の場面から始まり、その後、公の場面に出て、とくに、内戦でフランコ側の勝利に大いに貢献した国々に対してはありえないような悪い国として日本は非難された。ホルダーナ時代には、前任者や後任者の時代のような極端な状況にはならなかった。しかし、スペインの日本との関係の激変はイタリアともドイツとも起こらなかったことだ。

急激な外交関係の変化を可能にするために、スペインは日本のイメージを完全に刷新しなければならなかった。太平洋戦争当初からあった日本に対する全く異なった二つの見解のうち伝統的な見解が支配的になった。その結果、スペインの日本に対する公的な立場は称賛よりも猜疑になり、日本の軍事的勝利を切望するよりも、日本の拡張を脅威に感じるようになっていった。この変化を認めさせるのに必要だったのは、日本の認識を様々な段階で複雑に変えていくことだった。まず、以前の認識枠組みを壊し、次に友好関係時代につくり上げられた枠組みとは合致しない情報をほどよく加工し、そして最後には、新しい情報によって、日本についての情報と合致するような新たなる枠組みを作り出した。短期間に心理的なアウトラインが再構成され、人々は日本について肯定的ではなく否定的なニュースを待ち望むようになっていった。日本の勢力伸張に対して文化的にも人種的にも脅威を感じていた伝統的な見方が、ファランヘ党の見方に勝ることになった。枢軸国側の軍事的敗北の結果、国内でも権力が弱まっていったファランヘ党は自らの敗北を認めざるを得なかった。本章では一九四三年の春までを取り上げる。この時期、枢軸国側の軍事的勝利に期待を抱いていた指導者もいたが、スペイン政府は太平洋において連合国の勝利の可能性に賭けようとし始めていた。

1　新外相・新路線

一九四二年秋以降、スペインと日本は外交面でかなり異なった対応を迫られることになる。日本では、防衛戦争の新たな段階に決定的に入っていった。この夏に、日本軍はミッドウェイ海戦で失敗し、ソロモン諸島のメラネシア群島のガダルカナル島で重要な敗北を喫した。この二つの戦いのいずれもが惨敗ではなかったものの、これらは日本の拡張政策の終焉を意味していた。

日本がオーストラリア攻撃のために滑走路建設を準備していることが判明したので、アメリカ軍はソロモンでの攻撃を開始した。アメリカ軍は八月にその滑走路を奪取したが（それをヘンダーソン・フィールドと名づけた）、日本軍は空港の奪還を試み、その結果、より血なまぐさい争いが起こった。十二月末、日本は秘密裡に兵を撤退させ、その試みを完全に放棄した。これは戦争におけるミカドの初の明らかな撤退だった。さらにガダルカナルの支配を維持しようとして、二万五千名の兵士、六千機の飛行機を失った。主導権の喪失だけでは済まなかった。この後も、日本の軍事的敗北は続き、それはますます大きなものとなり、一九四五年まで続いていく。

日本軍が制圧した地域についての日本の最大の関心事は、占領した領土をいかにして自らに有利になるように組織していくかだった。それが一九四〇年の八月に初めて示された構想、「大東亜共栄圏」だった。当時の外相の松岡は、この「大東亜共栄圏」構想によって、日本に指導されたアジアの新秩序にどのような国々を統合するか決めようとした。それは満州国と朝鮮といったすでに制圧した領土から、将来的に制圧を目指していた地域を含んでいた。たとえば、抵抗を続けていた中国や、ヨーロッパでの戦争の結果によってより熟成した果実として日本の手中に落ちることが望まれていた植民地諸国の仏領インドシナやオランダ領東インドが含まれていた。簡単に予測できることであるが、真珠湾攻撃後、大東亜共栄圏という言葉は、ある地域にどのような一体感を持たせるのかということの意味は深く問われないまま、日本軍が闘うすべての地域を指すものと再定義された。計画性を欠いていたため、日本はその支配下に収めた新たな地域で、直接統治地域においてさえ、その資源を十分に活用することはできなかった。日本政府は大東亜という壮大な構想のもとに中央集権的な支配権を押しつけたが、その支配権を行使出来たのはプロパガンダにおいてだけだった。日本は、多くの領土間を水平的に関連づけてダイナミックな共同体をつくり上げようとはしなかった。そうすれば日本のリーダーシップが危険にさらされるからだ。かくして、東アジアの五地域の国の代表が集まって一九四三年十一月におこなわれた盛大な会合（大東亜会議）のみが、プロパガンダの唯一の成果だった。日本の野望のうぬぼれが共栄圏という幻想によって示された。まさに大山鳴動してネズミ一匹である。

さらに、内部での議論が噴出する。一九四二年十一月一日、日本とその占領下の国々や地域との関係を調整するための新組織、大東亜省が設置された。しかし、その結果、軍部と外務省の見解の相違がより鮮明になった。軍部が自らの支配下にあった地域との外交的接触を求めたのに対し、外務省は新組織に反対していた。外務省が大東亜省設置に反対したのは、「日本外交路線の基本方針の統一」が崩れたら、占領国の独立を求めるという何度となく繰り返された約束が果たせなくなるためだった。これは、明らかに両者の権力争いだった。外務省はわずかに残された権力に固執した。多少の可能性が残っていた南米を別とすれば、外務省は政府また社会の周縁部に追いやられ、いかなる政策遂行能力をも持たなかった。

一九三九年に新しい商業部局の創設の動きがあった時には、根回しをしてその設置を阻止できたが、一九四二年には外務省は敗北し、大東亜省が動き始めた。戦争が激しくなり、部下の外交官たちがあまり当てにならないことが明らかになるや、外務大臣の東郷には辞任する以外に道はなかった。外務省の役人がいかに疎外されていたかは、一九四四年の夏のサイパン陥落が隠蔽されただけでなく、それが日本の偉大な勝利だとして彼らに知らされ、祝勝会に招待されるといった事実が物語っている。外交官の影響力が低下する一方で、戦時状況を楯にして、首相東条英機が内務大臣と陸軍大臣も兼務するに至り、軍人の支配権の伸張が明白になった。

軍と外交の利害対立を語るのは難しい。日本では、ヨーロッパでのナチやファシストほど軍部が社会の管理権を掌握しなかった。伝統的な農業社会が工業社会へ転換する中で、異なった政治集団同士の政治的緊張感やこうした過渡期に独特の社会紛争を消し去ることは不可能だった。多くの場合、戦争による急減な変化がそうした争いをより先鋭化した。イタリアやドイツとの大きな違いは、日本では戦争の真っ最中の一九四二年五月に選挙が実施されたことだ。しかしより際だった特徴は、軍部が自らの目的を達成しやすい組織の設立を目指したが、それに失敗したことだ。以前に単一政党による政府樹立の目論見に失敗したように（大政翼賛会はその目的を達成出来なかった）、軍人が実施した議会選挙は、帝国の勝利という状況下で実施されたにもかかわらず、彼らが望んだような立法機関の刷新をなしえなかったし、自らが好きなように国を支配するだけの権限も確保出来なかった。軍部は権力の掌握に失敗し、一九四三年以降、議会との和解を求めるというあきらめの姿勢をとった。戦争の間、反体制派はつねに潜伏していた。

戦争が急迫するなか、スペインは戦争に巻きこまれないように尽力していた。枢軸国側と連合国側の勢力均衡はそれまでの予測とは異なってあいまいとなり、スペインはもはや一年前のように枢軸国側で参戦しようとは望んでいなかった。しかし、自らの意思に反して、近隣での何らかの軍事行動により戦争に巻き込まれてしまう可能性も否定できなった。ホルダーナは就任以来の最も難しい日々を送ることになる。二か月後に連合軍が北アフリカに上陸したからである。スペインの北にはピレネーにドイツ軍が駐屯し、南では二重の形で連合軍に包囲されることになった。一方には戦略的な重要地点であったジブラルタル海峡にイギリス軍が駐屯し、他方では連合軍がモロッコの大西洋岸に上陸し、東部のスペイン領モロッコの国境近くに沿って進軍していた。ヨーロッパ東部での戦闘の相対的な行き詰まりのあと、スペインは偶発的な軍事行動の可能性を考えざるを得なくなった。

しかし、スペインが抱えていた外交問題は、当時フランコ体制が直面していたディレンマのほんの一部分にしか過ぎなかった。伝統的な保守主義者がファランヘ党よりも力を持っていた。その頃、ファランヘは支持基盤のかなりを失っていたが、その一方で、当時、支配的だった保守派の間で、スペインが王政に移行すべきか、大統領制になるべきかを巡って激しい議論が起こっていた。これは国内で起こった議論だったが、対外的にも重要な問題だった。スペインが将来どのような体制になるのかという議論は二次的なものとされたが、当然のことながら、それはきわめて現実的な問題でもあった。ドイツはスペインの政策に決定的な影響を与えるだけの力を持ち続けていた。ドイツは南フランスに駐留し、スペイン国内には枢軸国寄りの意見を持つ熱狂的な支持者がたくさんいたからだ。しかし、かつてのイタリアとは逆に、ドイツはスペインが中立に傾いていくのを回避するための方策をほとんど講じなかった。トゥッセルによれば、「結局のところ、東ヨーロッパでも、ヒトラーはファシズムと同様の体制よりも、軍人政権に依拠していた」(1)。フランシスコ・フランコは枢軸国の政治的圧力から比較的自由であったために、より長く政権の座にとどまることができた。そればかりか、王政復古を望む高位の軍人と、フランコこそが自分たちが生き延びていくための保障だという念を高めていったファランヘとの間で、フランコは再び諸政治勢力の中心に身を置くことに成功した。長年フランコは、内戦のトラウマを背負っている人々に、とくに内戦の恐怖を思い起こさせた。内戦を引き合いに出すことは、権力への要求を宥めたり、より明るい未来への希望を中和させるのに最も効果的な方法だった。フランコはより小さな悪だったのであり、国民の疲弊を利用していた。

フランコは難しい対応が迫られる外交において、ホルダーナが前任者スニェルとは異なり、忠実でなおかつ野望を抱いていない人物だということを知った。フランコは以前からずっとホルダーナを信頼し、周囲の人々からの絶え間ない忠告には耳をかさず、就任直後からホルダーナに外交政策の変更を自由にさせた。ホルダーナはあまり性急ではない形で政策の変更を始めた。ホルダーナは自らが全面的に関わって、外務省の行政機構の再編をおこなった。まず、政策決定権を外交政策局長のホセ・マリーア・ドゥシナーゲに集中させた。ドゥシナーゲは外務省の事実上のナンバー2として、全地域の外交政策の調整をおこなった。その後まもなく、一九四二年九月十七日から二一日までの閣議では、ホルダーナの決めたスペインの新方針がお披露目された。それ以降、スペインの方針はセラーノ・スニェル時代の非交戦状態から、さらに一歩進んで中立へと向かっていく。その一方で、以前からの友好国であるポルトガルやスペイン系アメリカ諸国それにバチカンといった国々のみならず、大戦での中立国のスイス、スウェーデン、アイルランドなどに接近するために反共産主義のための戦いが準備された。ホルダーナは内戦から引き継いだ構造になおも基づいていた体制の仕上げに使う新しいソースを味付けする調味料を増やそうとした。ドイツには、数年前の枢軸国寄りの姿勢から離れたこの新しい味がまったく気に入らなかった。その一方で、連合国にとっては、これは材料の古めかしい味をごまかすことも出来ない茶番にしか過ぎなかった。これは誰をも満足させられない料理だった。スペイン政府やフランコ将軍自身でさえも。しかし、世界秩序の新しい料理人たちに出すためには必要な移行だった。なぜならば、ヒトラーのかまどは絶えず燃料不足となっており、十分な温度を保つために、「とても遅く、ほとんどわからないくらい緩慢な」形でいくつかの変化が生じていたからである(2)。そうした変化が起こっていたことはしばらく経つまでわからなかった。そのようにしておこなわれたのが、セラーノ・スニェルの時期の産物である日本との協力である。これがこの章で取り上げる第一のことである。

2　協力は続く

日本政府は、外務省から「寵臣」のセラーノ・スニェルが去ることに一抹の不安を抱いていた。その証拠に、日本の外務省は在チリと在アルゼンチンの公使館に対して、彼の異動に伴う反応についての情報を求めた(3)。問題まみれの人物の失脚によってもたらされるであろう利益や、セラーノが始めていた援助は継続するつもりだとのスペイン側の意向など、日本側を安心させるような要素もいくつかあった。そのうえ、フランコは秘密裡に、外交政策は変わらないだろうということを伝えた。少し後には、アメリカの雑誌の情報に基づいたものであろうが、フランコは以下のように述べて、日本軍をあらためて称賛した—「日本人は一二〇マイルを進むのに七二時間でたった五分間休憩するだけで進んでいくことができる」。彼は日本についての新たな具体例を挙げるなかで、太平洋戦争で日本兵が決して降伏せず、敵はそれが信じられないと思っているとも述べている。そしてこう付け加えた――「私は日本軍の強さを疑ったことはないし、とても満足している。もしこのままであれば、蔣介石打倒はたやすいだろう」。また、総統《カウディーリョ》はインドの産業の半分が集中していたカルカッタへの爆撃に際して喜びを表明した。彼はこう尋ねた――「日本はカルカッタを完全に破壊して、インドへの攻撃拠点としようとしているのだろうか？」(4)。

ホルダーナは、彼なりのやり方で日本に誠意を示し始めた。そのかなりの部分は閣僚としての最初の任期中にすでに築き上げられていた友好関係によるものだった。たとえば、日本公使館での晩餐会でスタッフと「親密な」会話を交わし、極東でのボルシェビキ化を回避するための組織である新しい大東亜省と見解を同じくするものだと言っていた。ホルダーナはこのことを閣議でも説明していた。また、報道された日本の軍事的勝利を称えるメッセージを送った。ニューヨークのスペイン領事のフィリピン亡命政府の晩餐会への参加も認めなかった(5)。もっと重要なのは、諜報活動も利益代表国となっていることも引き続き容認していたことだ。

さらに、一九四三年一月四日の最初のNo-Doでは、ボルネオから帰還した部隊が天皇裕仁の前で勝利のパレードをするニュースが流された。日本のアリューシャン列島への上陸二週間後、No-Doは関連映像を流しながら伝えた――「日本は四八〇万キロ［平方メートル］を征服した」。そして、同年四月には「日本軍は延安地方から共産党ゲリラを駆逐した」と報道した(6)。日本は、スペインが味方であると信じて疑わなかった。

しかし、ホルダーナは就任当初から前任者とはかなり異なった行動をとった。スパイ網に関しては、あたかも何も知らないかのように行動すると知らせ、実際にはそのまま機能させ続けた。理論上では、状況を大きく変える理由はなかった。実際に、スペイン人が入手した秘密情報は日本に届き続けていた。Tō情報網から届き、アメリカ側が解読した情報は、九月には九件、十月には八件あった。この不安定な時期に、これはまずまずの数だと言える。一九四二年八月の二一件には及ばないが、同年七月の十件に匹敵する数字だ。利益代表国としておそらくは他にも同じくらいの数の情報が送られていただろう。フィリピン占領により発生した問題についても、ホルダーナは特別なことは何もしなかった。

変化は間接的な方法で現れはじめた。最初の不協和音の知らせは、真珠湾攻撃後に須磨に両国の関係強化の必要を説いていたスペイン系諸国評議会議長のマヌエル・アルコンからもたらされた。ホルダーナの着任後まもなく、フィリピンでスペイン語が公用語から消え、日本語とタガログ語のみが公用語となり、英語は暫定的に公用語になったというEfe社が八月に配信したニュースに対する懸念をアルコンは須磨に知らせた。後に須磨はこう伝えた――「スペインの政府と国民は「フィリピンにおけるスペイン人に対する」日本のやり方について、とてもショックを受けています」(7)。これは明確な態度表明だった。

須磨はそれぞれの目的がますます一致不可能となっている両者の板挟みになっていた。スペイン人とその政府は前からそうであったように日本政府とは異なった態度を示したのだが、もはや個人的つながりや政治的一致によってその相違を覆い隠すのは難しかった。かつてのやり方では通用しなかった。スペイン側の猜疑心が増大する一方で、日本政府はフィリピンの法廷でのスペイン語の使用要求に対応していた。他の言語はわからない裁判官や判事がいたので、スペイン語の使用は暗黙の了解だった。しかし、おそらくはスペインからの抗議に嫌気がさしていたからなのか、谷外相はこう付け加えた――「この道は通らなければならなかったものであります。スペイン人にはこれは気に入らないことでしょう。しかし、彼らは今さら我々が何をやるべきかを指示すべき立場にはありません」(8)。法廷における表立ってのスペイン語の許可はたいした範囲のものではなく、翌月になっても谷外相はそれ以上の解決策を提示しなかった――「スペインが抗議できることではありません」。谷外相にできたのは東京のスペイン公使に両国の緊張の責任をなすりつけることだけであり(「メンデス・デ・ビゴの非難にもかかわらず」)、昔と同様にうまい言葉を使うようにと忠言することだけだった――「我々がスペイン文化を根こそぎにしようというつもりは毛頭ないということを彼らに理解させられたい」(9)。確かにスペイン人をなだめるには須磨の巧みな手腕に委ねる以外になかった。

東京の援助がないとすると、須磨にとって残された唯一の方法は以前と同様に上層部からの援助を模索しつつ、緊張感を政治的覆いで弱めることだった。須磨はホルダーナが以前のセラーノ・スニェルのような役割を果たすことを望んでいた。須磨は、外相時代にセラーノ・スニェルが、スペインの反コミンテルン条約調印を支持したことを思い出させた。これが「当時の西日関係の基本となるものでした」(10)。しかし、須磨は間違いを犯した。まず、ホルダーナという人物について誤った情報を得ていた。ホルダーナはフランコが反コミンテルン条約にサインしないようにありとあらゆることをした人物だ。次に、外務省とスペイン系諸国評議会間の書簡によれば、マヌエル・アルコンと須磨との会談は、ホルダーナの承知のうえで、ホルダーナの指示のもとでおこなわれた。須磨はまた、ホルダーナがセラーノ・スニェルを批判していること、さらに「現実主義者、貴族、大企業家と多くの軍人」が事態を逆行させようとしていることに気付き始めていた。ホルダーナは緊張をほぐすための上層部での助けとはならなかった。

それどころか、ホルダーナは日本に対してよりきっぱりとした態度をとる決意をしていた。一九四二年十月二六日に日本公使館に送られた口上書がその証拠である。彼の外相就任からほぼ二か月後のことだった。ホルダーナはこの口上書で「強い不快感」を表明した。フィリピンとスペインの文化的結びつきの重要性を思い出させて(フィリピンが文明国になったのはスペインのおかげだ)、スペイン系の他の国々からの不快感を表明したうえに、友好関係の終焉をほのめかして脅しをかけた。実際に、良好な関係を再びつくり上げるために、非常に難しい提案をした。それは、スペイン語を日本語とタガログ語を補完する言語として認定することだった(11)。数日後の十一月二日、この新しい姿勢が利益代表に関する外務省から報道機関向けの文書によって明らかになった。その文書には日本との友好関係から生じる問題点がはっきりと表された文言が含められていた―「とくに日本の参戦以降、スペインが日本の利益を代表していることに反対して中南米のいくつかの国々が数か月前から繰り返しおこなっているキャンペーンがある……」(12)。これは、おそらくはバチカンと協調した新しい姿勢だった。同じころ、バチカンはフィリピンで多数派を占めていたカトリック教徒に対する日本の仕打ちに対して苦言を呈していたからだ。そして、司教区の学校が以前と同じように機能し続けるようにと求めていた(13)。日本は新外相とともに仕切りなおして再始動することが必要だと気づくべきだった。両国関係は再構築されなければならなかったのである。

須磨は利益代表についての報道機関への文書を見ていなかったので、かなり驚いたようだ―「この国において、スペイン側のこの文書ほど乱暴な言葉を見たことはほとんどありません」(14)。この文書はスペインの世論の激しさを、マニラのスペイン語日刊紙『ラ・バングアルディア』（これは唯一残っていたスペイン語新聞だった）が廃刊となったことや、スペイン系企業や教会への送金停止などといった具体的な事実によって説明していた。そのうえ、外務省上層部が敏感になっていたことを強調していた――「日本人は友人の言語を除外し、アメリカのような敵の言語の使用を認めたので、スペイン政府の理解の及ばないことになった」(15)。とはいっても、この文書では、ここ四十年間のフィリピンでのアメリカの文化的同化への抵抗のみが言及されていた。

しかし、実現可能な解決策は見つからなかった。須磨は過去に固執し、主として「体面を保つことが大切」だと思い続けていたからだ。とはいっても、両国の友好関係が消滅するかもしれないほど問題は深刻だと警告した――「スペインはこの最後の一歩を踏み出す前に、きちんとした準備をしておくべきだったと思うものです」。それより重要だったのは、須磨は日本がスペインから得ていた利益を承知していたことだ――「そうなのです、我々にはもうスニェルがいるのではありません。我々は新外相［ホルダーナ］とつきあわなければなりません。彼は白紙委任されています。そして、もし我々が彼に適合しなかったなら、スペインは日本の利益代表をやめるだけでなく、諜報活動においても我々への協力を認めなくなるでしょう」(16)。

それ故に、須磨は、日本の傲慢さが続いてスペインの要求に何ら応えることができなければ、日本がどうなるのかを明確な形で知らせた。状況をよく理解していた彼は、スペインの不満を和らげる必要性を日本政府に訴えて説得しようとした。スペインの協力が中断すると日本の戦争努力そのものにとって否定的な結果を招くだろうことを示しながら、須磨はこう言った――「この問題について再考され、本官が提案するようにやっていただければと考えるものであります」(17)。セラーノ・スニェル外相時代の成果だった諜報活動も日本の利益代表の活動も危機的状況にあった。スペインのこの二つの援助は政治的判断から始まったものの、外務省における元の偉大な義弟の存在自体を越える展開を見せていた。とはいっても、両国の関係がますます悪化すると、最終的にはその影響を受けるようになった。この点について次の小節で見ていくことにする。

2・1　ますます難しくなる諜報活動

ホルダーナは日本の諜報活動へのスペインの援助継続を容認していた。しかし、表だって援助を表明することは決してなかったし、前任者セラーノのように危険を引き受けるつもりもなかった。外務省の支援の欠如が西日両国の協力のきわめて重大な側面を徐々に破壊していき、秘密情報を提供すべき組織でさえ、名目だけのものとなっていった。かくして、スペイン政府との距離が広がっていき、諜報活動はお金と引き替えに日本に情報を提供する数名の個人の活動となった。ホルダーナの着任以後の三つの事実から、この情報網の機能の変化を知ることができる。三つの事実とは、公的に承認されたものではなくなったこと、イギリスでの諜報活動網の終焉、そしてマドリードの秘密情報部員との連絡が困難になったことである。

セラーノ・スニェルの解任により情報網が機能不全に陥るのは予見できた。なぜならば、「すべてが」セラーノの個人的な活動によって機能していたからだ。トップのアンヘル・アルカサル・デ・ベラスコが認めたように、セラーノからの新たな指令があるまで情報を送るのを止めるように部員に命令が出されたほどだ(18)。十月四日、ホルダーナとの会見で、ベラスコは諜報網が置かれている状況を明らかにした。このときホルダーナは、就任以来、日本のための諜報活動についておおまかな情報を得ていること、スペインと枢軸国との協力政策に何ら変化をもたらそうとは思っていないことを述べた。しかし、セラーノ・スニェルの振る舞いはあまりに性急だったので、時おり問題を生じさせていた。ホルダーナはベラスコにこう指示した―「表面上は私は可能なかぎり厳密に中立を保つつもりだ。私が情報網について何ら知らないかのように、遂行して欲しい」。その方法については、これまでのように暗号と外交袋を使い続けることに何ら反対するつもりはない、と付け加えた―「しかし、もし何か問題が起こったときには、スペインの中立という立場が危うくなることが決してないように、細心の注意を払うようにとはっきりと要望する」(19)。

この情報については確証はない。これはアルカサル・デ・ベラスコが日本に流した情報なので、でっちあげかもしれない。ともかく、このスパイはだますことで生きてきた。イギリス人が自らの身を挺して証明したように、それが彼が完璧に身につけていた技であり、そのうえ、彼は自らの職に賭けていた。ホルダーナとアルカサルの会談が実際におこなわれたのかどうかについても、ここに挙げた発言以外の証拠はない。しかし、ホルダーナの発言はありうることである。一方で、セラーノ・スニェルが始めたことは、ホルダーナがたとえ望んだにしても彼の命令だけでやめられるほど簡単なことではなかった。

他方で、アルカサルが日本側に語った内容は、ホルダーナの名前でリアルプ伯爵が日本に提供した情報と合致していた。リアルプ伯爵は外務省の諜報問題を担当していた行政担当官だった―「我々のスパイ網との協力は以前と同じようにおこなわれます。しかし日本が全く何も知らないふりをしてくれるように要望します」(20)。最後に、スパイ網に対するホルダーナのこの見せかけの決定が、ほとんど気がつかれないように緩慢に政策を変えていくという外務省の他の動きと首尾一貫していたからでもある。こうして、情報は日本公使館に届き続けた。ある時点でホルダーナがスパイ活動について知っていたかもしれないという事実はかなりの重要性を持っている。なぜなら、重要なのは外務省内部での秘密主義だったからだ。ホルダーナは何も知らないかのように振る舞ったので、あたかも本当に何も知らないかのように見えた。さらには他の人も同じように振る舞うことになった。つまり、アルカサルに秘密情報を送るのをやめたように見えた。

二番目に、イギリス外務省から、外交袋がドイツに機密情報を流す役割をしているのではないかという新たな苦情が届いた。これは何も目新しいことではなかった。なぜなら、以前にもルイス・カルボ事件が起きていたからだ。セラーノ・スニェル時代には、ロンドン経由でのアルカサルへの情報の流れが止まらなかったものの、ホルダーナの時代にはそうはいかなくなった。もはや「不実のアルビオン」から情報が届かなくなった。ロンドンからのTō情報は、新外相の就任後まもなく届かなくなった。それはマドリードから東京へ送られた情報数の減少からも証明される。かくして、八月に須磨から送られたTō情報の二一の情報のうちロンドンからの情報は四つだけだった。九月には報告書『マジック』に反映されたロンドンからのものは二つだけだった。そのうえ、双方ともセラーノ・スニェルの解任直後の九月二日に東京に送られたものだった(21)。

三番目に、スペインからのアメリカの諜報部員への秘密情報はとくに大きな影響を受けた。東京からの依頼に対する二つの返信には、明らかにアメリカにいる諜報部員へ指示を送ることが困難になったことが示されている。一つは、東京からアメリカ政府とその国民が戦争をどう思っているのか知りたいと尋ねられた件。もう一つはラジオ放送についての情報を尋ねられた件である。前者の場合にアルカサル・デ・ベラスコが渡したのは、ホルダーナ自身が要求したスペイン大使カルデナスの書簡とされるものだった。これは、「通信部長も全く知らないうちに」到着の瞬間に受け取ったとされるものだった(22)。この文書でカルデナス大使は、回答を得るために自分がいかに熱心に動いたかを伝えた。彼は役人たちと多くの会談を持っただけでなく、アメリカ国務長官のコーデル・ハルを昼食に招き、日本が欲していたテーマについてよりフランクな形で話し合う機会まで設けたという。二番目は、日本のラジオ放送についてアメリカではどのくらい信頼と関心が寄せられているか知りたいというものだった。「諜報部員の一人」とされる人物からの回答なるものがあり、それは日本のラジオ放送の傍受はいっさい禁止されていること、それが見つかれば「厳」罰に処せられるだろうと結論づけていた(23)。後に、アメリカの防諜組織によって、これらすべてが嘘だったことが証明された。カルデナス・ハル会談はおこなわれていないし、アメリカでは日本のラジオ放送の傍受を禁止するような強圧的な対応もなされていなかった。以上のことが示しているのは、明らかにアルカサル自身によってメッセージが捏造されていたことだ。彼の情報の多くの出所は怪しく、かなりの程度まで彼の想像力が情報不足を補っていた。組織は動いていたとは言え、当時できたのは定期的に情報を得ることだけで、彼はその中からできる範囲内で日本の要望に沿ったメッセージをでっち上げていたのである。

その間、日本はスペインでの情報収集のための枠組みを広げていた。スペインが好意的な態度をとっているはずだということ、基盤となる機関が次第に整ってきたこと、他に方法がなかったという理由から、スペインの首都マドリードが日本にとって情報収集に好都合なヨーロッパでの中心地となった。情報量は多かったし、それはさらに集まるかに思えた。一九四三年一月二六日から二八日までベルリンで開催された諜報担当代表者会議には、スウェーデン、スペイン、ポルトガル、スイス、トルコ、ブルガリア、イタリア、ヴィシー、パリ、バチカンで働いていた十七名ほどの担当者が集まった。この会議で、スペイン、ポルトガル、トルコが情報収集の「最前線」であると認識され、また、中立を保っている複数の政府から秘密情報を得たいという東京からの提案にもかかわらず、スペインが日本の活動を援助している唯一の中立国であり続けているということも確認された。そのうえ、主要な情報部と見なされた中で高速受信器を受け取っていたのは、ベルリンとソフィアとともにマドリードだけだった。その受信器で、敵国にいるスパイからの情報を受け取ったり、英米間の通信を傍受しようとしていた。他方で、世論の支持を保ったり秘密情報を得るのにプロパガンダが良い方法だと考えられたので、スペインが再び中心的な役割を担うようになった。会議では、プロパガンダを効率的におこなうために、東京と連絡をとるための中心オフィスは中立国、できればスペインに置かれることが望ましいとの提案がなされた。通信社や新聞社の買収が考慮された結果、やはりスイスとスペインが望ましいということになった(24)。イベリア半島において戦争当初に確立された諜報活動の均衡は明らかに崩れた。マドリードの公使館がヨーロッパの秘密情報の中心地となった。

さらに、スペイン領モロッコでの活動の活性化のために、四月にタンジールに領事館を設置するとの提案がなされた。そこはマドリードの公使館員がよく知っている場所だった。たしかにこの都市は、スペインの帝国的野望にとってだけでなく日本の諜報活動にとっても重要だった。ここからは、双方の陣営にとって重要になった都市すなわちジブラルタルでの出来事、それにジブラルタル海峡を通過していく船舶や護送船団を観察することができた。とりわけインドに向かうイギリス船を観察できた(25)。そのため日本は、フェスに高和領事を送り、「日本にとってスペイン領モロッコの商業的・経済的重要性が増した」という口実で領事館の開設を要求した(26)。そのように見え透いた言い訳をしても、その要求を受け取るはずであったセラーノ・スニェルは問題としなかっただろう。しかし、その文書を受け取ったホルダーナはタンジール領事館開設の正式の許可を与えるのを遅らせた。まず、総理府モロッコ・植民地総局に答申を求めた。モロッコ・植民地総局はテトゥアン領事館との合併のみを提案した(27)。その後、ホルダーナは後におこなわれる須磨との会見のための返答をなかなか送らなかった。しかし、日本は独自に動き始めた。それには、連合軍の攻撃の故に、カサブランカやフェスに在住していた日本人が退去せざるを得なくなったという理由も大きく働いていた。スペイン側は日本人のタンジールへの避難を手助けし、日本側はそれに大きな謝意を表した。しかし、それは一九四三年四月以降、すでに非公式に開設されていた武官局の重要性を高めるものでもあった(28)。武官局設置の承認を得るために二月に大林書記官が送られていたのである。須磨自身の言葉によれば、「アメリカとスペインとの関係は、なんとか安定するものになったからです」。タンジールでの日本人とスペイン政府当局者との関係はきわめて良好で、「日本人は高等弁務官代表を含めたスペイン軍人の招待の場に参加し」(29)、日本国旗を掲げた車の使用さえ認められた。

タンジールからの当初の情報はジブラルタル海峡を通る護送船団の増加やチュニスへの攻撃などについてだった。時間の流れとともにその重要性は増していく。タンジールはアフリカでの唯一の日本の観察拠点だった。日本は主としてアルジェリアでの連合国の統治を観察し、アメリカがどの程度までヨーロッパでその戦力を用いているかを知ることができた(30)。イタリアの降伏以降、ジブラルタル海峡が再び太平洋へ向けての交通ルートとなり、タンジールの重要性は増した。ここからの情報によってどの船がインド洋を経由して極東に送られるのかを知ることができ、とくに紅海におけるドイツのスパイのデータと照合するとその確証を得ることができた(31)。これは一九四四年四月まで機能したが、この頃イベリア半島では、日本の諜報活動に従事するスペイン人は最も困難な時期を迎えていた。

2・1・1　困難なTō情報網の拡大

スペインにおける日本の諜報活動の最重要部分を担っていたのは、アンヘル・アルカサル・デ・ベラスコを中心とする組織網である。理由は簡単である。日本は手探り状態だったからだ。次第に、主たる敵であるアメリカについての情報が必要になった。アメリカはかなりの反撃能力を示していた。あるスパイからの情報によれば、そのころ日本が必要としていたのは以下の点についての情報だった。軍事面では、アリューシャン列島の空港と海軍施設、ソ連との通信網、ワシントン州とアラスカを結ぶ道路網の情報を必要としていた。プロパガンダ面では、アーサー・クロック、ドロシー・トンプソン、レイモンド・クラッパー、アーネスト・リンドリー、ハンソン・ボールドウィン、ジョージ・エリオット、プラット総督など錚々たるコメンテーターの論説、さらに『フォーリン・ポリシー』、『フォーリン・アフェアーズ』、『フォーチュン』誌などの主要記事を求めていた(32)。ここからわかるのは、日本が敵について、対応できるものであればあるほどあらゆる情報を収集する必要性を自覚していたということである。そのため日本側は、ルイス・カルボ事件とニューヨークでの諜報網の崩壊が原因で情報配信に失敗したにもかかわらず、アメリカでの諜報部員の数の増加を主張した。ニューヨークの諜報員は、ホルダーナの就任以来、アメリカ防諜機関に捕まってしまい、最終的に情報を送るのをやめてしまった(33)。アルカサルはこの機会を利用して、最低でも二十名が必要だと主張した。アルカサルは、政府の正式な代表とともに、定期便の飛行機を使って自らの責任と危険を犯しながら入国するジャーナリストもしくは諜報部員を送ることが必要だと考えた。そのためには危険を分散させる必要があった。アメリカ大陸にはありとあらゆる方法で諜報部員が到達したが、その多くは明らかに失敗した。

もっとも安全だったのは、外交官フェルナンド・デ・コッペ・チンチージャの派遣だった。表向きの派遣目的はカナダ西海岸での日本の利益代表の強化だった。この任務はモントリオール総領事の指揮下でバンクーバーの名誉副領事のフランシス・ベルナールが担当し、ワシントンのスペイン大使館員ペドロ・E・シュワルツが補助していた。この任務を正式の総領事に任せることによってより効率的なものにしようとしたのである。これは、セラーノ・スニェルの時代に考えられたものだった。それは日本の利益を代表するというスペインの役割から考えて当然のことだった。コッペは自分の仕事をしながら、北太平洋での敵の行動についての情報を送った。その際に、出発の日取り、荷物、対日戦のための護送船団の方向などを示すために、援助が必要とされた日本人の名前を暗号として用いていた。

ホルダーナは就任後、この任務を遂行する外交官の信任要請をカナダ政府に出さなければならなかった。こうした状況下、他の政策と歩調を合わせるために、ホルダーナはこの任務のための候補者を変えて、枢軸国よりも連合国寄りの人物のコッペに変更した。コッペはすでにカストロ・ヒローナの経済使節団の送別会で日本と多少の関係を築いていた(34)。ホルダーナは明らかに、スペインと枢軸国との関係から生じるであろうマイナスの結果を抑えようとした。かくして、メンデス・デ・ビゴに外交袋をニューヨーク経由では送らないようにと命令したのと同様の方法で、全く疑惑のない人物を任命することで日本の情報機関の計画を失敗させようとしていた(35)。もしアメリカがスペイン人の足跡を追い続けるとすれば、詮索されないようにあらゆる手段を講じなければならなかった。

それにもかかわらずホルダーナは失敗した。アルカサルがコッペを説得し、秘密情報を送るようにさせたからである。アルカサルはホルダーナとの戦いに勝利した。コッペに何らかの形での諜報活動への参加を説得したからである。アルカサールは彼をバンクーバーにおける将来の諜報網のトップにし、日本にはさらに金銭を要求した。須磨は東京にこう知らせた―「現在、協力と信頼を勝ち得る唯一の方法は、金銭であります。将来的には彼らに莫大な金額を払わなければならなくなるでありましょう」(36)。この間、日本政府はこの外交代表に対して、どのような情報を集めて欲しいのかについて明確な指示をおくった。日本が求めたのは、北太平洋での通信網、とりわけ千島列島とソ連への通信網についての情報だった。この後コッベは一九四三年一月十一日、マルケス・デ・コミージャス号に乗船してバンクーバーに向かった(37)。

バンクーバー到着後、コッベが何をしていたかというと、現地の新聞報道によれば、日本人拘留所への訪問と領事館への短時間の滞在を別にすれば、贅沢なスポーツカーを乗り回し、町の有名人になったことだった(38)。しかし、彼がマドリードに機密情報を送ったという証拠はない。アルカサルによれば、コッベは一九四三年三月以降、「船舶、その貨物、武器について、また潜水工作員がいかにしてベーリング海峡に沈没した日本の潜水艦の電気系統の部品から情報を引き出そうかとしているか」についての情報を送っていた(39)。しかし、この情報は信じがたい。須磨が一九四三年五月に日本政府に伝えたところによれば、コッベのすべての通信手段は危うくなった。それ以降、須磨からの情報はカナダでのコッベの活動について言及することはなかった。

確かにコッベは当初から困難な任務を任されていた。カナダ政府はバンクーバー副領事の格上げについて疑念を抱いたし、コッベの赴任直後の一九四二年十一月以降、カナダはこのスペイン人が要注意人物であるとの情報を得ていた(40)。そのため、コッベの任命を取り消すことはできないにせよ、カナダ外務省は彼から外交袋の特権を剝奪し、彼から送られる情報は、ヴィシー政府代表部のものと同様に、すべて通常の郵便で送らなければならないと命じた。それだけでは済まなかった。なぜなら、コッベの赴任が巻き起こした批判的な反応以降、スペイン人外交官を通じてのローマやベルリンへの情報伝達について新聞の報道が相次いだからだ。彼のスパイ活動との関係は、それが本当であったかどうかは別として、公然の秘密だった(41)。

おそらくこのためにコッベはできる限り疑念を抱かれないように細心の注意を払ったのだろう。赴任後にスペインはドイツと協力しないと断言し、悪く解釈されるのではという不安から、物議をかもしそうな発言やそのような状況に陥るのを常に避けていた。唯一の証拠はワシントンの大使館からモントリオールへと送られた郵便物だけだった。この郵便物はそこから書留としてバンクーバーに送られ、そこで一九四三年八月末にカナダの監察官によって差し押さえられた。カナダの諜報局は、封蠟で閉じられた封筒の中に、秘密情報を送るための指示

（二つの暗証番号や、軍隊派遣、防御施設の位置、船舶の派遣についての情報を送るための日本人の名前のリスト）、あぶり出しインクの作り方、それに現金一、〇〇〇ドルを見つけた。あぶり出しインクでグスタボ・ビリャパーロスとサインされた手紙も同封されており、その手紙では、マドリードの外務省の外交袋担当職員のアントニオ・ロサス・バルディア（もしくはロサス・バルドン）とマリアーノ・イダルゴに情報を送るようにと指示されていた(42)。コッペの派遣は大失敗だった。とはいっても、彼のアルカサルとの約束についての疑念は残る。コッペがマドリードからはあぶり出しインクで彼に情報が送られたと日本人に伝え、またそれが後に差し押さえられたものの一つだということを考慮すると、コッペを情報網に送り込んだのはたんに日本から金銭を巻きあげるための調整役に過ぎなかったのではないかと考えられる。

次にアメリカ行きを命じられたのは、アルカサルの友人で、おそらくはカステホン（Castejón）（彼の名字のカタカナ表記では、カステホン（kasutehon）となっている）という人物である。彼を大使館で空ポストとなっていた陸軍武官として派遣し、日本向けの情報を収集させるという計画だった。しかし、アルカサルが最後になって日本に伝えた情報によると、アメリカ大使館が彼を拒否したという。実際にはこの人物の信任要請は出されてはいない。公のルートでの日本のためのスパイ活動の失敗から明らかになることは、Tō情報網が公権力の管轄下からますます離れていったことだ。ホルダーナはセラーノ・スニェル時代の二名の候補者のいずれをも認めなかった。一番目の人物は問題を起こさないだろうと考えられた人物に変えられ、二番目の人物については、一九四二年八月にはこの人物についての肯定的な情報が多くあったことを考えると、ホルダーナが、自分の前任者が「指名」した人物を選ぶより、そのポストを空けておくことを望んだのではないかと考えるのが妥当であろう(43)。ホルダーナは情報網の活動継続は受け入れたが、それを自分の政治責任として負いたくはなかった。

もう一つのスパイルートは、新聞社の特派員の利用だった。新聞社に特派員の滞在費用を支払い、特派員が記事と同じ紙にあぶり出しインクで秘密情報を書き、それを送るというものだった。この計画は困難だった。ドイツがあまり乗り気でなかったし、情報を英語で送らなければならなかったからだ。しかし、利点もあった。それは、ビザを取得し、なおかつあまり疑念を抱かれずにアメリカに正式のルートで入国する数少ない方法の一つだったという点だ。

この方法で入国した特派員は二名いたが、これもまた大失敗だった。特派員の一人ギジェルモ・アラドレンは、マドリードのアメリカ大使館でのビザ申請時に入国の真の目的を明かしてしまった。その結果、彼は二重スパイとなり、アメリカ側が直接に準備した間違った情報を送り、それは東京に送られる時には特Tō（特別なTō情報網）と命名された。一九四四年夏にアメリカの秘密情報機関がアラドレンが報復の対象にならないようにと腐心したことは、アラドレンが自分を受け入れた国であるアメリカに心から尽くしていたこと、彼がアルカサルに送った情報は日本をだますためにアメリカが考えたものだったこと、アラドレンは情報の信憑性を高めるために多少の真実を追加していたことを示している(44)。もう一人の特派員は、敵側に行くよりは、金銭を得て逃亡することを望んだようだ。彼はアラドレンとともにアメリカに入国したが、それ以降のことはあまりわかっていない。ともかく、マドリードから東京に送られた情報の中に彼のものはないので、スパイ網から抜けたのだろう。ひょっとすると、FBIが諜報活動に積極的に動いていると見なした人物のトーレス・ペローナとかいう名前の新聞特派員かもしれない(45)。

東京のスペイン公使館の直接の詮索の対象となるには至らなかった人物の中には、いろいろな名前がある。ほとんどすべての人に関して書類は一点しか残っていない。ほ唯一その存在が確かめられるのが、フランス生まれのエンリーケもしくはアンリ・グラベーである。彼は（コッベとともに）アルカサルが対米諜報網のメンバーとして認めた二名のうちの一人である。後に、彼はガリシア人というふれこみでロヘリオという名前になった。おそらくはベラスコの友人で、それまでは在スペイン・グアテマラ公使館で働いていた人物だろう。彼は外交パスポートを持ち、一九四三年の四月にカーボ・デ・オルノス号でカディスからブエノスアイレスへ行った。そこからグアテマラに向かい、さらにサンフランシスコかロサンジェルスに向けて出発し、妻の叔父セバスティアン・ドブと一緒に諜報活動をする予定だった。原因は不明だが、この新メンバーの派遣は失敗した。すでにその年の六月には彼はスペインへ帰国したがっていたからだ。これは、アルカサルの文書送達人の一人セレスティーノ・モレーノへの手紙から明らかである(46)。

グラベーの他に、マドリードの日本公使館と日本の外務省との間の連絡文書に頻繁に現れる人物は、「信頼するに足る紳士」と称されて、一九四二年十一月八日、空路でメキシコ、ペルー、コロンビア、エクアドル、グアテマラへと旅立った。この「紳士」は「日本の諜報網の形成を援助すること」に同意した(47)。日本側はラテンアメリカでの諜報活動の開始を望んでいた。しかし、情報収集の主目的は今回もアメリカと関係することであったため、日本側は彼が基本的にはアメリカ北部に滞在していることを望んでいた。送られてきた諸文書から判断すると、彼は日本側からとても感謝されていた。しかし、マドリードを出発して以降の彼の行動についてはほとんどわかっていない。

チリの政治家で、造船、労働条件、政治状況について調査するためにアメリカに送られたラファエル・モレーノという人物がいた。しかし、彼は跡をつけられていることがわかると、仕事を辞めてしまった(48)。アルカサルは、アメリカへの無料の乗船券の入手のためにマドリードのアメリカの武官と話をしたという偽共産党員を信頼し過ぎたとも述べている。アルカサルはこの人物をアメリカが組織していたというスペイン人共産党員の勢力にもぐり込ませようとしたらしい。この理由付けは成功したようだ。なぜなら、一九四二年八月の最後の連絡文書はこの人物がリスボンで船を待っている間にしたためたものだったが、それ以降の足跡はわからないからである(49)。さらに資料には、兵站活動、文書発信活動、情報提供への報酬支払いのそれぞれの円滑化のために派遣される予定だった電信専門家が出てくる。この人物については、実在していたとしても、これ以上のことはわからない。アメリカの諜報機関はマガジャーネス号船上で彼を探したが見つからなかった。おそらく間違っていたのか、もしくはひょっとすると須磨が望んでいたように小舟で派遣されたのかもしれない(50)。コッペ、カステホン、二名の特派員、ロヘリオ、セバスティアン・ドブ、信頼するに足る紳士、偽共産党員、電信専門家は、アメリカが日本に対して降伏するつもりはないと示した時に情報網を拡大するための試みだった。しかし、これですべてではなかった。

マドリードでの日本の情報収集はTō諜報網の枠内のみに留まっていたわけではない。アルカサル・デ・ベラスコが日本に情報を売っていた唯一のスペイン人だったわけでもないし、日本はスペイン人以外からも情報を得ていた。様々な人から多くの情報が日本に提供された。たいていの場合に金銭目当てだったが、そうした情報が信じるに足るものだという十分な論拠はあった。戦後、アメリカの諜報機関は日本が直接雇っていた人物を何名も特定した。たとえば、灯台管理人のフェルナンド・グティエレスは彼の兄弟姉妹のファン、ルイス、それにマルーハとともに、軍人長谷部清に船舶の航行に関する情報を送った。この情報は長谷部からドイツに送られた。日本はさらなる秘密情報の収集を必要としていた。スペインの公式ルートからの援助が困難になったこともあったが、連合国側の手に落ちた領土を手放し、人手が余っていたこともある。新聞記者たちも日本に秘密情報を流していたので、アメリカの防諜機関は新聞記者たちの家が日本の秘密情報機関の事務所になっていると考えていた。朝日新聞の特派員や、マドリードの同盟通信社の「イトウ・ノボル」や「コジマ・リョウイチ」などが疑われた。「イトウ」のスペイン到着は一九四二年春、「コジマ」が来たのはジュネーブでのＩＬＯの会議への代表で来て以降の一九四四年の六月だった(51)。しかし、きわめて明らかだったケースは後述する松尾邦之助のケースだった。彼は一九四三年十一月にマドリードに到着した。そして、皆が知っていたのは、「イシカワ・ケンジ」が一九四二年以降、北アフリカで活動していた日本の秘密情報部員のグループを指揮していたということだった。彼は日本の諜報機関の中の水兵の情報員たちの活動を指揮するために何度もリスボンを訪れていた。この事実が想起させるのは、この任務を遂行するのに十分な援助を得られるスペイン人がこれ以上いなかったということだ。おそらくアルカサル・デ・ベラスコとの関係は数か月後にはうまくいかなくなったのだろう。日本は出来る限り尽力したものの、すべての望みを叶えることは出来なかった。

2・1・2　スペインでのスパイ活動の評価

スペインにおける日本の諜報活動の最終局面や、一九四四年以降にこの活動が生み出した問題について述べるのは後に譲ることにするが、スペインと日本のこの時期における接触の真の重要性について少しだけ考えておくのは意味のあることだろう。たとえその装置が、後にその頭目が主張したほど「完璧」でなかったにしても、その重要性を看過することはできない。情報が探られていることやワシントンにとってそれらの情報の傍受が意味する利益を知りながら、日本側がスペイン側に対してほとんど無遠慮だったことは、検閲版の『マジック・サマリーズ』の公開直後にアントニオ・マルキーナが書いた論文のタイトルに表れている。そのタイトルは「夜祭のスパイ」であった。一九七八年にスパイ網の存在が判明した際にその批判のために用いられた資料、スパイ網の外見、その型破りな性格、以前にあったスペイン人スパイがだました事件（ガルボがヒトラーをだました有名な事件）、それにアルカサル自身の闘牛士としての過去までもが、情報網がいかにいい加減であるかという印象をつくり出すのに用いられた。この情報網の中で、日本は捏造された文書を得るために惜しげもなくお金を使っていた。

この見解を支持する論拠はあるが、それをあまり強調し過ぎるのはよくないだろう。アクセス可能な情報の大部分はアメリカからのものであり、アメリカの情報傍受担当スパイだったシガーの本国の上司への報告によれば、アメリカの情報網はアメリカにおける日本のためのスパイ活動について「完璧な書類」を持っていたという。シガーは判読不可能なインクで書かれた手紙を所持していると述べた後に、果たして伝えられた情報が重要なのかどうかについては何らの意見も受け取っていないと不満を述べた。彼はその点について意見を求めていた(52)。おそらく、アメリカは情報を握っていたにもかかわらず、第二次大戦後になって初めて日本の諜報活動の横糸を解くことだけが出来たのであり、当時はこの諜報活動の全容をつかむことはなかったのだろう。

アルカサルの情報が正確であったことはけっしてないが、彼は一九七八年に、Tō情報網には三十名のメンバーがいたと断言した。アメリカ居住の二名（そのうち一人は一九四二年秋に逮捕された）、運転手とその妻（妻が情報を受け取っていた）、タラベーラに一名、以上のほかにルイス・カルボ事件が原因でその派遣が失敗した四名がいたし、その後、九名の派遣があったので、彼自身を含めると二十という数字に近づく。（もし、数名の、おそらくはスパイではないかという人が本当にスパイであったなら）、おおよその数字であるが、三十名というのは考慮に値する数字であろう。しかし、その効果は連合国側の防諜活動の技術的・組織的成功によって減少してしまった。これは情報網というより、罠に過ぎなかった(53)。

他方で外国の著作者たちは、アルカサル・デ・ベラスコ同様に、Tō情報網を理解するのに想像力やスペイン人についての常套句を最大限利用しようとした。たとえばロバート・ウィルコックスは、アルカサルの家で目にした彼の闘牛士姿の絵を思い出しながら、アルカサルは祖国の最高の闘牛場で闘牛をして名声を博した、しかし、彼は闘牛の難しい技をやってのけるよりも闘牛そのものが好きだったと見るのがよいだろう、と言う。ベラスコは反ユダヤ主義者だろうと言われているが、それは彼の闘牛界での芸名ヒタニートとあまり合致しない。さらに、外務省文書館に唯一残っている彼についての調書（彼が出場するであろう闘牛場へ近隣の人々を連れていくための列車の要請）から判断するに、彼は闘牛士としてもたいしたことがなかったし、公金をいかに使うのかについての考え方もそんなに常軌を逸していたのではなかった。アルカサルの性格は、偏狭で、空威張りをし、女好きというスペイン人のプロトタイプと完全に適合した。その結果、情報網がうまく機能しなかったことの責任はスペイン側に押し付けられた。しかし、Tō情報網全体とマドリードのトップであったアルカサルのパーソナリティーとは多少切り離して考察すること、さらにアルカサルが決して暴露しようとしなかったメンバーのこと、とりわけアメリカにいたメンバーについて考察する必要がある。さらに、日本のための他の情報網と比較することも必要だろう(54)。秘密の活動の動きを知るのは困難ではあるが、主たる過ちを犯したのは日本側である。アメリカによって解読された情報は日本の公使館から送られたものだったからである。

情報の量に関しては、アルカサルが送ったものと他の国々で日本人外交官が自分たちなりの方法で入手したものを比較すると、解読された情報についての秘密報告書『マジック』にいくつもの情報が載ったのはTō情報網からのものだけだったことがわかる(55)。その総目次に載っている典拠一覧だけを見ても、Tō諜報網に関するものは、BU, D, FU もしくは Fuji, I, Kita, MA, NC, PA といった日本人外交官が買い入れた他の秘密情報のいずれよりも量的には多かったということが確認できる。

しかし、質ということになると話は別である。日本に渡された情報のかなりの部分が全くのでっち上げだったということはすでに述べた。敵から傍受した情報をでっち上げたこともある。たとえば、イギリス外相のアンソニー・イーデンがマドリードのホーア大使に戦争についての意見を述べたという電報なるものがあったが、後に海軍が確かめたところ、まったくの嘘だったことが判明した(56)。しかしアメリカのG-2自身によれば、実際に日本に届いた情報の大部分が雑誌や新聞といった連合国側のジャーナリズムからとられたものであったが、軍隊や物資の移動に関する情報の中にはこれらの情報源からではない確かな情報がいくつかあったという(57)。アメリカの諜報機関が確認したある情報は信憑性の高いものとされたし、一九四二年十一月の報告ではいくつかの情報は真実だとされた。

アルカサルのおかげで、日本は護送船団の出港や最高機密だったTNTの五割増しの威力をもつ爆薬RDXについての情報を入手できた。また一九四二年八月にスペインで、アメリカがソロモン諸島方面への部隊増強をおこなっているというニュースを入手し、アメリカの戦略にとってのソロモン諸島（ガダルカナル島）の重要性を知ることができた(58)。他方、アルカサルを通じてではなかったが、須磨公使は連合軍のアフリカ上陸を察知し、オランのスペイン領事が作成したオランでのアメリカの船舶の動きについての情報を送ったが、これは「基本的には正しい」ものだった(59)。ほかならぬ連合国側の防諜機関が、Tōの情報を「玉石混淆」だと定義づけた。というのは、本当の情報が足りない場合には、Tōの情報員たちは自分たちの想像力で情報を補完したからである。しかし、これらの情報にはある程度の根拠があることを否定したことはなかった。

とはいっても、だましていたのはアルカサルだけではなかった。たとえば、アンカラから届いたIの情報もアメリカの防諜機関活動にとって、その正確性を「評価するのは困難」だった。意図的だったのか、それとも無知ゆえだったのかは不明だが、Iは誤った情報を流していた。いずれにしてもI情報はおおむねトルコ政府の見解を反映していた(60)。これと同様のことはリスボンの日本のスパイの「かなりの月数」にわたる観察についても言える。アメリカの防諜機関は情報の質の悪さに「幻滅」した——「アメリカの新聞の購入のために支払われた金額から判断すると、彼らはこの種の印刷物の輸出禁止が解除されたことを、まだ知らないのだろう」。アメリカの防諜機関は、日本がスパイ活動に関してポルトガルに示した関心からすると、結果はひどいものになるだろうと予測した——「今日では、ポルトガルは新聞の切り抜きをする事務所に毛の生えた程度のものだ」(61)。これが唯一のケースではなかった。前述のスパイ、ファン・プホール・ガルシーア（もしくはガルボ）はもっとはっきりしたケースだ。彼はリスボンで、電車の時刻表だけを用いてイギリスの状況についての報告書を作成していた。これは七名の部員による諜報網なるもので作成された。ヒトラーでさえガルボの報告書にそんなに疑念を抱かなかったし、（彼には鉄十字章が与えられた）トルコやポルトガルからの情報に疑問が呈されたこともなかった。マドリードの日本公使館（つまりは須磨と三浦）は、以前に組織されたグループの情報を信じようとしていたいくつかの公使館の一つだった。そうした情報の誤りを認識していたにもかかわらず、本国には情報網がうまく機能し、それを誇りに思っていると伝え、自画自賛していた。

さらに、彼らの敵たちの反応を観察するならば、彼らの敵たちはアルカサル・デ・ベラスコに腹を立てていたようだ。一九四三年春、レティーロ公園で、おそらくはセラーノ・スニェルとともにアルカサルが襲撃された事件は、アルカサルたちの将来の活動を恐れていただろう彼らの反対者の利益を損うことをアルカサルたちがしていたことを示唆している。同様に、一九四四年夏に連合軍側からアルカサルに対して自分たちの側に協力するようにとの提案があったことからも、連合国側は少なくともアルカサルたちの活動に終止符を打ちたいと考えていたことがわかる。

こうした情報が日本政府の側でどのように受け止められていたかを確認しておこう。

2・1・3　日本政府への信頼

東京で情報機関にお金を払っていた人々がその情報をどう捉えていたのか、また、その情報が戦争計画の中でいかに用いられていたのかをはっきりと知るのは最も難しい。東京に届いた情報は、正しいものも間違っているものも、多かれ少なかれつくり上げられたもので、傍受されたものもそうでないものも、それは第一段階に過ぎなかった。その後、これらの情報を政策決定に適用するという困難な作業があった。世界大戦がどんなかたちで終結するか、ヨーロッパでの戦況やアメリカ国内の状況も不明なまま、政府は戦地から部下が送ってくる情報に応じて資金を割り振らなければならなかった。敵の状況についての情報は、多くの場合、部分的なものに過ぎなかった。したがって、高官たちは個々の情報に含まれているデータの信憑性を判断し、経験に基づいて分析するという必要性に迫られた。ある情報が伝えて来るニュースとは別に、それが注目すべきものなのか、そうでないものなのかを判断するために、また、具体的な行動を実行に移すのか、それともほかの手段によって裏付けられるのを待つのかを決めるのに、予めの見通しが決定的だった。スペインの最も重要な諜報機関Tōの場合に、その情報を評価する際に重要視されたのは以下の三つの要素だった。すなわち、それまでの情報を通じての経験、情報提供と関連したその国のイメージのあり方、そして最後にはスポークスマンを通じての報告、つまりマドリードの公使館から補完情報が得られるかどうかだった。

（1）　アルカサル・デ・ベラスコの一連の情報の信憑性が良かれ悪しかれ彼の情報を判断する際の最初の要素であった。このことは他の情報の場合とそう異なるはずはなかった。この闘牛士のスパイは、スパイでなくても闘牛士でなくとも、内戦以降の貧しいスペインで生活をしていた人々と同じ経済的な必然性を抱えていた。スペイン以外の国であっても同じだったかもしれない。セラーノが後に語ったところによれば、アルカサルは「世界一うまく［須磨を］だました」という。しかし、彼は当初、何らかの理由で日本の信頼を得ていた。理由はたくさんあるだろう。考えられる理由の一つはドイツのスパイとの関係である。それ故に彼はイギリス関連の情報にアクセスできた。また、アルカサルの日記の内容が間違いであることを確証した後に戦後に執筆した回想録でキム・フィルビーが述べているように、外相の絶大な信頼を得ており、さらに、完璧なまでのだましの術を身につけていた。さらに、ここでアルカサルのいくつかの成功例を思い出しておこう。たとえば、ガダルカナルへのアメリカの関心についての情報、海軍から諜報網存続のために支払われた資金、軍事作戦のための役に立つ情報を提供したことへの賛辞、アメリカにおいて情報を収集する際に無敵だったことなどが挙げられる。

さらに、アルカサルが提供したのは日本が望んでいたような情報だった。一九四二年春のアメリカの世論についてのカルデナス大使の情報とされるものなどはその好例である。カルデナスは崩壊寸前の国の様子を説明したからである。それは以下のような話である―太平洋における日本の勝利はアメリカ国民に大きなショックを与えており、人口の七〇％が戦争に反対し、工場は政治状況に抗議するために不良品の軍需品を作ることを決定した、イギリス帝国主義への反感は反ナチス感情同様に強く、中にはルーズベルトよりも、自らの目的を達成したヒトラーを好ましく思う人までいた(62)。こうした情報はでっち上げだった。それは、OSS所長のビル・ドノヴァンをも驚愕させるものだった。ドノヴァンはこう書いている―「カルデナスと知り合いだったら、もう少し客観性を求めただろうに」(63)。

日本が諜報活動に対して払った金はどこの国でも歓迎されたので、「アルカサル牧場」発の情報は日本では高く評価されたと言ってよい。しかし、彼の言葉がずっと信用されたということではない。もちろん彼の情報についての疑念も報告されている。ミッドウェイ海戦での日本軍の敗北についての情報については、須磨が再確認するようにとの指示を出している(64)。しかし、日本はよい結果が出ると信じて資金を使っていたと言える。こうした信頼を暗示する一例として、セラーノとアルカサルが、自分たちへの信頼を高めるのに都合が良いと考えた場面でその信頼感を利用しようとした例がある。これは西日関係に影響を与えることになるので、説明を加えておこう。

一九四三年初頭、アルカサルとセラーノはソ連が対日攻撃を計画していると日本に信じさせようとした。ベラスコから知らされた何回かの和平会談なるもの以降、日本は警戒態勢をとった。アルカサルは、セラーノ・スニェルが秘密裏にローマに赴き、スペインでの王政復活の可能性について話をしたという情報を流し始めたのである。その後、アルカサルは元外相［セラーノ・スニェル］*の帰国を須磨に伝えただけでなく、日本に直接関係するもうひとつの驚愕すべき情報を伝えた。それは、セラーノ・スニェルが（チァーノ、リッベントロップ、それにアメリカの代表者とともに）ある会談に出席し、和平協定の可能性について話し合ったというのだ。そのうえアルカサルによれば、その会談はけっこうな成果を挙げて、ある程度の原則を決めるまでになったが、ドイツが大日本帝国抜きのアメリカとの和平協定の締結に反対したため、ぶち壊しになってしまったという。その情報はこう結ばれていた──「［和平に関して］意見がまとまらなかった唯一のことは、日本抜きでやるかどうかであった」(65)。大日本帝国と歩調を合わせていきたいと考えていたというドイツへの言及にもかかわらず、この議論なるものは日本側の不安をあおった。他の連合国に単独で対峙することは出来なかったからだ。日本が一番恐れていたのは、イタリアの弱体化のあと、ドイツが単独で和平協定を結ぶことだったに違いない。

日本側はまず、アルカサルの情報の真偽を確かめた。須磨はただちにセラーノ・スニェルと会談した。セラーノ・スニェルはアルカサルの情報を基本的に裏付ける発言をした。須磨はすぐにこのニュースを東京と他のヨーロッパ諸国の日本公使館に知らせた。その後、日本政府は情報の真偽を確かめようと、おこなわれたとされる会談についてより多くの情報を得ようとして、多くの通信を送った。この会談はヴェネチア宮殿でおこなわれ、特使はニューヨークのフランシス・J・スペルマン枢機卿で、彼は二月中旬にバチカンに向かう途中でパルド宮でフランコとも会談をしたとされた。さらに、セラーノ・スニェルは日本政府に、秘密の旅行中に毎日どんなことがおこなわれていたかを詳細に知らせた。しかし、他に出席していたとされた二名の人物、リッベントロップもチァーノもこの会談があったとは言っていない。そして、ほかの手段でもこれを裏付ける証拠はない。この会談はなかったのだ。そして日本がスペインの友人アルカサルの話はまったくのでっち上げだったと認めると、この件は忘れ去られた。とはいえ、なぜスペイン側がデマを流すことが出来たのか、またこうした活動がスパイ活動や西日関係全般に及ぼしたであろう結果について、もう少し踏み込んで考えてみる必要がある。

すでに述べたレティーロ公園での事件とされるものと時期を同じくしてアルカサルとセラーノが二人とも嘘をついた理由は不明である。アルカサルが会談を裏付けるためにさらに多くの話をでっち上げたのに対して、セラーノはそれをきっぱりと拒絶し、「嘘」をつき続ける人々を「歴史上のゴシップ記者たち」との厳しい言葉で批判した(66)。アメリカの防諜機関の憶測がおそらく最も的を射ているであろう。それは、彼らの目的は、日本が対連合国戦で孤立する可能性があると脅して、日本がシベリアからソ連を攻撃するようそそのかすことだったというものである(67)。こう解釈すれば、それ以前のいくつかの情報も納得がいく。たとえば、一九四三年二月のTōの情報は、ワシントンがアラスカ経由でモスクワに提供した武器は、「おこなわれるであろう日本攻撃の準備」のためにシベリアに送られたというものだった(68)。策略の出所はベルリンだとも言われた。その可能性はある。攻撃があれば最も得をするのはドイツであろうし、それにアルカサルの情報に報いる意義もあるからだ。こう解釈すれば、大島大使がこの件について尋ねたときにリッベントロップが見せたという謎めいた微笑みも説明できる。

いずれにしても、スペインはドイツのこの考えを喜んで受け入れたに違いない。それはスペインの政治的かつ個別的野望と完全に合致していたからだ。ソ連攻撃は、戦争の流れを変えたかもしれない数少ない可能性のひとつだった。ファランヘ党グループだけでなく、スペイン人の多くがソ連の敗北を望んでいた。会談でっち上げは、スペインの国内状況や、再び政治の場面へ返り咲きたいと思っていたセラーノの野望と無関係ではない。権力闘争のなかで残された数少ない手段を用いることは彼の最後のあがきだったかもしれない。日本がソ連を攻撃すれば、大きな変化が起こり、枢軸国勝利の可能性も出てくる。その場合には日本への援助継続が正しかったことになる。セラーノはすでに半年前に外務省を去っていたが、外務省で指揮を執るという野望は十分に持っていた。

スペインのだましの結果は尾を引くことになった。しかし、それはファランヘのメンバーが望んだものとはならなかった。大きな枠組みのなかでは、ソ連攻撃の可能性についてはブーメラン効果があった。たとえば、須磨は日本とソ連との関係強化を提案した。他方で、ウラジヴォストークに貯蔵されているという武器についての情報が、まさにアメリカとソ連が軍事的に結託するのを回避するために「どんなことがあっても」アリューシャン列島の西部で抵抗するという二月初旬の日本の決定の起源となったかもしれない(69)。もっと具体的な面では、だましの試みは広くスペインのイメージに影響を与えた。とは言っても、だましはほかの誰にも知られることはなかった(70)。少し後に須磨は、スペインが和平の仲介者になろうとする試みについて、次のように書いた―「これはあまり支持されない単なる願望に過ぎないと思われます。これほど威信のない国がこの戦争を終結させることができるなどと期待することはできないでありましょう」(71)。個人的な面では、この件はその主人公たちとりわけセラーノの評判にも大きく影響した。なぜなら彼のイメージは清廉なものだったからだ。しかし、仕事の面ではアルカサルにダメージを与えた。彼の情報網の信頼はきわめて揺らいだ。影響力を持っていた在ベルリン大使大島浩は、諜報問題に関してアルカサルとのあらゆる関係を断ち切ることの有益性について同僚たちに語った―「本官の考えでは、情報を収集し続ける目的がはっきりしないままにこの問題をそのままにしておくのは、本末転倒であります」(72)。

したがって、スペイン人たちはきわめて危険な賭けをして日本の信頼を無駄に使い果たしたことになる。彼らは、日本が自分たちの目的に同調するように必死に試みたが失敗した。しかしこの事件が明らかにしたのは戦争の成り行きの困難さであり、また、自らの友人が失敗の理由であると考えるようになるほど増大していたフラストレーションでもあった。スペインも日本も以前はもっと大事だと考えていた両国の関係の重要性を今や低めたいと思っていたので、これはより大きな枠組みの中での当然の成り行きだった。たとえ一年前にセラーノ・スニェルがそういったぺてんに巻き込まれていなかったとしても、一九四三年春にはソ連攻撃の必要性が増したと見なされていたし、日本と決別しても今やたいしたことはなかった。もはやトランプのエースは最も簡単な役割しか果たせなかった。

(2)　日本人のスペインに対するイメージは、アルカサルの情報の評価を高めたりはしなかった。まず、スペイン人の仕事の能力や誠実さはたいしたものではなかった。他方で、戦時中ゆえに、長期に及ぶ信頼関係をつくり出すよりは、すぐに実現可能でより具体的な目的達成が目指された。生き残りがかかっていたので、皆が嘘をついていた。さらに、全体的な文脈で考えると、文化の違いによってスペイン人は日本人に一連の嘘をついた。最も人々の関心を集めた早い時期のものはフランコ将軍の発言だった。彼は一九三七年に『朝日新聞』の記者に、内戦での自らの役割を終えたら、「田舎で家族との生活をのんびり送るために」引退すると述べた(73)。彼がその牧歌的な将来についてこれ以上の発言をしたとは思えないが、この文章が示しているのは、フランコが新聞記者しかも日本人記者などどうでもいいと思っていたことだ。もっと重要な国の世論に対してならもう少し注意を払ったはずだ。総統《カウディーリョ》の心の中には明白な優先順位があった。日本の優先順位は高くはなかった。

そのうえ、須磨の着任によりスペイン政府の様々な層からのだましはより容易になった。須磨はマドリードの社交界が好きで、そこによく出かけていたが、通訳を伴うことはほとんどなかったので会話の内容を理解できなかった。セラーノ・スニェルが回想録で、須磨との個人的な関係について強調するのは彼の馬鹿正直さだ。セラーノは須磨の親密さや愛想よさを評価する見方に対して、彼が「純真無垢だった」と述べる(74)。須磨はだまされてマリアーノ・フォルトゥニィの贋作を買ったが、セラーノによると、彼が購入した十二枚のうちの一枚だけが「本物だったかもしれない」という。外務省情報局長のリアルプ侯爵や、正直だと言われていたホルダーナ自身も明らかに須磨をだました。アントニオ・マルキーナは次のように書いている――「……須磨との会話で、大嘘が出てこないことはほとんどなかった」(75)。

この無垢な日本人の話から明らかになるのは、植民地小説を通じて流布していた「黄色いサル」というイメージの存続だ。サルは善人にも悪者にもなれる。しかし、ともかく単純だった。日本人は単純で、白人が持っている高いレベルの知能を持っていないと考えられた。だから、日本人は対立している者に対してさえ親密な態度で接し、また西洋ではごく普通のことなのだが表立って反対意見を言わず、結果的に嘘の悪循環を招いてしまう。しかし、日本人がそれに気がついていないとか、都合が良いときには知らんぷりをしないということではない。たとえば、須磨が買った絵画コレクションは彼の生まれ故郷の美術館で展示されていることを想起すればよい。彼は人々が思っていたよりも物をよく知っていたのである。須磨はスペインの外交官の誰よりも多くのスペイン美術のコレクションを手に入れた。日本人は人々が思っていたほど単純ではなかった。

（3）スペイン人の情報が日本でどう評価されたのかを理解するには、マドリードにおける日本人スポークスマンの説明を考慮に入れなければならない。須磨本人、三浦、その他の協力者への信頼の念がアルカサルのデータの良し悪しを評価するのに決定的だった。当初は須磨の政治的重要性がこの信頼感を強めた。彼は東京に対して、スペインの友人たちが有益であると言おうとした。おそらく最も関心を呼んだのは一九四四年二月にセラーノ・スニェルについて語った次の言葉だろう――「セラーノ・スニェルは日本に対してこれ以上ありえないほどの親愛の念を抱いております」(76)。ソ連の攻撃についてだまされた後でさえこれ以上ありえないほどだったのは、須磨が友人を欲しいと思っていたからだ。彼はだまされていたにもかかわらず、リアルプ侯爵からアルカサルまで多くの人をほめ続けていた。

政治面では、須磨の意見はベルンやストックホルムの日本の外交官と一致していたが、ベルリンの大島大使とは意見を異にすることが多かった。しかし、上司からの信頼は明らかに失っていった。戦争の進展に伴い、彼は日本の外交組織機構のなかで重要な人物ではなくなっていた。彼の報告からは、太平洋戦争中に彼が精神的にまいっていたということがわかる。それは、彼の職務をめぐる大きな変化、すなわち日本公使館が賞賛される対象から最も屈辱的な批判を浴びる対象になったことを考えれば納得がいく。

お世辞から無関心への急激な転換、そして適格性を問われたうえに、さらにはっきりとした形での非難への転換、これが、彼個人の状況に深刻な影響を与えた。あまりに急激な変化への準備ができていなかったのだろう。インドへの攻撃からロシアとの関係強化と同盟の締結、その後、ムッソリーニ失脚後にシベリア沿岸地域への侵入の必要性を述べるというめまぐるしく変化を辿った戦略を上司に報告したことは、そういった時期の常軌を逸した個人的失望感を示している。一九四四年二月にはドイツ大使に、「枢軸国の威信を高める」ためにスペインにガソリンを提供するようにと提案している(77)。その他にも日本兵の精神的熱情を激しくあおる発言、あるいは、もし日本本土が占領されるようなことになったら「一億玉砕だ」という発言をした。彼の発言は、普段なら慎重な『マジック・サマリーズ』の関心を引くまでになっていた。須磨の「絶望的な決意」を皮肉って、同報告書はこう結んでいる――「日本人外交官の中にこんなに洗練された人はいない」(78)。同僚もそれに気付いたらしい。しかし、彼は解任されず、外務省の中で直接に彼に反対する人もいなかった。彼の精神状態が不安定だと判明したことは、マドリードの公使館の政治的重要性に影響を及ぼしたに違いない。連合国が軍事基地をイベリア半島につくるためにスペイン及びポルトガルと交渉しているのではないかとの照会が東京からあったときに、その事態は起こった。その照会はリスボンとベルリンに対してのみなされたのである。戦争の最終局面でのアメリカとの和平交渉の際に、マドリードの公使館は蚊帳の外に置かれた(79)。

結局、日本はマドリードからの情報を疑うに足る十分な理由を持っていた。スペインに対する信頼や文化的シンパシーはどんどん薄れた。スペインは故意にだましていたし、日本は機密情報のなかで、大切な情報とそうでない情報を見分けることがあまりできなかったようだ。にもかかわらず、日本側はスペインからの情報を受け取り続けることを望んだ。すでに見た大島自身の言葉を引用するならば、日本は牛の前に牛車を置くような本末転倒なことをしていた。この対応の理由を知るのは難しい。しかし、超国家主義的雰囲気が蔓延していた当時の日本を分析しなければ首尾一貫した説明は不可能だ。

2・1・4　日本における国家主義の高揚

太平洋戦争についていまだ残る主たる疑問の一つは、なぜ日本人外交官が盲目的に自らの通信システムを信用していたかだ。彼らはコヴァレフスキーの暗号文システムは解読されないと信じて疑わず、戦後になってもいかにしてその暗号が解読されたのかを理解できない人がいた。彼らは、より高い技術の故に解読されたらしいことを背信行為だと信じて疑わなかった。他方で、戦争中にも、通信システムの失敗と、暗号化された情報が多くの国によって解読されていたことを示す兆候があった。

真珠湾攻撃以前の一九四一年夏からそうだった。その頃、他ならぬ同盟国ドイツから、日本の参戦を回避すべく日本とアメリカとの間でおこなわれている秘密会談について情報を得ているという知らせがあった。すでに見たように、間接的な形ではあるが、新聞にもそうした記事が掲載されていた。この時期にできたことは、ワシントンの外交代表部に問い合わせることだった。ワシントンの野村吉三郎大使は、調査の結果、実際にいくつかの暗号は解読されていたと認めたものの(80)、何ら手段を講じなかった。

アメリカとの開戦後、新たな警告が届いた。たとえば一九四三年、東京への数年間の赴任歴があり、かなりの親日家だったと思われるファン・フランシスコ・デ・カルデナス大使は、スペインへの帰国中に、須磨との個人的な会話でいくつかの疑惑について語った。須磨は東京に次のように伝えた――「[カルデナスは]二度ほどまばたきをし、とても用心深く、熟慮しながら、ソフトな声で半ば自分自身に問いかけるようにこう言いました。「アメリカがこんなに早くこの件［スペインの外交袋で送られた真珠の差し押えのこと］を知ったのは奇妙ですな。日本の暗号は安全なのでしょうか」」(81)。数か月後、日本の駐リスボン公使森島守人はある報告で次のように述べた――「アメリカは日本語のわかる約二〇〇名の専門家を使って、捕虜に尋ねながら暗号を解読しています」(82)。しかし、いずれの場合もなんら手段は講じられなかった。スペインのカルデナス大使の発言を知った重光外相までもが、この件について「あらゆる角度から検討したが、敵が我々の暗号を解読した結果であるとは信じられない」とはっきりと述べた(83)。アメリカによる情報キャッチが判明すると、リスボンの公使館では一度だけ暗号が変更された。新しい暗号は解読までにかなりの時間がかかり、アメリカ指導部の気をもませることになった。

この行動をもっとよく理解するには、当時の日本の熱狂的な愛国主義に言及しなければならない。熱狂的な愛国主義が、日本をどこに行くともわからないまま、必要性も目的もはっきりとしない開戦へと向かわせた。後に本間雅晴将軍が述べたところによれば、東条は「国民の精神を高め、その道徳心を向上させさえすれば」すぐに戦争に勝利すると信じていた(84)。この直感的な感情はヒトラーのドイツに比類できるものである。ヒトラーはすぐに戦争に勝利するなら、あまり長いスパンで戦争について心配する必要はないと考えた。最初の勝利の後に第三帝国が犯した深刻な過ちは、日本が主たる目標を実現した後に犯した過ちと同じだったと見てよい。陸軍省が占領した地域の兵卒数を減らそうとしていた一方で、南方軍作戦司令部は、情報局を廃止し、それを作戦局に統合したからである。これは「連合軍への軽視から生まれた」と解釈された(85)。勝利に浮かれた日本は、警備隊を削減した。同じことが暗号コードの完全な見直しのために必要な費用に関して起こっても不思議ではない。解読される恐れのある二〇〇万の暗号のためだけでなく、その送信によって起こるであろう問題、さらには新しいシステムが短期間しか機能しないだろうという問題の解決のために必要な費用も削減されたのである。

しかしドイツの場合とは反対に、日本の政策決定システムは一人の人間に依っていたのではなく、むしろ西欧民主主義国型のものだった。それ故に、アメリカとの戦争をはっきりと自覚した後に日本が過ちを犯したさらなる理由を追究するには、特定の個人について解き明かすより、もっと奥深い理由を考察することが適当であろう。とりわけ、その時期に過激化した国家主義について考察するのがよいだろう。日本人は国家存亡をかけて戦っていると考えた。その結果、外国人の言うことすべてに極端なまでの猜疑心を抱き、日本人の行為のみを完全に信頼するということになった。他の多くの場合でもそうだったが、バランスよく考えることがなかった。

日本文化の独特の特徴に基づいた明白な四点の過ちを指摘することができる。（1）外国人が日本語を完璧にマスターすることはきわめて難しいと考えたこと。現在でもそうだが、西洋人が日本語を完璧に話すと変な外人と思われる。外国人が日本文化と言語の難しい言い回しをマスターするのは困難だと考えた。それゆえ外国人が何とかコミュニケーションをしようとしても、それはほとんど不可能だと思ったにちがいない。デイヴィッド・カーンが名著『暗号破り』で述べているように日本人は自分たちの暗号が危機に瀕することなんてありえないという幻想に「陶酔」していた。（2）他方で日本人は同胞が自発的に日本と戦うということはなかなか理解できなかった。これは多くの移民とりわけ移民の二世がおこなった行動である。日本ではいかなる日本人も命を差し出すべきものとされて祖国を守るための戦いと思われたものが、国外では非常に多様な形で受け止められた。アメリカ在住の日本人の何人かは交換船での帰国を断念しただけでなく、日本語通訳者としてアメリカの暗号解読に協力した。とはいっても、こうした日本人は読まれては困るような解読の仕事はしなかった。もちろん二世であれば、その協力者はさらに多かった。（3）対独協力はあまり進まず、それゆえ日本もドイツも敗北することになった。ドイツが技術先進国であったにもかかわらず、お互いにある程度の不信感が払拭されたことはなく、日本がドイツに援助を求めたのは緊急事態においてだけだった。それはガダルカナル島の戦いが始まってまもなく、オーストラリアのシドニー近郊のベルコネン基地からの情報を傍受する必要性が生じたときだった。ドイツへの疑惑は、リヒャルト・ゾルゲによるスパイ事件によるものだった。ドイツ大使館に勤務していたゾルゲはモスクワに、ドイツのソ連への攻撃にもかかわらず南進するという日本の決定を伝えた。日本でもドイツでも多くの人々を巻き込んでいたというゾルゲの告白は、国内でも海外でも陰謀への恐怖をかきたてた。しかし、それはもうすでに湿った土地に降った雨に過ぎなかった。（4）最後に、諜報活動自体が日本ではあまりよく思われなかった。それは困難な時には明るみに出てしまうような背信行為と同一視された。担当部局の見解と矛盾する報告を書けば危険な事態にもなりえた。そんなことになるくらいなら、皆が支持する見解を持ち続ける方が望ましかった。戦後、日本の役人自身が、彼らのスパイ活動には「まともな情報はごく僅かしかなかった」ことを認めた(86)。結局、日本人は外国人嫌いだった。それゆえ、日本人は自分たちの秘密コードが解読された際に起こりうる問題を回避するために何もしなかったし(87)、雇っていたスペイン人の仕事を厳しくチェックすることもなかった。

これとは逆に、伝統に固執していたスペインの外交官たちは、彼らの報告の写しがワシントン、ベルリン、ロンドン、あるいは東京の執務室に届く可能性があることをよく知っていたのだろう。さらに、真珠湾攻撃後、ワシントンは彼らに対して、彼らの動向を見張っていることを警告し続け、新聞には多少なりとも根拠のある非難の記事が掲載され、すでに言及したように、外交袋も開封された。さらに国務次官サムナー・ウェルズ自身が、一九四二年十月、枢軸国のスパイがチリとアルゼンチンからキューバとバルセロナ経由で情報を送っていると、スペインを非難した(88)。スペイン外務省文書館に残されている文書からは、彼らの情報伝達力のふがいなさを知ることができる。たとえば、太平洋戦争以前の一九三四年には、メンデス・デ・ビゴが「これまでも、おそらく今後も、目的地に到着する以前にしばしば解読される」スペインの暗号電報があると指摘していた。彼の文書では、日本に対する最も厳しい批判は鉛筆で書かれている。太平洋戦争中、陸軍武官のフェルナンド・ナバーロは赴任先に到着するや、同様の発言をした――「［東京のスペイン］公使館の暗号を変えなければなりません。（それは）間違いなく解読されており、（それ故）何の保障もありません」(89)。その間に、暗号はあまり改良されなかった。新しい暗号とともに新しい助手を送ることは不可能だったので、「文書が解読されているのであれば、慎重に、都合の良いこと、そしてそこでの任務遂行に支障のないことだけを」伝えるようにとの指示が出された(90)。これはあたかも文書を送ることが意味のないことだと表明するようなものだった。

結局、諜報活動におけるスペインと日本の協力は欠陥だらけだった。それはもっと重要なことになる可能性もあった。しかし、敵自身や超国家主義といった戦争から生じた要素によって、その欠陥を是正することはできなかった。原因をつくったのは、つまるところ協力を始めた人々や、それを支えてきた人々だった。平和が訪れるまで、この悪循環を断ち切ることはできなかった。その間、日本とアジアにいたスペイン人外交官やスペイン人居留民は困難な時を過ごしていた。スペインの保護下にあった日本人も同様である。

2・2　日本の利益代表

敵対感が強まる中、在米日本人は苦難の時を送っていた。少なくとも当初の蛮行はやや穏やかな憎悪へと変化し、緊迫したなかでの状況の持続となった。すべてが戦争の結果待ちだった。彼らは、アメリカでの野望をまた始めるために戦争の終結を待ち望んでいた。多くの場合、数年を強制収容所で失った後にゼロから再び始めることになるのだったが。

外国からの援助はほとんどなかった。バチカンでさえ、日本政府が望んでいたような、彼らの利益代表に代わる情報提供者としての役割を担うことはできなかったようだ。スペインも日本人に対する人道的関心を増大させることはなかった。それどころか、ホルダーナの時期には難しい問題が起こった。それはセラーノ・スニェルの時期の場合のように、ついには非難を伴うものとなった。二番目の交換船の到着後、日本は他の選択肢を摸索せざるを得なくなったのである。日西関係のこの面での進展を知るために、まずスペインがおこなった最も意味ある事業に言及しよう。その後、その事業の主たる問題点に触れ、最後に、他国がおこなった利益代表のための行動と比較することにする。

スペインがおこなった事業のなかで最も称賛すべきことは戦中の二番目の民間人交換である。最初の経験からして二度目の交換が可能だとは思われなかった。第三国からは自国民も含めるようにと再三の要求があったし、日米も冷やかな回答をしたからである。日米は二番目の交換を認めないと宣言することで一致を見た。しかしアメリカは、投獄されている自国民がいかに大変な思いをしているかについての情報を得て、見解を変えた。四月末に民間人交換実現のための尽力を約束したカルデナス大使、それに東京にいたメンデス・ビゴというスペインからの圧力が大きな力となって、アメリカは日本の説得に成功した。それを受入れたことが一要因となって、日本政府は一九四三年五月に当初の見解を変更し、二番目の交換を受け入れた。民間人交換は四三年の九月上旬に実施され、それぞれのグループが自国に到着した。この事業以外にも、日本側は戦争遂行に伴ってますます難しくなる問題の解決をスペイン側に求めるようになっていった。中には、法的に見てスペイン側に任せるのにふさわしい問題ではないものもあった。たとえば、インドでの日本人の扱いについてのイギリス政府への抗議や、満州国の利益代表をイタリアに要請することなどであった。スペイン側も戦争の具体的な問題を前にして、突拍子もない解決策を探った。たとえば、日本からソ連に「青い師団」のメンバーの消息について照会してもらうことなどである。

しかし、日本がセラーノ・スニェルに日本の利益代表を依頼した際にスペインに期待していた「好意的な中立」は与えられなかった。むしろ資料の語るところによれば、スペイン人外交官たちはホルダーナの就任以来の方針に従って、ますますアメリカ寄りになっていた。多くの場合、彼らは日本人の前でアメリカ諸当局の批判をしないようになっていった。これは明らかに、自らの活動領域で日本から仕打ちを受けることを避けるためであった。とはいっても、太平洋の向こう側での義務を回避しようとの意向は行き過ぎのように見える。アメリカでの日本人の権利擁護がスペイン人にとって深刻な問題になったケースは一度も明らかになっていないし、アメリカの「収容者」のための特別担当部局はスペイン政府を「確実で、忠実な友人」と考えていたのである(91)。たしかにアメリカに対して抗議する理由はあった。アメリカは、日本人に対して、外国の役人の前で文句を言う権利があることを隠していた。そして、苦情が宛先に届くのを可能な限り困難にし、利益代表の範囲を第一世代の日本人つまり一世に限ろうとした。実際にはかなりの人々が第二世代、もしくは第三世代以降の世代だった(92)。必要以上の熱心さを見せようと駆り立てられた人はいなかったようだ。

そのうえ、スペインの役人の何人かは自分たちの義務を果たすのを明らかに放棄してしまった。たとえば、ジュネーブ条約の条項の一つである、収容者の戦争関連労働への従事を禁止した条項が遵守されていないことを許容してしまった。かくして、アリゾナ州ポストンの強制収容所の近くにカモフラージュのための工場が作られ、そこで日系アメリカ人と日本人が働かせられた。これは、前述の条項の遵守を委任された人たちが摘発しようとしなかった違反の一つである。そのうえ、その仕事を受け入れるべきかどうかをめぐって他ならぬ収容者間で対立が起こり、争いにまで発展した。またスペイン側は他の収容所への移送があったときに責任逃れをしようとしたし、暴力事件の際にも当局側の責任を減じようとした。そして、ツールレイクやマンザナーの強制収容所での問題への介入を避けようとした。これらの収容所では命を落とした収容者もいた。ローズバーグ収容所で脱走騒ぎがあった際には、守衛が発砲し死者が出たが、それを「人種的嫌悪」のせいだとは認めなかった。スペインの役人たちはあまり細かい点に注意を払ってはいなかった。すでに述べたように、日本人の利益の保護はますます彼らの個人的誠実さにかかっていた。

政治的状況が、民間人であれ援助を必要としていた人々のための援助事業に明らかに影響を及ぼしていた。スペイン外務省の覚書ではスペインが日本の利益代表であることがスペインとラテンアメリカの関係悪化に結びついたとされたが、これがきわめて象徴的な例だろう。しかし、日本に対してスペインが抱えている諸問題を最も明確に表明したのは駐アメリカ大使のカルデナスだった。彼は同僚の須磨とのスペインでの会見で、須磨に、スペインの報道機関では、日本政府からの何らかの連絡がある時にはいつでも「スペインは日本の利益代表国である」との文言が付加されている、と述べた。また、彼は、それによってスペインの評判が犠牲になっている、もしこれまでスペインが日本の利益代表をしてきたとすれば、それは「たんにセラーノ・スニェルの日本への個人的な友情によるものであります」とも指摘した(93)。

アメリカでの痛手は、利益代表における政治面での障害の一つにしか過ぎなかった。日本の報道機関でも、スペインの仲介行動を批判する記事が現れていた。状況を心配した須磨はそれらの記事の検閲を勧告した。スペインが代理を立てないままに利益代表を放棄するかもしれなかったし、批判が増えればそれ以降の交換交渉を複雑にするかもしれないからだった。いずれにしても、利益代表とその役割を果たす元になったスパイ活動をともにおこなうことはスペインの事業にとって最大の障害となった。ホルダーナは中立に向けての道のりでスペインの威信を高めようと腐心していた。人道的な方策が役に立つはずだったが、ホルダーナの尽力にもかかわらず、スペイン領事館のどのような決断も人員増加もつねに猜疑心をもって受け止められた。それには確かな理由があった。最もわかりやすいのは、カナダのバンクーバー領事館のケースだった。そこでは、日本人の保護という名目で機密情報が収集されていた。これは以前にサンフランシスコの領事館やニューヨークのスペイン情報図書館でもおこなわれていた。一方で、送金はいつでも疑われていた。ワシントンの政府がアメリカへの送金を阻止すべく見張っていたからだ。現金は利益代表のためだけでなく、スパイ活動の費用となることもあったからだ。同じことが、たとえば、日本人の日本への帰国のために集められた資金の場合でも起こった。それは利益保護の事業を援助するために渡された資金であったにもかかわらず、アメリカ政府の疑念を招いた。ワシントンの大使館の金庫の中の五万ドル（おそらくは五十万ドル）でも同じことが起こった(94)。そのお金が保管されていた安全な場所から引き出されてしまうことを皆が恐れていた。アメリカはそれがスパイ活動に使われるのではないかと恐れ、スペイン人は自分たちに任される仕事を恐れ、日本人はそのお金の一部がスペイン人の手に渡ってしまうのではないかと恐れたからだ。結果的には、金庫は閉じられたままで、敗者は本当に必要としていたお金を受け取れずに収容されていた日本人だった。

他方で、スペイン外務省のスタッフは日本の利益代表を任されていた他国の役人と比較しても痛手をこうむることになった。在ハワイ日本人の擁護を任されていたが個々のケースでは日本人の擁護のためにアメリカ人の役人と争うことをしなかったスウェーデン人や、スイス人と比較してもそうだった。なぜなら、スペインには中立のあり方の認識が欠けていたからだ。非常に困難な事業のためには、意見が一致していない人たちに自らの意見を取り上げてもらうために尊敬と道徳心が必要だ。スペインの外交官が何を見、何を聞いていたのかを確かめるのは不可能だし、入手した情報のどれくらいを東京への報告に記したのかを正確に知るのは難しい。しかし、スペイン外務省文書によれば、日本側の不満もあながち理由がないわけではないということがわかる。保護の事業が熱心になされたことはあまりなかったのだ。

日本政府はワシントンのスペイン大使館が「特段の関心も興味も示さず、我々の質問に対する回答はしばしば遅れる」ことに不満を述べる一方で、アメリカの利益代表をしていたスイス人外交官に対しては強い尊敬の念やときには満足を示していた。とはいっても、不満を述べることもあったし、彼らはあたかもアメリカの機関のように行動しているとさえ述べたこともある。新しい交換船の到着もスペイン批判のトーンを高める要因となった。須磨は問題を理解し、一度だけそれを東京に伝えた。きわめて洗練された言い方で次のように述べたのである――「外国にいるスペイン人役人の何人かは、彼らの祖国の感情を反映して、我々の利益を守る際に我々が望むような熱心さを示してくれません」(95)。一方、カナダの騎馬警察隊の一人は、バンクーバー領事のフェルナンド・デ・コッペについて、彼は日本人をほとんど尊敬していないし、日本人を「物乞いの有色人種」だとさえみなしたと証言した(96)。

かくして、最初の交換船の到着時と同様に、利益代表をしてくれる他の国を探す必要性が生じた。スイスにするべきだと皆が同意していたが、変更すること自体が不都合だった。日西両国の関係に直接の影響があったし、ラテンアメリカでのスペインの外交代表の政治的影響力が使えなくなるだろうということもあった。とりわけ連合軍に関するイベリア半島からの情報のかなりの減少が予測された。人道的利益よりも短期間の軍事的利益が優先された。かくして、最初の船の到着後と同様に、妥協策は一つしか考えられなかった。スペイン人に贈り物をして、彼らの仕事がより効率的になるように彼らのやる気を起こさせることだった。そのためにスパイ活動のための資金を使うことが必要になった。東京の政府はこれに同意した。しかし他方で、アジア在住のスペイン人はこれ以前に抱いていた親日の気持ちを完全に失ってしまっていたことも確かである。

3 戦時下日本のスペイン人

スペインと日本の公式の友好関係によって守られていたのは、日本軍占領下のアジアにいたスペイン人外交官だけだった。毎月給料を受け取れると保障されていたわけではなかったが、彼らの状況は特権的だった。そのため、あらゆる種類の問題についてありとあらゆる人を、スペイン人だけでなく、日本と関係を持っているかいなかにかかわらず交戦中の他の国の人々をも援助する必要に迫られた。そのうえ、東アジア赴任の外交官たちは孤立していたにもかかわらず、彼らの間でのコンタクトは増加した。外国と連絡をとるのが困難だったばかりか、同様の問題を抱えており、また、異常な状況だったために、本省は一般的な指示を与える以上のことをできず、外交官にそれを遂行するようにと言う能力もなかった。

地域外への異動を命令することはできなかったので、地域内での異動があった。たとえば上海領事のアルバロ・デ・マルドナードは中国でファランヘ党が起こしたトラブルが原因で東京への異動命令を受けたが、妻の病気を理由にそれを拒否した。エドゥアルド・バスケス・フェレールは外務省にほとんど連絡をせず、外交官としての任務をほとんど果していなかったので、一九三九年一月に罷免されたが、スペインへの帰国を要求した。しかし、メンデス・デ・ビゴが彼の名前を乗船者名簿に載せるために尽力したり、彼自身は経済的に困窮していたのにもかかわらず、最終的には交換船に乗らなかった(97)。前北京公使のフスト・ガリード・シスネーロスは内戦中にやはり更迭されたが、この時期から職務へ復帰させるように訴えていた。彼は交換船に乗ってスペインへ向かったが、外交袋を持っていくことは拒否した。ホセ・ゴンサーレス・デ・グレゴリオは数年前には帰国を拒否したものの、一九四三年八月には喜んで上海への異動を受け入れ、二か月後には上海で中国国民政府へのスペイン側の代理公使と総領事の二つの任務を引き受けることになった。領事のリカルド・ムニィスはそのポストに留まることになった。彼の仕事は、（一九四一年十一月二六日に火災があった）北京公使館の建物の管理だけだった。彼の公的な仕事の大部分はスペイン人居留地があった天津のイタリア領事がやっていた(98)。他の在アジアのスペイン人と同様に、それぞれの外交官が様々な経験をした。外務省は地域内での異動を命令するだけだった。

最も異動の少ない所は、入国者も出国者もいないフィリピンだった。デル・カスターニョの公的な身分の形式上の唯一の変化は、「フィリピンのスペイン人コミュニティーの代表」となったことだ。実質的には彼の立場は変わらなかったし、その可能性があったとしても、フィリピンから他へ移動することもなかった。しかし、スペイン代表部がきちんと機能するようにと領事館職員数は増加した。この増加は彼の愛するファランヘ党運動を利することになった。一等書記官一名、ネグロス島の南部のバイスの居留民の代表者一名、それに警備員が任命されたが、全員がファランヘ党員だった。資金を定期的に受け取る仕組みをつくり上げたので、彼は経済的には最も恵まれた外交官だった。東京の同僚にお金を貸すこともできた。そのほかにもおそらく食料などと交換するためにフィリピンから煙草を送った。これがメンデス・デ・ビゴとビダール・トロサーナが、爆撃と食料不足の困難な状況下で受け取った唯一の援助である。スペインから日本へ生活必需品が送られることはなかったからである。スイスの外交官たちはそうではなかったが(99)。

代わりにマドリードから送られたのは空軍武官だった。フェルナンド・ナバーロ・イバーニェスがこの職務に任命され、東京に派遣された。この任命は謎だらけで、その事情は書類には残っていない。スペイン政府が太平洋戦争についてより詳しい情報を得たいという願望があったに違いない。東京には外交官二名としばしば不在となる一名のその長がいただけなので、戦争の進展をきちんと報告できる専門家が必要だった。日本政府はこれを受け入れざるを得なかった。こうすることによってマドリードでの武官の数をもっと増やすことが可能になったからだ。日本政府がヨーロッパの首都に再配置できる武官は少なくなっていた。にもかかわらず、これは人々を驚愕させるような任命だった。イギリス外務省のある役人は、この武官が乗る日本行きの二隻の交換船のうちの四席（本人、妻、義母と娘の分）を予約するようにとのスペイン側からの要請があったときに、「このような種類の要請は先例がない」と書いている(100)。

ナバーロ・イバーニェスは連合国側のための諜報活動をするために送り込まれたとも考えられる。スペインは日本と敵対する側に協力しようとしていたし、日本について何らかの情報を集めようと申し出たのかもしれない。これは、彼の辿った奇妙なルート、つまり日本に向かうのに、リオデジャネイロを経由し、そこで「この旅行についての指令を受ける目的で」(101)アメリカ大使と会見したらしいこと、その後ブエノスアイレスとモンテビデオに向かい、そこからグリップスホルム号でモルムガオとオールド・ゴアを経由し、約一、五〇〇名の日本人とともに交換船「帝亜丸」に乗って日本に来たというルートを説明する仮説である。またイギリスが、当初の驚きにもかかわらず、秘密機関と協議した後に彼に許可を与えたことに対する説明ともなる。後にイギリスが、（日本生まれのスペイン人で、以前にあるイギリス商社の支店長を務め、軍の移動に同行できるようにと中国・満州国・日本での日本軍の補給部隊の長に任命された）ナバーロ・イバーニェスの日本における秘書ギジェルモ・デ・レメディオス・キムラをスパイ容疑で逮捕したこともここから説明できる(102)。こうした資料のいずれもがナバーロ・イバーニェスの任命の決定的理由とはならない。しかし、若干の理由としては挙げられるだろう。テレーサ・プラーナスの兄弟も同じ理由で逮捕されたからだ。より確かなのは、彼（とその家族）の引っ越しが彼の任務の遂行と結びつかなかったことだ。イバーニェスは戦時中にスペインから東アジアに運ばれた唯一の荷物を持って行ったにもかかわらず、そのための命令を受けていた秘密情報送付のための新しいコードを忘れてしまった(103)。一九四三年十一月十四日に東京に到着すると、ナバーロ・イバーニェス自身が公使館の暗号の変更が不可欠だと主張した。しかし、彼はこの問題の解決にそれ以上の関心を抱かなかったようだ。彼はすぐに、新聞で知りえたことだけを情報として送ると提案したからだ。新しい暗号とともに補佐官のエステバン・ジョルディ中尉を送るという計画は頓挫した。

　超国家主義が高揚していた日本は、五十名ほどの在日スペイン人にとってあまり居心地がよくなかった。次から次へと起こる政治的変化に適応しなければならなかったし、彼らの個々の状況は商業分野に課せられた制限やますます大きくなっていった布教活動への猜疑心の故に、急激に変化していた。商人は小さな仕事をたたんで大企業への就職を探す必要に迫られた。宣教師は疑いの目で見られていたが、遠く離れた地に住んでおり、しかも責任ある仕事は日本人に任せていたため、当局からはあまり気にされない存在だった。公式には日西両政府は友好関係にあったが、実際には白人に対して宣戦布告をした国で日常生活を送ることはかなりの困難な状況を生み出すことになった。メンデス・デ・ビゴの言は、たとえ闘牛に興味のない人であっても多くの西洋人が意見を同じくするものだろう――「白人や金髪の人がいると、現地人は、闘牛がケープを前にしたような反応を起こします」[104]。それは日本だけでのことではなかった。

　スペイン人居留民にとって最も厄介だった問題は、日本国内での移動の自由の制限だった。それは他国人に対してよりも明らかに厳しかった。すでに真珠湾攻撃以前からこうした制限があった。公使館へ行くことさえ禁止されたこともある。そのうえ、アメリカが日本居住者のアメリカ国内の口座を凍結したので、何人かは破産した。たとえば、かつての陸軍武官でファランヘ党代表者のエドゥアルド・エレーラ・デ・ラ・ロサの場合がそうだった。彼は短波ラジオ所持の容疑で家宅捜索をうけた[105]。エレーラの件は、日本の精神的興奮を表す象徴的な事件である。なぜなら、彼の日本の高官との関係も、近衛との友情も、ファランヘ党の対外代表としての地位も警察の捜索を回避するために何ら役に立たなかったからだ。エレーラはファランヘ党が公使館に比べて低い地位の扱いしか受けなかったことをはっきりと認めざるをえなかった。彼は関係の悪くなっていたメンデス・デ・ビゴにこの件について知らせなければならなかったばかりでなく、外交官の家は特別扱いであることを認識させられた。公使はこのような待遇の差を利用していた。

　メンデス・デ・ビゴの個人的状況も興味深い。彼は予想もできなかった苦悩を体現したが、また彼がマドリードへ送った情報の影響の点でも興味深い。容易に理解できるように、「ドン・サンティアーゴ」は戦争中、当初からの連合国寄りの姿勢を変えなかった。彼が明らかに非合法の活動に加わっていたことがそのことを示している。警察の執拗な捜索から免れた傍受装置を使って入手した連合国のニュースを載せた小冊子を週に四回発行していたのである。それを一緒にやったのはアルゼンチンの代理公使だった。そして、元在フランス大使夫人の沢田がそのテキストをタイプで打った。約二十部の小冊子を刷り、著名な外国人や何人かの日本人に配布していた(106)。これは彼の戦争終結への強い願望の最も顕著な形での表明だった。彼は東京の北西一二〇キロメートルのところにある軽井沢の寒い居宅で辛い時を過ごさなければならなかった。彼は軽井沢に送られたが、この町が東京の裕福な人たちの避暑地だということや、東京でマリアーノ・ビダールが彼に代わって仕事をしていることもほとんど彼を癒すことはなかった。彼は常連だった戦前のカクテルパーティーを懐かしく思ったにちがいない。彼が戦時中に要求した物資には、ビタミン剤や医薬品だけでなく、「冷凍肉、かなりの量のワインとコニャック」が含まれていた(107)。生き延びるための方法は、各人それぞれの感じ方によって異なっていた。

そのうえ、彼の個人的状況はマドリードへ送られた情報の内容も変えることになった。当初、彼は日本のプロパガンダと現実との乖離を説明しようと努力した。数か月経つと、スペイン向けの外交袋の中に興味深い文書を入れた。その文書でメンデス・デ・ビゴは、戦争の厳しさや日本での西洋への嫌悪感だけでなく、すでに見たようなアメリカ大使グルーと彼の緊密な関係さえ語っている。しかし、一九四三年以降にスペインと日本の緊張関係が増大するや、彼は両国関係をそれ以上悪化させないような情報を送るようになった。関係に水をさすような情報は隠蔽することもした。終戦の年の彼の周囲の人々の逮捕を知らせなかったことなどがそうである。両国の関係のいかなる変化も、さらなる彼の苦悩を生んだ。彼はすでに多くのものを失っていた。

大東亜共栄圏でのファランへ党員とハイアライ選手たち

日本軍支配下でのスペイン人コミュニティーの大半は宣教師だった。バチカンによればその人数は二六九名だった。多国籍のミッションにいたスペイン人宣教師も計算に入れると、その数は少なくとも四〇〇名となる。スペイン人宣教師がまとまって居住していたのは次のところである。湖南のアウグスティヌス会隠遁修道士（開封）、やはり湖南のアウグスティヌス会修道士（長沙、吉首、沣県）、湖南北部のアウグスティヌス会女子平信徒、福建（アモイ、福州、福鼎）と香港のドミニコ会、福建の女子ドミニコ会、安徽のマリアの御心会（黄山市）、カプチン会は江蘇と新疆に、マリア派のフランスコ会は上海と山東に、フランシスコ会は陝西北部の延安に、イエズス会は安徽（安庆、蕪湖）に、清貧女性聖職者会は上海と香港に、イエスの子女子会は北京と安庆に、ベリス・メルセス修道女会は武漢に、パウロ会は香港にいた(108)。ホルダーナ外相の時期には、こうした宗教関係者の他に二つのグループが大きな状況の変化にさらされていた。

それはフィリピンにいたファランヘ党と、中国にいたバスク出身のハイアライ選手（彼らのうちのかなりがファランヘ党員でもあった）である。彼らはきわめて困難な状況に直面していた。フィリピンでのデル・カスターニョの対日協力は、一九四二年の十月で終わったと言ってよい。それは、日本軍の占領が永遠に続くものではないだろうとの予感が増していったこととともに、デル・カスターニョ領事がセラーノ・スニェルが去ったあとでのマドリード政府の態度の変化を感じとったからだ。これはある意味ではアメリカのせいでもあった。ヘイズはスペイン外務省での交代劇を利用しようと思って、デル・カスターニョが「スペイン領事として不適切な行動に関与している」と抗議する口上書を送ったのである。ヘイズによると、デル・カスターニョのせいでマニラでアメリカ人一名、フィリピン人三名、スペイン人四名が投獄され、そのうちベニート・パボンはまだ獄にいた。ヘイズはデル・カスターニョに、「中立国の代表として、とくに、自らの立場を在マニラのアメリカ人と収容されている他の人々の苦しみを増大させるためでなく、むしろ和らげるために使うこと」を求めた(109)。この口上書は明らかに何の効果ももたらさなかった。もうすでにパボンは自由の身にあったからである。しかし、外務省の新役人はその事実を知らず、内政干渉だとして激しく抗議した。しかし、ワシントンからの警告は忘れられなかった。なぜなら、それはデル・カスターニョに伝えられただけでなく、一九四三年四月末にスペインが日本とのあらゆる協力関係を終焉させたとき、外務省はただちにデル・カスターニョに命令してパボンの保釈を依頼するようにしたからだ。スペイン人は日本の占領下にいたにもかかわらず、フィリピンではアメリカの息遣いが聞こえ始めていた。

さらに太平洋での戦争は、アジアにおいて真の意味でスペインと深い関わりがある活動を復活させた。それはバスクの球技である。中国とフィリピンで、スペイン人、エジプト人、ブラジル人、キューバ人が参加する試合が連日おこなわれていた。その球技には賭けがあった。賭けによって試合への熱狂は増し、営業上の利益も出た(賭金の十五~二〇%)。それは、闘鶏と同じような形でおこなわれていた。球技は大人気となり、大都市には多くの競技場がつくられた。天津のイタリア租借地、上海のフランス租借地とマニラにハイアライ競技場がつくられた。そのため、戦前にも戦後にもフィリピンには若いバスク人が大挙してやって来た。彼らはその後の職業上や個々の人生をフィリピンで過ごした。競技場の事業はいくつかの企業の手中にあった。上海ではアメリカ資本の会社が始めた事業が最初は失敗した(ブッカーという人物が一九三〇年に始めたパルク・ド・スポーツ会社)。しかし、フランス租借地で、一九三四年に当地の銀行家ブーヴィエが資金援助してフランス企業として再び始めた時には成功した。三、〇〇〇名収容の中央ホールが連日平均二、〇〇〇名の観客を集めるまでになった。天津のイタリア租借地にはレバノンの資本が入っていた。ただ、フォーラムという会社はイタリア人のものだった。

一九四〇年に開場したマニラのハイアライ競技場はアールデコ様式の優美な建物だった(二〇〇〇年に取り壊された)。その総支配人はエジプト人のアサドゥラインだったが、すべてにおいてかつてハイアライ選手だったテオドーロ・ハウレギが重要な役割を果していた。一九三五年以降、スペインでの選手との契約権や競技場の営業権を独占していたのはハウレギだった。

開戦後の一九四二年の競技場の再開とともに、ハイアライは以前を上回る成功を収めるようになった。その理由の一つは、賭けがブラックマネーの逃げ場所の一つとなったからである。それは、手っ取り早い儲け話や投機が時の流れとともに重要になっていった日本軍占領下での戦時経済の反映だった。そのうえハウレギと日本軍当局との関係は大いに友好的なものだったようだ。日本軍は彼の営業の継続を認めただけでなく、彼は日本軍の占領下で、マニラから上海まで向かうことができた唯一のスペイン人だった。その商用旅行には領事のデル・カスターニョの後押しがあった。デル・カスターニョはハウレギに感謝しなければならなかった。というのも二五名のハイアライ選手の多くがファランヘ党のメンバーとなったのはハウレギが熱心なファランヘ党員だったからだ。しかし、心配事があった。それは、中国で彼らによい給料の仕事を探せるかどうかだった。選手の契約交渉はたしかにきわめて複雑で、これはデル・カスターニョとハウレギの間の関係を冷却化させることになった。その後、デル・カスターニョはよくある方法を使った。つまり、マドリードに電報を送って、グループのトップに彼の盟友ダニエル・グリディを置くようにし、またそれ以降のスペインからのハイアライ選手の契約は領事館を経由するようにした(110)。

フィリピンのハイアライ選手が多くのファランへ党員のごく一部に過ぎなかったのに対し、中国のハイアライ選手はファランへ党員のほとんどすべてを占めていた。他のスペイン人居留民がフランコ体制への援助の意志を示していたとしても、それはミサへの参加や献金程度だった。宣教師たちもそうだったが、彼らはそれ以上のことはほとんどしなかった。例外はアウグスティヌス会司祭オクタビオ・クブリーアで、彼はファランへの地方代表にまでなった。また、イエズス会士のアントニオ・エグーレンはファランへの主任司祭だった。中国でのファランへの創設者は天津にいたハイアライ選手のアラメンディだった。華中にはファランへの拠点が二か所あった。一つは上海で、そこには中国のファランへの地方代表あるいは対外代表がいた。この代表部はより多くのメンバーを抱え、より高い位置づけの支部だった。もう一か所がハウレギが指揮していた天津で、ハウレギはそこで上海の代表も任命していた。一九四三年以前の中国でのファランへの活動についての資料はあまりないが、それはフィリピンと同様だったのではないかと思われる。彼らは内戦中も内戦後もスペインに送金をし、慈善組織として「社会扶助」を創設したが、彼らと外交官の間にはやはり意見の相違があったと思われる。天津と北京が近かったにもかかわらず、七月十八日を記念する行事が別々に開催されたことはその証左であろう(111)。

アルバロ・デ・マルドナードが上海に新領事兼公使として着任した一九四一年春以降、内部対立は深刻化した。フィリピンの場合とは反対に、中国ではスペインの役割についても日本や他の列強への批判に関しても政治的含意はなく、むしろ対立はハイアライ選手の待遇をめぐって起きた。マルドナードはハイアライ選手を懸命に守ろうとした。ハイアライ選手は、短期間に、賃上げや互助組合と年金基金への出資金の増額を勝ちとった。その結果、上海のハイアライ選手はマルドナードの側についた。しかし、天津では同様のことは起こらなかった。天津のハイアライ選手たちはハウレギや北京公使館を任されていた外交官ムニィスの影響下にあった。

そのため、問題は主として個人間での展開を見せていった。マルドナードへの援助回避のためにハウレギは天津のファランへのリーダーだったフリオ・イバロラーサを中国の地方代表に昇格させた。このようにして天津の同志たちが公的にも、ますます問題を抱えるに至った上海のハイアライ選手に対してより大きい影響力を持つようにさせた。マルドナードはハウレギの画策に対して黙ってはいなかった。マドリードのファランヘ党対外部に圧力をかけ、イバロラーサの昇格を回避すべく動いたのである。マルドナードは、ハウレギの仲間のイバロラーサを指して、「教養のない人間で、ハイアライ選手だが賭博場と結びついた人間」だと非難した(112)。そのかわりにマルドナードは、大使館の書記官だった彼の親族アルマンド・サルディバルに中国でのファランへのトップになってくれないかと提案した。マドリードのファランヘ党対外部は、中国からの他の情報がないままマルドナードの提案を受け入れ、サルディバルを中国のファランへの代表として派遣した。その後、マルドナードはイバロラーサを解任し、天津の代表部を昔のリーダーで彼に忠実なアンドリヌアの指揮下に置いた。

スペイン人居留民間の亀裂は決定的になった。外務省には全く異なる二つのバージョンの電報が次々と送られた。そのため、この件とはまったく関わりのない外交官ホセ・ゴンサーレス・デ・グレゴリオが問題を解決するための広範な権限を与えられて上海に送られることになった。赴任地の満州国から暑い地域に南下してきたデ・グレゴリオは、ほどなくサルディバルと敵対するようになり、サルディバルを解任すると同時に、マルドナードと関係の深かった天津の代表部の指導部も更迭した。デ・グレゴリオがハイアライ選手の雇用者に対して好意を抱いていたため、対立はより深刻化した。なぜなら、一九四四年の一月十九日にハイアライ選手協会の約三五名のメンバーがサルディバルに率いられて領事館を占拠し、デ・グレゴリオを人質とし、賃上げとハイアライ選手互助組合から以前に借りた金の返済を迫ったからだ。

やっかいな事態となり、問題解決のために現地の警察が介入する寸前となった。しかし、この時点からいらだちは終息へと向かっていった。雇用者のハウレギが十五万ドルの保釈金を提供してデ・グレゴリオを解放し、労働争議を解決したので、領事館占拠はたいした暴力事件なしに終わった。天津でもトラブルがあった。ここでもハイアライ選手が賭博場の開設準備に反対していた。領事館の評議会はアウグスティヌス会士の検事セレサールとイエズス会士の教授のエグーレンそれに領事によって構成されていたため、権力と同調した宗教関係者の仲介と、マドリードからの圧力（ホルダーナ外相からの電報）によって、そのうちに騒動は沈静化した。ハイアライ選手たちは戦争が終結したら彼らの労働問題を解決するという約束を取り付けただけで、保証金を返還した。その間に警察は盗難書類を発見し、サルディバルを逮捕した(113)。彼は古参ファランヘ党員のマルドナードとともにこの小競り合いの主たる敗者となった。この問題はマルドナードに私的にも心理的にも大きなダメージを与えた。外務省は問題から遠ざけるために彼を東京に異動させようとしたものの、それは実現しなかった。ハイアライ選手は政治的な野望を持つこともあったが、解決がなされたのは主に金銭面においてだった。

　この紛争の一件には、マルドナードが、彼と同じ政党に属していた雇用者側の搾取に対抗し、中国での二人の外交官仲間のムニスとゴンサーレス・デ・グレゴリオの結託を非難して、ハイアライ選手の労働条件を守ろうとしたことが如実に表れている。これは、内戦以後、ファランヘがどのような変化を遂げたかを示す多くの事例の一つである。マルドナードたちが国民サンディカリズムのイデオロギーのレトリックから社会正義という理想を実現しようとしていた一方で、ハウレギなどは腐敗や密輸などに対して嫌悪感を示すことはなかった。それはファランヘにおいて別段不思議なことではなかった。マルドナードの解任がハイアライ選手にとって敗北だったことに疑いの余地はない。第二次大戦が終わっても、約束されたお金の一部が払われなかったからだ。他方で、紛争はファランヘの限界を示してもいた。なぜなら、ファランヘがハウレギの個人的利益と利便のために中国で創設されたのと同様に、まったくそのために中国から消えてしまったのである。さらに独自の通信手段を持たなかったために、ファランヘはすべての決定において外務省に頼り切ることになってしまった。

　他方、紛争は治安の問題にまでなったので、それがスペインの外交にとって持った政治的意味に目を向けなければならない。フランコ体制は、この時期に日本とのかつての友好関係を消滅させようと懸命になっていた。何とかして、領事マルドナードのせいもあって自らの手から離れてしまったスペイン人の内訌への日本の占領者の介入を避けようとした。かくして、ゴンサーレス・デ・グレゴリオの任命の際に与えられた命令の一つ、「植民地*［中国］での*［日本の］警察の介入を回避せよ」に見事に集約された命令が他の役人にも課されることになった(114)。ますます微妙になってきたスペインの国際的状況は、ハイアライ選手たちの給与よりも、スペイン外務省の気力にかかっていた。その状況は外交関係の刷新、とりわけ以前の日本との協力関係を見直すように求めていた。次にこの問題について取り上げよう。

4 伝統的なイメージへの回帰

以上のように、日西両国政府の目的の相違はさらに拡大していった。日本がひたすら覇権を追い求めたのに対して、スペインは自らが注目されなくなったことと、他の西洋諸国と同様に占領の犠牲となったことで、ますます傷ついていた。枢軸のおかげで、こうした両国の相違は当初は、期待と、スペイン・日本両国にとって有利な共通の目的を探すということの中に隠されており、違いのすべては水に流されていた。その後、民主主義勢力の勝利の可能性が高まったので、フィリピンでの事態のように、その違いは国内においても、海外でも際立っていった。かくして、すでに見たように、フランコはますます日本と距離を置くようになり、一九四二年六月にはスペインの将来を日本の将来から切り離した。セラーノが外務省を去って以後、フランコ体制の外交姿勢の枢軸国離れは決定的になった。

政治的相違を覆っていた隠れ蓑がなくなっても、日本のスペインに対する見方は変わらなかった。なぜなら、たとえ良好な関係になっても、この関係悪化を埋め合わせることはほとんど不可能だと思われたからだ。逆に、スペインにとっては、ホルダーナ時代の始まりは日本に対する見解が大きく転換を遂げた時期だった。それは一九四三年を通じて実現していったが、この点については分析が必要だ。なぜなら、新たなるイメージが一九四四年と四五年の明確な政治的変化を先取りし、それを正当化したからだ。

ホルダーナはフランコと同じ道を辿った。その道筋は、一九四二年十一月九日に日本から届いた戦争中の唯一の外交袋によって決定的となった。ホルダーナの最後の通信は五月に送られたものだったが、最重要なものはすでに電報で届いていた。しかし、メンデス・デ・ビゴとその他のスペイン人の個人的体験の詳細、カトリック教会に対する日本での誠意を欠いた中傷、それにフィリピンにおけるスペインの行動の批判やフィリピン共和国の名称を「タガログ共和国」に変更すべきだと提案した日本の新聞の切り抜きなどの情報は、ドゥシナーゲのために書かれた文書による要約から判断すると、重要な影響をもたらした。この外交袋の到着日までに、日本側は、ホルダーナはセラーノのように問題を大目に見ることはないとはっきりわかっていた。フィリピンでのスペイン人の扱いについての不満と、ラテンアメリカにおける日本の利益代表を了承したことは誤りだったとスペイン側が認めたことは、たとえそれが反スペイン・キャンペーンをやっていた「赤」に責任があるとはいっても、動かしがたい論拠となった。新しい外相とともに日本との政治的覆いは数日で消え去り、スペインは大日本帝国政府に対する批判を強めていった。

しかしホルダーナの考えによって、スペイン外務省での変化は、ゆっくりとした形で、新聞の第一面からは関係のないところで進んでいくことになった。彼自身がアルバ公に対して「いずれの交戦国にも知らせずに、しかし結果的には中立に進んでいくような変化を導入していく慎重な政策」の必要性を語った(115)。しかし、日本との場合には、変化は迅速だった。かくして、一九四三年二月末、ガダルカナルからの日本軍の全面撤退の後、連合国軍がメラネシアの他の地域への攻撃を開始しようとしていたとき、ホルダーナはイギリス大使のサミュエル・ホーアに、彼とスペインが東アジアでの連合国の勝利を望んでいると打ち明けた——「我々は［ロシアに対抗する］ヨーロッパの連帯と同じ条件で、アジアにおけるヨーロッパの権益の復活を求めるものです。ヨーロッパの連帯について語るとき、我々は経済的利便のみならず、我々の文化、白人がアジアにおいて実現した文明化という事業、我々の国が東洋の地で実現したこと、たとえばキリスト教の布教などを考えに入れています。これらすべては、日本の勝利によってだけでなく、中国やロシアの勝利によっても消え去ってしまうでしょう」(116)。ホルダーナはフランコの後追いをしていた。事態の成り行きからすると、彼の対日政策はドイツやイタリアに対するものほど慎重ではなかった。おそらく、最終的な目標が中立ではなかったからであろう。しかし対日政策が試金石としての役割も果たしていた。

対日政策の変化は、他国に対してのものよりも急激だった。これは個々の戦闘の結果とそれほど関連していず、それを許容した一連のイメージの変化があったことによる。変化のうちの二つは、主として外交面でのものだった。連合軍のプロパガンダの影響と、ロシアへの攻撃の終了である。他の二つは、スペイン人自身の必要性と、内戦以前の「伝統的な」平時に戻りたいという要求から発生した。これは、プロパガンダにおいても、イメージにおいてもそうだった。つまり、太平洋戦争の位置づけの変化と白人の連帯という意識の再生だった。これらについて詳細に分析していこう。

（1）連合軍のプロパガンダ

反日プロパガンダがどの程度まで効果を持ったのかを確かめるのは難しい。それは多くの場合、文書館に現物があまり残っていないパンフレットや噂によっていたからである。しかし、わかっているのはスペインが重要な対象だったということだ。こうしたキャンペーンで批判された当事者自身がそれに気がついていた。セラーノ・スニェルと須磨はそれについて何らほどこすべき術がないとわかっていた。そのうえ、須磨は「あらゆるところでばらまかれていた反日パンフレット」に対して何もできないことを嘆いていた(117)。なぜなら、日本は純粋に軍事的な問題に資金を使い果たしてしまったからだ(118)。

連合軍のプロパガンダは、東アジアの占領地域における日本軍の蛮行を非難するのにとても効果的だった。次から次へと明らかな例が出てきたばかりでなく、それが日本人に関してあらかじめ抱かれていたイメージにぴったりと合致したからだ。これらの非難は、日西両国間の政治的友好関係を薄めていくのに、また、このように大きな亀裂にふたをするのはあまり意味がないことを示すのに役立った。『エル・アルカサル』のような日本寄りのメディアにおいてでさえ、公使とその編集者たちとの夕食の席での会話で、フィリピンにおけるスペイン人の苦悩が語られた(119)。

（2）軍事的野心の終焉

軍参謀本部から外務省に送られた二つの報告書が示すように、日本の軍事的重要性は決定的に低下していた。これらの報告書では日本に対する明らかな失望感が表されている。一九四三年三月三一日付の最初の報告書を書いた軍人は、「枢軸国と関係の深い人物たち」が信じていたように日本に攻撃の可能性があるのか、それともそうでないのかについて判断を下せずにいた。後者の場合には、「アメリカ副大統領［デイヴィット］・ウォーレスの予言は正しいだろうとしか考えられない。ウォーレスはドイツとロシアの合意が可能だと信じ、また、日本はそのための仲介者になるのを待っていると信じている」としていた(120)。五月にはすべてが明らかになった。五月七日、新しい情報によって、日本軍がどう動くのかを検討する時が再び到来した。この日の報告書では、日本の軍事行動はオーストラリアでもインドでも予想されないとされた。距離的に遠かったし、モンスーンの到来が近づいていたからだ。そのため、より近い目標、つまり中国やシベリアへの攻撃だけがおこなわれるのではないかとされた。かくして、シベリアの前線での平穏状態を考慮して、報告書の執筆者は、それがスペインにおける日本のイメージにどのような影響を与えたかをきわめて明確に示した──「これまでに述べてきたことから、我々は以下のような確信を抱くに至った。気候の良い五月が過ぎてもシベリアへの攻撃がなければ、日本とロシアの間には合意があると考えるに十分な理由がある。この点を危惧して、我々はこの文書を書くに至ったのである」(121)。

一九四三年春以降、スペインは満州国からのソ連への攻撃の可能性は全くなくなったと考えるようになった。シベリア前線での和平は揺るぎないことが判明し、日本との協力でスターリンに対して勝利を収めるとの希望が徐々に消えていったとき、受け止め方の変化が起こった。以前からあった猜疑心が、日本が友人たちを放棄したとの確信へと変わっていった。その結果、日本の肯定的イメージのうち主たる二つ、軍事的関心と信用が消えた。三番目の反共産主義は弱くなった。とはいえ報告書は、対ソ戦は日本軍にとって最も大きな野望であることを認めていた。これは、それまで最も熱心な「親日派」だったファランヘ党員の野望にとくに大きな影響を与えたであろうニュースだった。

(3)　後景に退いた太平洋戦争

一九四二年秋以降、『ムンド』に掲載されていた太平洋でのスペインの歴史についての週刊連載記事がなくなり、マスコミでも太平洋での戦争の情報がかなり減少したのは驚くべきことだ。そのもっとも顕著な例がＮｏ－Ｄｏである。放送開始の一九四三年九月一日から第二次世界大戦の終結までの間に戦争関連のニュースは合計約一、一〇〇本あったが、そのうちアジアでの戦争に関するものはわずか六〇本であった（もちろん、それ以前に放映されたドキュメンタリーの数を加えれば、割合は異なってくるのだろうが）(122)。

一九四三年九月の『ムンド』のある記事にその理由が説明されている──「日本が戦っている大戦はスペインにとって大いに興味をそそられることであるとはいえ、スペインがより心を動かされるのは共産主義と反共産主義のものすごい衝突であることは明らかである……。アジア地域と太平洋において、世界のある地全体の運命が決められようとしていることに疑いの余地はない。その地とはヨーロッパの辺境にあるが、人種的にはヨーロッパに属しており、他方でアメリカ大陸それに植民地としてとても貴重な意味を持つ島嶼部［フィリピン*］を見つめている地［スペイン*］である。しかし、これらすべてがどんなに大きな意味を持っているとしても、我々の関心が――東京からの非公式情報によれば、「現在、深刻な症候を示している」――ソ連にあることは明白である」(123)。『ムンド』によれば、スペインに影響を与えていたのはより近隣でのことであり、アジアでのことは遠い彼方のことだった。太平洋での戦争について深く分析することは放棄された。それは理解するには複雑過ぎると考えられ始めたのである。中国の有名な作家、林語堂の作品がアメリカでよく売れているというある論評の中で、アジアでの戦いについて林が述べたことが引用されている――「誰も、なぜ戦っているのかわかっていないし、平和についての明確な目標も共通の目的もない」(124)。戦争はエキゾチックなものへと変わっていた。

(4)「白人の連帯」論の再生

アジアでの白人の連帯を助けようという考え、つまりは世界の他の地域に対するヨーロッパの優位の主張は、多くの言説に見出すことができる。しかしとりわけ注意を引くのは、この見解をとり立ててイデオロギー化しないようにしようとする努力だった。これは当然なことだとされた。太平洋戦争で「西洋の価値観の優位性」が危機に瀕したので、スペインがアメリカの側につくのは当然のこととされたのである。ホルダーナ自身が、この見解が当然であるというのはたった一つの論拠からではなく、経済や文化さらには文明の普及に至るまでの様々な論拠に基づいているのだと示唆していた。

アジアに対抗するには、それぞれのイデオロギーの違いをさておいて、ヨーロッパが共闘していく以外に方法はなかった。ホルダーナがイギリス人ホーアに、白人の連帯のために太平洋での連合軍の戦いを援助すると何回も宣言したことはその表れである――「これらの考え方が……我国が感じている不安と、共通の利益を守るためにヨーロッパは緊密に協力しようとの我国の願望を説明することになるでしょう。ヨーロッパの緊密な協力により共産主義という大問題は一気に解決されるでしょう。アジアにおける我々の立場、我々の権威は再生されるでしょう。日本の拡張を阻止し、アフリカ大陸を正常な状態に再び戻すことができるでしょう」(125)。そのような脱イデオロギー化が実際になされたわけではなかったし、またそうした論理が大いに広まったわけでもない。それどころか、そうした白人間の連帯の目的は保守的な考えによってはっきりと選り分けられていた。戦前の植民地時代の平和への回帰が切望されていたのである。もはや植民地の時代は完全に過ぎ去っていたのだが、それはホルダーナの伝統主義的な切望を反映していた。ホルダーナは共産主義の政治的領域をほとんど認めていなかったばかりでなく、カトリックと「偉大な時代」の遺産に基づいたスペイン文化との結合によってキリスト教の守護者となったスペインのために、広大な領域があると思っていた(126)。ホルダーナのメッセージにはこのような教義が潜んでいた。

日本のイメージの認識枠組みの変化は、以前の考えを再解釈する場合のみならず、新しい情報を受け入れる際にも影響を及ぼした。以前に述べた例を示せば、コルデーロ・トーレスの本の提案は、きわめて短期間のうちにすたれてしまった。東アジアの事態について新しい結論を出すことが必要とされた。政府が外国に向けて新たな姿勢を示す際の意志決定の過程に影響を及ぼしたので、これらの結論を分析するのがよいだろう。

（1）日本はスペインの連合国への接近に役だった。それを示すには二つの例を挙げるだけで十分であろう。まず一九四三年八月にＮｏ－Ｄｏが連合国軍からの資料に基づいた最初のニュースを放映している。それは、ビルマでのイギリス軍と太平洋でのアメリカ艦隊のことを報道していた。他方、ファランヘ党の日刊紙『アリーバ！』の方は一九四三年十月から、枢軸国の諸陣地から、連合国軍の下にある都市たとえばアルジェ、メルボルン、ワシントン、チュニスまでのさまざまな戦線に出向いていた特派員からとされたニュースコラムを掲載するようになっていた。実際には、このニュースはラジオから傍受されたものだった。なぜなら、『アリーバ！』紙はそんなにたくさんの場所に特派員を送り込めるような経済力を持っていなかったし、容易に想像できるように、連合軍の戦線での取材許可を得ることはとても困難だったからだ。

この二つの例が示すのは、連合軍側の情報のうちアジア発のものが、民主主義勢力側の勝利の見通しについて述べた最初のものだったことである。かくして、ドイツの陸軍武官がかつてはとても忠実だったファランヘの新聞が連合軍側のニュースを掲載したことに抗議をした時、彼がはっきりと取り上げた唯一の記事は、太平洋戦争についてのアメリカのニュースを載せたメルボルンからのコラムだった。このニュースが太平洋戦争についての情報で最も枢軸国寄りではなかったものだったことは偶然ではない。スペインにとっては、アジアにおいて連合国寄りである方がヨーロッパでそうであるよりは容易だった。スペインでの戦争関連報道に関して、連合国側の不満がなくなり、他方で枢軸国側の不満が現れ始めたことは、極東戦線の戦況と関係していた。これはとても興味深い変化である。スペインの日本批判は連合国側寄りに突進していくための踏切板の役割を果したと言うことすらできるだろう。

（2） フィリピンに関しては、スペインにとっては、アメリカ統治時代の方が日本の占領時期より良かった。ホルダーナ時代の政治的認識はかつての植民地フィリピンとの関係において急激な変化を見た。日本との友好時代以前に回帰しただけでなく、アメリカ統治時代をスペイン文化の永続にとって好ましい時代であったと評価し、称賛するまでになったのである。それは、大いなる野望を伴った認識の変化だった。しかし、それを連合国への接近のためにうまく利用することはできなかった。フィリピンの独立を支持する伝統的な考えがいまだ残っていたからだ。このころにはフィリピンは独立すべきとの考え方が支配的であり、フランコ自身が何度か日本に対して、その約束を果たしていないと批判していた。現状を拒否するとの意向が支配的だったが、フィリピンの将来については意見が対立していた。

（3） 蔣介石は共産主義者だという評価はなくなった。日本が反共産主義であるとするイメージが弱まり、中国での日本の戦いを共産主義に対する戦いであるとしたような以前には「自明の理」とされたことが問われることになった。そのイメージを変えようと努力したアメリカのプロパガンダ装置の足跡を追っていくと、新聞『ヤ』紙に辿りつく。『ヤ』紙は一九四三年末に、それまで疑いの余地もないように思われていたこの中国国民党リーダーの共産主義的傾向を否定した初めての新聞だった。その後、他の新聞においてもイメージは決定的に変化した。『アリーバ！』紙においてさえもそうだった。そこではプロパガンディストのマヌエル・アスナール――彼はフランコ体制後の中道右派の首相の祖父に当たる人物であるが――が蔣介石について意味深いタイトルの記事を執筆している―「中国の不思議な戦争」、「重慶の大将軍は公然とした明白な反共産主義者だ」(127)。この記事は何ら独自のことは言っていない。しかし、内戦後のスペインにとっては新しいことだった。

（4）スペインは中国での治外法権放棄に抵抗し始めた。セラーノ・スニェル時代には、不平等条約によって十九世紀以来享受してきた権利の喪失を容認していたが、ホルダーナになってその態度は変化した。それは前任者とは逆のことをやろうというホルダーナの願望の産物のようにも見えた。一九四三年には枢軸国だけでなくアメリカやイギリスも治外法権を放棄したからである。ただし、それを放棄した場所は南京ではなく重慶だったが。日本についての新しいイメージと、ホルダーナがこの件で植民地主義的平和を復活させようと希望したことにより、スペインは孤立した。

（5）「アジアの無法者たち」についてたびたび語られるようになった。東からの共産主義の脅威は世界大戦以前からのものだ。しかし、この時期のソ連軍の勝利により、その感情がより先鋭化した。フランコが表明した立場、つまり「文明化された」国々（つまり、連合国とドイツ）間の和平を求め、ヨーロッパを侵略しようとしている「飽くことのない輩」を止めようとの立場はその一例だ。一九四四年四月十一日の『アリーバ！』紙の論評も、ヨーロッパでの敵対関係のできる限り早い終焉を擁護するという同様の見解を示した――「ヨーロッパでの戦争が長期化すればするほど、太平洋での状況が強固なものとなる。……この戦争の本来の目的はアジアにあるのだ……」(128)。新聞ではこうした「無法者たち」が示す様々な側面や、うわべだけにしか過ぎなかった文明の外見で原始的な精神がいかに覆い隠されていたかが報道された。しかし、こうした厳しい評価はまだ日本人には適用されてはいなかった。

（6）アジアの連帯。この頃、日ソ両国が互いに対決しない利点について公然と語られ始めた。以前にソ連を背後から攻撃することについての日本の決断力のなさが批判されたのと同様に、なぜソ連が日本を攻撃しないのかとの疑問が浮上してきた。一九四四年春に日ソ両国は、漁業権についての協定を更新しまた石油について合意に達したいわゆる漁業条約を締結した。この条約が上掲のような批判が噴出するきっかけとなった。『アリーバ！』紙の第一面には、スイスのような政治的に正しいとされた地域からの情報を引用するという奇妙な方法によって、いかに状況がパラドックスに満ちているかを語る論評が現れた――「本日付の『ジュルナール・ドゥ・ジュネーブ』の記事によれば、今日、ソ連と日本との間でアジアの連帯が強化されたことが判明した。両国は条約を結んだ。……この「アジアの連帯」の強化により、ソ連の政治的現実主義が明らかになった。つまり、主義主張よりも現実の利益を優先するということだ。しかし、アジアの二大国の間で保たれているこの「パラドックスに富んだ中立」という事実は、政界の大いなる関心を引かずにはいられない。それぞれの締結国が互いの他の同盟国との戦いにおいて死闘を演じているときに、日ソ両国にとってこの中立は大きな利益をもたらすことになった」[129]。

これら二国の行動がいかに不可解なのかが注目された。ともにアジア人であるからだろうと結論づけられた。後には、ヨーロッパ人ならあんな風な小手先の工夫をしたり、堕落したりするようなことは到底できないと考えられるようにもなった。こうした説明の仕方が続いたので、日ソ両国の行動は全面的な批判にさらされた。日本との友好関係継続の理由は次から次へと崩されていった。

日本のスペインとの関係の対応のやり方は異なっていた。他の方法がなかったせいでもあるが、あまり希望が持てなかったというのがその理由である。いずれにしても、スペインの姿勢から生み出された緊張と失望から、日本は両国の関係をそれほど重要視しなくなった。戦争目的にとって役に立たなくなったからだ。かくして、一九四三年の初めの数か月からスペインに対する不信感が軍事面でも高まったと考えることができる。日本はドイツに対してイベリア半島占領を提案したほどである。ヒトラーがなぜソ連を攻撃しないのかと日本を非難したとき、ヒトラーに対する日本の論理は一貫性を持っていた。日本はこう答えた—第三帝国がなすべきことは、東部戦線に固執するのでなく、地中海の鍵となる地点を奪うためにジブラルタルを征服することだ。資料によれば、日本が表立ってイベリア半島の征服の必要性を主張したことはない。しかし、もし仮に第三帝国がジブラルタルを奪取しようとすれば、成功する唯一の方法は陸からの攻撃だった。したがって、連合国軍がイベリア半島かマジョルカに上陸するような場合には、スペイン北部の港や飛行場を奪取すればよいとしか考えていなかったドイツの立場（ギーゼラプランと呼ばれた）に対して、日本はドイツに南に向けて侵攻していくことを促した。ジブラルタルの奪取が実行可能だったために、ジブラルタルがドイツと日本との間の戦略上の議論の中心となった[130]。

これまで見てきたように、日本のスペインに対する不信感は増す一方だったので、日本にとってスペインの命運はどうでもよくなっていった。須磨はソ連との連携を強化しようとしていたが、ドイツの軍事攻撃のことを考えていた人々もいた。スペインに対する不信感が増してきた証拠は、他のより重要な人物、他ならぬ外相の重光などにも見られる。重光は、連合軍がスペイン領土内に「国際空路の」途中の寄港地として使うために商業航空基地を獲得したかどうか調査するように命じた(131)。すなわち、連合軍の対ドイツ攻撃のために、スペインがカナリア諸島の利用を認めたかどうかを調べさせた。後に重光は、イベリア半島に軍事基地を設置するためにスペイン・ポルトガルと連合軍との間に交渉があったかどうかをあらためて尋ねた(132)。ホルダーナは最初の質問にきっぱりと答えたものの、日本はそれを信じなかった。もしスペインが背後から日本を攻撃することがあれば、日本もそれに劣らぬことをしただろう。

戦争中のスペイン外交の二番目のホルダーナ期は両国関係の二面性が顕著に表れた例だ。対外的には友好関係のイメージがあったが、それぞれが、自国の利益のためなら、相手をだまそうとしていた。基本的に両国関係は不安定で、相手が自分たちの目的の達成のために役に立たないだけでなく、それを妨害しているとまで考えるようになっていた。

ともかく、より複雑だったのがスペインの場合だ。ホルダーナ期のスペイン外交にとって、日本と太平洋戦争のイメージはきわめて複雑で急激な変化の道を辿った。それまで確実だと思われていたことが信じられなくなったばかりか、まったく正反対のことを考えて、日本からそれを得ようと望むようになった。以前のイメージは覆されて、かつては興味すら示さなかったニュースや異なる意見だとして過小評価していた声にまで耳を傾けるようになった。以前にはその解釈がまったく異なったものであったとしても、もはやどうでもよかった。

この変化を理解する鍵は日本の軍事的敗北の連続にある。しかし、それだけでは十分ではない。こうしたイメージの変化はナチス政権に対しては起こらなかった。ムッソリーニの打倒後にイメージの再生が可能になっていたファシストに対してもそれは起こらなかった。それどころか、日本のイメージの変化は、両国の友好期以前の受け止め方が存在し続けていた故に起こった。それは根底で静止していただけだったので、以前のことを思い起こしさえすればよかった。新たな認識が創出されたわけではなく、数年間、脇に追いやられていたいくつかの伝統的な側面が復活しただけだった。伝統的なイメージの回復によって、以前とは違って日本の敗北が望まれるようになった。これは保守主義者によって唱導された変化で、彼らは結局ファランへ党より優位に立ったのである。

第五章　不可能な交渉

一九四三年以降、エル・アラメインでの連合軍の攻撃の成功、スターリングラードにおけるドイツ軍の敗退、イタリアでの敵の上陸作戦、それにその他の戦局は、枢軸国の勝利への見通しをいっそう困難にした。それゆえ新たな軍事的敗北に合わせた、中立に向けたスペインの外交政策の発進が一九四三年の春に急務となった。そうした事実の力は、拡張主義的な議論やスペインにもっと好意的な力関係が新しく形成されるのではないかという期待を忘れさせただけではない。一九四〇年の夏になされた公式宣言「非交戦状態」は、一九四三年九月、公式に放棄されたのである。中立の時だった。

しかしフランコ体制は、そのような時期にあっても、国家間の協定の際にスペインのステイタスを高めるという考えは保持した。もはやかつての新秩序の中心にはいられず、激しい変化のなかで何らかの利益を得ようとしたのだろう。イギリス大使サミュエル・ホーアは回想録で、フランコの戦略は自己の国際的な地位を上げるために、世界の混乱の長期化とそれに伴って他のヨーロッパ諸国が弱体化することを利用しようとするものであると述べた。実際に確認はできないが、当たらずとも遠からずである。この非難は、彼の著書『特命の大使』がスペイン以外で出版されなければならなかった主要な理由の一つだっただろう（アメリカ大使ヘイズの回想録の場合は逆だったが）。実際に、一九三六年から一九三九年にかけてのスペインの抗争のなかでは、ハビエル・トゥッセルが『内戦のフランコ――政治的伝記』で立証したように、これはフランコの戦略だったと思われる。

決定的な年だった一九四三年にも続いていた政策もホーアの批判の価値を否定するものではない。スペイン政府は疑念をあまり引き起こさないような以前からの友好国、つまりポルトガルとラテンアメリカ諸国のほかに、スウェーデン、スイスといった他の中立国に近づく必要があった。この意味でのやり方は多様だった。その一つは、対等な形でポルトガルの政権との関係を強化しながら、他の中立国とも平和交渉を再び推し進めることであった。スペイン政府は、必要な友好を確保しつつ、あまりにも傷ついてしまった自らのステイタスを明らかに際立たせようとした。セラーノ・スニェルの併合主義的主張によってかきたてられていた疑念を和らげ、半島を「落ち着いた地域」として提示することが必要だった。その目的は戦争から遠ざかっていることだった(1)。ホルダーナは枢軸国からますます離れていることを示すために、またもやラテンアメリカ諸国との関係を利用した。かくして、コロンブスが西インド諸島への多難な初の旅からスペインに帰還してから四五〇周年にあたるこの年、中立に向かうスペインの転換を示すために一九四三年四月中旬、ホルダーナは「バルセロナ演説」と呼ばれた重要な演説をした。

フランコ体制の外交政策にとって決定的な時期だった。スペイン政府の中立主義の色合いは、ドイツとは明らかに全く異なるイデオロギー上の指針つまりカトリック主義に支えられ、初めて平和と中立を明確な形で支持する形で表れた。それはロレンソ・デルガードが示すように、「歴史的伝統と結びつけられたスペイン政治のガイドライン」となるであろう(2)。外務省がバルセロナ演説に込めた重要性は、それを聞かせるために出された多くの外国大使へのシウダー・コンダル*［バルセロナの別名］への旅行の招待状、他の言語に演説を翻訳してそれを広めようとしたことからわかる。だがその最大の意味は、「ふさわしい位置をスペインに与えるような世界のもっと公正な再編」を求めると宣言したとき、フランコ将軍自身に同じ主義主張を受け入れさせようとしたことにある(3)。戦争の流れを変えるような新たな武器とドイツの反撃力を依然として考えていた頑迷な総統《カウディーリョ》に、ホルダーナは、体制は、もっと最近の言葉を使うならば、交渉の切り札を変えるべきだとわからせることに成功した。できるだけ早く、そっとしたやり方で、多様な主張をして、可能な限りもめごとを起こさず中立への道をとるのがよいとしたのだ。そしてフランコはその筆頭にいるべきだった。

一九四三年、スペインの外交関係は、枢軸側のかつての友好国からの離反へと決定的に進んでいった。しかし、いくつかの国については他の国よりももっと離反が進んだ。そして日本が、中立にむけた転換のモルモットの役となることになった。その後、本章での時期を通して、日本はスペインに残った親独派の足跡を埋め合わせる役割を担うことになった。その証拠は『アリーバ！』紙に見ることができる。一九四四年二月、同紙は、以前の「親日派」の無邪気さを公的に認め、以前は反対していた反日本の見解を受け入れたのである。この「わが過ちによりて」の意義は、必要であり可能な行為だったことにある。連合国側の勝利を前にして新たなスペインの政策を求めるためには、他のフランコ派の人々との意見の一致が必要だったのである。それは可能だった。というのは、ドイツ人やイタリア人の場合とは反対に、ファランヘ党員たちは「黄色人種」、アジアの無法者、西洋文明の優越性のような以前あったイメージに頼り、それを我がものにすることができたからである。

不可能な交渉の局面は、新しい国際的な文脈の結果として、スペインと日本で双方の目的にさらに変更が生じたことで、一九四四年の夏に終わった。この時期における枢軸国の決定的な敗北が、両国関係の目的を見直させたのである。しかし、今回もまた、日本とスペインの双方の意向の同時的旋回は異なった方向性をとった。マドリードの政府がさらに遠い将来を見据えていたのに対し、日本は決して逃れられない泥沼にはまりこんでいった。狩りの事故による死によってホルダーナは偶発的にこの世から姿を消したが、日本の方はいっそう劇的だがそれほど偶然ではない変化に苦しんだ。東条英機は、以前の攻撃の失敗を明確に認め、首相を更迭された。彼のアメリカに対する強硬な戦略は、完全な失敗に終わっていた。かくして、かつてはスペイン領だった小さな島々のサイパンとグアムが奪取されて、そこから継続的に爆撃されたとき、東条の舞台からの失脚は日本の歴史における最も厳しい瞬間へのプロローグに過ぎなかった。

1　趨勢の変化

バルセロナから戻って数日後、ホルダーナは枢軸国からの友好的な依頼を拒否するという、新しい道のなかでも最も困難な歩みを進み始めていた。ホルダーナはそれをまず日本に対して始めた。それまでは友好的手段で関係を改善しようという期待があった。だが一九四三年四月末の決定は、政治的な性格の問題それに日本軍占領地域からの不平の問題が、両国の関係において支配的なものになったことを示している。均衡は崩れたのである。枢軸国の政治的マントはもはや緊張を沈静させ得るものではなく、日本はこの新たなスペインの政策を最も明白に示す舞台となった。スペインがヨーロッパでは何とかして中立の立場を宣言し、それを求めたとしたなら、アジアの場面では誰も反論できない形でそれを表すのがよかった。ドイツとの絆また枢軸国とフランコ体制との関係は明らかだったので、スペインはアジアでそうした非難の埋め合わせを求めた。スペインは、連合国側に近づこうとの努力を国際的に承認してもらうことをますます必要としていたので、アジアでは親連合国の言説を発するとともに、ヨーロッパでは中立の言説を強めた。それによって、ヨーロッパでけっしてとろうとしなかった姿勢を太平洋の戦争ではとることになった。太平洋という舞台は、スペインの中立の言説が大きな信頼性を得るために必要な変化がどのくらい生じたのかを探るのに役立った。最後に、それは戦争に敗北することはまずないことが今や明らかとなったこれらの交戦国に接近する裏道だった。

それゆえ、ますます障害物となっていた日本の役割は変化した。日本は枢軸国との関係よりも、連合国との関係に応じて見られるようになったのである。スペインでは、日本は枢軸国から遠ざかるためよりも連合国側に近づくために都合が良いと考えられた。スペイン政府は、それまでとは逆の意味で、しかもその言葉を用いることはなかったが、アジアでは「非交戦国」という立場をとるようになった。以前の日西関係が不一致を隠していた政治的マントで覆われていたとするなら、その後の関係は反対の意味を伴った全く異なったマントで覆われた。アジアにいるスペイン人に対する報復の可能性によって緊張は高まっていても、スペインの国際関係は連合国の領域の周囲、とくにアメリカの周囲を廻り始めた。日本との関係は、日本の支配下にあったスペイン人が、スペインの政策の変化の結果として損害をこうむるようなところまで行かずに済んだ。

もはや後戻りできなくなった時点を、新しい態度をとるとの決定がなされた一九四三年四月の末だと見てよい。この時期にスペインは、タンジールでの領事館設置に関する日本政府の公式要請を拒否し、フィリピンで逮捕された共和派のスペイン人ベニート・パボンの釈放を要請する指示を出した。また中国における治外法権の権利を返還しようとするのをやめ、双方の公使館を大使館に格上げさせる手続きを止めた。さらに、日本政府に対するルーズベルトの抗議文がスペインの新聞に現れた。それは侵入したドゥーリトル爆撃隊の飛行士が中国で処刑されたことに対するものだった。この爆撃は前年に日本の上空に初めて爆弾を落として日本政府を非常に警戒させた。日本は北太平洋の防衛を向上させようとしたが、ミッドウェイで最初の重大な敗北を喫することになった。このときになされた決定は新たな調子を帯びていたが、それらのなかで当面最も重要性を持ったのが公使館の地位だった。それゆえホルダーナが大使館への格上げを拒否した起源へ遡るのがよいだろう。

スペイン内戦以降、外交代表の地位が両国関係のレベルにふさわしいものになっていないことが問題となった。両国関係の重要性を、それを支える外交代表組織の重みと適合させることが必要だった。公使メンデス・デ・ビゴ自身、自らにふさわしい地位よりも低い地位に置かれていたので、公使に任命された後、自らの任に適合した地位に格上げするよう提案した。外相として必要な権限を得たセラーノ・スニェルはスペイン側からの格上げの準備を命じたが、この案件はわずかな機会でしか言及されなかった。一九四〇年、両国の関係を強化するのがよいと語った際、スペイン外相は日本側の遅れを非難した。というのは、スペイン側には「[日本が]好きなようにスペインを利用し、今やスペイン側を消耗させている」と見えたからだった(4)。

しかし、セラーノがより興味を示したのは彼が外務省から去った後のことだった。当然ながら、日本側は、辞任後のセラーノが何か政治的なトリックを仕かけようとしていると見たが、このことは外交代表の地位の格上げを推し進めるための妨げとはならなかった。須磨は、ホルダーナも好意的であることを確認し、上層部に格上げを推進するよう提起しただけでなく、同僚からの支援も獲得した。ベルリンで開催された諜報担当代表者会議で決定された、東京の政府に対する六項目の最終的な要求の最後の項目はこの提起を取り上げた―「中立国としてのスペインの重要性から見て、日本はスペインを通してアメリカとイギリスからの情報を受けとり、プロパガンダを実現できるので、スペイン公使館の地位は大使館に格上げされるべきであろう」(5)。この件は順調に進展し、ホルダーナが中立に向かう演説をしたのと同じ日に、この提案は日本の閣議で承認された。それ以降も、枢密院でただちに承認され、天皇の裁可を得た。さまざまな手続きが順調に進むのを見て、谷外相はメンデス・デ・ビゴならびに須磨に報告し、この提案は最終的決定に向けて国会に提出されるだろうと述べた(6)。すべては順調に行っているようだった。

以上のことを前にしてホルダーナは、海外・アジア局長トマス・スニェルに報告書を作成することを命じた。この報告書は日本政府の期待を水泡に帰させせしめるようなものであり、また日本との関係についての外務省の新たな見方を示しているので、ここに全文を紹介するのがよいだろう。

(1)現在の西日関係は平時よりも弱くなっており、貿易においてはごくわずかである。西日関係を強化させた事項があるとすれば、それらは戦争に由来する以下のことである—スペインが交戦諸国において日本の利益を代表していること、日本のフィリピン占領、中国での日本の影響など。これらは西日関係をとくに強化する代わりに、むしろ関係を難しくし、深刻な紛糾を引き起こすような事項でもある。スペインが、フィリピンにおけるスペイン人とその財産の保護、あるいは北京公使館区に関して一方的に否認されてきた中国での権益の維持について強硬な態度を示すことになれば、そうしたことが起きるであろう。

(2)スペインが日本の利益代表を受け入れたことは、ラテンアメリカのいくつかの国において我々の立場を悪くしたか、少なくともスペイン共和国派の亡命者およびスペインを批判する現地の新聞の攻撃を容易にさせた。一方で「連合国」の側は、スペインが厳正な中立へと向かっているときに、スペインのこの方策を交戦諸国の一方の側に対する特別で好意ある考慮を表すものと解することになろう。

(3)フィリピンでのスペイン人居住者の待遇と帰国の希望についても、また現在、手続き中の他の件においても、スペインは大使館の創設が適当であるとするような我が国への特別な好意を示す証しと解されるような待遇を日本から受けていない。

(4)フィリピンを占領している日本当局は、暗号の使用を許可していないなどのことはあるとしてもマニラの我が国の総領事[デル・カスターニョ]の存在とその行動を大目に見てはいるが、総領事を完全には承認していない(7)。

前外相となんら親密な（いくつかの事実から見て、イデオロギー的にも）関係を持っていなかったこの報告書を作成した海外・アジア局長は、日本との商業上の関係の重要性の乏しさと、この時期に問題となっていた諸件、つまり日本の利益代表、中国やフィリピンに関することについて、それらは一時的な性格のものに過ぎないことから説明を始めたのである。さらに、これが局長の結論の最も目新しい部分だが、日本との友好的な状況は諸問題の解決に役立っていないばかりか、中立に向かうスペインの方針に害を与えると言ったのである。日本は利益となるよりも問題を生じさせていたのである。その結果、ホルダーナは四月二八日に国家元首フランコと相談し、三十日に須磨に対して個人的な書簡をしたためた。この書簡は新たな政策への全面的な転換を示すものだった。というのは、それまでとは反対の姿勢が示されていたからだった。公使館の地位の格上げを拒否する姿勢は、日本に新たに外交官を送り込むことが不可能であることや、貿易の増大はありえそうにもないので、戦争が終わるまでは結論を後回しにしようとの提案の中に隠されていた。これは以前の姿勢からの実質的な転換だった(8)。

あまりに突然に転換した動機は想像に難くない。バルセロナですでに明らかにされていた決定を明白な形で示そうとの決意がこの転換の元にあったのだろう。しかし他にも二つの理由があった。一つには、ポール・プレストンがやはり一九四三年の夏からと推定している、アメリカの軍事的・経済的強さへの認識がマドリードの政府の中で高まってきたことである。他方では、枢軸側の一国に明確な形で中立を示すことだった。ドイツやイタリアに対してそのようなことをするのは不可能だったために、日本が新たなスペインの外交政策の贖罪のための都合の良い生け贄となった。枢軸国からの離反は日本から始まったのである。

とはいえ、日本との関係にのみ注目するならば、主要な動機を明らかにするのは難しい。おそらくホルダーナは以前から格上げに決して同意していなかっただろうし、彼が最初の頃に賛成していたのは、日本側によるこの企てが決してうまくいかないだろうと思ってのことであった。しかし一九四三年の四月末に、職業外交官で反ファラン〈ヘ〉派のトマス・スニェルのこの報告書に後押しされて、ホルダーナが対日政策に転換の時期がやって来たと判断したと考えるのがより妥当である。公使館の地位の格上げについての日本の口上書への手書きのメモは、この局長がアメリカとの関連について外相を説得したことを間違いなく示していよう——「相互性はない。それはありえない。相手［日本］*の側からのみの関心事項である。アメリカと我々との関係に損害を与えるものである」(9)。この最後の文が示しているように、日本との関係はアメリカとの関係の領域にも及んでいたのであり、アメリカ政府からおそらく公使館の地位の格上げという日本の要求に反対するべきであるとのある種の示唆があったのだろう。情報の解読によって日本の意図を詳細に知ったとき、アメリカは敵国の計画をぶち壊したいと考えたのだろうし、それをおそらくスニェル局長を通しておこなったのだろう。アメリカ政府はスニェル局長を明らかに思わしい人物と見ていたからである(10)。以上の結果、一九四三年五月、スペイン政府は、日本に協力しないとの新たな姿勢を示し始めたのである。この姿勢は戦争の終わりまで続くことになった。

これに反対の見解を表明した者も多かった。外務省のナンバー2であり親ナチ派とみなされていたホセ・マリーア・ドゥシナーゲは、上述の姿勢は枢軸国に否定的な影響をもたらすだろうと言い出し、スニェル報告の余白に次のように記した──「政治的観点からすると、このような行動はセンセーショナルな性格を持ち、スペインにとって都合の悪い紛糾を引き起こすかもしれない」(11)。ベルリンからはとくに反応はなかった。これはこの件が純粋に日西間の案件だったからだが、マドリードはおそらくベルリンの反応を恐れて、タンジールでの日本領事館の創設を、明白にではないが、非公式に許可したのである(12)。ホルダーナは、少なくともこの時点では日本へのさらなる挑発を避けるべく慎重に対処した。

容易に推測されるように、東京が味わったのは不快な驚きだった。谷外相はスペインの決定について須磨にこう書いた──「スペインの言い訳を見られたい。「貿易は停滞している」、「人員を日本に送るのは不可能である」と言っているが、それらは嘘である。その背後に何があるか私はわかっている。アメリカとイギリスが糸を引いているのです」。日本側は落胆するにまかせずに、公使館の地位の格上げの拒否を撤回させるべくスペイン側を説得しようとした。ホルダーナの書簡の非常に柔らかい拒絶のせいか、その決定に反対の立場の存在を知っていたためか、あるいははっきりと表れたスペインの「けちな」性格を認識したせいか、予期もしなかったスペイン側の反対に遭ったにもかかわらず、日本政府は自らの目的を実現できるだろうと考えた。

日本の外務省は実行に移した。東京では松本次官がメンデス・デ・ビゴと会見して驚きを表明し、ホルダーナの主張は言い訳にしか過ぎず、何が起きたのか理解し難いと繰り返し表明した。容易に推測できるように、メンデス・デ・ビゴはこの件に関して、新たな政策がアジアにいる自国民にもたらすかもしれない諸問題をマドリードに包み隠さず報告した—「日本側がすぐにもピリピリしたことからして、格上げ提案を拒絶するとなると、日西関係の緊迫化や東洋での伝道およびフィリピンでの権益に直接の害となってはね返るという恐れを閣下に申し上げるべきと思う次第です」(13)。むろんメンデス・デ・ビゴは自身が置かれた個人的状況については述べなかったが、それも忘れてはならなかった。マドリードでは須磨が、ホルダーナかフランコに対してあるいは両者に対して同時に、決定を再考するように主張して圧力をかけるようにとの訓令を受けた—「見解を変えるように彼らに求めなくてはならない。それにはおそらくベルリンとローマの世話にならなければならないだろう」(14)。

その結果、須磨はホルダーナを訪ね、スペイン側の見解を再考させるために極めて日本的なやり方を使った。日本側の違った見解を友好的な雰囲気の中でほのめかそうと、ホルダーナのバルセロナ演説を持ち上げたのである。須磨がホルナーダ演説に非常に関心をそそられたと言ったので、ホルダーナ自身が後にこの厚意に満足したと書いている—「[須磨は]状況が許す範囲でバルセロナ演説の実現に協力する用意があると言った」。スペインの新たな方針は日本の利益に全く反していたため、この協力への用意は、日本側の口上書によればスペインの拒否によって引き起こされたやっかいな状況、スペイン側の以下の注釈によれば関係改善の見通し、以上のそれぞれへの外交的言辞を伴って須磨によって仕立てられたものである—「彼ら[日本]が大いに望んでいる大使館への格上げはバルセロナ演説への協力、フィリピンにおけるあらゆる懸案問題の解決、スペイン語世界と関連した諸問題の解決をとてつもなく容易にするだろう。……日本は我々の中立政策に大いに賛成している」(15)。しかし日本側は、スペインの新たな政策に対してまたもや非常に厚かましくなった。甘言がなくなることはなかった。それでも、タンジールでの日本のスパイ網の拡大のような具体的な目標を獲得することが優先されたので、潜在的な緊張が存在していた。一方でスペイン側は謎めいた対応をした。というのは、閣議で格上げに関する最初の承認がなされるとの噂を須磨に伝えたからである。この噂は、デメトリオ・カルセリェール商工相がそれはアメリカとの交易に否定的な影響を与えるだろうと言ったらしいことで、後にしぼんでしまった(16)。形式上の議論と実際の内容との乖離は次第に大きくなっていった。

スペイン側の姿勢が変わったことには商工相の責任があったらしいことは、日西関係における商業の重要性を喚起させるものである。すでに見たように、当初、谷外相は貿易の停滞は言い訳に過ぎないと断言していたが、カルセリェールが反対したことが響いたとの理由は、スペインが日本の利益をもはやあまり代表していない事態を前にして東京が持ち出したものだった。須磨が、ホルダーナの「親しい友人」から「秘密裏に」内部情報を知ったのかもしれないし、より良い言い訳がなかったのかもしれないが、商業関係の欠如が戦争中にマドリードに大使館を置こうとした日本の賭けが失敗したことの中心にあった。

一九四〇年に交易推進の枠組みとしての役割を果たしていた日西商業合意は大きな問題もなく継続され、一九四五年まで効力を持った。しかし、この合意は以前と同様にたいした効果を生じさせなかった。「合意」についてのホルダーナの唯一の違いは、その更新についての情報を隠したことだった。セラーノ・スニェルの時にはそれは大いに宣伝され、さらに一九四二年の合意の際にはそれは閣議が決定しさえすればよいと通知されたのだが、一九四四年~四五年の時期の更新についての最後の提案の中でホルダーナは、日本との関係に対しては異なった形態でおこなうことをはっきりと示した――「同意はするが、日本には知らせない」(17)。日本との関係はすでにだいぶ前からやっかいなことの種となっており、貿易も例外ではなかった。貿易はあいかわらずごくわずかな関心しか持たれていなかったが、それ以前と同様にホルダーナの時代には、交易それ自体というよりも実際に物資を送れるようにすることで精一杯だった。

何とも不思議な工作が一九四二年の秋に始まった。それはスペインに豊富にある鉱産物と関係したものだが、この工作が日本でのその鉱産物の欠乏を補うために特別な意味があったわけではない。それは鉛である。三菱財閥のローマの代理店がマドリードのフィアットの事務所に質問したことから事は始まった。三菱はコルクと引き替えにスペインで鉛を入手できるかどうかを秘密裏に調査してほしいと申し出た。しかしその後に考えを変え、三菱はこの重鉱石のかなりの量を現金で買うという代案を出してきた。なぜなら横浜正金銀行(後の東京銀行の前身)がこの取引のために三百万スイスフランの融資を認めたからだった。これは物々交換よりも簡単だったが、購入が可能かどうかはまったく状況次第だった。三菱はイタリア国境に到着した際に商品の輸送を引き受けなければならないのだが、それがドイツに知られるのを避けたいという日本側の希望があった。また、日本にかなりの量の鉛を送るには明らかな困難があった。それゆえアメリカの防諜機関は、その「複雑でどこか謎めいた交渉」についての推測で、この工作は実行不可能だとみなした――「日本がドイツから入手しようとしている大量の大型製品と、日本が利用できる比較的少ないブロッケイド・ランナーを見ると、これは無理である」(18)。スペインの鉛についてそれ以後のことは何も知られていない。日本側の目的はスペインの鉛を軍需品と取り替えて、軍需品を日本に送ることだったと思われるが、他の多くの場合と同じようにそれは新たな商業上の期待はずれに終わった。

とはいえ、日本側によるスペインの他の鉱産物の購入についても無視することはできない。日本がスペインに亜鉛を要求していたという若干の証拠があり、間接的なキニーネの取り引きがあった。また、日本は水銀を購入したらしい。水銀についてはイタリア・スペイン間のカルテルによる協定があり、そのために両国は三菱との交渉を進めていた。三菱は日本政府のためではなく、自社のためにそれを手に入れたいのだと言っていた(19)。しかし、太平洋戦争の最中に日本の同盟国に向けて日本から送られた数隻のブロッケイド・ランナーの主要な到着地はビスカヤ湾だったが、これらの船がスペイン向けの商品を積んでいたという証拠はない(20)。日西間の貿易は両国間の合意があるなしにかかわらずずっと停滞していた。これは政治的関係についても同様だった。

2　中国よりもフィリピンを優先

一九四三年四月末に示されたスペイン側の態度の変化と公使館の格上げが停滞したことで驚いた日本側は、その後も、スペインが自国に対してますますはっきりと表していく対決姿勢を撤回させるよう努力し続けた。スペイン側は決して意見を変えなかったが、同年の春と夏に疑念を抱かなかったわけではない。この時期の最も特徴的なことは、東アジアでのスペインの主要な関心地であったフィリピンから見て、公使館の格上げという日本側の要求が恩恵をもたらすという考えがあったことだった。だがまさにこの地との関係において生じた問題で日本のあらゆる望みを打ち壊し、この局面を終わらせたのが、いわゆるラウレル事件だった。

この時期、世界大戦は枢軸国の期待を裏切り続けていたが、それはとくにスペインの外交関係に影響を及ぼした。かつてのスペインの国際的な後ろ盾だったムッソリーニのファシスト政権が倒れたからである。一九四三年七月、シチリア島での連合国側の上陸作戦によってイタリア政府の内部で生じたもめごとは、敵の連合国側の軍事的脅威もあいまって、同月にファシスト党大評議会による他ならぬムッソリーニの不信任という事態を引き起こした。かつてのドゥーチェ［首領］*への批判とその後の逮捕は、イタリアが連合国側への降伏に向けて接近を求めていく第一歩となった。それは、当時、最も野心的な人物の一人だったピエトロ・バドリオ元帥、彼はまさにファシストだったが、その彼の指示のもとにおこなわれた。イタリア半島は二分された。というのは連合国側の前進は南部で停滞しており、また北部では、収監されていた刑務所からドイツの特殊工作員によって救出されたムッソリーニが自ら率いた、サロのいわゆるイタリア社会共和国が戦争末期まで存在していたからだ。アルプス山脈の向こう側のイタリア半島で連合軍による上陸作戦が初期には勝利したというニュースは、ヨーロッパの全体主義国家の軍隊にとって唯一の悪い知らせではなかった。というのはチュニジアでドイツ軍が降伏した後、五月にドイツはアフリカ北部を完全に失い、また東方戦線でのドイツ軍の攻勢は大失敗だった。こうして「アジアの無法者」日本攻略の道は開かれたのである。

太平洋の側では、それほど目立った動きはなかった。この大洋の島々での戦闘はたいしたものではないと思われがちだが、日本海軍の侵攻拡大期が終わったことは誰でもわかることだった。アメリカは、ソロモン諸島の他の周辺の島々で闘い続けており、また大日本帝国の他の境界を攻撃し始めた。七月、アメリカは日本の戦略拠点であるアリューシャン列島のキスカ島とアッツ島を壊滅させ、一方、オーストラリアは現パプア・ニューギニアを攻撃した。帝国議会が、「絶対国防圏」とよばれた本土防衛の最終地域から太平洋南方のメラネシア島を除いたとき、日本は侵攻拡大の終わりを暗黙のうちに認めざるを得なかった。日本はガダルカナル島を取り戻すことも、より遠方の地域に進むこともできないとよくわかっていた。最も実現性のある選択は、すでに占領した地域の守りを固めることだった。

一方、話し合いを続けるほかなかったので、ホルダーナと須磨との接触はますます頻繁になった。前節で見たように、一九四三年五月四日にスペインは公使館の格上げを否定したが、その数日後に再び会見がおこなわれた。この会見の記録は一切残っていないが、会見の二日後にホルダーナ外相が外務省の文書室にすべての関連文書を戻すようにと命令したことから見て、ホルダーナに熟考するように須磨が強く圧力をかけたことは間違いない。この会談の結果は、約二週間後の同月十九日、あらためて両者の会見が持たれた際によりはっきりする。須磨がスペインの政策をほめそやしている間に、ホルダーナは「スペイン国民の処遇」を改善するための四項目の要望リストを出した。それは解決策を具体的に示した要請であり、包括的な両国関係の解決でないとしても、いくつかの重要案件を解決しようとするものであった。それによれば、(1) マニラのスペイン領事［ホセ・デル・カスターニョ］は彼の役職にふさわしい待遇を受けていない。さらに、我々は在東京の公使と十分な連絡をとれない。(2) 現在のところ、フィリピンでスペイン語が使えるようにする方策が何も採られていない。(3) グアム島に在住するオラーノ司教は絶望的な状況にある。にもかかわらず、このことについて何もなされていない。(4) フィリピン・スペイン間で送金ができるようにするための方策の成果が見えない(21)。これらの具体的な問題（デル・カスターニョとオラーノ司教、居留民への送金、スペイン語が継続して使えるような何らかの手段）についてならば、スペイン側は交渉に臨む用意があるようだった。

日本側は、スペイン側が態度を改めるかもしれないという判断材料を手に入れたが、あまりにも荒っぽい解釈から出発していた。というのはスペインの見解の背後にある国内的な理由を考慮に入れなかったからである。そのことは、新しい外相重光とイタリア大使インデリとの最初の会談からも推測できる。重光はイタリア大使の前で、スペインが中国での特権を破棄することに対して抵抗する姿勢に驚きを表したが、それは「マドリードへのアングロ・アメリカ側からの強い圧力によるものである」としか説明できなかった。イタリア大使インデリ自身は、次第に増していくこうしたスペイン側の頑迷さに対して、重光外相がほかの理由を「フィリピンについてさえも」見出さないことを奇妙に思った(22)。おそらく重光は、そうした圧力が経済的なものだとまで特定することはしなかった。というのは日本人にとって、イタリア人のイメージはスペイン人のそれとかなり似通ったものだったからである。しかし日本の外相が外圧よりさらに重要な理由に考えが及んだとは思えない。スペイン政府は、外国の利益のあやつり人形のように見えていた。

他方で須磨はスペインの言い分をもっとよく理解できたはずだが、やはり間違った。というのはスペインが態度を修正するだろうと考えて、あまりにも楽観的であり過ぎたからだ。日本とは協力しないというスペイン側の都合について、おそらく彼自身の中の強い疑いに衝き動かされたのだろう、先の四項目の要望が出された際、須磨はホルダーナに次のように直截に尋ねた。それらが解決されれば、外交代表の地位が格上げされることになるのだろうかと。これに対しホルダーナは以下のように返答をして、その場を逃れた。——「我々が弁解するのはやめましょう。私に何か日本のためにしてほしいのならば、むしろ私の立場を難しくさせるようなことはしないほうが賢明でしょう」(23)。ホルダーナのこうした言葉と最終的な拒否は、四項目の要望が罠だったことを示唆している。つまり日本への見返りもなしに、自国の利益のみを得ようとしていただけだったのである。一歩も譲ろうとしない態度を示して日本を苦境に立たせるという考えは、トマス・スニェルによるものかもしれない。しかし四項目の要望は、スペイン・日本両国の関係にとって重大な障害となっていった。とくにフィリピンはこの障害の中心的位置を占め、その重要性は外交の範囲を越えていた。須磨との会見ではホルダーナ自身が、旧植民地フィリピンに在住するスペイン人の状況を改善することに関心を持っていると主張し、このことをはっきりと提示した。メンデス・デ・ビゴは、どのような忠告をすることがマドリードにより効果をもたらすかをわかっていたので、「東方布教団および在フィリピンの権益における直接的な損害」によってスペイン・日本両国の関係が悪化するだろうと警告した。たとえ重光外相がそれほど重要だとみなさなかったとしても、マゼランの島フィリピン諸島は、スペインと日本の交渉の靴に入り込んだいわば小石だったのである。

そのうえフィリピンは、大日本帝国に向けたスペインの政策と言ってもよいほどの意味を持った。スペイン側は、政治的な事柄で妥協するよりは、どんなことが起きるかを予測しつつ、日本との関係におけるいくつかの利益の重要性を勘案して、いかに自国の目的を達成するかを目論んでいた。この考えを非常に興味深い「メモ」に見ることができる。それは外務省文書館の、公使館の格上げに関する文書のなかにある。日付も署名もされていないそのメモは、日本の対スペイン政策についての批判から始まっている。つまり、日本はなんら見返りも示さずに、スペイン側に要求ばかりする。スペインは、中国での特権を放棄するよう要求されているが、それには「国際的な理由や、日本側に宛てた数通の文書で説明した中立国という微妙な立場が考慮されていない。……スペインを友好国だと言っているが、その友好とは日本の要求には無理にでも従うということであり、我々スペインの要求には否定的だという意味である」(24)。その嘆きは別に新しいものではない。トマス・スニェル自身がかつて要約したものだ。だが最も驚くべきことは、最も大事なことは譲らないとした上で日本と交渉しようという、最初の(そして唯一の)提案が現れたことである。メモは、中国での既成事実についてはスペインが譲歩するよう進言していた。つまり、「スペインが反対を唱えても唱えなくても、中国では日本は自らが望む体制を導入するようになるだろう」。メモが示した見解は、フィリピンでその代償を得ようというものだった。「我々の抵抗にもかかわらず、日本の軍事行動によってスペインが中国での地位を失うのならば、フィリピンでは我々の活動が完全に成し遂げられるようにすることだ。この行動は、イギリスがタンジールでおこなったのと同様のものになっていくだろう」(25)。メモでは、スペインがフィリピンで地歩を得る代わりに中国では譲歩することが提案されていた。スペインが初めて東アジアに関して総体的な見解を示したのである。とくに、ある政策が提案されていた。以上の決断の意味するところをもっと理解するために、スペインの対中国政策を分析してみるのがよいだろう。

2・1　中国における権利

日本にかなりの領域を占領されていたこの国、中国では、一九四三年は歴史的な措置から始まった。一月九日の汪精衛政権と日本の共同宣言である。これによって、中国における租借地、租界さらには治外法権の終焉が宣言された。この宣言はほとんど機会主義的なものであった。というのは日本とその中国の友好政府は、大多数が蔣介石の重慶政府の側に傾いていた中国人の支持を得ようとしたかったからだ。しかしこの宣言によって一連の出来事が起こり、それは広く長期の範囲に及ぶものとなった。諸外国は、十九世紀以来中国で享受してきた特権をもはやあてにすることはできなかった。一方中国側は、自らの地を統治できるという可能性に勇気づけられた。この過程はポルトガルがマカオを返還した一九九九年十二月まで続くことになる。このとき以降、諸外国は、中国の中央権力に対して自治の領域を持てなくなったし、中国当局から自らを保護する法令も失った。中国はこれ以降、もう元に戻ることのない自信の道を歩み始めた。

スペインは中国で租借地は持たなかったが、いくつかの特権を持っていた。最も古いものは一八六四年十月十日に天津で署名されたスペイン・中国間の最初の協定に端を発した治外法権であった。一九二八年十二月、スペインはその特権の放棄を明確に受け入れたが、十九世紀に日本で起きたのとは反対に、中国の内戦があったためにスペインはその特権を享受し続けた。これはほかの諸外国も同じだった。一九二二年二月のワシントン条約の調印国間で特権を廃止するための合意に至らなかったというのがその言い訳である。それゆえ特権が放棄されることは決してなかった。イタリア、日本、ノルウェー、イギリス、アメリカ、トルコ、フランス、スイス、オランダ、メキシコ、ペルー、チリ、デンマーク、ポルトガル、ベルギーといった国々は、特権を持ち続けただけでなく、租界を持つ権利や、あるいは国際港などの要塞地点を中国に譲渡させる権利も認められていた。一方ドイツは、第一次世界大戦の敗北の結果として一九一八年に退場したように見えたが、間接的な手段で特権を享受し続けていた。すでに見たように、内戦によってスペインも同様の状態にあった。次に、スペインは、反西洋の蜂起が鎮圧された後、一九〇一年九月七日に北京で調印されたいわゆる義和団議定書の調印国だった。それによって、他の国とともに北京公使館区を統治する権利を得た。第三に、スペインはアモイ港で、特別な治外法権の制度を享受していた。アモイ港はフィリピンに非常に近かったので、中国がほかの西洋列強と厳しい緊張状態にあった時でさえ、スペイン国旗を掲げた船舶の入港を受入れたのである。アモイ島は、鼓浪嶼という別の地域を含む中国の島のひとつだった。鼓浪嶼には主に外国居留民が住んでいた。そこは隣接するアモイのような厳しい暑さもなく空気も澄み切ったところで、領事館や豪邸で占められたのどかな風景のなかにあった(26)。

一九四三年一月、日本が公式に北京外交区を放棄したとき、スペインの最初の行動はためらいだった。というのは政治的性格の多くの問題があったし、さらに義和団議定書に調印した八か国(イギリス、イタリア、フランス、アメリカ、オランダ、ベルギー、日本、スペイン)のなかで、スペインは、連合国側でもなければ、中国の国民党の側でもなければ、日本側でもない唯一の国だった。他方、租界体制について合意することはやはり難しく、各国はそれぞれのやり方をした。日本は一切を放棄したが、フランスとイタリアは条件つきの放棄で、それをおこなったのは汪兆銘政府に対してだった。イギリスとアメリカも放棄したが、それをおこなったのは蔣介石政府に対してだった。しかし、スペインの姿勢を受入れようとの意見もあった。これは中立国スウェーデンの場合である。スウェーデンはスペインほどの権益を持っていたのではなかったが、権利を手放す気はなかった。そのように状況は複雑だったのである。

日本はスペインのジレンマに気づいていた。それゆえ須磨は一九四三年二月、スペインがその権利を放棄するための交渉を、南京の汪兆銘政府に対しておこなうのがよいとスペインに忠告した(27)。しかし、日本は華北にいた敵国民を逮捕しながら、三月二十日には、スペイン、イタリア、ヴィシーのフランスに、諸条約を見直すとの決定を伝えた。イタリアとフランスは当初はこれを受け入れた。他方、デンマークのようにわずかな権利しか持たなかった国は、明確な異論を唱えなかった。驚いたのは、スペインだけが条約を継続しようとする意思を持っていたことであった。そのため谷外相は須磨に、日本の目的をはっきり示しながら、直ちに条約放棄の決断をすべきだとスペイン政府に伝えるよう命令した。その目的とは、スペイン外交官は「当該地域におけるすべての権利と行政特権」を放棄することを南京政府に伝えること、というものだった(28)。だが、日本政府はそれと引き替えに何を与えるかは言わなかった。

このことはスペインの態度をより硬化させることになった。四月も終わりに近づくと、スペインの外交官は以前の約束を守らなくなり、日本政府の代表者をますますいらいらさせるようになった。北京では、領事のリカルド・ムニィスが、すでに一月に公使館区委譲のセレモニーに出席するよう書記官に手紙を送っていた。ムニィスの唯一の関心は公使館の存続にあると思われたが、その後、ムニィスは裁判権を引き渡すことを拒否した(29)。一方、総領事マルドナードも、スペインが公使館区における権利を返還する意向を持っていることを日本側に伝えた。しかし、スペインは北京での権利を放棄していない唯一の国であることを上層部に伝えると、きっぱりとした否定的な返事が戻ってきて、「口答でも文書でも」どのような取り決めをも結ばないように命じられた(30)。アモイ地区にあった鼓浪嶼租界行政委員会では、中国側とフランス側の代表者がスペインの立場をほとんど理解していなかった。権利の返還について双方の了解があったとしても、スペイン側が署名しなければそれは無効になるので、フランス領事がスペインとポルトガルの権益をも代表すると言ったにもかかわらず、スペインはそれを拒否した。マルドナードは、鼓浪嶼の件では引き延ばしを図ったにもかかわらず、北京の件が遅れていることについてはマドリードに警告した。そして交渉は危険になるだろうと言い、公使館区の委譲の行事にムニィスが出席するとスペイン側が権利放棄を暗黙に承認したととられるから、それを避けるために、ムニィスに「まずいことにならないように、病気を装うように」と命じた(31)。スペインは結局、中国との協定については、イタリアを手本とする姿勢から、重慶政府に好意的なポルトガルを真似ることに移っていた。ポルトガルは蒋介石の政府と外交関係を保っており、一九四一年以来スペインにおける蒋介石政府の利益代表とさえなっていたのである。

容易に想像できるように、日本側は次第にいら立ってきた。権利を放棄しないスペインの理由がおぼろげながらわかったからである。新外相の重光は当初、スペイン側にできるだけ早く中国側の行政権を認めるよう求める電報を須磨に送った―「スペインは権利の放棄に同意せざるを得ないでしょう」(32)。スペインのやり方に対して日本側はひどく怒り、国交断絶もありうるとして、とにかくできる限りのことをするようにと須磨は命じられた(33)。だが結局それはかなわなかった。スペイン側は権利の返還には戦争の終結を待たなければならないと主張し続けていたからであり、その間は何も言わない方が得策だと見たからだった。一九四三年五月十二日、ホルダーナは須磨に以上のことを伝えた。それ以降スペインは、袋小路に入ることを恐れて公的な抗議をすることはしなかったが、どのような権利の放棄にも慎重になった。

日本はスペインが意見を変えるよう、イタリアを調停役にしようとした。しかしこれは、中国に関する問題の解決にも、もつれていた公使館の地位の格上げにも何ら役立たなかった。そのうえスペイン側の拒否は、中国へ権利を引渡すという日本の政策の遂行にも影響を与えることになった。かくして、七月に日本が上海において北京で進めたのと同様のやり方で権利の委譲交渉を進めたとき、放棄を要請された各国の抵抗はいっそう大きくなった。上海の状況もまたいっそう複雑だった。イギリスとアメリカの治外法権を廃止した後、日本軍は国際租界を南京の汪兆銘政府の管轄に移したが、フランス租借地を公式には占領しないように配慮した。それにもかかわらず、日本が抱く野望への国際的な抵抗は、北京においてよりも上海の方が大きかった。軍事的に凋落状態となった日本に対してますます確固としたものになっていった抵抗への決意だけでなく、第一次世界大戦の終結以降に世界の最大都市の一つとなった上海の政治的・経済的重要性があったからである。このようにして、ポルトガルのように優柔不断な国々もまだ上海租界について最終的な決断をしていないと日本に伝え、南京政府に対して強硬な態度をとったスウェーデンは、重慶政府に対しては権利を放棄してもよいとの姿勢を示すようになり、この政府と商業条約を結ぼうとしたのである。イタリアでさえも、ホルダーナから伝えられたスペイン側の否定的な態度を見て、日本はあまりに要求し過ぎると感じるようになっていった(34)。つまり、中国民衆の支持を得ようとした日本の新たな政策もまた、スペインがとった姿勢もあって、失敗に終わった。

スペインの姿勢の国内的理由をもっとよくわかっていたら、重光外相はもっとうまく対応できたかもしれない。というのはスペイン側の態度が、占領した中国での日本の新たなやり方を法手続きの面で妨げることにもなったからだ。上海のフランス租借地と国際租界の公式な返還は、一九四三年八月一日、容易に想像されるように大祝賀会が開かれる中で祝われたが、全ての人がそれが純然たるプロパガンダであることをわかっていた。スペイン領事が伝えるところによると、ほぼすべての中国人は重慶政府の支持者だった(35)。親日派の南京政府が新たに獲得したものはごくわずかだった。つまり日本は友好諸国でさえも説得できなかったのである。

しかし、中国に関するスペインと日本の交渉が不一致に終わったことは、スペインにとってそれほど重要なことではなかった。すでに見たように、ホルダーナから須磨に示された四項目の要望のいずれもが中国とは関連しておらず、それはスペインの主要な関心事項だったフィリピンと関連するものだった。そのうえスペインは、デル・カスターニョとオラーノ司教のような具体的なケースや、あるいはフィリピンから年金を受け取れなくなったイベリア半島在住のスペイン人の苦境をどうにかしてほしいなどと提起して、日本の外務省をやっかいな状況に追い込んだ。日本政府内での外務省の決断力の欠如や、イタリアを調停者にしてスペインを説得しようと試みた先ごろの失敗が、陰口をたたくやつらとのまずい立場に外務省を追いやった。かくして日本の外交官は、スペインの要望は公使館の格上げとは関係のないものだと述べたり、スペインが言っていることは疑わしいと述べて、スペイン側の要望を受入れることに抵抗した。

日本側が行動を避けようとしているのを見てトマス・スニェルは、スペイン側が抵抗を示している理由をあらためてはっきりさせるために、もっと詳しい別の報告書を書かなければならなかった。オラーノ司教についてスニェルは、どんなことが起こったのか日本側から何の説明もなかったと指摘した。フィリピンでのスペイン語使用について、スニェルは日本の政策をとくに辛辣に批判した——「実際におこなわれていることは日本が自らに最も都合の良い政策をフィリピンでやろうとしていることだ」。だが、具体的な損害についてはデータを集めることができなかった。デル・カスターニョが専門家の助けを借りることができたならば、データを集めることができただろう。報告書は最後に、デル・カスターニョの公的な立場に関しては、肩書きも何の特権もないままだとあらためて述べた(36)。スペインの外務省は日本に対してますます拒否の姿勢を見せるようになり、また日本側がスペイン側の要請になかなか応えようとしなかったことは、スペイン側の恐れを引き起こすよりも、むしろさらなる拒絶反応を引き起こした。反ファランヘ派の海外・アジア局長トマス・スニェルは、後に噴出する日本に対する批判を嫌悪感を込めて書いていたのである。

この駆け引きの結果、スペインが出した難題は日本側にかなりの影響を与えた。部分的にではあれスペインの要求を飲むようにと、外務省がほかの省庁に圧力をかけたのである。一九四三年六月末、日本側は行動に移しつつあることをスペイン側に見せようとした。メンデス・デ・ビゴの副官マリアーノ・ビダール・トロサーナの前で日本の外務次官は、スペイン側の要請に応えるよう命令を出したと言明したのである。それはたとえばデル・カスターニョの権限を拡大するといったようなことだった。フィリピンについての以前からのスペイン側の要請に対しても、初めて好意的な態度を表明した(37)。そのうえ、須磨には、スペイン外務省に渡すようにと、日本側のはっきりとした約束事項を述べた提案書が送られた。それは次の内容だった。マニラの総領事デル・カスターニョの処遇を改善するために日本側はできる限りのことをする。またオラーノ司教とその秘書フリアン・ハウレギ(ヘスース・デ・ベゴーニャ師)が日本を出られるようにする。最後に、横浜正金銀行の特別円を発行して、フィリピンからスペインに送金できるようにする。その活動範囲は狭かったにもかかわらず、日本の外務省はいくつかの政治的厚意でスペイン側に報いようとした。それには公使館の格上げなど、内外において大きな外交上の成果を挙げようとのはっきりとした意図があった。重光は須磨への電報をこう結んだ——「ホルダーナが、政府と相談する、その際には公使館の格上げ問題について決断がなされるだろうと言ったことから見て、絶好の機会を生かし、問題を解決するよう最大限の努力をしていただきたい」(38)。須磨はこの提案書の翻訳をスペイン側に提出した。それはスペイン政府が結局は公使館の格上げを認めるようにと、戦争中に最もはっきりといくつかのことを記した提案だった。しかし、こうした努力は決して実ることはなかった。

七月初め、スペインと日本の関係改善のためのこの提案を受け取ったとき、ホルダーナは話題を変えてこう答えるだけだった――「貴国のこのご厚意に報いたいとは思います。しかしともかく決定はされました。スペインの内閣は、戦争が続く間は、この手続きがとられることはないと言明しました。今、私は、この決定を遂行するために、できるかぎりのことをしなければなりません。あなたたち日本はここマドリードに多くの人員を抱えていますが、私たちの人員は東京に多くはいません。そちらにどうやって人員を連れていけるかすらわからないのですから、この件に関してはしばらく、手をつけない方がよいとは思いませんか」(39)。日本側の努力は時間的にも間に合わず、しかもまずい時になされた。ホルダーナは、数か月前なら彼を満足させたかもしれないこの提案を前にして、巧みにそれをかわしたのだった。

こうしたスペインの逃げ腰を前にしても、日本側は自分たちの努力が無駄だったとはみなさなかった。須磨は、最後の試みとして再度、外務省に行くように命ぜられた。日本の枢密院のメンバーは夏の休暇に入る直前であり、公使館の格上げの件をこれ以上長引かせることはできなかったからである。重光は須磨に命じた――「[ホルダーナと] しっかり話し、回答を引き出せるかどうかよく観察されたい。少なくともスペイン側の対応が真摯であるかどうか見極められたい」(40)。かくして須磨は、最終回答をスペイン側に促そうと、七月十五日に新たなメモを提出した――「本公使館は本国政府からの電報を受け取りました。本電報には、日本国家の喫緊の理由により、スペイン政府が双方の公使館を大使館へとただちに格上げすることが実際に可能であると考えているのかどうか知りたいとあります。……つまり、この点についてのスペイン政府の最終見解を知りたいのであります」(41)。スペイン側の回答はなかった。日本の最後通牒の欄外へのドゥシナーゲの書き込みにはこうある。「スニェル氏のところで保管」。

スペイン側は、決して真摯ではなかった。それは中国での治外法権返還要請に対して何ともわかりにくい拒否をしたときと同じだった。ただ、フィリピンのために中国では譲るという考えが、あいかわらずあった。スペインは、諸権利の「放棄の精神」を維持していると返答していた。諸権利の放棄は、すでに一九二八年の協定にあったものである。だがその精神を発揮するのは「時宜に応じて」と答えていた。つまり、戦争が終わった後ということである。外務省はこれらの特権を原則として放棄するということで準備を始めたようである。トマス・スニェルは次のように述べている――「善意を示す証しとしてスペイン政府は、諸外国の権利を一方的に中国に返還することによって北京や上海また鼓浪嶼で引き起こされる状況に対し、反対を表明しないだろう」(42)。結局、スペイン側は事態を見過ごしたのである。

スペイン外務省は連合国側への方向転換ができるだけ関心を引かないように努めていたが、日本の怒りから免れることはできなかった。日本側のいら立ち(当然ながら、ひどく凝ったスニェルの文書の訳者も含む)は、東京ではっきりと感じられた。東京からメンデス・デ・ビゴは、以前は人当たりがよかった外務次官が「ほとんど顔も見せないようになってしまいました」と、マドリードに知らせた(43)。さらにスペイン公使は、こうした変化は明らかにマドリードからもたらされた何らかの情報によるものだろうと指摘した。

日本側は、スペインの姿勢を変えることはできないことがわかった。トマス・スニェルはあらためて、日本との関係が冷え込んだ理由について報告書を作成することになった。スニェルは、七月二二日、ただちにそれを提出した。彼は、日本側の怒りの主な理由は四つあると見た。まず、スペイン側が公使館についての日本側の最終的な提案に答えないままにしていること。次に、中国での治外法権を放棄することについてスペイン側がとった態度。また、マニラでのデル・カスターニョの権限を拡大するようにとのスペイン側の要請。最後に、日本の公使館が「執拗に」迫ったにもかかわらず、満州国との関係を修正しなかった[原文通り]こと。スペインとの関係を改善しようとした日本側の最近の努力にかまうこともなく、そのうえ、より長い時間の単位で日本との関係を分析する方法をとったので、スニェルの報告書は、太平洋戦争の範囲をも超えるものとなった。

近年におけるスペイン・日本の関係は、大筋では、両国の友好の点から見て、明らかにスペインに好意的な結果を生んでいる。日本の要請に応えて、われわれは満州国を承認した。日本の要請に応えて、われわれは南京政府を承認した。世界戦争の真只中でのこうした一連の出来事は、我がスペインにとって東洋で難しい状況をつくり出した。ところが日本政府は、スペイン側がこのように好意的な対応をはっきりと示したことを評価するどころか、中国での我々の諸権利を放棄させるために、我々が南京政府を承認したことをまさに利用したのである。さらに日本政府がフィリピンにおいてとった措置も、我がスペインの外交代表の地位を格上げしてもよいような特別な配慮のしるしとはみなされえない。……したがってどちらか一方が他方に不満の動機を持つならば、それは、日本がスペインに対してではなく、スペインが日本に対してであると結論づけられよう(44)。

攻撃に勝る防御はなかった。日本側の要請に応じて南京政府を承認するといった過ちを犯しはしたが、非難されるべきはスペインでなく日本であることを、この報告書ははっきりと結論づけた。あいまいな姿勢は葬られようとしていた。

公使館の地位の格上げに関する最後の会見は一九四三年七月三十日におこなわれた。イタリアの状況やスペインでの王政復活のことやファランヘについて話した後、ホルダーナは回答を後回しにし続け、最終的な回答は日本側に提示できないとはっきりと言った。もはやこれ以上は待てないと須磨が言い返しても、スペイン側から言い訳の一つも引き出せなかった。かくして、日本の期待はすべて失われた――「スペイン政府は我々日本側の提案を拒んでいます。それゆえ、この問題を棚に上げて、現在の状況を最大限に利用できる政策を決定し、国際的な流れの変化が起きることを待つ以外になすすべはないと思います」(45)。八月まで日本側は、イタリア大使パウルッチを通してホルダーナの新たな極秘情報が来たことに慰めを見出すしかなかった。パウルッチは、一九三八年の日本へのイタリア・ファシスト使節団の団長だった人物で、スペインの意図について日本側にこう助言した――「私は世界のなかでの日本の立場について理解していますが、アメリカとイギリスがスペイン領モロッコの端にもいる今となっては、公使館の格上げは全く不可能だと思います」(46)。この説明は、ホルダーナの多くの直言の一つだった。このような直言は次第に必要となっていった。なぜなら連合国側の勢力は急速に強まっていたからである。このことはスペイン側に、日本に好意的だと見られるような措置を避けさせ、枢軸国離れを次第にはっきりと示すように強いた。国家元首フランシスコ・フランコがこの役を担った。フランコは、日本がスペインから見返りを得ようとした際に、そのような努力が何の役にも立たないようにしたのである。

2・2 フランコの三つの戦争

国家元首フランコは、反日本への歩みを再び進めようとした。それはホルダーナが断固として日本のやり方を拒否した理由を補うものであった。セラーノ・スニェル外相の時期に、フランコはすでに日本の将来に関与しない姿勢を示し始めていた。すでに見たように一九四二年の夏、アメリカ大使ヘイズならびにルーズベルトの特命大使マイロン・テイラーにそのことを示していた。つまり世界では二つの全く異なった戦争があると。一つはソビエト連邦対ヨーロッパの戦いであり、他方は、日本に対する太平洋での戦争であった。それ故に、フランコのベルリンに対する支援は東京に自動的に拡大するものではないと明言していたのである。

その間に世界戦争(あるいは複数の世界戦争)が進行していくと、フランコ将軍は、ここ数年間の戦争を区別するために、自分の基本的な考え方をもう少し密にし、またいくつかの色合いを加えて、世界には三つの戦争があると言うようになった。かくして、一九四三年六月下旬、パソ・デ・メイラスでヘイズ大使とあらためて会見した際に、フランコは地域によって非常に異なった様相を見せる三つの争いを区別してみせた。つまり西洋の連合国側と枢軸国側の戦争、次にドイツとソビエト連邦の戦争、そして太平洋戦争である。総統《カウディーリョ》は、自らの政府の立場はそれぞれにおいて異なっていると断言した。第一の戦争に関してスペインは、アングロ・アメリカに対して好意的な立場をとりながらも中立であり続ける。第二の戦争に関しては、スペイン政府は注意深い態度をとっている。なぜならソビエト連邦が勝利した場合には、ヨーロッパ中が共産主義の波の影響を受けるだろうからだ。そして第三の戦争に関しては、アメリカの勝利を願っていることを明らかにした。というのは、日本は敗れるべきだからだ。こうしてフランコの親アメリカの立場ははっきりしていたが、さらに物議をかもすようなはっきりとした批難を日本に対しておこなった。日本人は表面的にしか西洋文明に同化しておらず、彼らの根本は野蛮なのだと決めつけたのである。さらに奇妙な批判もした――「彼ら日本人は最低の帝国主義者でありまして、中国と極東全体を支配しようとしているのです」(47)。その批判には、日本がフィリピンに不誠実な形で独立を約束したことへの嫌悪やひがみも含めていた。フランコは次のように話を締めくくった。スペインは日本に対して全く親近感を持っていない、スペインはやや弱体化しているので、アメリカに対する効果的な支援はそれほどできないかもしれないが、太平洋での戦争でアメリカに協力できれば満足である(48)。ヘイズは、相手方の非常に直截で明快な主張に驚かされたが、その驚きは、フランコの批難が第三帝国の第一の同盟国、日本に対して向けられたときに頂点に達した。しかしヘイズは納得した。ヘイズは少し後に(それは、須磨が公使館格上げの最後の望みを失ったのとほぼ同時期だった)、上層部に次のように断言することになる。―「フランコは日本人に対して、強く、率直な反感を持っています」(49)。

理論としては、総統《カウディーリョ》の説明にある種の価値が見出されることは否定できない。フランコの説明は時間を経るごとに、またさまざまな相手との対話を通して洗練されていったので、極めて高い地位にいる人物が、非常に重大な出来事の奥底にあるものを見抜こうとして、それらを類型化したことはほめられるべきことではある。とはいえ、主張を導き出すためにフランコがとった方法は非常に議論の余地のあるものである。というのは、フランコにその理論を整えさせ洗練させたのは、新しいニュースの到着あるいはインプットよりも、議論の受取人の方だったからである。ヘイズと会見した数日後の、同じパソ・デ・メイラスの場でのイギリス大使ホーアとの会見はそう思わせるものである。そこではフランコの日本に対する批判は主要なものではなかった。我々にとって、と総統《カウディーリョ》は言った―「一つだけ戦争があるのではなく、二つの戦争があるのです。つまり、一方にはアングロサクソン対ドイツ・イタリアという戦いがあり、他方には日本とロシアとの戦いがあります、日本とロシアの戦いは前者と全く異なった戦いです。日本とロシアは、アングロサクソン対ドイツ・イタリアの戦いを互いに利用しているとしても、結局は自分たちの目的のために勝手にひたすら戦っているのです」(50)。結局フランコの理論は、いくつかの事実を説明づけるよりも、彼自身とその政府の政策を正当化するために練られたようだ。フランコの考えは、先験的というよりも、後験的につくられていった。

フランコの反日本の議論はとくに興味深い。このフェロール人*[フランコはスペイン北西部フェロールの出身]の視点がはっきりと表れているからである。日本に対してスペインが方向転換したのは、日本のいくつかのイメージが生き残っていたことと、スペイン自身のフラストレーションが混じり合ったからではないか。このイメージはしばらくの間は密かに隠れていたままだったが、とうとう表に出ようとしたのである。帝国主義者としての日本人というフランコの日本に対する批判は、実はフランコのスペインが長い間熱望していたものを日本が達成してしまったことに対する羨望の表れだったのである。日本の西洋文明化はうわべだけのものだとのフランコの断言は、非常に異った政治環境にあった西洋で日本が呼び起こした猜疑心の反映であった。イギリスのプロパガンダやヒトラーの書『我が闘争』においてもそうした猜疑心を見いだせる。日本がフィリピンの独立を承認しないのは不誠実だとのフランコの批判は、さらに驚くべきものである。それは悪らつで巧妙極まる人々としての日本人また東洋人の以前からのイメージに合致する主張であるが、日本人に対する彼自身の行動からして、どう見ても奇妙なことである。まさに日本が軍事的勝利を遂げるかと思われた時期に、フランコが日本に対して弄していたお世辞は、須磨に東京の政府に対して次のように言わせることになったのである。フランコ総統は、スペインがロンドンとワシントンの奴隷になるかもしれない事態を避けるための唯一の保証であると(51)。誠実さという点では、全くのところフランコは真っ先に誰をも非難できる立場にはいなかったし、おそらく他人の欠点には気づいても自身のそれには気づかなかった。彼自身、自慢できるような「文明」を備えていたとは思われない。いずれにしてもアメリカは日本を生けにえとしてもたしかによかったたし、この時代は倫理的なふるまいに味方をしなかった。次項でみるように、ワシントンもまた例外ではなかった。

3 ラウレル事件

第二次世界大戦中の一九四三年秋にアメリカとスペインの関係が最も緊張したのは、日西関係と直接的に関係していた。いわゆるラウレル事件は、ホセ・パシアーノ・ラウレルに導かれたマニラの新しい親日政府にスペイン外務省から電報が打たれた後に勃発した。事件を検討するには、まずその親日政府がどのように発足したのかを述べねばならない。それから起きた順に事実関係を見たうえで、あいまいな部分に光を当てて、国際的状況のなかでその結果がどのように解釈されうるのかを述べて締めくくることにしよう。

フィリピンのラウレル新政府は、大東亜共栄圏のなかで一九四三年以降に日本軍がこころみた政策から出現した。中国でのやり方にならって、日本は、支配下の民衆の支持を得るために、いくつかの支配地域に名目上の独立を与えることにした。日本軍が支配下の民衆の支持を得ていないことは明らかだった。それで各地域で新たな統治者を任命して、ますます強まっていった批判を食い止めようとしたのである。しかし、新政権は実際には日本軍の傀儡政権にしか過ぎなかった。日本軍はあいかわらず各地を支配し続けたが、以下に見ていくように、傀儡政権につけられた首輪はそれぞれ異なっていた。

それほど独立的でない独立国という新しい形の統治がこころみられたのはビルマとフィリピンである。たとえばフィリピンでは、実権は後に日本の大使に任命された村田省蔵の手に握られていた。新しい独立共和国を率いるためにビルマとフィリピンの現地の統治者二人が任命されたが、この二人も、外地に日本軍がもたらした社会を変えようとはほとんど思っていなかった。両者とも、以前の植民地期にすでに際立った役割を果たしていたからである。ビルマのバー・モウはイギリスの植民地だった時代の統治者であり、ラウレルも同様に戦争前の支配的エリートの一人だった。日本人にとっての彼らの主な長所といえば、ゲリラの攻撃から生き延びたことにあった。とにかく、新政府は可能なかぎりの信頼を得なければならなかった。国際的な承認を得ることが明らかに最も重要なことだった。ドイツとその取り巻きの国々は新政府を認めるだろうが、連合国側がきっぱりと拒否することが予測された。それゆえ、中立国の決断が、新政府の信任が成功するか失敗するかの重大な状況を左右した。フィリピンの場合には、マドリードとバチカンの二つの首都の決断が最も期待された[52]。

これが一九四三年十月七日と十四日に須磨がホルダーナと会見するために外務省を訪れた理由だった。最初の公式な目的は、ビルマのバー・モウ新政府の承認について尋ねるというものだったが、須磨はまた「スペインの特別な関心に鑑みまして、フィリピンの独立を率先して認める気持ちがおありですか」と探りを入れた[53]。二番目の会見はフィリピン独立の公式宣言の日におこなわれた。この時に、須磨は、「我が国の政府の訓令に基づいて」という覚書を渡しながら、公式にフィリピンのラウレル新政府の承認を申し入れた[54]。スペイン外相の回答は、外交辞令の枠を全く出ないものだった。最初の会見では返答を避け、二度目の会見では、スペインとフィリピンはずっと緊密な関係を保ってきており、フィリピンにはスペインの経済的関心もあることを強調した。スペイン側は、フィリピン諸島が植民地状態にあることへの不満を解消されたいと指摘した。もっとも、ブーゲンヴィルで日本が勝利したとの知らせに対しておきまりの祝言を述べた後に、フランコ将軍に代わって、日本からより詳細な情報を提供してくれるよう要求することはやめなかった。さらにホルダーナは、アジアでの親日政府や、ムッソリーニのサロの社会共和国のような新政府が現れた場合のスペインの内閣の立場について伝えた。それは、例外はあるかもしれないが、戦争終結を待つというものであった。いずれにしてもホルダーナは、当該の問題を検討することを約束した(55)。ホルダーナが須磨と会見した日に、スペイン外務省は、任命されたばかりのフィリピン大統領ラウレルの電報を受け取った。そこにはこう述べられていた──「フィリピンは独立を宣言し、共和国体制のもとで主権国家となりました。この機会に、閣下にスペイン・フィリピン両国民間に団結と友好の心からの関係が生じるようにとの切なる願いを表明したく思います」(56)。ラウレルは、新政府の成立について伝えたが、はっきりとその承認を求めてはいなかった。スペインが落ち着いて決断をするまで時間はあった。

ホルダーナの漠然とした回答は、スペイン政府のあいまいさをはっきりと表わしていた。他方、東京とマニラから届いた二つの通信も新たなフィリピン政府への疑惑を薄めることにはならなかった。メンデス・デ・ビゴは、ラウレルの新政府が成功することはまずないと見ており、デル・カスターニョの方は、祝賀会には個人の資格で招待客として出席したが、他にスペイン代表はいず、第一歩を踏み出したばかりの「独立国」に対して民衆の支持はほとんどないと連絡してきた。デル・カスターニョは、独立宣言がフィリピンの民衆に何がしかの印象を与えたとしても、多くの人々は(デル・カスターニョは、それはとくに上流階層であるとした)新政権を束の間の政権だと見ており、最終的にはアメリカが戦争に勝つと確信していると指摘した。

マドリードは相矛盾する受け取め方の間でジレンマに直面していた。すでに見たように、フィリピンの独立はスペインの利益にとって最も良い解決策として望まれていたが、日本にしかも戦時中にその主導権を与えることはそれほど魅力的なものではなかった。スペイン政府は、この独立がどこまでスペインの利益にとって有益なのかを見計ろうとして、日本側により多くの情報を求めるという方法をとった。そこでホルダーナは、新国家の諸相についてより詳細な情報を送るようデル・カスターニョに要請した──「フィリピンが独立に至った方法、行政組織、権力機構、スペイン人に及ぼす影響、全般的な状況、占領軍との関係、マニラ総領事とフィリピン当局との間ある。

の連絡状況など、この件と関わりがあると思われるすべてのことについて」(57)。容易にわかるように、スペイン側が抱いた疑惑の多くは情報不足から生じていたのである。

マドリードの新聞は、スペイン政府と同様の態度をとった。つまり、フィリピンの独立そのものに対しては好意的だが、日本へのわずかな感謝もなければ、新大統領ラウレルからホルダーナへのあいさつにも言及しないということだった。たとえば『アリーバ!』紙は祝賀会の写真を数枚掲載したが、新政府に賛成か反対かについては述べなかった――「フィリピンの独立が宣言されたので、本日、フィリピンの最新の状況についての写真を数枚掲載」(58)。他方、雑誌『ムンド』は、「日本はフィリピンに独立を与えた」という見出しで、より具体的な状況を紹介した。それから「……タガログ語が公用言語と定められたが、全てのフィリピン人がタガログ語を話すわけではない。……独立によってフィリピン民衆は、スペイン占領時代またアメリカの占領初期の時代と長期にわたり闘い続けて求めてきた民族的願望を実現した」と続け、日本が敗北するとなると「独立したフィリピンをアメリカに任せることになるだろう。独立を後退させることは許されないからだ」と断言して記事を結んだ(59)。手段

はかなりお粗末だったが、目的は賞賛すべきだとみなされたのである。

一九四三年十月十八日にスペイン政府は、ラウレルの電報に返答する決意をしたようだ。その電文の全てを紹介するのがよいだろう。

貴殿の親愛なる電報を受け取りました。今年の十月十四日にフィリピンが独立を宣言したことを伝えていただき、両国間に団結と友好の心からの関係が生ずるようにとの真摯な願いを示されました。フィリピンと数世紀にわたり非常に深い相互理解を持った国はスペインをおいてありません。そうした歴史上のつながりや血と愛情は壊すことができないものであり、どのような状況になろうとも長続きするものでありましょう。スペイン国家元首フランコ大将軍とその政府および外務省のみならず、スペインのすべての国民の心からの気持ちを表明しつつ、フィリピンとスペインが常に最もよく理解し、相互に心から理解し合えるようになることを閣下に確言したく思います。この機会を利用できますことはこの上ない喜びであり、以上をもって格別の考慮の証しとしたく思います。

それは非常に注意深く書かれた電文だった。何かの約束もなければ、将来に向けての具体的な行動を前提とするような公式の声明もなく、とくに外交上の承認も言っていなかった。しかしながら「フィリピン共和国大統領ドン・ホセ・P・ラウレル閣下」に宛てられており、「スペイン国外相、ホルダーナ伯爵」がサインしていた(60)。そのうえ、ドイツと日本のプロパガンダが、枢軸国側の意図にスペインが連帯を表明したとわめき立てるのに十分な内容だった。これらのプロパガンダは、スペインがフィリピンの新政府を承認したと言い立てた。さらにブルガリアが新政府を承認したこととともに、フィリピンのイタリアとドイツの居留民が新政府樹立を祝っているとも伝えた。

こうしたメッセージに対する連合国側の最初の反応は、五日後にワシントンから届いた。一九四三年十月二三日、国務長官代理ステッティニアスは、マドリードのアメリカ大使館にこの電報の説明を求めた。アメリカ大使ヘイズは、スペインの外務次官パン・デ・ソラルーセとの会見のために副官ウィラード・L・ボーラックを派遣した。両者の見解が異っていたために、会見は当然ながらとげとげしい議論を伴ったが、それはとくにアメリカの関与にスペイン政府が不快な感情を抱いたからだった。パン・デ・ソラルーセはフィリピン新政府への電報は単なる友好的なあいさつだと述べたが、ボーラックは、将来、新政府を認める意思もないのにこのような内容の電報で返答した政府は見たことがないとやり返した。この議論の後、ヘイズは急いでワシントンへ次のように伝えた。スペインは意識的にか否かはわからないが、極東における日本の軍事的・政治的プランに非常に役に立つプロパガンダの材料を与えた。さらに、この電報はドゥシナーゲによって送られたのではないかとも述べた。ドゥシナーゲは枢軸国に好意的だとして批判されていた人物だった。最後に、ボーラックの意見に従って、スペイン外務省に覚書を提出するのがよいとした。その意見とは、スペイン政府がホセ・ラウレルの新政府を承認するのか否かを直接問うというものであった(61)。マドリードからの連絡は十月二七日にワシントンに届いた。同日には、スペイン政府のラウレル宛電報の内容が、有力新聞『ニューヨーク・タイムズ』に掲載され、世間に知られることになった。同紙はまた東京のラジオ放送のプロパガンダも紹介した。それはCBSラジオのニュースでも流された(62)。ヘイズは国務省の返答を待たずに、この件についての口上書を準備していたが、それが用いられることはなかった。というのは同じ日に、「新たな訓令が出されるまで」ホルダーナと話す必要はないとのステッティニアスの連絡が届いたからだった(63)。

マドリードからの電報を待たずに、アメリカの態度はにわかに硬化した。ヘイズは、彼の電報への本国からの回答がないのを見て、それを理解した。ヘイズの電報は、ホルダーナを擁護し、スペイン政府から「有益な譲歩」を得ることができるかもしれないとの期待を述べ、どうしたらスペイン・アメリカ間の緊張をやわらげることができるかについての指示をあおいでいた——「我々はスペイン政府との重要懸案を多数抱えています」(64)。ワシントンでのスペイン政府の代表者たちもアメリカ側の硬化を確認した。アメリカ政府高官のみならず、国務省でも他の省庁でも誰もスペイン大使カルデナスからスペイン側の説明を聞こうとはしなかった。政策の変更があるかもしれなかったので、参謀長会議の意見が緊急に求められた(65)。

十一月三日、モスクワで連合国外相会議が開かれ、自らの姿勢をはっきりさせた後を明らかにねらって、ワシントンは口を開いた。それは非常に明快だがスペインにとっては果たすのが難しい要求だった。これはドイツへのタングステンの輸出の完全禁止である。これはドイツがスペインあるいはポルトガルからのみ購入できた、軍事産業にとって必要な鉱物だった。他方で、国務長官コーデル・ハルはヘイズにアメリカ政府の公式な見解を知らせた。それは、フィリピンでのアメリカの統治権について疑念を呈することは露骨な侮辱であるとみなすというものだった。さらにハルは、アメリカとスペインの緊張の結果がどうなるかについて個人的な見解を付け加えた——「この件を解決するためのどのような論議をも避けるという我々の態度によって、スペイン政府は多大な不安の状況に置かれてしまったと見てよい。今のところ、いったい何が我々の態度なのだろうとスペイン側に疑いを持たせ続けるのがよいだろう」。それゆえハルは、ラウレル事件についてヘイズがすることは何もないと言い、ホルダーナがこの点について質問した場合には、この件について自分は語る立場にない、ワシントンは非常に懸念していると答えるように命じた(66)。

翌日、『ニューヨーク・タイムズ』がスペインに関して社説とともにもう一つの記事を掲載すると、スペイン側の不安は増大した。後者は、スペインがムッソリーニの政府と通商協定を結んだのではないかとのニュースを伝え、このニュースとラウレルへの電報との関連を指摘した。そのうえで、枢軸国が軍事的に見て不利となっている時期に、マドリードがそうした決定をするのはどんなに賢くないかを示唆していた。記事の見出しは、次のことを強調した—「アメリカ国務省はスペインがとるべき道についての見解を何も示さず」。他方、『ニューヨーク・タイムズ』の社説の方は、フィリピンはいまだアメリカに属す地域であり、傀儡政権（ベルリンあるいは東京からコントロールされた政府のこと）に送られた電報は計算づくの侮辱であるとして、次のように締めくくった—「われわれの敵の共犯者は、われわれの友人ではない」(67)。つまり、フランコに対して厳しく対応すべきだとの見解を表明した。

これらすべての結果、スペイン政府は追いつめられ、厳しい時期を過ごした。在米スペイン大使カルデナスでさえ、問題をどのように解決するのかと尋ねられた際に、回答に窮してしまった。彼はこう伝えた—「昨日アメリカ政府がスペインに対して示した厳しい対応を応援し支持する報道機関のキャンペーンが展開されているようです」(68)。ほかの外交上の努力も見通しを切り開くことができなかった。ヘイズの部下ボーラックが外務省を訪れたとき、スペイン外務省は最も困難な状況にあった。彼が会見した相手、おそらく次官のパン・デ・ソラルーセは、アメリカから警告があるまで、ラウレルへの電文のことを知らなかったと述べただけだった—「我々が以前に会見した時には、フィリピンへの電報は私の手を通っていませんでした」(69)。それぞれが各人の責任を免れようとしていた。つまり全員待避だった。

それぞれの上司、アメリカ大使ヘイズとスペイン外相ホルダーナは十一月五日、直接対決することになった。この決定的な会見は長かった（一時間四五分）だけでなく、外相自身が自らの日記に「非常に激しかった」と記したほどである。この会見についての資料には五つの版がある。三つのホルダーナ版（総統《カウディーリョ》への報告、ワシントンの大使宛ての報告、自身の日記）と、二つのヘイズ版（国務省への電報とイギリス大使ホーアへの話）である。いずれも会見が長く、激しかったことを裏付けている(70)。それぞれの記述には重要な違いがあるが、以上によって会見を再現することができる。

ホルダーナは、アメリカ国務省からスペイン大使カルデナスが受けた妨害のことから話を始めた。そして、この事件を取り上げたのはモスクワとの何らかの協定によるものなのかと直截に尋ねた。さらに、ビルマ新政権の承認については、スペインは日本からの依頼を拒否したと言った。その後ホルダーナ外相は嘘をついた（あるいは情報が誤って伝えられていることを示した）。というのは、電報は「個人」（スペイン語版では強調体になっている）に宛てられたものだと言ったのである――「大統領に向けたものとはなっていないし、一度たりともフィリピン政府あるいはフィリピン国民の名を挙げてはおらず、謹んでフィリピン民衆に対してだけ宛てたものであります」(71)。これに対してヘイズはスペイン政府をとがめたが、これは効果がなかった。そこでヘイズは、電報をドイツや日本が繰り返し利用しているのをどう見ているのだと述べた。さらに、電報を送ったのは「状況がよくわからなかったというのでなければ、我々の見るところ、思わぬことだったのでしょうか」と言った。これはおそらくドゥシナーゲが勝手にやったことではないかと問おうとしたものである。ヘイズの態度は次第に断固たるものになっていった。しかし、「東京から来たこの不幸な宣伝を直させる」ことができるかどうかについては悲観的だった。そうしたやりとりの後で、ホルダーナは、すべてを忘れてくれるように願い出た（イギリス外務省版によれば「悲痛に」とある）。そして彼は、外務省からセラーノ・スニェルが去って以降、スペインの中立に向けた道において自身が成し遂げてきた数々のことがらを挙げた。それは青い旅団の撤退、フランコ自身が「中立」の言葉を使うようになったこと、またフランスからの避難民の解放、それに連合国に対してスペイン政府がそれまでとは異なる態度をとるようになったことである。最後に、この会見中に（イタリアに関する）間違った情報を受け取ったことに対して激怒した後、脅しの言葉を用いて会見を締めくくった。ホーアによればこうである――「連合国側が［ラウレルへの電報を］そんなに重要な問題だとみなすなら、私は辞任しましょう」(72)。おそらくヘイズは、ボーラックに対してパン・デ・ソラルーセがしたように、ホルダーナが恐れをなして逃げてしまうことを期待していた。しかしホルダーナは、自身の副官を批判しようとせず、自身の辞任を申し出たのだった。つまりホルダーナは、一か八かの勝負に出たのだった。

このホルダーナの行動は、その後の鍵となったように思われる。なぜならラウレル事件の方向が変わったからだ。アメリカ国務省はスペインを攻撃しようとしなくなった。タンジールでの枢軸国の活動を阻止し、タングステンのドイツへの輸出を制限（しかし当初に言われたような禁止ではない）させるようヘイズに命じただけだった。圧力はなくなった。国務省はヘイズに、「スペイン側にどんな結果になるか考え」させるために、公式にはいかなる抗議もしないようにと指示した(73)。ワシントンでの記者会見で、ステッティニアス次官は、電報事件はアメリカ政府から「重大な関心を持たれた」と述べるにとどまった。

アメリカの抗議はそれ以上のものではなくなった。その証拠は、ラウレル事件についてスペインを批判したワシントン側の最後の覚書に見られる。そこでは、議論の瑣末な部分があらためて述べられただけだった。ラウレルへの電報がフランコだけでなくスペイン国民の名も挙げていることからして、それはホルダーナ個人のものとは考えられなかった。それが「フィリピン共和国大統領」に宛てたものとはかならずしも言えないなどということはありえなかった（アメリカ側はそんなことは全くありえないと見ていた）。アメリカ国務省が新聞の社説を誘動しなかったということもありえない。実際に国務省は、『ニューヨーク・タイムズ』の社説は、「非常に当を得ており、期待された通りのことを書いており、このような状況にあっては全く当たり前のことを書いている」とした。国務長官ハルは、ヘイズへの連絡ではっきりと述べた。それは個別フィリピンの問題の範囲を越えるものであった—「ラウレル事件は明らかに深刻な後退である。スペイン政府が、信頼を取り戻すために可能な手段を即座に講じない限り、失った信頼を回復するには時間がかかるし難しいだろう」(74)。この後、一九四三年十一月九日にフランコが主宰した閣議は、「幅広くかつ詳細」に電報事件を検討し(75)、信頼を回復するための行動に着手した。スペイン政府は、「フィリピンに送られた電報は、単なる儀礼的な行為」に過ぎないとの覚書を作成した(76)。それはヘイズ個人が提案したもので、間接的にパルド宮に伝えられたものだった。

連合国側はもうそれ以上のことを要求したくなかったので、間違えたかもしれないことをスペインがこうして公的に認めたことで満足したであろう。このときまでに連合国側は、ホルダーナの辞任を引き起こすようなところまで事件を重大化させないことに決めていた。というのは彼ほど好都合な人物がほかにいないからだった—「彼が外相の職に留まれば、我々はさらに譲歩を引き出すために彼が犯した過ちを利用できる」(77)。かくして、枢軸国への支援を制限するよう連合国側がスペインに求めて長きにわたって交渉しているうちに、事件は、アメリカ側、スペイン側の両方から鎮静していった。むろん、この支援の中にはタングステンの輸出も含まれていた。しかし、この交渉では、日本やフィリピン、あるいはかの名高きラウレルへの電報について語られることはなかった。そのことはステッティニアスからヘイズへの次の電報が示している(78)。一九四三年十一月十日、ステッティニアスからの電報を受けとった日に、ヘイズはマドリードで、タングステンの輸出禁止をスペイン側に要請した。さらに、後に見るような、イタリア商船の問題、アメリカの飛行機の着陸の権利、アメリカ国民がスペインを旅行する権利の承認といった問題にも迅速な対応を要請した。十一月十二日、ホルダーナは、スペイン政府内における彼の立場が弱くなったので、ラウレル事件は完全に終わったというアメリカ側の保障が必要だと依頼してきた。そこでヘイズは、事件の終わりを認めつつ、「ラウレルへの電報はスペインに非常に不利な印象を与えました。この印象は、スペイン政府が信頼を回復するための事実を積み重ねることによってのみ取り除かれるでしょう」と発言した(79)。翌日、電報事件は国務長官ハルとルーズベルトの間での事務処理によって公式にも終わった。また、その前日にボーラックとドゥシナーゲが協議して作成し、事件は終わったとした覚書がこの日の新聞に掲載された。他方で、フィリピン総領事デル・カスターニョは何も知らされず、スペイン側がラウレルに送った電報は、「良い印象を与えたように思われます」とマニラから連絡した(80)。ハビエル・トゥッセルが述べたように、「それが最後ではないが、初めて外国の政治的な圧力がスペインの指導者たちに現実を突きつけた」のである(81)。

スペインとアメリカの関係は、以前の不信の関係に戻った。ホルダーナはおそらく、不信を解くもっともよい方法は、反日本の姿勢をあらためて示すことだと考えた。それで、この夏にフランコが歩んでいた道にならって、ヘイズにこう言った―「スペイン政府の考えでは、日本の問題は、世界が直面している最大の問題であります。……日本は黄禍を現実のものとしており、それは世界中に深刻な脅威を与えています」(82)。こうして、以前は相対的には周辺にいた日本が新たな役割を帯びて再び戦争のなかに現れてきた。それは、連合国側の要求に応えた文書にスペイン政府が署名した一九四四年五月末まで続いた。戦場でと同じようにワシントンは勝利を収めつつあった。

3・1　技巧的な踏み台

これまでは起きた順に出来事を述べて来たが、スペインと日本の関係のなかでこれらの事件の意味を理解するためには、いくつかの鍵となる問題を補足として述べる必要がある。それゆえこの項では、この事件を理解するために、スペインとアメリカの両政府の目的、電報の原作者、その送付の理由という決定的な三つの問題に焦点を当てることとしたい。

（1）ワシントン側は、踏み台として使おうとして、わざとこの事件を引き起こした。すでに見たように、フランコと多くのスペイン人の日本に対する蔑視はけっして秘密のものではなかった。しかしアメリカは、商業面でも軍事面でもこれらのことが実際の意味をほとんど持たなかったために、それによってとくに利益を得てはいなかった。そのうえ、マドリードの諜報機関が集めた情報がほとんど価値のないことを知っていた。それゆえアメリカが、スペインの日本に対する嫌悪感を、対独関係のような、より重要な事項にも転移させようとしたのは当然のことだった。イベリア半島から運ばれてきたタングステンでドイツが弾丸と戦車を強化するのを避けるためならどんな手段でもよかった。ヘイズが指摘したように、電報事件は、スペインのドイツへのタングステンの供給を断たせるための「通常の交渉のやり方」を中断させた。交渉の主導権がアメリカ側に移ったからだ。アメリカは経済的圧力と政治的圧力とを組み合わせて、質的な飛躍を遂げることができた―「我々が、ほかの多くのことがらとともに、スペインからドイツへのタングステンの即時かつ全面的な輸出禁止を「要求した」のは、スペイン外務省がラウレルに送ったメッセージに対する政治的罰としてである」(83)。この目的は予期された期限より早く達成された。というのは事件がスペインへの圧力となったからで、それがスペインの援助で枢軸国側が戦争を続けることを許さなくさせたからである。これによって、スペインとドイツの協力は大いに制約された。他方、スペインと日本の協力は以前から弱まっていたため、それほどの影響を受けなかった。だが、連合国側とスペインとの間で一九四四年五月一日に合意された最終的な十項目のなかの唯一の日本についての箇所が、イギリスによって、しかもヨーロッパでの戦争との関係で挿入されたことが注目される―「日本の公使館は、タンジールで任務に当たっている陸軍武官の引き揚げを要求されるだろう」(84)。もちろんこの合意には、フィリピンもラウレル大統領の名も登場していない。

スペインの緊張関係の相手を日本からドイツに移すため、アメリカは非常に多様な形の圧力をかけた。経済の領域を手段として使う能力はすでに試されていたが、ラウレル事件で支配的だったのは政治的強制だった。ホルダーナの質問が示すように、アメリカはソビエト連邦がアメリカを通して反スペインの行動をしたと思わせることで、実際にスペイン政府を怯えさせ、厳しい状況をわからせようとした。この時期はおそらく戦争の最終局面でのスペイン外交の最も危機的な時期ではなかったが、スペイン側ではそのように受け止められた。ヘイズ自身がある同僚にこう述べている――「スペインでのこうした感情の広がりと深さは、そちらにいる君には想像できないだろう」(85)。さらに、新聞はアメリカ政府の行動にならって、どんな報復でもとれるという印象を与えようとして政府を支援した。『ネイション』、『ニューヨーク・タイムズ』が手本を示すと、『ニュー・リパブリック』などの新聞は、ウォルター・ウインチェルや、『世論』を書いた有名なウォルター・リップマンのような影響力のあるコラムニストを動員して、フランコのスペインに対してより厳しい方針で臨むべきだと書いた。アメリカ以外では、UPによってラウレル宛て電報が暴露されると、その反響はかなり大きかった。とくにラテンアメリカにおいては、スペインから亡命した人々がこの情報を広めた(86)。火にいっそう多くの薪がくべられ、フランコへの批判は激しくなった。このようにして、日西の緊張関係をベルリンへ移行させようとのワシントンの目的は果たされたのである。

ホルダーナの大胆な行動で遅れることになったとはいえ、ワシントンがとった戦略は正しかった。ところで、アメリカは、スペイン側を混乱させるために有効だった他の重要な手段も使った。それは、暗号化された情報の解読である。この手段によって須磨の情報を傍受したことは、事件を理解するための鍵となる。スペイン外務省からラウレルへ電報が送られてから五日後の、十月二三日、須磨公使は、彼が擁していた主要な内部通報者の一人、スペイン外務省の諜報機関の長リアルプ侯爵との会話について報告した。会話のなかでリアルプは、スペインの新聞は、フィリピンの新政府について情報を流すことに慎重になっていると言ったが、双方が電報の交換をしたので、これは公的な承認を意味することになると認めた。とはいえ、スペイン外務省から送られた電報を、日本側が宣伝に利用しないようにと要請した――「用心して進めるよう、あなたたち日本側に忠告します」(87)。このようにしてリアルプはフィリピンの件への関心を日本側に示したが、電報をプロパガンダとして利用しないようにと遠巻きに脅したことは、スペイン政府内が分裂していることと、彼の立場が非常に弱いことも示したのである。この会話は、十月二六日にアメリカの防諜機関によって傍受され、翌二七日に英語に訳されたが、ステッティニアスがヘイズにスペイン政府と新たな接触をしないようにと命令したのがその日だったのである。会話の翻訳は翌二八日、部分修正されて報告書『マジック・サマリーズ』に収められた。あまり起こったことがないことだが、電報も細心の注意を払って訳し直されたのである。

要するに、秘密の情報を解読できる技術の進歩のおかげで、アメリカ政府はスペイン側の緊張状態を知っており、ほかの手段をどのように利用すればよいかも知っていた。敵の意図について信頼できる情報を持ち、敵の内部情報も知っていたので、報道機関への圧力でも有利な立場に立つことができたのである。かくして、枢軸国のラジオ放送でラウレルへの電報がプロパガンダとして使われた後にリアルプがした警告は、スペイン側が困惑していることを間違いなく知らせ、スペイン政府が追い詰められるだろうことをアメリカにわからせてしまったのである。それゆえラウレルへの電報は、アメリカ側にとっては、攻撃の動機としてよりも口実として解釈してよいのである。

電報は、スペインの枢軸国側への支援をはっきりと示したというわけでもなかった。電報から事件の勃発まで十日間も経っていたこと、イギリス政府は動かなかったこと、それにアメリカ政府自身が、電文はスペイン側に何の条件も課さない形で書かれていると見たこと（報告書『マジック・サマリーズ』は、電文にはフィリピン新政府の承認を意味する箇所はひとつもないと認めている）は、連合国側が電報自体をそれほど重要だとは見ていなかったことを示している。重要なのは、スペイン政府を動揺させるための良い機会であると連合国側が悟ったことだった。それゆえ、この事件の名誉は、いつ、どのようにして電報が送られたのかを察知したG－2、つまり防諜機関にも与えなければならない(88)。アメリカ政府とスペイン政府の政治的敏捷さの差は、決定過程にだけあったのではなかった。電報事件をワシントンにいたスペイン大使カルデナスの「不運な」(89)行動のせいにするのは適当でなく、むしろアメリカ政府が擁していた手段が上回っていたことによる。カルデナスは戦時中、重要な秘密情報を持っていることをひけらかしていた。アメリカ側は、そんなに自慢はしなかったが、いくつかのポイントで彼を上回っていたようだ。

防諜活動の点では、ロンドンの役割についても考えなければならない。イギリスも同様に日本とスペインの情報を解読しており、またフィリピンに関する日本の圧力にどのように立ち向かえばよいのかというスペイン側の困惑についてもおそらく知っていたが、フランコ政府に圧力をかけるためにそれらを用いなかった。イギリスは沈黙を選んだのである。ＢＢＣ放送は、ラウレルへの電報と、それを枢軸国側がプロパガンダに使用したことをきちんと放送したが、スペインへの批判が型どおり以上に展開されることはなかった。これ以上スペインに圧力をかけようとの意図がなかったこともあるし、太平洋はイギリスの作戦の舞台ではなかったこともある。フィリピンでは政治的な駆け引きを得られるような利益は少なく、フィリピンでのイギリスの役割はワシントンの言うことに従うことだったからである。アメリカ大使ヘイズは最初の瞬間からこの事件の主役だったが、イギリス大使ホーアの役割は、ヘイズがホルダーナとの会見の後で知らせてきた情報をロンドンに伝えるだけに限られていた。ホーアは脇役であり、当初はその役割をきちんと果していた。だがワシントンがスペインに圧力をかける戦略で成功すると、イギリス政府は自らに割り当てられた脇役の立場をますます良く思わなくなった。さらに、イギリス議会で質問が出されたことで、外相アンソニー・イーデンは、電報に関してマドリードに抗議しなかったことを公に認めなければならなかった(90)。電報事件についても何もしていないというイメージを与えてしまったので、この質問がなされた六日後の一九四三年十一月十五日、イギリス政府はスペインに対して説明を求めるようホーア大使に命じた。

しかしそれはあまり適切な命令とは言えなかった。そのときまでに、ワシントンもマドリードもラウレル事件をすでに終わったものとみなしていたからである。それで、ホーアとホルダーナの会見は極度の緊張状態のもとで進行した。スペイン側は、なぜまた謝罪をしなければならないのかよくわからなかった。ヘイズ大使にすでに謝罪しており、そのうえ、スペインに対する批判の波は収まったように思われたからだ。それでホルダーナは、事件をいつもの「スペインの敵」のせいにするにとどめず、アメリカ大使ヘイズがこの事件はすでに終わったものとみなすと述べたのに、なぜあらためて会見に応じなければならないのかとホーアを攻めた。イギリスはフィリピンのことには関心を持たないと認めたことがあるとホルダーナが言ったとき、緊張は高まった。これに対してホーアは、極東のあらゆる事件、とくに日本と関係する事柄はイギリスの関心事であると述べて、ホルダーナの言を否定した。しかし外相イーデン自身が、すでに見た議会での質問に対して、その数日後に以下のように認めなければならなかった―「この事件は主にアメリカ政府に関係することであり、同政府がこの事件に慎重に対処していると理解しております」(91)。イギリス議会の力とイギリスの世論は、難しい決断をするようにイギリス政府に迫っていた。それは不都合なことだったが、仕方がないことだった。ワシントンは目的を果たしたのに、ロンドンはしっぽを巻いて逃げたのである。

（2）二番目に、電報の作成者が誰であるかをできるかぎり明らかにする必要がある。この疑惑は常に外交政策局長ホセ・マリーア・ドゥシナーゲに注がれて来た。彼はスペイン外務省のナンバー2として大きな権限を持っていた人物である。この憶測はアメリカによるものである。アメリカがラウレルへの電報に関してスペインに抗議した後、ボーラックとパン・デ・ソラルーセとの最初の会見後に書かれた報告書は、電報の作者を暴き出すのに大いに役立つ。報告書は、電文を作成したり、その送信に関与した官僚は全くわからないと述べている。報告書によれば、海外・アジア局長のトマス・スニェルも、次官パン・デ・ソラルーセも、議定書局の担当者も、法規局の担当者も、事前に電報については知らなかった。ホルダーナ外相も除外しなければならない。彼は電報が発信されたとの報告を受取った人だからだ。こうして除いていくことで、誰が電報の作成を命じたのかはっきりするが、この報告書に手書きで加筆されたメモが原作者をまさに暴いている—「フィリピンへの外電は、「外交政策」局から発信された」(92)。当時アメリカ側が推量した（あるいは確実に知っていた）ように、確かにドゥシナーゲは犯人となるべき切り札のすべてを握っている。

（3）三点目は、発信の理由がよくわからないことだ。二点目で指摘したように、それをはっきりさせる決定的な資料が存在しないことと、ドゥシナーゲが発信について認めておらず、動機を偽ってもいるからだ。フランコ政府がおこなった政策を正当化するために数年後に書かれた『スペインは正しかった』という意味深長なタイトルの有名な本で、元外交政策局長ドゥシナーゲが、やはり自らの正当化のために、ラウレルへの電報のことを説明している。彼は、ラウレルへの電報はフィリピンの新傀儡政権の承認を意味しないと述べ、電文の文言が推敲に推敲を重ねたものであることを示すために電報の全文を引用し、そこでは「ドン・ホセ・ラウレルが大統領であることや独立宣言については何も触れていない」と言っている(93)。確かにその内容はスペイン外務省文書館にある電文の写しと一致しているが、それは明らかに真実の半分しか示していない。なぜならドゥシナーゲは『スペインは正しかった』で、電報が「フィリピン大統領、ホセ・ラウレル」に宛てられていたことを削除しているからである。この外交政策局長は半分だけ正しかったのである。

ドゥシナーゲの本では、これも半分だけ真実だと思われるが、電報の発信について二つの理由が挙げられている。一つは「東京に行ったことがある枢軸国のある外交官の強力で執拗な」圧力による、というものである。この人物は、バドリオ新政権のイタリア大使パウルッチ侯爵だろう。彼は一九三八年の日本へのイタリア・ファシスト使節団の団長であり、影響力を持った真正の親日派の数少ない西洋人の一人とみなされていた。パウルッチはスペインに赴任してから、須磨とホルダーナの間の非公式の仲介人の役割を積極的に果たしていた。一九四三年春に公使館の格上げをホルダーナが拒否した際に、このイタリア人の仲裁があったことはすでに述べた。しかし、その役割を同年の秋まで続けていたかどうかは疑わしい。というのは、ファシスト体制を支えていたほかの多くの人物のようにパウルッチは親連合国側の政府に寝返ったので、須磨との関係はずっとよそよそしいものになったはずだからだ(94)。電報を送るとの決断においてパウルッチの影響力はさらに少なかったであろう。それは明らかにスペイン側の決断だったのである。パウルッチがラウレル事件に巻き込まれたということは、スペインと日本の関係において後見人イタリアがとどめていた残り火を示している。この後見の主要な時期はスペイン内戦の時だったのであり、それ故にパウルッチの件は、ドゥシナーゲが時機の見はからいを間違えたことも示している。

ドゥシナーゲ局長が持ち出している別の理由は、「フィリピンのスペイン人居留民に対する日本の陰然たる脅迫を避ける必要性」だった。それはヘイズが回想録で言っていることでもある。ヘイズはそこで、ドゥシナーゲ自身の個人的な関心についてははっきりと語っている(95)。ヘイズの含意は重要である。というのは、在フィリピン・スペイン人の生命に日本が与える恐怖よりも、当時、スペインの外交官の主要な関心事と思われたのは、最重要の物質的利益だったからだ。フィリピン総合タバコ会社に始まり、太平洋戦争の開始以降、取引をやめた一連の企業や金利生活者がいた。さらに、忘れてはいけないのは、スペインでそうした利益保護のための組織化がなされ、省庁がそのために奔走するようにさせたことである。かくして、スペイン外務省は、食糧を積んだ船をアジアへ送り、この船がフィリピン・タバコを持ってイベリア半島に戻ってくるという提案をした。外務省の要請によって、公使館の格上げという日本の要望を利用しなから、一九四三年に、「強い円」を用いて合計で五十万フィリピン・ペソをイベリア半島に送るためのタバカレーラ計画も始まった。

一九四三年九月、予定された金額の半分のみが使われたときに、日本はこの計画をやめるようフィリピンの軍事当局に命令した(96)。このことが、送金を続けられるようにということで、ラウレル宛て電報を送ることにした動機になったかもしれない。さらに、ドゥシナーゲがラウレル宛て電報に強い関心を持っていたと思われるいくつかの徴候がある。ドゥシナーゲが外務省を退庁した時間が非常に遅かったこと(午後七時)はそれを示しているが、最も興味深いのは、どのように問題を解決するかについてのホルダーナの考えとラウレル宛て電報との間の明らかな矛盾である。ホルダーナは明らかに返答を後回しにしたいと思っていた。そのために、十月十八日にデル・カスターニョにさらに情報を送るよう電報で依頼しており、この電報への回答が来た後に決断がなされるだろうと、須磨に言ってあった。マニラ総領事宛て電報のわずか二日後に、ラウレル大統領宛てに電報が送られたのである。これはありえない時間間隔だった。というのは、戦時中という事情だけでなく、マニラとの連絡は往信も返信も東京を経由しなければならなかったからだ。マニラ総領事デル・カスターニョの回答が届いたのは十一月三日で、この時にはすでに最悪の事態は過ぎていた(97)。局長のとった態度は明らかに正常ではなかった。

しかしながら最も驚くべきことは、ドゥシナーゲが更迭されたのでも辞任したのでもなかったことである。電報事件で引き起こされた動揺と、彼が外務省内で誰にも相談せずに電報を発信したことを考慮するなら、これは全く考えられないことである。ホルダーナと対立した後、ドゥシナーゲは職を辞したかったように見える。ハビエル・トゥセルは、これはラウレル事件と関連していると言っている(98)。ドゥシナーゲが職務を継続したのは、数日のうちに外務省で奇妙な返り咲きがあったからである。ホルダーナ自身から「健康上の理由」によるドゥシナーゲのトマス・スニェルとの交代が通知された後、ドゥシナーゲは三、四週間後に元の地位に戻ったのである。彼の新しい辞令は官報に掲載されなかった。まさに国家の道理が、このあまりにも奇妙な「辞職させず」の理由ということになる。

アメリカ側は、「政府内と外務省外の何らかのところで自らの強力な影響と支援」があったことを強調した(99)。この意味において、ホルダーナ自身がとった行動は興味を引く。というのは、彼は連合国を前にして、電報が彼の許可なしに送られたことを決して認めなかっただけでなく、電報がフィリピン大統領に宛てられたことをきっぱりと否定し、そのうえ、「あたかも彼自身が書いたかのように」責任を引き受けて、辞任するといって連合国側を脅かしさえしたからである(100)。ホルダーナは自分が電報を作成したかのように言い、電報が果たした別の役割について次のようにさえ書いている—「このことはラウレル宛て電報がうまくいったことを示している。というのは、電報はラウレルの虚栄心を満足させ、新政府の承認はしないが、ラウレルを満足させたことで我々も信用させることになったからだ」(101)。この記述は——それが本当にホルダーナによるものであるならば、というのは、この資料はフランシスコ・フランコ文書から公表されたものなので、疑問の余地があるからである——、電報がこの時期の全般的政策また個別日本への政策と適合していたかどうかという問題を提起している。

電報の内容が儀礼的だったので誤った解釈をされる原因となったのだが、それはスペインの政策に沿ったものだった。電文の内容と、それをプロパガンダに使わないようにとの要請は、ホルダーナ外相の時期の対日関係の典型的なやり方だった。両国ともこのような関係を続けていたのであり、それはゆっくりと旋回しながらも、内容と外見においてはけっこうな注意が払われてきたことをすでに見た。ホルダーナ（また、独自の行動をしたことからすればドゥシナーゲ）は、日本に対し完全な満足も絶対的な失望も与えなかった。ラウレルへの電報は、その明らかなケースだった。その電文は、日本側もフィリピン側も喜ばせただろうが、それは完全なものではなかった。完璧なやり方での承認ではなかったからである。

電報はまた、スペインと日本およびフィリピンとの関係に沿っていた。日本が真珠湾攻撃をしたのと同じ頃、スペイン側はフィリピンの独立を、その将来のために好ましい選択だと言っていたからである。フランコ自身が、アメリカ大使ヘイズにその三つの戦争の理論を明らかにしたとき、日本に対する不満の一つとして、フィリピンを独立させるとの約束をちゃんと履行していないことを挙げていた。さらに、アメリカの諜報機関G‐2によって解読されたリアルプ侯爵と須磨との会見にも、前者による興味深い発言を見ることができる—「フランコとスペイン人は、フィリピンの独立を心の底から歓迎しました」(102)。結局、漠然としたやり方でラウレルに祝いを述べた電報は、スペインの正直な喜びを表していたのである。それはスペインの野心にとって好都合であり、その経済的利益を守りやすくする一歩だと考えられたのだった。つまり、そのときまでスペインがとっていた行動と首尾一貫するものであった。

そのうえ、ラウレルへの形式上の電報なるものが、そんなに関心を呼び起こすものとは考えられていなかった。一方で、スペインは中立国として電報を送る権利を持っており、他方で、ワシントンのアメリカの議会はフィリピンに独立を与えようとしていたからである。それは日本がフィリピンに独立を与えることで得ようとした利益を減じようとするものだった。このことは、日本が南京政府に治外法権を放棄した後に、アメリカが重慶政府にそれをおこなったことで、すでに中国で引き起こされていた。

他方で、電報を送らなくても、スペインの対日政策がずれたということにはならなかっただろう。ホルダーナ外相が須磨に示した最初の反応がそれを表している。ホルダーナは、決して外交的に承認しなかったビルマのバー・モウ政権あるいはイタリアのムッソリーニ新政権に対してと同じことをラウレルにもするだろうと言ったのである。あるいはアーザード・ヒンディの臨時政府またはチャンドラ・ボースに率いられた自由インド仮政府などからの関係改善の意向のみを表した手紙に、スペインは返事をしなかった(103)。だが、ホルダーナは日本をあまり怒らせないために、日本の要請をスペインが拒否していることの埋め合わせを何らかの方法で考えなければならなかった。事件が収束したばかりのときにアメリカ大使ヘイズがルーズベルト大統領にした説明はこのことを示していると思われる。事件は単なる計算違いであるとヘイズは言ったのである—「ホルダーナはたんに、よくある好意の問題だと思ったのでしょう。私は思うのですが、東京とベルリンで「承認」と解釈されたときに本当に驚き、恐怖におののいたのだと思います」(104)。実際に、バチカンもラウレルに電報を送ったが、電文の内容はともかく、スペインの場合とは異なって、外交問題となることもなく、枢軸国側のプロパガンダとして使われることもあまりなかった(105)。おそらくスペインは対外的反響を読み間違ったのである。最初は枢軸国で、後には連合国において、思っていたよりももっとその影響は大きかったのである(106)。

しかしスペインの体制が純真だったとか無垢だったということではない。それは連合国側も同じである。連合国が事件をさらに追及しなかったのは、ホルダーナが外相を辞任しても、彼らにより好意的な新外相が現れるわけではなかったからである。連合軍はますます軍事的に有利になっていったが、連合国側はそれがすぼんでしまうことを恐れていた。さらにこの時期のスペイン政治の責任者は、ドゥシナーゲを支援していたほかならぬフランシスコ・フランコであった。ラウレルへの電報事件で、ドゥシナーゲ局長の性急さと内々主義が許されたのは、彼が上層部から支援を受けていたからである。それは国家元首と、ホルダーナ外相よりももっと権限を持っていた人々、つまりフィリピンの経済的利益と絡んでいた人たちだった。

3・2　外交の再構成

ラウレル事件の反響は、スペインの将来の外交関係にとって重要なものとなった。枢軸国への協力をやめるとの合意を連合国に与えることは遅らせることができた。しかし、決定的な時期にぶつかっていた。それはスペインが中立政策に戻ると公式に宣言した直後であり、それからさらなる利益を引き出そうと考えていたときである。日本との関係については、不可逆点なるものを語りにくい。一九四三年四月にもうそうなっていたからである。この四月に始まった新段階がいつ終わったかについては語りうる。もはや交渉の余地はなかったからだ。日本との関係を維持すると、スペインはミイラ取りがミイラになるような状態に置かれるかもしれなかった。スペインとの外交関係をあてにしようとする日本から、わずかではあってもなんらかの代償を得ようと決断した四月以降のあいまいな状況を全く忘れてしまうのがよかった。そのとき以来、日本への態度は異なったものになった。つまりフランコ体制にとってますます差し迫ったものとなった、スペインが反枢軸国側にいることの証しを得るために、日本との緊張を利用したのである。

連合国の内部という点から見ると、日本に対する批判は東アジアで戦っているアメリカとの関係に対応していた。そのうえアメリカには亡命フィリピン政府があり、この政府がフィリピンに戻る可能性は時とともに増していたため、その重要性はますます高まっていった。亡命政府はかなりの意味を持つことになった。というのは、スペインが連合国側へ転換したという証しを与えるものだったからである。アメリカ大使ヘイズは回想録で、ラウレルは常に反スペイン的で反アメリカ的だが、亡命していたマヌエル・L・ケソンはこれと全く反対にスペイン文化の支持者であり、またアメリカの忠実な同盟者であることは「スペイン人なら誰でも知っている」とも言っている(107)。この場合には、アメリカに対する軍事的期待がスペインの意図するところと一致したのである。このことは、スペインによるアメリカの認識がまた変化したことを示唆している。アメリカは、フィリピンにおけるスペイン文化を破壊した国と見られなくなり、スペイン文化を維持した国と見られるようになった。

ラウレル事件はまた、イギリスの認識にも影響を与えた。この事件は、イギリスの不安にもかかわらず、スペインがますますアメリカの影響下に入っていった非常に明白な事例だった。イギリスは、こうなっていくのはどうしようもないと見ていただろう。というのは、一九四一年以来、アメリカの借款のおかげで戦争を遂行できたからだった。しかしながらこのことは、イギリスがその威信への新たな打撃を受入れようとしたことを意味しない。戦争が始まったときに、イギリスはアメリカとともに行動した。しかしイギリスは、スペインに対しては自分なりのやり方で行動し、連合国側に相談もせず、自らの決定を既成事実として連合国側に示すという、自負に満ちた態度をとっていた。アメリカが参戦しても、イギリスはその行動の仕方を実質的に変えることはなかった。一九四二年のクリスマスの頃、アメリカ大使ヘイズは、ワシントンにそのことで不満をもらしてさえいた(108)。それゆえラウレル事件は、アメリカの新たなヘゲモニーを最もはっきりとした形で示して、イギリスを夢から覚めさせた。イギリスは、危機の間、決して無視されていたわけではなかった。ロンドンのスペイン大使を通じて、またマドリードとワシントンではアメリカ側によってきちんと情報が伝えられていた。それでもイギリスの役割は副次的なものだった。ラウレル事件は、ほとんどもっぱらスペインとアメリカの両国の問題だった。イギリスが自らの新たな役割を受忍することは辛いことだった。

他方で、このエピソードは、スペインに対するほかならぬ連合国間の競争に新段階をもたらした。数か月後の一九四四年五月、スペインがドイツの戦争を支援しないことで合意した交渉の後に、この競争は重大な局面の一つを迎えた。当時、イギリスのチャーチル首相は公的にフランコを擁護し、一九四〇年にスペイン政府がしたことを引合いに出して、「戦争の局外にいようとするスペインの決断」を賞賛した(109)。フランコを擁護するなどというほとんど受け入れがたいことをチャーチルが言ったのは誰をもびっくりさせることだった。それにチャーチル自身、それをよくわかっていた。ポール・プレストンは、チャーチルがこの言葉を発した理由について二つの可能性を指摘している。ひとつはノルマンディー上陸作戦の前にフランコを中立化させておきたいという願望があったこと、他方はルーズベルトに対してチャーチルが自らの主張をしておきたかったからである—「私にはフランコはどうでもよいのですが、戦後、イベリア半島をイギリスの敵にはしたくないのです」(110)。イギリスはスペインをあきらめることができなかった。そして、太平洋でも副次的な役割に甘んずることができなかった。これとは逆にワシントンは、スペインが常に何らかの役割を果たそうとしていることを知っていた。

4　緊張は公になる

ラウレル事件の後、スペインはますますはっきりと反日本の姿勢に傾斜していった。戦争がそれを後押しした。東方からはソ連が前進を続け、九月にイタリアがバドリオ元帥のもとで連合国側に降伏すると、南ヨーロッパでは連合国側の存在が次第に強大なものになっていった。他方、戦場の外では、十一月末、連合国間での協力の表明が目に見えるものとなった。イギリス首相チャーチルとアメリカ大統領ルーズベルトが、枢軸国との闘いでのその主要な盟友と二回にわたって別個に首脳会談を開いたからである。それは一九四三年十一月二八日と十二月一日におこなわれたが、最初は蔣介石と（カイロで）、二度目はスターリンと（テヘランで）だった。両会談とも戦闘上で大きな意味を持ったというわけではなかった。というのは、蔣介石は日本に占領されたすべての地の回復が約束されたにもかかわらず（あるいはそのせいで）、日本との戦いにとくに精を出し始めたというのでもなく、ソビエト連邦もシベリアで攻撃を始めなかったからである。しかし両会談は、連合国側が団結し協力したとのイメージを提供し、ほかの全ての国々に、いまだ敵なのか、競争相手となるのか、それとも連合国側に加わるのがよいのかをよく考えさせる役割を果たした。

太平洋では、ハワイに非常に近いミクロネシア海域でアメリカの上陸作戦が開始された。まず、現在のキリバチ（キリバスと発音される、以前のギルバート諸島）の主要な島であるタラワ島。次に、マーシャル諸島のクアジャリンあるいはエニウェトクの陣地。当時アメリカが熟考していたのは、どの道を通って東京に向かうかだった。この最終目的のために、どの島が占領するのに都合が良く、どの島には上陸する必要がないかということだった。日本側は、唯一残されたやり方でアメリカの海兵隊に応戦した。絶望的な抵抗を守備隊に命令し、勝利できそうな所に部隊を移動させ、前進させた。かくして日本帝国政府は、初めてソビエト連邦との国境地帯からその勢力を移動させた。この勢力を今やその占領地のなかで最も暑い地域であるフィリピンあるいは中国とビルマに差し向けた。日本軍は、海戦で喫した敗北を埋め合わせようとして、一九四四年春に中国とビルマで攻勢に出たが、うまくいかなかった。日本には人命はまだあったが、技術は欠けていたのである。

外相ホルダーナの余命数か月間のスペインと日本の関係も、容易に想像できるように、以上のような状況に規定されるものとなった。大東亜共栄圏が崩壊するまでどれくらいかかるかが議論の的だった。だがスペイン側の個別の意向も、スペインと日本の関係を特徴づけた。日本がスペインとの駆け引きの能力を失っていったのに対し、スペインはますます連合国側への接近を必要とし、日本を敵視することで、ドイツに協力してきた自らの行為を埋め合わせることを必要とした。それゆえ日本は、戦争の終わりまで続けることになる戦術に出た。イベリア半島にできる限り居続け、そこで得られるものを利用し続けることである。日本が主に気にしていたことは、そう長くスペインに居続けようとも思わなかったが、スペインからのありうべき追放を遅らせることだった。重要なのはもはや質よりも量だった。マドリードの政府の方は、日本との以前の友好関係に終止符を打つことを決め、日本との特別な関係を維持してフィリピンで恩恵に浴そうとはもはや考えなくなった。むしろ世界の状況に鑑みて、公式に踏み出したばかりの中立をもっと強く打ち出すことにした。スペインは枢軸国に好意的だと非難されたなら、太平洋では連合国側についていると答えることができたのである。

日本との友好関係は終わって、敵対の段階への移行が始まった。足早に時が進んでいたこの時期に安定した関係は無理だったので、関係悪化は急速に進んでいった。主に二つのことが関係悪化をやわらげることができたかもしれなかった。一つは、ピレネー山脈国境地帯からドイツが報復できるかどうかであり、他は、日本がその占領下のスペイン人居留民に対しておこなうかもしれない報復、とくにスペイン・フィリピン間のことと宣教師のことだった。しかし事態は非常にあわただしかったので、否定的なニュースが相ついだ。一九四四年二月に『アリーバ！』紙に日本への批判が現れてから［本章4・2参照］*、スペインと日本の関係についに質的な変化が生じるようになった。そのときまでにもスペインが日本に敵対し始めたのは公然の秘密だったが、それが白日のもとに明らかとなったのである。さらに『アリーバ！』のこの記事は、スペイン人の日本認識における非常に重要な変化を示していた。保守派の見解がファランヘ党の見解に勝利したのである。日本の戦争はスペインにとってますます意味のないものとなったので、日本の勝利の期待も、反共産主義での連帯も、利害の一致もなくなった。日本との関係がスペインにとって利益になると考える者はもはや誰もいなかった。日本についてのファランヘ党のイメージは偽りだっただけでなく、フランコの政策の利益にとっても都合が悪くなった。遅かれ早かれ日本の敗北が決定的となるにしたがって、日本に対する旧来からの保守派の恐怖を思い起こすことがスペインにとっては都合が良くなった。それは、全く非文明的であること、黄色人種の危険性、そして西洋文明の受容は明らかに不可能ということだった。自らの思うところが優先したのである。潜伏期の後に、旧来のイメージを再び持ち出すのが都合良かったのである。

４・１　反日本側に加わろうとするスペインの願望

スペインが日本との対抗関係を強めようとすることは、次第に実現可能なものとなった。そのうえ、いまや反日本のニュースに耳を傾けようとしていたスペイン政府に、そうしたニュースが頻繁に入って来た。日本との関係を悪化させようとのスペインの願望は、さまざまな場面で、さまざまな人物によってかなえられた。それは、東チモールについてのポルトガルと日本の緊張、スペインの港に避難していたイタリア船についての交渉、カナダで日本のスパイ網が暴露されたこと、フィリピンに関するニュースである。これら四つの出来事は非交戦状態の時期に起源を持つものであるが、それらを別々に考察するのがよいだろう。

まず、ポルトガルと日本の関係はスペインを苛立たせた。ポルトガルが太平洋の戦争に関して、またもちろん日本との関係においてもスペイン政府の見方に大きな影響を与えたのはすでに見た。はっきりと資料で裏付けすることはできないが、ラウレル事件の間、ポルトガルのサラザール政府が果たした役割は、重要だった。すでに須磨がラウレルの承認を持ち出した最初の会見で、ホルダーナは、ポルトガルが日本に宣戦布告するかもしれないという噂について、ポルトガルに「偶然に質問」したことを認めた。ポルトガルからの回答はなかった(111)。ホルダーナが質問したのは当然だった。スペインと同様に、ポルトガルはますます日本との緊張関係を強めていただけでなく、日本にほしいままにされていたので、基地に関することや、また対潜水艦作戦と補給船を保護し部隊を移動させるための後方支援についての連合国側の要求に注意深く耳を傾けていた(112)。さらに、ポルトガルの影響は一方的なものであった。スペインはポルトガルから情報を得ているだけで、スペインがポルトガルに情報を提供することはなかったからである。

一九四三年末にポルトガルと日本の間で生じた最大の緊張によって、反日熱がスペインにも及んだことが、そのはっきりした例だった。ポルトガルと日本との緊張は、以前からあったものだった。一九四二年二月の日本による東チモールの占領後、日本が課した占領条件と、ポルトガルが対日協力に抵抗したせいで、ポルトガルと日本との対立は次第に激しいものとなっていった。現地人は、島の西部の隣人たちよりも複雑な思いで日本という新しい植民地の建設者を迎えた。西チモールでは、かつての支配者だったオランダがいなくなることへの喜びが、日本に対してある種の期待を抱かせたが、東チモールでは、新しい支配者に警戒心を抱かずにはいられなかった。オーストラリアから派遣された小規模の飛行中隊が日本側をかなりの間、執拗に攻撃していたが、彼らでさえも山岳部族の支援をあてにできただけでなく、総督アルフレード・フェレイラ・デ・カルヴァーリョをはじめとしたポルトガルの役人たちの抵抗に助けられた。日本側は、態勢を立て直した後に、現地人とポルトガル人の対立を引き起こそうとした。いくつかの騒動が起き、それによって何人かのポルトガル人が収容所に入れられた。ポルトガル人が物理的にも隔離されたところでは、彼らの住民への影響力はごくわずかとなった。

日本はあらゆる情報を遮断しようとしたが、この結果、東チモールの状況はポルトガル側に強い怒りを引き起こした。サラザール政府は、東チモールの状況について信頼できる情報を入手しようと、総督と勝手に連絡を取ろうとしたが、一度もできなかった。日本政府は、東チモールの占領に反対するポルトガル政府の敵対的行動について不満の意を表わし、日本の支配に服するように要求した。一九四二年六月以降、日本側の決定によって、ポルトガルが東チモールと連絡をとれる可能性はなくなった。日本は敵対的な行為をしたポルトガル人のリストをサラザール首相に送ったばかりか、旧宗主国との直接の通信を断ち切ってしまったのである。かくしてポルトガルは、早い時期から連合国に対して、明確な反日の姿勢を示すことができたのである。

そうはいっても、ポルトガルと日本の関係は大事には至らなかった。というのは日本に対するポルトガルの政策は、アジアにおける他のポルトガルの植民地マカオで報復があるかもしれないことを考慮しなければならなかったからである。この地は中国沿岸地域で唯一、日本軍に占領されていないところだった。日本がポルトガルの中立を遵守したからだった。だが、マカオは数千に及ぶ難民の避難場所であり、深刻な補給の問題を抱えていたので、生き延びるためだけでなく、とりわけ現在の状態を維持するために日本を必要としていた。というのは、いつでも占領される可能性があったからである。マカオでの日本の容認は、チモールでの状況とは対照的だった。ポルトガル政府はそのことをよく知っていた。

それゆえ、日本に対するスペインとポルトガルの政策には、いくつかの点で重要な類似点があった。両国はチモールとフィリピンにいる自国民に対する日本の処遇について不満を表明していたこと、そして、連合国側に接近するためにこのことを理由にしようとしていたことである。しかし、これらの地で自国民に加えられるかもしれない日本側の報復が、スペイン、ポルトガル両国の行動を抑えた。マカオの住民、チモールでの逮捕者、アジアに在住するスペイン人あるいは聖職者は、ヨーロッパでのそれぞれの政府の的を射ていない決断がもたらす結果に生身で苦しむかもしれなかった。だからこそ細心でなければならなかったのである。

だがイベリア半島のスペインとポルトガル両国の類似の関係は、これで終わった。スペインの偽善的な対応とは違って、面と向かって不平を述べたサラザール政府が日本と衝突したからである。太平洋戦争が始まってまもなく、外相も兼務するポルトガル首相は、在リスボン日本公使に耳の痛いことを言った―「貴官は、日本に対して私がそのような理解を示せるとお思いでしょうか。我々は、貴国とは協力できないということを理解してもらいたく思います。我々は、貴国とではなく、貴国の敵イギリスと協定を結んでおります。それゆえ我々は、貴国の同盟国の一つとみなされることは決してありません。我々は［チモールで］我々の権限が名目上のものに過ぎないことを受け入れることはできません」(113)。隣国スペインのこれとは逆の姿勢に比し、日本はポルトガルの真面目さに感謝したであろう。ポルトガルの対応を評価する意見さえ現れた。在ベルリンの大島大使のような重要人物が言ったように、ここにはポルトガルの影響はスペインと日本の関係にとっても利益となるという考えが明らかに表れている(114)。

一九四三年秋、だがそのようにはならなかった。リスボンとマドリードの体制には別の根本的な違いがあったからである。前者は常に連合国側にあり、イギリスとの同盟も維持していた。一つには、このことは日本に対する公の批判を可能にした。チモールで日本軍による大量虐殺があったようだとのニュースはポルトガルの新聞になんら問題なく現れた。一九四三年十一月末、サラザールは議会演説のかなりの部分をチモールに関することにさいた。他方で、ポルトガルは日本に宣戦布告をしようと考えた。連合国側は、チモール再征服作戦でポルトガルを釣ろうとした。この作戦にポルトガルの部隊が参加すれば、ポルトガルは勝利者のテーブルに座ることができるというものだった。容易に想像できるように、この結果、ポルトガルが将来、日本に宣戦布告をするだろうという噂がますます頻繁に駆け巡った(115)。ポルトガルは自らがもはや限界状況に置かれているという印象を与えたかったのである。

だが、そうした緊張は時間が経つにつれて静まった。ポルトガル政府が描いた空中楼閣が消えかかろうとしたからである。だがこうした緊張の時期に、スペインも後にとることになるポルトガルのいくつかの行動モデルが観察できた。一方で、日本はポルトガルの最終的な態度について影響を与えることはできなかった。森島公使は何度かサラザール首相を訪れて緊張を緩和しようとしたが、彼が唯一達成できたのは、ポルトガルの宣戦布告の可能性について口頭でそれを否定する返答を引き出したことと、日本の政策がポルトガルに生じさせている困難な状況についてポルトガル側から非難されたことだった。ポルトガルは日本から受けるかもしれない報復を恐れていたが、それについては触れなかった。他方で、ポルトガルの新聞報道は新しい政策を見きわめるために利用された。リスボンの新聞は、チモールにいたポルトガル人が死んだことを報道しただけでなく、日本の占領をも批判し、日本の撤退を堂々と要求するようになった。また、ポルトガルの参戦の噂はウソではないことをはっきりと示そうとした。態度を硬化しようとのポルトガルの意図は明確であり、それを前にして、日本公使館は、一九四四年の初頭に公的に抗議することしかできなかった。そのうえ、こうしたポルトガルの行動はイベリア半島の隣国スペインにも影響を与えた。スペインの新聞は、ポルトガルの問題を引合いに出しながら、日本に反対する姿勢を次第に強めていったからである。『ヤ』紙は、一面記事のサブタイトルのひとつで、こう言った―「ポルトガル政府首相は、チモールの状況を容認できないと考えている」(116)。

アメリカ大使ヘイズは、スペインも日本に対して宣戦布告をするだろうと思うようになった――「スペインは最後にはポルトガルと同じことをするだろうと確信しています」(117)。それは一つの予測だったが、当たらなかった。ポルトガルが宣戦布告をするだろうとの予測がはずれたからだった。しかし筋道としてはかなり当たっていた。ポルトガルがすでに歩んでいた連合国への接近への道を、スペインも辿ることが必要だったからだ。さらに、後に見るように、サラザールにはそのつもりはなかったが、フランコはアジアでポルトガルに追随しようとしていたからである。かくして、ポルトガルと日本の緊張が和らいでいる間に、スペインは思いがけない形でやってきた事件を通して、日本に対する連合国の戦争を支援しようとした。

第二に、スペインの港に避難したイタリア船についての交渉は、日本と敵対することでスペインが連合国に接近する新たな機会を提供した。一九四三年夏にイタリアで戦闘が始まった後、燃料補給と負傷者の手当のために、かなりの数のイタリア船がイベリア半島の港に接岸した。それ以来、船の処遇をどうするかが決定されるまで、これらの船はスペイン当局によって接収されていた。スペイン当局は、連合国側が執拗に主張したように連合国側にイタリア船を引き渡すこともできたし、あるいはかつての後援者ムッソリーニが望んだように、戦争の終わりを待って、誰もが認めるイタリア政府ができたときにそれらの船を引き渡すこともできた。かくして、これらの船に関する交渉は、法的対応を含むものとなった。イタリア半島が二つの政府に分けられてしまった後、船の法的地位は面倒なものとなったからである。一方の政府は親連合国であり、他方は枢軸国側にあった。それゆえこのことは重要な政治的意味も含んでいた。船をどちらかの側に引き渡すか、あるいはこのままスペインの港に留めおくかということは、軍事的な意味も伴って、交戦諸国のどちらかの側を支援することを意味したのである。スペイン側と連合国側との交渉は数か月にわたった。さまざまな見解が出されて法的に難しいところがあっただけでなく、スペイン側が連合国側の圧力に抵抗したからである。スペインは、連合国側の主張を受入れると、これらの船が対枢軸国の戦争に利用されると見ていたからだった。

袋小路の状況を打開するために出された提案の一つは、日本と関係するものだった。つまり、日本に対して用いられるならば、という条件つきでイタリア船を引き渡すというものだった。この提案は一九四三年十二月に明らかにされたものだが、この提案を考えたのはホルダーナだった。彼は、スペインは反日本で連合国側と協力する用意があると述べて、これらの船やそれと同等のものが太平洋でアメリカ海軍の能力を高めるために用いられるならばと、連合国側に船の引き渡しを申し出た。しかしスペイン側の資料では、スペインが日本に対する戦争への共感を繰り返し述べたので、アメリカ大使ヘイズがそれを受けて、この提案をしたことになっている。これに対してホルダーナは、「この件にうまい解決策を講じられるような法的根拠を見つけ出せるようにとの……切なる願い」を表明した(118)。結局、最終的な合意には至らず、イタリア船は戦争の終わりまでスペインの港に留まり続けたが、先の提案はスペイン政府から出されたと見てよいように思われる。いずれにしても以上のことは、中立の意味をこんなにまで広げようとのスペイン側の認識からして、スペインが日本をもはやほとんど評価していなかったことを表している。まだ残っていた親枢軸国の情を、太平洋で償おうとしたのである。それだけではなく、政治的にも太平洋での連合国側の戦いに協力しようとした（それほど合法的なやり方ではなかっただろうが）。スパイ活動をしていたように、それは中立の条件そのものを侵犯するまでになっていった。

第三に、日本とスペインが過去にスパイ活動で協力していたことが明らかとなった。連合国側の妨害によってスパイ活動は次第に困難となった。一九四三年後半に起きたいくつかの事件がそれを示している。ポルトガルでは、新聞を収集するだけで追跡されるようになった(119)。スペインでは、このような困難に、連合国側にますます追い回されるようになったとの不安が加わった。アメリカ側から「全くマーク」されていなかったアルカサルのお雇い諜報員の軽率な行動によって、法的な手続きをとるとの「強硬な内容の」抗議文書がスペイン外務省に届くことになった。これはアメリカの防諜網の通告によるものだろう。「より経験を積んだ」アルカサルのスパイの一人が非常にうまいことをして、ビルバオ発アメリカ行きの汽船の乗船許可を得たが、在ビルバオのアメリカ領事自身がそもそもこの渡航を認めないと言ってきたので、このスパイ派遣なるものは取りやめとなった(120)。スペインでの日本のスパイ活動に対する追跡はますます厳しくなっていった。

だが最も重要な打撃は、すでに述べた外交官コッペが日本のスパイ活動に協力していたことが明らかになったことだった。カナダ政府は十一月、証拠を握っていたにもかかわらず、このスペイン外交官が日本の諜報機関を支援していることについて新聞に情報を流さないことを決めていた。このスキャンダルから政治的利益を得るために、マドリードにいるイギリス大使の処理に任せることにしたのである。かくして一九四四年一月十六日、イギリス大使ホーアはホルダーナを訪ねて、枢軸国側への秘密情報の送付にコッベが関わっていた証拠を示した。スペイン外相は明らかに当惑してしまった。その後ホルダーナは、次のことを知らせてくれるようにとのイギリス側の要請を聞かなければならなかった。なぜコッベは日本の諜報機関にスカウトされたのか、どのようにして東京からの指令を受けとることができたのか、封鑞された小包に名前のあったほかの人たちは、どのようにしてスパイ活動に加わったのか。

ホルダーナはアルカサルを「［セラーノ・］スニェル一派」の一人だと言い、リアルプ侯爵を擁護し、そして徹底的に調査するとホーアに約束した。ホルダーナは、ホーアと会見した日に、コッベにマドリードに戻るように命令した（マドリードに着いたとき、イギリスの要請でコッベは逮捕された）(121)。ホルダーナは、翌日、須磨との会見の約束を取り付け、またモントリオールの元総領事ローランドにコッベのスパイ活動について調査を始めるよう依頼した。ホルダーナはひどく怒っていたが、見たところ本当に怒っているようだった。

間もなくコッベの家は捜索されたが、秘密情報に関する新しい証拠は何も見つからなかった。さらに、コッベ宛の封筒には一、〇〇〇ドルが入ったままになっていた(122)。このことは、コッベが一度も日本のためにスパイ活動をしなかったことを証明していよう。それは奇妙なことではない。彼自身、あらゆるやり方でマークされていたことに気づいていたに違いない。それは絶え間のない尾行から、あらゆる通信のチェックにまで及んでいた。コッベは最初から通信の自由を奪われていたので、それに抗議することもできなかった。かくして、コッベが資金と命令を受けていたにもかかわらず、自殺的行為に命をかけようとせず、まるで匿名宛に送られたもののように、資金も使わず、命令にも従わなかったのは当たり前とも言える。封蠟が破られたと簡単にわかる封筒に入っていた仕事の道具を受け取った後に、情報を送ることは無謀だったろう。それゆえコッベは、その年の初めにカナダに着任したにもかかわらず、できるだけ早い配置転換を願い出たのだった。

家宅捜索を受けた後、コッベはカナダから追放された。わずかな滞在期間だったにもかかわらず、彼のカナダからの退去は通常の任務地変更だとされ、その後、彼についてほとんど語られることはなかった。だがコッベは幸運だった。この事件がアメリカで起きていたら、この国の新聞の一面が外交問題を好むことを考えると、おそらくこの件はあちこちに広まっただろう。

ホルダーナもまた幸運だった。明らかにこの件にうまく対処し、カナダ政府がホーアに反対したにもかかわらず、ホーアから事件に蓋をするのを手伝うという約束をとりつけた。カナダ政府はこの件をうまく利用しなかったことを後悔することになる(123)。さらにローランドの報告書は、コッベが一、〇〇〇ドルを受け取ってすぐに連絡をとらなかったことだけを問題として、スペイン外務省とコッベをほとんど免罪した。そのときまでには、カナダ政府がこの件を利用できる可能性は最小限になっていた。ローランドの報告書が作成されるまで一年半近くかかっていたし、時間の経過と、ホルダーナ外相の死、モロッコでビリャパーロス*［二三四ページ参照］が失踪したらしいこと、後に出てきた彼の偽造サイン、コッベがスパイ活動に直接関わっていたことを証明できなかったことなどが、結局は事件を利用しようとしたカナダをあきらめさせることになった(124)。一九四五年九月、太平洋戦争が終わった直後、スペイン政府が危うい状況にあったのにもかかわらず、カナダはこの件の追及をあきらめ、負けを認めなければならなかった(125)。

ホルダーナへの抗議は、アルカサル・デ・ベラスコのいやます困難な状況にさらにとどめをさすことになった。その諜報網が軍事法廷によって調査されることになったので、須磨は知られては困る多くのデータが明るみに出るのではないかと恐れた──「日本側は、諜報部員との接触が暴露されるのではないかと、不安を募らせていま す」(126)。そのうえ、一九四四年五月、連合国側諜報機関の圧力で、アルカサルは自らのスパイ網にはアラドレン、グラベー、コッベのわずか三人の諜報部員しかおらず、それ以外の者は実際にはいないとの声明書を書くことになった。アルカサルには二重スパイにならないかとの誘いもあったが、翌日、日本公使館に手助けされて、アルカサルは舞台から姿を消した(127)。

アルカサル・デ・ベラスコは、日本のためのスパイ活動に再び加わることはなかったが、後の彼の波乱の世渡り人生については多くの情報がある。一九四四年八月に、アルカサルがマドリードの近くに潜んでおり、六月にはコンチャ・ピケール*［スペインの女性歌手・女優］のグループを訪れたとの噂が流れた。一方、彼の著書『ある諜報部員の回想録』では、ナチズムの思想を守り続けるためにに潜水艦でスペインを脱出し、アメリカの原子爆弾に関して自分が持っている情報のためにアドルフ・ヒトラーと会見したと述べている。確かにベラスコはスペインを出たが、その出国は特別なものではなかっただろう。当時、鉄道はまだ機能しており、枢軸国側が彼のために潜水艦を用意したなどということは疑わしいことだからだ。そのうえ、アルカサルのイデオロギーは、彼がスペインを出るにあたって、おそらく二次的な意味しか持たなかっただろう。日本が在ベルリンの諜報部員に、アルカサルをドイツに滞在させるように依頼したことからして（資料によると、すぐにスペインに戻そうと思っていたようだ）、アルカサルの出国は、むしろよくあるやり方だったと見てよい。つまり、コッベのように収監されることを避けることと、明らかにされては困る秘密が暴かれないようにするためだった(128)。一九四五年二月にベラスコがバイエルンのガルミッシュにいたことだけがわかっている。

このベラスコの慌ただしい出発の後、日本のための情報収集におけるスペイン人の役割は、当時学生だった林屋永吉の記憶によれば、依頼されたことだけをやり、公使館を週ごとに訪問することだけに限られた。後に見るように、日本は最後までスペインで諜報活動を続けた唯一の国だった。

第四に、日本占領下のフィリピンにおけるスペイン人居留民の危機的な状況について、信頼でき、暗号化され、さらにスペイン語で書かれた情報をマドリードで受け取れるかどうかは、スペインと日本の関係にとって決定的な重要性を持っていた。その要約が日本から送信された、フィリピン総領事デル・カスターニョの長い報告は、日本との関係を質的に変化させせなければならないと、フランコ政府に初めて提案していた。この報告書は、新空軍武官フェルナンド・ナバーロがマニラに寄ったおかげで受け取れた。彼は東京へ向かうのに、最初はブラジルへ行き、その後インドへ移動し、最後に日本に向かう日本人を乗せた交換船に乗船した。船の停泊地の一つがマニラだった。ナバーロがマニラに来ることを前もって知っていた総領事デル・カスターニョは、この機会を利用しようとして、秘密情報を用意していた。日本の役人が常に彼らに同行していたにもかかわらず、デル・カスターニョの妻は監視員が男性であることをうまく利用して、こっそりとナバーロの妻に報告書を渡すことをやってのけたのである。

デル・カスターニョの報告は、フィリピンにいるスペイン人の絶望的ではないが困難な状況を語っていた。経済的な状況についてデル・カスターニョは、二束三文で在庫品を売らなければならないので、以前に述べたときよりもスペインの企業の損失はさらに大きくなっていると指摘した。雇用を失った多くのスペイン人は私的な商売に携わっているが、一般的には以前よりも良い経済状態を得ることができている。政治的な面では、多くの自国民がアメリカの勝利を望んでいると報告した。それは経済的な理由によるだけでなく、日本人の不当な行為や暴力によるものだった。また、敵国民の資産は接収されていないのに、スペイン人所有地は日本によって占領されたので、それに対して苦情を言ったが何も解決されないことも、この理由となっている。フィリピンの独立宣言とラウレルの新政府についてデル・カスターニョは、すべての以前の日本の行政機構は日本大使館か日本軍の機関に編入されたので、実際には日本の軍事統治は何ら変わっていない、と述べた。最後に、フィリピンにおけるスペインの将来について、カスターニョはフィリピン当局の実権の増大に希望の光を見ていた。デル・カスターニョは、フィリピン当局が実権を得れば、「スペインとのさらなる親近感と理解」の方向に行くのではないかとして、「真の自治があれば、まだ残っているスペインの伝統をおそらく維持できるでしょう」と述べた。カスターニョは報告の末尾で、本国スペインへの帰国申請数が減っているので、わずかでも状況は変わっているとした――「今月は人々の心の面でも物質面でも状況は良くなっています」(129)。

デル・カスターニョは、この報告が与えるかもしれぬ驚きを和らげようとしていた。メンデス・デ・ビゴから送られた電報での要約(報告の全文は戦争が終わるまでマドリードに届かなかったので、前記の引用は電報から採った)は、デル・カスターニョと同じ意図で、報告の内容をそのまま伝えていなかった。だがこの報告はスペイン外務省にかなりの動揺を引き起こした。というのは、部分的にではあれ、いくつかの前兆がそこに認められたからだった。初めて日本の占領に反対する証しが現れたのである。トマス・スニェルは後に、このことを知って、日本との断絶を提案することにしたと述べている。

スニェルの報告書は、スペインと日本の関係を「根本的に変える」こと、さらに緊急に変えることを提案していたが、それはむしろ日本にいい顔をせず、再び妥協しないためだった。この夏にスペイン側は中国のことについて次のように言っていた――「日本側はスペイン側の意向に応える代わりに、我々の態度につけこんだ」。トマス・スニェルの報告書と後の彼の断言が色合いを異にすることになったのは、スニェルが後者では断絶のことを意識的に強調したからである。スニェルが日本との関係断絶を提起したときの会見相手がアメリカ人だったので、スニェルはおそらく相当のプレッシャーを感じていたのだろう。スニェルはその場で反日本の態度を強調したと力説しているが、実際にそうしたという証拠はない。

さらに、スニェルの報告書で提案された方策は、以前からの政策についてはそれまでとほぼ同じことを言っていた。つまり、イエズス会士マヌエル・マリーア・ゴンサーレスの件について抗議すること。彼はさまざまな容疑で逮捕された後、日本から追放されていた。また、デル・カスターニョがフィリピンの中を自由に移動でき、暗号を使えるように要求すること。これらのすべてが非常に達成困難なことだったが、こうした提案がスペインと日本の関係に影響を与えることはほとんどなかっただろう。かくして、両国間の緊張を一気に高めるような第三の提案が出されるようになった――「満足すべき対応が得られなければ、断固とした覚書を送付すること、スペインと日本の不和を公にするためにこの覚書を公表すること」(130)。スペインの態度は、もはや何らかの要請をするだけに終わるのでもなければ、日本公使館に不快感を表すことでもなかった。トマス・スニェルはこの時期に再びスペインの政策の牽引者となっていたが、日本の回答を待つよりも、もっと断固たる措置を採るように言った。トマス・スニェルは次のように言うようになった。日本が何も反応しないのだから、スペインは自らのやり方で利益を引き出すことができる。

スニェルの報告書の主張は大きな意義を持つものである。スペイン外務省は、日本に対して、戦争が終わるまでそのような主張をし続けたからだ。日本はスペインに対して「一糸も乱れぬ絶え間ない反感」を持っている、日本の政策は「アメリカの政策よりもスペインの利益に対してより攻撃的」である、日本との「緊迫した」関係は、「アメリカと全ラテンアメリカで、スペインにとって極めて好意的な反響をもたらすだろう」。日本のイメージがその認識枠組みを変えたと言えるような時があるならば、それは希望的観測がこのような主張となって表われたことによって引き起こされた。

スニェル提案はそのままにされていたが、一九四四年一月、つまりスニェル提案と同じ月に、アメリカと関係する新たな二つの出来事が一気に新たな政策を進める必要性をもたらした。スペインへの石油の輸出の中止と、いわゆる「死の行進」についての電報が、フランコやホルダーナの個人的な反日の立場をもっと進めていかざるを得ないようにさせたのである。一九四二年初め、ルソン島のバターン半島で日本に降伏した後、約六万人のアメリカ兵とフィリピン兵は、徒歩で食糧もなく脱落者は容赦しないという厳しい条件の下で捕虜収容所まで行進しなければならなかった。まもなくそれは「死の行進」と名づけられ、その記憶は日本の残虐性に対するアメリカ人の怒りに油を注いだ。さらにそれは、戦時の数多くの映画の中心的テーマになった。『バターン』はその一例である。同様に『島よ、目覚めよ』は無防備な捕虜を残酷な方法で拷問にかける日本人を描き、『誇りをもって迎える』は、一人の女性看護師（主人公の恋人）が、仲間を救うために手榴弾を投げて日本兵を引きつけ、犠牲者となって終わる姿を描いた(131)。一九四四年の電報は、逃亡兵の証言により、日本軍による虐殺がたしかにあったことを伝えた。しかし、このニュースの意味はもっと大きかった。ニュースの内容よりも、到着の時が重要だった。というのは、このニュースは、日本について の情報が受け止められる新たな認識枠組みとぴったりと合致していたからだった。それは最もうまい時期にうまくインプットされたのだった。その結果は二重の意味を持った。一方で、日本軍の占領下にあるスペイン人をできる限りの方法で緊急に守らなければならないと感じさせ、他方で、何かしなければならないと考えさせた。もうこれ以上は待てなかった。

4・2　ファランへが「反日主義」を示す

フランコ政権の指導者たちにとって日本の野蛮さが確認されたことは、彼らに三つの措置を採らせることになった。日本の利益代表を利用すること、スペイン人宣教師の安全を保障すること、最後に、トマス・スニェルの今回の提案を始動させること、である。つまり、これはスペインと日本との「不和」を公にすることだった。

スペイン政府がまずおこなったことは、東アジアにおける連合国の捕虜のために日本の利益代表を利用することだった。かくして、捕虜のニュースを受け取ってから一週間後に、戦時中初めて、連合国の捕虜についてのスイスの事業を援助するよう、東京とベルンの外交代表に訓令が出された。メンデス・デ・ビゴは、とくに、スイス代表が、日本の占領下にあるアジアのいくつかの地域で西洋人捕虜を訪ねられるように日本政府に圧力をかけることになっていた—「そうすることで、反スペインキャンペーンの言説を退ける」ことができる(132)。これは初めて思いついたことではなかった。ホルダーナは、外相に就任してから、サント・トマス大学に捕らえられていたアメリカの捕虜が体育館の使用を禁止されていたことを知っていた。アメリカ大使館がこの件についてスペインに知らせた口上書によると、そうなったのは、スペイン総領事デル・カスターニョが文句を言ったせいだった。このことがそれまで連合国捕虜についてマニラに命令が出されなかった理由を示している。スペイン政府は、おそらく、日本軍の占領下にある西洋人の運命を急に気にし始めたのである。

さらにスペイン政府は、自国民保護のための方策を採らなければならないと考えた。一月末以降、フィリピンのスペイン人居留民の状況を改善しようとして、スペイン政府は、横浜正金銀行を通じてフィリピンからスペインに送金するタバカレーラ計画を再び進めるよう日本に圧力をかけた。この計画は前年の九月、所期の五十万フィリピンペソの半額だけが送金されたまま中断していた。しかし、送金を再開することはできなかった。そのため、デル・カスターニョの要請で、スペイン人の帰還を組織するという以前からのこころみが再開された。デル・カスターニョは、フィリピンの状況がさらに悪化するのを恐れ、また「フィリピンで、自国民の保護がなおざりにされている」との非難がスペイン外務省になされるかもしれないことを恐れた(133)。

このような状況だったので、大東亜共栄圏内にいる中立国国民を帰還させるというスイスの提案はおあつらえ向きだった。それはスイス、スウェーデン、トルコ、ポルトガルの共同行動となるはずのものだったが、スペインも一九四三年二月にすでにそれに加わろうとしていた。日本はそれを基本的に受け入れると言っていた。それでスペイン外務省はすぐに、「先頭になって」この行動をとれば、スペインは「名声」をかちとれるだろうと見た(134)。かくしてホルダーナは、この行動を精力的に支援し、これらの人々を運ぶための船を提供してもよいと言った。ホルダーナは須磨との会見で、この計画がうまくいくことに「大いなる関心」を寄せていると繰り返した。須磨は一九四四年三月三日、引き揚げは不可能だろうと口頭でホルダーナに伝えたが、それは、ホルダーナの主張を妨げるものとはならなかった。スイス、スウェーデン、スペインの外相は日本政府に共同の覚書を提出した。日本は、引き揚げの可能性をきっぱりとは否定しなかったものの、この件が進行するのはまずいと見て、引き揚げにはさまざまな困難があることを強調した。この交渉の背後には、フィリピンでの経済的な利益の保持があった。それは、日本側の否定的対応を説明するためにメンデス・デ・ビゴが打った電報にホルダーナがただちに返答したことに表れている――この件を「多くの家族の世論が格別の思いで」注視した(135)。この引き揚げの件についてホルダーナは二つの指示を出した。それはフィリピンのスペイン人居留民に害が及ばないように日本と友好的な姿勢を保つことと、ポルトガル政府とともに行動することだった。だがそれはうまくいかなかった。ポルトガル政府は共同の覚書に同意しようとしなかった。ポルトガル政府は、日本にいる自国民は宗主国出身者ではなく、植民地出身者であるからとの理由を挙げた。しかしこれは、むしろ東アジアでスペインに主導権をとられるのを避けるための言い訳のように思われる。

だが、この時期に最も支援を必要としていたのは、中国にいたスペイン人宣教師たちだった。スペイン政府は、一九四四年三月に新たに受け取った情報によってそれを知った。湖南省の湘潭の聖アウグスティヌス会の修道士たちは、略奪と建物の焼き討ち、それにエレーロ猊下への虐待について述べていた。最初の情報は、中国の司教が国民党支配地域を通って救出された後、バチカンを通じてマドリードに着いた。二番目は、日本の占領地からアウグスティヌス会修道士自身によって送られた。どちらも、湖南省を短期のうちに占領した日本軍が残虐行為をおこなったのではないかと報告していた。最初の情報は明らかに若干の留保つきで受けとめられた。二番目の情報を受け取ると、政府は上海にこの情報の確認を求めた。それは「断固とした覚書を準備する」ためだった。フランシスコ・フランコとの協議の後、中国とフィリピンにいるスペイン人宣教師に被害が及ばないように、彼らのリストが日本側に提出されることになった(136)。さらにその覚書でスペイン政府は、脅迫的な調子で、「中国とフィリピンにあるスペインの資産、自国民それに物質的および精神的な権益が対象となりうる損害や蹂躙に対して」最も適切な手続きによって権利を主張するだろうと警告した(137)。スペイン政府は、フィリピンや中国にいるスペイン人が西洋人であるがゆえに迫害されることを恐れていたが、しかしすでに戦争の終わりについても考えていた。

日本とスペイン間のこの一連の状況と高まる緊張において、第二のスペイン側からの反応はより大きな影響をもたらした。一九四四年二月中旬、『アリーバ!』紙の三面に、通信社Ｅｆｅによるブエノスアイレス発の情報が奇妙な注釈とともに載った。記事には次のタイトルがついていた――「フィリピンではスペイン語は日本語とタガログ語よりも下位に置かれている。スペイン系アメリカ諸国では高位聖職者への無礼な扱いに対してセンセーションと驚きの声が挙がっている」(138)。記事は、セルバンテスの言語であるスペイン語は日本が占領した当初には完全に排除されていた、その後、「時間の経過が……この問題を解決しえたにもかかわらず」、英語と同等にはなったが、タガログ語や日本語より下位の状況に置かれた、と指摘した。高位聖職者とはグアムのオラーノ司教のことだった。「極東から着いた人々の情報によれば」、オラーノ司教は、司教の身分としても、また中立国国民としても敬意を払われていない。オラーノ司教が日本列島に強制移動させられたとき、「［オラーノとその秘書ハウレギは］船倉に閉じ込められ、三九時間もの間その外へ出ることができなかった」。記事は中身も形式も、暗示に富んだものだった。

このニュースはさまざまな論評を呼び起こした。イギリスの新聞『タイムズ』も、イギリス大使ホーアおよびアメリカ大使ヘイズも、記事はアルゼンチンから発せられたのではなく、マドリードで準備されたと述べた。ヘイズはこの問題が公にされたことが初めてだったのでいっそう驚いたが、ホーアは「スペイン国家新聞局の心理状態を示す驚くべき事例」だともっとはっきりと述べた。ホーアは、このニュースは二週間前から準備されていたと言い、またその翌日に日本軍によるアメリカ人捕虜の虐待に対してアメリカが抗議したとの記事が表れたことも指摘している。さらにホーアは、上司のために、このニュースがどのような過程でつくり上げられたのかを解明しようとした。

スペインでは、フィリピンで高位聖職者がひどい扱いを受けていること、スペイン語はほぼ排除に近い状態とのニュースのみが受けとめられている。このことが「南アメリカの知識人サークル」に衝撃を与えているからだ。またスペインではここ二週間くらい、自国の名誉と自尊心に対するわずかな攻撃さえも許さないとの論調が飽きるほど繰り返されている。しかし国民の精神を伝える手段すなわち言語に対する侮辱は、スペインではなくアルゼンチンの知識人階級に衝撃を与える問題として取り上げられている(139)。

イギリス大使ホーアの怒りは、おそらく過度のフランコ政府に対する批判で終わっている—「名誉も自尊心もなくして、こんな風に退却していくなんて他の事例では考えられないだろう」。

数日後にホーアは、ブエノスアイレス発のニュースがもっと重要なニュースの準備でしかなかったことを理解した。『アリーバ!』紙の一面に、「重大なニュースへの最初の論評」という抑制の効いたタイトルだが、内容は非常に重々しい論説が載ったのである。かくして、スペインと日本間の「不和」が、この論説によって「ホルダーナ・スタイル」で公になった。その全文を引用するのがよいだろう。

非常にはっきりと――誤解のないように言っておくが、渦中にあるのはスペイン人なのだ――ブエノスアイレスからの一通の電報は、フィリピンにおける日本の占領のいくつかのかつ重大な様相を最近の新聞に示した。かなり前から、自国民やスペイン語、そしてあの遠い地で確かなものとなったスペインの生き生きとした歴史までもが新占領当局から受けた残忍な迫害についての断片的かつ錯綜した噂を知らなかった者はいなかった。友好的でかつ報復的でない姿勢を示そうとして、スペインの新聞は、そのコラムで、過ちや不正がびっくりするほどくり返されていること、たとえば、「フィリピンでは、スペイン人やスペインに対して、四六時中ひどい攻撃がなされていることは確かだ」といったようなことを取り上げることを自制してきた。我々は、誤解に苦しむ情報を利用して、スペインの世論を不正確なニュースでいっぱいにするような好戦的なプロパガンダの機会を与えたくはなかった。本当に信頼できる筋から、事実を述べた情報が届くのを辛抱強く待っていた。

このニュースがスペイン世論に引き起こしたのと同じ驚きをもって、スペイン系アメリカ諸国の民衆は、有用でかつ歴史を有し、極東において西洋文化を誇り高く支えているスペイン語が迫害されていること、かなり前からフィリピンの福音伝道に身を捧げているスペインの尊敬すべき名高い人物たちが無礼な扱いを受けていること、要するに、日本の当局がスペイン的な価値やキリスト教的な価値そのものやそれらを代表するすべてのものと敵対していることを知った。

当面のところ我々としては、非常に驚いている以上のことを言いたくはない。日本の戦争行動に対して、新聞、それに全般的に国民の一致した意見は、日本が不満のかけらも示せないような態度を採ってきたのだ。フィリピンの問題や存在をよく知っているスペインのさまざまな発言から確かなことは、日本の統治方法やその形態が、フィリピンに広く根付いているスペインのカトリックとはほとんど合い入れないことを言わずにはいられなかったということである。だが一般には情報が絶対的に不足しており（それは、日本が不可思議でかつアジア的な細心さで用心するという秘密主義のせいなのだが）、それが少々無邪気にスペインで賞賛された「親日主義」の雰囲気をつくり上げてしまった。すべての人々に忠告したいが、今や事態は明々白々となったと思われる。

これらのことはスペイン国民として厳正に考慮しなければならないことであると考える。こうした状況についてもっと正確なことが国内の新聞によって公表されるだろう。いずれにしても、あらゆる種類の不都合によって、スペインが自らの中立を厳正に維持していくことが絶えず障害に遭っている――数週間前に別の不快な問題が引き起こされた――のは残念なことだ。我々は、和解と協調のための可能かつ人道的な方法である中立が、誰からも受け入れられ、それにふさわしい敬意を誰からも受けるようにしたいと思っている。いずれにしても、中立を遵守し擁護するために、我々は犠牲を惜しむべきではない(140)。

この論説は、スペインと日本の関係の状態を知らなくても注目に価するものである。独裁下においては、どのような理由があったとしても「わが過ちによりて」の加護を求めるのは普通のことではない。ましてや党の機関紙において、こうした種類の間違いを認めることはしないものである。とくにこの時期にはフランコ体制の内外にファランヘ党の多くの敵がいたことを考えるならば、それはなおさらのことである。さらに論説は、日本がこうした不均等な関係において唯一利益を得ていると述べている。ラテンアメリカのことにくどいほど触れているのは、日本の利益代表であることでラテンアメリカの新聞の反フランコキャンペーンに遭っているスペインの苦境をあらためて表している。フィリピンについて触れているのは、フィリピンがスペインと日本の関係において中心的事項であることを示している。オラーノ司教への言及は、ほとんど知られていなかった中国にいる多くの宣教師のことに注意を喚起させようとしたのだと思われる。最後に、日本の秘密主義への論評と日本への過度の無邪気さに対する自己批判は、ファランヘ党が、それを疑った人たちの批判に対して日本について理想のイメージを描き続けてきたついこの前までの時期についてはっきりと言及したことを示している。

これがこの論説の主要な意味である。というのは、これを公にしたのは『ヤ』紙でもなければ『ABC』紙でもなく、まさしく数年前にもっとも日本びいきか「親日派」だったファランヘ党の機関紙だったからだった。誰もが日本に関して懺悔の祈りの儀式をおこなう必要はなかった。それを主にすべきだったのはファランヘ党だった。なぜならアジアの戦線で日本の勝利が失せるまで日本を擁護したのは彼らだったからだ。論説は、日本についての伝統的イメージに最終的に戻ったことを示している。それは反共産主義での友好関係以前のイメージである。そして（トマス・スニェルが言うところを借りるならば）、ファランへのどの野望が完全に失敗したかを示している。

日本との「公の不和」は、一つの目的とさらに他の一つの必要性という二重のことによっていた。まず、ドイツへの支持をどうするかについて若干でも猶予を得るために、日本から離れることが目指されたのである。日本を批判することで、親ドイツ派の気まぐれを相殺しようとしたのである。アメリカ大使ヘイズ自身が、それを一種の排気弁と見た。というのは、スペインの利益のために、あまりに広い概念での中立が宣言されたからだった。さらに、連合国側と枢軸国側の両方にソビエト連邦と日本という敵国を持つことができ、かくして反ドイツの情報を流す必要もなかった(141)。それ故に、この時期のフランコ政権の目的に最も都合の良い言葉は、「アジアの狡知《インテリヘンシア》」だった。スペインに最も都合の良いやり方で交戦国を分類できたからである。ドイツとアメリカを一緒にでき、ソビエト連邦と日本を一緒にできた。たとえば、かの「最初の論評」の前日に発表された論説は、次のように言ってのけた―「太平洋の戦いにおけるロシアの中立は、日本を有利にするための一種の戦争状態宣言である。ロシアは、イデオロギー面から見ても、あるいは感情面から見てもどう見ても全く異なることを措いて、まがうことなき丁重さで日本と関係を維持している。この戦争の時期に、実際、ロシアと日本という東洋の二大国間に深刻な軋轢はわずかでも生じていない。このことは危険である。アメリカにとって非常に危険であるだけでなく、西洋の精神を持ったすべての国民にとっても非常に危険なのだ」(142)。確かにアジアの脅威という見方は、ファランへの精神とぴったり適合したので、日本に対する急激な姿勢の転換を容易にした。日本に対する以前のファランへの支援が枢軸国の勝利のために正当化されたとするならば、ソビエトの共産主義との闘いで日本が裏切ったとされたことは、日本が軍事的に敗北したとなると、フランコ政権による日本との断絶を正当化することになった。スペインは日本に対し同じ方法で仕返しをしただけだったのである。

日本側は「公の不和」を前にして、どのような選択が可能かについて考えをめぐらせた。最初の考えはスペインに対し強硬な姿勢をとることだった。それは実現不可能だった。須磨は、そのようなことをすると、緊張の増大の主な敗者が他ならぬ日本になってしまうと言って、そのような方策を採らさせないようにした──「我々がスペインと分別のない戦いをしようとすれば、敵は我々の利益代表をやめようとするでしょう」(143)。かくして、スペインからの攻撃を耐える以外の選択肢はなかった。数か月前にポルトガルとの関係で起きたのと同様に、須磨は影響力を行使できる手段が乏しいことをわかっていたので、東京あるいはマニラからの連絡に次のように答えるだけだった──「状況が好転しないかぎりは、何もできないでしょう」。数日後、外相の重光は須磨の言うことを聞き入れて、在フィリピン大使の村田省蔵に忠告した──「スペインの問題に関してはとくに慎重に対処されたい」(144)。日本には、様子を見て、ちょっとしたことでもなんらかの譲歩をして、それが奏効するかどうか待つしかなかった。

この日本側の待つという戦術は、タンジールで領事館が廃止されたときにも用いられたものだった。連合国側がタンジール国際地域を軍事占領してスペイン人を追放するかもしれなかったので、日本はこの領事館をスペイン南部の港湾都市アルヘシーラスに移すことを考えた。そこは一九四三年九月に日本の海軍がスパイを送った場所だった。だがこのような恐れがなくなったので、日本はタンジールに領事館を維持した。それは、「最悪のことが起きた場合には」スペイン空軍が日本人をスペインに空輸するとの約束がなされていたことと、すでに組織されていた情報網を再配備することが難しかったからだった(145)。「最悪のこと」つまり連合国側の武力によるタンジールの占領は起きなかった。しかしだからといって連合国側は、この都市が枢軸国側のスパイ網の重要な中心地でなくなるための圧力を緩めることはなかった。かくして、連合国の敵へのスペインの協力を終わらせるために、一九四四年五月一日に連合国がフランコのスペインに押しつけた協定には、タンジールの日本領事館の廃止が含まれた。実際、それは協定にあった十項目のなかで、日本について明確に言及した唯一の項目だったのである。

この協定の前にも十二人のドイツ諜報員は、スペインのフランコ体制とそれほど関わらないようにするために、「自発的に」タンジールを後にしていた(146)。日本人は、反対にできる限り長く居残った。一九四四年三月二十日にホルダーナが須磨に、見たところではタンジールにいても問題はないように思われると言ったことを盾にとって(147)、日本は五月四日にタンジールから退去を求められたときにそれを拒否した。須磨は、スペインと連合国との協定のわずか三日後にスペイン外務省から送られてきた秘密覚書の履行を拒否した。ホルダーナは「外交的言辞で書かれてはいるが、極めて強い調子」の新たな覚書を発して、五月八日に須磨を呼び出した。この会見でホルダーナは、大使館付陸軍武官長谷部はただちにスペインに戻るべきだと述べた。これに対し須磨は、長谷部をテトゥアンへ移動させるのはどうかと言った。だがホルダーナは譲らなかった。日本側も譲らなかった。まさにホルダーナが、陸軍武官の退去命令を実行するようモロッコの高等弁務官に電報を打った五月二一日の最後の瞬間まで、日本は陸軍武官をタンジールに置いていた。

この頃、連合国側がスペインに、日本の利益代表をやめるように、あるいは日本との国交断絶さえ要求したとの噂が流れた(148)。日本は自らの利益のみを考えていた。現状をできるかぎり引き延ばすことだけを考えていた。敗北につぐ敗北が、中期的あるいは長期的思考をできなくさせていた。何があっても一日は一日限りだったのだが。

ホルダーナ外相の最後の時期はうんざりとしたものだった。スペインの政策における親連合国派と親独派の内部抗争は、フランコ体制の将来における難しい時期を予告させるものだった。ノルマンディー上陸作戦の結果、フランコのスペインに対して連合国側から圧力がかかることはさらに目に見えるものとなった。だが戦争がすぐに終わるような証拠もなかった。ホルダーナは、日本との接触を断つようにとの連合国側からの要請と、緊張状態をさらに広げるような日本側からの覚書の間で、最後の執務の日々を過ごした。とはいえ、日本の主張が相変わらず同じようなものだったのに対して、スペイン外務省の日本への対応はますます強硬になっていった。それは、反論の応酬ばかりで、なかなか問題が解決しないことへの苛立ちによるだけでなく、敗者への軽蔑が増していったからだった。

五月末に渡された日本の秘密覚書への対応は、スペイン外交官の好戦的な精神状態を明らかにしている。日本の主張をきっぱりと拒否しようとの姿勢が初めて現れたからだ。たとえばこの覚書では、フィリピンにいるスペイン人は、軍事的な必要でどこかに移動させられたときには相応な補償を受けるだろう、しかしこのことについては「現在までいかなる不満も苦情も出されていない」と書かれていた。これに憤慨したあるスペイン外交官は、次のように覚書にメモした――「補償なんかしたら大変なことになるのに！」。須磨がもたらす情報はもはや信頼できないとみなされたので、スペイン側からのますます強い調子での反論にあった。一部は独自の情報によったとしても、とくに連合国側から発信されるニュースの方がスペインではいっそう信じられるものとなっていったからである。

連合国側を信頼した理由は明らかだった。連合国側は戦いに勝っていたのである。日本に対しては「悪意」を見ることがさらに可能となった一方で、アジアの状況をますます悲劇的に描いていたとしても、連合国側の理由の方がより受け入れやすく、現実により近いとみなされたからだった(149)。だが、総理府文書館に所蔵されているメンデス・デ・ビゴの電報の写しへのいくつかのメモを見ると、以上のような明らかな理由にも増して、スペイン側がどのように、なぜこのような反感を持ったのかを究明することができる。たとえば、アジアにおける西洋人捕虜の状況を改善するためのスイスとの交渉についての電報へのメモでは、日本について最も否定的な見方をした部分が強調体で以下のように書かれている――「……白人への敵意、外国人に対応する警察の残酷さと悪らつさは、全くひどい状態を呈している」。日本への反感については、ホルダーナが署名した別の覚書が最も雄弁な形跡を残している。それはメンデス・デ・ビゴ署名の電報に関するもので、爆撃時に日本人住民と一緒にいると何かもめ事が起こるかもしれないので、在留スペイン人はスペイン公使館内に閉じこもっているようにと指示したものだった。ホルダーナはこう書いている――「彼ら日本人は本当の野蛮人です。このように［判読不能。須磨に？］話そうと思っている」(150)。スペイン側が日本についてこんなに厳しい言葉を用いたのはこれが初めてではなかった。メンデス・デ・ビゴの文章の一節、「……日本人は白人一般に対して憎悪を持っており、その感情を完全にその政策の基礎としている」は、トマス・スニェルが同年二月に草した報告の一文を文字通りに複製したものだ。ホルダーナのような人物がこうした言葉を用いたということは、日本に関することを解するために、「黄禍」という固定観念が完全に定着していたことを意味している。均一的に日本を理解するために、古いめがねがまた持ち出されたのである。保守的なプリズムが勝利したのだ。

5 ホルダーナの迷い

外務省でのホルダーナの最後の日々は緊張に満ちたものだったが、後のスペインと日本の断絶を予言するようなものではなかった。両国間の緊張は増大していったが、この両国間問題を解決しようとする努力がまだ支配的だった。在フィリピン大使村田省蔵から送られてきた情報を伝えた日本側の最後の覚書に対するホルダーナの態度がそれを示している。村田は、カトリック、スペイン語それにスペイン人居留民という両国の軋轢の中でも最重要の問題について述べていた。一九四四年六月三十日のスペイン外務省の最初の回答案草稿は、ホルダーナが日本を最も厳しく非難した部分を削除し、またホルダーナが「文言を和らげること」とコメントしたので、修正された。第二の回答案草稿は、外相が亡くなったとき、彼の未決のファイルにあった。スペイン側は日本の主張に対して逐一反論したが、外相が望んだ回答からすると、ホルダーナは、両国間の緊張は和らげることができると見ていたことを推測させる。おそらく、非常に気にしていた在フィリピンの自国民のために、長きにわたってこれらの人々に対応してきたが故に、そして自らの外相時代の日西関係が全くぎすぎすしていたのをもうやめようとして、ホルダーナが須磨に送ろうとしていた秘密の私信は日西間の大なる緊張を表しているものの、ホルダーナが取り返しのつかないところまでそれをもって行こうとしたのではないことも示している。それまでのことを何らかの形で相殺するような別の方向に進もうという動きがまだあった。ホルダーナは希望を捨ててはいなかったのである(151)。

それは納得できることである。というのは、戦争中のスペイン外交の二番目のホルダーナ期は、迷いの時期だったからである。本書が検討している期間の外務省の他の指導者たちに起きたこととは反対に、誰が勝利するのか、どちらの側が最終的な勝利者になるのかについて有力な見解はなかった。連合国側の打ちつづく勝利を前にして、たとえば、他ならぬフランシスコ・フランコ自身が交渉による平和をまだ信じており、そこではドイツの役割がヨーロッパの形成の鍵であり続けると思っていた。新兵器の開発に関するドイツの報告や完全降伏を避けるために最後には戦略の転換が起こるだろうとの期待に引きずられて、多くのスペイン人はナチスドイツによって支配されたヨーロッパのことを考え続けていた。スペイン政府内でも意見は分かれており、一方ではデメトリオ・カルセリェールから、他方ではホセ・ルイス・アレーセまで、閣僚たちはそれぞれの意見を持っていた。ホルダーナ外相の時期は、スペイン外交政策の二重の道の時期として描くことができる。戦争がどのように終結するかよくわからないために、不確実な状況が続いていた。ホルダーナは、複雑な道を通りながら、多数の人々が枢軸国に親近感を持っていた状態から、連合国側に接近する状態までスペイン外交を導いた。その道筋は細々としていたが、あいまいなものではなかった。そして進むたびに、内部では多くのあつれきが起きた。ムッソリーニがすでにファシスト大評議会から拒絶されていたにもかかわらず、そのサロ社会共和国から承認の申し出があったときにも、スペイン政府内でかなりの紛糾が起きた。ピレネー山脈国境地帯にその軍が居すわっており、体制内に賞賛者の大群を抱えていたヒトラーのドイツに対してはなおさらだった。これは二重外交だったが、それは、どのような形で最終的に戦争が終わるかを考えなければならなかったからで、とくにこの過渡期では、両者それぞれに道理があったので、それぞれに期待の余地を残しておく必要があったからだ。

しかしホルダーナの時期に、日本との関係は異なった様相を見せた。どこへ行くべきかわかっていたのである。セラーノ・スニェルが外務省を去った後、日本に敵対する道が開かれた。ひとたび日本の拡大が止まると、両国が衝突するいくつかの重要な理由が現れてきたので、他ならぬ総統《カウディーリョ》自身が、両国間の友好はわずかな利益しかもたらさなかったことに同意した。スペインの指導者たちは、反日本の道がほかの道より重要な利益をもたらすことをよく知っていた。一つには、ヨーロッパの戦争に比して太平洋の戦争では人種的憎悪が特徴となっていたので、反日本の政策をとると、大きな配当を得られたからだ。たとえばカルデナス大使はマドリード訪問の際、須磨に、「アメリカ人はドイツよりも日本に対して敵意を感じている」と述べた(152)。カルデナスはこのことを間違いなく上司にも言っただろう。もう一つは、日本の文化的、地理的遠さによるものだった。かの国日本に対しては失恋感情もなく、その世論への最小限の配慮もなかった。それは、東京の新聞にイベリア半島で第二戦線が開かれるかもしれないというニュースが載ったが、それを否定してくれるようメンデス・デ・ビゴ公使が上申したことに対する外務省の返答に表れている――「貴官が必要と認めるならば、このニュースを否定する覚書を出してもよい。……しかし、連合国との友好関係がそんなニュースの信憑性をすべて取り除くだろう」(153)。だがとくに、日本に対する以前のへつらいが批判へと変わっても、政権内部であまり面倒なことが起きなかったからだと思われる。ファランヘ党が反日本という保守派の主張に抵抗できたとしても、枢軸国の完全勝利の可能性が消滅すれば、日本政府に対する判断は共通のものとなりえた。保守派が抱く日本に対する不信と潜在的な恐れはファランヘ党によっても共有され始めたので、フランコ体制内の諸勢力が対外関係で初めて同様の見解を持つことになった。

その大きな理由は、日本との関係が明らかに非政治的なものとなったからである。アジアに対抗してヨーロッパとキリスト教が防衛されるべきだとの見解は広く共有されていたので、ホルダーナは、日本との緊張がドイツあるいはイタリアに対してよりも政治的でない様相を持っていることを主張できた。日本人に対しては周到な嘘をつくことさえできた。この意味で、一九四四年二月にファランヘ党の新聞『アリーバ!』に登場したあの「重大なニュースへの最初の論評」は特別な重要性を持っている。ホルダーナは、これはスペイン政府の見解では全くないと日本政府に言ったが(154)、それは日本についてスペインの世論が一致していることを示すことになった。ファランヘ党はかつての「親日主義」が行き過ぎだったことを悟り、「他の人々」の方が正しかったと認めるようになった。さらに、それをはっきりと認めたときに、日本との友好は負け戦だったとみなして、ほかの問題に専念していった。以前から日本に対して多くの疑念を示していたコオロギのホセ[ホルダーナ]*は、彼らを納得させたのである。

日本に対するファランヘ党の見解の変遷は、外交を鍵として解くこともできる。例えばホーア大使も、『タイムズ』紙も、この意味でそれを解した。前者はラテンアメリカとの関係において、後者はポルトガルとの関係において。反日本の道が連合国陣営に向けての回り道となりえたのは明らかであり、南米諸国とポルトガルがそのお手本だった。とはいえ、反日本の道への旋回の最も重要な意味は、国内問題を鍵として解かれるべきであろう。ファランヘはあきらめて反日本の道へ進んだに違いない。ほかに方法はなかった。フランコ自身がこの道へ進んだ最初の人だったし、さらに、この新たな道は政治的失敗とみなされる理由を持たなかった。保守派もファランヘ党もともに願っていた唯一の文明の防衛（つまり西洋文明）がそれを正当化した。日本についての認識枠組みを変えることはほかの国に対してよりもずっと簡単だった。友人と認めていたのを敵とみなしてしまうことは可能だったのであり、実際ホルダーナの任期中にこのことが起こったのである。さらに、それは暫定的な方策とも政治的都合によるものとも考えられていなかったものであり、もっと深い意味を持っていた過程だった。ムッソリーニあるいはヒトラーの困難を目の当たりにしたファランヘの悲嘆とは反対に、日本は負けるだろうと予測されただけでなく、その敗北が期待され始めたのである。

日本人に対しては、イタリア人やドイツ人に対しては決してできなかった新たな心理的調整をすることができた。というのは、イタリア人やドイツ人に対しては、もはや期待と要求が再び一致することはなかったからである。日本の古くからのイメージが復活すると、認識枠組みの再構成は可能だった。日本の敗北の可能性を観察するだけでなく、それを望むことは可能だった。ホルダーナの任期中に日本の見方が変わったことは、願望がいくつかの表象をひっくり返した典型的な例だった。多くのスペイン人が日本の敗北を望むようになったのは、そうなれば都合が良いという理由に多くよっていた。このことは、さまざまな見方が形成されるときの権力の重要性を理解する助けとなる。なぜなら、上部が都合が良いとしなければ、そのイメージは下部には投影しなかっただろうからだ。

第六章　日本と戦後のスペイン

外相にホセ・フェリクス・デ・レケリーカが任命されたことは日西の相互関係が新段階を迎える上での良い契機となった。というのは、新外相は二国間の接触において鍵となる人物だったからであり、またその就任が第二次世界大戦の最終局面という時期においてだったからである。レケリーカがホルダーナに代わってから数日して、枢軸国の軍事的劣勢はドイツ軍が西仏国境から最終的に撤退したことに表れた。このことは、この戦争で連合国が勝利するだろうことを確信させただけでなく、イベリア半島が世界戦争の戦闘の舞台となる可能性を消失させたのである。スペインの外交当局はドイツ軍の撤退を喜ばしいものと見ていたが、いよいよ近づくことになった将来に何が起こるだろうかということを考えざるをえなくなった。戦争の終結が近くなったことはマドリードの政府にとってはカフェでの常連の会話以上の意義を持っていた。というのは、戦後の世界がどうなるかということを考えることは、この新世界秩序におけるドイツやフランスの役割について思惑をめぐらせることだけでなく、スペインの将来そのものに関わることだったからである。以前の明らかな後見人がいなくなってもマドリードの体制が存続できるかどうかという問題の期限が迫ったのである。戦争の終わりが見えてきたことで、ドイツの最終的敗北の後にすぐに侵入や攻撃が間違いなく生ずるようなことはありえないことになったので、それから免れようとすることは主要なことではなくなった。たいへんに錯綜した段階で、世界の秩序におけるスペインの将来の役割を準備しなければならなくなったのである。いまやあらためて細かいところまで計算しなければならなくなったが、今度は戦争の一方の側を満足させればよかった。ヴィシーのスペイン大使レケリーカがその役割を委ねられたが、それはさらにこの仕事を難しくさせた。というのは、レケリーカはそれまで枢軸国のことだけを考えていたからである。

太平洋での戦争も、一九四四年夏にグアム島とサイパン島が陥落したことで軍事面で新たな段階を迎えていた。これによって、アメリカは初めて日本本土を大規模に爆撃できるようになった。日本の戦争装置は他ならぬその展開の拠点つまり日本列島そのものにおいてますます疲労していった。日本の崩壊は確実に近づいていた。

それでも、スペインにとって日本は新たな意義を持つことになった。この意義は、太平洋での戦闘がイベリア半島に直接に跳ね返ることはけっしてなかったし、また政治的変化の故にスペイン政府が他の戦闘地域により関心を持ったことによって、太平洋での初期の成功の後には消えてしまっていた。かくして最終局面において、フランコ政権の新たな対外的要請によって、日本にはほとんどありがたくない役割、つまりスペインにとって最も攻撃しやすい目標という役割が与えられたのである。ソ連はドイツ国防軍に対する打ち続く勝利によって国際的部面においてさらに大きな重みを獲得しており、スペインもそれを無視することはできなかった。フランコ政権はその批難の的を他の国に向けなければならなかったが、それはできるなら敗者の側にいる国でなければならなかった。

日本がその対象として選ばれた。他にもっと適当な敵がなかったので、この帝国との関係悪化がスペインの体制にとって必要とされたのである。それに、以前の日本との関係はドイツ・イタリアとのように深くはなかったし、また日本と敵対したとしてもスペインの国内政治に影響することはほとんどなかったので、この政策はとくにやりやすかったのである。かくしてヨーロッパでの戦闘終了後における体制の生き残りを目論んで、日本との関係は、反対の意味ではあったが以前に持っていた意義をいくつかの点で再び有することになった。以前には日本はスペインの帝国の夢をかき立てたアジアの闘士だったが、レケリーカの時になると日本は文明諸国そして連合国とともにあるスペインのまがうことなき姿勢を示す敵となったのである。この国との対立は戦後に向けたスペインの新たな政策の鍵の一つとなった。それ故に、後に、フランコ政権の対外政策の研究史において古典的著作であるアグスティン・デル・リオ・シスネーロスの本がこの局面を「大西洋重視と日本との決裂」と称するまでになったのである(1)。体制の生き残りが何にもまして優先され、英米との友好と日本との敵対がそのための手段とされたのである。

ホセ・フェリクス・デ・レケリーカが異なる様相を持つこれらの切なる意向をうまく繋ぐ役を任されることになった。ホルダーナがすでにその道を準備済みだった。すでに見たように、この二年間に日本との関係は大きな変化を見ていた。日本は、友好国からファランヘ党の新聞でさえ批難する対象へと変わっていた。以前の協力状態から日本が提起するあらゆることをスペインが拒否する状態となったのであり、最終目標は同じでなく、それは共同で追求できないとのスペイン側の決定により、共通の目的を追求した協力は後景に退いてしまっていたのであった。スペインが太平洋で共同を目指したのは何よりも英米となった。

これは日西関係におけるかなりの程度の変化だったので、それは両国の関係そのものだけでなく日本のイメージにも及ぶものとなった。ホルダーナの時代から、日本の見方を規定していた認識枠組みは一八〇度の転換を見ていたので、スペイン人たちは日本からの肯定的な情報に期待するよりも、否定的な情報に反応するようになっていった。日本の敗北やその野蛮さについて語る敵意を込めた情報が、それまでの言辞にうまく組み合わされるようになった。かくして、レケリーカの時代には以前のステレオタイプの日本イメージが再び現れたというより、その否定的イメージがさらに進んだのであり、あいまいで矛盾さえする情報がこの敵意を込めたイメージにますます重ね合わされることになる。日本についての厳しい見方が多くなった。日本についての情報は日本人がいかに野蛮で反西洋的であるかを示すような論調を備えることになった。状況の変化はすでに数か月前から決定的に始まっていたので、レケリーカの時代に実際に起きたことは日本についての見方が形状化されたことであった。

このことには外相の個人的野心があずかっていた。外相レケリーカはスペインの対外関係において必要とされた転換を遂行するのに、ましてや確実に日本との敵対を導くのに最も適合した人物というわけではなかった。しかし理由は何であれ、レケリーカはおそらくホルダーナではそうはいかなかった程度まで日西両国の関係を緊張させただけでなく、もっと重要なことには、それを違った形で見せるようにまでした。つまり、関係の悪化に当惑していると思わせたのではなく、むしろ対立関係を誇示し始めたのである。レケリーカは、日本との関係を改善しようとするのではなく、その関係の悪化が他の諸国との関係を有利にするようにと、日本との対立関係が高ずるままにしたのである。かくしてレケリーカは可能なことをとことんまでやったのである。

1　日本への新たな姿勢

一九四四年の夏に、日本は表面的にはほどほどの状態で戦争に向かい合っていた。海軍の敗北は続いていたが、陸軍は攻撃を継続してアジア大陸での征服地の大部分を維持しており、いくつかの攻勢によってインドと中国で新たな地域をも獲得していた。日本は、ある地点で敗北しても他のところで勝利しているからそれはたいしたことはないと見せかけようとした。しかし実際にはそうではなかった。海軍が敗北したことは陸軍が前進したことよりももっと大きな意味を持っていた。アメリカの攻勢によってミクロネシアのいくつかの島々が奪取されただけでなく、多くの日本の海軍ルートが寸断されてしまった。かくして大東亜共栄圏なるものは砂上の楼閣となってしまっていた。

夏を過ぎると状況は急速に悪化した。一九四四年十月に連合国軍はフィリピンに向かって進撃し、レイテ湾で日本の海軍をほぼ完全に壊滅させた。これは太平洋の戦争での最後の重要な海戦となった。戦争のために肝要だったこの戦力を失ったので、一九四五年初頭に帝国の最高司令部は日本列島の防衛を全ての戦略的考慮に優先することにした。それ故に、アジア太平洋地域の軍は成り行きに任せるままにされ、援軍を得る希望も持てずに、占領した地域の資源によって自らを維持するしかなくなった。兵の集結が少な過ぎたり、あるいはあまりに多くの兵が集結したりした（たとえばメラネシアのニューブリテン島のラバウルには七万の兵が集結していた）ので、多くの部隊は餓えに苦しみ、かといって移動することも出来ずに、司令部からも忘れられてしまった。いくつかの部隊の場合には敵軍からさえも忘れられた。このような軍事的破局は中央政府に及ぶことになり、一九四四年六月に東条英機が更迭されて小磯国昭が首相となった。以上の変化は少なくとも、日本が、日本をこのような道に導いた人々が予期していたような結果を得られなかったことをはっきりと認めたことを示すものであった。同じことは、一九四五年一月二十日にもなってまとめられた最初の帝国陸海軍作戦計画の策定についても言えることである。しかし、事態の打開はもはや不可能だった。

小磯は事態を立て直すことも、以前に東条がなしえたような結束を自身の周囲に得ることもできなかった。それまでの多くのやり方を変えることは不可能であり、沖縄にアメリカ軍が上陸した後の一九四五年三月に小磯内閣は崩壊した。沖縄の戦闘は帝国を非常に困難な状況に陥れた。日本列島への敵軍の侵入が切迫しまた現実のものとなったことが初めて明らかとなったからである。小磯は鈴木貫太郎に内閣を譲った。鈴木は一九三六年二月に急進派軍人から襲撃されたことがある退役海軍大将で、この間は枢密院顧問を務めていた。鈴木内閣は切迫した状況の産物であり、半年ももたないという日本の歴史上で最短の内閣だったが、重要な意義を有していた。十年間以上も軍人が権力を持っていたことに反発する潮流に促されて、鈴木は日本の寡頭制が再び国家の機能を動かすようにしたのである。その目的は戦争を続けることではもはやなく、一億の日本人が全滅しないように講和を実現することだった。戦争継続を叫んでいた人々の大部分もこのような講和を受け入れる用意があった。かくして、最後まで戦って国体を護持するとの宣言が引き続きなされてはいたものの、この政府の仕事の中心をなしたのは受け入れ可能な講和を追求することだった。物質的にも精神的にも消耗していた困難な時期であり、帝国の様相は帝国がまだ安定しているというイメージをますます与えなければならないような状況になっていった。

他方、スペイン政府の中でも動揺が見え始めていた。スペインへの攻撃の時期はドイツや日本においてのように切迫したものではなく、またそれは軍事的形態をとるものではなかったが、将来の戦争の成り行きはスペインにとって有利となるようにはとても見えなかった。国際舞台の新たな主人となった連合国はフランコ政権をそれほどよく思っていなかった。イギリス、ソ連、アメリカはいずれも、当面のもっと重要な仕事が終わったならフランコ政権を崩壊させようと思っていた。そのうえ、スペインの防衛力は限られたものだったので、政権はきわめて弱い基礎の上に立っていた。将来のこれらの困難に対するスペイン政府の最初の反応は、伝えられてくることをまともに受けとめようとしないことだった。フランコ将軍や参謀本部のメンバーなど何人かの人々は、ノルマンディーからの連合軍のヨーロッパへの侵入はどのような結果を生むのか少なくともまだわからないと主張していたし、ドイツが流し続けていた反撃や強力な秘密兵器についての情報にしがみついていた。戦争終結の様相についての彼らの考え方は、おそらく認識枠組みをいかようにもあらためようとしないこのような姿勢によって非常に歪められていた。たとえばフランコ将軍はかなり遅い時期まで、ドイツの降伏はドイツが戦後のヨーロッパにおいても重要な位置を占め続けることができるような寛大なものとなるだろうとの予測をほのめかしていた。つまりフランコ体制は、次第に対応を変えながらも、明確な方向も持たずに「事態のなすに任せる」(2)ほかなかったのである。しかし、これ以上に待ってもいられなかった。

レケリーカの外相任命は、戦争終了を前にしてのこのあいまいな姿勢を最もよく示すものの一つだった。彼が選ばれたのは、ある当面の問題を解決することが緊急に要請されていたからだった。ドイツに占領されていたフランスの首都ヴィシーの解放が間近に迫ったので、そこでのスペイン政府の代表者であるレケリーカを急いで引き揚げさせねばならなかったのである。しかし、このようにして引き揚げさせても、連合軍が抱くかもしれぬとまどいを避けることができるようには見えなかった。かくして、ヴィシーの町が総崩れになったときに、恥じることなくこの町から撤退できるということで、ビルバオ市長だったことがあるこの外交官レケリーカが外相に任命されたのである。この地位には他のもっと適当な人が就いてもよかったのである。ツッセルが名づけたようにレケリーカは「ファシスト化した政治家」であり(3)、親枢軸国の姿勢をたびたび示していた。スペインと第二次世界大戦についてのアメリカの政治家たちの回想記で引き合いに出される、よく知られたレケリーカについての逸話は日本に関することだった。レケリーカは枢軸国側の最終的勝利を祝するためにヴィシーの大使館の中庭で七面鳥を育てており、真珠湾への攻撃の後でこのことを明らかにしたというのである(4)。フランコは、自分の頭には当面の諸問題のことしか入っていないことを示していたが、レケリーカの外相任命によって日本との関係にさらにもう一つの難題を付け加えたのだった。

それでも、新外相の就任は日本との懸案事項を遅らせたのではなかった。レケリーカは就任の翌日に日本公使の須磨弥吉郎と会見して、ただちに「駒を動かした」のである。スペイン側の資料がないのでどのような話しがなされたのかを正確に知るのは難しいが、日本側の電報からすると、ホルダーナの時とはかなり異なった接触だったようである。つまり、何かについて議論したということではなかった。レケリーカは、彼自身も国家元首も「日本との友好関係を進めたいと思っている」、「ホルダーナの時期にあった緊密な関係を減じようとの意図」を持っていないと述べた。須磨の側は、日本の利益をスペインが代表していることに対する日本政府の「心からの謝意」を表明し、「両国間の末長い友好関係を維持するためのレケリーカの協力」を要請した(5)。双方とも相手側の反応を探ろうとしたようだ。須磨が中国における日本軍の前進については述べて、グアムとサイパンの最近の敗退が日本にとって重大な意味を持ったことについてはうまくかわしたのに対して、スペイン側が自分たちはそうは見ていないと言ったことはないようだ。両者の会見からは、儀礼の範囲を越えた率直な話し合いがなされたようには見えない。日本の軍事問題の検討というよりも接触を開始することに意義があったのだが、須磨はただちにホルナーダの時期のようにもっと率直な会話をした方がよかったことに気がついた。

そのことはすぐにはっきりと確認できた。レケリーカが日本に対して批判めいたことを言わなかったのは日本を好意の目で見ていたからではなく、むしろもっと冷やかに見ていたからであることがわかったのである。スペイン外相は、もう壊れてしまっていた友好関係を進める気がないことを明らかにし、双方の相違に関して日本公使と率直に話し合うよりも、むしろ自らに有利なように それを際立たせようとした。ホルダーナも可能な限り須磨を欺こうとしたのだが、レケリーカとホルダーナの違いは明白となった。この違いは、とくに日西両国の関係の将来についての異なった見方に示されていた。ホルダーナは両国間の緊張を減じようとの期待を持っていたが、レケリーカはそんな期待は持っていなかった。さらにこのバスク出身の外相は、この緊張がもたらしうる積極的な要素を見つけようとし、日本との諸問題を違った形で受けとめ始めた。諸問題を解決するよりも、むしろそれらを戦後のために使える踏み台と見たのである。それ故に日西両国の関係は、どう見ても容易ではないフランコ体制が生き延びるための闘いの一部を成すことになった。要するに、日本に対する批判は、スペインに敵対的な世界においてスペインが持ちうる一つの担保とみなされたと言える。反日本のカードを使うことが必要とされたのである。

フィリピンにおけるスペインとスペイン人コミュニティーの利害は、戦後においてフランコ体制を救うための以上のような意向のために、その第一義的な重要性を失っていった。レケリーカ新外相と日本側との接触開始直後に起きた三つのことが新たな状況をよりよく説明する。一方で、亡命フィリピン政府大統領マヌエル・ケソンの死によって前副大統領セルヒオ・オスメーニャが新政府の舵取りをすることになったが、新政府には元蔵相のアンドレス・ソリアーノとワシントン駐在政府代表のホアキン・エリサルデという二人の重要なスペイン派が入っていなかった(6)。他方で、ポルトガル政府と日本との関係はますます緊張したものとなった。連合国の働きかけを受けて、サラザール政府は八月七日に公式に東チモール植民地からの日本軍の撤退を要求し、それが拒否された場合には国交を断絶すると迫ったのである(7)。ポルトガルは日本に対してすぐにも宣戦布告をするだろうと見てよい十分な理由があった。というのはポルトガルは、連合国軍がチモール島に攻撃を仕かけたらポルトガルもチモール島奪取作戦に加わるために兵を派遣できるかとの誘いを連合国から受けていたからである。サラザール政府が目論んでいたことは後にフランコの政府がやろうとしたことと同じものだったであろう。つまり、アジアに派兵するというちょっとした投資をすることで、ポルトガル政府は勝者の側に立てるという大きな政治的利益を得られるのである。このような緊張した関係は、スペイン政府においてと同様に二国間の関係を越えたものであった。最後に、レケリーカはドイツ大使ディークホーフとの最初の会合で、通常の問題では日本の須磨公使を援助することをやめるよう要請した。新外相は、日本がマドリードにおいてその寵臣のような存在を失うことになるように、独西の関係から日西の関係を切り離したいとの意向を示したのである(8)。アメリカにおける新亡命フィリピン政府、ポルトガル政府の対応、日本との対立関係を恐れないようにとドイツに通告したこと、以上のことはホルダーナが決してやろうとしなかったことをレケリーカに可能とさせた。つまり、はっきりと公に日本を非難することである。

須磨とレケリーカの最初の会見から二日後の一九四四年八月十六日、国家新聞管轄局はマスコミ関係者にいくつかの通達を発したが、そこには新聞というこの公の場を使って日本を徹底して非難しようとの明確な意図が表れていた。これらの通達の以下のような題名が、スペインがいずこに寄り添おうとしているかを疑いもなく示していた。「日本に対する戦争においてアメリカの側を好意的に報ずることについての指示。とくにフィリピンにおいて起こるだろう戦闘についてこのように報ずること」、「とくに太平洋における戦況とスペインの対応についての指示。反キリスト教的で反西洋的な日本の行動に対する非難」。三日後に発せられた第三の通達は、ヨーロッパにおける戦争について以下のような新たな指針を示していた。「ヨーロッパにおける戦争の現況について、また西部戦線および東部戦線についての報道のスタイルについての指示。いずれにおいてもスペインの中立が適当であることを示す内容にすること。共産主義の広がりについて。ドイツから解放された地域の内政についての報道の基準、とくにフランスについて。国際平和に向けてのスペインの行動」(9)。レケリーカは、日本に対するまた同時にその他の国に対するその実際の意図がどこにあるかを明確に示したのである。

　最初の二つの通達の文面を立入って検討するのがよいだろう。というのは、これらの通達は当時スペインのマスコミが従わなければならなかった中立という考え方がいかに難しかったかを明白に示しているからである。「中立というスペインの姿勢を失わずに、[論調は]アメリカの側に好意的であること」。最初の通達は「太平洋においては大きな戦闘が間近に迫っているが、スペインは日本の勝利よりアメリカの勝利を望む」と述べ、次のことを一般的な規範とするように警告した—「文明諸国間の戦争については新聞の論調はまったく中立的で客観的であること。東洋の国々についてはそうではない」。

第二の通達はソ連と日本の間の非交戦状態を「アジアの狡知《インテリヘンシア》」と呼び、それを宣伝のために使おうとしていろんなことを述べまくっている。さらに、それについて次の五点を提示した。

(1)「*スペイン人の」生活の政治的意味は「キリスト教的で西洋的な思考」に基づいている……。

(2)我々は深くスペイン系アメリカ諸国と結びついており、……またこれらのスペイン系アメリカ諸国はスペイン政府と友好関係にあるだけでなくアメリカとも同盟している。かくして、我々の新聞が太平洋の戦争において西洋の国の利益を削いでアジアの国を支持することはけっしてないであろう。

(3)我々の国際的行動はポルトガルとの協調に強く規定されている。とくに外交の分野にはそのいくつかの理由が存する……。東洋で起きている事態を見る場合にも、この第一級の理由が我々に同様な態度をとるようにさせている。そこではポルトガルが日本と衝突しているのである(チモール)。我々の支持と利益はもちろんポルトガルの側にある。

（4）日本はロシアと友好関係を維持しており、それは通商関係の深さと外交協定に見られる。このことによって、ロシアは太平洋の戦争において中立の態度をとっており、また日本はこのヨーロッパの反共産主義戦争において実際には（現実主義的なことに）中立の態度をとっている。日本は反共産主義的な政策をやっておらず、帝国主義的な野心を持った政策をおこなっている。この点では政治における一種のアジアの狡知が働いているのであって、これはヨーロッパの精神とは全く異なるものである。このことは、ヨーロッパのあらゆる人々やヨーロッパに起源を持つあらゆる人々にとっては巧妙な策略とは言わないまでも世界戦争のとてつもない逆説を成しているのである。両国は現在闘われている戦争に加わっているのだが、事実上ロシアと日本の間には友好状態が存在しているのである。

（5）スペイン文化の小島であるフィリピンが太平洋の戦争において争いの場となっているが、フィリピンの人々はその歴史においてもその文化においても日本の東洋的世界との近似性を持たないことを想起すべきであろう。スペインはこの場合にこれをアジアにおけるキリスト教文化の前進と見て、フィリピンの人々の利益のみを徹底して政治的に擁護する必要がある。具体的には以下のことである。共産主義の拡大とアジアの国々の拡大に反対するという我々の姿勢に照らして、太平洋の争いにおいて我々の新聞はアメリカの側に賢明な礼儀と敬意を示すべきである。ヨーロッパにおいて共産主義の前進が歓迎されないのと同様に、太平洋においてもどのような日本の行動も歓迎されるべきではない(10)。

スペイン政府は、いまや困難となった解決を見出そうとして絶望するのではなく、国家間の懸案事項をも利用しようとしていた。日本との対立関係を公にしながら、さらにスペイン政府はワシントンの方に友好関係を求めようとしたのである。その証拠に、スペイン側はカールトン・J・H・ヘイズ大使に対して、「適当な時機に」日本との関係を断絶するかもしれないことを何回もほのめかした(11)。年末にワシントンに戻る前にヘイズはフランコから、フランコが日本を好んでも信用もしていず、それまでにもいくつかの日本との問題をうまく処置してきたことを長々と聞かされた。フランコは、公使館の地位を格上げしたいとの日本側の提起を「三回も四回も」拒否したことを想起させただけでなく、外交関係を断絶するとか利益代表を放棄するとか言って須磨を脅したこと、さらには「グアムとフィリピンにおける何人かのカトリック神父の遇しかた」やフィリピンにおけるスペイン人とその財産への攻撃をめぐる日本との対立について述べたてたのである(12)。おそらくレケリーカの伝記が多く語ったと書いていることもあって、レケリーカはこれ以前のことよりこの後のことについてフランコほど大げさではなかったようだが、それでもレケリーカも決定的な解決策もありうると言って、日本との対立についてきちんとヘイズに伝えた。フィリピンとグアムにおけるスペインの権益を日本が尊重していないこと、日西両国の間の「ぞっこんな愛」がもう消えてしまったことについてスペインの世論が受け入れるだろうこと、最後に、ポルトガル政府との共同の行動が可能である(かつ望ましい)ことが、以上に述べた方向転換を正当化する理由とされたのである。

ヘイズがマドリードでのその最後の日々にフランコおよびレケリーカと会談した際には、他にも多くのことが話された。言うまでもなく世界のその他の情勢についても多くのことが話されたが、スペインの対外関係のこの新段階にあってはアジアの戦線のことが一番重要な意味を持っていた。というのは、ホルダーナの時と同様に、このことが後にヨーロッパについても起こりうる転換への探りの意味を持っていたからである。アジアについての新聞への通達がヨーロッパの戦争についての通達より先に出されたこと、またレケリーカがドイツのディークホーフと会う前に須磨と会談したことは、太平洋の戦闘についての姿勢の転換こそヨーロッパの戦争において新政策を探し求めることの始まりだったことを示している。八月十九日のヨーロッパについての通達の文面がそれまでの姿勢に少し色を着けたのに過ぎなかったのに対して、アジアの戦場についての指示はそれよりも前の十六日に出されただけでなく、新たな政策を示していたのである。

スペイン政府は新たな敵を見出していた。ソ連についての情報に対しては、中立の原則を適用するために、「国家」としてのロシアと「輸出される共産主義」とがはじめて区別されようとしたのである。古くからの悪の帝国について初めて分析がなされ、その結果それを少し「東洋から外す」ということがなされた。日本がこの空隙を埋めるべき主要な資源となり、そのために日本は逆に異国であることが強調される処理をされることになった。結局、日本はスペイン政府にとって意義を持つものとなった。というのは、日本は、世界戦争の最終期のスペインにとって最も都合の良い敵という烙印を押されることになったからである。

1・1　ステレオタイプ化の再進行

一九四四年八月の新聞への通達を見たからには、日本についての情報が受けとめられることになったこの新たな認識枠組みを掘り下げて検討しなければならない。すでに見たように、ホルダーナの時期に日本についての否定的イメージが再び現れ出していた。かくして、レケリーカの段階におけるその変化の基本的特徴は、ステレオタイプ化であった。それは、レケリーカの時期には新たな情報が入るたびになされた解釈によって醸成されて日本についてますます否定的な見方がなされるようになったからであったが、また、スペイン人がその新たな姿勢を正当化するためにそのようなイメージを受け取ることをますます必要としたからであった。戦争の当初にいくつかの帝国への期待が生じたときと同じように、日本の見方についてのこの認識枠組みは頑迷なものとなったので、日本についての肯定的情報はますますめずらしいものとなった。あまりにがちがちし過ぎて、振り子がまた極端に揺れたのだった。時代の行き過ぎが過大なイメージをつくり上げたのであり、またその逆でもあった。

レケリーカの時期に現われた様々な見方の中でおそらく最もよく見られたのは、日本の「野蛮な」「アジア的な」影響に対してのスペイン統治時代に息を与えられた「文明」という対比であった。世界における西洋文化とキリスト教文化の優位についての以前にも見られたいくつかの考え方も強調されたが、この時期にはアジアにおけるスペインの西洋化の事業がさらに強調された。以前には最も適当とされていた近代化と進歩というイメージは日本と肯定的に結び付けられてしまうかもしれないので、わずかでもそれをずらしたのである。とくにフィリピンが西洋世界の一員であることが主張された。たとえば『アリーバ！』は次のように言うようになった――「スペイン人とフィリピン人はアジアの弾丸によってともに倒れたのだ。……この現実を前にして我々が最も強く望むことは、いくつかの原理と生活様式を守るために西洋の堅実な同盟をつくることである。今やがっちりと手を繋ぐときなのだ」(13)。これと同じ考え方によって、同紙の一九四五年三月号の一論評はフィリピンが非キリスト教で東洋的な帝国の支配化にあることを嘆いた――「我々の中では、黄色民族の攻撃力がいかほどであっても、我がスペイン的世界の優秀さと良き運命を信じることの正しさを否定するような者は誰もいないであろう」(14)。他方でその数か月後には、「大西洋共同体の精神からして、我々は西洋文化を表すあらゆる形跡を断固として守ることになる」ので、連合国の勝利を望むことが正しいとされたのである(15)。セラーノ・スニェルの時期にも吹聴されたことだが、東インドの人々が遅れているのに比べてフィリピンは進んでいるとのイメージが消えることはなかった(「[マレー人は]オランダの支配下にあってヨーロッパと一緒だと思ったことはけっしてなかった」)(16)。このことがついでにアメリカをも称揚することになるからだった。もちろん、フィリピンが他のマレー世界に植民していくというような以前の提起、とくに戦争の初期に公的に表明されたフィリピンの独立を擁護するような政策などは忘れ去られてしまった。この時期に日本が考えた政策と同様なものになってしまうかもしれなかったからだった。よく知られているように、表象というものはいつも政治的利益に合わせて変わってしまうものだった。それ故に、この時期の政治の極端化と戦争が終わるだろうとのあらたな予測が、今度はフィリピンについての認識と「黄禍」論を極端なまでに押し進めてしまったのである。それは、アメリカによるフィリピンの植民地化を称揚したり、「黄禍」への恐怖がスペインの指導者のあいだで実際のものとなるというような、かつてなかったところまで行ってしまった。

まず、アメリカの称揚はこの時期のとくに奇妙で特徴的な表象として表れている。それまでのスペインでは、一八九八年の敗北の記憶やほかの様々な不満もあってこの国に対する激しい非難が一般的だった。少数の人々や進歩派の間では部分的にはアメリカの肯定的な評価がずっとあり、またフィリピン在住のスペイン人の間ではアメリカについてはっきりとした評価がなされることはあまりなかったのだが、内戦の勝者たちは非常に激しい批判をアメリカに浴びせていたのだった。それ故に、第二次世界大戦の終期にアメリカの「植民事業」についてのスペインの見方が肯定的かつ広汎なものになっていったということは奇妙なことだったのである。

このような新たな政治目的によって、何故総統《カウディーリョ》がヘイズに対して、「アメリカがその占領の時期に在フィリピンのスペイン人とその財産を処したやり方を大いに称賛する考えを述べたいと思った」(17)かが説明できるのである。さらにフランコは、スペインのフィリピン統治が終わったのには良いところもあったとさえ言った—「スペインは東洋のかの地を放棄せざるをえなかったのです……。勇敢さと新しい技術に溢れた他の若い国民が我々にとって代わるためにこの地に来たのです。その支配のもとで我々の学校はそのまま残されましたし、かの地にあったフィリピン文明の偉大な土台の大元が崩されるということはなかったのです」(18)。かくして、ヘイズの後任の大使ノーマン・アーマー自身が、一九四五年七月四日の祝日に際してのアメリカへのスペインの称賛について、「スペインの指導者たちのあまりのおめでたさ」と語ったのである(19)。

「西洋文化を擁護してアメリカの偉大な国が日本と闘っている」(20)というようにアメリカをみなしたことは、当時の状況では容易に推測されるような厚かましさをもってマスコミにまで入ってきた。マスコミは、スペイン風の植民地化をしてきたことでワシントンに大いに感謝しなければならないと、次のように言うようになって来たのである―「ということで、スペイン文化を教え込み、キリスト教的教育をしてきたことに感謝しなければならない」。ある記事はアメリカによる植民地化をこのように祭り上げてしまったので、「フィリピンをキリスト教世界に引き込んでアジアから抜け出させた」という事業においてマジェランをマッカーサー将軍になぞらえた(21)。このような見方が広められたことは映画『フィリピンの最期』にも見られた。フィリピン独立戦争に際してのスペイン人英雄についてのよく知られた物語は、一九四五年の映画の脚色ではこの時期のスペインの産物である特別の内容を付されてしまった。この映画では、アメリカの兵隊がスペイン人英雄たちを救おうとして上陸するシーンが挿入された。たしかにマルティン・セレーソ中尉の日記にもアメリカ人は無私の英雄として描かれているのだが、映画『民族』の脚本にも協力していた『フィリピンの最期』の監督は、この日記には書かれていない新たなシーンを挿入したのである。この映画のクレジットにアメリカ大使館の協力に感謝するとあったように、「白色人種の連帯」の方がよかったのである。一八九八年は都合よく忘れ去られてしまった(22)。

次に、この時期には「黄色」への恐怖が再び強力に頭をもたげてきた。このことを理解するためには、ホルダーナ時代の最後の時期にパルド宮に着いた一通の電報に戻る必要がある。おそらくフィリピンから逃げてきた一人物の証言に基づく噂を聞いて、在リスボン大使館報道担当官のハビエール・ベドーヤがフィリピンで四千人以上のスペイン人が銃殺されたと打電してきたのである。ベドーヤはさらに次のような細かい説明も付け加えた―「カティンのような集団虐殺［ソ連軍によるポーランド騎兵隊の殺戮」ではなく、いろいろな理由をつけての個々人毎ないし小人数毎の銃殺である」(23)。フランコもホルダーナもこの電報を見たことを示す総理府文書館にある電報の写しへの書き込みから見て、スペイン政府当局はこの内容を確証する他の報告は受け取らなかったものの、電報を真に受けたようだ。このことは、彼らがとても信じられないようなこの種の情報を信じていたことを示している。このようなことは、アジアに住んでいたスペイン人の間で日本の報復を戦争が終わるまで常に恐れるようにさせた。フランコやレケリーカがヘイズとフィリピンや日本のことについて話したとき、まったく当てにならないこの電報によって生じた印象が頭をよぎっていたのではないかと思われる。あるいは、「[*]日本の」大衆の反外国人感情は公的にも認められている」とその他の電報も頭にあったのではないかと思われる。そこには日本人について「彼らは野蛮人だ」と書かれていたのである。

アジアの野蛮が引き起こした驚愕は実際にあった。日本の支配のもとにあるスペイン人の間で殺戮が起こるのではないかと外務省がいつも恐れていたことは確かなのである。日本人のイメージはこの時期の他の敗戦国の人々のイメージよりずっと単純化されていた。ドイツ人とイタリア人は近いところにいたから、それらの人々が表すものはもっと豊富だった。たとえば、ドイツ人のナチあるいはイタリア人のファシストと言われた場合には、反ナチのドイツ人あるいは反ファシストのイタリア人もいたということが認められていたからである。それにひきかえ、日本人についてはこういうことは起こらなかった。日本人は全て同じだったのである。さらに、アジアの禍のイメージがこの時期の利害に基づいて再生産されて、それが日本人に以前はそうではなかった粗野で野蛮という感じを付与したから、この時期の最も普通の日本人の表象は人間とは程遠いというものにまでなった。動物そのものとしては描かれなかったとしても、大きな歯を持つものとしてや猿やオランウータンやさらには黄色い軍帽をかぶった害獣のように描かれたのである。かくして、ドイツ人は凶暴だと罵られることがあったとしても、極端な場合に『大独裁者』や『生きるか死ぬか』で表されたように特徴の無い愚か者として風刺されて描かれることがあったとしても、いつも人間のイメージを保持していたのである。しかし、アレハンドロ・ピサローソが言うように、「日本人という敵は人間として扱われるにはあまりにも嫌な人間だった」(24)。単純で残酷だということと政治的都合が混ざり合って、あまりに致命的な日本人のイメージがつくられたのである。

以上のような偏見に加えて、日本の野蛮なイメージは外国からの影響によってより強められた。スペイン人はアメリカ人の日本人への憎しみはドイツ人に対してよりも強いことをよく知っており、フランコ政権による宣伝は以前からの否定的なステレオタイプを復活させたときにそのことを頭に入れていたのである。アンケートによると、アメリカ人の約七三％は日本人を裏切り者と見なしており、約六二％は欺瞞的、約五五％は日本人の性格をとりわけて残虐だと述べていたから(25)、このような嫌悪感がスペインにも伝わっていたのである。フランコ政権はアメリカ政府と同様に日本の政策や日本人の振舞い方をよく知ろうとはしなかったから、フランコ政権のやり方は受動的でもあり能動的でもあった。フランコ政権は自らが西洋文明の陣営に属していることにとりつかれていたから、この文明の最悪のあり方についてさえ得意になっていたのである。アメリカによって幾分か引きずられて、フランコ政権は人種差別の同じ罠に陥ったのである。

それ故に、「黄色い野蛮」への恐怖は、フランコ体制の利害に基づいた宣伝と実際の不安とが混ざり合った産物だった。というのはスペイン人の殺戮は起ころうとしていたし、起こってもよかったからだった。スペイン政府が日本政府の利益代表たることをやめることを決定した最も緊張した時期に、スペイン政府は、「スペイン人を組織的に破滅させるという東京からの命令」(26)なるものに関する口上書において侮辱的な言葉さえ使った。日本に関してはどんなことでも信じられた。西洋の国についてはは生じ得ないような見方の転回が起きたのだった。

結局、この時代は極端さによって特徴づけられた時代だった。本当に無知だということがまたもや日本（とフィリピン）のイメージのたいへんに急激な転回の元にあった。さらに、フィリピンは西洋に属しているとかアメリカ時代のフィリピンは良いものだったとかいうことが何回となく言われたように、決められた目的があったのである。極東という裏門からワシントンに接近したと言ってもよい。ジャーヴィスが言うように、「イメージの重要な転換そのものが政策の変化をもたらす」のだが、レケリーカ時代はその見事な例である。日本の見方は数年のうちに根本的に変わったのだが、それには明確な理由があった。つまり、それによってもたらされるべき利益が重要だったのである。これは日西両国関係にはっきりとした結果をもたらした。

1・2　敵という便宜

日本公使の須磨はスペインの新たな姿勢について素早く警告した。須磨は一九四四年八月十四日のレケリーカとのたいへんに儀礼的な会見の二週間後には両国関係が後戻りできないほどに悪化したことを悟り、上司の重光外相に「外相レケリーカの外交政策を知るのにもう十分な資料がある」と伝えた。予測できるように、須磨はアメリカが悪いのだと見ていた。須磨はさらに、ポルトガルがチモール問題に関して日本に対して宣戦布告をするのではないかとレケリーカがヘイズに語ったらしいこととヘイズが近く帰任することを述べた後で、ワシントンは日本との関係断絶をスペインに要請するのではないかとも予想した(27)。須磨はスペインの意図について憶測を重ねていたのだろうが、まずいことに噂や論評や言い争いなどを信じる他に手立てを持たなかった。レケリーカがホルダーナよりもさらに当てにならないことがわかると、須磨の主要な情報源は間接的なものとなってしまった。そのうえ、須磨は間違いなく間接的な情報に金を払っていた。須磨は間接的な情報を「公使館と接触していた人物」から聞いていたのだが、この人物が須磨に言うには彼はまたその情報をアメリカ大使館顧問から聞いたという。このようなほとんど信用できない情報によって、日本政府はありうべき関係断絶と須磨の拘留あるいは国外追放に備えていた。

しかし、スペイン政府は一九四四年のうちは以上の方策を採らなかった。それは三つの主要な理由によって説明できる。つまり、ポルトガルの状況、総統《カウディーリョ》の性格、それに報復への恐れである。まず、ポルトガルはチモール島に兵を送りたかったが、それをできなかった。アメリカがこの島の征服作戦に加わってもよいと申し出たのだが、それはアメリカがヨーロッパに行くための海軍基地とするためにアゾレス島でより多くの便宜を得ようとの計略のうえでのことに過ぎなかった(28)。かくして、アゾレス島についてのアメリカの要請を受け入れた後にポルトガル政府は、チモール島がアメリカ軍が日本軍の駐屯部隊をおいたままにして飛び越えていく幾多の島の一つとなることを知った。マッカーサーの有名な蛙飛び戦略が、チモール島の日本軍駐屯部隊をして燃料がないのでどんな戦闘にも加われないようにして、戦争が終わるまで孤立させたままにしたのである。

次に、フランシスコ・フランコはあまりことを急ぐ人物ではなかった。一九四四年九月のヘイズとの最後の会見で、ヘイズが日本、南京政府の中国それに満州国との関係断絶を要請し、さらにはセルヒオ・オスメーニャの亡命政府を承認するのはどうかともちかけたときに、フランコはなんらかのはっきりとした反日本の方策を採ると請合った(29)。しかし総統《カウディーリョ》は、他の多くの場合と同様に様子を見ているだけだった。

最後の理由は日本の野蛮なイメージと関係があった。というのは、アジアにいたスペイン人がスペイン政府の姿勢の影響を受けるのではないかと恐れられていたからである。フィリピンでは、いくつかの圧力団体の中でも、カトリック教会、総合タバコ会社、在フィリピン・スペイン人居留民委員会がその用心深い姿勢を以前から伝えていた。日本についての新たな認識枠組みが残虐な情報を予期させ、またスペイン人の虐殺を恐れさせたので、さらにスペイン政府はこれらの予期されることに対する日本のありうべき反応を忘れることができなかった。日本は多くの人質を持っていたのである。結局、スペイン政府はルビコン川をあえて渡ろうとせず、あきらかに「時機」を待っていた。この時機はフィリピンが陥落するまで来ないのだが。

それでも、ワシントンがもっと圧力をかけるかスペインが飛びつくような約束をしたならば、スペインに日本との関係を断絶させる鍵となったかもしれない。ヘイズは彼の後任にこのように述べ、さらに、フランコとレケリーカは日本には反対だと彼に語っていたうえに、新聞でもこのような記事を書かせるようにすると言っていたことも後任者に伝えた(30)。もしアメリカ政府がもっと圧力をかけるか、ポルトガルに対してしたようにもっと魅力的な代償を申し出ていたならば、スペイン政府に決心させることになっただろうと思われる。スペイン政府は重大な決定をすることも、不確かな結果に至る道を歩もうとすることもしなかった。

おそらく、事態があまりうまく進展していないことを埋め合わせるために、スペイン政府はそれほど危うい結果とならないような二つの方策を採った。一つは新聞への新たな通達であり、もう一つは日本公使館への口上書である。まず、十月十二日の祝日とフィリピンでの戦闘が間近いことを利用して、新聞に対して次の命令を送った。

> このスペイン的世界の生来の構成部分であるフィリピン諸島はスペインにとって常に関心事である。太平洋の戦争がつくり出している政治的諸問題と関連して、スペインは東洋的で反カトリックで反キリ

スト教的な日本に支配されているフィリピンの人々の苦しみを知っている。我々はアメリカの人々とともに日本の帝国主義を警戒するものである。ロシアと日本のまがうことなき接近と共謀を見るならば、日本の帝国主義はアジアによる世界支配の野望を持っているのである(31)。

この文章は「アジアの野蛮」のイメージが日本に新たに付与されたことをはっきりと語っており、西洋文明を破壊しようとする「無法者たち」というすでに述べた見方がまたもや現れたことを示している。この脅威の主役は変わって、今はそれは日本人なのだが、考え方は同じだった。次に口上書は、フィリピン総合タバコ会社のいくつかの資産が日本軍によって奪取されたことと、フィリピンからスペインへの送金許可撤回に関して日本側から回答がないことに抗議したものである(32)。とはいえ、重要な変化が最後の点にあった――「日本の当局がスペイン側の要望にあいかわらずほとんど関心を示さないのであれば、スペインは外国における日本の利益代表たることを再検討しなければならなくなるであろう」(33)。日本は少なくとも脅威が迫っていることはわかっていたであろう。大胆な決定は間近だったから、スペイン政府は周知のやり方をとるのがよいと考えたのである。つまり、次に何が来るか考えよ、ということである。

日本の外交官たちはこれらの漠然とした脅威を確信していたので、軍事的闘いが優先されてはいたとしても、スペイン側の要望に真摯に応えようとした。須磨は限界状況に達したことを次のようにはっきりと東京に示した。

スペイン側の要望を受け入れるとしても、同種の一連の抗議にはいつも準備をしておくべきであると考えます。わが国の政策はスペインとの現在の関係を可能な限りの期間、維持するのがよいと考えます。それ故に、［外務省は］今回のスペインの口上書を特例とみなすことはできないでしょうか。スペインは日本の利益を代表している国でありますので、現地での戦闘に影響を与えないかぎりにおいて金や他の手段で解決できないでしょうか。これらの問題が可能な限り早く解決されるならば、スペイン当局が同種の他の公的連絡文書は正当だとする口実はなくなるでしょう(34)。

日本側もアメリカ大陸での日本人移民とイベリア半島での諜報員という人質を抱えていたから、スペインから報復を受けることを望んでいなかった。それ故に、須磨は二つの方策を提案した。日本の新聞でのスペイン非難をやめることと、フィリピン総合タバコ会社の資産の日本軍による強制的奪取を金で償うなどしてフィリピンのスペイン人居留民の問題に特別の関心を払うことである(35)。以上の提案は目新しいものではなかったが、この提案によって日本政府は厳しい状況を理解したし、外務省もスペインとの関係悪化を心配して並外れて速く行動した。この圧力によって、さらにはこの時期には敵軍のフィリピンへの侵入が始まっていたにもかかわらず、外務省は新たな送金ができないかと軍司令部および大蔵省と協議したのである。さらに駐フィリピン大使（実際にはこの国の実質的な当局）の村田省蔵宛に、「[スペインを]刺激したり、枢軸との関係を絶たせるようなどんな口実をも与えない」ことが必要だと打電することもした(36)。

マニラからはフィリピン総合タバコ会社の資産の状況を説明した回答がすぐにあった。しかしこの時期に日本の当局は、スペイン側の見解を否認することと、「その必要がなくなったら」上記の資産の管理を放棄して相応の補償をすると約す以外のことはほとんどできなかった(37)。戦争の当初から外交官たちの言うことをまともに聞くことはほとんどなく、フィリピンではなおさらのこと外交官たちの要請に応じようともしなかった軍人たちが納得したようなので、外交官たちはこのような回答を得るために懸命に努力したに違いなかった。しかし、これらの努力は無駄だった。というのは、戦争の進展が日本の当局者内部の争いの帰結をますます決定するようになり、また外交の役割を減じていったからである。須磨公使に抗議してもますます埒があかなくなったことはわかっていたが、日本側の決定能力がどこまで著しく減じていたかを知らなかったスペイン側は、説明を受けて、日本は戦争勝利の見込みをほとんど持っていないことを知ったに違いない。

日本はスペインでも友人を欠いていた。日本公使館との友好関係を維持していたと確認できるのは、当時フランコ将軍に忠実だったアグスティン・ムニョス・グランデス将軍とファランヘ党の作家エルネスト・ヒメネス・カバリェーロしかいなかった。ムニョス・グランデスは一九四四年十月に、台湾島東部でのありもしない日本の勝利に際して日本公使館に祝電を送った。というのは、台湾島はアメリカとの戦争の舞台にはけっしてならなかったからである（マッカーサーがフィリピン諸島を戦闘の舞台として使うことを主張しなかったら、台湾島を日本に向けてのトランポリンの場として使ったかもしれないが)。ヒメネス・カバリェーロは須磨宅での晩餐会に他の日本人外交官および外国の通信員とともに出席した唯一のスペイン人だった(38)。スペインではもはや親日派はわずかしかいなかった。しかし、やり方によっては日本への対応はフランコ体制を政治的に傷つけかねなかったから、たいへんに流動的な情勢ではどのような意見でも重用された。それ故に、他ならぬフランコの要請で、一九四五年一月十八日にセラーノ・スニェルがレケリーカに呼ばれた。外相レケリーカと総統《カウディーリョ》は元外相でありかつ同家族の者がなしうることについて大いに関心を持っていたのであろう。一方で、セラーノ・スニェルはスペインで親日的な感情を持ち続けようとした人々の意見を代表しており、他方で、セラーノ・スニェルは須磨と友好関係を保っていたので、スペインが決定的な方策を採った場合に日本がどのような反応を示すかということをわかっているとみなされたのである。この時期には情報、イメージ、それに期待感が交錯していたので、どんなことでも起こり得ると思われた。

日本と敵対するとなるとどのようにしたら最も良い便宜を引き出せるのかということでスペイン政府が迷いを強め、また他方でフィリピンの戦闘の行方を眺めていた一九四五年一月はたしかに凪の時期であった。日本に対する将来の決定的な行動を思案しながら、スペイン外務省は、この時期に、オスメーニャ政府を承認する、デル・カスターニョを東京に移動させる、スペインにおける日本の代表権を弱める、という三つの方策を考えていた。解放された地域のフィリピン諸島ですでに機能していたセルヒオ・オスメーニャ政府を承認することは、日本の反応が弱かっただろうから、最もたやすい方策だっただろう。実際に須磨はこのことを予期しており、もっとまずいことにならないためにこれを「大目に見る」ように本国政府に対して上申していた。日本政府は不承不承ながらもこれを受け入れた。日本政府は須磨公使に対して、このようなことが起きたならば、この行為は「非友好的」であるので少なくとも再考できないかとスペイン政府に伝えるよう命じただけだった。しかし、この方策は法的には不可能なことだった。一九四〇年に汪政府との場合に起きたのと同様に、オスメーニャ政府は他ならぬその後見人のアメリカからも承認されていなかったからである(39)。

在マニラのファランヘ党の領事デル・カスターニョを東京に移動させることはもっと難しかった。この方策はマニラ陥落後に予期されたアメリカ政府との諸問題を避けるために考えられたのだが、メンデス・デ・ビゴ駐日公使がこの時期のスペイン国家の主要な代表者たちの「逃亡」が生じさせるだろうたいへんに破滅的な結果を次のように警告して、このプランをやめさせた。「もし流血の事態がフィリピンで起きたならば、……スペイン人居留民は彼らから法的な保護を取り去ってしまった人々に責任の一部があるとみなすでしょう」(40)。さらに、フィリピンからいまだその本国だった日本への移動手段はわずかだったから、飛行機の座席をおさえることも難しかっただろう。スペイン政府には始まったばかりの戦闘よりも戦後の方により関心があったようであり、困難な時期を経験してきた外交官だったメンデス・デ・ビゴの賢明なやり方の方が優先されることになったのである。

考えられた第三の方策は、スペインにおける日本の外交代表者数の縮小を命じることだった。スペインにおける日本の外交代表者数は日本におけるスペインの外交代表者数よりいつも多かった。一九四三年には後者が三人だったのに対して、前者では十八人が信任されていた。この数字は、ドイツとイギリスの三十人の外交代表者数には及ばなかったものの、戦争初期の十四人のイタリアや十六人のアメリカの外交代表者数を超えるものだった。英米の支配に入った地から外交官が逃れて来たり、諜報活動を強化するための人たちが来たので、日本の外交代表者数は戦争が続いていた間にさらに増えて、全体で三一人にもなった。かくして、外交関係断絶の際の日本人の数は全体で六六人だった。このうち外交官は半数以下だったので、それ以外で本国政府のために働いていた人々の方が多かった。たとえば新聞記者たちを勘定に入れなければならないだろうが、そのうちの一人で『読売新聞』の通信員だった松尾邦之助は戦争の最後まで日本外務省の諜報活動の主要人物だった(41)。結局、政治的利益も方策の有効性（とりわけ、スペイン内に居残るであろう諜報員の数からして）もその困難に見合うものではなかっただけでなく、ポルトガル、スウェーデン、スイスの政府が追放された日本人たちを引き受けなければならないという間接的結果からしても、日本の外交代表者数の縮小は採りえない方策だった。かくして、どの選択にも可能性がなかったので、スペイン政府は日本との緊張関係から利益を引き出せる新たな方策を採れないままでいるしかなかった。どのような決定をしてもスペイン政府が立ち向かいたくもないし立ち向かえもしない問題をどこかで生じさせてしまうのだった。一九四五年一月にスペイン政府は迷いに迷っていた。

切迫した状況がこのように長く続くなかで、さらに、スペイン政府は同様な状況にあった他の国々が先を行くやり方を目の当たりにした。たとえば、枢軸国と密接な友好関係を保っていて、スペインの援助も得て枢軸国で日本政府のために情報を収集していたトルコ政府は、この一月に日本との関係を断絶した(42)。ほぼ同様な状況が南米諸国にも生じていた。枢軸国を敵と宣言することが国際連合の前身となったサンフランシスコ会議への参加が認められる前提条件だとルーズベルト大統領が言ったことで、パラグアイ、ペルー、エクアドルは日本に対して宣戦布告をしたばかりであり、それは新聞でも報道された。日本政府はそれを確認するためとその正確な日付を知るためにスペイン政府に問い合わせた。かくして、この件について報告するようにとカルデナスに命じて、スペイン政府は参戦する期限について知ることができた。カルデナスは報告した―「人々は私に、太平洋に面した半球の利害からすれば全ての関係国が日本に対して宣戦布告をするだろうと誰もが考えている、とも言っています。そのとおりになるかどうか、またすべての諸国のなかにアルゼンチンが含まれるのかどうかもはっきりとはわかりません。それらについてまた調査してみます」(43)。スペインが置かれた状況も同じようなものだったので、スペイン政府は南米諸国がサンフランシスコ会議を前にしてどのような対応に出るかということをよくわかっていた。つまり、日本との関係を断絶したり宣戦布告をしたとしても、実際には参戦しないかあるいはそれと似たような意図を持っているのだろうと。とはいえ、南米諸国の決定のなかで最も重要だったのは、枢軸国と断絶するようにとのリオデジャネイロ会議でのアメリカの圧力に耐えた政府つまりチリととくにアルゼンチンの決定だっただろう。

ワシントンからの圧力は、フランコ政権の主要な政治的拠り所だったアルゼンチン政府も従わせてしまった。アルゼンチン政府は一九四二年のリオデジャネイロ会議以降ワシントンと難しい関係に入っていた。それはアルゼンチンが当時ルーズベルト政府のやり方に反対した諸国のリーダーだっただけでなく、従属的地位に甘んじようせず、またボリビアとチリでの二つのクーデタを支持していたからでもあった。ボリビアのクーデタはペニャランダ将軍の政府を崩壊させることになったが、チリのクーデタは失敗した。それ故に、ワシントンのアルゼンチン政府に対する姿勢は南米においては非常に厳しいものだった。アルゼンチンは、南米における枢軸国の尖兵であり、マドリードを通じてベルリンから操作されている、西半球におけるファシズム運動の拠点だとして非難された。さらに、ワシントンはエデルミーロ・ファレール将軍が大統領のアルゼンチン政府を承認しなかった。ワシントンはこの政府に対して一連の強圧的方策を採った（たとえば、アメリカ船舶のアルゼンチンの港湾への寄港を禁止した）が、これは逆効果を生じさせてしまった。南米大陸の世論の大半を反米に追いやってしまったのである。ワシントンはたいへんに苛立っていた。

しかし、両国間の関係は次第に改善されていった。アメリカ両大陸諸国の仲介によって、アルゼンチンは、米州会議の中で初めてこれらの問題について議論したのである。それは、米州会議がそのような意図で招集したのではなかったチャプルテペックで開催された戦争と平和の諸問題についてのアメリカ諸国会議においてだった。これ以降、両国は互いに譲り始めた。ワシントンは自らの姿勢を緩和する意向を示し始めた。たとえば、国務次官ステッティニアスは枢軸国とアルゼンチンとの関係は実際にはほとんどなかったと主張したし、しまいにはルーズベルトがアルゼンチンが枢軸国に宣戦布告をするならばアルゼンチン政府を承認してもよいと言明した。アルゼンチン政府も一九四五年一月二五日以降、ほぼそれに見合うことをした。この日の政府声明でナチのスパイ網の存在が発覚したとされて、その翌日、それ故にドイツとの関係を断絶するとの発表がなされた。さらにアルゼンチンは米州会議の活動に復帰することになった。それ故に戦争の最後の年には、アルゼンチンはスペインと「流動的関係」(44)を維持していながらもスペインに先行したし、それまで友好を保っていた枢軸国に対して宣戦布告をもするかもしれなかった。以前にはドイツの影響圏内にいた諸国がはっきりと反ドイツの道をとったのである。

それでも、スペイン政府がしたことは新聞への新たな通達とマニラへの送金だけだった。一月十八日、太平洋での戦争の展開を彼らが言うところのアメリカへの「友好の精神」と結びつけるようにとのはっきりとした通達が新聞に対してなされた。この「精神」はスペインの新聞でドイツ支持派が最近おこなった批判に応えるためにも用いられた—「現在フィリピンで戦闘が展開されているので、一般通達で示して昨夏に伝えた方針の遂行にあたっては、アメリカとの友好と理解《インテリヘンシア》という基準が維持されるように充分な配慮がなされなければならない」(45)。この最後の用語は興味深い。つまり、すでに見た「アジアの狡知《インテリヘンシア》」に対して「西洋の理解《インテリヘンシア》」が対置されたのである。後者は同時に「文明的な知性《インテリヘンシア》」とも解釈されえた。他方でスペイン政府は、マニラのスペイン人居留民を緊急に援助するために二十万ペセタの資金を供与することを決定した。この資金は東京のスペイン公使館を通じて送られることになっていた。このことは、これらの「無法者たち」が起こすかもしれない被害を恐れていたことを示すとともに、以前からの友好の残滓としての一縷の機会を利用しようとの意図も示していた。敵国だったらけっしてこんなやり方はできなかっただろうからである。しかし、利益代表の問題が示しているようにそれまでの協力関係は褪せてしまっていたから、この方法では資金を届けることはけっしてできなかった。

将来のマニラの陥落を前にして、なすべきことを決めないままでいた政府だけでなく、フィリピンと関係を持っていたかなりの人々も不安な束の間の時期を過ごしていた。後者はフィリピンに親類がいた人々や経済上の利権を持っていた人々で、親類と連絡をとるとか、再び金を稼ごうとか、どさくさの中で商機を見出そうとかするために、以前の時期に戻る準備をしていた。たとえば、在フィリピン・スペイン人居留民委員会はできるだけ早く以前の順調な時期を取り戻そうとしていた。その三人の理事が彼らの経済的動機を示している。それはカストロ・ヒローナ将軍、フィリピンの最も重要なタバコ農園の一つだったラ・イエバーナ農園の所有者で自らのタバコ会社も所有していたエリン公爵、それにフィリピン総合タバコ会社のエンリーケ・カリオンである。商工業会議所連盟からも輸出入協会からも承認されていず、以前のファランヘ党員で「怪しげな活動をしていてモラルもそれほどない」とされたマヌエル・パンドによって率いられていて、それまでは極東でのみ活動していた東方商業会議所なる闇の組織も新たな商機を求めようとしていた(46)。フィリピンと崩壊近き大日本帝国は不明瞭な地域であり、不確定な状況の中では戦争の終結を待ちつづけるしかなかった。スペイン政府は決定的に反日本となったその見解を外に向けて表す方法をよくわかっていなかった。日本の利益代表を放棄すると脅しながらそれをするのでもなく、アメリカ大使が提案したような対応をしたのでもなかった。なすべきことの決定をさせたのは外部で起こることにならざるをえなかった。

2　マニラの虐殺

マニラでの戦闘が始まったことで束の間の時期は終わ

った。日本軍司令官の山下奉文がマニラを「無防備都市」と宣言して近くの丘陵への日本軍の撤退を命じたので、初めのうち戦闘は平和のうちに終わるように見えた。しかし、日本列島への前進のために使われるであろうマニラ港のような重要で戦略的な港をアメリカ軍が無傷で手に入れるのを妨害しようとした海軍司令官の岩淵三次は、この命令を守らなかった。それ故に日本の海軍は戦闘態勢をとり、その一万五千の兵は（補助的役割を果した台湾人兵と朝鮮人兵もいた）マニラを横切るパシッグ川の南部に塹壕を築いた。かなりの数の兵員がイントラムーロスに残ったが、そこは狭い街路と石の壁がマニラ港に停泊していた船から持ちこまれた武器とともに歩兵隊の攻撃を防ぐ絶好の塹壕となっていた。

戦闘はアメリカ軍のマニラ北部への奇襲攻撃から始まった。これはサント・トマス大学内の収容所にいた捕虜を解放するためだった。これが成功したので、ことを急ぎ、かつきどったダグラス・マッカーサーは三日後には「マニラ解放」を宣言し、さらにはマニラに凱旋してパリに凱旋した同僚のような栄光を得ようと思うようになった。そうしなかったのは、マッカーサーにとってもまたどうしても得たいと思っていたその名声にとっても幸いだった。というのは、マニラの他のところでの虐殺がマッカーサーの名を結局は不必要な流血と結びつけることになったかもしれなかったからである。スペイン統治時代の地区を奪取した後に、アメリカ軍の前進はますます混乱した状態の中での日本軍のさらなる抵抗によって足踏みした。この時期には暴力が事態をほとんど左右しており、この最初の「解放」宣言と同じ日のサンティアーゴ要塞での政治犯の虐殺に始まる一連の虐殺が起きた。この月の間中、掠奪や無差別の殺戮が続き、日本軍から市を解放するのに時間がかかった。今か今かと待たれていたマニラ解放の知らせは最初の攻撃から一か月後の三月三日にようやくやって来た。しかし、それはあまりにも辛いことだったので、戦争が終わったという安堵の念を一時でも味わせるようなものではなかった。マニラはこの時期にワルシャワに次いで最も激しく爆撃された都市となったのである。一般市民の被害は最悪の予想をも超えるものだったので、解放は予期されていたよりもずっと辛いものとなった。サン・フアン・レトゥラン大学長のフアン・ラブラドール神父は痛烈な皮肉を込めて次のように状況を説明した—「野蛮な行為が懸念されていたが、これほど大量の殺戮になるとは思いも及ばなかった」。

この事態の主要な責任は、撤退してマニラ北東の山々から抵抗せよという山下将軍の命令を海軍司令官の岩淵三次が聞かなかったことにあった。岩淵は戦死してしまったので、彼がなぜ命令を聞かなかったのかを追究することは難しい。しかし岩淵の弁護のために言っておくと、岩淵は山下の命令を受ける前に、山下の命令とは相矛盾する、東アジアで最良の自然の港の諸施設を破壊するようにとの他の命令を海軍上層部から受けていた。岩淵は組織上の上層部に従うことを選択したのだ。このことが彼の部下の兵士たちがマニラに篭城して一般市民を殺戮したことを正当化するわけではない。ただ戦争の必然と、これが自らの最後の闘いだと信じていた兵士たちの心理状態によってのみ、彼らの絶望的な行為とこれ以上は考えられないほどの多くの犠牲者を彼らの不幸の道連れにしたことの道理の無さが説明されうる。生き残るために降伏することもできただろうが、それを可能な道だとは考えなかったのだ。ほかならぬ東京の海軍上層部も生きて降伏するのがよいとは思っていなかったし、無血交渉についての宣伝も降伏の考えをもたらさなかった。さらに、敵側に彼らの生命を尊重しようとの考えがあまりなかったことが自滅つまり玉砕以外の選択をさせなかった(47)。彼らが超国家主義的な宣伝を信じていたにせよそうでなかったにせよ、ほとんどの日本兵は戦死したのであり、日本政府はそれが国の独立を守る最良の形態だと宣言していたのだ。しかし、日本兵の多くは生の最後の瞬間に天皇への強制的な礼賛を叫んだのではなく、愛する人々のことを想い出していた。彼らは絶望的な状況にあったが、それだけでこの不吉な月の殺戮を説明できるのではない。

アメリカ軍司令部にも責任の一端はある。というのは、ことを急いだので、包囲作戦に出て大日本帝国兵士の逃げ道を塞いだのだ。他方でマニラを無差別に爆撃したので市民は逃げることができず、また最初の攻撃の後に休止状態があったので、この間に日本兵が憂さ晴らしに無防備の市民を襲った。アメリカ軍がこのように行動した理由はそんなに込み入ったものではなく、それは統計を見ればわかる。つまり、この戦闘で死んだアメリカ兵はわずか数千人だった。アメリカ軍は爆撃をまずおこない、日本兵がたいへんに消耗するのを待っていた。かくして、日本軍は日本兵をやっつけるための無数の地雷が敷かれていたであろう地帯を制圧するために、そこに直接にその兵士を送ったのである。自らの生命を救うことがアメリカ軍の主要な関心だったのであり、住民の生命はその次だった。このような優先順序があったのにはマッカーサーが勝利者の抑えがたい名声をひけらかしたいと思ったからでもあろうが、おそらく他にも何らかの打算があったのだろう。

スペイン人居留民はこの戦闘によってとくに大きな被害をこうむることになった。というのは、その大多数が略奪と殺戮が最も激しかったマラーテ地区に住んでいたからであり、またマニラ市を離れた人がほとんどいなかったからである。その理由は、略奪が懸念されていたこと、一九四一年にアメリカ軍が撤退したように日本軍が撤退するのではないかと思われたこと（とくに市の周辺に何も保塁が築かれなかったので）、彼らが一時期を過ごせるような親類を地方に持っていなかったことである。他にも政治的背景に関わった理由があった。というのは、スペイン人やドイツ人の中には自らの国と日本との関係によって自分たちは丁重に扱われるだろうと考えていた人々がいたのである。実際に、一九四二年に勝利した日本軍がやって来た時にこれらの国の人々の多くはバルコニーに自らの国の旗を掲げ、その国と日本との友好関係によって少なからず丁重な扱いを受けたのである。しかし、一九四五年二月には将来が逃げ道の無い穴倉のように真っ暗だったので、ヒトラー、フランコ、ドイツあるいはスペインなどという名前はもはや何の意味も持たなかった。友好の絆も防共同盟も何の意味も持たなかったし、手榴弾によってどのくらいの数の犠牲者を生み出せるかということだけが問題だった。

スペイン領事館に避難した人々の惨状が最もひどい形でそれを示した。領事館は、枢軸国と結んだ国の国旗は楯となると信じていた多くのフィリピン人およびスペイン人家族を保護して受け入れていた。しかし、虐殺を繰り返していた兵士たちはマストにぶら下がっていたボロ布よりこのような人々の集まりに引かれたのだろう。最初に殺されたのはファランヘ党員の監視員リカルド・ガ*ルシーア・ブックで、この人物は、まさに二色旗「フランコ政権スペインの国旗」を掲げながら鉄柵に近づこうとして外に出たときに殺された。この後に日本軍兵士たちは領事館の建物を襲い、これを焼いた。この火事で中にかくまわれていた約五十人のすべての人々が死んだ。一人の少女だけが解放された。二日後に領事が領事館にやって来て、そこが死体で溢れているのを見た。赤と黄の二色旗が楯になるどころか的の中心となってしまった。スペイン領事館とドイツ人クラブでの虐殺は、政治的親近関係なるものに訴えたことが実際には悲劇を誘ってしまって逆効果になってしまったことを示している。日本軍兵士が家屋を襲い無防備の人々の群れに気ままに発砲したこのような殺戮は残念なことに日常茶飯事のことだった。全体で五万人のフィリピンの民間人の死者のうち、多くがスペイン国籍を持っていた人か、スペイン系人か、メスティーソと白人の混血か、あるいは多種のメスティーソだった。生き残った者の多くの証言がカスティーリャ語で書かれたことがそれを示している(48)。勝利は得られたが、それは惨禍の中での勝利だった。

スペインの文化的遺産も、その居留民と同じようにこれらの爆撃の日々に被害を受けた。マニラの歴史の中での台風、地震、数々の襲撃の長いリストも、どんなに長い年月をとったとしてもこの月の被害を超えるものではなかった。その理由は容易に理解される。日本兵の最も良い隠れ場所はスペイン統治時代に築かれた堅固な石の建物だったし、アメリカ兵はこれらの建物に危険を冒して突入する前に重砲で攻撃しようとしたのである。かくして、たとえば二月二三日の午前七時三十分から八時三十分までの間だけでも、イントラムーロスに一八五トン以上の高性能爆弾が撃ち込まれた。一分間に平均して六一発の爆弾が発射されたことになる。かくして、イントラムーロスにあった全てのカトリック教会や教区修道院などスペイン統治の三世紀間の最も可視的な遺産がサン・アグスティン教会を除いてこの戦闘でとくにひどい被害をこうむった。

スペイン時代の建物の破壊が執拗におこなわれたのは間違いない。伝染病の蔓延を防ぐためだという口実で、まだ壊れていなかった多くの壁や丸天井を備えていたいくつかの建物でさえ破壊されたのである。この時期の主な証言者の一人であるペドロ・オルティス・アルメンゴールによると、フィリピンにおけるスペイン時代をよく表していた建物の破壊は爆撃そのものよりも掘削機によってなされたのである。かくして、これらの建物の多くが壊されたことによってスペイン時代の歴史もまさに文字通り破壊されたのである。これは台北のドミニコ派教会で起きたことと同じだが、日本の伝統的文化の首府だった京都を守るためになされた配慮とは際立った違いをなしている。この点では、人命についてとは反対に、主な責任はむしろアメリカ側にあったと見てよい。危険でもなかったのにアメリカ軍が歴史的建築物に対して発砲したことは、スペイン人の人命を軽視した日本兵と同じようなものである。唯一つの建物だけが爆撃されないようにされて、アメリカ兵が銃剣を持ってそこに入った。それは後にその特別室がマッカーサーの事務所となったマニラ・ホテルである。この気取り屋の将軍にとって、スペイン時代の他の場所は何ら政治的利益をもたらすようなものではなかったようだ。マッカーサーにとっては、膝まで水につかってフィリピンに戻ってきたときの、つまりパイプを吹かし、またオスメーニャ大統領を意味ありげに背後に置いたリンガエン海岸での有名な写真の方が政治的利益をもたらすものだった。「アイ・シャル・リターン」の約束を果たしたことを示すために、マッカーサーはこの海岸に入ることを何回も繰り返して、カメラマンが最も良いショットをとるようにさせたのだった。さらには、帰ってきたことを念入りに宣言しただけでなく、戻ってきたのは自分だけだったことも印象づけようとしたようだ。マッカーサーは何者も自分より以上に出ないようにしたかったのだ。マッカーサーは、連合軍が各国の統合的指揮の下に行動せずにアメリカ軍の指揮の下でのみ行動したことについて文句を言っていたイギリス人もオーストラリア人もニュージーランド人もオランダ人も、またフィリピン化していたスペインの文化も自分に優ることはないようにしたかったのだ(49)。

マッカーサーによって二月初旬にマニラが奪取されたとの知らせは、スペインで早過ぎた期待を生じさせた。外務省は、マニラの「再征服」にスペインは満足しているとの通達を出した。この通達の中では、アメリカがスペインの文明化のための事業に「便宜を与えてきたこと」が称賛されていたが、また太平洋での戦争がヨーロッパの戦争よりも早く終わってしまうかもしれぬことに対するスペイン政府の懸念が表明されていた(50)。この最初の期待の後には、ドミニコ派宣教師たちの状況はそれほどひどくはなかったとの知らせが来た。彼らは連合国捕虜が収容されていたのと同じ大学にいたのだが、ほぼ無事だったのである。しかし後には、マッカーサーが宣言したほどには容易ではなかったマニラの奪取についてほとんど情報がもたらされなくなったので、楽観的な見方はすぼんでしまった。良い知らせを告げた電報からちょうど三週間後の二月二七日には、アウグスティヌス会修道士たちの虐殺について最初の情報がもたらされた。この後いくつかの非公式の情報がもたらされたが、一週間後の三月七日にデル・カスターニョ領事は、殺戮が規模の大きいものだったことは間違いないことを、アメリカ政府を介してマドリードの政府に初めて報告した(51)。スペイン政府はいまや、しかもできるだけ早いうちに行動を起こすしかなかった。

このような情報を知ったスペイン政府の最初の反応は、フィリピンのスペイン人居留民の窮状を救うための策を講ずるために国務長官との会見を申し込むようにとのワシントン駐在大使への訓令電報だった。だが、国務長官との最初の会見と同じ日の人事調書に記されたデル・カスターニョをリマ駐在領事に任命するとの人事も政治的意味を持っていたと言ってよい(52)。スペイン政府は、その対日協力と反米的姿勢のためにデル・カスターニョ領事が批難されていたことをよく知っていたので、ありうべき恥辱を避けようとしたのである。しかしそれはうまくいかなかった。マニラではマッカーサーの兵員がデル・カスターニョを数日間自宅監禁の下に置いていたし、ワシントンでは民主党のジョン・カフィー議員が日本の占領中のデル・カスターニョの対日協力について何回も警告した。スペイン政府は、レケリーカが一九四一年になって成長した七面鳥の物語［三五五ページ参照］*にはまり込んでしまったように、デル・カスターニョのそれまでの対日協力によってその行動の手を縛られていたのである。

新聞がスペインは「日本の野蛮さ」を身をもって体験したことを示すためのキャンペーンを張ったので、マニラの事態へのスペイン政府の憤りは数日のうちに一般の人々の知るところとなった。偶然なのかどうかはわからないが、スペイン政府が反フランコ政権の宣伝に応戦しなければならなくなった三月十四日と同じ日に、駐スペイン新アメリカ大使ノーマン・アーマーの着任が発表された。新大使はヘイズと同じ姿勢を維持するだろうと、また一九四五年一月十八日に発信され二月十七日に到着したカルデナス駐アメリカ大使の書簡によってアメリカのスペイン政府に対する態度は良好なものとなったとフランコ政権が期待したのには根拠があった。カルデナス大使は「スペインに対するアメリカの政策が変わったようだ」と初めて言明したのである。外相はこの書簡に「大いに注目すべき」との書き込みをした(53)。新たな道が開けたと思われたのである。

またもや日刊紙『アリーバ！』が人々の考え方をどのように導くのかという手本を示した。同紙はスペインがフィリピンでこうむった被害をくどくどと書き立てただけでなく、日本に対する戦争が持っていた「道義の戦争」の重大さを早く察知しなかったことにファランヘ党の自責の念をまた表し始めたのである――「スペインはこの戦争で共産主義の危険の妄想にとりつかれていた」(54)。翌三月十五日、マニラからの連絡があったので、レケリーカは突然にしかもマスコミに何の説明もなく、在中南米諸国の大使を伴ったこれら中南米諸国への訪問を中止した(55)。

この間に外相がマドリードでどんな動きをしたのかについて詳しいことはわからない。外相は可能な限り信頼できる情報をまず集めようとしたのだろう。さらにレケリーカは、新聞に対して「日中戦争に関する情報については蒋介石の中国の勝利を強調するよう」に新たな命令を発した(56)。日本からのあらゆる情報は、「非常に遠回しに」日本に同情を示したものも含めて禁止された。また、マスコミは新聞もNo‐Doもフィリピン情勢の重大さを詳しく報道することを許された。ホセフィーナ・マルティネス教授によると、No‐Doは破壊されたスペイン人所有の建物と「公私のスペイン人」の殺戮の映像を「どぎついまでに」見せた(57)。

とはいえ、この時期の最も重要なことは、通信社Efeのワシントン通信員マヌエル・カサーレスにアメリカの雑誌『ニューズウィーク』の一記事について論評することを許可したことだった。この記事はマニラの虐殺について語り、スペイン政府が連合国との関係を改善しようと努力していたまさにそのときにこの虐殺が起きたことを明らかにしていた。カサーレスは『ニューズウィーク』のこの記事について電報を送り、これらの殺戮はスペインが日本に対して宣戦布告をするのに十分な理由となるだろう、そうするとスペインは自動的に英米と連合することになろうと付け加えていた(58)。この電文はスペインの新聞で紹介された。さらにマドリード駐在の通信員に対する検閲が緩和された。このことは表立った情報以上の何かがあったことを明瞭に示していた。連合国諸政府がスペイン政府にどのように対応するべきかと思案しているうちに、スペイン政府は自らの姿勢を定めようとした。スペインの首都に通信員を派遣していた各国の新聞がそれを示していた。これらの新聞によると、マドリードでは日本との国交断絶さらにはサンフランシスコ会議以前にスペインが対日戦に参戦するとの噂が流れ始めていた。これはワシントンに焦点を合わせたキャンペーンだった。スペインも戦争の直接の被害者であり、その国民はアメリカに対して戦ったその同じ人々によって殺されたことを強調することが明らかにスペイン政府の主要目的だった。

しかしそれだけではなかった。というのは、すでに述べたようにアジアの野蛮についてのステレオタイプ的見方はどんなことが起きても不思議ではないと思わせていたし、様々な情報はこのメンタリティーの産物であったからである。ビルマでの戦争についてのNo‐Doの映像もまたとくに残虐なものだった。外務省のある内部文書には、これらの「アジアの野蛮人」についての最悪のイメージが期待されたことが示されている―「スペイン人居留民は壊滅させられた。九〇%の人々が犠牲となった。ほとんど全てのスペインの修道院や教会は破壊された」(59)。以上のことはこれらの情報が何らかの意図を持っていたことを示している。神風特攻隊員についての報道はアジアにおける戦争が異質の扱いを受けた理由を暗示している。というのは、「彼らは自分たちを待ち構えている敗北を前にして死のうとしているのだ」と言った後に、これは「異様な戦争」であるとの論評がなされたのである。日本の野蛮さについてのどのような報道も真実ではあったが、それは最悪なものとして受けとめられることが期待されたのである。スペインは日本人の手で非常に多くの同国人が死ぬという被害を受けたのだが、つまるところ、「黄色い野蛮人」の犠牲者というこの新たに得た役柄を連合国に接近するために使うことを企図していたのである。もちろん、イントラムーロスにおけるスペイン時代の建物の破壊が主にアメリカ軍の責に帰せられるようなことは考慮にも入れられなかった。

以上のような言い方をしつつ、かつ慌てながら、レケリーカは三月の後半には、日本に対する宣戦布告をしたらどんな反応が生ずるか探ってみることにした。このことについてのスペインの資料はわずかである。というのはおそらく、どのような方策を採るかなかなか決められず、ことは微妙であり、また国交断絶だけでなく宣戦布告にさえなるかもしれなかったから、最も重要な話は外務省の執務室ではなくパーティーやサロンの場で話されたからである。このような探りが最初になされたのは三月十七日だった。イギリス武官ウインダム・W・トールの自宅でのレケリーカの夕食会で、外相はスペイン政府が考慮していることをあからさまに語ったのである。イギリス武官によれば、レケリーカは「我々は日本に対して宣戦布告をしようとしているようなものです」と言ったのである。イギリス武官がそれはいつになるのかと尋ねると、レケリーカは答えた—「もうすぐだと思います。我々はポルトガルよりも早く宣戦布告をすべきでしょう」。その理由を語った際にレケリーカは肩をすくめるようにして、「ああ、フランコは日本人をいつも嫌っていましたからね」と言った。そこでトールが「それでは、マニラのスペイン領事館での虐殺についてはどうなさるのですか」と聞き返すと、外相は答えた—「はいもちろん、我々はそれを大いなる理由として使えるのです」(60)。理由はいくらでもつくることができたのである。問題はそれらをうまく使えるかどうかだった。

イギリス政府はスペイン側の率直さにたいへん驚いたかもしれないが、その反応はそっけなかった。「スペインが宣戦布告をしたとしても、我々がそれを喜んだり、そのためにスペインになんらかの借款を与えるという必要はまずありません。それでも、このスペインの行動がアメリカに何がしかの印象を与えるという危険はあります。それ故に、我々連合国は留保の態度をとり続けることをアメリカ国務省に勧めるべきであると思います」。イギリス外務省はまた、スペインの意図が主にアメリカに向けられたものであることも分かっていた。「たしかに、スペインの日本に対する宣戦布告がありうるような状況になり始めているようです。間違いなく、スペインはこのようにして少しでも連合国側に、とくにアメリカ側に鞍替えしようと思っているのです」(61)。イギリスの対応も重要だっただろうが、ワシントンの対応はもっと重要だった。イギリスはワシントンの対応に影響を与えることができるくらいだけだっただろう。

アメリカ政府はマニラでのスペイン人虐殺が明るみに出ると姿勢を変えた。一九四五年二月二三日まで何回か、アメリカの外交代表の一人だった代理公使バターワースはレケリーカに日本と国交断絶するよう勧めていた。バターワースはスペイン外相がそれを受け入れようとしていると見たので、もっと圧力をかければスペインにそれを飲ませることができるとワシントンに報告した。この後バターワースは国務省ヨーロッパ局に、アメリカの利益にとってどのような結果になるのが最も良いかについて報告書を作成するように依頼した。報告書を作成したジョン・ウイッカーソンは、スペインが日本と国交断絶したらどのような状況が生ずるかを何人かの専門家に尋ねた。ウイッカーソンは、仮にアメリカにとって利益になることがあったとしてもそれはわずかであることをすぐに明らかにした。というのは、軍事面でアメリカにとってわずかに利益が生じたとしても、スペインを同盟国とすることで政治的に面倒なことが生じ、それが利益を相殺してしまうからであった。ウイッカーソンの提議はスペイン政府と関わらないようにすることであった(62)。

ウイッカーソンの上司たちもただちにこの提議に賛成した。その翌日の三月二日にマドリードの大使館にきっぱりとした訓令が出された―「スペイン政府は日本と国交断絶するためのなんらかの示唆が得られればよいと思っているであろう。……スペイン政府の役人が意見を求めてきたら、アメリカ政府はスペイン政府が日本と国交を維持しようと断絶しようとそれについてほとんど関心を持たないと答えられたい」(63)。ヘイズに代表されていたフランコ政権に最も迎合的な潮流は、フランコ政権との妥協に最も反対していた潮流によって排除されていた。対日政策について起きたことと似たことが起きたのである。アメリカ政府内にいた対日政策の旧来の専門家たちは、日本の改造をもっと徹底してやるべしとした専門家たちに一九四五年にはとって代わられていたのである。前者の最も重要な人物は一九三一年から一九四一年まで駐日大使だったジョセフ・グルーだった。国務次官グルーは一九四五年八月にディーン・アチソンにとって代わられることになる(64)。ヘイズやグルーのような保守的改良派の影響力が弱まったことは、つまるところスペイン政府にとっては好ましくない知らせだった。この時からアメリカの姿勢がより非妥協的なものとなるであろうからであった。フランコにとっても時は移り変わっていた。フランコの決断の遅さは、第二次世界大戦の開始の際には、たしかにドイツ側で参戦しないという便宜をもたらした。戦争の最終局面では連合国に対してほぼ同様の事態が起きていたのである。とはいえ、ウイッカーソンの報告書の時期から見て、今回はゆっくり決断するわけにはいかなかった。

この間に英米の両連合国政府はスペインに関して同じ結論に達していた。さらに、アメリカの新大使は前任地のブエノスアイレスで同様に緊張した状況を経験してきたこともあり、個人的にもこの強腰の姿勢に関わっていた人物だった。新大使は、「助言」のためにその地から一九四四年六月に退任していたのである(65)。

この目まぐるしい状況の中で、アーマー大使のレケリーカへの初訪問が三月二十日になされた。非公式の会談だったからであろう、外相は日本との国交断絶や宣戦布告があるかもしれないことには触れず、日本軍のマニラでの虐殺がスペインで憤激を引き起こしていることについて語った。しかしアーマーはもう回答を用意していた—この問題はスペイン政府にのみ関わることであり、アメリカは戦争のこの最終局面においてそれに何の関心も持っていない(66)。これを聞いてレケリーカは随分と驚いたことだろう。というのは、これは前任のアメリカ大使の姿勢からの一八〇度の転換だったからである。

レケリーカはアメリカの新たな政策の埒外に置かれていたが、翌日の三月二一日にアーマーが招待した私的な夕食会でアメリカの新政策を知る機会を得た。この夜会で話されたことについての唯一の言及は、レケリーカが日本に宣戦布告をするためにスペイン政府が決めた必要な手続きについて語ったとのみ伝えている。つまり、ポルトガルはイベリア協定によって事前の打診を受けるだろうことと、レケリーカと会談した須磨が大いなる不満を表明したことである(67)。実証する文書はないが、アーマーは夜会のくつろいだ雰囲気も考慮し、また、スペインが日本に宣戦布告をするかもしれない、これでスペインは理論上は連合国の一員となるだろうと伝えたロイターのマドリード通信員のロンドンへの電報にも苛立って、アメリカ政府はスペインが参戦することを拒否することをレケリーカにはっきりと言明したと見てよい。

アーマーとの夕食会でレケリーカがこのような通告を受けた最も明白な証拠は、翌日午前中の日本公使館でのカクテルパーティー招待についての前日の通達を翻した通達である。二一日朝の最初の通達は「関係はまったく正常であるとの印象を与えるために」外務省職員にパーティーへの参加を許可していたのに、招待の日の午前中に、「前の通達は」破棄される、「外相は、本省職員もその家族もこのパーティーに参加することがないようにと考えるものである」とされたのである(68)。以上の転換の理由を示すスペイン側の文書はないが、その起源はアーマーとの会見にあったと見てよい。この会見の後、外相はパーティーに外務省職員が参加することを禁じて、反日本の姿勢が本物であることを示そうとしたのであろう。対日姿勢を硬化しようとのスペインの決定はすでになされ、そのための策は講じられたのだが、状況は変わっていた。対日関係冷却化への道は考えられていたようには容易ではなかった。

3　徐々なる決裂

このような状況の中で、スペイン政府は迅速に行動した。というのは、スペイン政府の強硬な新姿勢のクライマックスは日本人が孤独のままに宴会を開いていたその日にやってきたからである。一九四五年三月二二日、フランコ政権はアメリカ大陸諸国における日本の利益代表たることをやめる決定をした。スペイン政府は強い調子の口上書を送ったが、その中でスペイン人への賠償について語り、またフィリピンにおけるスペイン人の組織的迫害には日本政府が直接に手を下したとの見解を表明した後に、スペイン的世界を破壊するために「日本政府当局からの直接の命令」があったのではないかと述べた。かくしてスペイン政府は戦争の初期に日本から委ねられた人道的事業を終わらせることにし、この事業を受け継いでくれる国が指名されるのを待つだけであると述べた。しかし、最も不可解なのはこの口上書の最後の文章だった—「政府はこの問題をあらゆる範囲において検討したが、ただちに補償がなされることを今すぐ要求するだけでなく、たとえ賠償されるべきことが賠償されたとしても、このような蹂躙がスペイン人の感情とくにフィリピンの我が兄弟たちとの友好の感情をいかに傷つけたかということを忘れることができない」(69)。この口上書は急いで作成された結果、その後はなるに任せた一種の逃げのように見える。というのは、口上書は折良い時間に日本公使館に着くようにされたのだが(パーティーが終わる頃に運転手がそれを手渡した)(70)、この後にスペイン政府がどのように行動するのかは不明のままにされていたからである。政府自身がどのようにしたらよいのかわからなかったいくつかの問題が残された。スペイン政府は、どうなるかわからない道しか与えられなかった者のように混乱していたであろう。

日本の利益代表たることをやめるとの決定は新聞でのキャンペーンを強化するのに役立った。これはUPのマニラ通信員署名の非常に好都合な記事に大いに着目することによって、まさに一九四五年三月二三日に始まった。この記事ではサント・トマス大学学長トマス・タスコン神父の発言が取り上げられていたのである。『ヤ』、『ABC』、『アリーバ!』などの主要日刊紙の第一面はマニラの事件について報道した。『アリーバ!』の論説は、とく以前の友好国の行状に対する当惑を表わしていて、とくに興味深いものである——「スペインでは今日まだ、フィリピン諸島における邪悪な日本の諸機関を突き動かした意図がどのようなものかをよく知ることはできない」。いまやはっきりと、日本人は異様な人種の領域に入ってしまった。それでも二日後に、当惑だけでなく、水面下では政治的闘争がいまだ続いていたことが明らかになった。『アリーバ!』は外務省の行動にへつらいの姿勢を示したのだが、また公式の口上書に対して疑問を呈そうとしたのである。『アリーバ!』は、スペイン人の虐殺はどこまで「責任ある行動と組織された命令」の結果だったのかはまだわからないと主張し、アメリカへの不信をあらためて示しながら、「この事件の性格、数的事実、特質」を調査するようにと結んだ(71)。他の新聞は熱狂的に外務省の行動に和した。『マドリード』紙は「あまりに受動的だ」、「スペイン的世界に対する黄色人種の逆上」だと言った。『プエブロ』紙の「黄色い野蛮」と題された一記事における日本人に対するすさまじい言葉の数々はおそらく暴論名言集に収録されてよいものであろう——「文明的世界とは正反対の人種」、「我々は彼らとは人間としてのどのような関係も持っていない」、「西洋文明と呼ばれてきた広範で昔からあるこの世界において最も愛され尊ばれている事柄の本来の敵」(72)。

ドイツのスペインへの経済的援助の結果として枢軸国の大義を擁護して日本への批判を避けていた新聞も、より緩やかなやり方ではあるが反日本のキャンペーンに加わった。たとえば『アルカサル』は「許し難い攻撃」との見出しを掲げ、『インフォルマシオーネス』は過去にさかのぼって、親日の前大統領ホセ・ラウレルがタガログ語でおこなった演説がスペインでは悪評だったことを想起させた。しかしこの数日後には同紙の主張のトーンは弱くなった――「我々は日本人は称賛に値すると思うと初めに宣言した者の一員だが、マニラの事態に判断をくだすにはぎりぎりまで待とうと思う」(73)。せいぜい若干の疑念を呈することぐらいが許されただけだったので、スペイン政府の新対応によってスペイン内部の政治的戦域では大きな問題は生じなかった。

しかし、政府には自らの新たな対応に対する外国の反応の方がより心配だった。外国の反応はもっとばらばらだったので、少し立ち入って検討するのがよいだろう。連合国はスペインの姿勢を無視するという既定の政策をこれからも採ることで一致していた。アメリカ国務省は軍事的にも政治的にも利益がないことを強調して、「我々にはそれは関係のないことである」と言明した(74)。他方でイギリス政府は、「ドイツへの宣戦布告とは異なるものであろう」とはしながらも、スペインの決定は「まったくの機会主義」であると決めつけた(75)。アメリカ政府は、「スペインが日本に宣戦布告をしても、それによってフランコ体制に認知が与えられることは全くないであろう」ことも付言した(76)。これは明白な敵対的反応であり、やはりかつては枢軸国の影響下にあった他の国々が受けた反応とは非常に異なるものであった。

同様の軌跡を辿っていたからであろう、チリとアルゼンチンはスペインの対応をよく理解していた国々だった。アルゼンチンの外務次官はスペイン大使に、日本との国交を断絶するのがよい、これは「全アメリカで暴かれている罠」に対して「致命的な打撃」となるだろうと言ってのけた。たしかに、アルゼンチンはスペインが採った道を自らが採ろうとしていたものと同じ対応だと見ていた。というのは、アルゼンチン政府は、何回もの躊躇と日本に対してのみ宣戦布告をするかどうか迷ったあげく、四日後の三月二七日に日本と「日本の同盟国としての」ドイツに対して宣戦布告をしたからである。他方、チリ政府は三週間後の四月十二日に同様の宣戦布告をすることになる(77)。しかしこれら二国の場合には、アメリカ政府がそうするように最後まで圧力をかけたのである。

ポルトガル政府の方は、自らの反応がスペイン政府からも他の諸政府からもたいへんに待ち望まれていることを知っていた。以前から日本と緊張した関係にあっただけでなく、フィリピンで十三人のポルトガル人が死んでいたので日本政府を非難する理由があったのである。以上のような期待と、それに、サラザール体制はフランコ体制のやることには従うだろうと見ていた連合国側が非常に神経質に対応した証左として、共同して行動しようとのスペイン側の要望について協議するためにポルトガル大使館の顧問が急いでリスボンに発ったことが注目を浴びたのである(78)。とはいえ、ポルトガル政府はスペインの新聞が提供した情報を自国の新聞が再掲することを許可するに留まった。しかしスペインへの支持はそこまでだったし、しかも新聞の記事がスペインの新聞でのようにむき出しの非難に至ることはなかった。連合国の反対、中南米諸国の励まし、それにイベリアの隣国の穏やかな姿勢というように、スペイン政府が関係保持に気を使った諸国での反応はたいへんに異なっていた。

枢軸国側では罪は連合国側の圧力にありとほぼ見られていたから、大方の見解は一致していた。ある人々はスペインにおけるドイツのプレゼンスのために対日関係の解決は重要だと見ていた。ゲッベルスの日記にはスペインが言うところの虐殺があったのかどうかは疑わしいとあり、それはアメリカの「陰謀」の一部だと考えられていた(79)。日本側ももちろん共通の敵の方に責任があるとし、しかも自分たちが負かされたとは認めずに、スペイン側の決定を見直させることができるのではないかと考えていた。おそらくより大きな悪を避けるための戦略として、須磨はスペイン側の突進を和らげようとし、そのためにまずは他にも問題が生ずることを避けようとした。須磨は秘密の情報の収集にあたっては十分に注意するように公使館員に命じた。このような意図に沿って、日本の新聞はスペインが日本の利益代表たることをやめたと不機嫌に伝えたが、それはコメントなしであったり、あるいはスペインの世論に配慮さえしたようなものであった。この後、須磨はスペイン政府に働きかけるために、いまだ保持していた三つの主要な手段を使おうとした。友好国への援助の要請、金《かね》、それに東京での圧力である。

第一に、ドイツについて言えば、日本政府はスペインとの関係の改善のためにすでにその協力を求めようとしていた。とはいえ、ドイツは自分たち自身の生命を救うことをより気にしており、日本の同僚たちと同じようにアーマー大使の着任がスペインにおけるドイツのわずかなプレゼンスを完全に除去してしまうことになるのではないかと恐れていた。かくして、日本政府の訓令を受けた大島大使の要請によりドイツ政府が駐マドリード代理公使ジギスムント・フォン・フィブラに日本のために仲介の労をとるよう命ずると、同代理公使は日本との問題はスペインとドイツの友好的関係を損なうことはないとのレケリーカの保証を得たことで満足した(80)。日本との緊張関係をそんなに心配しなくなったことに見られるように、ドイツ外交の最後のあがきもアウトサイダーのようなものになってしまったことはまったく明らかである。ドイツがむしろ安堵の思いをもってそれを眺めていたと考えても不思議ではない。日本がスペインの贖罪の山羊となることによって、スペインのドイツ自身との緊張した関係が緩和されるからである。

第二に、金を使おうとの日本の考えもやはり良い結果をもたらさなかった。この手段はスペイン政府から譲歩を引き出そうとしてすでに用いられたものであって、そこではスペイン人のイメージが重要な役割を果たしていた。これは、スペインが日本の利益代表たることをやめたその日にレケリーカと会談した須磨がその後にたいへん楽観的な内容の文書を本国政府宛に送った理由だったと思われる。須磨は、補償をすれば状況の悪化は避けられるだろう、「面子が救われれば」スペインが再び日本の利益の保護者を引き受けてくれるようにすることさえできると言ったのである(81)。同じ三月二三日の須磨のレケリーカへの回答は、友好的な金融協定なるものへの前段階としてのこのへつらいの意図を示している。この回答は、スペインが憤慨するのはアメリカの宣伝によるものではないとして、「魂への愛、紳士的な態度、スペインの人々が持つ正義感」だとか「両民族の……近似性や確かな同一性」などをむしろ想起させたのである(82)。この後の四月二日に、日本政府の了承を得てもいないのに、須磨は以前の状態に復帰するための計画をスペイン外相に提案した。この計画は、一方ではマニラで犯された犯罪について独立した調査をおこなうことを提案する、他方では「援助が必要な犠牲者の救済資金」に充てられる金額を日本側が自発的に供与するというものであった。これは秘密の「レケリーカ・須磨合意」なるものの一環であるとされた(83)。須磨の計画は結局、犠牲者に何らかの金を払うことで「面子を救い」、かくしてフィリピンで詳しい調査がおこなわれようとする前にもこの件からほとんど注意を逸らしてしまおうとするものであった。

この日本人はスペイン人を買収しようとしたわけだが、しかしおまけに東京の政府もこの提案を支持した。日本人たちは、わずかな人々の懐を蓄えさせることになることの「犠牲者への自発的供与」なる手段でもって何人かの鍵となる人物を自分たちの側に獲得し、スペイン側の姿勢を変えることができると考えた。須磨はおそらく実際からかなり乖離したことを考えていたのではなかった。汚職はフランコ政権の高い職位にまで及ぼうとしていたし、日本の金をつかもうとの思惑は高官たちの間でさえも倫理的な疑念を生じさせるものではなかった。このことは一九四五年四月十三日にワシントンの日本大使館で起きた事件が示している。この事件では、スペイン大使館の二人の役人と一人の安全錠の専門家が現場で取り押さえられたのである。スペイン人たちは日本の利益を保護しているから立ち入り権を持っているということで日本大使館に入ったのだが、この頃にはその権限は終了していた。それ故に、警察は彼らが何をしているか捜査しようとしたのである。警察は五万ドルの現金を奪うために金庫をこじ開けようとしたとして彼らを逮捕した。この金は日本の権益を守るために一九四二年に金庫に入れられたのだが、マドリードからワシントンまで確実に暗号を送るのが困難だったことから、ずっとそこにしまわれたままだったのである。自らの行為がばれると外交官たちは、日本大使館に自由に立ち入ることに「慣れて」いたので国務省に入館申請を出すのを忘れていたと主張した。彼らは、新聞がこの件を報道したのでマドリードの政府が問い合わせるまで、自国政府にこの件を伝えるのも忘れていた。この後カルデナス大使は、国務省はこの件を重要視していない、さらには新聞は事態をまったくねじ曲げていると回答した(84)。以上から推測できることは、大使もまた分け前にあずかろうとしていたのではないかということである。その政府の姿勢からしておそらく自責の念にとらわれることがなかったので、この金庫の金はそれを欲しいと思っていた何人かのスペイン人にとってはたいへん魅力のあるものだっただろう。他方、戦争中に金をたいへんに必要としていた日本は、利益の保護国をも失って自らの状況が極めて悪化したことを知ることになった。

須磨の計画は肯定的イメージとともに否定的イメージをもいじくり回したものであり、紳士的なスペイン人に言及するとともに守銭奴としてのスペイン人も言外に含ませていた。このように考えたのは須磨だけではない。というのは、武官の桜井敬三も「フランコに近い人物」との会話に基づいて似たようなことを上層部に対して述べたからである。この人物は「実質的かつ心理的な」補償なるものについて言い、そうすれば反日本への「最終的な道」はすみやかに取り除けられるとしたのである(85)。これはもっともなことだったと言ってよい。というのは、スペイン人はできるだけ金を巻き上げようと思っていたからである。それは、現在バラハス空港がある地で内戦後にウサギ飼育のための農園の経営を開始していたアルカサル・デ・ベラスコから(86)、税関吏あるいは価値があるかどうかにかかわらず何らかの情報を日本人にもたらすような者までそうだった。さらに、フエンテス・デ・オローニョ税関において金がせしめられた事件がまともに調査されなかったことや、ワシントンで金庫がこじ開けられようとした上記の件が明るみに出ても何の動きもなかったことが示しているように、政府高官もそれらを防止するための方策を採ったようには見えない。このような状況を考慮すれば、三月三十日に外務次官が連合国の外交代表たちに対して、日本は要求された補償額を払えないようだ、かくしてスペインは「国交断絶、さらにはおそらく宣戦布告という当然の措置を採らなければならないだろう」と述べたことは(87)、須磨の意図は正しかったが、この時期に日本が準備しえた額が足りなかっただけだったことを示していよう。諜報活動のための真珠や首飾りの移送が失敗していなければ、おそらく須磨の計画はうまくいっていただろう。いくつかの点でスペイン人は、フランコ総統が自慢していたようにそんなに文明化していたわけではなかったのである。

スペイン政府の姿勢を変えさせるために日本が採った第三の方策は東京のサンティアーゴ・メンデス・デ・ビゴ公使を介してのものだった。公使はスペインが日本の利益代表たることをやめたことを今回も新聞によって知った。公使は、小磯国昭内閣の崩壊や外務省の沢田廉三次官との会談を本国に伝えて、さらに思い切った決定に至るのを遅らせようとした。公使は、沢田次官との会談で日本側には解決の途を見出そうとの明白な意思があることがわかった、「私の印象は悲観的なものではない」と伝えたのである(88)。しかし、鈴木貫太郎新政府は、スターリンが考えを変えて、アメリカの圧力を受けて太平洋戦争の最後の局面に加わってくることが大いにありうるようになったことをもっと気にしていた。ソビエトのこの指導者はこの戦争に加わることをヤルタ会談の最中にルーズベルトに約束した後に、まずは日本を侵略国として非難していた。それ故に、スペインの問題が二次的なもの以上になったようには見えない。かくして、スペインが進めた一歩を須磨が伝えたとき、日本の外務省は須磨の示唆に従い、補償資金の提案を承認し、須磨を援助してくれるようにドイツに要請し、また東京ではスペイン公使館との話し合いを持ったのである。これは、溺れる者がわらをもつかもうとするようなものだった。

外務省はそれをわかっていたが、これらのことが失敗するだろうことは一連の長い困難にさらに一つの困難を付け加えることになるというようなものだった。この件でやけどをすることが致命的なほどの重要性を持つというのでもなかった。

スペインが日本と戦争するかもしれないことをもっと恐れていたのはメンデス・デ・ビゴだった。緊張した状況がもっと悪化しないようスペイン外務省に働きかけるようにメンデス・デ・ビゴを説得するのに日本側は多くの議論を要しなかった。それにメンデス・デ・ビゴもそのようにしようとしていた。スペイン公使館一等書記官フランシスコ・ミゲル・プラーナスの兄弟が逮捕されたことをメンデス・デ・ビゴがマドリードに知らせなかったことがこのことを示している。この男は横浜港についての情報をこの書記官に知らせたということで拷問されていたのである。日本の利益代表たることをやめたことや日本との国交断絶さらにはありうべき宣戦布告についてのメンデス・デ・ビゴの純粋に政治的な見解がどうであれ、マドリードの上層部をなだめようとのメンデス・デ・ビゴの努力は彼自身が置かれた困難な状況から理解できることである。監視がさらに厳しくされ（自動車で移動する場合には日本人一人をかならず伴わなければならなかった）、軽井沢の山村の暖房もないところで寒い冬を過さなければならなかったうえに、さらに不自由な状態に置かれるのではないかとの思いでメンデス・デ・ビゴは恐れおののいていたのである(89)。天皇家の隠居場所と同じところにいても、そんなことはメンデス・デ・ビゴの気持ちを楽にするものではなかった。

とはいえ、外交官たちはほとんど何もできなかった。須磨にしてもメンデス・デ・ビゴにしても、さらには鈴木新政権の誰もがスペイン政府を動かせる状況にはなかった。須磨は、時代が全く変わってしまったこと、お世辞や褒め言葉を言ってもスペイン人をもう動かすことはできないこと、ちょっと前にスペイン人を賞讃したことがまったく忘れられてしまったことをまだ信じられなかった。スペイン政府の全くの優先事項が自らの生き残りとなってしまったこの状況では、讃辞もドイツの圧力も楽観的な見通しも何の意味も持たなかった。

というのは、スペイン政府が「東洋」ではなく西洋の方を向いていたからだった。スペイン人は大日本帝国の主要な標的だったなどと主張した新聞記事や(90)、既述の外務次官の言明のように、スペインの新たな戦争の意味付けはこの方向に向いていた。とはいえ、スペイン政府の宣伝が軟化したようにも見える。レケリーカが新たな指示を与えたようには見えないし、外交上でも非公式にも新たな工作をすすめたようには見えないからである。『ニューヨーク・タイムズ』が指摘したように、新聞やラジオでの宣伝もまた、三月末には軟化した(91)。

このような不確実と様々な噂の三週間の後、一九四五年四月十一日の閣議は日本との国交断絶を決定した。この決定の後に発せられた口上書は、以前の三月二二日の声明を想起させたうえで、フィリピンでの出来事がスペイン政府にいかに悲痛な思いをもたらしたかをあらためて述べた―「この事件はスペインと日本の友好の長い伝統を破壊してしまうきわめて残念なことであります。日本との友好の伝統についてスペインは最近のいくつかのことも含めていつも証しを示してきました」。つづけて口上書は国交断絶の決定が正当であると主張し、マニラでの出来事については「とくにスペイン領事館と公的な建物や公人に関しては」補償を要求するかもしれないことをほのめかした―「……これらのことは両国の友好関係の維持と両立できないものであります。かくして、政府は外交関係を維持し続けることは不可能であるとみなすものです。……しかしこのことは、命を落とした者に関して貴国に対して出された補償要求を妨げるものではありません」(92)。さらに口上書は、日本軍は「スペイン政府のすべての公的な建物」の攻撃と破壊について、また領事館において「男女の別なく下級使用人をも含めてそこにいたすべての領事館員」を虐殺したこと、「この建物にいた全部で五十人のすべての人々をも殺戮した」ことについて責任を負っているとの非難をよく考慮するようにと注意を喚起した(93)。外相はスペインの唯一の公的建物（賃貸）は総領事館だけだったこと、またそのように信じさせようとしても（No-Doはそう報道した）、日本人がスペインの五十人もの役人を殺せなかったことをよく知っていたはずである。というのは、どの国の領事館もそのような数の勤務員を抱えられたわけはないからである。日本の利益代表をやめることを通告したときの口上書と同様に、この口上書の文言は日本の諸当局向けというより諸外国向けに考えられたものだった。

この時点でのフランコ政権の戦略がどのようなものであったかを知るのは困難である。おそらく政府はそれ以上のことはしないと決定したか、多分、日本に対して宣戦布告をすればどのような反応が返ってくるか引き続き探りを入れようと考えたのだろう。しかしこのときの閣議の議事録がなく軍の文書も見ることができないので、確実なことを知るのは困難である。とはいえ現在の資料状況からすると、スペイン政府は日本との緊張関係を試してみようとして国交断絶を決めたのではないかと思われる。それまでに踏み出した動きからすれば、これは避けることのできない次の一歩だった。この口上書は三週間前のものより穏やかだっただけでなく、それほど強迫的でもなく、また惑わせるような内容もなく、ただ補償を求めただけだった。さらに、新聞も日本との国交断絶について特別の関心を払ったようには見えなかった。『アリーバ!』の一論説が目立っただけであり、他紙は政府の今後の見通しについてとくに何か言うということはなかった。国交断絶そのものについても、その意義を語ろうとした宣伝機関はなかった。他方で、四月十二日の国交断絶以降に日本との関係悪化を示すような新たなことは何も起きなかった。日本公使館の人員は日本国が所有したいくつかの建物に集められ、警察官がその出入りをチェックしたが、これらの方策は主にこれ見よがしの効果のために採られたものだった。少し後になると、出入りも、アルコールが出されたパーティーをすることも、夏の休暇に出かけることさえも許可された。

日本との戦争に行くかもしれないとの恐れやあるいは兆候は噂の範囲内でのものでしかなくなった。在米大使館でも在日公使館でも、最終的な宣戦布告までにあと二週間か三週間(四月二一日とか二七日とか言われた)あるのではないかとされていた。この間に在日スペイン人の国外退去の準備がなされようとした(94)。一方、デル・カスターニョはアメリカを経由してスペインに戻っていた。アメリカでデル・カスターニョは必要以上に滞在できないように耐えがたいほど警戒され、また、ある新聞はデル・カスターニョが反米活動をしていたとあらためて報じた。フランコはデル・カスターニョの帰国の過程について常にくわしい報告を受けていたが、緊張状態がもっと進めば予期しがたいことが起こるかもしれないことをやはりこの時点で悟っていただろう。それ故に、国交断絶以上に緊張状態を進めようとはしなかった。

かくしてすぐに雷雲は去ってしまい、噂さえも消えてしまった。国交断絶から一か月も経っていなかった五月八日に最初のコルテス[国会のこと]*総会が開かれ、そこでコルテス議長エステバン・ビルバオがスペインとフィリピンの人々の利害は一致するとの演説をしたが、将来の方策については何も述べなかった(95)。三日後の五月十一日に、少しずつ関係が断絶していっても戦争宣言にまでは行かないだろうことがまたも『アリーバ!』によって裏付けられた。『アリーバ!』の記事「「ハラキリ」、フィリピンその他のこと」は、フィリピンでは

「日本が……スペイン人狩りに夢中になっている」ことや「我が祖国がこんなに下劣でこんなに犯罪的な無礼の対象となったことはほとんどない」ことを強調しつつ、太平洋の戦争においてスペインが中立のままでいることは難しいとのすでに知られた言い方をするにとどまった。しかしこの記事の重要な意味は、どのような戦争の冒険も拒否することが次のようにはじめてはっきりと示されたことにあった。「世界の悲劇的状況においては軍事行動を差し控えることが今後も我々の国際政策の中心軸である」(96)。この記事は、すでに萎えてしまっていた反日キャンペーンに新たに付け加えられたものは何もなかったことだけでなく、とくにスペイン政府が日本に対する戦争を断念したことを示していた。事態にさらに弾みをかけるようなことはなかったのである。

4　戦争に行くかどうかの難問

フランコの政府は日本と対立するいくつかの方策を採ったが、最後にはルビコン川を渡らなかった。うまい政治的機会を待っていたこと、友好国の助言、連合国の軽蔑、それに体制内部での力関係などの一連の理由によって日本に対する宣戦布告がなされるには至らなかった。それ故に、日本に対するスペインの政策が落ち着いたところで、どのような動機でスペイン政府は当初は日本に対して宣戦布告をしようとしたのか、あるいはどのような動機がこの選択をとらなくさせたのかを考察しておきたい。スペイン政府の対外関係をよく理解し、またその研究を深めるためには、わずかしか関連していなくても不可欠の諸要素を深く検討することが必要である。それらは、マニラの事態は実際に重要な意味を持っていたのか、スペインがアジアの戦争に加わるとなるとそれはどのような形態においてか、最後に、このような政策でフランコ政権は本当はどんな目的を達しようとしたのか、ということである。

4・1　スペイン政府への調停者

全般的な状況は日本との緊張関係をさらに進めるべきかどうかについての熟慮をフランコ政権に迫っていた。国際的な局面では、戦争の行方が日本に対して宣戦布告をしてもそれほど利益がないようにさせていた。一方では、日本との国交断絶を決定したまさにその一九四五年四月十一日にフランクリン・D・ルーズベルトが死去した。少なくとも若干の小休止を余儀なくさせたこのことが、その数日前に成立していた日本の鈴木新政府がどう反応するかということに付け加わった。他方では、第三帝国が決定的に崩壊した。他ならぬドゥシナーゲが『スペインは正しかった』の中で次のように述べている―アメリカ軍がライン川を渡ったからには「戦争は降下状態に入ったのであり、そうでなければできたかもしれないようにはスペインが太平洋で行動できる余地はなかった」(97)。スペイン政府はあまりに様子をうかがい過ぎていたのである。

友好的政府の中では、ブエノスアイレス、バチカン市国、リスボンの三つの政府がとくに重要だった。すでに見たように、アルゼンチンとの関係はスペイン政府にとって戦争中を通して非常に重要なものだったが、三月末に状況はまったく変わってしまっていた。一九四五年三月二七日にアルゼンチン政府が枢軸国に宣戦布告をすると、アメリカ政府はただちに満足の意を表明し、四月四日にはすべての規制を解除して、自国船のアルゼンチンの港湾への入港を再び認めるようになった(98)。アルゼンチンの例はスペインに困惑を生じさせるものだった。アルゼンチンの回心は、アメリカ政府が手を伸べる中で、まるで放蕩息子が戻ってきたようなものだった。フランコ政権はもうアルゼンチンに支持を見出すことができなかった。

以前は敵対していたアメリカ大陸の両国の和解は、この大陸の他の国々の仲介によって育まれた。それ故に、フランコ政権はアメリカへの接近のための可能な介添者としてバチカン市国とリスボンの政府を考えねばならなかった。このように考えたのにはたしかな理由があった。というのは、両国ともマニラにおいて日本という同じ敵の手によって被害を受けていたからである。すでに見たように十三人のポルトガル人が殺されていたし、また教皇庁は五十人を超えると算定されたもっと多くの犠牲をこうむっていた。さらに教皇庁は、おそらく周到に準備されたものの一つであるマニラでのスペイン人フランシスコ会修道士に対する殺戮によって衝撃を受けていた。この殺戮が知られると、教皇自身がただちにそれを非難した(99)。とはいえ両国政府は、国際社会においてフランコ政権の介添者となるよりはフランコ政権の態度を軟化させることを望んだ。両国にはそれぞれ別の理由があった。バチカン市国はまだ日本が占領していた中国の地で宣教師たちがもっと大きな危険に晒されるのを避けようと思ったし、ポルトガルは内政での諸問題を抱えていた。

教皇庁は他の宗派の人々がフィリピンの修道士のような目に遭わないようにするべきだと当初から表明しており、その姿勢を明確にするための策を講じていた。その一つに、外相レケリーカに大きな影響力を持っていたとされる人物であるマヌエル・アスナールを通じた工作があった。また、布教団最高評議会を通じての、在日の宣教師の状況と彼らが日本を離れるための便宜についての日本政府に対する公的な問い合わせがあった。さらに、確証する文書はないが、教皇庁はスペイン人と日本人の交換計画にも関与していたと思われる。これは外交関係を維持させることをも含んでいたと思われる(100)。ポルトガル政府もスペイン政府の姿勢を軟化させようとした。一方で、以前からの日本との緊張をやっと克服したし、数十万のマカオ在住者の命はマニラでの十三人の死よりもっと重要だということをスペイン政府に示さなければならなかった。他方で、日西間の緊張におけるポルトガルの主要な関心はスペイン政府に引きずられないことだった。日本との国交を断絶せよとの連合国の圧力を受け入れないことで新聞で非難を受けようとも、ポルトガル政府はイベリアの隣国が宣戦布告をしても自国にはほとんど利益はないと見ていた。ポルトガルの首相は、それまではポルトガルが先行していたアジアのようなところでスペインの後を追う方策を採ることに我慢ができなかったのであろう。イギリス外務省はポルトガル政府がめぐらしえた思惑を理解しており、同政府が調停者の枠割を果たせるのではないかと推測していた―「……私は、スペインが日本に対してたとえ宣戦布告をしたとしても、サラザール博士がそれと同時にポルトガルを戦争に巻き込むことには同意しないだろうことは当然だと考えます。このような形でスペインの後を追うのはポルトガルの国家的尊厳というサラザール博士の理想に反することになるでしょう」(101)。ポルトガルは、両国の利害はたいへんに異なっており、いわんや共同行動のための利害はないと考えていたし、またアジアで主導権を握っていたのは常にポルトガルだったので、イベリア・ブロックの範囲の中に日本を含めて考えることはほとんどできなかった。サラザールは日本に対する宣戦布告にスペインを引き込むことなら喜んでしただろうが、逆のことはけっして受け入れなかっただろう。

他方でアメリカの方は、仲介どころかその急激な政治的旋回によってスペイン政府に困惑をもたらした。それ故に、スペイン政府がアメリカの姿勢の転換をどのように受けとめたのかを立ち入って解明するのがよい。カルデナス大使はアーマー大使について期待を抱かせるような書簡をしたためたので、間違った情報をもたらしたとして非難されてもよさそうだったが、そういう非難は起きなかったようだ。スペインの日本に対する硬化政策を無視した方がよいというウイッカーソンの報告の期日が一九四五年三月一日だったことからして、日本との戦争に行くこともあるとのスペイン政府の決定に使われたアメリカの政策についてのカルデナス大使の情報は正しかった。それ故に、スペイン政府の主な過ちは、カルデナスの書簡が作成されてから外務省に着くまでに一か月もかかったことだった。そのうえ、アメリカの突如の姿勢の転換に驚かされた後にも、カルデナスは日本に対する宣戦布告があってもよいと示唆した情報を送ろうとしたことが過ちだったとは認めなかったし、当時のワシントンの雰囲気はまったくその情報のとおりだったと繰り返した。他方でカルデナスは外務省に対して、「こちらでそう思われていたように、もしそれが好都合なら、スペインが日本に対して憤慨していることを見せつける材料」を提供するような通信員の記事が検閲係によって承認されていたのだから、すでにマドリードでは最終的決定がなされていたことも強調した(102)。

カルデナスは、アメリカの最初の否定的姿勢が現れたのは、一九四五年三月二三日にスペインが日本の利益代表たることをやめたのと同じ時だったことを思い起こさせた。この日に、「当地では我が国の日本に対する姿勢と日本に対して宣戦布告がなされるかもしれないことへの不安が現れているとの、また、ある人々は在マドリードのアメリカ大使に宣戦布告をさせないための任務が委ねられたと見ているとの噂」がカルデナスのもとに届いたのである(103)。この時期までに世界の新聞は日本に対するスペインの好戦的意図を察知しており、大いなる軽蔑の眼でもってそれを見ていた。もっとも意義のある批判の一つは『マンチェスター・ガーディアン』に載せられたものであり、そこでは品位もなく国際連合の椅子を得ようとしているとしてフランコ政権が糾弾されたのである(104)。かくして、スペインが日本に対してどのような姿勢を採ろうとも軽蔑された主要な要因として、在マドリードのアメリカ大使が言うところのフランコ政権の政策の失敗の理由とともに、おそらく国際的な拒否も挙げなければならないだろう。日本と国交断絶するとのフランコ政権の決定が二月のうちになされていたなら、スペイン政府は連合国から異なった反応を受けていたであろう。もっと好意的ではなかったとしても、少なくともその反応はそれほど断固としたものではなかったであろう。しかし、否定的反応が示されて、新聞があらためてフランコ政権を攻撃すると、連合国の姿勢が翻ることはなかった。マニラにおける死者の数や残虐行為も連合国の姿勢にとくに影響を与えることはなかったようだ。いわんや西洋世界の連帯の論を持ち出しても連合国の姿勢を変えることはできなかった。

国内世論、というより当時このように呼びうるものも日本とフランコ政権との緊張がそれ以上に進まなかったことに決定的な役割を果たした。政府は日本に対する硬化政策ならば、他のどのヨーロッパの国に対してよりも確実な同意をあてにできた。さらに、レケリーカがその圧力のほどを知っていたフィリピンに重要な権益を持っていた人々はフィリピンで問題を起こした者への復讐に満足するだろうと思われた。それでも、宣戦布告となると、スペイン政府が進めてきた日本に対する緊張増大政策への人々の支持は減少することになっただろうと見ることができる。

語の最も広い意味において穏健なスペイン人たちはマニラでの犯罪にやはり憤慨していただろうが、それを日本との緊張増大の機会とすることには疑問を持っていた。日本の利益代表たることをやめたことや国交断絶のような方策を目の当たりにして、様子を見ようとの姿勢が形を成してきた。日本公使館に閉じこめられていた日本の外交官たちを励まそうと後に同公使館を訪れることになるような親日派の人々が明らかにこの姿勢を示すことになろうが、緊張政策に反対した主要なグループは権力の座に居座ろうとの総統《カウディーリョ》の目論見を冷笑を持って眺めていた多くのスペイン人だったであろう。フランコ政権の意図についてのからかいは繰り返し現れていたであろう。『ニューヨーク・タイムズ』がスペインと日本の間の緊張を二重の意味をもって報じたことがそれを示していよう。まだ国交断絶に至らなかった四月一日に同紙は次のように書いた――「スペイン政府が［日本に対する］何らかの方策をただちに採ることはなおもほとんど間違いないことである。このことに関しては、枢軸国に対するアルゼンチンの宣戦布告がスペインで多くの関心を呼び起こしたが、普通のマドリードっ子はアルゼンチンの宣戦布告が遅かったことをむしろ嘲笑していた」(105)。検閲がなかったら、おそらく同紙はマドリードの人々がアルゼンチン政府に対してだけでなく自らの政府に対しても批判的だったことをも報じたことであろう。

おそらく批判は政府上層部の中でも聞かれたであろう。レケリーカは国交断絶の決定は閣議において全閣僚の合意でなされたと言明したが、これはどうして本当だと言えようか。それに、もっと厳しい方策が採られたなら、この合意なるものはさらに難しかったであろう。タンジールのスペイン総領事は「国の品位を汚す」ことになるとしてありうべき宣戦布告への反対を表明し、自分の意見は多数のスペイン人の意見だと言った(106)。他ならぬ政府内でも工業相カルセリェールは、ドイツに対しても日本に対しても戦争に行くのはよくないことだ、というのは日本については連合国がその方策を評価するにはもう遅すぎるし、それに道義的にも実質的にも意味がないからだと見た。世界戦争を望んでいたときとはまったく違ってその終結によって悩まされていたこのフランコ体制ほど将来の見込みが不確かだった者はいなかったこともあって、日本に対して宣戦布告をするのがよいとスペインの政府に言う者は誰もいなかった。

4・2　宣伝に使うための計画

日本との国交断絶の過程において非常に重要な要素であった宣伝がたまたまうまく使われたのかそれとも計画的になされたものであったのかを知るためには、マニラでの戦闘の前の時期に遡ってみるのがよい。一九四五年の春という宣伝が最も激しくなされた時期についてアグスティン・デル・リオ・シスネーロスは述べている——「日本に対抗する姿勢は、中立であったにもかかわらず太平洋の戦争において確固としたものだったが、日本の狼藉兵たちの野蛮な行為がスペインで知られることによって強められた」。この主張は疑問である。というのは、中立を言うと同時に戦争の一方の当事者に反対する姿勢を語ることは明らかな矛盾であるし、それにまた、これらの野蛮な行為についての知らせは関係悪化の前ではなく、後になってからのことだったからである。いくつかの資料からすると、国交断絶は予め決められていたことであり、フィリピンからの情報の主要な役割はこの決定の触媒の働きをしたことにあったようである。

一九四三年に中国の国民党政府を称揚することをした最初の新聞だった『ヤ』紙には、一九四五年一月末に、フィリピンにおける戦争がまもなく終わるだろうとの記事が載った。この記事は、これは「スペイン人とその財産にとっての日本の主要な脅威」を取り除くことになろうと言い、さらにそれは日本との関係の断絶のための「重要な障害を非常にうまく取り除く［ことになろう］」と付け加えた(107)。それ故に、若干の休止をすることがレケリーカの戦略だった。というのは、レケリーカは国交断絶についてのアメリカの対応を聞き受けて、その部下には日本に対する将来の好戦的計画を非公式に流させながら、どのようにしたら最も多くの利益を得ることができるかを考えていたからである。

アメリカに対してもイギリスに対してもこのようなことがなされた。前者については、マニラでの戦闘の最中にスペインの役人がアメリカの役人に、フィリピンについての情報は「最も高いレベルで」検討されており、その内容を前もって言うことはできないが、「スペインの断固とした行動がすぐにもなされることは間違いない」と述べた。イギリス政府に対しては、マニラの事件の後のスペインと日本の緊張についてのイギリス外務省内のメモの一つが示しているように、ほのめかしはもっとはっきりとしていた――「これがスペイン政府がこれから展開すると我々に告げてきた新聞での反日本キャンペーンの主内容である」(108)。計画は決まっていたのであって、問題はいつそれを実行に移すかということだった。

やがてマニラが陥落したが、安易な予想はすぐに間違っていたことがわかった。運動《モビミエント》の全国新聞宣伝代表部とSEU［スペイン大学生組合］*のファランヘ党の学生は記念行事を催すことを考えており、他方で政府はマニラ解放を祝し、また日本軍によるサント・トマス大学の破壊に抗議するための大衆集会を準備していた。サント・トマス大学の元学長シルベストレ・サンチョ神父がこの集会の主催者となることになっていた(109)。しかしマニラに平和が訪れても、以上のような行事や集会は開かれなかった。サント・トマス大学には損害を受けなかった建物はわずかしかなかっただけでなく、大量の殺戮によってそのような行事をおこなうことはほとんど不可能だったからである。反日のカードはたしかに使用されようとしていたのだが、災厄のひどさが予想を超えていたのである。死者のこのたいへんな数がありうべき日本への宣戦布告を思いとどまらせたデータとなったとさえ思われる。

4・3　海軍の青い師団

どのようにして宣戦布告をしようとしたのかについての公的な資料はない。その著『スペインからの報告』で日本との緊張についてたいへんはっきりと述べているのは新聞記者のヒューズである――「ホセ・ルイス・アレーセが、我々は新たな青い師団を派遣する準備をしている、今度は日本に対してである！　とアメリカ大使館員にほのめかしたときに、この件は馬鹿げた様相をも帯びそうになった」(110)。このファランヘ党の指導者はその著書の一つの序文でこのことを自認している。アレーセは、共産主義と戦っているとしてヒトラーを擁護した後に次のように述べている――「私がホルダーナ伯爵にキリスト教世界にやはり脅威を与えている日本に対してマッカーサーの側で戦うために他の青い師団を派遣するようにしてほしいと要請したことも、残念なことに当時と同様に今日もかつてなく脅かされている大義のために役立ったのである」(111)。それ故にアレーセは青い師団なるものを派遣しようとの会話があったことを認めているのだが、自伝的著作によくあるように、自身にとって有利な事実だけを語っているのである。さらに、この提案をしたのはホルダーナに対してではなくレケリーカに対してだったただろう。

これらのことについての当時のいくつかの噂も上述の意図があったことを証明している。ある人々は須磨公使に対してスペインから去るよう命令が出されることになっていたと言っていたし、他の人々はドイツが敗北するまでは宣戦布告をしない方がよいという意見を持っていた(112)。ある「当地の一省庁の率直な高官」の発言に基づいたアメリカ諜報機関ＯＳＳの一情報には、スペインは日本軍と戦うためにアグスティン・ムニョス・グランデスとアントニオ・アランダの両将軍にそれぞれ率いられた「志願兵」から成る二師団をフィリピンに派遣することをアメリカに提案するようだ、とある。上述の意図について最もよく知りえていて、さらに日本との関係断絶の諸時期をよく覚えていると思われる人物は外務省ナンバー2のホセ・マリーア・ドゥシナーゲであった。もちろんドゥシナーゲはその著『スペインは正しかった』において日本との戦争の可能性の理由についてはっきりとは述べていないが、そのやり方についてたしかに一言を残している――「スペイン海軍の一艦隊を太平洋に派遣することが計画された」(113)。この艦隊は志願兵から成り、その派遣はこれ見よがしの象徴的性格を持つものとなり、数隻の船によっておこなわれようとされたのだろう。つまり、海軍の青い師団となるものだったのだろう。

4・4　様々な目的

日本に対して宣戦布告をしようとの最も明白な理由は、ラテンアメリカ諸国もそうだったように、サンフランシスコ会議に参加できるようにしたいということだった。世界の新聞の中で最も機知に富んだ論評はメキシコの日刊紙『エル・ポプラール』の一コラムに現れた「フランコの戦術」についての論評だった――「フランコは日本に対して宣戦布告をするのだろう。……日本はドイツに対して、……ドイツはスペインに対して、……そしてどの国もサンフランシスコに行くことになるのだろう！」(114)。とはいえ、スペインの官僚たちはサンフランシスコ会議との関連をいつも全く否定した。上に見たような皮肉を言わないドゥシナーゲは、『スペインは正しかった』の中で西洋の連帯の論を持ち出してはぐらかしてしまい、次のように言っている――我々が採った政策は、「この地域ではキリスト教文化を擁護する点において我々と英米の連合国との間に深奥な連帯が存在することに鑑みて、日本の参戦以降にスペインが示してきた方針」に従ったものだった(115)。

イギリスの外交官たちが日本との緊張とサンフランシスコ会議に招聘されたいとの希望の間には関連があるのかと質問したとき、レケリーカはこの緊張はまったく二国間の問題であり、「スペインはこのようにして戦時の会議あるいは講和の会議で何らかの席を得ようとの意図を持っていない」としてこれを否定した(116)。日本に対抗しようとのこの連帯の方針が真珠湾以来ずっと続いていたのでも、ありうべき宣戦布告が二国間の問題であろうはずもなかった。スペイン人たちはこの戦後の国際関係システムへの参入と関係を持つべきいくつかの目的を隠そうとひりひりしていた。

サンフランシスコ会議に参加できるようにするためにまったくのところスペイン政府はこの会議の推進者の了解を得ねばならなかったが、そのためにはアメリカの意見が決定的となるだろうことは誰の目にも明らかだった。その最も容易な道の一つが太平洋を介した道、つまり日本に対する戦いではっきりとした主導権が示されていたところで、スペインも日本に対して憎しみを持っていることを示しながらおこなうやり方だったであろう。アメリカ課報機関の一情報にはホセ・マリーア・ドゥシナーゲが次のように言ったとある――「我々はアメリカのカードを十分に使いたいのである」(117)。日本に対するありうべき戦争がワシントンの方を見ながらなされようとしたことは誰にも秘密ではなかったし、それに在ドイツの大島大使の発言がそれをはっきりと示している――「これはアメリカを相手にしたフランコの手口の一部である」(118)。しかし、この明白な推断以上に、日本との緊張とサンフランシスコ会議との関係を質問したのがイギリスの外交官たちだったことも重要である。スペインと日本との緊張が頂点に達した一九四五年四月初めに作成された広範なテーマを検討したイギリスの内部文書が指摘したように、彼らはスペインにおいてイギリスが次第に脇に追いやられていることを感じ取っていたのである(119)。

日本との緊張を利用してサンフランシスコ会議に参加しようとの考えは、さらに、アーマー大使と外務次官クリストーバル・デル・カスティーリョの最初の会談の内容によっても確証できる。ソ連とスウェーデンの地を経由して日本におけるスペイン人居留民を避難させることができるかもしれないと言った後に、見たところデル・カスティーリョはある考えを思いついた。それは、スペインはソ連と関係を持っていないのだから、この件でアメリカがスペインに何らかの援助をしうるのではないかということであった。デル・カスティーリョはさらに説明を加えようとして、自分自身としてもソ連と公的な関係を持つことには賛成だと言い出し、さらにアーマー大使の書くところによれば、次のように締めくくった――「デル・カスティーリョは、もしこのような手続き［「スペインとソ連の関係の確立」］がなされるならば、ソ連に対するより友好的な環境が生まれるという副次的な便宜が生じるだろうと言った。このときデル・カスティーリョはこのことは勘案すべき重要な要素だと信じていた」(120)。アーマーはまた日本への宣戦布告はソ連を通過してのスペイン人の避難のために数週間遅らされることになるだろうことも聞かされていたが、アーマーに伝えられたデル・カスティーリョのこの考えが不意に湧いてきたものとは考えられない。同様なことは、デル・カスティーリョが親共産主義に変わってしまったとか日本からのスペイン人の避難を本当に考えていたのかどうかについても言える。捕虜交換のための日米間の二回の協議が長きにわたったことを知っており、また三年の間にフィリピンに船を送ることすらできなかった後では、日本からスペイン人を避難させようとの、しかもソ連の攻撃の舞台となるであろう地を通って（そのうえ共産主義国家を経由して）戦争の最後の局面で彼らスペイン人をうまく移送しようとの考えは独特な思いつき、少なくとも常軌を逸した者の思いつきだった。またしても、人道的な理由が純粋に政治的な目的のために使われたのである。

かくして、日本との緊張の主要な目的はおそらくアメリカに気に入られるためだけではなく、よく知られていたようにスペインのサンフランシスコ会議への参加に反対していたソ連をなだめるためでもあった。そのためには、すでに引用した急いで書かれた長文のカルデナスの電報（この時にはスペインの方策に反対する連合国の姿勢はまだ知られていなかったが）をもう一度見てみるのがおそらく一番よいだろう。この電報はやはりソ連政府への接近の意図の理由を理解する手助けをしてくれるからである。

……このこと［ありうべき日本との国交断絶］はスペインに反対してサンフランシスコでロシアが採るかもしれないと私が恐れる立場を相殺するのに適当な方策になるかもしれません。……日本に対する宣戦布告はスペインを国際連合の一国にすることになろうかと思います。それでも現在の状況では我々はもうサンフランシスコ会議に招待されないかもしれませんし、まず招待されないでしょう。しかしこのような方策によって、今つくられようとしている国際的組織へ我々が参加することへのロシアの反対をおそらく阻止できるかもしれないと思うのです。というのは、日本に対する戦争でスペインが英米の盟友となるならば、我々は講和会議の席に座る権利を得ることになりましょうし、それ故に上述の組織に参加できるようになると思うのです(121)。

もしスペインが日本に対して宣戦布告をすれば、とくに実際に起きたようにソ連が日本に対して宣戦布告をすることになれば、スペインとソ連は同盟することになる(122)。日本のフィリピン占領の終焉を前にして、スペイン政府は連合国へ接近するために予め日本に反対する方策を考えていた。それはスペイン人の利益の防衛以上のものだった。それは、とくにフランコ体制を防衛することを意図していたのであった。

5　最終局面での関係

日本との公式の関係の終焉の後、また日本と国交断絶しても予期された政治的利益は得られそうもないことがわかった後、スペイン政府の主要な関心は大日本帝国に住んでいる同国人が報復の対象とされるのではないかということだった。アメリカのラジオで国交断絶を知ったメンデス・デ・ビゴは上層部に対する若干の非難を隠せなかった―「この知らせは私にはけっこうな驚きをもたらしたことを申し上げなければなりません」(123)。メンデス・デ・ビゴは「宣教師と修道士の非常に多くの居留民がいること」を想起させ、本国との連絡が不可能となってしまう前に、「当地で残虐で恣意的な措置が我々に対してなされるのを避けるために、［在スペイン日本人*に対する］最も寛容な措置を採られること」を上層部に要請した(124)。スペイン政府によって採られた方策から判断すると、メンデス・デ・ビゴの要請は無駄ではなかった。日本人に対しては寛容に扱うように、また日本人外交官に対する監視は控えめにするようにとの命令が警察に出された。さらに、日本の公使館は開いたままにされた。中国の南京政府や満州国のような日本の傀儡政権との関係断絶もなされなかった。これはまさに、日本政府が報復措置を採ったときにスペイン側の条件を厳しくできる余地を残しておくためであり、また中国におけるスペイン人宣教師にもっと面倒なことが起きないようにするためだった。

日本での報復はないとの知らせは緊張を緩和させた。さらに、両国はその共通の利益を代表する中立国をスイスとすることを受け入れた。メンデス・デ・ビゴは、スペイン人以外との会合を避けるように言われたが、避暑地の周辺を通行することやラジオを持つことさえ許された。それでも、日本からスペイン人を避難させようとのこころみが放棄されたのではなかった。カルデナス大使に対して、フィリピンのスペイン人を避難させることができるかどうかだけでなく、あらたに交換船を送ることができるかどうかもアメリカ政府に尋ねるようにとの訓令が出された。遠洋で両国人をそれぞれ交換するためにスイス船をチャーターしたらどうかとの日本政府の役人の提案が真剣に検討された。この交渉はぎりぎりまで続き、この提案についての最後の通信の日付は戦争終結の日から見て二週間もない一九四五年八月二日だった。とはいえその二日後に、アメリカ軍による空爆で四国の高知、松山、今治、宇和島にあった八つのドミニコ派教会のうちの六つが破壊された。しかし、そのことが知らされたのはかなり後のことだった(125)。容易に推測されるように、その知らせは戦争の終結以前にはスペインに届かなかった。

フィリピンではアメリカ軍の最終的勝利によって、それ以前は枢軸国支持だったスペイン人コミュニティーに新たな段階が始まった。フィリピン諸島においてすでに活力を欠いていたファランヘ党の最後の残り火は十一日間のデル・カスターニョの自宅監禁で消え去ってしまった。デル・カスターニョの副官だったフェレールは衆目の注視を浴びる中で収監された。有名なハイアライ選手のサルサメンディとメスティーソのルイス・ゴンサーレス・ロブレスも同様の運命に遭った。他方でデル・カスターニョ自らがどのような活動も禁止させたので、パトリシオ・エルモーソがその消滅を認証するだけのためにこの単一政党の支部の責任者として残った。暫定的に生き延びた唯一のファランへ党組織は社会救済部だった。スペイン人居留民を救援し、また損害の調書を作成するために、この組織の食糧配給機構が一九四五年に使われたからである。スペイン政府は一日約千五百食分の食料を一か月のあいだ供給するために、さらにまたそれほど多くないはずだった帰還者のための費用を援助するために、マニラの公使館宛てに八万九千ドルを振り込み始めた。帰還はアメリカを経由してなされることになっていたので、後に在ワシントンのスペイン大使館宛の一万五千ドル分の振込が増やされた。しかし帰還の費用がかさんだことと申請者数が非常に多かった（七二五人）ので、スペイン船アレカラ号とプルス・ウルトラ号を派遣しなければならなくなった。

この後、フィリピンにおけるスペイン人の存在意義は急激に減じた。戦争の最後の年に死んだ三百人のほかに（一九四三年に総人数は三千人を少し超えたくらいだった）、七百人は生活を再開することができずにイベリア半島に戻り、多くの人々は外国人が土地や企業を所有することを禁じた法のためにフィリピン国籍を取得した。スペインは当地での影響力を保持することができなかった。さらに、問題はもはやもっと違ったところにあったから、スペインとの関係や関連性はフィリピンの生活の中では影の薄いものになっていった。フィリピンの悪の元凶はスペインだとして非難されるとかフィリピン諸島の上層階級はもっぱらスペイン系だと言われることがなくなってもそうなっていったのである。アメリカが理想化されたこの時期においては、アメリカに由来しない他の価値は入りうる余地を持たなかった。フィリピン人の価値観は変わったのだ。戦前には植民地時代、スペイン系であること、それに現地人であることのそれぞれのアイデンティティの間に均衡があったとしても、日本軍の敗北以後にこれらの編成はまったく変わってしまった。すべてがアメリカの利益のためということになってしまった。

この間、スペイン政府は自らの将来はたいへん暗いと見続けており、展望を開けるものならどんな機会でも利用しようとした。かくして、ヨーロッパでの戦争の終了を見て、一九四五年五月十四日に、「日本に対する断固とした反対の態度」についての新聞への新たな指示が出された。この指示は、「日本をめぐる戦争がまだ続いていることに由来する新事態に報道内容を合わせる」ように新聞界の注意を喚起した。また、連合国に対する「最大限の、かつ最も気を配った親愛の態度」にふさわしいものになるように、「ただ例外的な場合を除いて」太平洋における戦争についての報道を第一面に載せるように命じた。アジアでの戦争についての報道は「もちろん連合国の兵力を賞讃するようなものにして」、「中国の共産主義と関係を持たないかぎりで」蔣介石の中国の勝利を強調するようにとも言った。また「我が国の新聞の態度の全般的論調として」、日本との国交断絶はフィリピンのスペイン人に対して「日本帝国主義によってなされた野蛮な攻撃」に起因するものであることに留意するようにとされた。結局、「我が国の新聞は日本に反対する断固たる姿勢を強める」ことが必要であるとされた(126)。三日後の五月十七日、スペインの一外交官がマドリードの南京政府公使館に出向いて(汪兆銘は一九四四年に死亡していた)、とくに強制力を用いることなく同政府の外交権を無効とした。

このスペインとの国交断絶の後、日本はその長い歴史の中で最も困難な時を過ごしていた。敗北が確実なことがわかってからどのような形態で降伏するのかを知るまでに悲劇的な数か月が過ぎた。それは、自らが発明した新たな原子力の武器を誇示することによってその国際的影響力を高めようとのアメリカの意図によっても長引かされた。さらに、日本の降伏は大日本帝国の体制について連合国がどのような約束をするかにもかかっていた。このことについての日本における主要な議論は、天皇の大権に変更が加えられるのでなければポツダム宣言を受諾しようとの日本の提案に対するアメリカの返答をめぐってであった。ワシントンからの電報の条件の意味をめぐって軍国主義派と保守派の間で長い議論が交わされた。これは、他の情報がほとんどなかったので、勝利した軍隊が日本列島を占領してしまうと一片の紙切れに過ぎなくなってしまう一電報にあまりの重要性が与えられてしまった一例だった(127)。

日本の降伏後、スペイン政府はロンドンとワシントンで次のことを繰り返し述べた――「日本によっていかに正義、倫理、文明の最も基本的な規範への侵犯がなされたかをスペインほどよく理解しうる国はありません。スペイン人司祭に託された中国におけるキリスト教の使命に対する、またフィリピン諸島全般に対する日本の行為はすべてのスペイン人が断固として拒否するにふさわしいものであります」。両国滞在のスペイン大使は、それぞれの国の外交官を訪問して「スペインが日本から受けた非常に重大な侮辱と損害の概要」を添えながら「決定的な勝利に対する最も心のこもった祝福」を述べるよう命令された(128)。これらの命令のほかに、日本の降伏に際してのNo-Doによる重要な情報の展開も加わった。

その報道の中には、「真珠湾に対する不当な攻撃」を説明した戦争のハイライトや、在マドリード外交官団を招いたスペイン政府の祝宴についての情報もあった(129)。

戦時の外交は最終的に終わって別の時期に移行したのだが、フランコ政権のこの時期の困難は小さくないことが予期された。原爆が日本人に生じさせたであろう被害に対する大きな共感はもちろんなかった。日本人自らがそれを挑発したのだとされた。そのうえ、日本人は野蛮人だった。日本の補償と謝罪を求めることだけが残された。それは一九五七年になって実現し、フィリピンにいたスペイン人への補償として五百五十万ドルが支払われた(130)。かくして、一九四五年七月二七日に新聞宣伝部がファランヘ党から引き揚げられて人民教育省の管轄に移行するうちに、日本は本書が研究した時期以前の位置に戻された。つまり、またエキゾチズムの対象とされるようになった。そのうえ、新聞の第一面を飾るようなことはなくなった。

二度目の非交戦状態

スペイン政府は、いくつかの交戦国の勝利に酔いしれた戦争の最後の年を過ごしていた。平和の到来を前にしてスペイン政府は、可能な限り好都合な位置にいようとし、戦争に加わろうとし、またスペインの新聞は将来の敗者を公然と非難した。しかしまた、スペインの野心を認めるわけにはいかないのでそれを嫌った勝者の側から参戦を思いとどまらせられた。日本に対するスペインの敵対的姿勢はレケリーカの時代に一貫して激しいものだったが、それはそのようには宣言されなかったとしても一種の非交戦状態と見てよいものである。

このような敵対的姿勢の効果はわずかしかなかったと見てよい。スペイン政府は戦争の勝者に近づくことはできなかったし、国際世論の好意的な反応を得ることもなかったし、諸政府がマニラのスペイン人の苦しみを嘆き悲しむこともなかった。またサンフランシスコ会議に招待されることもなかったし、さらにアメリカはもちろんソ連もフランコ体制反対の姿勢を弱めることもなかった。

この明白な失敗にはいくつかの原因がある。スペインがこの道に踏み出すのがあまりに遅かったとも言えよう。というのは、数週間前だったらアメリカからもっと柔軟な対応を引き出せたかもしれなかったからである。フランコ政権に反対する国際世論は枢軸国の凋落が始まってから生じたというようなものではなかったから、これは証明するのが難しい仮定である。ドイツに接近していたトルコが一九四五年一月に枢軸国に対して宣戦布告をしたら、やはり随分と非難されたのである。本章が扱った戦争の最後の局面のどの時期においても、日本に対して宣戦布告をしたならば、あるいは日本と国交断絶をしただけのことでスペインは非難されたかもしれなかった。疑い深く様子を見ていたが、最後のときになって勝者の側の一員となろうとのスペイン政府の意図は失敗したのである。この頃フランコは多くの時間が過ぎ去っていくままにしたことを残念がっていたにちがいない。

　戦後世界のファシズム反対の状況において体制が最終的に生き残れるかどうかはフランコ政権自らの行動よりも勝者の間での見解の相違にかかっていた。それ故に、孤立無援状態となってしまったフランコ政権が持ち得た最良のカードは日本に対する攻撃や悔悟の念を示すことではなくて、ナチスやファシストに支援された体制を瓦解させようとの一般的要望の他には連合国がスペイン政府にどのように対処するかということについて確定した政策を持っていなかったことだったとすることも可能である。当然ながらソ連がフランコ体制を継続させることに強く反対し、この体制を崩壊させるためにはどのような手段でも用いるべきだとしたのに対して、イギリスは唯一可能な道はスペインの将軍たち自らがその大将軍［フランコ］*を打倒することだと見て、外から揺さぶろうとの考え方を否定した。アメリカは中間的立場をとり、軍事的手段も否定しないが体制を片づけるのはスペイン人自身だとの姿勢をますます示すようになった(131)。これらの意見の相違はフランコを打倒するための実効的解決の道をふさいでしまった。

　それ故に、日本に対して宣戦布告をしようとの意図は逆効果にさえなったかもしれなかった。おそらく、日本との国交断絶のニュースは、やはり日本に対して宣戦布告をしようとした他の諸国（イタリアもそうするだろうとの情報も流された）のニュースとルーズベルトの死との間にあってほとんど気付かれもしないのがよかった。気付かれなかったということでは、宣戦布告が数日のうちに検討され、また外務省文書館に関連文書が残っていないので、自らのイメージにとって好ましくない過去のことにはほんとうに知らない振りをしようとする回想記や歴史物ではこのことが忘却されてきたほどである。歴史研究も、ドイツ側に立って参戦しようとしたときとは反対にこのことを見過ごしてきた。

　一九四〇年と一九四五年におけるスペインの二つの参戦意図をめぐる状況はまったく異なっていた。一九四〇年にはフランコ体制にとって輝ける未来が見られ、帝国の拡大が語られたのに対し、一九四五年の同体制の主要な関心はどうやって生き残るかということであった。最初の時期には国内の戦列に向けて宣伝がなされたのだが、後には主要目的はアメリカだった。さらに、ヨーロッパにおけるドイツの勝利に酔っていたときと太平洋におけるアメリカの勝利に対する姿勢はたいへんに異なっていた。というのは、後者の場合には敗者に対する見方に明らかな人種的要素が含まれていたからである。日本の野蛮に対する非難はヨーロッパの民主主義的諸帝国に対する羨望や怨嗟とは比べものにならない。日本人がスペイン人を虐殺するかもしれないとの恐怖は内戦の勝者のイギリスに対する憎悪とはまったく比べものにならないし、ヨーロッパの戦線についてのニュースにおいては、スペイン人の死体が見えるような写真をも添えてアジアの戦線についてのニュースがあえて提供しようとしたような残虐さを伝えることはなかった。スペイン政府は日本人がもたらした実際の損害に反応しただけでなく、日本人がスペイン人に負わせるだろうと見た害にも反応した。おそらく以上の理由によって、いくつかの時期は記憶され、他の時期は忘却に付された。というのはファシズムやナチズムは歴史の中の卑しいものとされるようになり、新秩序を樹立しようとのその意図はまったく失敗したとはいえ、それらの思想のあるものはあるいは隠されてあるいは形を変えて生き残っているからである。これらの全体主義者たちがわめき散らした世界の諸民族の序列化はその敵たちの多くによっても共有されていたからである。ヒトラー、ムッソリーニそれに日本の軍人たちの表面上のイデオロギーは武力によって敗退させられたかもしれないが、表面下にあったイデオロギーは存続したからである。第二次世界大戦における味方も敵もまた戦闘者のほとんども、あるものは支配すべき者として生まれ、他の者は支配されるべき者として生まれたと考えていたからである。

それ故に、日本に対して宣戦布告をしようとのフランコ政権の意図の長期的な効果について考察するのがよいかもしれない。というのは、商業的理由のものであれ政治的理由のものであれ、宣伝戦の結果はグローバルな状況においてだけでなく広い時間枠においても分析しなければならないからである。サンフランシスコ会議に参加しようとの意図は達成されなかったとしても、日本についての宣伝は時間が経つとともに想起されることになった思考を刻みつけたのである。西洋とキリスト教の一体性や東洋の野蛮に対して「文明」の紐帯を強化する必要性についてスペイン政府がアメリカ政府に送った示唆は、より好都合な状況が現れたとなると結局は成し遂げられることになった。冷戦が生ずると、アジアの場はフランコ体制が第二次世界大戦の最後の年に初めて広めたこれらの思考をアメリカの目にとりわけ確証するように見えたのである。中国共産党の勝利、東南アジアにおけるゲリラの隆盛、とりわけ朝鮮戦争は第二次世界大戦の最後の年と同じ論議を繰り返すのにたいへんに好都合な舞台だった。朝鮮戦争に参戦しようとの企てもこれに含まれる。またもやスペイン政府はアジアの場での戦争に加わろうとしたのだが、国際連合に加盟すらもしていなかったのでそれはできなかった。この好機にアメリカと一体となろう、そのリーダーシップに従おうとの切望はもっと効果があった。というのは、アジアのこの半島での戦争が終わると、すぐにアメリカ政府はフランコ体制との関係を確立したからである。一九五三年に総統《カウディーリョ》は国際的な承認を勝ちとった。それは第二次世界大戦の終了から八年後、しかし同じような思考を繰り返し表明してのことだった(132)。

結論

フランコと大日本帝国という本書の研究はいくつかの分野において貢献していると考える。まず、一八九八年にフィリピンから去った後のアジアにおけるスペインのプレゼンスの研究において、本書は以下の諸研究に新たに付加されるべきものである。中国におけるスペインのプレゼンスについてのホセ・エウヘニオ・ボラーオの『スペインと中国　一九二七〜一九六七年』José Eugenio Borrao, *España y China, 1927-1967*（Taipei, 1995）／ダニエル・アラーサの一般書『太平洋戦争におけるスペイン人』Daniel Arasa, *Los Españoles en la Guerra del Pacífico*（Barcelona, 2001）／フランシスコ・キンターナの『ヨーロッパにおけるスペイン　一九三一〜三六年』Francisco Quintana, *España en Europa, 1931-36*（Oviedo, 1993）の中のいくつかの論稿、この書の一章は満州事変に際しての国際連盟におけるサルバドール・マダリアーガ演説に向けられている（マダリアーガは「満州国のドン・キホーテ」と呼ばれた）／フィリピンのスペイン共和国派についての深澤安博の論文（『歴史評論』五四二号／五四三号、一九九五年）。

フランコと大日本帝国の研究は、第二次世界大戦中のスペインの対外政策に関するスペインでの研究における最も大きな空白を埋めるものである。というのは、争っていたすべての国との関係はいろいろな角度から、またスペイン人によっても外国人によっても研究されてきたのだが、日本との関係については本格的な研究がなかったからである。研究がなかったので、日本に関係することは真珠湾攻撃への言及か、一九四三年の夏にフランコが駐スペイン・アメリカ大使カールトン・ヘイズに言明した同時進行の三戦争に関することに限られることになったのである。後者の言明によって総統《カウディーリョ》は連合国への接近を図ろうとしたのである。また、ホセ・P・ラウレル大統領のフィリピン親日傀儡政権の承認に発するいわゆるラウレル事件によって一九四三年秋にアメリカとの関係が緊張したときにも、フランコは間接的な言い方で連合国に接近しようとした。アメリカにおける日本のスパイ網の発覚は大きな騒ぎを引き起こした。しかし、簡単な結論しかないアントニオ・マルキーナ・バリオの論文「夜祭のスパイ」（Antonio Marquina Barrio, '"TO", Espías de Verbena. USA controló la red japonesa integrada por españoles', *Historia 16*, 32, 1978）の他には、今まで、トニー・マシュウズの『シャドウ・ダンシング―西洋に対する日本のスパイ　一九三九〜四五年』Tony Matthews, *Shadow Dancing. Japanese Espionage against the West, 1939–45*（New York, 1994）と岩島久夫の『情報戦に完敗した日本』（原書房、一九八四年）のような一般書、それに、このスパイ網の首領にインタヴューした日本語の本が一冊あっただけだった。

最後に、本書は、政策決定におけるイメージや心理的過程のようなスペインではまだあまり開拓されていない分野にも入りこんでいる。この分野でも一般向けの研究が多いのだが、心理的側面に切り込んだ次の二冊のフランコの伝記が出ている。エンリーケ・フェルナンデス・ドゥーロの『フランコ―その心理から見た伝記』Enrique Fernández Duro, *Franco: Una biografía psicológica*（Madrid, 2000）と、ポール・プレストン夫人の心理学者ガブリエル・アシュフォード・ホッジスの『フランコ小伝』Gabrielle Ashford Hodges, *Franco: A Concise Biography*（New York, 2002）である。

本書が明らかにしたこと

本書が参照した多くの文書は、この時期のスペインのアジアにおけるプレゼンスについて今まで知られていなかったいくつかのことを初めて明らかにした。

まず、一九四〇年にスペイン政府が汪兆銘政権承認の動きを見せたことは、日本による中国の属国化に手を貸すことになった。スペインは、日本との政治的友好関係だけのために中国における傀儡政権を承認しようとしたのである。結局はこの時には承認しなかったのだが、それは日本もまだ承認していなかったからである。実際に、日本の承認（一九四〇年十二月）以前に汪政権が得た唯一の国際的な公的な承認は、同年六月に訪れて同政権の承認を約したアルベルト・カストロ・ヒローナ率いるスペイン経済使節団だったのである。スペイン政府が事情をよく知らなかったということはないだろう。上海のスペイン領事が汪政権の承認の約束をやめさせようとして飛行機で満州国まで行ったのだが、マドリードの政府は承認の約束を許可したのである。電報での許可の回答が速かったことからすると、著者は、中級官吏が承認を許可したのであり、とくに、その結果がどうなるかということを分析もせずにそうしたのではないかと考える。かくして、第二次世界大戦後、国民党政府は台湾に追放されるまで、フランコ政権と関係を持つことを拒否した。

次に、諜報網Tō（東）について初めて本格的に分析した。一九七八年にこの諜報網へのスペインの協力が明るみに出たときには（『ワシントン・ポスト』は第一面で、スペインの外交官がアメリカで日本のためにスパイをしていたと報じた）、Tō諜報網はまったくでっちあげの情報ばかりを提供したので浪費そのものだったとされた。これに対して、本書の著者は以下のことを明らかにした。いくつかの情報は価値のあるものだった、しかし在アメリカの諜報員への指示の不具合や外交袋に頼ったという問題があった、また閣僚の地位を失ったセラーノ・スニェルが政治生活に復帰しようとして、さらには日本人をだましてソ連を攻撃させようとしてこれらの情報を利用した、とくに、それにもかかわらず日本人たちはうかつにも間違いだらけと知っていた情報を買いつづけた。

さらに、スペインは三つの最も重要な国で外国における日本の利益代表だった。それは、政治的に重要だったアメリカと、日本人の数が多かったペルーとブラジルだった。これについて本書は、政治的支持がなかったことととラテンアメリカ全域でなされた非難とによってこの任務が全うされなかったこと、日本人たちがこのことに不満を抱いていたことを明らかにした。実際には、スペインは戦争中に最も日本を助けた国だった。セラーノ・スニェルの個人的決定によって、スペインは中立国のみがなしえたことを引き受けたのである。それらは、国外における日本人の保護者としての役割や諜報活動であり、さらには双務貿易に動いたこと、現地住民に日本軍を受け入れさせようとフィリピンのスペイン人居留民が日本軍を支持したことである。

ホルダーナの時代には、日本はスペインとドイツの友好関係を調整するための平衡鐘のような位置にあった。次第に連合国に接近していったホルダーナの政策はいつも予め日本との関係に示されており、この日本とは一九四三年四月末というはっきりとした時期があった。本書の著者が示したように、この時以来スペイン政府は、アメリカとの関係を考えて、日本とのあらゆる関係を後退させていったのである。

ラウレル事件についての説明がこれを最もよく示す。スペイン外相ホルダーナは、一九四三年九月にフィリピンのラウレル大統領の電報に応えたのだが、それはこの親日政権を暗に承認するものだった。この後にワシントンとの緊張の時期が続いた。アメリカ政府は無期限の外交断絶だけでなく、イベリア半島への連合軍上陸が語られていることをもほのめかした。この間『ニューヨーク・タイムズ』は、連合軍の勝利は明白なのにフランコはどうしてラウレルを支持するようなばかげたことをしたのか理解できないと主張した。フランコの政府は最も困難な時期にあったのであり、その閣議は丸三日間続いたのだった。本書では、この電報を送ったのはホセ・マリーア・ドゥシナーゲであり、それは間違いなくフィリピンにおける彼らの個別的利害によるものであり、しかしアメリカがこの事件を挑発したことが示されている。日本の情報を解読することによってアメリカ政府はこの電報をめぐってスペイン政府がもめていることを知り、他方でスペイン政府は電報について宣伝しないよう日本公使に要請したのである。かくして、枢軸国の宣伝がこのニュースを広めたとき、アメリカはこの電報を利用することにしたのである。

これまで、スペインが日本に宣戦布告をしようとしたことはよく知られていなかった。アメリカは最初はこのようにさせようとけしかけていたが、一九四五年二月にはこれを断念した。しかし、このようなほのめかしがあったので、フランコはサンフランシスコ会議に参加できるようにと考えて日本に対する宣戦布告をもくろみ始めた。まず一九四五年三月に、日本の利益をスペイン政府が代表することをやめた。さらに海軍の「青い師団」を対日戦に派遣することさえ考えた。しかし結局、宣戦布告をしなかった。連合国がこれを拒否したことが圧力となったのである。アメリカはスペインが日本に宣戦布告をしても自分たちのスペインへの対応は何ら変わらないと言明したし、イギリスは日本ではなくドイツへの宣戦布告を勧めたのである。さらに当時のスペインの主要な同盟者だったバチカン（布教の目的のために）とポルトガルも自分たちにとって重要な地である東アジアでスペインに続く意向を持っていなかった。以上のことは、スペインが世界大戦に加わらなかったのは、そうできなかったのでも、そうしようとしなかったのでもなかったという最近の研究動向をあらためて確証することになっている。このことは今までは一九四〇年のドイツとの関係において明らかにされていたのだが、一九四五年にも同様なことが逆の意味で起きていたことがわかったのである。

本書での最も新しい説明方法は、国家間の関係を律する鍵としていくつかのイメージを用いたことである。本研究の初めの時期には、スペインでは、うまく強国の地位に登りつめた賞賛されるべき国としての日本の理想的なイメージが支配的だった。しかし、最後の時期には、日本は、大いなる禍や不吉なニュースをもたらす野蛮で凶暴な国と見られることになった。本書では、このような両極端の間に差異よりもむしろ類似性を求めている。つまり、専門家がいなかったため、友好的な時期にも敵対的な時期にも、常套的な見方やステレオタイプ化されたイメージに基づいて、政策決定が極めて安易になされたのである。

イメージに注目したのは、日本とスペインの間の政治的・経済的関係がわずかだったからである。それ故、二国間関係についての本によくあるように研究対象の時期以前の諸事実について多くを書くのではなく、本書では多くの部分を研究時期以前のイメージに関することについてあてたのである。日露戦争で勝利した日本についてスペイン人が抱いたイメージが重要であり、かくして、新聞での報道、日本のファッション、以上のことが地理的にも文化的にも遠くない他の国との関係においては見られないような重要性を持ったのである。本書の各章の冒頭で認識の変化についてまず触れたのはこの理由によっており、政治的変化の前に認識の変化が起きていたと見たことが本書の新たな解釈となっていよう。

本書は、第二次大戦中に、他の交戦諸国に対してとは異なり、どうしてこのような接触のあり方が日本に対しては生じたのかということを問い、それをE・サイードが言うオリエンタリズムから説明した。スペイン人の頭の中では日本は「東洋」の国だったのであり、日本についての認識は「他者」や非西洋に対する認識と同様だったのである。だから、日本を賞賛したときにはスペインと同じであることやその非東洋性が強調されたのである。

以上から、本結論において、本書での最も大胆な解釈をしようと思う。ヴェトナムでの戦争が始まったことを伝えたアメリカ大統領ジョンソンの書簡に対して、フランコは奇妙にも次のように述べたのである―ヴェトナムでの解決は政治的なものであって軍事的なものにはならないでしょう、ヴェトナム人たちは共産主義の方になびいていくでしょう。フランコをしてこのように考えさせた動機や契機を省察していくと、フランコのモロッコでの経験をもにらみ合わせながら、本書の著者は以下のように考えるのである―日本が太平洋戦争において敗北したことが野蛮な日本という「オリエント化」されたイメージをフランコに植え付け、かくしてフランコは「どうしようもない東洋性」という観念を抱いたのではないか。本書の書名はそれをねらったのである。つまり、日本に関する専門家はいないのに「物知り顔をする」人たちだけはいて日本との関係を決定してしまったスペイン外交のありかたを、日本のことをあまり知らないフランコ将軍のうちに見たのである。

解説／あとがき

深澤安博

本書は、スペイン内戦終了後から第二次世界大戦終了までのスペイン外交、とくにその対アジア外交を論じたものである。その範囲や射程は日本、中国、フィリピン、タイ、アメリカ合州国（本訳書では日本での慣用に従って「アメリカ」としてある）やいくつかのヨーロッパ諸国にも及んでいるので、スペインを中心として広く第二次世界大戦中の国際関係を論じたものと言ってもよい。さらに、関係するスペインの内政も視野に入れている。スペイン外交研究の視点からすると、それを三外相（セラーノ・スニェル、ホルダーナ、レケリーカ）の時期に分けて論じている。

本書は注目すべきいくつかの研究内容と射程を有している。

まず、当該時期のスペインと日本の両国の接触の場あるいは対決の場としてフィリピンを位置づけ、フィリピンに多く言及している。これは今までの研究でも指摘されてきたことだが、この視角はやはり有効である。しかもフィリピンについての本書の叙述は迫真的である。次に、大日本帝国がアジア・太平洋での侵略戦争遂行のために「遠い」イベリア半島で何をしていたか、何のために資金を使ったかを明らかにしている。イベリア半島で日本政府がおこなった、あるいは依頼した諜報活動に関する部分は本書の目玉の一つである。さらに、日本政府はスペインをそのラテンアメリカ政策の足場の一つとして見ていたとすることも本書の有意義な見方ないし射程である。他方、スペイン・フランコ政権の政策の点から見ても、本書は目を開かせる見解を示している。フランコ政権は太平洋つまり日本との関係を通して連合国に接近しようとしたとの主張はその最も際立ったものである。このことは、フランコ政権が第二次世界大戦後もなぜ生き延びたかの説明にも貢献している。何よりも、日本とスペインをはじめアメリカ合州国またヨーロッパ諸国の多くの文書館での著者の格闘の様子とその結果が本書の随所に窺われる。

「遠い」スペインの研究者が第二次世界大戦に至る、あるいは戦争中の日本の状況をどのように見ているかも日本人読者にとっては興味深いところである。言わずもがな、このことは本書の切り込み方ともまさに重なっていることである。

また、やはり、スペインの研究者がこの時期についての日本での研究をどう見ているか、どのように把握しているかも注目すべきことである。この点については、大日本帝国下の天皇制についての理解が弱いとの批判が出されるかもしれない。

本書を貫く方法論についても様々な意見が出されうる。「イメージ」に頼り過ぎていないかとの批判がその最たるものだろう。政治体制の理解についてもそうである。ヨーロッパ人研究者がしばしば使う「西洋民主主義帝国」とのタームが本書でも使われていることがその一例である。

さらに、本書はもちろん学術書であるが、やや物語的に流れている部分もある（物語のように詳しく書くのは良かれ悪しかれヨーロッパ人の著作の伝統的作法である）。それは、本書が日本やアジアについてのスペイン人向けの叙述であることによると理解すべきだろうか。

本書への補足として、解説者は、スペイン内戦中にドイツ・イタリアと協定した大日本帝国がスペイン人たちあるいはスペイン系人たちの目にどのように見えたか、また日本人がフランコ政権スペインをどのように見ていたか、について二つの挿話的事象を紹介しておく。

（1）一九三七年一月一一日、グアレグアイチュ（アルゼンチン）の新聞『エル・アルヘンティーノ』は次の三記事を載せた――三千人の日本人義勇兵が近々カディス［スペイン南部の港湾都市］に着く／「カーキ色の制服を着た多くの日本兵士がセビーリャに着いた。そのうちに他の分遣隊も来ることになっている」（以上、ジブラルタルからの通信）／日本の政府筋は「日本政府は常に中立で、ブルゴス［の国民戦線派］政府を承認していない」として、以上の報道を否定（東京からの通信）。

この報道にただちに反応したのは翌一月一二日の「アストゥリアスの社会主義者の日刊紙」『アバンセ』だった──「日本人義勇兵がスペインに？」、これは日独協定に沿ったものである／「数日後に数千人の日本人義勇兵がカディスに着く」、日本政府はこれを否定／「最新情報　三千人の日本人［義勇兵］がカディスに上陸か？」。

この後、スペインでは以上のことについての言及は見られないようである。おそらく虚報とみなされたのであろう。

同年三月一七日、『マンチェスター・ガーディアン』が次のように報じた──「何人かの日本軍将校が反乱側でスペインの内戦に参加している」。同日のブエノスアイレスの新聞『ラ・ナシオン』もこの『マンチェスター・ガーディアン』の記事を転載した。

これは、前年の一九三六年一一月と一九三七年一月に少なくとも三人の日本の軍人が反乱派地域に入った事実をもとにした報道だろう。

同年一二月一九日、ブエノスアイレスの新聞『ラ・バングアルディア』が、厚めの制服を着て並んで（並ばされて）立っている兵士らしき少なくとも一四人の写真を載せた。キャプションにはこうある──「スペイン共和国派によって捕虜とされた日本人飛行士。これらの飛行士はフランコの命令で闘っていた」。写真にある人たちはたしかに日本人のようにも見える。しかし、これらの人々が本当に日本人飛行士なのか、そもそもこの写真はスペイン内戦中のものか、さらに、この写真を載せた『ラ・バングアルディア』紙の意図は何か、以上のことを究明するのは難しい。

（2）フランコ政権は、初期の代表的なフランコ聖人伝であるホアキン・アララスの『フランコ』（Joaquín Arrarás, *Franco*）の普及に努めた。反乱派スペインでのその初版は一九三七年である。知り得た範囲でのスペイン国外での同書の初版の出版は以下のとおりである。一九三七年──フランス語版（パリ）、イタリア語版（ミラノ）、アルゼンチン版（ブエノスアイレス）／一九三八年──英語版（ロンドン）／一九三九年──ドイツ語版（ハンブルク）、デンマーク語版（コペンハーゲン）、アメリカ合州国版（ミルウォーキー）／一九四二年──日本語版（東京）（他にチリ版（サンティアーゴ・デ・チーレ）もあるが、その出版年は不詳）。

日本語版は、本書の対象時期に、アルゼンチン版を底本として、『フランコ将軍』の書名で出版された（坂本靜雄訳、ヤングメン通信社出版部）。印刷部数二千部とあるから、少なくない部数である。本書にもしばしば登場する在東京のスペイン公使メンデス・デ・ビゴが、訳者の要請で「序文」を寄せている——「勇気と犠牲を尊重する総ゆる伝統に抱擁せられる日本国民は必ずや青年時代より国家への忠節と祖国の更生のために全生命を捧げたフランコ将軍の伝記を理解と共鳴を以って読まれるであらうことを余は信じて疑はない者である」（Archivo de la Embajada Española en Tokio(noviembre-diciembre de 1942）の文書にもよる）。訳者の「緒言」にこうある——ヒトラー、ムッソリーニとともに「現西班牙総統フランシスコ・フランコ・バアモンデは、近世欧羅巴が生んだ三傑の一人である」、「西班牙は果して米英を相手に立ち上り得る乎、完全に枢軸圏内に入りながら、未だ反米英の旗幟を鮮明にせず、依然中立的態度を持続するスペインの動向は世界の注目する処である」。また訳者の「後記」にはこうある——「……フランコは今や全体主義国スペインの大立者として世界の視聴を一身に集める押しも押されもせぬ大総統だ」（以上、旧字体を一部改めた）。

本書の翻訳は原著者の強い要望によるものである。翻訳の要望を受けたとき、六六八ページに及ぶ原著の厚さを見て、これはたいへんな作業になると思った。案の定、そうなってしまった。その時から八年を超える年月が経ってしまったが、この間いくつかの山を越えなければならなかった。病と闘われていた当初の翻訳担当者の一人、宮前安子さんは翻訳作業に入る前に亡くなられてしまった。この訃報は宮前さんをよく知っていた方々だけでなく本書の各翻訳担当者をも茫然とさせるできごとだった。翻訳担当者の何人かの留学や国外滞在もあった。原著者も表記を知らない日本と中国の人名・地名を探し当てる作業にもたいへんな労力を要した（本訳書では、どうしても探し当てられなかった人名はカタカナ書きにしてある）。さらに、原書には多くの明確な誤りや誤記それに書誌の不備や不統一があることがわかり、その加除修正の作業が加わった。これもしんどいものだったが、訳者一同の努力で可能な限りの修正をした。原著者との何回かのメールでのやり取りを通じて、あるいは原著者のマドリードの自宅での数回にわたる協議によって、本日本語訳書では多くの修正がなされることになった。原書にちりばめられている比喩ややや気取った言い回しは翻訳者を悩ませた（本訳書では、このような箇所で読者を悩ませないように努めたが）。

とくに読者の海容を願いたいことがある。本書は多くの日本の外交文書を引用している。本来であれば、元の外交文書と照合して当該日本語原文を引用すべきところであるが、この作業は多大な労力と時間を要するため、断念せざるをえなかった（そのため、本書では原文の漢字・カタカナ文にもなっていない）。他の日本語書籍や雑誌の引用の場合も同様である。

本年（二〇一一年）三月一一日、チェック中の本訳書の初校ゲラは私の勤務先の大学の研究室の机上にあった。午後二時四六分とその後数回にわたった大地震で、右手にあった木製書架そのものと周囲の書架からの本が机上に崩れ飛んできた。机上にあった多くの書類や本などは破損したり、飛び散った。幸いなことに、乱れてしまったものの、初校ゲラは無事だった。しかし、本訳書原書の私の読書メモはしばらくの間どこに行ってしまったのかわからなかった。とにかく、翻訳作業はすっ飛ばずに、何とか続けることができた。

著者のフロレンティーノ・ロダオさんは一九六〇年、マドリードの生まれである。マドリード・コンプルテンセ大学大学院の現代史専攻で博士号を取得した。その後、一九九〇年から一九九五年に東京大学大学院に留学し、本書の原書をスペインで公刊後の二〇〇七年には東京大学大学院からも博士号を取得している（博士論文名は「フィリピンにおけるスペイン人コミュニティー（1935-1939年）：その変化とアイデンティティに対するスペイン内戦とフィリピン独立準備開始の影響」）。現在はマドリード・コンプルテンセ大学情報学部の教授である。著書には、『極東のイベリア　歴史的検討と問題状況』（共著、1989年）、『シャムにおけるスペイン人　東アジアにおけるスペインのプレゼンスの研究のために』（1997年）、『現代の日本』（共著、1998年）、『フィリピンと太平洋の諸島についての研究』（共著、1998年）、『太平洋の島　スペインの遺産』（共著、1998年）、『スペインと太平洋』（共著、1999年）などがある。とはいえ、ロダオさんの代表的著作を挙げるとすれば、やはり本書の原書ということになろう。他に、日本とアジアの歴史や現況についてスペインの新聞・雑誌に多くの論評を書いている。本書の著者はアジアと日本の近現代史についての現在のスペインの代表的研究者である。

長きにわたった翻訳作業をほんとうに辛抱強く待ってくれたのは、編集者の島崎勉さんである。最後に島崎さんの名を記すことは、訳者代表としての義務であろう。

フランコと大日本帝国《だいにっぽんていこく》

二〇一二年二月五日初版

著者　フロレンティーノ・ロダオ
訳者　深澤安博、八嶋由香利、深澤晴奈、渡邊千秋、
　　砂山充子、磯山久美子

発行者　株式会社晶文社
東京都千代田区神田神保町一-一一
電話（〇三）三五一八-四九四〇（代表）・四九四二（編集）
URL http://www.shobunsha.co.jp

印刷　中央精版印刷株式会社
製本　ナショナル製本協同組合
ISBN978-4-7949-6765-7　Printed in Japan

著者について

フロレンティーノ・ロダオ

1960年、マドリード生まれ。マドリード・コンプルテンセ大学大学院の現代史専攻で博士号取得。その後、1990年から1995年に東京大学大学院に留学し、2007年に東京大学大学院からも博士号を取得。現在はマドリード・コンプルテンセ大学情報学部の教授。主著は、『シャムにおけるスペイン人　東アジアにおけるスペインのプレゼンスの研究のために』(1997年)、『極東のイベリア　歴史的検討と問題状況』(共著、1989年)、『現代の日本』(共著、1998年)、『フィリピンと太平洋の諸島についての研究』(共著、1998年)、『太平洋の島　スペインの遺産』(共著、1998年)、『スペインと太平洋』(共著、1999年)など。他に、日本とアジアの歴史や現況についての新聞・雑誌での論評多数。

訳者代表について

深澤安博(序、第六章、結論、註、本書のその他の部分、全体の調整を担当)茨城大学人文学部教授

主要著書・論文　『スペイン内戦の研究』(共著、中央公論社、1979年)／『スペイン現代史　模索と挑戦の120年』(共著、大修館書店、1999年)／'La Guerra Civil Española y la Guerra Chino-Japonesa', *Revista Española del Pacífico*, n. 5 (1995).

訳者について

八嶋由香利(第一章担当)慶應義塾大学経済学部准教授

主要著書・論文　『近代都市バルセロナの形成　都市空間・芸術家・パトロン』(共著、慶應義塾大学出版会　2009年)／「スペインにおける地域ナショナリズムと社会層―カタラニスモと農民―」(上・下)『史学』71巻4号(2002年11月)、72巻1号(2003年2月)／「スペインにおける伝統的社会の変容と人の移動―カタルーニャの交易ネットワークとキューバへの移住」『史学』75巻4号(2007年3月)

深澤晴奈(第二章担当)東京大学大学院総合文化研究科博士課程在学中

主要論文　「スペインの移民政策と労働組合―2005年不法移民正規化措置をめぐって」『スペイン史研究』23号(2009年12月)

渡邊千秋(第三章担当)青山学院大学国際政治経済学部教授

主要著書・論文　*Confesionalidad católica y militancia política: La Asociación Católica Nacional de Propagandistas y la Juventud Católica Española (1923-1936)* (Madrid, 2003)／「日本のカトリック出版物にみるスペイン内戦報道(1936―1939年)」『青山国際政経論集』63号(2004年5月)／「スペイン内戦を死亡広告から考える:カトリック的青年層の個人史再考の試み」『青山国際政経論集』83号(2011年1月)

砂山充子(第四章担当)専修大学経済学部教授

主要著書・論文　『近代ヨーロッパの探求　ジェンダー』(共著、ミネルヴァ書房、2008年)／『世界歴史大系スペイン史　2』(共著、山川出版社、2008年)／「陰の声　マリア・マルティネス・シエラ」『専修大学人文科学研究所月報』239号(2009年3月)

磯山久美子(第五章担当)青山学院大学非常勤講師

主要著書・論文　『断髪する女たち―1920年代のスペイン社会とモダンガール―』(新宿書房、2010年)／『ヨーロッパ読本　スペイン』(共著、河出書房新社、2008年)／「1920年代スペインにおける女性の断髪化現象―分析概念としての cómodo―」『スペイン史研究』18号(2004年12月)

人名索引

ア行

カ行

サ行

タ行

ナ行

ハ行

マ行

ヤ行

ラ行

資料と参考文献

1. 文書館

1.1. スペイン

Archivo del Ministerio de Asuntos Exteriores. 外務省文書館、マドリード
Sección Archivo Renovado. 新規文書部門
Sección Archivo Histórico. 歴史的文書部門
Sección Expedientes Personales. 人事記録部門
Archivo General de la Administración. 総合公文書館、アルカラ・デ・エナーレス
Sección Ministerio de Marina. 海軍省部門
Sección Asuntos Exteriores. 外務省部門
Sección Secretaría General de Presidencia. 総理府総務部部門
Archivo de Presidencia de Gobierno. 総理府文書館、マドリード
Sección Jefatura del Estado. 国家元首部門
Sección Ministro-Subsecretario. 閣僚・次官部門
Archivo Histórico del Banco de España. スペイン銀行史料室、マドリード
Sección Instituto Español de Moneda Extranjera. スペイン外貨局部門
Archivo Franciscano Ibero-oriental. イベリアおよび東方フランシスコ会文書館、マドリード
Archivo de los Padres Dominicos. ドミニコ会神父文書館、アビラ
Archivo de la Conferencia Episcopal. 司教会議文書館、マドリード
Hemeroteca Municipal de Madrid. マドリード市新聞資料館
Biblioteca Nacional. 国立図書館、マドリード
Sección Hemeroteca Nacional. 新聞・雑誌部門

Biblioteca de la Escuela Diplomática. 外交官学校図書館、マドリード
Bibliotecas de la Universidad Complutense. コンプルテンセ大学図書館、マドリード
Facultad de Geografía e Historia. 地理歴史学部
Facultad de Ciencias Políticas y Sociología. 政治・社会学部

1.2. 日本

外務省外交史料館
国立国会図書館
憲政資料室
特別資料室
移民研究室
防衛研究所戦史部
東京大学図書館
総合図書館
教養学部図書室
アメリカ研究資料センター
上智大学図書館
スペイン内乱研究文庫

1.3. アメリカ

Micronesian Area Research Center. ミクロネシア地域研究センター、グアム
Hispanic Documents Section. スペイン関係文書部門
National Archives and Records Administration. 国立公文書館、ワシントン D.C.
RG 48: Department of Interior. 内務省
RG 59: Department of State. 国務省
RG 107: Office of the Secretary of War. 陸軍長官局
RG 165: War Department General and Special Staffs. 陸軍省参謀特別本部
RG 208: Office of War Information. 戦争情報局
RG 226: Office of Strategic Services. 戦略事業局
RG 350: Bureau of Insular Affairs. 島嶼部
RG 457: National Security Agency. 国家安全保障局
Franklin D. Roosevelt Presidential Library. フランクリン・ルーズベルト大統領図書館、ニューヨーク
Harry S. Truman Presidential Library. ハリー・トルーマン大統領図書館、ミズー

リ

Hoover Institution of War, Revolution and Peace.　フーヴァー戦争・革命・平和研究所、スタンフォード

Library of Congress.　議会図書館、ワシントン D.C.

Manuscript Division.　手稿部門

MacArthur Memorial.　マッカーサー記念館、ヴァージニア

University of Wisconsin.　ウィスコンシン大学、マディソン

Memorial Library.　記念図書館

College Library.　学部図書館

Wisconsin Historical Society.　ウィスコンシン歴史協会、マディソン

Library of University of Columbia.　コロンビア大学図書館、ニューヨーク

1.4.　イギリス

Public Record Office.　公文書館、ロンドン

National Library.　国立図書館、ロンドン

1.5.　フランス

Archive du Ministère Français des Affaires Étrangères.　外務省文書館、パリ

1.6.　ドイツ

1.　Preußische Bibliotek.　プロイセン図書館、ベルリン

2.　資料集

AUSWÄRTIGES AMT, *Documents on German foreign policy 1918-1945. Series C (1933-1937) The Third Reich: first phase*, Washington, D.C., U.S. Government Printing Office, 1957-1983.

COMMISSION NATIONALES POUR LA PUBLICATION DE DOCUMENTS DIPLOMATIQUES SUISSES, *Documents Diplomatiques Suisses / Diplomatische Dokumente der Schweiz / Documenti Diplomatici Svizzeri, 1848-1945*, 16 vols., Bern, Benteli, 1979-1992.

DOCUMENTS ON GERMAN FOREIGN POLICY: 1918-1945, 11 vols., Washington, U.S.

Government Printing Office, 1949-1957.

DULL, Paul S.／UMEMURA, Takaaki, Michael, *The Tokyo trials: a functional index to the proceedings of the International Military Tribunal for the Far East*, Ann Arbor, University of Michigan Press, 1957.

Foreign relations of the United States. Diplomatic papers, 1936-1949, Washington D.C., U.S. Government Printing Office, 1954.

I DOCUMENTI DIPLOMATICI ITALIANI, Roma, Libreria dello Stato, 1953. Ottava serie (1935-1939), 16 vols.; Nona serie (1939-1943), 10 vols.; Decima serie (1943-1948), 4 vols.

KESARIS, Paul, ed., *Confidential U.S. Diplomatic Records on Japan, 1914-1941*, 3 vols., Washington, University Publications of America, 1983.

—, ed., *The Magic Documents. Summaries and transcripts of the top secret diplomatic communications of Japan, 1938-1945*, Washington, University Publication of America, 1978.

MEDLICOTT, W. N.／DAKIN, Douglas／Lambert, E. M., eds., *Documents on British Foreign Policy 1919-1939*, 21 vols., London, H.M.S.O., 1979.

Papers relating to the foreign relations of the United States, Japan, 1931-1941, 2 vols., Washington D.C., Government, Printing Office, 1943.

Records of the Department of State Relating to World War II, 1939-45, 251 vols. (microfilm), NARA Microfilm Publication M982, Washington D.C., 1989.

THE TIMES. Intelligence File. Japan Microfilm. Microfilm corporation of America.

UYEHARA, Cecil H., comp., *Checklist of Archives in the Japanese Ministry of Foreign Affairs, Tokyo, Japan, 1868-1945*. Microfilmed for the Library Congress, 1949-1951. Washington D.C. U.S. Government Printing Office, 1954.

WUERCH, Bill, *Magic background of the Japanese invasion of Guam, September-December 1941*, Mangilao, University of Guam, 1990.

3. インタヴュー

アンヘル・アルカサル・デ・ベラスコ　何回かのインタヴューと何通かの書簡

ホセ・ルイス・アルバレス・タラドゥリス　電話での会話、1990年10月29日／1991年1月2日

フアン・ビスカーラ　コロール（パラオ）で、1994年5月30日

サンティアーゴ・カリーリョ　マドリードで、1995年9月19日／1995年12月26日

ドローレス・デル・カスターニョ・レイラーナ　マドリードで、1989年8月10日

ホセ・デル・カスターニョ・レイラーナ　マドリードで、1992年3月29日
林屋永吉　東京で、1990年11月5日／1992年2月6日
兼田晴重　東京で、1991年12月20日
フリオ・デ・ララコエチェーア　ビルバオで、1989年8月27日
カルロス・F・ムニョス　マニラで、1992年8月20日
ラモン・セラーノ・スニェル　マドリードで、1992年3月30日／1993年1月13日
エウダルド・セラ　電話での会話、1998年7月7日

4. 定期刊行物

ABC (Madrid), 1939-1945年
¡ Arriba ! (Madrid), 1934-1935年、1939-1945年
『朝日新聞』(東京)、1941-1945年
Boletín Informativo de FET y de las JONS (Madrid), 1941年
Misiones Dominicanas (Ávila), 1935-1946年
Mundo (Madrid), 1940-1945年
New York Times (New York), 1941-1945年
Times (London), 1935-1945年
Ya (Madrid), 1935-1936年、1939-1945年

5. 参考文献一覧

5.1. 国際情勢

ALPEROWITZ, Gar, *Atomic diplomacy. Hiroshima and Potsdam. The use of the atomic bomb and the American confrontation with Soviet Power*, London, Pluto Press, 2 ed., 1994.

— ／TREE, Sanho, *The decision to use the atomic bomb*, New York, Vintage Books, 1995.

BARNHART, Michael A., *Japan prepares for total war. The search for economic security*, Ithaca (New York), Cornell University Press (Col. Studies in Security Affairs Series), 1987.

BARRETT, David P.／SHYU, Larry N., eds., *Chinese collaboration with Japan, 1932*

-1945. The limits of accommodation, Stanford (California), Stanford University Press, 2001.

BEASLEY, Wiliam G., *The rise of modern Japan*, London, Weidenfeld and Nicholson, 1990.

BERNHARD, Roger, *Historia del Japón. Desde los orígenes hasta nuestros días*, Barcelona, Luis de Caralt, 1969.

BEZOT, R. de, *La guerra aeronaval en el Pacífico (1941-1945)*, Madrid, Ed. Naval, 1983.

BIX, Herbert P., *Hirohito and the making of modern Japan*, New York, Harper Collins, 2000.（ビックス、ハーバート、吉田裕監修／岡部牧夫、川島高峰、永井均訳『昭和天皇』講談社、2002年、講談社学術文庫、上、下、2005年）

BLOCH, Kurt, *German interests and policies in the Far East*, New York, Institute of Pacific Relations, 1940.

BORG, Dorothy／OKAMOTO, Shumpei et. al., *Pearl Harbor as history. Japanese-American relations: 1931-1941*, New York, Columbia University Press (Col. Studies of the East Asian Institute), 1973.

BORSA, G., 'Tentativi di penetrazioni dell'Italia fascista in Cina', *Il Politico*, 3 (1979), pp. 381-419.

BUTOW, Robert J. C., *Tojo and the coming of the war*, Stanford, University Press, 1961.

CALVOCORESSI, Peter／WINT, Guy／PRITCHARD, John, *Total war. The causes and courses of the Second World War*, New York, Pantheon (2 ed. rev.), 1989.

CARRERO BLANCO, Luis, *La guerra aeronaval en el Mediterrâneo y en el Pacífico*, vol. X, Madrid, Idea (Col. Historia de la II Guerra Mundial), 1947.

CARRERO CARNE, Guillermo, 'De Pearl Harbor a Tokio', Gral. Villegas Gardoqui／jefes del Estado Mayor, eds., *La Segunda Guerra Mundial*, Madrid, Editora Nacional (Col. Libros de actualidad política), 1954, pp. 103-167.

CHAPMAN, John, 'The "have-nots" go to war. The economic and technological basis of the German alliance with Japan', NISH, Ian, ed. *The Tripartite Pact of 1940: Japan, Germany and Italy*, London, International Studies, 1984/3.

COOX, Alvin D., *Nomonhan. Japan against Russia, 1939*, 2 vols., Stanford (California), California University Press, 1985.

CORBETT, Paul Scott, *Quiet passages: the exchange of civilians between the United States and Japan during World War II*, Kent (Ohio), Kent State University Press, 1987.

CRAIG, Willian, *La caída del Japón*, Barcelona, Luis de Caralt, 1ed., 1967.

DICKINSON, Frederick R., *War and national reinvention. Japan in the Great War,*

1914-1919, Cambridge, Harvard University Press, 1999.

DONNISON, F. S. V., *British military administration in the Far East 1943-1946*, London, 1956.

ESTEVES FELGAS, Helio A., *Timor Portugues*, Lisboa, Ministerio de Ultramar (Col. Monografias dos territorios do Ultramar), 1956.

FERRETTI, Valdo, *Il Giappone e la politica estera italiana, 1935-1941*, Milano, Gioffre (Col. Instituti de studi storici, 42), 1983.

FLETCHER, William Miles, *The search for a New Order: intellectuals and fascism in prewar Japan*, Chapell Hill, University of North Carolina Press, 1982.

GARVER, John W., *Chinese-Soviet relations 1937-1945. The diplomacy of Chinese nationalism*, New York, Oxford University Press, 1988.

GATTI, Franco, *Il fascismo giapponesse*, Milano, F. Angeli (Col. Studi e ricerche storiche, 22), 1983.

HANE, Mikiso, *Modern Japan. A historical survey*, Boulder, Col. Westview, 1987.

HUMPHREYS, R. Arthur, *Latin America and the Second World War*, 2vols., Athlone, University of London, 1981-1982.

IENAGA, Saburo, *The Pacific War: 1931-1945. A critical perspective on Japan's role in World War II*, New York, Pantheon, 1978.（家永三郎『太平洋戦争』岩波書店、1968年）

IKLE, Frank William, *German-Japanese relations, 1936-1940. A study of totalitarian diplomacy*, New York, Bookman Assoc., 1956.

IRIYE, Akira, *Power and culture: the Japanese-American war, 1941-1945*, Cambridge, Harvard University Press, 1981.

JONES, F. Clifford., *Japan's New Order in East Asia. It's rise and fall, 1937-45*, London, Oxford University Press, 1954.

KRACHT, Kalus／LEWIN, Bruno／MÜLLER, Klaus, eds., *Japan und Deutschland im 20. Jahrhundert*, Wiesbaden, Ost-Asiens Instituts der Ruhr-Universitat Bochum, 1984.

KREINER, Joseph, ed., *Deutschland-Japan: Historiche Kontakte*, Bonn, Bouvier (Col. Studium Universale, 3), 1984.

LAFEBER, Walter, *The clash. A history of U.S.-Japan relations*, New York, W. W. Norton & Company, 1997.

LEHMANN, Jean-Pierre, *The roots of modern Japan*, London, Macmillan (Macmillan Asian Studies Series), 1982.

LENSEN, George Alexander, *The strange neutrality. Soviet-Japanese relations during the II World War, 1941-1945*, Tallahasee, Diplomatic Press, 1972.

LOWE, Peter, *Great Britain and the origins of the Pacific war. A study of British*

Foreign Policy in East Asia, 1937-1941, Oxford, Clarendon Press, 1977.

MARTIN, Bernd, *Deutschland und Japan in zweiten Weltkrieg. Vom Angriff auf Pearl Harbor bis zur Deutschen Kapitulation*, Göttingen, Musterschmidt, 1969.

—, *Japan and Germany in the modern world*, Oxford, Berghahn Books, 1995.

MARUYAMA, Masao, *Thought and behavior in modern Japanese politics* (MORRIS, Ivan, ed.), Oxford, Oxford University Press, 1963.（丸山真男『現代政治の思想と行動』未来社、1957年）

—, 'El ultranacionalismo japonés', *Debats* (Valencia), 2-3 (1982), pp. 55-67.

MCLANE, Charles B., *Soviet policy and the Chinese communists, 1931-1945*, Berkeley, University of California Press, 1958.

三宅正樹『日独伊三国同盟の研究』南窓社、1975年

MOORE, Harriet, *Soviet Far Eastern policy, 1931-1945*, Princeton, Princeton University Press, 1945.

MORISON, Samuel Elliot, *The Rising Sun in the Pacific, 1931-42*, Boston, Little Brown, 1948.

NISH, Ian, ed., *The Tripartite Pact of 1940: Japan, Germany and Italy*, London, International Studies, 1984/3.

OLIVEIRA MARQUES, A. H. DE, *História dos portugueses no Extremo Oriente*. Tomo I: *Em torno de Macau*, Lisboa, Fundaçao Oriente, 1998.

PARDINAS, Felipe, *Relaciones diplomáticas entre México y China, 1898-1948*, 2 vols., México, Secretaría de Relaciones Exteriores, 1982.

PELZ, Stephen E., *Race to Pearl Harbor. The failure of the second Naval Conference and the onset of the World War II*, Cambridge (Massachusetts), Harvard University Press, 1974.

PICKERING-LAZZI, Robin, ed., *Mothers of invention. Women, Italian fascism and culture*, Minneapolis, University of Minnesota, 1995.

PRESSEISEN, Ernst L., *Germany and Japan. A study in totalitarian diplomacy, 1931-1941*, The Hague, Martinus Nijhoff, 1958.

REY GARCIA, Marta, *Stars for Spain. La Guerra Civil Española en los Estados Unidos*, A Coruña, Edicios do Castro, 1997.

ROSKILL, S. Wentworth, *Naval policy between the wars*, 2 vols., London, 1976.

RUIZ MORENO, Isidoro, *La neutralidad argentina en la Segunda Guerra Mundial*, Buenos Aires, Emecé, 1997.

SANCHÍS MUÑOZ, José R., *La Argentina y la Segunda Guerra Mundial*, Buenos Aires, Grupo Editor Latinoamericano, 1992.

SCHALLER, Michael, *Douglas MacArthur: the Far Eastern general*, Oxford／New York, Oxford University Press, 1989.

SCHROEDER, Paul W., *The Axis alliance and Japanese-American relations, 1941*, New York, Cornell U.P., 1958.

SCHULLER, Friedrich E., *Mexico between Hitler and Roosevelt: Mexican foreign relations in the age of Lâzaro Cârdenas*, Albuquerque, University of New Mexico Press, 1998.

SOMMER, Theo, *Deutschland und Japan zwischen den Mächten, 1935-1940, vom Antikominternpakt zum Dreimächtepakt. Eine studie zur Diplomatischen Vorgesichte des Zweiten Weltkriegs*, Tübingen, Mohr, 1962.（ゾンマー、テオ、金森誠也訳『ナチスドイツと軍国日本：防共協定から三国同盟まで』時事通信社、1964年）

SPECTOR, Ronald, *The eagle against the sun: the American war with Japan*, New York, Random House, 1975.

田嶋信雄『ナチズム外交と「満洲国」』千倉書房、1992年

TAMAGNA, Frank, *Italy's interests and policies in the Far East*, New York, Institute of Pacific Relations, 1941.

TELLA, Guido di／WATT, D. Cameron, eds., *Argentina between the great powers, 1939-46*, Pittsburgh, University of Pittsburgh Press, 1990.

THORNE, Christopher, *Allies of a kind. The Unites States, Britain and the war against Japan, 1941-1945*, London, Hamilton, 1978.

—, *The issue of war: states, societies and the Far Eastern conflict of 1941-1945*, London, Hamish Hamilton, 1985.

VILLARI, L., *Italian foreign policy under Mussolini*, New York, The Devin-Adair, 1956.

WALKER, J. Samuel, *Prompt and utter destruction: president Truman and the use of atomic bombs against Japan*, Chapell Hill, University of North Carolina Press, 1997.

WEINBERG, Gerhard L., *A world at arms: a global history of World War II*, Cambridge, Cambridge University Press, 1994.

WITWILER, Donald／BURDICK, Charles, eds., *War in Asia and the Pacific, 1937-1945*, New York, Garland, 1980.

WOODWARD, sir Llewellyn, *British foreign policy in the Second World War*, 6 vols., London, Her Majesty's Stationery Office, 1970.

YOUNG, Louise, *Japan's total Empire: Manchuria and the culture of wartime imperialism*, Berkeley, University of California Press, 1998.（ヤング、ルイーズ、加藤陽子、川島真、高光佳絵、千葉功、古市大輔訳『総動員帝国　満洲と戦時帝国主義の文化』岩波書店、2001年）

5.1.1. イメージと対外関係

ALMAZÁN TOMÁS, V. DAVID／BARLES BAGUENA, Elena, ' Japón y el japonismo en la revista *La Ilustración Española y Americana* ', *Artigrama*, 12, Zaragoza, Universidad de Zaragoza, Revista del Departamento de Historia del Arte, 1996-1997, pp. 627-660.

AYALA, F., *La imagen de España*, Madrid, Alianza, 1986.

BAR-TAL, Daniel／GRAUMANN, Carl／KRUGLANSKI, Arie／STROEBE, Wolfgang, eds., *Stereotyping and prejudice: changing conception*, New York, Springer Verlag, 1989.

BEASLEY, Wiliam G., *Japan encounters the barbarian: Japanese travelers in America and Europe*, New Haven, Yale University Press, 1995.

BEN-ZVI, Abraham, *The illusion of deterrence: the Roosevelt presidency and the origins of the Pacific war*, Boulder (Colorado), Westview Press, 1987.

BHATTACHARYA, Sanjoy, *Propaganda and information in Eastern India, 1939-45. A necessary weapon of war*, Richmond, Curzon, 2001.

BOULDING, Kenneth E., *The image*, Ann Arbor, University of Michigan Press, 1956. (ボウルディング、ケネス、大川信明訳『ザ・イメージ：生活の知恵・社会の知恵』誠信書房、1979年)

—, ' The learning and reality-testing process in the international systems ', en *Journal of International Affairs*, XXI, n. 1, 1967, pp. 1-15.

— ' National images and international systems ', ROSENAU, James N., ed., *International politics and foreign policy. A reader in research and theory*, New York／London, The Free Press, 1969, pp. 422-431.

BURGMAN, Torsten J., *Image of Japan in the United States and Europe*, Lund, 1987.

CAMPO, S. del, *Actitudes de los españoles ante la política exterior*, Madrid, Tecnos, 1992.

CARLSTON, Erin C., *Thinking fascism: sapphic modernism and fascist modernity*, Stanford, Stanford University Press, 1998.

DAWSON, R., *The Chinese chameleon: an analysis of European conception of Chinese civilization*, London, University Press, 1967.

DELGADO GÓMEZ-ESCALONILLA, Lorenzo, ' Percepciones y estrategias culturales españolas hacia América Latina durante la Segunda Guerra Mundial ', *Estudios Internacionales de América Latina y el Caribe*, n. 2 (1991), pp. 5-23.

—, ' El factor cultural en las relaciones internacionales: una aproximación a su

análisis histórico', *Hispania*, LIV/1, n. 186 (1994), pp. 257-278.

DOWER, John, *War without mercy: race and power in the Pacific War*, New York, Pantheon, 1986.（ダワー、ジョン、斎藤元一訳『容赦なき戦争　太平洋戦争における人種差別』平凡社、2001年）

DUIJKER, H. C. J.／FRIJDA, N. H., *National character and national stereotypes*, Amsterdam, North Holland Publication, 1960.

EDSTRÖM, Bert, ed., *The Japanese and Europe. Images and perceptions*, Richmond, Curzon (Col. Japan Survey), 2000.

FALASCA-ZAMPONI, Simonetta, *Fascist spectacle: the aesthetics of power in Mussolini's Italy*, Berkeley, University of California Press, 1977.

FARRELL, John C.／SMITH, Asa. P., eds., *Image and reality in world politics*, New York, Columbia University Press, 1968.

FISKE, Susan／TAYLOR, Shelley, *Social cognition*, New York, McGraw Hill, 2ed., 1991.

GALLICCHIO, Marc, *The African American encounter with China and Japan. Black internationalism in Asia, 1895-1945*, Chapell Hill／London, University of North Carolina Press, 2000.

GOLDSTEIN, Judith／KEOHANE, Robert O., eds., *Ideas and foreign policy. Beliefs, institutions and political change*, Ithaca y London, Cornell University Press, 1993.

判沢弘編『アジアへの夢』、「明治の群像」第6巻、三一書房、1970年

HOGG, Michael／ABRAMS, Dominic, *Social identification: a social psychology of intergroup relations and group processes*, New York, Routledge, 1988.

HOLSTI, Ole R., 'The belief systems and national images: a case study', ROSENAU, James N., eds., *International politics and foreign policy. A reader in research and theory*, New York／London, The Free Press, 1969, pp. 543-550.

—, *Public opinion and American foreign policy*, Ann Arbor, The University of Michigan Press (Col. Analytical Perspectives on Politics), 1996.

—, 'Cognitive dynamics and images of the enemy', *Journal of International Affairs*, XXI, n. 1 (1967), pp. 16-39.

HUGUET, M.／NIÑO, Antonio／PÉREZ HERRERO, Pedro, coords., *La formación de la imagen de América Latina en España 1898-1989*, Madrid, 1992.

IAACS, Harold R., *Scratches on our minds; American images of China and India*, New York, J. Day, 1958.

JERVIS, Robert, *The logic of images in international relations*, Princeton (New Jersey), Princeton University Press, 1970.

—, *Perception and misperception in international politics*, Princeton (New Jersey),

Princeton University Press, 1976.

—, ／LEBOW, Richard N.／STEIN, Janice G., *Psychology and deterrence*, Baltimore, The Johns Hopkins University Press, 1985.

JESPERSEN, T. Christopher, *American images of China, 1931-1949*, Stanford, Stanford University Press, 1996.

KELMAN, Herbert C., *International behaviour. Social psychological analysis*, New York, Holt Rhinehart & Wilson, 1966.

KITAMURA, H., ' Psychological factors in friction between Japan and America ', *Japan Review of International Affairs*, 8 (1994), pp. 203-220.

KOPPES, Clayton R.／BLACK, Gregory D., *Hollywood goes to war. How politics, profits and propaganda shaped World War II movies*, University of California Press, 1990.

KOVALIO, Jacob, ' Japan's perception of Stalinist Foreign policy in the early 1930's ', *Journal of Contemporary History*, 19 (1984).

KUNCZIK, Mchael, *Images of nations and international publics relations*, Mahwat, New Jersey, Lawrence Erlbaum Associates, 1997.

LEHMANN, Jean-Pierre, *The image of Japan: from feudal isolation to world power, 1850-1905*, London, George Allen and Unwin, 1978.

LIPPMANN, Walter, *Public opinion*, New York, The Free Press, 1965 (1ed. 1922).（リップマン、ウオルター、高根正昭［ほか］訳『世論』、世界大思想全集　社会・宗教・科学思想篇25、河出書房新社、1963年）

LITTLE, R.／SMITH, S., eds., *Belief systems and international relations*, Oxford, Basic Blackwell, 1988.

MARCH, R. B., *The Japanese negotiator: sublety and strategy beyond western logic*, Tokyo／New York, Kodansha International, 1988.

MARTÍNEZ DE ESPRONCEDA SAZATORNIL, Gema, ' Imaginación y relaciones internacionales ', *Hispania*, LVI/3, n. 194 (1996), pp. 1.097-1.118.

MASUDA, Wataru, *Japan and China: mutual representation in the Modern Era*, Richmond, Curzon, 2000.（増田渉『西学東漸と中国事情　「雑書」札記』岩波書店、1979年）

McLAINE, Ian, *Ministry of morale. Home front morale and the Ministry of Information in World War II*, London, George Allen & Unwin, 1979.

MIYOSHI, Masao, *As we saw them. The first Japanese embassy to the United States*, New York, Kodansha International, 1994.（マサオ・ミヨシ、佳知晃子監訳／飯野正子［ほか］訳『我ら見しままに 万延元年遣米使節の旅路』平凡社、1984年）

PAZ REBOLLO, Mª Antonia／MONTERO DÍAZ, Julio, coords., *Historia y cine:*

realidad, ficción y propaganda, Madrid, Editorial Complutense, 1995.

PUGA, Rogério Miguel, ' Images and representations of Japan and Japan and Macao in Peter Mundy's Travels (1637)', *Bulletin of Portuguese-Japanese Studies*, 1. 1, 2000, pp. 97-109.

RASER, John R., ' Learning and affect in international politics ', ROSENAU, James N., ed., *International politics and foreign policy. A reader in research and theory*, New York/London, The Free Press, 1969, pp. 432-441.

RODRÍGUEZ, Saturnino, *El No-Do, catecismo social de una época*, Madrid, Editorial Complutense, 1999.

ROSENAU, James N. ed., *International politics and foreign policy. A reader in research and theory*, New York, The Free Press, 1969.

SÁNCHEZ MANTERO, Rafael/MACARRO VERA, José M./ÁLVAREZ REY, Leandro, *La imagen de España en América, 1898-1931*, Sevilla, EEHA-CSIC, 1994.

SHAMBAUGH, David, *Beautiful imperialist. China perceives America, 1972-1990*, Princeton, Princeton University Press, 1993.

SHORT, K. R. M., ed., *Film and radio propaganda in World War II*, London, Croom Helm, 1983.

SNYDER, Richard C./BUCK, H. W./SAPIN, B., *Foreign policy decision making*, New York, The Free Press, 1962.

SOUTHWORTH, Herbert R., *Disinformation and the Spanish Civil War. The brain-washing of Francisco Franco*, London, Routledge (Routledge Cañada Series on Contemporary Spain, 3), 2000.

SPENCE, Jonathan D., *The Chan's great continent: China in Western minds*, New York, W. W. Norton & Co., 1998.

SYLVAN Donald A./VOSS, James F., eds., *Problem representation in foreign policy decision making*, Cambridge, Cambridge University Press, 1998.

TANAKA, Stephan, *Japan's Orient. Rendering past into history*, Berkeley (California), University of California Press, 1993.

TAYLOR, Philip M., *Munitions of the mind. A history of propaganda from the ancient world to the present era*, Manchester/New York, Manchester University Press, 1995.

TRANCHE, Rafael R./SÁNCHEZ-BIOSCA, Vicente, *No-Do. El tiempo y la memoria*, Madrid, Cátedra, 2001.

WEINBERG, Gerhard L., ' Hitler's image of the United States ', *The American Historical Review*, 69, n. 4 (1964), pp. 1.006-1.021.

山内昌之、古田元夫編『日本イメージの交錯 アジア太平洋のトポス』東京大学出版会、1997年

YOKOYAMA, Toshio, *Japan in the victorian mind. A study of stereotyped images, 1850-88*, Hong Kong, Macmillan, 1987.

5.1.2 諜報活動と秘密機関

ALDRICH, Richard J., *Intelligence and the war against Japan. Britain, America and the politics of secret service*, Cambridge, Cambridge University Press, 2000.（オルドリッチ、リチャード、会田弘継訳『日・米・英「諜報機関」の太平洋戦争　初めて明らかになった極東支配をめぐる「秘密工作活動」』光文社、2003年）

ALLEN, Louis, ' Japanese intelligence systems ', *Journal of Contemporary History*, 22（1987), pp. 55-56.

ÁLVAREZ, David, ed., ' Allied and Axis signals intelligence in World War II. Special Issue ', *Intelligence and national security*, 14.1（Spring 1999).

ANDREW, Christopher／NOAKES, Jeremy, *Intelligence and international relations, 1900-1945*, Exeter, Exeter University Publications, 1987.

BATH, Alan Harris, *Tracking the enemy: the triumph of Anglo-American naval intelligence*, Lawrence, University Prees of Kansas, 1998.

CHALOU, George C., ed., *The Secrets war. The Office of Strategic Services in World War II*, Washington, National Archives and Records Administration, 1991.

CHAPMAN, J. W. M., ' Japanese intelligence, 1918-1945: a suitable case for treatment ', ANDREW／NOAKES, eds., *Intelligence and international relations, 1900-1945*, Exeter, University of Exeter, 1987, pp. 145-189.

DARBY, James, ed., *Far Eastern file. The intelligence in the Far East, 1930-1945*, London, Hodder and Stoughton, 1997.

DREA, Edward J., *MacArthur's ultra. Codebreaking and the war against Japan, 1942-1945*, Lawrence, University Press of Kansas, 1992.

FARAGO, Ladislas, *The game of the foxes, the untold story of German espionage in the United States and Great Britain during World War II*, New York, D. McKay, 1972.

GRANATSTEIN, J. L.／STAFFORD, David, *Spy wars: espionage and Canada from Gouzenko to Glasnost*, Toronto, Key Porter, 1990.

GUTIÉRREZ, José Luis, ' Madrid, lleno de espías ', *Cambio 16*, 356（1978), pp. 14-17.

HALDANE, R. A., *The hidden world*, London, R. Hale, 1976.

HOWARD, Michael, *British intelligence in Second World War. Strategic Deception*, London, HSMO, 1990.

岩島久夫『情報戦に完敗した日本　陸軍暗号“神話”の崩壊』原書房、1984年

KAHN, David, *The codebreakers: the story of secret writing*, New York, Mcmillan, 1967.（カーン、デーヴィッド、秦郁彦、関野英夫訳『暗号戦争　日本暗号はいかに解読されたか』早川書房、1968年、ハヤカワ文庫、1978年）

—, *The codebreakers: the comprehensive history of secret communication from ancient times to the Internet*, New York, Scribners, 1996.

KOMATSU, Keiichiro, *Origins of the Pacific War and the importance of « Magic »*, Richmond, Curzon, Japan Library, 1999.

MARQUINA Barrio, Antonio, '" TO ", espías de verbena. USA controló la red japonesa integrada por españoles', *Historia 16*, 13（1978）, pp. 11-18.

MATTHEWS, Tony, *Shadows dancing. Japanese espionage against the West, 1939-1945*, New York, St. Martin's Press, 1994.

MOUNT, Graeme S., *Canada's enemies. Spies and spying in the peaceable kingdom*, Toronto, Dundurn Press, 1993.

—, 'Canada, Spain and espionage during the Second World War', *Canadian Historical Review*, LXXIV, n. 4, Toronto（1993）, p. 567.

逢坂剛「イベリアの情報戦」『スペイン現代史』２号、1984年

PASTOR PETIT, Domingo, *Diccionario enciclopédico del espionaje*, Madrid, Ed. Complutense, 1996（1ed., Barcelona, Plaza & Janés, 1971）.

PAZ, Mª Elena, *Strategy, security and spies: Mexico and the U.S. as allies in World War II*, University Park, The Pennsylvania State University Press, 1997.

PHILBY, Kim, *My silent war*（Introduction, Graham Greene）, London, McGibbon & Kee, 1968.（フィルビー、キム、笠原佳雄訳『プロフェッショナル・スパイ　英国諜報部員の手記』徳間書店、1969年）

RICHELSON, Jeffrey, *A century of spies*, Oxford, Oxford University Press, 1995.

RODAO, Florentino, 'España, espiada por EE.UU. en la II Guerra Mundial', *Historia 16*, 233（1985）, pp. 17-24.

ROUT, Leslie B. Jr.／BRATZEL John, F., *The shadow war: German espionage and United States counter-espionage in Latin America during World War II*, Frederick（Maryland）, University Publications of America, 1986.

SHULSKY, Abram N., *Silent warfare. Understanding the world of intelligence*, Washington, Brassey's, 1991, pp. 1-3.

SMYTH, Denis, 'Anglo-Spanish during the Second World War: the " Missing-Dimension "', Payne, Stanley／Contreras, Delia, dirs., *España y la Segunda Guerra Mundial*, Madrid, Editorial Complutense, 1996.

—, 'Our man in Havana. Their man in Madrid: literary invention in espionage fact and fiction', *Intelligence and National Security*, 5, n. 4（1990）, pp. 117-135.

STINNET, Robert B., *Day of deceit. The truth about FDR and Pearl Harbor*, New

York, Tochstone, 2001.

須磨弥吉郎、須磨未千秋編『須磨弥吉郎外交秘録』創元社、1988年

—,「須磨情報秘話」『文藝春秋』1950年 2 月号

WHEELER, Douglas L., ' In the service of order: the Portuguese political police and the British, German and Spanish intelligence, 1932-1945 ', *Journal of Contemporary History*, 18 (1983), pp. 1-25.

WILCOX, Robert R., *Japan's secret war*, New York, Marlowe & Company, 1985 (2 ed., 1995).

5.2. スペインの対外政策

ALBORNOZ, Álvaro de, *La política internacional de España*, Buenos Aires, P.H.A.C., 1943.

ANDRÉS-GALLEGO, José/VELARDE, Juan/LINZ, Juan/GONZÁLEZ, Nazario/MARQUINA, Antonio, *España actual. España y el mundo (1939-1975)*, Madrid, Gredos (Col. Historia de España 13,3), 1995.

AREILZA, José Mª/CASTIELLA, F. M., *Reivindicaciones de España*, Madrid, Instituto de Estudios Políticos, 1942.

ARMERO, José Mario, *La política exterior de Franco* (prólogo de Fernando Morán), Barcelona, Planeta, 1978.

BARCIA, Camilo, *Puntos cardinales de la política internacional española*, Madrid, Ed. Nacional, 1939.

BLEDSOE, Gerie B., ' Spanish foreign policy, 1898-1936 ', CORTADA, J., ed., *Spain in the world, 1898-1978*, London/Westport (Connecticut), Greenwood Press, 1980, pp. 3-40.

BORRÁS, T., *Política internacional, 1939-1957*, Madrid, Publicaciones Españolas (Col. Temas Españoles, 329), 1957.

CALDUCH CERVERA, Rafael/PALOMARES, Gustavo, ' La política exterior durante la guerra civil ', R. Calduch, coord., *La política exterior de España en el siglo XX*, Madrid, Ediciones de las Ciencias Sociales, 1994, pp. 71-106.

CARR, R./FUSI, J. P., *España de la dictadura a la democracia*, Barcelona, Planeta, 1979.

CASANOVA GÓMEZ, Marina, ' Depuración de funcionarios diplomáticos durante la guerra civil ', *Espacio, Tiempo y Forma*, 1 (1988), pp. 361-378.

CASTIELLA, F. M., ' Política exterior de España, 1868-1960 ', *Cuadernos Hispanoamericanos*, 124 (1960), pp. 5-18.

CHASE, Allan, *Falange, el ejército secreto del Eje en América*, La Habana, Caribe,

1943／*Falange. The Axis secret army in the Americas*, New York, Putnam's Sons, 1943.

CORDERO TORRES, José María, *Aspectos de la Misión Universal de España*, Madrid, Vicesecretaría de Educatión Popular, 1942.

—, *Relaciones exteriores de España. Problemas de la presencia española en el mundo*, Madrid, Ed. del Movimiento, 1954.

CORTADA, James W., ed., *Spain in the World, 1898-1978*, London／Westport (Connecticut), Greenwood Press, 1980.

—, *Relaciones España-Estados Unidos*, Barcelona, Dopesa (Col. Documento Periodístico, 43), 1973 (1ed., 1963).

—, 'Spain and the Second World War', *The Journal of Contemporary History*, 5 (1970), pp. 65-75.

DELGADO GÓMEZ-ESCALONILLA, Lorenzo, *Diplomacia franquista y política cultural hacia Iberoamérica, 1939-1953*, Madrid, CSIC (Col. Monografias 6), 1988.

—, *Imperio de papel. Acción cultural y política exterior durante el primer franquismo*, Madrid, CSIC (Col. Biblioteca de Historia 13), 1992.

EGIDO LEÓN, María Ángeles, *La concepción de la política exterior española durante la II República (1931-1936)*, Madrid, UNED, 1987.

—, 'Franco y las potencias del Eje. La tentación intervencionista de España en la Segunda Guerra Mundial', *Espacio, Tiempo y Forma*, 2 (1989), serie V, Historia Contemporánea, pp. 191-208.

ESPADAS BURGOS, Manuel, *Franquismo y política exterior*, Madrid, Rialp, 1987.

FERNÁNDEZ ESPESO, Carlos／MARTÍNEZ CARDOS, José, *Primera Secretaría de Estado-Ministerio de Estado. Disposiciones Orgánicas (1705-1936)*, Madrid, Ministerio de Asuntos Exteriores, 1972.

GARCÍA PÉREZ, Rafael, *Franquismo y Tercer Reich*, Madrid, Centro de Estudios Constitucionales, 1994.

—, 'España y la Segunda Guerra Mundial', Tusell／Avilés／Pardo, eds., *La política exterior de España en el siglo* XX, Madrid, UNED-Biblioteca Nueva, 2000, pp. 301-321.

GARCÍA VILLADA, Zacarías, *El destino de España en la Historia Universal*, Madrid, Cultura Española, 2 ed., 1940.

GÓMEZ DE LAS HERAS, Mª Soledad／SACRISTÁN, Esther, 'España y Portugal durante la II Guerra Mundial', *Espacio, Tiempo y Forma*, 2 (1989), serie V, Historia Contemporánea (Madrid), pp. 169-189.

HALSTEAD, Charles R., 'Spanish foreign policy. 1936-1978', J. CORTADA, ed., *Spain in the Twentieh-Century World. Essays on Spanish diplomacy, 1898-*

1978, London, Aldwich Press, 1980, pp. 41-95.

LEQUERICA, J. F. de, *La posición de España en la política internacional*, Madrid, Dirección de América, 1945.

LUNA, Antonio de, *El poder exterior. Las relaciones internacionales en la era de la Guerra Fría*, Madrid, Instituto de Estudios Políticos, 1962.

MARQUINA BARRIO, Antonio, *España en la política de seguridad occidental, 1939-1986*, Madrid, Estado Mayor del Ejército (Col. Ediciones Ejército), 1986.

—, *La diplomacia vaticana y la España de Franco (1936-1945)*, Madrid, CSIC (Col. Monografías de Historia Eclesiástica), 1983.

—, ' España, al borde de la Segunda Guerra Mundial ', *Historia 16*, 79 (1982), pp. 11-22.

—, ' La etapa de Ramón Serrano Suñer en el Ministerio de Asuntos Exteriores ', *Espacio, Tiempo y Forma*, 2 (1989), serie V, Historia Contemporánea, pp. 145-167.

MORALES LEZCANO, Víctor, *Historia de la no-beligencia española durante la II Guerra Mundial*, Las Palmas, Mancomunidad de Cabildos de Las Palmas, 1980.

—, ' Las causas de la no-beligerancia española reconsideradas ', *Revista de Estudios Internacionales*, 5, n. 1 (1984), pp. 609-631.

MERÍN, GUSTAU／BOSCH, Alfred, *El imperio que nunca existió. La aventura colonial discutida en Hendaya*, Barcelona, Plaza & Janés, 2001.

PAYNE, Stanley／CONTRERAS, Delia, dirs., *España y la Segunda Guerra Mundial*, Madrid, Editorial Complutense (Col. Cursos de Verano de El Escorial), 1996.

—, ／TUSELL, Javier, dirs., *La guerra civil. Una nueva visión del conflicto que dividió España*, Madrid, Temas de Hoy, 1996.

PEREIRA, Juan Carlos, *Iniroducción al estudio de la política exterior de España (siglos* XIX *y* XX), Madrid, Akal (Colección Universitaria), 1983.

—, ／NEILA, José Luis, ' Las relaciones internacionales de la II República (1931-1939) ', VILAR, Juan B., ed., *Las relaciones internacionales de la España Contemporánea*, Murcia, Universidad de Murcia, 1989.

PÉREZ HERRERO, Pedro／TABANER, Nuria, coords., *España/América Latina: un siglo de políticas culturales*, Madrid, 1993.

PÉREZ MONFORT, Ricardo, *Hispanismo y Falange. Los sueños imperiales de la derecha española*, México, Fondo de Cultura Económica, 1992.

POLLACK, Benny, *The paradox of Spanish foreign policy: Spain's international relations from Franco to democracy*, London, Pinter, 1987.

POWELL, Charles T., ' Las relaciones exteriores de España, 1898-1975 ', GILLESPIE, Richard／RODRIGO, Fernando／STORY, Jonathan, eds., *Las relaciones exterior-*

es de la España democrática, Madrid, Alianza Editorial, 1995, pp. 25-52.

RAMIREZ, Manuel et. al., *Las fuentes ideológicas de un régimen. España 1939-1945*, Zaragoza, Pórtico, 1978.

RÍO CISNEROS, Agustín del, *Política internacional de España. El caso español en la ONU y en el mundo*, Madrid, Afrodisio Aguado, 1946.

—, *Viraje político español durante la II Guerra Mundial, 1942-1945 y réplica al cerco internacional 1945-1946*, Madrid, Ediciones del Movimiento, 1965.

RUHL, K. J., *Franco, Falange y « III Reich ». España en la II Guerra Mundial*, Madrid, Akal, 1986.

SERRANO SUÑER, Ramón, *Política de España en la II Guerra Mundial*, Madrid, Colegio Mayor Universitario Juan Luis Vives, 1988.

SMYTH, Denis, *Diplomacy and strategy of survival. British policy and Franco's Spain, 1940-41*, Cambridge, Cambridge University Press, 1986.

SUÁREZ, Luis, *España, Franco y la Segunda Guerra Mundial. Desde 1939 hasta 1945*, Madrid, Actas Editorial, 1997.

TOGORES, Luis E./NEILA, José Luis, *La Escuela Diplomática. Cincuenta años al servicio del Estado (1942-1992)*, Madrid, Escuela Diplomática, 1992.

TUSELL, Javier, *La dictadura de Franco*, Madrid, Alianza (Col. Libro de Bolsillo, 1310), 1988.

—, *Franco en la guerra civil. Una biografía política*, Barcelona, Tusquets, 1992.

—, ' La etapa Jordana (1942-1944) ', *Espacio, Tiempo y Forma*, 2 (1989), serie V, Historia Contemporánea (Madrid), pp. 169-189.

—, ' Un giro fundamental en la política española durante la II Guerra Mundial. La llegada de Jordana al Ministerio de Asuntos Exteriores ', Tuñón de Lara, Manuel, et. dl., *El primer franquismo. España durante la segunda guerra mundial*, Madrid, Siglo XXI, 1989, pp. 281-293.

— /QUEIPO DE LLANO, Genoveva, *Franco y Mussolini. La política española durante la Segunda Guerra Mundial*, Barcelona, Planeta, 1985.

— /AVILÉS, Juan/PARDO, Rosa, eds., *La política exterior de España en el siglo* XX, Madrid, UNED-Biblioteca Nueva, 2000.

URIARTE, Carmen, *Las relaciones hispano-turcas durante la guerra civil española, 1936-1939*, Madrid, Ministerio de Asuntos Exteriores, 1995.

VIÑAS, Ángel, ' La política exterior del franquismo ', VILAR, Juan B., ed., *Las relaciones internacionales de la España contemporánea*, Murcia, Universidad de Murcia, 1989, pp. 115-125.

—, ' La política exterior del franquismo', *Historia 16*, 121 (1986), pp. 15-22.

—, *Franco, Hitler y el estallido de la guerra civil. Antecedentes y consecuencias*,

Madrid, Alianza, 2001.
— ／VIÑUELA, Julio／EGUIDAZU, Fernando／FERNÁNDEZ PULGAR, Carlos／FLORENSA, Senén, *Política comercial exterior en España* (*1931-1975*), 3 vols., Madrid, Banco Exterior de España, 1979.
WHEALEY, Robert H., *Hitler and Spain. The Nazi Role in the Spanish Civil War 1936-1939*, Lexington, The University Press of Kentucky, 1989.

5.3. 日本の対外政策

ARNOLD, Walter／OZAKI, Robert S., eds., *Japan's foreign relations. A global search for economic security*, Boulder, Westview (Col. Westview Special Studies on East Asia Series), 1985.
ASADA, Sadao, *Japan & the world, 1853-1952. A bibliographic guide to Japanese scholarship in foreign relations*, New York, Columbia University Press, 1989.
—, ' The Japanese Navy and its policy and strategy toward the United States ', BORG, Dorothy／Okamoto, Shumpei, *Pearl Harbor as history. Japanese-American relations 1931-1941*, New York, Columbia University Press, 1973, pp. 225-259.
ASOMURA, Tomoko, *Historia política y diplomática del Japón moderno*, Caracas, Monte Ávila Editores Latinoamericana, 1997.
BAERWALD, Hans, ' The Diet and the foreign policy ', SCALAPINO, Robert A., ed., *The foreign policy of modern Japan*, Berkeley, L.A./London, University of California Press, 1977.
BEASLEY, W. G., *Japanese imperialism, 1894-1945*, Oxford, Clarendon Press, 1987.（ビーズリー、W.G.、杉山伸也訳『日本帝国主義　1894-1945　居留地制度と東アジア』岩波書店、1990年）
BERGAMINI, David, *Japan's imperial conspiracy*, London, Heinemann/New Jersey, Morrow, 1971.（バーガミニ、ディヴィッド、いいだもも訳『天皇の陰謀』前篇、後篇、れおぽーる書房、薔薇十字社発売、1972-1973年／いいだ・もも訳『天皇の陰謀』前篇、後篇、路書房、1974年／いいだもも訳『天皇の陰謀　隠された昭和史』全7冊、現代書林、1983年／いいだもも訳『天皇の陰謀　隠された昭和史』全7冊、NRK 出版部、1988年）
BERTON, Peter, ' The psychology of Japan's foreign relations', FELDMAN, Peter, ed., *Political psychology in Japan: behind the nails that sometimes stick out* (*and get hammered down*), Commack (New York), Nova Science, 1999, pp. 283-302.
BLAKER, Michael, *Japanese international negotiation style*, New York, Columbia University Press, 1977.（ブレーカー、マイケル、池井優訳『根まわしかきまわ

しあとまわし　日本の国際交渉態度の研究』サイマル出版会、1976年）

BROOKS, Barbara J., *Japan's imperial diplomacy. Consuls, treaty ports, and war in China 1895–1938*, Honolulu, University of Hawaii Press, 2000.

CONROY, Hilary／WRAY, Harry, eds., *Pearl Harbor reexamined. Prologue to the Pacific War*, Honolulu, University of Hawaii Press, 1990.

CROWLEY, James W., 'Japan's military foreign policies', MORLEY, James W. ed., *Japan's foreign policy, 1868–1945: a research guide*, New York/London, Columbia University Press, 1974, pp. 3–117.

—, *Japan's quest for autonomy. National security and foreign policy, 1930–1938*, Princeton, New York University Press, 1960.

EDSTÖRM, Bert, *Japan's Evolving Foreign Policy Doctrine*, London／New York, Mcmillan, 1999.

FERRETTI, Valdo, 'La polĩtica estera giapponese e i rapporti con l'Italia e la Germania (1919–1939)', *Storia Contemporanea*, 4(1976), pp. 783–824.

FUKUI, Haruhiro, 'Policy making in the Japanese Foreign Ministry', SCALAPINO, Robert A., ed., *The foreign policy of Modern Japan*, Berkeley, L. A.／London, University of California Press, 1977, pp. 3–35.

GRANT Richard L., ed., *The process of Japanese foreign policy. Focus on Asia*, London, Royal Institute of International Affairs, 1997.

HALLIDAY, J.／McCORMACK, G., *El nuevo imperialismo japonés*, Madrid, Siglo XXI, 1975.（ハリディ、J.、マコーマック、G.、林理介訳『日本の衝撃　甦える帝国主義と経済侵略』実業之日本社、1973年）

HOSOYA, Chihiro, 'The role of the Japan's Foreign Ministry and it's embassy in Washington 1940–1941', BORG, Dorothy／Okamoto, Shumpei, *Pearl Harbor as history. Japanese-American relations 1931–41*, New York, Columbia University Press, 1973, pp. 149–164.

—, 'Retrogression in Japan's foreign policy decision-making process', MORLEY, James W., ed., *Dilemmas of growth in prewar Japan*, New York, Princeton University Press, 1971.（モーリ、ジェームズ編、小平修、岡本幸治監訳『日本近代化のジレンマ　両大戦間の暗い谷間』ミネルヴァ書房、1974年）

IKLE, Frank W., *German–Japanese relations, 1936–1940. A study in totalitarian diplomacy*, New York, Bookman Associates, 1940.

IRIYE, Akira, 'Japan's policies toward the United States', MORLEY, James W., ed., *Japan's foreign policy, 1868–1945: a research guide*, New York／London, Columbia University Press, 1974, pp. 407–461.

—, 'Japan's foreign polices between world wars: sources and interpretations', *Journal of Asian Studies*, 26, n. 4 (1967), pp. 677–682.

JANNELLI, Pasquale, 'Italia e Giappone dopo l'armistizio dell'8 settembre 1943', *Storia e Politica*, 2, n. 2 (1963), pp. 157-182.

KAJIMA, Morinosuke, *A brief diplomatic history of modern Japan*, Ruthland, VE, Tuttle, 1965.

MORLEY, James W., ed., *Deterrent diplomacy. Japan, Germany and the USSR, 1935-40*, New York, Columbia University Press (Col. Studies of the East Asian Institute), 1976.

—, ed., *Japan's foreign policy, 1868-1945: a research guide*, New York/London, Columbia University Press, 1974.

—, ed., *The fateful choice: Japan's advance into South-East Asia, 1939-1941*, New York, Columbia University Press (Col. Studies of the East Asian Institute), 1980.

—, ed., *The China quagmire. Japan's expansion on the Asian continent 1933-41*, New York, Columbia University Press (Col. Japan's Road to the Pacific War), 1983.

MYERS, Ramon H./PEATTIE, Mark R., eds., *The Japanese colonial empire, 1895-1945*, Princeton, Princeton University Press, 1984.

NISH, Ian, 'Japan's policies toward Britain', MORLEY, James W., ed., *Japan's foreign policy, 1868-1945: a research guide*, New York/London, Columbia University Press, 1974, pp. 184-235.

—, *Japanese foreign policy, 1868-1942. Kasumigaseki to Miyakezaka*, London, Routledge & Kegan Paul, 1977.（ニッシュ、イアン、宮本盛太郎監訳『日本の外交政策　1869-1942　霞が関から三宅坂へ』ミネルヴァ書房、1994年）

—, 'Japan in Britain's view of the international system, 1919-1937', NISH, ed., *Anglo-Japanese Conference on the history of the World War II. Anglo-Japanese alienation, 1912-1952*, New York, Cambridge University Press, 1982.

—, *Japan's struggle with internationalism. Japan, China and the League of Nations, 1931-1933*, London, Kegan Paul International, 1993.

OGATA, Sadako, *Defiance in Manchuria: the making of Japanese foreign policy, 1931-1932*, Los Angeles, University of California Press, 1962.（緒方貞子『満州事変と政策の形成過程』明治百年史叢書第12巻、原書房、1966年／『満州事変政策の形成過程』岩波書店、2011年）

PEATTIE, Mark R., *Nan'yō. The rise and fall of the Japanese in Micronesia 1885-1945*, Honolulu, University of Hawaii Press (Col. Pacific Islands Monograph Series, 4), 1988.

PRESSEISEN, Ernst L., *Germany and Japan. A study in totalitarian diplomacy*, The Hague, Martinus Nihoff, 1958.

ROYAMA, Masamichi, *Foreign policy of Japan: 1914-1939*, Tokyo, Japanese Council, Institute of Pacific Relations, 1941.

SCALAPINO, Robert A., ed., *The foreign policy of modern Japan* (prologue, E. O. Reischauer), Berkeley, L. A./London, University of California Press, 1977.

SCWANTES, Robert S., ' Japan's cultural foreign policies ', MORLEY, James W., ed., *Japan's foreign policy, 1868-1945: a research guide*, New York/London, Columbia University Press, 1974, pp. 115-183.

TAKEUCHI, Tatsuji, *War and diplomacy in the Japanese Empire* (introduction, Quincy Wright), New York, Russell & Russell, 1967 (1. ed., 1935, University of Chicago).

USUI, Katsumi, ' The role of the Foreign Ministry ', BORG, Dorothy/OKAMOTO, Shumpei, eds., *Pearl Harbor as history. Japanese-American relations 1931-1941*, New York, Columbia University Press, 1973.

5.4. スペインと東アジア

AGONCILLO, Teodoro, ' The cultural aspects of the Japanese occupation ', *Philippines social sci. and humanities*, 28, n. 4 (1963), pp. 351-394.

ALMAZÁN, David, ' La actriz Sada Yacco: el descubrimiento del teatro japonés en España ', *Anales de Literatura Española Contemporánea*, 23 (1998), pp. 717-731.

ARRIBAS MONTES, V./PUEBLA PEDROSA, C. O. P., *Reapertura de la Misión del Japón*, Tokio, Enderle, 1970.

BACAREZA, Hermógenes E., *A history of Philippine-German relations*, Manila, Bacareza, 1980.

CABEZAS, Antonio, *El siglo ibérico en Japón, 1543-1643*, Valladolid, Universidad de Valladolid, 1995.

CASTIELLA, Fernando/MOLINA, Antonio/DÍAZ, Jesús, *España en Filipinas, 1898-1960* (investidura de Doctor Honoris Causa por la Universidad de Santo Tomás), Manila, Universidad de Santo Tomás, 1965.

CLARENCE-SMITH, W. Gervase, ' The economic dynamics of Spanish colonialism in the nineteenth and twentieth centuries ', *Itinerario*, XV, n. 1 (1991), pp. 71-90.

DELGADO GARCÍA, José P., ' Los dominicos de la provincia del Rosario en Japón, 1904-1979 ', *Huellas dominicanas*, Madrid, 1979.

Encuentro cultural España-Japón. XXXV aniversario de la Sociedad Hispánica del Japón, Tokio, Casa de España, 1996.

ERICE, José Sebastián de, ' Una documentación internacional: España y Filipinas ',

Cuadernos de Política Internacional, 2 (1950), pp. 205-223.

FERNÁNDEZ, Fr. Pablo OP, *Dominicos donde nace el sol. Historia de la provincia del Santísimo Rosario de Filipinas de la Orden de Predicadores*, [Manila], 1958.

FRADERA, Josep Mª, *Gobernar colonias*, Barcelona, Península, 1999.

—, *Filipinas, la colonia más peculiar*, Madrid, CSIC (Col. Biblioteca de Historia, 38), 1999.

深澤安博「フィリピンのスペイン共和国派」『歴史評論』542、543号、1995年6月、1995年7月

GIRALT RAVENTÓS, Emili, *La Compañía General de Tabacos de Filipinas, 1881-1981*, Barcelona, Compañía General de Tabacos, 1981.

GONZÁLEZ CALLEJA, Eduardo, ' La Delegacíon Nacional del Servicio Exterior de Falange Española en las islas Filipinas ', RODAO, Florentino, coord., *España y el Pacífico*, Madrid, ICD, 1989.

GONZÁLEZ VALLÉS, Jesús, ed., *Cuatro siglos de evangelización*, Madrid, Huellas Dominicanas, 1987.

HAMILTON, T., ' Spanish Dreams of Empire ', *Forein Affairs*, XXII (Abril 1944), pp. 458-468.

KREBS, Gerhard, ' Japanese-Spanish Relations, 1936-1945 ', *The Transactions of the Asiatic Society of Japan*, 3-IV (1988), pp. 21-52／*Spanien und Japan (1936-1945)*, Tokyo, OAG (Col. OAG Aktuell, 32), 1988.（クレープス、ゲルハルト、田嶋信雄、井出直樹訳「第二次世界大戦下の日本＝スペイン関係と諜報活動」『成城法学』63、64号、2000年11月、2001年1月）

MESA, Roberto, *El colonialismo en la crisis del* XIX *español*, Madrid, Ciencia Nueva, 1967.

OJEDA ÁLVAREZ, Mercedes, ' Relaciones entre España y China desde 1927 hasta 1937 ', *Cuadernos de Historia Moderna y Contemporánea*, 1 (1978), pp. 211-230.

PACHECO [YUUKI], Diego S. I., *The founding of the port of Nagasaki and its cession to the Society of Jesus*, Macau, Centro de Estudos Maritimos de Macau, 1989.

PÉREZ DE OLAGUER, Antonio, *El terror amarillo en Filipinas*, Barcelona, Juventud, 1947.

PILAPIL, Vicente R., ' The Far East ', CORTADA, James W., ed., *Spain in the world, 1898-1978*, London, Adwych Press, 1980, pp. 213-234.

PLANAS GARCÍA DE DIOS, Ramiro, ' Puntos más destacables de las relaciones entre España y Japón durante la época contemporánea ', *Shinomone*, 1981, pp. 4-31.

—, ' Fuentes bibliográficas sobre Japón en la España Contemporánea ', SOLANO,

Francisco de/Togores, Luis Eugenio/Rodao, Florentino, *El Extremo Oriente ibérico. Investigaciones históricas : metodología y estado de la cuestión*, Madrid, I.C.D., 1989, pp. 327-341.

Rodao, Florentino, ' Bangkok dentro de la Organización Consular Española en Extremo Oriente, 1860-1950 ', *Boletín de la Asociación Española de Orientalistas*, XXI (1986), pp. 227-256.

—, ' España ante Japón en el siglo XIX. Entre el temor estratégico y la amistad ', 『スペイン史研究』 7号、1991年12月

—, coord., *Estudios sobre Filipinas y las islas del Pacífico*, Madrid, Asociación Española de Estudios del Pacífico, 1989.

—, coord., *España y el Pacífico*, Madrid, ICD, 1989.

—, ' Los documentos sobre Extremo Oriente dentro del Archivo del Ministerio de Asuntos Exteriores ', Solano, Francisco de/Togores, Luis Eugenio/Rodao, Florentino, *El Extremo Oriente ibérico. Investigaciones históricas. Metodología y estado de la cuestión*, Madrid, ICD, 1989, pp. 27-38.

—, ' Representation of Japanese Interest in American Countries during the Pacific War ', *Transactions of the XXXVI International Conference of Orientalist in Japan*, Tokyo, The Tōhō Gakkai, 1991, pp. 154-155.

—, ' Presencia hispana en Extremo Oriente desde 1898 ', *Actas del Simposium « El Quinto Centenario y el Mundo Hispánico »*, Tokio, Academia Castilla, 1992, pp. 121-126.

Sánchez Ruano, Francisco, ' España en Filipinas durante la Segunda Guerra Mundial ', Rodao, Florentino, coord., *Estudios sobre Filipinas y las islas del Pacífico*, Madrid, Asociación Española de Estudios del Pacífico, 1989, pp. 63-76.

Solano, Francisco de／Togores, Luis Eugenio／Rodao, Florentino, *El Extremo Oriente ibérico. Investigaciones históricas: metodología y estado de la cuestión*, Madrid, ICD, 1989.

Torre del Río, Rosario, ' Filipinas y el reparto del Extremo Oriente en la crisis del 98 ', Solano, Francisco de/Togores, Luis Eugenio/Rodao, Florentino, *El Extremo Oriente ibérico, Investigaciones históricas : metodología y estado de la cuestión*, Madrid, ICD, 1989, pp. 509-521.

5.5. 回顧録と伝記

Agramonte, Francisco, *El frac a veces aprieta*, Madrid, Aguilar, 1950.

Alcázar de Velasco, Ángel, *Memorias de un agente secreto*, Barcelona, Plaza & Janés, 1979.

ARRUPE, Pedro S. I., *Este Japón increíble... Memorias del P. Arrupe*, Bilbao, Mensajero, 4ed., n.d.

—, *Yo viví la bomba atómica*, Madrid／Buenos Aires, Studium de Cultura, 1952.

AZAÑA, Manuel, *Memorias políticas y de guerra*, Barcelona, Crítica-Grijalbo, 1978 (1ed. México, 1968).

BEAULAC, Willard L., *Franco. Silent ally in World War II*, Carbondale, Southern Illinois University Press, 1986.

BOWERS, Claude G., *My mission to Spain. Watching the rehearsal for World War II*, London, Victor Gollac & Limited, 1954.

BOYD, Carl, *The extraordinary envoy: general Hiroshi Oshima and diplomacy in the Third Reich*, 1934-1939, Washington D.C., University Press of America, 1982.

CAMBA MASSAGUER, M., *Labranza en el Oriente*, Barcelona, Ariel, 1952.

CAVA MESA, Mª Jesús, *Los diplomáticos de Franco. J. F. de Lequerica, temple y tenacidad (1890-1963)*, Bilboa, Universidad de Deusto, 1989.

CERVERA VALDERRAMA, Juan, *Memorias de guerra (1936-1939)*, Madrid, Editora Nacional, 1968.

CIANO, Galeazzo, *Diario, 1939-1943*, 2 vols, (introduzione e note di Ugo d'Andrea), Milano, Rizzoli, 1946.

—, *Ciano's diary, 1937-1938* (introduction Malcolm Muggeridge), London, Methuen & Co., 1952.

DOUSSINAGUE, José María, *España tenía razón (1939-45)*, Madrid, Espasa-Calpe, 1949.

FEIS, Herbert, *The Spanish story. Franco and the nations at war*, New York. Greenwood Press, 1944.

FERNÁNDEZ DURO, Enrique, *Franco. Una biografía psicológica*, Madrid, Temas de Hoy, 1992.

FOLTZ, Charles Jr., *The masquerade in Spain*, Boston, Houghton Mifflin, 1948.

GIMÉNEZ ARNAU, José A., *Memorias de memoria. Descifre vuecencia personalmente*, Barcelona, Destino, 1978.

GREW, Joseph C., *Ten years in Japan: a contemporary record drawn from the diaries and official papers of United States ambassador to Japan, 1932-1942*, New York, Simon and Schuster, 1944／*10 años en el Japón*, Buenos Aires, Peuser, 1945.（グルー、ジョセフ、石川欣一訳『滞日十年　日記・公文書・私文書に基く記録』上巻、下巻、毎日新聞社、1948年／石川欣一訳『滞日十年』上巻、下巻、筑摩書房、2011年）

HALSTEAD, Charles R., ' Historians in politics: Carlton J. A. Hayes as an American

ambassador in Spain, 1942-45', *Journal of Contemporary History*, n. 10, 3 (1975), pp. 383-405.

—, 'Diligent diplomat: Alexander W. Weddel as American ambassador to Spain, 1939-42', *Virginia mag. of History and Biology*, 82, n. 1 (1974), pp. 3-38.

HAYES, J. H. Carlton, *Wartime mission in Spain, 1942-1945*, New York, Macmillan, 1945／*Misión de guerra en España*, Madrid, Ediciones y Publicaciones Españolas, 1946.

HOARE, Samuel, *Embajador en Misión Especial*, Losada, Buenos Aires, 1946.

HUGHES, Emmet John, *Report from Spain*, New York, Kennikat Press, 1972 (1ed., 1947).

HULL, Cordell, *The Memoirs of Cordell Hull*, 2 vols., London, 1949. (ハル、コーデル、朝日新聞社訳『回想録「国際連合の父」元アメリカ国務長官のつづる外交秘話』朝日新聞社、1949年／宮地健次郎訳『ハル回顧録』中央公論新社、2001年)

JUAN, Marcela de, *La China que ayer viví y la China que hoy entreví*, Barcelona, Luis de Caralt, 1977.

MADARIAGA, Salvador de, *Memorias (1921-1936). Amanecer sin mediodía*, Madrid, 1974.

MENDIBURU, Francisco, *Un navarro en China*, Bilbao, Mensajero, 1996.

MERINO, Ignacio, *Serrano Suñer. Historia de una conducta* (prólogo de Paul Preston), Barcelona, Planata, 1996.

MUGGERIDGE, Malcolm, ed., *Ciano's diplomatic papers*, London, Ohdams, 1948.

村田省蔵／福島慎太郎編『比島日記　村田省蔵遺稿』、明治百年史叢書第137巻、原書房、1969年

OLANO Y URTEAGA, Miguel Ángel de, *Diary of a Bishop. (Since the invasion of Guam. World War II)*, Manila, University of Santo Tomas Press, 1949.

PASTOR PETIT, Domingo, *Espías españoles: del pasado y del presente*, Barcelona, 1979.

RÓMULO, Carlos, *Yo vi la caída de Filipinas*, Madrid, Atlas, 1985.

SAÑA, Heleno, *El franquismo sin mitos. Conversaciones con Serrano Suñer* (prólogo de Hugh Thomas), Barcelona, Rialp, 1982.

SERRANO SUÑER, Ramón, *Entre el silencio y la propaganda. La historia como fue*, Barcelona, Planeta (Col. Espejo de España), 1977.

—, *Entre Hendaya y Gibraltar*, Madrid, Ediciones y Publicaciones Españolas, 1947.

TREVOR-ROPER, Hugh, ed., *Final entries, 1945. The diaries of Joseph Goebbels*, New York, G.P. Putnam's Sons, 1978.

TUSELL, Javier, *Carrero. La eminencia gris del régimen de Franco*, Madrid, Temas

de Hoy, 1993.

5.6. スペインにおける当時の日本関係文献

ÁLVAREZ, José María, trad., *Leyendas y cuentos del Japón*, Barcelona, Luis Gili, 1933.

ANÓNIMO, *Cuentos japoneses*, Barcelona, Arauce, 1935 (3ed., 1955).

—, *Cuentos del Japón*, Barcelona, Juventud, 1943.

—, *Por qué Japón tuvo que luchar en Shanghai*, Buenos Aires, Asociación de Relaciones Exteriores de Japón, 1938.

—, *El teatro japonés*, Barcelona, Aguilar, 1930.

—, *Almanaque de « El Hechizo Japonés » para el año 1921*, Valencia, Carceller, 1920.

—, *La guerra ruso-japonesa*, 3 vols., Barcelona, Pons y Cía., 1904-1905.

APELIUS, Mario, *Yu-ri-san. La pintora de crisantemos*, Barcelona, Juventud, 1940.

BALLESTEROS, M., *Aventuras de un español en Japón*, n.p., n.d.

BAYLE, C., *Un siglo de cristianidad en el Japón*, Barcelona, Labor, 1935.

BOSCH BARRETT, Manuel, *Doña Isabel Barretto. Adelantada de las islas Salomón*, Barcelona, Juventud, 1943.

BYWATER, Héctor C., *La gran guerra del Pacífico. Historia de la campaña americana-japonesa 1931-1932*, Madrid, Editorial Naval, 1931.

CALVO, Juan OP, *Diccionario japonés-español*, Tokio, KBS, 1937.

DANGENNES, B., *El espíritu de organización en trece lecciones. Según las doctrinas japonesas de Yoritomo Tashi*, Madrid, Ediciones Españolas, n.d.

DICK, Stewart, *Artes y oficios del antiguo Japón*, Madrid, Aguilar, 1942.

DOMENZÁIN, Moisés, S.J., *Japón, su evolución, cultural, religiones*, Madrid/Bilbao, El Siglo de las Misiones, 1942.

FRAMIS, *Japón, paisaje de aurora, muy antiguo y muy moderno*, Madrid, Ed. María Alonso, 1942.

FREITAS, José de, *O plano secreto Japones para la conquista do mundo*, Lisboa, Livraria Francesa, 1944.

GARCÍA SANCHIZ, Federico, *Nao Española. Asia, América, Oceanía*, San Sebastián, Ed. Española, 1942.

GREW, Joseph C., *10 años en el Japón*, Buenos Aires, Peuser, 1945.（前掲，石川欣一訳『滞日十年 日記・公文書・私文書に基く記録』／石川欣一訳『滞日十年』）

HINO, Ashihei, *La guerra y el soldado*, Barcelona, Juventud, 1941.（火野葦平『麦と

兵隊』）

HORIGUCHI, Nico D., *Tanka. Poesías japonesas de Nico D. Horiguchi* （selección y trad. de Munio Nisay [José Muñoz Peñalver]）, Tokio, 1925.

JORDANA Y MORERA, José, *La agricultura, la industria y las bellas artes de Japón*, Madrid, 1879.

KAJI, Rijûichi, *El Japón. Su desarrollo cultural* （trad. de Keiichi Ito）, n.p., 1940.

LAJTHA, Edgar, *El Japón. Ayer, hoy y mañana* （trad. de José Lleonart）, Barcelona, Juventud, 1942.

LOTI, Pierre, *El Japón*, Barcelona, Cervantes （Col. Obras de Pierre Loti de la Academia Francesa）, 1942.

LUCENA DE LOS RÍOS, Juan, *El Imperio del Sol Naciente*, Barcelona, Ramón Molina, S.A. （Col. Biblioteca de la Ilustración Ibérica）.

MARTÍNEZ AEDO, Joaquín／ALCÁZAR MANZANARES, Rafael, *Lo que es el Japón: motor de la política asiática* （prólogo de J. E. Casariego）, Madrid, 4ed., 1943.

Misiones Católicas en extremo oriente. XXXIII Congreso Eucaristo Internacional, Manila, Cacho Hermanos, 1937.

MURAOKA, Gen, *Diccionario japonés-español*, Tokio, 1937.

MURASAKI, Shikibu, *Romance de Genji*, Barcelona, Juventud, 1941.（紫式部『源氏物語』）

NEGRE, Pedro, *El budismo*, Barcelona, Labor, 1946.

NITOBE, Inazo, *El Bushido. El alma del Japón* （trad. gral. Millán Astray）, Madrid, Gráficas Iberia, 1941.（新渡戸稲造『武士道』）

NÚÑEZ IGLESIAS, Juan Ignacio, *El almirante Togo. Héroe nacional del Japón*, Madrid, Ed. Naval, 1942.

OKAKURA, Kakuzō, *El libro del té*, Barcelona, Ánfora, 1944.（岡倉覚三（天心）『茶の本』）

OLLER PIÑOL, Juan, *Japón antiguo y moderno*, Madrid, Bibliográfica Española, 1943.

—, *Manchukuo antiguo y moderno*, Madrid, Bibliográfica Española, 1943.

OGASAWARA, Nagayo, *Biografía del almirante Tago*, Barcelona, Iberia, 1942.（小笠原長生『東郷元帥』大日本雄辯會講談社、1937年）

PANDO MIRANDA, Sor Mª Rosa de, *A través del Japón*, Madrid, N. Aguilar, 1942.

PANETH, Philip, *Chiang Kai-shek avanza*, Barcelona, José Janés, 1945.

RATTI-KÁMEKE, Richard, *Gramática y ejercicios prácticos de japonés*, Barcelona, Biblioteca Ratti, 1942.

ROLDÁN OLIARTE, Esteban, *La expansión japonesa* （*El Japón en Asia y en el mundo*）, París, 1938.

SUMA, Yakichirō, *¿ Dónde está el Japón ?*, Madrid, Impresos Alonso, 1942.

TAMENAGA, Shunsui, *Los 47 capitanes*, Madrid, Fernando Fe, 1927.（為永春水『赤穂浪士実伝』）

TAO-CUMMING, Gaspar, *China, Japón y el conflicto chino-japonés*, San Sebastián, Editorial Española, 1939.

—, *El imperio del Manchukuo*, Madrid／Burgos, Alonso, 1941.

—, *Tokio. Un español entre geishas*, Madrid, Febo, 1945.

—, *Un viaje alrededor del mundo*, Madrid, Alonso, 1941.

TESSAN, François, *El Japón muerto y vivo*（prólogo de Paul Claude）, Madrid, Nuestra Raza, 1944.

TSUZUMI, Tsuneyoshi, *El arte japonés*, Barcelona, Gustavo Gili Editor, 1932.

VILLION, Amado, *Cincuenta años en el Japón*, Madrid, Profide, 1936.

—, *Hai-kais*, Barcelona, Grano de Arena, 1942.

WAKATSUKI Fukuyiro, *Tradiciones japonesas*, Madrid, Espasa-Calpe（Col. Universal, 1.091-1.092）, 1943.

WORSKY, I.／RIERA, Augusto, *El despertar de Asia: Japón, China, India, Persia, Turquía, Afganistán*, Barcelona, Publicaciones Mundial, 1931.

YAMATA, Kikou, *La trama del milano de oro*, Madrid, La Gacela, 1942.

5.7. 未公刊文献

CALLEJA, Estrella, ‘ España en la Sociedad de Naciones ante la crisis de Manchuria ’, *Actas del Simposium. Las relaciones entre España y Japón en el Pacífico*, Madrid, 1990.

CASTRO Y CALVO-MAGAZO, José F., *Relaciones hispano-filipinas*, Madrid, 1956.

CH'I Hsi-sheng, ‘ The United States in China's quest for international assistance before Pearl Harbor ’, Venecia, junio de 1999.

CHEUNG, Andrew, ‘ Slogan, symbols and legitimacy: the case of Wang Jing Wei's Nanjing Regime ’, *Languages and Policy in China*, 6, 1995, www.easc.indiana.edu/pages/easc/working_papers/NOFRAME_6A_Sloga.htm.

GÓMEZ REOYO, M. C., *El asilo diplomático en la guerra civil española*, Madrid, Universidad Complutense, 1985.

KREBS, Gerhard, *Japan Deutschlandspolitik, 1935-1941. Eine Studie zur Vorgesichte des Pazifischen Krieges*, 2 vols., Hamburg, 1984.

LABRADOR, Juan, *Diario de la ocupación japonesa*, Manila, 1945.

LAMO DE ESPINOSA, Emilio, dir., *La imagen exterior de España. Aspectos comerciales, inversores y turísticos*, Madrid, 1996.

MARTÍNEZ DE ESPRONCEDA SAZATORNIL, Gema, *Opinión pública y relaciones internacionales. La percepción de la política de « appeasement »*, Zaragoza, Universidad de Zaragoza, 1993.

MIYAOKA, Isao, ' Foreign pressure and the Japanese policymaking process: a theoretical framework ', *Discussion Paper*, series F-62, Tokyo, Institute of Social Sciences, 1997, www.iss.u-tokyo.ac.jp/.

MIWA, Kimitada, *Japan on the perifery of both East and West: a historical interpretation of Japan's conduct on international affairs from ancient to recent times*, Col. Research papers, series A-34, Tokyo, Institute of International Relations, Sophia University, 1986.

MORADIELLOS, Enrique, ' Un triángulo vital para la República: Gran Bretaña, Francia y la Unión Soviética ante la guerra civil española ', *Hispania Nova*, 1 (1998-2000), hispanianova.rediris.es/HN0306.htm

QUIJADA, Mónica, *Relaciones hispano-argentinas, 1936-1948*, Universidad Complutense, 1989.

QUINTANA, Francisco, *España, Salvador de Madariaga y la Sociedad de Naciones*, Madrid, Universidad Nacional de Educación a Distancia, 1989.

RODAO, Florentino, ' Japón y la política española hacia la posguerra ', *Hispania Nova*, 1 (1998-2000), hispanianova.rediris.es/HN302.thm

TERAMI-WADA, Motoe, ' Pilipino armies during the Japanese occupation ', Hong Kong, 1991 (Paper to the IX Congress of the International Association of Historians of Asia).

URETA, Michael G., *Falange: nationalism, patriotism or capitulation ?*, Manila, University of the Philippines, 1988.

URRERO PEÑA, Guzmán, *Imágenes de lo japonés en los medios audiovisuales de Japón, Europa y Estados Unidos*, Universidad Complutense, 1997.

YU-JOSE, Lydia, *Japanese attitudes toward the Philippines, 1900 to 1940's*, Tokyo, University of Sophia, 1988.

略記一覧

ABE	Archivo Histórico del Banco de España.　スペイン銀行史料室
AEET	Archivo de la Embajada Española en Tokio.　在東京スペイン大使館文書
AGA-AE	Archivo General de la Administración. Asuntos Exteriores.（スペイン）総合公文書館　外務省部門
AGA-SGM	AGA. Secretaría General del Movimiento.　総合公文書館「運動」書記局部門
AHM-CGG	Archivo Histórico Militar. Cuartel General del Generalísimo.　マドリード陸軍史料館　大将軍総司令部文書
AHN-SGC	Archivo Histórico Nacional. Sección Guerra Civil (Salamanca).（スペイン）国立史料館　内戦部門（サラマンカ）
AMAE-R	Archivo del Ministerio de Asuntos Exteriores. Archivo Renovado.（スペイン）外務省文書館　新規文書
AMAE-P	AMAE. Expedientes Personales.　外務省文書館　人事記録
APG-JE	Archivo de Presidencia de Gobierno. Sección de Jefatura del Estado.（スペイン）総理府文書館　国家元首部門
ARE	Archive du Ministère Français des Affaires Étrangères.　フランス外務省文書館
BKT	（日本）防衛研究所図書館
CH	Colección Hayes.　ヘイズ・コレクション　コロンビア大学
CUS	Confidential United States Diplomatic Records.　アメリカ秘密外交文書（マイクロフィルム）
DEAC	Department of External Affairs of Canada.　カナダ外務省
DDI	*Documenti Diplomatici Italiani*.　イタリア外交文書集
FO	Foreign Office.　イギリス外務省

FDRL	Franklin D. Roosevelt Library. フランクリン・ルーズベルト大統領図書館
FRUS	*Foreign relations of the United States*. アメリカ外交文書集
GSK-NK	（日本）外務省外交史料館　内乱関係
GSK-KT	（日本）外務省外交史料館　各国の態度
LOC	Library of Congress. （アメリカ）議会図書館
MS	*Magic Summaries*,『マジック・サマリーズ』、1942年５月からは、*Magic Diplomatic Summaries*,『マジック・ディプロマティック・サマリーズ』、マイクロフィルム
NARA	National Archives and Records Administration. （アメリカ）国立公文書館
NSA	National Security Agency. （アメリカ）国家安全保障局
PRO	Public Record Office. （イギリス）公文書館
RG	Record Group. 文書分類
SIS	Signal Intelligence System. 通信諜報系統
WWII	Department of State Decimal File relating to World War II, 1939-1945. （アメリカ）国務省第２次世界大戦関係十進分類ファイル、1931〜1945年（マイクロフィルム）

註

第一章

1. Valdo Ferreti, *Il Giappone e la poli̇tica estera italiana, 1935-1941*, Milano, 1983, p. 231 ; P. Lowe, *Great Britain and the origins of the Pacific war. A study of British policy in East Asia, 1937-41*, Oxford, 1977, pp. 72-102 ; Usui Katsumi, 'The politics of war', James W. Morley (ed.), *The China quagmire. Japan's expansion on the Asian continent 1933-41*, New York, 1983, pp. 356-366.
2. 日ソ対立についての必須文献とみなされるものは、Alvin D. Coox, *Nomonhan. Japan against Russia, 1939*, 2 Vols., Stanford (California), 1985 である。以下も参照。Hata Ikuhiko, 'The Japanese-soviet Confrontation, 1935-1939', Morley (ed.), *Deterrent diplomacy. Japan, Germany and the USSR, 1935-40*, New York, 1976, p. 178 ; Ian Nish, *Japanese Foreign Policy, 1868-1942. Kasumigaseki to Miyakezaka*, London, 1977, pp. 230-231.
3. 日本にとっての満州国の意義を理解するための基本文献は、Louise Young, *Japan's total Empire. Manchuria and the culture of wartime imperialism*, California, 1988 である。日本の宣伝活動について手短に述べているのは以下である。'Colonizing Manchuria : the making of an imperial Myth', Stephen Vlastos (ed.), *Mirror of modernity. Invented traditions of modern Japan*, California, 1998, pp. 95-109.
4. Robert Jervis, *The logic of images in international relations*, Princeton (New Jersey), 1970, pp. 4-5. 協定締結に至った交渉の詳細な叙述は次の文献にある。Hosoya Chihiro, 'The Tripartite Pact, 1939-1940', Morley (ed.), *Deterrent diplomacy*, pp. 191-257 (協定文は pp. 298-304 にある).
5. 松岡外相の次官だった加瀬俊和の回想は、Haruko Taya Cook/Theodore F.

Cook, *Japan at war. An oral history*, New York, 1992, pp. 90–95 にある。ソ連政府が中国国民党への支援を約しつづけ、中国国民党が日本との闘いを続けることを鼓舞したことについては、Walter LaFeber, *The Clash. A history of U.S.-Japan relations*, New York, 1997, p. 196. この協定についてのドイツ側の文書を見るには、次を参照。http://www.sunsite.unc.edu/pha/nsr/nsr-08.html.

6. Andreas Hillgruber, *La Segunda Guerra Mundial. Objetos de guerra y estrategia de las grandes potencias*, Madrid, 1995, p. 79 に引用されている T. Sommer, *Deutschland und Japan zwischen den Mächten 1935–1940*, Tübungen, 1962, p. 391 ; Bernd Martin, *Japan and Germany in the modern world*, Oxford, 1995, p. 246 による。松岡が起草した協定草案と協定文を表にして比較したものは、Morley (ed.), *Deterrent diplomacy*, pp. 283–297.
7. Tsunoda Jun, ‘The Navy's role in the Southern strategy’, Morley (ed.), *The fateful choise. Japan's advance into southeast Asia, 1939–1941*, New York, 1980, pp. 290–292. 経済的影響については、Takafusa Nakamura, *A history of Shōwa Japan, 1926–1989*, Tokyo, 1998, pp. 189–196.
8. Víctor Morales Lezcano, *Historia de la No-Beligerencia española durante la II Guerra Mundial*, Las Palmas de Gran Canaria, 1980, p. 36. また、生命圏については、Robert H. Whealey, *Hitler and Spain. The Nazi Role in the Spanish Civil War 1936–1939*, Lexington, 1989, p. 33.
9. ‘Las relaciones exteriors de España, 1898–1975’, Richard Gillespie/Fernando Rodrigo/Jonathan Story, *Las relaciones exteriors de España democrâtica*, Madrid, 1995, p. 36.
10. Paul Preston, *Franco*, London, 1994, pp. 338–339.
11. Fernando Maria Castiella/José Maria de Areilza, *Reivindicaciones de España*, Madrid, 1941, pp. 7–8.
12. AMAE, R-1373-13. エレーラからメンデス・デ・ビゴへ、横浜、1942年 4 月30日。
13. ヒメ《マ》ネ《マ》ス・アルナウによる記事、1939年 6 月22日。 7 月14日と25日の記事も興味深い。
14. *¡ Arriba !*, 5-VIII-1939.
15. 18-IX-1940, AMAE, R-1737-23, メンデス・デ・ビゴからベイグベデールへ、東京、1940年 9 月19日。帰国時の横山公使のスペインに関する発言については、メンデス・デ・ビゴからベイグベデールへ、東京、1940年10月20日。国際関係における「重大事」とさえ評されたタンジール占領についての大げさな表現の例は、NARA-RG-457, SIS-7687, ベルリンから新京へ、1940年 6 月15日。
16. NARA-RG-457, SIS-9333, 横山公使からの通達、マドリード、1940年 7 月27日。また、NARA-RG-457, SIS-9712, 9861b, 横山公使から東京へ、マドリード、

1940年8月8日。

17. NARA-RG-457, SIS-5633, 天羽から阿部へ、ローマ、1939年11月23日。

18. D. Welch, ‘Nazi wartime newsreel propaganda’, Kenneth R. M. Short (ed.), *Film and Radio Propaganda in World War II*, London, 1983, pp. 201-203.

19. Luis Carrero Blanco, *España y el mar,* Madrid, 1941, p. 126 (‘Comunicaciones marítimas en las guerras del siglo XX’ の章).

20. Nitobe Inazo, *El Bushido. El Alma del Japón*, Madrid, 1941 (ルイス・アルバレス・デル・エスペホの協力によるフランス語版からの翻訳)。ドミニコ会士シリーロ・イグレシアスが日本語から直接訳したものもあったが、出版されなかった。細川護熙首相が国際連合での演説で新渡戸と『武士道』に言及した後の1993年に、「国民的精神」や「日本の発展の原動力」を理解する鍵だとして『武士道』の新版の宣伝がなされた。C. Gluck, ‘The invention of Edo’, Vlastos (ed.), *Mirror of modernity*, pp. 278-279.

21. APG-JE-1-2.2; AMAE, R-1004-1, カスティーリョからホルダーナへ、東京、1938年2月19日。

22. AGA-AE-5176. メンデス・デ・ビゴからセラーノ・スニュエルへ、東京、1940年12月14日、「スペイン」という記事の訳稿、また華族の会合における国際文化振興会理事長講演録を含む。矢野真の発言については、AMAE, R-1738-3, メンデス・デ・ビゴからベイグベデールへ、東京、1940年6月4日、を見られたい。

23. *Mundo*, « Las ideas y los hechos » の欄, 9-IX-1943.

24. このことについて、経済使節団の団員アントニオ・ロベルトが1941年4月に商業連盟クラブで「世界における日本の経済的・政治的拡張」と題した講演をおこなった (*¡ Arriba !*, 26-IV-1941)。また『ムンド』は「日本は、アングロサクソンの経済的報復を恐れずに自らの政策をおこなうために自律的経済の準備をしている」と書いた (*Mundo*, 7-XII-1941)。

25. *Mundo*, 25-IX-1941.

26. 「発見から一〇〇年後の一七世紀にフィリピンではスペインの主権が完全に確立していた」(*Mundo*, 4-I-1942)。

27. *Mundo*, 22-VII-1940.

28. José María Cordero Torres, *Aspectos de la Misión Universal de España*, Madrid, 1942, p. 91.

29. たとえば、*¡ Arriba !*, 20-VI-1943 を見られたい。

30. Endymion Wilkinson, *Japan versus the West. Image and reality*, London, 1991, p. 133.

31. Ernesto Giménez Caballero, *Genio de España. Exaltaciones a una resurección nacional y del mundo*, 8ed., Barcelona, 1982, p. 186. この本の初版は1932年だが、

引用文は1938年の第二版のために書かれたと思われる。1939年版は ediciones jerarquía から出版された。ディオニシオ・リドゥルエホはヒメネス・カバリェーロを最初のファシストだと言った（Dionisio Ridruejo, *Casi unas memorias*, Barcelona, 1976, pp. 155-158)。ホセ・アントニオの書いたものについて教えてくれたスタンリイ・ペインに感謝する。また、次も見られたい。Jo Labanyi, ' Women, " Asian Hordes " and the threat of self in Giménez Caballero's Genio de España', *Bulletin of Hispanic Studies*, Vol. LXXIII, 1996, pp. 377-387.

32. *¡ Arriba !*, 8-XII-1939 に「閣議はフィンランド侵入問題を検討」とある；NARA-RG-457, SIS-5508, 矢野から有田へ、マドリード、1939年12月 2 日。

33. Juan J. Lõpez Ibor, ' Pathos ético del hombre español ', *Escorial*, tomo III, cuaderno 6, p. 76（M. Contreras, ' Ideología y cultura : la revista *Escorial*（1940 -1950)', Manuel Ramirez et. al., *Las fuentes ideolõgicas de un régimen*（*España 1939-1945*), Zaragoza, 1978, p. 71 から引用)。

34. ' Tres guerras ', *Vértice* [III-1940 ?], p. 32.

35. Moisés Domenzâin, *El Japõn, su evolución, cultura y religiones*, Bilbao, 1942 ; *Mundo*, 24-I-1942.

36. AGA-AE-5176, メンデス・デ・ビゴからセラーノ・スニェルへ、東京、1940年11月20日。『朝日新聞』1940年11月 4 日号に、ローマとマドリードを比較した上智大学教授の野村良雄の次の論稿が載っている。「停電と満員の市電　東京と同じ」。

37. ' Japõn y España ', *¡ Arriba !*, 24-IV-1941.

38. AMAE-R, 1738-1, 10, 11, 14-V-1040. 聖フランシスコ・ザビエルについては次を見られたい。Pedro Arrupe, *Este Japõn increíble. Memorias del P. Arrupe*, Bilbao, n. d. pp. 75-77.

39. AGA-AE-5176, メンデス・デ・ビゴからセラーノ・スニェルへ、東京、1940年12月14日。AGA-SGM, 76-25, エレーラからファランヘ党対外部へ、片瀬、1941年 1 月29日。

40. 1938年 1 月 1 日のこと。*Franco. El Caudillo*, Salamanca, 1939 p. 71（Preston, *Las tres Españas del 36,* Barcelona, 1998, p. 90 から引用).

41. 1991年 1 月15日の上智大学でのホセ・ルイス・アベジャンの講演、' El pensamiento español durante la guerra civil ' ; G. Quipo de Llano, ' Culturas en guerra ', Stanley Payne／Jarier Tussel, *La guerra civil*, Madrid, 1996, p. 613. より詳しくは次を見られたい。Luis Abellân, *Historia Crítica del pensamiento español*, Vol. 2, Madrid, 1991, pp. 294-306.

42. AGA-SGM, 76-25, エレーラからファランヘ党対外部へ、片瀬、1941年 1 月29日。

43. 日本語版では『全体主義と皇道』、東洋図書、1940年、英語では *The Great*

shinto purification ritual and the Divine Mision of Japan と題された冊子。以下も参照。Ben-Ami Shillony, *Politics and culture in wartime Japan*, Oxford, 1981, pp. 113, 152, 164; John Dower, *War without mercy. Race and Power in the pacific War*, New York, 1986, pp. 225-226.

44. 日本語の「国家」は国家（Estado）とも国民（nación）とも訳せる。1939年に出されたこの冊子は、AMAE-R-1737-23 にある。

45. 1939年に出された最初の二つの論稿は一般誌ではない『文芸世紀』と『外交時報』に掲載され、次にそのスペイン語訳がある。AMAE-R-1737-16, メンデス・デ・ビゴからホルダーナへ、東京、1939年８月18日。三番目の論稿の著者は確かではないが、部分的なスペイン語訳がある。全訳する時間がなかったとの訳者の添え書きがある。AGA-AE-5176, 藤沢からメンデス・デ・ビゴへ、東京、1939年２月16日。

46. AGA-AE-5176, メンデス・デ・ビゴからベイグベデールへ、東京、1940年11月20日、にある『週刊朝日』による。スペイン語訳が横浜高等商業高校の紀要に掲載された岡田の論稿「ジブラルタル問題」が次にある。AMAE-R-1737-23 の付属文書、メンデス・デ・ビゴからセラーノ・スニェルへ、東京、1941年７月18日。グアムの司教オラーノは岡田はイエズス会の神父エレーロスと友好関係にあったと言っているが、スペイン語をうまく話すことから、岡田をスパイだと思っていた。Miguel Ángel de Olano y Urteaga, *Diary of a Bishop*（*Since the invasion of Guam. World War II*）, Manila, 1949, p. 42.

47. これを組織したのは、誤って東京の西日協会だと言われた。慶應大学での行事は、*ABC*, 16-XI-1941 に載っている。この情報は次の文書に由来する。AGA-SGM-76, エレーラからファランヘ党対外部へ、片瀬、1941年６月28日。

48. AMAE-R, 1737-10, ベイグベデールからイタリア大使館へ、マドリード、1939年８月19日。ベイグベデールから在上海領事に送るために在ローマ大使へ、ブルゴス、1939年８月18日。

49. Payne, *Franco y José Antonio. El extraño caso del fascismo español*, Barcelona, 1997, p. 501.

50.「激しい枢軸国側の動き。チァーノのベルリン訪問をめぐる憶測。スペインと日本について協議か」(24-IX-1940)、「スペインの使節がヒトラーと会談。ジブラルタルと日本の問題について協議」(26-IX-1940)。次も参照。「四大国の会談、スペインとともに日本も枢軸国側に加わるか？」、*Usui Suomi*, 27-IX-1940, AMAE, R-1188-6.

51. Hillgruber, *La Segunda Guerra...*, p. 71; Martin, *Japan and Germany...*, p. 227; Michael A. Barnhart, *Japan prepares for total war*, Ithaca, 1987, p. 227. 当初セラーノ・スニェルがこのような同盟に好意的だったことについては、*DDI*, 9 serie, Vol. 8, doc. 736, レキオ大使からチァーノへ、マドリード、1940年11月10日。

52. Galeazzo Ciano, *Ciano's diary, 1937-1938*, London, 1952, 1940年 9 月19日の会話、p. 402 ; Ciano, *Diario, 1939-1943*, Milano, 1946, 25-VIII-1941, p. 451.
53. このことについてメンデス・デ・ビゴが内々に不満を持っていたことについては、AEET, メンデス・デ・ビゴからゴンサーレス・デ・グレゴリオへ、東京、1942年 3 月17日。
54. AEET, ムスタロスからメンデス・デ・ビゴへ、神戸、1940年 7 月10日。公使館ではメンデス・デ・ビゴの秘書だったテレーサ・プラーナスの他に、事務員のカルメン・プラーナスとフェルナンド・ロドリーゲスが働いていた。
55. AMAE-R, 1737-23, メンデス・デ・ビゴからベイグベデールへ、東京、1940年 9 月10日；メンデス・デ・ビゴからベイグベデールへ、東京、1939年12月29日。
56. AGA-AE-5180, メンデス・デ・ビゴからセラーノ・スニェルへ、東京、1941年 2 月15日；AMAE-R, 1738-1, メンデス・デ・ビゴからセラーノ・スニェルへ、東京、1939年 8 月 8 日。
57. AMAE-R, 1738-1, メンデス・デ・ビゴからセラーノ・スニェルへ、東京、1941年 2 月 3 日、1941年 2 月 5 日の回答。
58. NARA-RG-226-127-21, Madrid-Si-Int-15, アエネアスからボゴタへ、マドリード、1945年 6 月19日。
59. エスクルセールは日本軍の代理人だと名乗り、少なくともブルゴスとカタルーニャを訪れた。*Diario de Burgos*, 9, 26-VIII-1939. マドリードでの展覧会については、『朝日新聞』1940年 6 月 7 日参照。アルーペ神父は山口市でキリスト教美術の展覧会を開いた（Arrupe, *Este Japón increíble...*, p. 93)。Ramiro Planas, ' Fuentes bibliográficas españolas sobre Japón en la época contemporánea ', *El Extremo Oriente Ibérico. Inrestigaciones históricas : Metodología y estado de la cuestión*, Madrid, 1989, pp. 327-341. 次を見られたい。NARA-RG-59.894.20252, フェルナンドからハルへ、ラス・パルマス・デ・グランカナリア、1942年 2 月19日、ドメンサインの行動についてアメリカが抱いた疑惑、ファランヘ党の新聞（1942年 2 月19日）の切り抜きを含む。
60. マドリードでのインタヴュー、1992年 3 月29日。国民戦線派のもとにあった日本の教会についてのメンデス・デ・ビゴの情報については次を見られたい。AMAE-R, 1737-6, メンデス・デ・ビゴからベイグベデールへ、東京、1940年 9 月18日；AMAE-R, 1738-1, メンデス・デ・ビゴからベイグベデールへ、東京、1940年 8 月23日。
61. AGA-SGM-76, エレーラからファランヘ党対外部へ、片瀬、1941年 1 月29日。
62. セラの作品はバルセロナのフォルク財団に展示されている。他の例については次を見られたい。AMAE-R, 1373-16, メンデス・デ・ビゴからセラーノ・スニェルへ、東京、1942年 2 月24日の付属文書にあるセラの東京の公使館への報告。
63. この七人の参加者の一人で、バスク民族主義に非常に近い立場にいたフアン・

ビスカーラはその死の直前に、この日の集会に参加したことを思い出せなかった。ビスカーラとのインタヴュー、1994年5月30日、パラオのコロール；AGA-AE, 5177, エレーラからスペイン公使館への報告、片瀬、1941年7月18日。ファランヘ党対外部については以下を見られたい。Federico de Urrutia (dir.), *Falange Exterior*, Santander, n. d.; Eduardo González Calleja, ' El Servicio Exterior de Falange y la política exterior del primer franquismo : consideraciones previas para su inevestigación ', *Hispania*, LIV, n. 186 (1994), pp. 279-307; C. Naranjo Orovio/N. Tabanera García, ' La Falange española en América Latina ', *Historia 16*, n. 268 (1998), pp. 50-61; Joan Maria Thomàs, *La Falange de Franco. El proyecto fascista del régimen*, Barcelona, 2001, pp. 163-166.

64. より詳細な研究は次を見られたい。Florentino Rodao, ' Falange Española en Extremo Oriente, 1936-1945 ', *Revista Española del Pacífico*, 3 (1993), pp. 87-89.

65. GSK-KT, Vol. 3, 矢野から有田へ、1939年5月5日、塩崎弘明「フランコ政権の日独伊防共協定参加について――スペイン内戦と日本軍部との関係についての若干の資料」、斉藤孝編『スペイン内戦の研究』中央公論社、1979年、二七〇ページに引用。

66. 日本が経済的自立を成し遂げようとしたことについては、Barnhart, *Japan prepares for total war...* を参照されたい。南米の状況については次を見よ。Robert A. Humphreys, *Latin America and the Second World War, 1942-1945*, Athlone, 1981, Vol. 1, pp. 54-55.

67. モロッコのシェフシャワン占領で有名になった。ロハスがすでに団長に任命されていたのだが、ベイグベデールによってカストロ・ヒローナが団長に指名された。AMAE-R, 1737-15, ベイグベデールからロハスへの親展、マドリード、1940年2月。

68. AMAE-R, 1737-15, メンデス・デ・ビゴからベイグベデールへ、東京、1940年6月11日；AGA-AE-5170, ベイグベデールからカストロ・ヒローナへ送るためにメンデス・デ・ビゴへ、マドリード、1940年6月12日。

69. APG-JE, ディエゴ・ラクルス・ソラーレスの報告、マドリード、1940年11月11日。

70. PRO-FO-24529 (C11946/11946/41), パブロ・モレーノ・ゴンサーレスの報告草稿、ケープタウンで検閲を受け、英語に訳された、1940年9月。

71. ディエゴ・ラクルス・ソラーレスの報告。

72. ディエゴ・ラクルス・ソラーレスの報告。

73. NARA-RG-226-127, Box 21, Madrid-Si-Int-15, アエネアスからボゴタへ、マドリード、1945年6月19日。協定の署名は1941年10月28日；' Spain to receive pulp patent ', *The Japan Times & Advertiser*, Tokyo, 19-XI-1941.

74. 当初の計画は、日本側が往復の旅費と一か月分の滞在費を負担する、到着は二

月というものであった。日本政府は、この件を公にする時期と形態について合意するまでこの件を秘密にしておくことも要請した。AMAE-R, 1737-15, 日本公使館から外相へ、マドリード、1939年11月15日。

75. AMAE-R, 1737-15, 大日本帝国公使館からベイグベデールへ、マドリード、1939年12月19日。

76. John W. M. Chapman, ' The " have-nots " go to War. The economic and technological basis of the German alliance with Japan ', Nish (ed.), *The Tripartite Pact of 1940 : Japan, Germany and Italy*, London, 1984, p. 71.

77. ニューヨークで決済されることになった三菱による購入の一例は以下に見られる。NARA-RG-457, SIS-10571, 横山から有田へ、マドリード、1941年9月7日。

78. APG-JE, 1-4, 2, マドリードからの報告、1940年11月11日。日本側の関心については、NARA-RG-457, SIS-6182, 有田から矢野へ、東京、1940年2月14日。

79. 鯨油五〇〇トンと引き換えに6千から8千瓶の水銀の輸入がなされようとしたが、鯨油の輸出は最終的に日本の当局から許可されなかった。AGA-AE-5152, メンデス・デ・ビゴからセラーノ・スニェルへ、東京、1941年11月19日。

80. AMAE-R, 1737-12. この報告は1940年2月15日に商工省に転送された。NARA-RG-457, SIS-13615, 藤井から松岡へ、マドリード、1941年1月8日。

81. NARA-RG-457, SIS-7247, 日本の外交官たちの会合の後に桑島から有田へ、リオデジャネイロ、1940年5月14日。

82. NARA-RG-457, SIS-14792, 松岡からワシントンの大使館へ、東京、1941年2月18日。

83. AGA-AE-5175, メンデス・デ・ビゴからベイグベデールへ、東京、1940年8月23日。

84. NARA-RG-457, SIS-13350, 松岡から在ニューヨーク領事へ、東京、1940年12月28日。三浦については、松岡から在ロサンジェルス領事へ、東京、1941年2月21日；Gerhard Krebs, *Japan und Spanien 1936-1945*, Tokyo, 1988, pp. 22-25.

85. PRO-FO-371-28007（f2439/2439/23), ホーアからイーデンへ、マドリード、1941年3月22日、1941年3月25日と1941年3月28日の草稿；exp. 26905, アルバ公爵との会談についての覚書、ロンドン、1941年6月17日；exp. 23573（F12695/7590/23), クレイギーからハリファックスへ、東京、1939年11月4日。

86. 1989年の『破氷船』(英語版は、Victor Suvorov, *Icebreaker : who started the Second World War ?*, London, 1990）の公刊を契機として、一連の歴史家は、ドイツのソ連への侵入は予防的なものだったとした。この本の中でスボーロフは、スターリンはヒトラーを共産主義への道を開く「破氷船」と見ていた、それ故にスターリン自身が第三帝国を攻撃しようとしていた、と論じた。次の書が現れたことで、この議論には最終的に終止符が打たれたようだ。Gabriel Gorodetsky, *Grand dellusion : Stalin and the German invasion of Russia*, Yale, 1999.

87. A. Hillgruber, *La Segunda*…, pp. 91–94, 124–126.
88. 1941年7月17日の声明、Preston, *Franco*, p. 441.
89. *Mundo*, n. 63, 20–VII–1941.
90. 'Intenciones conocidas', *¡ Arriba !*, 6–VII–1941.
91. *¡ Arriba !*, 8–VII–1941.
92. ベルリン特派員ラモン・ガリーガの記事、'Los tres problemas que tiene planteados Tokio', *¡ Arriba !*, 12–VIII–1941.
93. Efe のロンドン特派員メンデス・ドミンゲスの記事、*¡ Arriba !*, 19–VIII–1941. 独ソ戦に参戦するようにとの在ローマ堀切大使への圧力やイタリアの新聞のキャンペーンについては以下を見られたい。堀切から松岡へ、ローマ、1941年8月6日、Bill Wuerch, *The « Magic » Background of the Japanese invasion of Guam, September–December 1941*, Mangilao, 1990, III, n. 2, p. 249 ; Komatsu Keiichiro, *Origins of the Pacific War and the importance of « Magic »*, London, 1999. p. 112.
94. *The « Magic » Background...*, IV, pp. 195–197.
95. AGA–AE–5130, セラーノ・スニェルからメンデス・デ・ビゴへ、マドリード、1941年11月11日；NARA–RG–457, SIS–23811, 須磨から近衛へ、マドリード、1940年10月4日。
96. *The « Magic » Background...*, III, n. 2, p. 233, 須磨から近衛へ、マドリード、1941年9月30日。
97. LaFeber, *The Clash...*, pp. 193–205, 208–209 ; R. J. C. Butow, *Tojo and the coming of the war*, Stanford, 1961, pp. 280–281 ; Elting E. Morison, *Turmoil and tradition : a study of the life and times of Henry L. Stimson*, 1960, p. 523 ; Komatsu, *Origins of the Pacific War*, pp. 158,281–282.
98. AMAE–R, 1738–1, メンデス・デ・ビゴからセラーノ・スニェルへ、東京、1941年11月30日。
99. Payne, *Franco y José Antonio...*, p. 511.

第二章

1. 日本の首相自身が、公使館設立についてスペイン側が約束したことはどうなったのかと問いただした。通商協定では、ドイツとの場合と同様に満州国側がピーナッツと大豆を供することになっていたが、最恵国待遇条項問題をめぐって交渉は中断した。NARA–RG–457, SIS–5249, 新京への電報、マドリード、1939年11月9日。SRDJ, 5824/5 も参照のこと。メンデス・デ・ビゴ公使の来訪について

は、AMAE-R, 738-3, メンデス・デ・ビゴからベイグベデールへ、東京、1939年11月15日。

2. *Boletín informativo de la Falange Exterior*, n. 2, Madrid, 11-VI-1941.
3. AEET, ゴンサーレス・デ・グレゴリオからメンデス・デ・ビゴへ、北京、1942年3月27日。メンデス・デ・ビゴからゴンサーレス・デ・グレゴリオへ、東京、1942年3月17日。
4. NARA-RG-59,701.5293, Manchuria/2, 覚書草案（日付なし）。
5. この部分は次に基づいている。Rodao, 'España y el gobierno chino de Wang Jingwei', *Encuentros en Cathay*, 11（1997), pp. 117-145. とくに引用文献などについてはこの論稿を参照のこと。
6. José Eugenio Borrao, *España y China, 1927-1967*, Taipei, 1994.
7. M. Ojeda, 'Relaciones entre España y China entre 1927 y 1937', *Cuadernos de Historia Moderna y Contemporánea*, Vol. I（1980), pp. 218-219. Cf., AMAE-R, 941-2.
8. AMAE-R, 1736-13, マルドナードからセラーノ・スニェルへ、北京、1942年2月18日。exp. 11, マルドナードからセラーノ・スニェルへ、1941年10月18日。
9. Lloyd E. Eastman, *Seeds of Destruction : nationalist China in War and Revolution*, Stanford, 1984, pp. 30-31 ; T'ien Wei Wu, 'Contending Political Forces during the War of Resistance', James C. Hsiung/Steven I. Levine（eds.), *China's bitter victory. The war with Japan, 1937-1945*, Armonk（New York), 1992, p. 55.
10. Dower, *War without mercy...*, p. 386.
11. Usui, 'The politics of war', p. 318.
12. Andrew Cheung, 'Slogan, symbols and legitimacy : the case of Wang Jing Wei's Nanjing Regime', *Languages and policy in China*, 6（Summer 1995), http://www. easc. indiana.edu/Pages/Easc/working_papers/NOFRAME_6A_SOLGA.htp.
13. AMAE-P, Igual, イグアルからベイグベデールへ、上海、1940年12月1日。
14. AMAE-P, Igual, ガリードからホルダーナへ、北京、1939年1月29日。
15. スペインから資金が送られて来た証拠はない。それ故にガリードとムニスは明らかに、1901年の議定書でスペインに譲渡された公使館付属の土地と建物の横浜正金銀行への売却によって得た資金で北京に滞在しえた。マヌエル・デ・カルセルの時期の1910年代になされた売却で得られた資金（九三四七中国ドル）の残金は香港・上海銀行の「スペイン公使館資金」名義の口座に保管されていた。反乱派支持宣言をした直後にガリードはそれを引き出した。ガリードは同時に、物品費の費目で外務省から入金がなされた口座《B》から他の二八二〇中国ドルも引き出した。義和団反乱の補償金（三三二一フラン）は1936年11月以後には支払われなくなった。AMAE-R, 1003-12, ガリードから外務部へ、北京、1936年11月6

日。

16. NARA-RG-59,701.5294, ボンサルからハルへ、マドリード、1946年7月16日。

17. 次を見られたい。Rodao, ‘Falange Española en Extremo Oriente…’, pp. 89-92. 在留スペイン人数は一定していなかった。1943年に領事は、それは一五〇〇人だと言っていた。AMAE-R, 1736-13, マルドナードからホルダーナへ、上海、1943年1月3日。

18. *DDI*, 8 serie, Vol. 8, docs. 148, 369, ガルシーア・コンデからチァーノへ、ローマ、1939年8月22日、28日；AMAE-R, 1734-24, マルドナードからホルダーナへ、上海、1942年4月20日。

19. AMAE-R, 1736-12, イグアルからベイグベデールへ、上海、1939年8月22日。在北京公使館参事官は、「上海スペイン赤色委員会」（プイグハネル）と関係を持っているだけでなく、「商売に直接に手を出したが、それをきちんとはしてはいず、また商売相手もきちんとは選んでいない」（ホセ・リサラーガと D. F. バルーと関係していた）としてアウグスティヌス会修道士の代理人たちを批難した。その結論に言う―「アウグスティヌス会修道士の代理人たちはスペインとカトリック教会全般の威信を汚すものとなった」。AMAE-R-P. Larracoechea, ゴンサーレス・デ・グレゴリオからマルティン・アルタホへ、北京、1949年6月3日；AMAE-P, González de Gregorio, エスカンシアーノの覚書、上海-徐家匯（1951年）、ララコエチェーアからマルティン・アルタホへ、上海、1948年9月23日。

20. 1940年にララコエチェーアは、アウグスティヌス会修道士の代理人たちは1936年10月20日の辞任後に「イタリア国籍を取得したか、イタリアの保護を受け入れた」と言った。この情報は興味深いものと言える。AMAE-R-P. Larracoechea, 外相宛の覚書、マドリード、1940年9月12日、同、1940年8月1日。

21. AMAE-832-11, ホルダーナからイグアルへ、ブルゴス、1939年8月9日。

22. フェルミン・ロペス・ロベルトのベイグベデールへの報告への、これに同意するとのホセ・ロハスの書き込み、AMAE-R, 1736-12, マドリード、1939年10月14日。

23. Usui, ‘The politics of war’, p. 389.

24. AMAE-R, 1736-12, イグアルからセラーノ・スニェルへ、上海、1939年9月17日。

25. AMAE-R, 1736-12, 1939年10月10日の書き込み。

26. AMAE-R, 1736-12, フェルミン・ロペス・ロベルトのベイグベデールへの報告への、これに同意するとのホセ・ロハスの書き込み、マドリード、1939年10月14日。

27. AMAE-R, 1736-12, 海外局の報告、1940年1月16日。

28. NARA-457, SIS-6280, 天羽から有田へ、ローマ、1940年2月19日。

29. AMAE-R, 1738-1, メンデス・デ・ビゴからベイグベデールへ、東京、1940年

2月4日。この報告は4月中旬にマドリードに届いた。

30. AMAE-R, 1736-11, ロペス・ロベルトの報告、マドリード、1940年3月15日。

31. Gerald E. Bunker, *The peace conspiracy : Wang Ching-wei and the China war, 1937-1941*, Cambridge, 1972, p. 217（Cheung, ‘Slogan, symbolism…’ に引用).

32. Usui, ‘The politics of war’, pp. 402-406.

33.「国民政府承認の用意　伊西から非公式通告　率先大使交換に出でん」『東京日日新聞』、1940年4月2日。

34. AMAE-R, 1736-12, 1940年4月6日受領。

35. AEET, イグアルからメンデス・デ・ビゴへ、上海、1940年4月12日。メンデス・デ・ビゴはこれを要約してマドリードへ送った。ただ、イタリアとドイツへの言及、それに日本に関する最初の部分を省いた。また、イグアルの姿勢をそれほど強調しなかった。次も見られたい。AMAE-R, 1736-11, イグアルからベイグベデールへ、上海、1940年4月10日。

36. AMAE-R, 1736-12, アルフォンソ・ラーラの報告（海外局)、1940年4月22日、23日。

37. 同上。

38. AMAE-R, 1736-12, 在ローマ大使からベイグベデールへ、ローマ、1940年4月27日；メモ、1940年4月27日。

39. AMAE-R, 1736-12, イグアルへ連絡するためにベイグベデールからメンデス・デ・ビゴへ、マドリード、1940年5月1日。

40. AMAE-R, 1736-12, イグアルからベイグベデールへ、上海、1940年5月4日。

41. 同上。重慶政府の提案はおそらくフランス大使アンリ・コスムを介して受け取られた。「この受領は内密になされるだろう。これは、このことが公となって第三国との関係に不都合なことが生じてしまうのを避けようとの重慶政府の示唆によるものである....。これは、以前の重慶政府の恣意的な対応［1937年のスペインの権益の一方的な中断］への償いとして重慶政府によって示唆された［強調符原文］ものである」。

42. CUS-3-B, スタントン領事からハルへ、南京、1940年8月2日；NARA-RG-59,701.5294, イグアルとボンサルの会談、マドリード、1946年7月13日。

43. APG-JE-1-4-2, カストロ・ヒローナを迎えての汪兆銘の演説文。この演説は「スペイン共和国の長」としての総統《カウディーリョ》に向けられていた。

44. CUS-3-B, スタントンからハルへ、南京、1940年8月14日。汪政権時代のプロパガンダについての興味深い研究は Cheung, ‘Slogan, symbols…’ である。これは近代中国における言語と政治についてのインディアナ大学によって出版された研究資料のシリーズの一つである。

45. AMAE-R, 1736-12,「中国新政権の承認」（日付なし)。

46. NARA-RG-457, SRDJ-37891, 須磨から谷へ、マドリード、1943年5月25日。
47. CUS-3-B, スタントンからハルへ、南京、1940年8月14日。
48. 1941年12月に華北で日本がおこなった調査では、汪政権の日本との同盟を二〇%が支持、四〇%が無関心、四〇%がそれに反対だった。Cheung, ' Slogan, symbols… '.
49. AMAE-R, 1736-12, イグアルからベイグベデールへ、上海、1940年8月1日；AMAE-R-P. González de Gregorio, イグアルからセラーノ・スニェルへ、上海、1940年9月30日。
50. AMAE-R, 1738-1, メンデス・デ・ビゴからベイグベデールへ、東京、1940年6月29日。ポンソールについては、AMAE-R, 1737-10, ラファエル・ルイスからイグアルへ、、芜湖, 1940年10月29日。
51. Wang Yu San, *Sino-Japanese peace making and Settlement*, Pennsylvania, 1968, p. 39.
52. AMAE-R, 1736-11, メモ、マドリード、1941年3月25日、スペイン外相の情報、1940年12月16日。
53. 中国の裁判所に出頭したスペイン人のケースもあったし、サンティアーゴ・デ・サエス・カンポスなる人物に賃貸料を支払わなければならなかったスペイン人もいた。
54. Ciano, *Diario, 1939-1943*, p. 428, 1940年6月26日；NARA-R-59, 894. 01, ホーンベックからハルへ、ワシントン、1941年7月3日；NARA-RG-457, SIS-18756, 堀切から東京へ、ローマ、1941年6月26日；Martin, *Japan and Germany...*, p. 253.
55. AMAE-R, 1734-24, マルドナードから外相へ、上海、1942年6月2日。
56. AMAE-R, 1736-13, マルドナードからセラーノ・スニェルへ、上海、1941年7月13日、1941年5月14日の情報に付加したもの。
57. フォン・ドゥ・オステンという名のこの人物はフリオ・ロペス・リドの名を使っていた。この人物はアメリカで死んだかあるいは暗殺された後に発見された。出生地をベルリンとしたことがアメリカに入国する際にやっかいな問題を生じさせたのだろう。FDRL, SPF-52, 21-V-1942；NARA-RG-59,852.20211, FBI のフーヴァーから国務次官補のアドルフ・A.・バールへ、ワシントン、1942年4月19日。ドイツのスパイ網については次の文書を見られたい。F-1990-00680, Shanghai-counter-espionaje summary, 11-VIII-1945, http://foia.ucia.gov/frame3.htm.
58. AMAE-R, 1737-9, イグアルからベイグベデールへ、上海、1940年9月22日。ヨーロッパとアメリカの影響力を「一掃する」との日本の計画については、Usui, ' The politics of war ', p. 315.
59. AMAE-R, 1736-10, イグアルからセラーノ・スニェルへ、上海、1940年10月15

日、日本領事館の堀内への覚書（上海、1940年10月14日）を含む；1737-9, イグアルからセラーノ・スニェルへ、上海、1940年11月 6 日。
60. AMAE-R, 1737-10, イグアルからセラーノ・スニェルへ、上海、1940年11月11日。
61. 郎渓への爆撃については、AMAE-R, 1737-10, セラーノ・スニェルから須磨へ、マドリード、1941年 6 月 3 日。イエズス会学校に関しては、上海から外務省に連絡がなされた後に、メンデス・デ・ビゴに日本外務省に赴いて抗議文を提出するよう訓令があった。マドリードからこれ以上の動きがなされた証拠はない。AMAE-R,1737-10, イグアルからセラーノ・スニェルへ、上海、1941年 2 月 3 日；セラーノ・スニェルからメンデス・デ・ビゴへ、マドリード、1941年 2 月 3 日；メンデス・デ・ビゴからセラーノ・スニェルへ、東京、1941年 3 月 6 日、1941年 3 月 7 日。賠償金が日本総領事からスペイン総領事に支払われた。スペイン総領事はこの賠償金を、上海でイエズス会の諸問題を委託されていたイエズス会士のアントニオ・エグーレンに引き渡した。AMAE-R, 1737-10, マルドナードからセラーノ・スニェルへ、東京、1941年 4 月12日、1941年10月 2 日。
62. たとえば、「タイは日本と同じように極東における新秩序を支持」、*¡ Arriba !*, 8-VIII-1941. タイがインドシナのフランス帝国からいくつかの領地を回復したインドシナ会議（1941年 1 ～ 2 月）についても多くの報道がなされた。
63. AGA-AE-5179, 日付なしのメモ（東京、1940年）。
64. これらの交渉や接触の詳細については次を見られたい。Rodao, *Españoles en Siam, 1540-1939. Una aportación al estudio de la presencia hispana en Asia Oriental*, Madrid, 1997, pp. 158-161. この時期のタイの外交政策については以下を見られたい。Bruce Reynolds, *Thailand and Japan's southern advance 1940-1945*, Hampshire, 1994 ; Kobkua Suwannathat-Pian, *Thailand's durable premier : Phibun through three decades,1932-1957*, Oxford,1995 ; Charnvit Kasetsiri, ' The first Phibun government and its involvement in World War II ', *Journal of the Siam Society*, 62, n. 2 (July 1974), pp. 56-62.
65. AGA-AE-5179, 外務次官からメンデス・デ・ビゴへ、ブルゴス、1939年 7 月26日。
66. AMAE-P. Igual, イグアルからフアン・ペチェ次官へ、上海、1940年 2 月 5 日。
67. その一例はアルベルト・ゴンサーレスの論評の一つである「東洋、その黒い伝説。スペインはいつも最もうまく植民地化事業をおこなった国である。フィリピンは素晴らしいオアシスだ」、*El Correo Español*, 29-I-1938 に見られる。この表題の理由は、ただ外交官フリオ・ララコエチェーアのコロンボへの旅を辿って、彼が人力車を見たことを語ることに過ぎない。言いたいことは、人力車を使うようなことはイギリス帝国では起きたがフィリピンでは起きなかった、ということである―「それ故に、この地をスペインは通り過ぎた」。

68. Rodao, ' La lengua española en Filipinas durante la primera mitad del siglo XX ', *Estudios de Asia y África*, 99, Vol. XXXI（1996), n. 1, pp. 157-175.

69. Gerhard L. Weinberg, ' Hitler's image of the United States ', *The American Historical Review*, Vol. 69, 4（1964), pp. 1,010-1,011 ; José Pemartín, *Qué es « lo Nuevo ». Consideraciones sobre el momento español presente*, Sevilla, 1937/ Santander, 1938（NARA-RG-226-92-30-27, F. L. ベリンからウイルマール・ルイスへ（日付なし、場所なし、1942年２月のリオデジャネイロ会議の直後に書かれた）に引用されている）; ペマルティンの影響力については、Saturnino Rodríguez, *El No-Do, catecismo social de und época*, Madrid, 1999, pp. 14-15.

70. Denis M. Smith, *Mussolini's Roman Empire*, New York, 1976, p. 245 ; François Genoud（ed.), *The Testament of Adolf Hitler. The Hitler-Borman Documents, February-April 1945*, London, 1961, p. 43（7-II-1945）(Weinberg, ' Hitler's image… ', p. 1,020 に引用).

71. フランコのこの声明は Payne, *Franco y José Antonio*, p. 512 に引用されている。セラーノ・スニェルがアメリカを重要だと見ていたらしいことについては、たとえば次を見られたい。Heleno Saña, *El franquismo sin mitos. Conversaciones con Serrano Suñer*, Barcelona, 1982, p. 256.

72. Weinberg, ' Hitler's image… ', pp. 1,012-1,020 ; Preston, *Franco...*, pp. 359,440.

73. Tusell, *Carrero. La eminencia gris del régimen de Franco*, Madrid, 1993, p. 61 に引用。

74. Rodao, ' Spanish Falange in the Philippines ', *Philippine Studies*, Vol. 43（1995), pp. 5-10. スペイン人コミュニティーについては次も参照のこと。深澤安博「フィリピンのスペイン共和国派」（上）（下)、『歴史評論』五四二号（1995年６月)、五四三号（1995年７月)。

75. ブラスコ・イバーニェスの次の書のフィリピンについての章は興味深い。Blasco Ibáñez, *La vuelta al mundo de un novelista*, Tomo II, Valencia, 1924, pp. 197-214. とはいえ、ブラスコ・イバーニェスがフィリピンにいたのがたった二日だけだったのは奇妙なことである。

76. Camilo Barcia, *Puntos cardinales de la política internacional española*, Madrid, 1939, p. 189.

77. このアメリカの文書はまた、このような動きはソリアーノや他のファランへ党員たちによって支援されているとして、とくにシルベストレ・サンチョ神父の名を挙げている。NARA-RG-126-17-2, Records of the Washington Office, 1942-1948, « Soriano, Commonwealth, 1942-1945 », Information（« Memorandum about Andrés Soriano))、1943年７月17日。

78. Barcia, *Puntos cardinales..*, p. 163. この件についてのアメリカ国務省の検討が以下にある。NARA-RG-59.811B.014, Information of S. A. Saucerman（Office of

the Geographer)、ワシントン、1942年8月31日。

79. AMAE-R, 1736-38, マルドナードからホルナーダへ、マニラ、1939年8月18日。

80. 1939年における「フィリピンの連帯」執行委員会のメンバーはおそらく以下である。ホセ・アレマニー・イ・グルエ（会長)、ヒル・モンティージャ（マニラの副会長)、アシスクロ・カラグ（ヨーロッパの副会長)、フアン・F・イラーリオ（書記)。他の指導部員は以下である。フェリクス・デ・レオン、エステバン・デ・ラ・ラーマ、フアン・バレーラ、マルセオ・アドゥル、エミリオ・M・インシオン、アントーニオ・デ・ラス・アラス、ヘスス・アスコーナ、ピオ・サンターナ。この情報は以下による。NARA-RG-59.811B.014, Information of the Office of Philippine Affairs, 1942年6月25日、A・バールからセイヤー（アメリカ高等弁務官）への手紙、1941年6月30日（Div. File, 28712-42)。

81. David J. Steinberg, *Philippine collaboration in World War II*, Manila, 1967, pp. 23-24.

82. アメリカ高等弁務官の元顧問エヴェット・D・ヘスターから内務省顧問ハロルド・イッキーズへの情報。これは次の文献に引用されている。Nick Cullather, *Illusions of influence. The political economy of United States-Philippine relations, 1942-1960*, Stanford, 1994, p. 25.

83. Pemartín, *Qué es « lo Nuevo »*; Barcia, *Puntos cardinales..*, pp. 188-189.

84. Saña, *El franquismo sin mitos*…, pp. 243-244.

85. 'Tres guerras', *Madrid* [III-1940 ?], p. 32; *Mundo*, 23-III-1941.

86. *Mundo*, 20-X-1940; Allan Chase, *Falange, the Axis secret agent in the Americas*, New York, 1943, p. 33; R. Pérez Monfort, *Hispanismo y Falange. Los sueños imperiales de la derecha española*, México, 1992.

87. AMAE-R, 1736-38, マルドナードからセラーノ・スニェルへ、マニラ、1940年10月9日。

88. AMAE-R, 1736-22,マルドナードからセラーノ・スニェルへ、マニラ、1941年1月1日。

89. NARA-RG-59.702.0011b/28, セイヤーからハルへ、マニラ、1940年8月27日。

90. NARA-RG-126, Office of the U. S. High Commissioner Records, 17,2, 1942年6月25日の情報。旅券をめぐる諸問題については、NARA-RG-59.702.0011b/28, セイヤーからハルへ、マニラ、1940年8月27日。この時期のフィリピンにおけるファランヘ党については、Rodao, 'Spanish Falange…', pp. 11-18.

91. NARA-RG-59.702.5211b/72, ヒコックからハルへ、マニラ、1940年11月5日；ハルから在マニラ領事へ、ワシントン、1940年12月10日；*El Debate*, 22-V-1941.

92. 次の書がこのテーマを検討している。Rosa María Pardo Sanz, *Con Franco hacia el imperio. La política española en América Latina, 1939-1945*, Madrid,

1995. 興味深い注釈を付けてこの書の内容をまとめた論文は、Pardo Sanz, ' Las relaciones entre España y América Latina durante la II Guerra Mundial ', Payne/Delia Contreras (dirs.), *España y la II Guerra Mundial*, Madrid, 1996, pp. 171-181. キューバにおけるファランヘ党の活動とそのキューバの共産主義者との親密な関係についての極秘情報は次を参照。NARA-RG-59.85220210, 日付無しの情報、ハバナ、1944年 9 月29日。

93. チェイスは何通かのスペイン人の手紙文を載せている。そのうちの一つは1938年にポウからソリアーノに宛てられたもので、それは共和国側の防諜機関によって差し押さえられたと言っている。しかし、これは信じがたい主張である。スペイン外務省にある文書から鑑みて、国民戦線派の方がフィリピンの共和派の手紙を差し押さえていた。

94. ロメーロは1940年11月25日に禁固一五年を宣告された。それは1941年 7 月10日にルーズベルト大統領によって裁可され、ロメーロはマックニール島に送られた。この件については、新聞資料を含んだ次の文献を見られたい。Jose T. Rico, *The Philippine Army*, Manila, 1992,pp. 174-175.

95. NARA-RG-126-17-12, Records of the Washington Office, 1942-1948, « Soriano, Commonwealth, 1942 - 1945 », Information (« Memorandum about Andrés Soriano)、1943年 7 月17日。

96. NARA-RG-59.852.20210, FBI のフーヴァーから A・バールへ、ワシントン、1944年 3 月19日；NARA-RG-59.701.5231, ライトからコリンズへ、パナマ、1945年 6 月22日；NARA-RG-59.862.20231, 海軍武官の諜報情報、カラカス、1942年 6 月28日。

97. Ramón Serrano Suñer, *Entre el silencio y la propaganda, la historia como fue*, Barcelona, 1977, p. 299.

98. Juan Antonio Ansaldo, *¿ Para qué ? De Alfonso XIII a Juan II*, Buenos Aires, 1953 ; ダニエル・アラーサの情報；*El Alcázar*, 28-VII-1940 の地図；「四二年前にフィリピンは失われた」、*El Alcázar*, 13-VIII-1940. フィリピンでの反響については、たとえば以下を見られたい。*El Debate* (Manila), 8-X-1940 ; AMAE-R-1736-38, マルドナードからセラーノ・スニェルへ、マニラ、1940年10月 8 日。

99. Chase, *Falange...*, pp. 34-35.

100. スペインがフィリピンを再征服する計画を持っているなどというのは「馬鹿げたことである」として否定した1940年 7 月17日の公式声明。

101. Preston, *Franco*, p. 403.

102. Serrano Suñer, *Entre el silencio...*, p. 299. これは Preston, *Franco*, p. 398 に引用されている。

103. *¡ Arriba !*, 16-II-1944.

104.「太平洋では最初の火花が噴出した。これは嵐の始まりである。スペインは日

本の攻撃に直面している。もしこの嵐が荒れ狂うことになって、ドイツ側に立って日本が参戦すればフィリピン問題が生ずることになろうが、これはスペインにとってはたいへんに重要なことである」、*Mundo*, 1-II-1941.

105. 「三つの戦争」、*Vêrtice* [III-1940 ?], p. 32.

106. Cordero Torres, *Aspectos de la Misión Universal*..., p. 93. このことについては、また Barcia, *Puntos cardinales*... も参照。

107. NARA-RG-94-18339, CIDT-441, Monthly report of activities, « The Falange in the Philippines », information of 441st Counter Intelligence Corps Detachment, Manila, February 1945. ホセ・T・リコが提供してくれた文書のコピー。

108. NARA-RG-226-127-6653, ロバート・ランドュレスからマリー・ブロフィーへ、1941年11月29日。

109. LOC, Sayre, Special Correspondence File : Roosevelt, 7, セイヤーからルーズベルトへ、ワシントン、1942年6月16日；Harold L. Ickes, *Diary*（草稿）、1943年9月5日、10月3日、1944年6月17日、7月9日。この日記は次の本として出版された。Harold L. Ickes, *The secret diary of Harold L. Ickes*, New York, [1953-1954].

110. これは、次の文献に引用されている。Short（ed.), *Film and Radio*…, p. 1.

111. Jervis, *Perception and misperception in international politics*, Princeton, 1976, pp. 356-372.

112. この点については次の文書が興味深い。AMAE-R, 2420-23, マルティン・アルタホからワシントン駐在大使へ、マドリード、1946年9月20日。この文書の写しを提供してくれたロレンソ・デルガードに謝意を表する。

113. Borrao, *España y China*..., pp. 197-198.

114. 以下を見られたい。Rodao, ' Japón y Extremo Oriente en el marco de las relaciones hispano-norteamericanas, 1945-1953 ', *Revista Española del Pacífico*, Vol. 5（1995), pp. 233-241.

115. 「ファランヘ党の青年たちへのガルシーア・アルベニスの講演」、*Mundo*, 20-V-1940.

116. 「フィリピンにおけるスペインのファランヘ党」、*Mundo*, 20-V-1940.

117. この署名の筆頭者はアンドレス・ソリアーノだった。ソリアーノはアメリカ国籍を取ったが、太平洋戦争終了後にフィリピン国籍を取得した。NARA-RG-126-17-2, 高等弁務官の元助手ウッドベリー・ウィロビーから国務省に送られた文書のコピーからの情報、1940年10月15日（Div. File, 28712-40）；NARA-RG-126-17-2, 1942年6月25日の情報。次も見られたい。' On message to Franco ', *Manila Bulletin*, 2-X-1940 ; *Philippine Herald*, 11-X-1940. 後者は総統《カウディーリョ》の名でアンドレス・ソリアーノに謝意を表したアリアス・サルガードの電報文を載せている。

118. スペイン国籍を放棄した人たちのより詳しい一覧については次を見られたい。Rodao, ' Spanish Falange… ', pp. 13-15.

第三章

1. Ciano, *Diario, 1939-1943*, p. 481.
2. Shillony, *Politics and culture*…, passim.
3. 1941年12月10日と13日のゲッベルスの日記。次に引用されている。*El País*, 16-VII-1992.
4. Saña, *El franquismo sin mitos*…, p. 243. セラーノ・スニェルが日本の勝利を喜んだことについては、Preston, *Franco...*, p. 448. 以下も見られたい。Daniel Arasa, ' A los 50 años de Pearl Harbor ', *La Vanguardia*, 7-XII-1992 ; José Mario Armero, *La política exterior de Franco*, Barcelona, 1978, p. 122. スペイン外務省文書にはこれらのスペイン側の反応についての文書を見出せない。フランコはセラーノ・スニェルと同じく日本の勝利を喜んだと書かれてきたが、それが確証されているのではない。国家元首フランコは、フランコは日本に祝電を打つように命令したとのサルバドール・デ・マダリアーガの批難を否定した。
5. *Mundo*, 14-XII-1941.
6. AMAE-R, 623-20b, メンデス・デ・ビゴからホルダーナへ、東京、1939年9月5日。
7. NARA-RG-457, SIS-27587, 須磨から東郷へ、マドリード、1942年1月4日。
8. 最後の外交袋はマドリードに1941年11月23日に着いた。Chapman, ' Japanese intelligence, 1918-1945 : a suitable case for treatment ', Christopher Andrew/Jeremy Noakes (eds.), *Intelligence and international relations, 1900-1945*, Exeter, 1987, p. 167. 戦後のカレーロ・ブランコのコメントは次に見ることができる。Carrero Blanco, *La guerra aeronaval en el Mediterrâneo y en el Pacífico*, Vol. X, Madrd, 1947, p. 144.
9. 『ムンド』1941年12月21日号の論評は興味深い。それは、一方の側の前進と他方の側の敗北をうまく混ぜ合わせて述べて、1941年における戦闘の推移をまとめている。日本軍による香港の奪取後の『アリーバ！』の論評も同様の見方を示している。「決定的な打撃」、「大胆不敵な行動」、*¡ Arriba !*, 26, 27-XII-1941.
10. AMAE-R, 3195-27/AGA-AE-5160, メンデス・デ・ビゴからセラーノ・スニェルへ、東京、1942年4月21日。AEET にも多くの関連文書がある。それは他の文書とは別にされているので、それだけ重要だということだろう。次も見られたい。Joseph C. Grew, *Ten years in Japan, 1939-1942*, New York, 1944. グリュ

ーはその回想記で、戦争の開始を告げたのは誰かを語っていないが、戦争中の日本におけるアメリカの利益代表をスペイン（つまり、メンデス・デ・ビゴ）に依頼したように書いている。次も見られたい。Rodao, ‘España y la guerra del Pacífico’, *El País*, 8-XII-1991.

11. *¡Arriba!*, 17-XII-1941. エウヘニオ・モンテスの次の論稿も興味深い。「惰性と必然性の間で揺れ動くポルトガル」、*¡Arriba!*, 21-XII-1941. 他に以下も参照。Carlos Vieira da Rocha, *Timor. Ocupação japonesa durante a segunda guerra mundial*, n. p., 1996, pp. 35-38; José Dos Santos Carvalho, *Vida e morte em Timor durante a Segunda Guerra Mundial*, Lisboa, 1972, pp. 31-34.,
12. *ABC*, 21-XII-1941. ポルトガルの抗議とそれがイギリスとの関係で逆効果となったことについては以下を参照。Llewellyn Woodward, *British foreign policy in the Second World War*, London, 1970, Vol. III, pp. 42ff; Geoffrey C. Gunn, *A Critical view of western journalism and scholarship on East Timor*, Manila, 1994, pp. 47-48.
13. ロドルフォ・レイェス、「フィリピン」、*Mundo*, 7-XII-1941.
14. *Mundo*, 24-XII-1941.
15. AMAE-R, 2910-8, デル・カスターニョからセラーノ・スニェルへの英文電報。1941年12月13日の新聞紙上での外務省の覚書を見られたい。スペイン人居留民に避難を呼びかける通達については以下を参照。*Mundo*, 27-XII-1941; *ABC*, 30-XII-1941.
16. セラーノ・スニェルが修正した声明の最終版。セラーノ・スニェルは、文体を修正しただけでなく、「東京の政府」を加えた。AMAE-R, 2910-8. さらに以下も参照。AMAE-R, 2910-8, デル・カスターニョからセラーノ・スニェルへ、マニラ、1941年12月28日；*MS*, 26-V-1943; NARA-RG-457, SIS-27213, 東郷から須磨へ、東京、1941年11月28日。
17. アメリカ大使の声明は通信社 Efe を含めた、多くのまた様々な外交代表部に送られた。AMAE-R, 2910-8, ウエッデルからセラーノ・スニェルへ、マドリード、1941年12月31日。
18. 通信社 Efe への連絡文書草稿、マドリード、1941年12月30日。
19. NARA-RG-457, SIS-28900, 須磨から東郷へ、マドリード、1942年1月5日。
20. Preston, *Franco*, p. 462.
21. AMAE-R, 2910-8, 1941年12月28日。
22. AMAE-R, 2910-8, ウエッデルからセラーノ・スニェルへ、マドリード、1941年1月5日。
23. Antonio Marquina Barrio, ‘La política exterior’, Andrés-Gallego, José, et. al., *España actual. España y el mundo (1939-1975)*, Madrid, 1995, p. 455; PRO-FO-371-31264, ホーアからイギリス外務省へ、マドリード、1942年1月23日。ヒ

メネス・デ・サンドバルはファランヘ党対外部長の地位をこの春に更迭され、11月にフェルナンド・M・カスティエーリャ（『スペインは要求する』José Mª de Areilza/Fernando Mª Castiella, *Reivindicaciones de España*, Madrid, 1941 の共著者）がこの地位に就いた。ファランヘ党とその枢軸国との協力についての興味深いメモが次にある。NARA-RG-59, 701.5210/40, ヘイズからハルへ、マドリード、1942年9月16日。1942年1月4日という早い時期に、『ニューヨーク・タイムズ』に「ファランヘ党は隠れて活動している。スペインのファシストたちはラテンアメリカ諸国における枢軸勢力にかなりの援助を与えている」と題した記事がある。

24. これは、また「ラテン・ブロック」とも呼ばれた。Marquina, ' La etapa de Ramón Serrano Suñer en el Ministerio de Asuntos Exteriores ', *Espacio, Tiempo y Forma*, 1 (1989), serie V, p. 166. 何らかの形での中立のイベロアメリカ・ブロックも語られ、そのためにドイツの同意さえ得ようとしていた。Klaus-Jörg Ruhl, *Franco, Falange y « Tercer Reich », España durante la II Guerra Mundial*, Madrid, 1986 (1ed., 1978), p. 76 ; Lorenzo Delgado, *Imperio de papel. Acción cultural y política exterior durante el primer franquismo*, Madrid, 1992, p. 310 ; Tusell, *Franco, España y la II Guerra Mundial : entre el eje y la neutralidad*, Madrid, 1995, pp. 245-260.
25. NARA-RG-457, SIS-30116, 須磨から東郷へ、マドリード、1942年2月23日；Gunn, *A critical view*…, pp. 47-48 ; Vieira da Rocha, *Timor*…, pp. 40-41 ; *DDI*, 9 serie, Vol. 8. doc. 296, 海外局長プルーナスからチアノへの報告、ローマ、1942年2月20日。
26. José R. Sanchís Muñoz, *La Argentina y la Segunda Guerra Mundial*, Buenos Aires, 1992, p. 294.
27. Sanchís Muñoz, *La Argentina*…, p. 132.
28. Humphreys, *Latin America*…, pp. 165-181 ; Isidoro J. Ruiz Moreno, *La neutralidad argentina en la Segunda Guerra Mundial*, Buenos Aires, 1997, pp. 64-92（ルイス・ギニャスの私文書を含む）; Graeme S. Mount, *Chile and the Axis*, Toronto, 2001.
29. *Mundo*, 15-II-1942. 次も参照。AMAE-R, 1562-10, 海外アジア局の情報、マドリード、1942年2月2日。
30. NARA-RG-457, SIS-26584, 東郷から須磨へ、東京、1941年12月18日、23日；SIS-27589, 大島から東京へ、ベルリン、1942年1月8日、23日；SIS-28244, 東郷から須磨へ、東京、1942年1月12日。中米からの最初のいくつかの宣戦布告を気にしないようにとのスペインの助言については次を参照。NARA-RG-457, SIS-30395, 須磨から東郷へ、マドリード、1941年9月20日。宣伝活動の五点のうちの一つは「南米の中立国が中立に留まるようにスペイン人とポルトガル人を［判読不可］使う」ことだった。大島から東郷へ、ベルリン、1942年2月25日。

31. *¡ Arriba !*, 4-I-1942. Preston, *Franco…*, pp. 451-452 も参照。フォルツも、日刊紙『インフォルマシオーネス』の報道と「日本人はアジアのスペイン人である」と題されたその論評を示して、新聞が日本のフィリピン占領を「大喜びで騒ぎ立てた」と述べている。Charles Foltz, *The masquerade in Spain*, Boston, 1948, p. 168.
32. NARA-RG-457, SIS-27587, 須磨から東郷へ、マドリード、1942年1月4日。
33. NARA-RG-457, SIS-28884, 須磨から東郷へ、マドリード、1942年1月24日；*MS*, 26-V-1943；AMAE-R, 3195-24, メンデス・デ・ビゴからセラーノ・スニェルへ、東京、1945年1月14日。この中でメンデス・デ・ビゴは『ジャパン・タイムズ・アンド・アドヴァータイザー』の以下の記事について述べている。「過去二世代のフィリピンの裁判は語る」(1942年1月10日)、「フィリピンにおける冒険家の生涯はありありと想起させる。日本の南進の先駆者、菅沼貞風は五〇年前に現在の状況を予言していた」(1942年1月11日)、「識者は「八紘一宇」政策を強調。日本の植民地拡大政策は世界同胞主義を基礎とするべきである」、「東アジアを幸せにすることが日本の目的である」(ともに、1942年1月13日)。マニラ占領についての同紙の論評はスペインについてはまったく触れていない(1942年1月4日)。日本軍の手になる映画「東洋の凱歌」はマニラのスペイン植民地時代の建物を帝国主義の威勢を示す証拠だとし、さらにアメリカのポスター、デパート、服装、建物を西洋の堕落の影響を受けた象徴だとした(G. Daniel, 'Japanese domestic radio and cinema propaganda, 1937-1945: an overview', Short (ed.), *Film and Radio…*, pp. 309-310). 奈良静馬は1942年に日本とフィリピンの関係史についての著作『西班牙古文書を通じて見たる日本と比律賓』を出版したが、この本は以下の本の諸巻に所載の文書に基づいている。Emma H. Blair/James A. Robertson (eds.), *The Philippine Islands, 1493-1803*, Clereland, 1903. 主にフィリピン人のアメリカへの服従について述べたものに次がある。G. Ken'ichi, 'Cooperation, submission, and resistance of indigenous elites of Southeast Asia in the wartime empire', Peter Duus/Ramon H. Myres/Mark R. Peattie (eds.), *The Japanese Wartime Empire, 1931-1945*, Princeton, 1996, pp. 286.
34. AMAE-R, 1913-5, 三浦からサンドバルへ、マドリード、1942年1月20日。
35. NARA-RG-457, SIS-28546, マドリード、1942年1月17日。
36. 「1941年症候群」についてのよい説明が次にある。Francisco Veiga/Enrique U. da Cal/Ángel Duarte, *La paz simulada. Una historia de la Guerra Fría, 1941-1991*, Madrid, 1997, pp. 15-21.
37. Martin, *Japan and Germany…*, p. 257.
38. AMAE-R, 1737-13, マルドナードからセラーノ・スニェルへ、上海、1942年6月7日。
39. 1942年1月3日の会談、*MS*, 23-X-1942。1942年1月8日の『アリーバ！』の

論評「シンガポールの防衛」も参照。

40. すべての在外公使館に送られていた『ファランヘ党対外部情報通信』*Boletines Informativos de la Falange Exterior* は日本の勝利への期待を最もよく表すものだった。「重要だが用心深いインドへ」、「極東での戦争」、「シンガポールの後に」などの記事はそれらを示すものである（FDRL の文書から）。

41. AMAE-R, 1913-5, メンデス・デ・ビゴからセラーノ・スニェルへ、東京、1942年２月12日。

42. NARA-RG-457, SIS-27587, 須磨から東郷へ、マドリード、1942年１月４日；*MS*, 23-X-1942.

43. スペインと第二次世界大戦の研究において太平洋戦争勃発の意義はほとんど関心を呼んで来なかった。たとえば以下を見られたい。Tusell, *Franco, España...*, pp. 281-282, 300-301 ; Marquina, ' La etapa de Ramón Serrano... ', p. 165 ; Preston, *Franco*, p. 448. Manuel Espadas Burgos, *Franquismo y política exterior*, Madrid, 1988 がこのテーマについて新たな一節を設けた唯一のものである。このことについては次を見よ。Rodao, ' España y Pearl Harbor. El estallido de la guerra del Pacífico y sus repercusiones en el contexto político español ', Antonio García-Abásolo（ed.）, *España y el Pacífico*, Córdoba, 1997, pp. 283-294. この論文では、本書ではそれほど重要ではないと思われる多くの引用がある。

44. Marquina, ' La política exterior ', p. 165 ; Payne, *Franco...*, p. 559.

45. Ciano, *Diario, 1939-1943*, pp. 523, 528（1942年３月３日と３月15日の日記）; *MS*, 5-VIII-1942. 太平洋戦争の進行についてのイタリア側の全般的見方については次を参照。*DDI*, 9 serie, Vol. 10, doc. 265, アルフィエーリからチアノへ、ベルリン、1943年３月22日。

46. NARA-RG-457, SRDJ-33122, 須磨から谷へ、マドリード、1943年３月22日。

47. Preston, *La política de la venganza. El fascismo y el militarismo en la España del siglo XX*, Barcelona, 1997, pp. 190-191.

48. 次の文献からの引用。A. Botti, ' El franquismo en la historiografía italiana y la mirada del otro sobre los relatos de otras miradas ', Ismael Saz（ed.）, *España : la mirada del otro*, Madrid, 1998, p. 148. カトリック教会の様々な役割については以下の二論文を参照。José R. Montero, ' El Boletín de la Asociación Católica Nacional de Propagandistas（1939-1945）', J. A. Tello Lázaro, ' La Revista Eclesia（1941-1945）', *Las fuentes ideológicas de un régimen*…. 上の二論文にある二雑誌の差異とファランヘ党の攻撃的性格に対するラテンアメリカにおける非難はとくに興味深い。

49. このことは以下など多くの研究文献で論じられている。Jon Halliday, *A political history of Japanese Capitalism*, New York, 1975, p. 147 ; Teodolo A. Agoncillo, *The Fateful Years. Japan's adventure in the Philippines, 1941-1945*, Quezon

City, 1965, pp. 470ff. ; Steinberg, *Philippine Collaboration*…, pp. 51-53. 次の博士論文には、比島調査委員会のフィリピンの日本当局への示唆も見られる。Lydia Yu, *Japanese attitudes toward the Philippines. 1900 to the 1940's*, Tokyo, 1998, pp. 246-249. *MS*,30-V-1942 も参照。

50. この好例は次に見られる。*¡ Arriba !*, 12-XII-1941. さらに以下も見よ。「ムスリムを惹きつけることが日本の対外政策の一つの基礎である」、*Mundo*, 11-X-1942 ;「日本におけるイスラーム」、*¡ Arriba !*, 23-I-1941 ;「ムスリムの住んでいるミンダナオ島とホロ島は日本軍によってたやすく占領された。日本はイスラーム教に大きな関心を寄せている。イスラーム教は日本軍が重要な地だとみなしている多くの町や村で信奉されている」、*Mundo*, 18-I-1942.

51. NARA-RG-457, SIS-35932, 東郷から須磨へ、東京、1942年5月20日、*MS*, 30-III-1942 ; AMAE-R, 2910-9, メンデス・デ・ビゴからセラーノ・スニェルへ、東京、1942年5月5日（スペインには1945年4月24日に到着)。『東京日日新聞』によれば、在東京のイタリア大使も日本に好意的な論評をした（*MS*, 18-VI-1942)。

52. サント・トマス修道院（アビラ）にあるタイプ版の日記から（1942年2月8日)。修正された英語版は、Juan Labrador, *A Diary of the Japanese Occupation*, Manila, 1989.

53.「日本で承認されているカトリック教会」、*¡ Arriba !*, 17-VII-1941 ;「日本ではカトリック教会が公的に承認されている。これはスペイン人にとって喜ぶべきかつ誇るべきことである」、*Mundo*, 3-VIII-1941. 以下も参照のこと。Jesũs González Vallẽs（ed.), *Cuatro siglos de evangelización*, Madrid, 1987, p. 111 ; Peattie, ' The Southward advance as a prelude to the Japanese occupation of Southeast Asia ', Duus/Myers/Peattie（eds.), *The Japanese wartime Empire*…, pp. 230-233 ; Toshio Yanaguida, ' Fuentes documentales e historiografía sobre la presencia española en Japón ', *El Extremo Oriente Ibérico*…, pp. 96-97.

54. 明白な例はメキシコである。次を見られたい。*MS*, 1-VI-1942 ; *MS*, 13-VII-1942. アラブとインドの独立についての日本の提案と、それに対するドイツの不承不承の姿勢については次を参照。Ciano, *Diario, 1939-1943*, p. 548（1942年4月14日、5月3日).

55. このことについては次を参照。Saña, *El franquismo sin mitos*…, p. 256.

56. Abram N. Shulsky, *Silent warfare. Understanding the world of intelligence*, Washington, 1991, pp. 1-3.

57. これらの問題については次を見られたい。Domingo Pastor Petit, *Diccionario enciclopédico del espionaje*, Madrid, 1996.

58. Krebs, *Japan und Spanien*…, p. 21.

59. Chapman, ' Japanese Intelligence... ', p. 165. ポルトガルの諜報機関とそのスペ

インおよびドイツとの関係（日本については触れていないが）については、次を見よ。Douglas L. Wheeler, ' In the service of order: the portuguese political police and the British, German and Spanish Intelligence, 1932-1945 ', *Journal of Contemporary History*, 18（1983), pp. 1-25.

60. MS, 12-VII-1943.

61. 以下を参照。須磨から東郷へ、マドリード、1942年7月11日、*MS*, 13-VII-1942; *MS*, 25-X, 22-XI-1942, 26-III-1943; NARA-RG-457, SRDJ-38088, 40137, 須磨から谷へ、マドリード、1943年6月2日、6月30日。「ヴ-ジヘンミロ・ヴエリコトヌイ」となっている仮名への名前の変換は不正確である。

62. *MS*, 5-II-1943. ジブラルタル海峡の輸送船の通過については以下も参照。*MS*, 1, 10-V, 8, 26-VII, 28-IX-1943; Krebs, *Japan und Spanien*…, p. 21; NARA-RG-457, SIS-27108, 須磨から東郷へ、マドリード、1941年12月28日。

63. *MS*, 15-VI, 11-VIII-1942, 11-IX-1942.

64. とりわけ次を見られたい。*MS*, 26-VIII-1942, 4-II-1944.

65. *MS*, 24-X-1942, 大島から谷外相へ、ベルリン。担当人員は戦争中に四人から一六人となった。NARA-RG-457, SIS-29991, 千葉から東郷へ、リスボン、1942年2月16日。

66. *MS*, 30-IV-1942, 須磨から東郷へ、1942年4月15日；GSK, 第二次欧州大戦争関係一件、本多記録、A-7.0.0.9-63-5, 須磨から東郷へ、1942年4月16日；*MS*, 7-V-1942, アメリカの状況についての報告を含んだ1942年4月23日付けのスペイン人外交官の情報。これは5月4日と6月9日に東京へ送られた。後者には近東の状況についての1942年5月20日付けの在ベイルート・スペイン領事の情報が添付されている。次も見られたい。Krebs, *Japan und Spanien*…, p. 22. アルカサル・デ・ベラスコは「スニェル諜報文書」のことを否定している（1992年6月8日付けの筆者への書簡）。セラーノ・スニェルによる親枢軸の外交官の任命については、*MS*, 3-IV-1942 参照。サンドバルとの会見については次を見よ。NARA-RG-457, SIS-27209, 須磨から東郷へ、マドリード、1941年12月28日。

67. 在ワシントンのカルデナス大使の場合については、NARA-RG-457, SIS-27323/4, 須磨から東郷へ、マドリード、1941年1月2日；英米両国での情報収集の要請については、NARA-RG-457, SIS-34297, 須磨から東郷へ、マドリード、1942年4月14日。

68. GSK, A-7.0.0.9.9, 須磨から東郷へ、マドリード、1942年9月5日；セラーノ・スニェルが諜報活動を援助しているのではないかとのアメリカの疑念については以下を参照。*MS*, 9, 19-VI-1942; NARA-RG-59,852.20211, FBI のフーヴァーから国務次官補のバールへ、ワシントン、1942年4月19日；NARA-RG-59,701.5294, ボンサルからハルへ、マドリード、1946年7月16日。

69. Thomàs, *Serrano Suñer en la Falange*, Madrid/Barcelona, 1940; Thomàs, *La*

Falange de Franco…, p. 242.
70. Samuel Hoare, *Embajador en la misión especial*, Buenos Aires, 1946, p. 96. 次も見られたい。PRO-FO-26947 (C1444/376/41), ホーアからカドガンへ、マドリード、1941年3月4日；駐英スペイン大使アルバ公爵との会談メモ、1941年5月15日。セラーノ・スニェルは、イギリスの決定には何らかの「女性問題」が絡んでいたと言っている（筆者との会見、1992年3月29日）。
71. PRO-FO-26947 (C1444/376/41), カドガンからホーアへの秘密の親書、ロンドン、1941年2月12日；ホーアからカドガンへ、マドリード、1941年3月4日。
72. NARA-226-108b, « Alcázar de Velasco ». ベラスコが須磨に提供したドイツ起源の情報については、*MS*, 20-III-1943 の1943年2月9日の情報を見られたい。そこでは、東部戦線の情勢、ロンメル将軍、インドに派遣された軍艦について述べられている。外交袋の使用については、*MS*, 20-VII-1942.
73. NARA-RG-59,701.5211, ジョンソンからダンへ、ロンドン、1941年10月6日。
74. NARA-RG-457, SIS-27582, 須磨から東郷へ、マドリード、1942年1月4日；NARA-RG-457, SIS-27586/7 の情報, *MS*, 24-I-1943. アルカサル・デ・ベラスコは筆者への書簡ではセラーノ・スニェルの役割について語るのを避けている—「フランコの親友だったカナーリスがフランコに、イギリスが私を干してしまったので、私がアメリカでの日本の諜報機関を率いるようにと言ってきた。フランコはそれを受け入れ、私を呼ぶようにセラーノ・スニェルに言った」。アルカサル・デ・ベラスコは、セラーノ・スニェルが彼に送ったことを示す証明書付きの電信文をこの書簡に添付している—「デキルダケ早クスペインニ戻ラレタイ」。アルカサル・デ・ベラスコは1941年2月9日に在ロンドン・スペイン大使館の広報担当官に任命された。ロンドンにいたのはその年の12月までだったので、この電文はスパイ活動のことにはもちろん触れていない。「私がスペインに来た後に、フランコが私に事情を説明した」（筆者への書簡、1992年6月8日）。以上の背景について、アルカサルは次のように言っている—「ジブラルタルのカハルを通じた1934年以来のフランコと大カハルの非常に親密な関係があった」[「カハル」の意味は不明]。アメリカにおいてスペイン語やポルトガル語を話す通信員を間接的に使いたいとの戦前からの日本側の要望については次を参照。NARA-RG-457, SIS-22654, 在チリ日本公使から在ワシントン日本大使へ、サンティアーゴ、1941年9月17日。Tō　の印が付いた初の情報については次を見よ。NARA-RG-457, SIS-27777, 須磨から東郷へ、マドリード、1942年1月8日。
75. NARA-RG-457, SIS-2776, 須磨から東郷へ、マドリード、1942年1月8日。
76. NARA-RG-457, SIS-28147, 須磨から東郷へ、マドリード、1942年1月1日。
77. その意味は、スペイン、アメリカあるいは日本のそれぞれの多くの新聞で公にされたような「戸」ではない。日本の外務省文書でも「戸」の文字を用いたいくつかの電報を見出せる。たとえば、以下を見よ。GSK, A-7.0.0.9.9, 須磨から東郷

へ、マドリード、1942年８月20日。

78. NARA-RG-457, SIS-30967, 須磨から東郷へ、マドリード、1942年２月25日。

79. NARA-RG-457, SIS-29274, 38, 76, 須磨から東郷へ、マドリード、1942年１月30日。

80. González Calleja, ‘ El Servicio Exterior de Falange…’, pp. 297-298.

81. NARA-RG-457, SRDJ-41743. アメリカ側はこの情報を一部しか知っていなかった；*MS*, 17-VII-1942.

82. NARA-RG-59,701.5211, フーヴァーからバールへ、ワシントン、1941年11月25日。

83. NARA-RG-59,701.5211, バールとカルデナスの会談、ワシントン、1942年６月６日。

84. NARA-RG-457, SIS-28362, 須磨から東郷へ、マドリード、1942年１月８日。

85. 1943年にこの図書館で館長と広報担当官ハビエル・ガイタン・デ・アヤーラの横領事件が発覚した。後者は大酒飲みだったらしく、ジョン・イォーガン・ケリーなる人物とともにこの件に絡んでいた。NARA-RG-59,701.5211, フーヴァーからバールへ、ワシントン、1943年５月13日。

86. Pastor Petit, *Diccionario enciclopédico...*, p. 66.

87. AMAE-R, 1738-3, カルデナスからセラーノ・スニェルへ、ワシントン、1942年３月13日。新聞記事の日付は全て1942年３月11日である。「スペインのジャップの大《マ》使館《マ》は反米宣伝の本部だとわかった」(『イヴニング・スター』)；「マクリーシュ［情報局長官］はスペインにおける日本人を非難」(『ニューヨーク・タイムズ』)；「スペインにおける東京の大《マ》使館《マ》はアメリカへの陰謀の拠点」『ニューヨーク・ヘラルド・トリビューン』)；「スペインで日本が暗躍か」『ニューヨーク・ポスト』)。３月21日付けのこの最後の新聞には、フィンランド、ヴィシー政権、スペインの各日本公使館に便宜が与えられたことを非難する興味深い記事がある(*MS*, 6-IV-1942)。次も見られたい。Anthony Cave Brown, *The last hero : Wild Bill Donovan*, London, 1982, p. 224 ; *Newsweek*, 1-II-1943. スペイン大使は電話で非公式に抗議することしかできなかった。NARA-RG-59,894.20252, 国務次官補ロングからウォリンへ、ワシントン、1942年３月11日。

88. *MS*, 30-IV-1942. この電報の解読はいくつかの誤りを含んでいる。おそらくアメリカ側が誤りを含んだ暗号解読システムの使用から始めたからであろう。しかし、当時の公使の諜報活動への関与は明白である。元の電報は次にある。GSK A.7.0.0.9-63, NARA-RG-59,894.20252, 須磨から東郷へ、マドリード、1942年４月16日。

89. NARA-RG-457, SIS-27973, 須磨から東郷へ、マドリード、1942年１月９日；SIS-34297, 須磨から東郷へ、マドリード、1942年４月15日、*MS*, 30-IV-1942. 領事館と図書館を閉鎖しようとしたことについては次を見よ。NARA-RG-59,702.

5211/598, ウォリンへの覚書、ワシントン、1942年5月9日；NARA-RG-59, 701.5211, ギブスンからウォリンへ（海軍作戦部長から国務省へ海軍についての情報）、ワシントン、1942年1月19日。ロサンジェルスとサンフランシスコに二人の役人が必要だとしたカルデナスの言は、NARA-RG-59, 701, 5211, 1942年1月22日にある。

90. NARA-RG-457, SIS-29434, 須磨から東郷へ、マドリード、1942年1月22日。

91. *MS*, 25-VI-1942 ; *The « Magic » Background*…, Vol. II, pp. 98-102, A-190-196. ラテンアメリカ諸国が参戦した場合のスペインとポルトガルの重要性については次を見よ。*The « Magic » Background*…, Vol. II, p. A-326, 在チリ公使からワシントンの日本大使館へ、サンティアーゴ、1941年9月17日、*MS*, 7-X-1942.

92. *MS*, 25-VI-1942.

93. ブエノスアイレスでは日本公使の富井が「アメリカについての調査を援助する」ために、南米での工作をしていた二人の人物とともに、六人の実業家と接触していたようだ。富井は五月にこのことについて言った——「彼らは極秘のことで動いている。彼らに替わる人物が必要である」、*MS*, 29-V-1942. アルゼンチンでも、外交官で以前のファランヘ党対外部代表のリカルド・ヒメネス・アルナウに託してドイツのための諜報網を再編しようとしたが、失敗した。Marquina, ' " *TO* ", espías de verbena. USA controló la red japonesa integrada por españoles ', *Historia 16*, 13 (1978), p. 18.

94. NARA-RG-226-108b, « Alcázar de Velasco ».

95. Saña, *El franquismo sin mitos*…, p. 244.

96. このことについては、*MS*, 24-I-1943 に多くの情報がある。おそらくドイツの金で動いていたベラスコが鍵となる役割を果たしていた。以下を見られたい。*MS*, 5-V-1943 ; *MS*, 29-VII-1943 ; NARA-RG-457, SIS-28420, 須磨から東郷へ、マドリード、1942年4月16日。アントニオ・マルキーナは、日本には「くずのような情報」しか届かなかったと推測している。Marquina, ' " *TO* ", espías de verbena... ', p. 14.

97. Louis Allen, ' Japanese intelligence systems ', *Journal of Contemporary History*, 22 (1987), p. 560.

98. *MS*, 2, 3, 5, 15, 30-XII-1942 ; NARA-RG-457, SRDJ-28296, 須磨から谷へ、マドリード、1942年11月17日；NARA-RG-457, SRDJ-28579, 谷から須磨へ、東京、1942年11月26日；NARA-RG-457, SRDJ-32918, 森島から谷へ、リスボン、1943年3月19日。『デイリー・メール』で報道されると、日本公使は驚きながら言った——「それが「問題の」真珠だとは思えない」。シベリア鉄道で新たに真珠を送ろうとしたことについては、*MS*, 14-II-1943 を見られたい。この外交袋で送られた真珠はまだスペイン外務省の管理のもとにあると思われる。それが日本政府に返還されることはなかったし、日本政府がそれを要求することも難しかった

からだ。真珠の発送がうまくいったことについては次を見よ。NARA-RG-457, SRDJ-37471, 三谷から谷へ、ヴィシー、1943年5月26日。

99. スペイン側は、利益代表のための費用だとして、これらの資金の移動を正当化した。NARA-RG-59,852.20211, FBI の国務省への覚書、ワシントン、1943年2月〜1944年6月に多数。

100. *MS*, 30-IX-1943.

101. NARA-RG-457, SIS-28420/1, 須磨から東郷へ、マドリード、1942年1月16日；NARA-RG-457, SIS-28617, 須磨から東郷へ、マドリード、1942年1月20日；*MS*, 7-II-1943. 大林はタンジールに着くと、ラジオ受信機のために一万ペセータ（約九千ドル)、電信機の費用と自動車の維持費を含めた4月分の費用として他に三千ペセータを要求した（*MS*, 1-V-1943)。

102. Shulsky, *Silent warfare*…, pp. 8-9.

103. Kim Philby（当時のイギリスの MI-6 のイベリア局長), *My silent war*, London, 1969, pp. 72-73. 次の書もキム・フィルビーの言うことを認めている。Ladislas Farago, *The game of the foxes*, Toronto, n. d., pp. 653-658. 次も見られたい。Denis Smyth, ' Our man in Havana. Their man in Madrid : literary invention in espionage fact and fiction ', *Intelligent and national security*, Vol. 5, n. 4（1990), pp. 117-135. アルカサールが自分の妻や情報を受け取るための二隻の船のことも含めて諜報活動の状況について須磨公使に伝えた情報については次を参照。NARA-RG-457, SRDJ-28357, 須磨から東郷へ、マドリード、1942年1月8日。

104. ロバート・ウィルコックスは、イギリス諜報機関が FBI に通告したが、FBI はアルカサルの名前も知らなかったという。しかし、イギリス外務省文書によれば、アルカサルにヴィザを拒否したことを伝えたのはアメリカ側だったことがわかる。Robert Wilcox, *Japan's secret war*, New York, 1985 ; NARA-RG-59,852-20211, フーヴァーから国務省のバールへ、ワシントン、1942年3月20日。

105. Wilcox, *Japan's secret war*, p. 127 ; 1942年10月にスペイン、スイス、スウェーデン、フィンランド、ポルトガル、フランス、アイルランドの外交袋は監視されることになった（1942年10月5日のルーズベルトの命令。Paul Scott Corbett, *Quiet passages : the exchange of civilians between the United States and Japan during World War II*, Kent, 1987, p. 66)。

106. Gordon Wright, *The ordeal of total war, 1939-1945*, New York, 1968, pp. 79-106 ; Michael Howard, *War in European history*, Oxford, 1976, pp. 131-138.

107. これらの文書で日本外務省外交文書館にあるものは以下である。GSK, 大東亜戦争, A7.0.0. 8-50, A7.0.9-63。アメリカがこれらの文書を秘密にしておこうと非常に気を使ったことについては次を見られたい。David Kahn, *The Codebreakers : the story of secret writing*, New York, 1967, pp. 7-13.

108. 逢坂剛「イベリアの情報戦」、『スペイン現代史』第二号（1984年)、二七ペー

ジ；Komatsu, *Origins of the Pacific War*….

109. NARA-RG-457, SRDJ-17038/46. この文言は、1967年の出版であるのに次の本にも出ている。Kahn, *The Codebreakers*…, pp. 34-37.

110. Robert B. Stinnet, *The day of deceit. The truth about FDR and Pearl Harbor*, New York, 2001, p. 108. 日本語文献では次がある。半藤一利『「真珠湾」の日』文藝春秋、2001年。次も参照。Rodao, ' Pearl Harbour : De la infamia al engaño ', *Clio*, diciembre 2001, p. 16.

111. 戦争の社会的・心理的次元についての、またいかにして長期の戦争を大衆に支持させるようにするかということについての次の最近の論文が作戦上・兵站上・技術上の戦略に心理的次元の要素を付け加えることになった。R. H. Spector, ' The Pacific War and the fourth dimension of strategy ', Günter Bischof/Robert L. Dupont, *The Pacific War revisited*, Baton Rouge, 1997, pp. 41-56. 1939年9月に政府情報局が、1941年3月に緊急事態管理局情報部門が、1941年10月に民間防衛局と情報局がそれぞれ創設された。次も参照。A. Pizarroso Quintero, ' El cine bélico norteamericano, 1941-45 ', Paz Rebollo/M. A. Montero Díaz (coord.), *Hitoria y cine : realidad, ficción y propaganda*, Madrid, 1995, pp. 192-194. ハワード・ホークス監督の『ヨーク軍曹』は1941年7月にアメリカで封切りとなった。

112. NARA, File SRH 043, Modern Military Section, ジョージ・マーシャルからトーマス・E・デューイへ、ワシントン、1944年9月27日、これは次に引用されている。Tony Matthews, *Shadows dancing. Japanese espionage against the west, 1939-1945*, New York, 1994, pp. 66-67. 全文は、Kahn, *The Codebreakers*…, pp. 605-607 にある。

113. 傍受された電報で後にスペインに送られたと確証できるのは一つだけである。これについては次を見られたい。NARA-RG-226-119, Box 22, London X-2-pts-72, Folder 162. 現在は、NARA-RG-457, SRS, *Magic Diplomatic Summaries* の文書に『マジック』の元の写しを見ることができる。日本から傍受された電報の全文が SRDJ のタイトルのもとに同じ分類のもとにある。*Magic Diplomatic Summaries* の文書は全一五箱から成っており、SRDJ の文書は一六五箱から成っている。電報は発信元の如何にかかわらず傍受された日付毎に整理されている。

114. たとえば、「まず安全な」メキシコの軍事暗号について、*MS*, 6-V-1942 を見られたい。

115. Chapman, ' Japanese Intelligence… ', pp. 149-150 ; Allen, ' Japanese intelligence systems ', pp. 55-56 ; Peter Calvocoressi/Guy Wint, *Guerra total*, Vol. 2, Madrid, 1979, p. 624 ; *MS*,29-V-1942.

116. R. A. Haldane, *The hidden world*, London, 1976, pp. 123-124 ; David D. Lowman, *Magic. The untold story*, n.p. 2000, pp. 37-54. JN25 と名付けられた海

軍の暗号については、Kahn, *The Codebreakers*…, を参照。陸軍の暗号の解読と、その暗号システムが破られないだろうとの確信によってそのセキュリティがそれほど高められなかったことについては次を見よ。E. J. Drea/Joseph E. Richard, ' New evidence on breaking the Japanese Army codes ', *Intelligent and national security*, Vol. 14, n. 1（1999), pp. 62–84.

117. Drea/Richard, ' New evidence… ', p. 124.「タ《マ》カシ《マ》マ」なる人物がスペインに持ち込もうとしたいくつかの文書が失われたことについて次を見よ。NARA-RG-457, SIS-7091, 有田から駐パリ大使へ、東京、1939年４月30日。

118. 本文をもっと詳細に述べたものとして次を見よ。Rodao, ' Difícil y sin apoyos políticos. La representación por España de los intereses japoneses en la Guerra del Pacífico ', *Espacio, Tiempo y Forma*, 8（1995), serieV, pp. 179–194. 日本の利益代表となった国とその日付の一覧（諸国の対日参戦の日付も含む）は次を見られたい。太田一郎『大東亜戦争　戦時外交』、日本外交史、第一七巻、鹿島研究所出版会、1971年、二〇～三四ページ。この一覧はそれほど重要でない若干の食い違いと誤りを含んでいる。

119. AMAE-R, 1562, exp. 10, 外相セラーノ・スニェルへの無署名の報告、マドリード、1942年２月４日。

120. *MS*, 7-VI-1942, 東郷から須磨へ。アメリカにおける日本人居留民については次を見られたい。Yanaguida/Mª Dolores Rodríguez del Alisal, *Japoneses en América*, Madrid, 1992, pp. 117–119 and passim.

121. 最終的にスイスが選択された。Corbett, *Quiet passages*…, p. 42.

122. AMAE-R, 1913-5, セラーノ・スニェルからカルデナスへ、マドリード、1941年12月12日。後にコルベットに語ったところによると、アメリカの役人たちはこのことを疑っていた。Corbett, *Quiet passages*…, p. 44（J. H. キーリーのインタヴュー).

123. 収容された日本人の数については多説があり、一番多くとる人は12万人とも言っている。日本人が戦略的に見て脅威となりえたことについては、*The Times*, 23-I-1942　を見られたい。収容計画については次を見られたい。Michi Weglyn, *Years of infamy*, New York, 1976 ; R. Anthony Lehmen, *Birthright of barbed wire*, Los Angeles, 1970. このテーマについては現在多くのウエブページがある。最も充実したものとして、以下を見られたい。http://www.webcom.com/unk/pc/race/intern.shtml（軍事的に見て収容が必要であったかどうかについての議論 ; http://www.army.mil/CMH-PG/BOOKS/70-7_505.htm（太平洋岸の日本人を救出する決定があったとのステッソン・コンの興味深い論稿を含む). 日本人の移送を擁護するものとして次がある。David D. Lowman, *Magic : the untold story of U. S. intelligence and the evacuation of Japanese residents from the West Coast during WWII*, Utah, 2001, pp. 69–84.

124. *MS*, 3, 6-VI-1942, 東郷から須磨へ。防諜機関の情報は、*MS*, 21-XII-1943 にある。

125. AMAE-R, 1134-6, 須磨からホルダーナへの覚書、マドリード、1942年12月12日。これには、ブラジルとペルーの日本人居留民への元大使たちのメッセージ、およびアメリカで収容された日本人へのコロンビアとコスタリカからのメッセージが添付されている。収容者たちによってうまく利用されたとのスペイン人の意識については、Corbett, *Quiet passages*…, p. 117 を見られたい。

126. *MS*, 18-IV-1943. これは、西洋における自国人に「好意と希望のあいさつ」を送るとの1943年 4 月14日の日本の帝国議会の決議に基づくものであった。*MS*, 18-IV-1943, 須磨から谷へ、マドリード、1943年 4 月14日。

127. ¡ *Arriba !*, 14-IV-1942. 日本側の国内的理由により正式名称は「通商協約」とされた。

128. *MS*, 24-IX-1942, 谷から富井（ブエノスアイレス）へ、東京；*MS*, 28-IX-1942, ローマの三菱商事代理店から三菱本社へ、1942年 9 月25日。

129. NARA-RG-457, SIS-38515, 須磨から東郷へ、マドリード、1942年 6 月19日。この電文にはソフィンダス（Sofindas）の名がある。

130. NARA-RG-457, SRDJ-27109, 谷からブエノスアイレスへ、東京、1942年10月13日；*MS*, 10-VII-1942, 須磨から東郷へ。また、筆者とセラーノ・スニェルおよび林屋栄吉との会見による。

131. NARA-RG-457, SRDJ-27210, 須磨から谷へ、マドリード、1942年10月16日；NARA-RG-457, SIS-41994, メンデス・デ・ビゴからセラーノ・スニェルへ、*MS*, 20-VII-1942.

132. このことについては、日本占領以前のフアン・ラブラドールの日記（本章註52参照）を見られたい（たとえば、1942年 1 月 1 日の日記）。

133. AEET, メンデス・デ・ビゴからセラーノ・スニェルへ、東京、1942年 7 月 8 日（1942年 5 月19日付のマニラからの書簡を含む）；NARA-RG-226-92, Box 53, folder 79, 第五列の一員だとして非難され、偽の旅券でアルゼンチン経由で後にキューバに着いたペドロ・ベンゴエチェーアについて（1942年 6 月19日）。

134. AMAE-R, 1737-16, デル・カスターニョからメンデス・デ・ビゴへ、マニラ、1942年 5 月20日；AMAE-P, デル・カスターニョについて。外務省人事部への報告、マドリード、1948年 1 月20日。

135. AMAE-R, 1737-16, デル・カスターニョからメンデス・デ・ビゴへ、マニラ、1942年 5 月20日。

136. 最も興味深い資料はラウレル政府への日本大使だった人物の日記である。村田省蔵／福島慎太郎編『比島日記　村田省蔵遺稿』原書房、1969年。

137. AMAE-R, 2910-20, フランシスコ・フェレールの報告、マニラ、1945年11月30日。

138. この件については、送金方法について提起した次を見られたい。AEET, デル・カスターニョから東京へ、1942年3月23日。

139. AGA-SGM-76, ファランヘ党対外部全国代表部への報告、マドリード、1945年7月19日。同様のことは、その後もフィリピンでの親日派の「スパイで宣伝機関」だとして非難された他の組織でも起きただろう。それらは以下である。日本イエズス会布教団、日西協会、スペイン反コミンテルン連盟。これらの組織について他に言及しているものはないようだ。NARA-RG-226-92-19-1, 2480, 海軍情報部の報告（日付なし）、海軍省、ワシントン、1941年12月24日。

140. AEET, メンデス・デ・ビゴからホルダーナへ（元はデル・カスターニョから）、東京、1942年10月7日、8日；ホルダーナからメンデス・デ・ビゴへ、マドリード、1942年10月17日；メンデス・デ・ビゴからデル・カスターニョへ、1942年10月28日。

141. AEET, デル・カスターニョ（無署名）からメンデス・デ・ビゴへ、マニラ、1942年7月14日。

142. AEET, セラーノ・スニェルからメンデス・デ・ビゴへ、マドリード、1942年2月9日。

143. 1942年5月7日付、マニラ。ホセ・デル・カスターニョの子息によれば、祝福の手紙を要請したのは日本側だった。父親は迷っていたが、書記官のフランシスコ・フェレールが手紙を出すのがよいと言ったという（子息との会見、マドリード、1992年3月12日）。

144. NARA-RG-226, E-127-24083, 1942年11月23日の報告。この中に、ある「著名なスペイン人」のことが出ている。

145. それでも、1942年8月3日の報告によると、三名のスペイン人が「フィリピン兵士の集団」によって殺された。*MS*, 7-VIII-1942, SIS 44200.

146. ハロルド・キャレンダー署名の『ニューヨーク・タイムズ』の記事は次のように言っている――「ファランヘ党は東洋で活発に動いている。メキシコで嫌疑をかけられたフランコの秘密の代理人と言われている者たちは日本を援助していると言っている。彼らはフィリピンで影響力を持っている。スペインのファシスト・グループは反米の現地人とともにフィリピンで地歩を築いている」。1942年1月11日。

147. 1941年12月のセラーノ・スニェル・須磨会見。*MS*, 16-V-1943；NARA-RG-457, SIS-28361, 須磨から東郷へ、マドリード、1942年1月8日。

148. NARA-RG-457, SIS-29433/4, 須磨から東郷へ、マドリード、1942年1月22日。

149. NARA-RG-457, SIS-29818, 東郷から須磨へ、東京、1942年2月13日。

150. この要請は1942年1月16日になされた。*MS*, 26-V-1943.

151. Ciano, *Diario 1939-1943*, p. 577. チァーノが非妥協的態度を示したことについては次を見られたい。AMAE-R, 1737-7, メンデス・デ・ビゴからベイグベデー

ルへ、東京、1940年５月21日。日本の宣伝が言い広めたところによると、『時事新報』と『東京日日新聞』がこの時期の独伊の勝利は大日本帝国軍隊の成功に基づいていると書いた。それ故に、須磨自身が新聞報道の抑制を求めた。NARA-RG-457, SRDJ-24622, 須磨から東郷へ、マドリード、1942年７月２日。
152. Calvocoressi/Wint, *Guerra total*, Vol. 2, p. 803.
153. NARA-RG-457, SIS-28083, 東郷から須磨へ、東京、1942年１月１日；*MS*, 19-VII-1942, 須磨から東郷へ、マドリード；*MS*, 11-VI-1942, 堀切から東郷へ、ローマ。
154. 「北太平洋での闘い」、¡ *Arriba !*, 16-VI-1942. 1942年６月18日の同紙にミッドウエイの闘いについての「JAF 大佐」の空戦記事も載っている。サンゴ礁海の闘いについての『ムンド』の記事は一〇六号（1942年５月17日）にある。
155. *MS*, 7-VIII-1942.
156. *Mundo*, 1-II-1942, 26-IV-1942, 2-VIII-1942.
157. AMAE-R, 3195-20, 須磨からセラーノ・スニェルへ、マドリード、1942年２月18日、1942年３月10日の書き込み；NARA-RG-457, SRDJ-28296, 須磨から重光へ、マドリード、1942年11月17日。
158. AMAE-R, 1738-4, メンデス・デ・ビゴからセラーノ・スニェルへ、東京、1942年３月28日；AMAE-R, 1738-3, メンデス・デ・ビゴからセラーノ・スニェルへ、東京、1942年３月28日。
159. ロタ島のかわりに電文では‘Foudesfurt’となっている。これは間違いなく暗号の問題によるのだろう。AMAE-R, 1738-3, メンデス・デ・ビゴからセラーノ・スニェルへ、東京、1942年４月１日；AMAE-R, 1737-16, エレーラからメンデス・デ・ビゴへ、片瀬、1942年４月30日。
160. ペドロ・アルーペは書類や書籍を接収されて一月以上も監禁された。しかし、当時メンデス・デ・ビゴが言ったような虐待がとくにあったわけではなかったし、公使館やファランヘ党のはからいで釈放されたのでもなかった。さらに、この監禁の理由が説明されたのでも、精神的にも金銭的にも何らかの補償がなされたのでもなかったという。Arrupe, *Este Japón*…, pp. 107-121.
161. AMAE-R, 1373-16, 1942年４月30日付のエレーラ・デ・ラ・ロサの「極秘情報」、メンデス・デ・ビゴからセラーノ・スニェルへの情報、東京、1942年４月１日。オラーノの回想については次を見よ。Olano y Urteaga, *Diary of a Bishop*…, pp. 20-35.
162. AMAE-R, 3195-32, デル・カスターニョからメンデス・デ・ビゴへ、マニラ、1941年３月21日（東京には1942年５月６日着）。
163. *MS*, 26-V-1943.
164. AMAE-R, 2910-9, デル・カスターニョからメンデス・デ・ビゴを通じてセラーノ・スニェルへ、マニラ、1942年５月５日；*MS*, 30-V-1942.

165. AMAE-R, 1134-7, 東郷から須磨へ、*MS*, 15-VI-1942. 日本公使館のセラーノ・スニェルへの覚書の日付は1942年6月22日。1942年7月19日付のワシントンの回答は、なぜ名簿から漏れたのかとの問い合わせがあった五三名のうち、二一名は文書でアメリカを離れることを拒否し、九名は次の交換船で行くことになることなどを述べていた。

166. *MS*, 22-IX-1942.

167. *MS*, 29-VII-1942, 東郷から原田へ、東京、1942年7月23日；*MS*, 4-VIII-1942.

168. *MS*, 25-VIII-1942.

169. *MS*, 17-IX-1942；*FRUS*, 1943, Vol. III. チコニャーニ（教皇使節）からウエルズへ、ワシントン、1943年7月1日。このことについては次も見よ。「バチカン情報局は被収容者とその家族との間の連絡を取っている」、*Mundo*, 26-VI-1944.

170. *MS*, 29-VI, 26-VII, 19, 26-IX-1942；*MS*, 29-VII-1942には、1942年6月25日の原田大使の指示がある。東京からの情報で『ケルニッシェ・ツァイツング』に掲載されたニュースについては、*MS*, 26-VII-1942. *MS*, 1, 21-VIII-1941も参照のこと。

171. Carlton H. Hayes, *Wartime mission in Spain, 1942-1945*, New York, 1945, pp. 30ff. このことは同書のスペイン語版には出ていない。次も参照。*FRUS*, 1942, Vol. III, pp. 290-292, ヘイズからウエルズへ、マドリード、1942年6月10日。

172. 東郷から須磨へ、東京、1942年7月17日、*MS*, 23-VII-1942.

第四章

1. Tusell, ‘La etapa Jordana（1942-1944）’, *Espacio, Tiempo y Forma*, 2（1989）, serie V, p. 173；Tusell, ‘Un giro fundamental en la política exterior española durante la II Guerra Mundial. La llegada de Jordana al Ministerio de Asuntos Exteriores’, Maunel Tuñón de Lara et. al., *El primer franquismo. España durante la segunda guerra mundial*, Madrid, 1989, pp. 281-293.

2. Tusell, ‘La etapa Jordana…’, p. 182.

3. 東条《ママ》［東郷］から山形在チリ大使へ、東京、1942年9月9日。これは次に引用されている。Mount, ‘Chile, the United States and the Axis in 1942’, Maria Dolores Elizalde, *Las relaciones internacionales en el Pacífico*（*siglos XVII-XX*）, Madrid, 1996, p. 463.

4. NARA-RG-457, SRDJ-26264, 須磨から東郷へ、マドリード、1942年9月4

日；NARA-RG-457, SRDJ-27085, 須磨から谷へ、マドリード、1942年10月4日；1943年1月6日の祝辞は次にある。NARA-RG-457, SRDJ-29865（*MS*,10-III-1943).

5. NARA-RG-457, SRDJ-26682, 須磨から大島へ、マドリード、1942年9月22日；*MS*, 15-XII-1942, 須磨から谷へ、マドリード、1942年12月7日。

6. *No-Do*, n. 1,3,15；Rodríguez, *El No-Do*…, pp. 171-347.

7. *MS*, 25-IX, 14-X-1942. *MS* の報告書では、片仮名で「ハルコン」と書かれており、この評議会はスペイン系諸国評議会のことだとされている。NARA-RG-457, SIS-26718, 須磨から東京へ、マドリード、1941年12月15日；NARA-RG-457, SRDJ-26608, 須磨から東郷へ、マドリード、1942年9月21日。

8. NARA-RG-457, SRDJ-27083, 谷から須磨へ、東京、1942年10月1日。

9. NARA-RG-457, SRDJ-27796, 谷から須磨へ、東京、1942年11月6日。

10. NARA-RG-457, SRDJ-27059, 須磨から谷へ、マドリード、1942年10月2日。

11. AMAE-R, 1736-30, ホルダーナから須磨へ、マドリード、1942年10月26日。

12. AEET, 1942年11月9日の通達（ドゥシナーゲ署名)。たとえば、『ヤ』紙は「交戦国国民を保護するスペインの人道的事業。よこしまな解釈はこれで改められた」と書いた（1942年11月3日)。BBC は、日本の利益を守るためにスペインから二五〇人の代表が派遣されるが、彼らはまずはベルリンに寄って訓練を受ける、というニュースを流していた（「スペインでジャップが活動か」、『ニューヨーク・ポスト』、1942年3月11日)。*MS*, 20-VIII-1942 にはエルサルバドールからの次のスペイン側の情報が載っている――当地の新聞はマドリードの日本大《マ》使館《マ》を「汎アメリカの連帯を潰すための陰謀の中心地」だと言っており、「日本の利益を守るための狡猾な共謀者」となるにまかせているとしてスペインを攻撃している。

13. NARA-RG-457, SRDJ-28207, 原田から谷へ、バチカン、1942年11月10日。

14. NARA-RG-457, SRDJ-27702（*MS*, 7-XI-1942), 須磨から谷へ、マドリード、1942年10月29日。

15. NARA-RG-457, SRDJ-27760, 須磨から谷へ、マドリード、1942年10月30日。

16. NARA-RG-457, SRDJ-28175, 須磨から東京へ、マドリード、1942年11月18日。

17. NARA-RG-457, SRDJ-27758, 須磨から谷へ、マドリード、1942年10月29日。スペイン側は後に思い直したようで、日本側の友好と事態改善のための努力を謝する覚書を送った。とはいえ、どの文書でもスペイン語の使用が認められるように期待すると言った。

18. GSK, A7.0.0.9-9, 須磨から東郷へ、マドリード、1942年9月5日。

19. *MS*, 9-X-1942, 須磨から谷へ、マドリード、1942年10月4日。

20. NARA-RG-457, SRDJ-26938（*MS*, 9-X-1942), 須磨から谷へ、マドリード、1942年10月5日。*MS*, 22,29-X-1942 も見られたい。

21. *MS*, 6-XI, 26-XI-1942（GSK にもあり）.
22. *MS*, 25-IX, 6-XI-1942；NARA-RG-457, SRDJ-26610, 須磨から谷へ、マドリード、1942年9月22日（*MS*, 25-IX-1942）。
23. NARA-RG-457, SRDJ-27679, 須磨から谷へ、マドリード、1942年10月28日（*MS*, 6-XI-1942）。*MS*, 14, 15, 17-XI-1942 も見られたい。
24. *MS*, 12, 14, 16-II-1943. 林屋永吉氏の情報によると、日本公使館にあった器機は市販のものを購入したものだが、性能は非常に良かったという。次の記事も参照。「ヨーロッパにおける日本の全陸軍武官および海軍武官の会合」（*¡ Arriba !*, 29-I-1943）。スペインからは矢ロ書記官が参加した。
25. *MS*, 5, 12, 28-I, 5, 7-II, 22-VIII-1942；NARA-RG-457, SRDJ-27758, 須磨から谷へ、マドリード、1942年10月29日。
26. AMAE-R, 2696-23, 須磨からセラーノ・スニェルへ、マドリード、[1942年8月20日？]。
27. AMAE-R, 2696-23, モロッコおよび植民地総局次長からホルダーナへ、マドリード、1942年10月9日。
28. 武官局はタバコ専売公社の建物内に設立されていた。AMAE-R, 3195-29, 須磨からホルダーナへ、マドリード、1942年11月17日。スペイン外務省は返答の機会ができたことを利用して、オラーノ神父の帰国はどうなったのかを問うた。スペインは引き続きカサブランカにおける日本の利益代表となることに同意した。NARA-RG-457, SRDJ-28537, 須磨から重光へ、マドリード、1942年11月25日。
29. AMAE-R, 1783-3, トマス・スニェルからホルダーナへのメモ、マドリード、1944年4月21日。これはソリアーノがトマス・スニェルに語ったものに基づいている。マドリードとタンジールの間の連絡係としての大林の役割については次を見よ。NARA-RG-457, SRDJ-37330, 須磨から谷へ、マドリード、1943年5月20日。
30. *MS*, 8-VII-1943, 須磨から重光へ、マドリード、1944年6月30日；*MS*, 26-VII-1944.
31. *MS*, 30-I, 26-II, 10-III, 1-V-1943；『タイムズ』1942年4月9日号のタンジール通信員の記事。本文にある情報の内容については、*MS* ,1, 10-V-1943 を見よ。船舶の行き来については以下を見よ。NARA-RG-226-92, Box 43, folder 39, 総領事 H・アール・ラッセルからハルへ、カサブランカ、1942年4月1日；NARA-RG-226-92, Box 175, folder 173, ドルビー（OSS）からメジャー・ブルースへ、ワシントン、1942年4月3日。
32. NARA-RG-457, SRDJ-27707, 谷から須磨へ、東京、1942年10月30日；*MS*, 7-XI, 22-XII-1942.
33. アメリカの防諜機関は、北太平洋を頻繁に航行しており、それ故に補給船の動きを観察できたガルシーア・&・ディアス社所属のスペイン船モトマール号と何

者かが絡んでいると見ていた。それは船長とともにすでに逮捕されていた船員インダレシオ・セビリャーノであろうと見られていた。この二人には戦略的地域を離れるよう命令が出された。この両人は1942年10月に、スペインにおけるパッカード社の代理人トマス・バレーノ、フアン・ガジェーゴなる者、それにもう一人の者とともにバルティモアでまた逮捕された。彼らの罪状はプラティナの密輸だった。スペイン大使館はこの船が運んだ外交袋を開けさせられただけでなく、さらにアメリカが判を押したものは開封できないという屈辱を味わった。これらのことはこの船の出発を遅らせることになった。結局、この船は10月12日にイベリア半島に向けて出発した。カルデナス大使は、これは海軍の秘密組織による行動であると見、また逮捕の目的はスペイン船舶に関わる諸問題を正当化するためだと言った。*MS*, 14-X-1942, 24-I-1943 ; NARA-RG-59,701.5211, フーヴァーからバールへ、ワシントン、1942年11月3、25日 ; Wilcox, *Japan's secret*…, pp. 126-127（これは FBI の資料を使っている）.

34. 他の文献では「コーベ」'Kobe' や「コーベン」'Koben' となっている。たとえば、Wilcox, *Japan's secret*… の1985年版ではこうなっていたが、その1995年版では修正されている（pp. 127-131）。
35. AMAE-R, 1736-13, マルドナードからホルダーナへ、上海、1943年1月3日。
36. 10月2日、アメリカ政府はコッペに注意するようにカナダ政府に通告した。Mount, 'Canada, Spain and espionage during the Second World War', *Canadian Historical Review*, LXXIV, n. 4, 1993, p. 567（この論文はカナダ国立文書館の資料に基づいている）; NARA-RG-457, SRDJ-26967, 須磨から谷へ、マドリード、1942年10月5日 ; NARA-RG-457, SRDJ-27247, 須磨から谷へ、マドリード、1942年10月16日（この電文は11月1日に発信された。この中で須磨は、コッペの地位は当地の日本人を援助するためにつくられたと述べて、諜報活動をすることになるとは言わなかった。この電報で須磨は東京からの指示を仰いだだけだった）。カナダ外務省文書ファイル 123s を送ってくれたグレアム・S・マウントの厚意に感謝する。
37. *MS*, 21-X-1942. この情報によると、コッペの出発は1943年1月10日に予定された。しかし実際にはコッペはまさにこの翌日にバンクーバーに着いた。この偽りの出発日はおそらく偽装のためか、あるいはアメリカ側の解読違いだろう（*MS*, 7-XI-1942 における指示）。
38. 「異動してきた理由」、『バンクーバー・ニュース・ヘラルド』、1944年2月25日。
39. Wilcox, *Japan's secret*…, 1995, p. 131 からの引用。
40. Mount, *Canada's enemies*, Toronto, 1993, p. 99.
41. Mount, *Canada's enemies*, p. 100 ; *Newsweek*, 1-II-1943 ;「主婦たちがスペイン総領事の退去を政府に要求」、『サン』、1943年9月29日。
42. Mount, 'Canada, Spain…', p. 571 ; DEAC-123s, ロバートソン国務長官から在

英カナダ高等弁務官へ、オタワ、1943年9月20日。

43. *MS*, 7-II-1943 ; Notes to *Magic Summaries*, 24-I-1943 ; *MS*, 28-VIII-1942, 須磨から東京へ、マドリード（日付なし）; NARA-RG-457, SIS-45886, 28357, 27583, 28362, 28174, 27973, 28420, 28421, 28617, 28913, 41295, 27777, 35492, 44912, 44762, 34297, 42327.

44. *MS*, 8-I-1943. ウィルコックスはアラドレンの名をホセ・マリーアとしている (Wilcox, *Japan's secret*…, 1995, pp. 127-128)。これらの特派員たちについては以下も参照。*MS*, 17,27-X-1942 ; NARA-RG-226-108b « Alcázar » ; CH-1, W・ペリー・ジョージからヘイズへ、ワシントン、1944年7月3日。

45. NARA-RG-59.701.5211, フーヴァーからバールへ、ワシントン、1942年1月15日 ; NARA-RG-457, SRDJ-27127, 谷から須磨へ、東京、1942年10月2日 ; NARA-RG-457, SRDJ-27452, 須磨から谷へ、マドリード、1942年10月22日。

46. *MS*, 24-IV-1943 ; *MS*, 17-V-1942, 谷から須磨へ、東京、1942年5月13日 ; NARA-RG-226, E-119-f. 162, London-x-2-pts-7.

47. NARA-RG-457, SRDJ-27452, 須磨から谷へ、マドリード、1942年10月22日。

48. Wilcox, *Japan's secret*…, p. 126. マウントはあるチリ人のことに言及している。このチリ人は山形大使から金をもらってアメリカに行き、元駐スペイン大使バワーズの推薦状によってウエルズ国務次官を訪ねることまでしようとした (Mount, ' Chile, the United States... ', p. 463)。

49. *MS*, 28-VIII-1942.

50. Wilcox, *Japan's secret*…, p. 127 ; *MS*, 7-II-1942.

51. 『朝日新聞』の前特派員だった前田義徳はローマに転勤していた。

52. NARA-RG-226-252, シガーからシルキーへ、1943年8月20日。

53. Notes to *Magic Summaries*, 24-I-1943 ;『エル・パイス』1978年9月20日号のアルカサルとのインタヴュー。

54. Wilcox, *Japan's secret*…, passim ; アルカサルおよびセラーノ・スニェルとの著者のインタヴュー、マドリード、1992年3月27日。アルカサルとのコンタクトをとってくれたフランシスコ・サンチェス・ルアーノに感謝する。

55. *MS*, 17-VII-1942（このときはまだベラスコのことはわからなかった),24-I-1943.

56. *MS*, 16-IV-1942（イギリス海軍大将からのメモを含んだ1942年4月9日の情報).

57. *MS*, 17-VII-1942, 25-XI-1942（補給船の出航についての Tō 情報と出港データとの比較がなされている).

58. アフリカへの六五隻から成る補給部隊の派遣についての情報について、『マジック』はそれは正確だとした。NARA-RG-457, SRDJ-30273-a, 須磨から谷へ、マドリード、1942年1月28日、*MS*, 3-II-1943 ; MS, 11-V-1943 ; *MS*, 15, 22-

VIII-1942, *MS*, 16-II-1943（1943年１月４日の情報）.

59. *MS*, 15-X-1942（1942年10月２日の情報）.

60. *MS*, 26-I-1945.

61. NARA-226, E-127, Box-33-226, BD007 からセイントへ、リスボン、1944年４月27日。

62. *MS*, 11-V-1942, 須磨から東郷へ、マドリード、1942年４月23日、カルデナス大使のものと思われる情報を含む（NARA-RG-457, SIS-35090,34247)。

63. FDRL, PDF-52, ドノヴァンからルーズベルトへ、ワシントン、1942年５月30日。

64. *MS*, 26-VII-1942, 須磨から東郷へ、マドリード、1942年７月23日（1942年７月19日のニューヨークからの Tō 情報）。

65. *MS*, 20-III-1943.

66.『エル・パイス』1978年９月20, 21日号のインタヴューを見られたい。アルカサルは「高感度のラジオ受信機」で隣のホテルから会話を続けたと言い、この時期に元外相はサラゴーサにいたことさえ思い出して、はっきりと「それは、彼を継いで内相となった人物の家」だと言った。アルカサルはおそらく、セラーノ・スニェルが内相をやめた1940年秋から1941年５月まで内務次官だったホセ・ロレンテ・サンスのことを言ったのだろう。というのは、セラーノ・スニェルを継いで実際に内相となったバレンティン・ガラルサ大佐はファランへと偉大な義弟の最も徹底した反対者の一人だったからである。これらの評価に関して、この件についてセラーノ・スニェルが自らに宛てた手紙の写しを提供してくれたダニエル・アラーサに感謝する。さらに、後のセラーノ・スニェルと著者とのインタヴュー（マドリード、1992年３月27日）で、セラーノ・スニェルは著者の書簡を読んだ覚えがないなどと言い、秘書もそれはどこにいったかわからないなどと言った。

67. *MS*, 28-III-1943.

68. *MS*, 15-II-1943.

69. Alvin D. Coox, ‘The Pacific War’, *The Cambridge History of Japan*, Vol. 6, 1988, pp. 353-354.

70. とはいえ、資料からするとこれは否定のしようがない。*MS*, 15-III, 20-V-1943を見られたい。

71. 須磨から重光へ、*MS*, 5-V-1943（NARA-RG-457, SRDJ-35817, 1943年５月２日の情報）. 須磨が言うには、和平のための仲介者になろうとしたことにはアメリカとイタリアの要請があった（*MS*, 5-V-1943)。須磨のこの情報は他ならぬ翻訳担当者が文句を言った一例だった。須磨の文章は文法上のいい加減さや、文がどこで終わるのかわからないことで支離滅裂だったからである。

72. *MS*, 31-III-1943, 大島から重光へ、ベルリン、1943年３月18日。

73. 1937年11月25日の発言、*Palabras del Caudillo, 19 de abril de 1937–31 de diciembre de 1938*, 2 ed., Barcelona, 1939, p. 214（Pablo Fusi, *Franco. Autoritarismo y poder personal*, Madrid, 1985, p. 47 に引用).
74. Saña, *El franquismo sin mitos*…, p. 244.
75. Marquina, ' " *TO* ", espías de verbena... ', pp. 16–17 ; Preston, *Franco...*, p. 476. 嘘であろう他の例として以下がある。*MS*, 14–VII–1942, 須磨から東郷へ、マドリード、1942年7月11日。ここでは、連合国の予想侵入地点や時期についての情報が述べられている。この中で、1943年第一四半期にアルゼンチンの対外貿易は八五％落ち込んだと須磨は言われたが、実際には一五％くらいだった。*MS*, 8–V–1943, 12–I, 17–VIII–1943.
76. *MS*, 4–IX–1944.
77. *MS*, 5–II–1944. 以下も見られたい。*MS*, 30–VII–1942, 28–VII, 18–VIII–1943.
78. *MS*, 13–IX, 2–X–1943, 18–III–1845.
79. NARA–RG–59.862.20200, ヘイズからハルへ、マドリード、1944年9月14日；*MS*, 23–V–1943, 堀切から重光へ、ローマ、1943年5月24日；*MS*, 24–V–1943, 重光から大島および森島へ、東京、1943年5月19日。
80. そのうえドイツ海軍は、敵による暗号の解読技術が進んでいるので、各国にいる海軍武官に暗号を託すことはできない、海軍参謀本部に直接に伝えられるように東京のドイツ海軍武官に暗号を託すようにと命令した。Chapman, ' Japanese Intelligence… ', p. 152 ; Kahn, *The codebreakers*…, pp. 26–27.
81. *MS*, 22–V–1943.
82. *MS*, 14–IV–1943.
83. *MS*, 1–VI–1943.
84. Coox, ' The Pacific War ', p. 358.
85. Coox, ' The Pacific War ', p. 349.
86. Chapman, ' Japanese Intelligence… ', p. 170.
87. 岩島久夫『情報戦に完敗した日本』、原書房、1984年；逢坂剛「イベリアの情報戦」、八〇ページ；Kahn, *The codebreakers*…, p. 579 ; Haldane, *The hidden world*, pp. 124–125 ; Shulsky, *Silent warfare*…, p. 43.
88. *Times*, 17–XI–1942.
89. AMAE–R, 393–5, メンデス・デ・ビゴから国務相へ、東京、1934年12月31日；AMAE–R, 1736–13, ナバーロから高等参謀本部へ、東京、1944年4月11日。
90. AMAE–R, 1737–13, 高等参謀本部からホルダーナへ、マドリード、1944年5月5日、メンデス・デ・ビゴへ再送、1944年5月11日。
91. Corbett, *Quiet passages*…, p. 137.
92. University Research Library, UCLA, Archives of Center of Manzanar, 1942–1946, ディロン・S・マイヤーズから本件の全責任者へのメモ、1942年12月9日

（Weglyn, *Years of infamy*…, p. 120 からの引用).

93. NARA-RG-457, SRDJ-36194/7, 須磨から谷へ、マドリード、1943年5月18日。

94. 東京からマドリードへ五〇万ドルを示す暗号が送られた。NARA-RG-457, SRDJ-29686, 谷から須磨へ、東京、1942年12月28日。

95. *MS*, 11-XI-1943, 須磨から重光へ、マドリード、1943年11月4日；*MS*, 26-XI-1943, 重光から須磨へ。

96. DEAC-123s, ウッド（王立カナダ騎馬警官隊総監）から国務次官へ、オタワ、1943年11月25日。

97. 1944年、バスケス・フェレールはまさにこの経済的困難の故に復職を願い出た。1940年11月14日の決定によるバスケス・フェレールの更迭から大戦の終結までについては、彼の人事調書における1946年2月の報告を見られたい。

98. リカルド・ムニスの地位は1943年8月に承認された。AMAE-P, Ricardo Muñiz, ムニスからホルダーナへ、北京、1943年8月14日。中国と日本が治外法権の行使の中断を申し立てるかもしれないことを避けるためにデ・グレゴリオが暫定的に代理公使に任命された。マルドナードは公使としての信任状を提出していたからである。AMAE-P, González de Gregorio, 人事部長へのメモ（日付なし）、マドリード、1943年10月11日。権限委譲はマルドナードの更迭後の1943年11月3日になされた。

99. AMAE-R, 3195-32, 海外局のメモ、マドリード、1944年1月5日、3月3日, 4日。

100. PRO-FO-371-36557（W8950/151/49), 1943年6月7日付けのアルバからイーデンへの覚書（ロンドン）への1943年6月22日のメモ。また、1943年6月24日、30日の覚書。

101. AGA, Marina-25141, 陸軍参謀本部から海軍参謀本部への緊急覚書、マドリード、1943年9月2日。これはただ単に日本への新たな航路を伝えるためだったのかもしれない。ナバーロ・イバーニェスがブラジルに行ったことは当初は太平洋経由で彼を日本に送ろうとしていたことを示している。最終的な航路はインド洋経由だった。

102. AGA-SGM-76, エレーラからファランヘ党本部へ、マドリード、1946年6月29日；AGA-AE-5132, ナバーロ・イバーニェスから参謀総長へ、東京、1944年3月3日。

103. AMAE-R, 1736-13, 高等参謀本部からホルダーナへ、マドリード、1944年5月5日。東京には八書類、マニラには三書類、上海には二書類、満州国には二書類を持って行った。

104. AMAE-R, 3195-25, メンデス・デ・ビゴからセラーノ・スニェルへ、東京、1942年5月31日。

105. AMAE-R, 1736-16, メンデス・デ・ビゴからセラーノ・スニェルへ、東京、

1941年12月23日。エレーラの陳述については次を見よ。AGA-AE-5177, エレーラからメンデス・デ・ビゴへ、東京、1941年12月23日。
106. NARA-RG-59, 在トルコ総領事からハルへ、アンカラ、1943年3月3日。これはアルゼンチンの外交官ラモン・ラバーリェの到着後のことである。
107. AMAE-R, 3195-32, メンデス・デ・ビゴからホルダーナへ、東京、1943年12月6日；AEET, メンデス・デ・ビゴからイグアールへ、東京、1946年2月12日。
108. これらの詳細については以下を参照。Rodao, ' Presencia española en Extremo Oriente alrededor de 1945 ', *Cuadernos de Historia*, 1(1998), pp. 74-78 ; AGA-AE-5156, サルディバルからメンデス・デ・ビゴへ、上海、1942年11月2日。
109. AMAE-R, 1736-33, ヘイズからホルダーナへの覚書、マドリード、1942年10月26日。さらに、デル・カスターニョは強い反米思想の持ち主だったので、彼は連合国捕虜の収容所になっていたサント・トマス大学の体育館の使用を禁止したという。NARA-RG-59,702.5211b/72, ハルからヘイズへ、ワシントン、1942年9月29日；NARA-RG-59,702.5211b/99, ヘイズからハルへ、マドリード、1942年12月16日。
110. AMAE-R, 1734-37, ホルダーナから労働省次官へ、マドリード、1943年7月27日；『上海スター』、2001年11月8日～14日（この記事を知らせてくれたリカルド・ブラスケスに感謝する）。
111. AMAE-R, 1734-34, イグアルからベイグベデールへ、上海、1939年7月26日、10月30日。スパイ活動の嫌疑をかけられたクブリーア神父の関係書類が次にある。NARA-RG-59, Decimal file 852.20200.
112. AGA-SGM-76, ドゥシナーゲからファランヘ党対外部全国委員ヘナーロ・リエストゥラへ、マドリード、1943年1月26日；詳細については以下を参照。Rodao, ' Falange Española en Extremo Oriente…', pp. 89-92.
113. AMAE-P, González de Gregorio, ゴンサーレス・デ・グレゴリオからホルダーナへ、上海、1944年2月5日。
114. AMAE-R, 1736-13, ホルダーナからゴンサーレス・デ・グレゴリオへ、マドリード、1943年10月30日。
115. Tusell, ' La etapa Jordana…', p. 182.
116. Hoare, *Embajador en Misión…*, p. 240.
117. *MS*, 17-VII-1943 ; NARA-RG-457, SRDJ-24834, 須磨から東郷へ、マドリード、1942年7月14日。さらに日本側は、アメリカが日本公使館を捜索するのに「犯罪者」を使ったと非難した。イギリスの宣伝活動の詳細については次を見よ。Denis Smyth, ' Anglo-Spanish during the Second World War : " the Missing-Dimension " ', Payne/Contreras (dir.), *España y la Segunda Guerra Mundial*, pp. 117-130.
118. *MS*, 15-I-1943. 次も参照。*MS*, 27-IX, 7-X-1942, 17-VII-1943.

119. NARA-RG-226. E-127-1226a, 1942年12月の報告。

120. AMAE-R, 3195-28, レターヘッドも署名もなし。

121. AMAE-R, 3195-28, 参謀第三部からホルダーナへの情報、マドリード、1943年5月7日。須磨とドゥシナーゲの間の戦略問題についての会談については、1944年3月2日の会談についてのドゥシナーゲのメモを参照されたい。このメモによると、須磨は主にソ連の日本大使館からの情報に基づいて話をした(AMAE-R, 1736-12)。

122. Josefina Martínez, ' La Guerra en el cine y la propaganda : No-Do, 1943-1945 ', Payne/Contreras (dir.), *España y la Segunda*…, p. 154.

123.「激しき日々」、『ムンド』、1943年9月26日。

124. イニゴ・デ・サンティアーゴ「微笑と涙の間」、『アリーバ!』、1944年4月20日。

125. 会談の基礎としてのホーアのメモへのホルダーナの返答、Hoare, *Embajador en Misión*…, p. 240.

126. Delgado, *Diplomacia franquista y la política cultural hacia Iberoamérica, 1939-1953*, Madrid, 1988, p. 85.

127. *¡ Arriba !*, 15-VI-1944. 中国数千年の文化を提示してこのような見方の変更を迫った主な仕事の一つはフランク・カッパの「中国の闘い」' The Battle of China ' である。これは、資料集『なぜ我々は戦うか』 *Why we fight* のシリーズの一つである。

128.「平和は可能か」、『アリーバ!』、1944年4月11日。次も参照のこと。Ian McLaine, *Ministry of morale. Home front morale and the Ministry of Information in World War II*, London, 1979, p. 158.

129. サンチェス・カニャマーレス「ソ連は年間五万トンの石油を日本に供給するだろう」、『アリーバ!』、1944年4月29日。このことについては『アリーバ!』の以下の記事も参照のこと。「日ソ条約にアメリカは大いに喜んでいる。両国は決裂するとの期待も高まる」、1944年4月4日/「ソ連と条約を結んだので、日本は中国との戦争に専念できる」、1944年5月19日。「ボルシェビーキの野獣性」あるいはソ連における「恐怖による教化」なるイメージについては、Short (ed.), *Film and Radio Propaganda*…, p. 213 参照。

130. 既引用のクレープス論文の次の英語版はこの点についてより示唆的である。Krebs, ' Japanese-Spanish Relations 1936-1943 ', *The Transactions of the Asiatic Society of Japan*, series IV, Vol 3, Tokyo, 1988, p. 45. このことについてアメリカ側が解読した『マジック・サマリーズ』での数少ない記載には、スペインへの直接の言及はない。北アフリカからのヨーロッパへの連合軍のどのような攻撃をも失敗させるために、ドイツはジブラルタルとチュニスの連合軍を粉砕する必要があると見ている、との言及はある(重光外相の大島への意見、*MS*, 30-IV-1943)。

シンガポールへの関心については、*MS*, 26-XII- 1942, 30-I, 1-II-1944 参照。ギーゼラプランについては次を参照。Espadas, *Franquismo y política exterior*, p. 136.

131. *MS*, 24-V, 11-VII-1943.
132. *MS*, 23-V-1943, 堀切から重光へ、ローマ、1943年5月14日；*MS*, 24-V-1943, 重光から大島と森島へ、東京、1943年5月19日。

第五章

1. Tusell, ' La etapa Jordana…', p. 176.
2. Delgado, *Imperio de papel*…, p. 354. 本書は、カトリックの意義を強調するためになされたいくつかの準備についても述べている。
3. Preston, *Franco*…, p. 490.
4. NARA-RG-457, SIS-13003, 無署名［おそらく藤井］から松岡へ、マドリード、1940年11月28日；NARA-RG-457, SRDJ-3398（*MS*, 25-I-1943), 須磨から谷へ、マドリード、1943年1月9日。
5. *MS*, 12-II-1943.
6. AMAE-R, 3206-15, メンデス・デ・ビゴからホルダーナへ、東京、1943年4月16日。
7. AMAE-R, 3206-15, ホルダーナへの報告、マドリード、1943年4月26日。
8. AMAE-R, 3206-5, ホルダーナから須磨へ、マドリード、1943年4月30日。この提案についての東京への連絡は次にある。AMAE-R, 3206-15, ドゥシナーゲからメンデス・デ・ビゴへ、マドリード、1943年5月1日。
9. AMAE-R, 3206-15, 日本側から手渡された無署名・日付無の口上書。
10. NARA-RG-59-4, バターワース（臨時代理公使）からハルへ、マドリード、1944年7月10日。
11. AMAE-R, 3206-15, 1943年4月26日の報告への4月28日のドゥシナーゲのメモ。
12. さらに、1943年9月に日本はセウタに領事館を開設することを要請した。これはドイツもイギリスも要請したことだが、明らかにすべて拒否された。José María Doussinage, *España tenía razón*（*1939-45*), Madrid, 1949, p. 231.
13. AMAE-R, 3206-1, メンデス・デ・ビゴからホルダーナへ、東京、1943年5月4日；NARA-RG-457, SRDJ-35356, 重光からマドリードへ、東京、1943年5月4日。
14. NARA-RG-457, SRDJ-35355, 重光から須磨へ、東京、1943年5月1日（*MS*, 7-V- 1943)。この中では、スペインが枢軸国に対して頑なな姿勢をとっていると

の印象が述べられている。

15. AMAE-R, 3206-15, タイプライターに回されたホルダーナの手書きのメモ、マドリード、1943年5月4日。文中に角カッコで示された二語は判読できないが、おそらく「私信」であろう；AMAE-R, 3206-15, 大日本帝国公使館の覚書へのメモ、マドリード、1943年5月4日。この件についてのホルダーナとの会談のための須磨の説明は *MS*, 3, 4-V-1943 にある。ホルダーナの姿勢を承認したフランコの意見は、公使館格上げについては述べていないものの、新イタリア大使パウリッチとの会見の中で初めて見られる。これについては次を見られたい。*MS*, 24-IV-1943, 須磨から谷へ、マドリード、1943年4月20日。
16. NARA-RG-457, SRDJ-35501, 重光から大島へ、東京、1943年5月6日。
17. 日西商業合意については次を見られたい。AMAE-R, 2074-9, 三浦文夫のビセンテ・タベルナへの極秘メモ、マドリード、1943年4月16日。ホルダーナのメモは協定関係閣僚間委員会が全会一致で日西商業合意の延長を承認した後に書かれた。これについては次を見よ。AMAE-R, 2074-9, 1944年3月17日のゴメス・ナバーロからホルダーナへの文書への1944年3月20日のホルダーナの手書きのメモ。
18. MIS か M15 のどちらかのイギリスの防諜機関は、日本は年間十万トンの鉛を必要としていると見ていた。これはビルマのボードウィンとナムツの鉱山を操業させれば得られるものであった。*MS*, 29-XII-1942, 日独間の貿易についての特別報告、五四〜五五ページ；NARA-RG-457, SRDJ-26820, 須磨からローマへ、マドリード、1942年9月30日；NARA-RG-457, SRDJ-28774, 谷からローマへ、東京、1944年12月8日；NARA-RG-457, SRDJ-30418, 加瀬からマドリードへ、ローマ、1943年1月21日；NARA-RG-457, SRDJ-30902, 牧瀬から岩崎（マドリード）へ、ローマ、1942年1月26日；NARA-RG-457, SRDJ-31010, 31054, 31107, 31108, 31122, 31190,「途方もない」支払額（六五万ペセータ）について。この商品の支払い名義人は BO となっているが、これは明らかにフィアットのマドリードでの代理人ボルドーディである。*MS*, 21-I-1043.
19. *MS*, 5-IX, 15-X, 29-XII-1942, 12-IV-1943；NARA-RG-457, SRDJ-31955, 加瀬から須磨へ、ローマ、1943年2月26日。
20. *MS*, 24-XI, 31-XII-1942, 6-IV, 8-VI-1943, 8-II-1944.
21. AMAE-R, 1738-2, 1943年5月6日のメモ。
22. *DDI*, 9 serie, Vol. X, doc. 290, インデーリからイタリア外務次官バスティアニーニへ、東京、1943年5月5日。
23. NARA-RG-457, SRDJ-36388（*MS*, 26-V-1943), 須磨から重光へ、マドリード、1943年5月19日。
24. AMAE-R, 3195-32,「外相閣下へのメモ」、日付無し［1943年6月か］、マドリード。フィリピンの方がずっと重要だとの前例については次を見よ。AMAE-R, 2571-49, 無署名［フアン・ホセ・ロチャ］のメモ、マドリード、1943年5月5日。

25. 注24の前者の文書。
26. いわゆる条約港にいた国外追放者の生活について述べ、また真珠湾の後に収容所に入れられた多くの西洋人の運命についての興味深い章もある次の文献を見られたい。Frances Wood, *No dogs and not many Chinese : Treaty Port life in China, 1843-1943*, London, 1998.
27. NARA-RG-457, SRDJ-30833, 須磨から谷へ、マドリード、1943年2月1日；AMAE-R, 1734-24, 元在北京公使フスト・ガリード・シスネーロスからホルダーナへ、マドリード、1943年1月12日および1943年2月13日の報告。
28. NARA-RG-457, SRDJ-32941, 谷から南京へ、上海、1943年3月20日；NARA-RG-457, SIS-72133, 谷から須磨へ、東京、1943年3月26日；NARA-RG-457, SRDJ-32535, 谷から須磨へ、東京、1943年4月3日。敵国民の逮捕については、Wood, *No dogs*…, p. 286 参照。
29. AMAE-R, 1734-23, ムニスからホルダーナへ、北京、1943年3月9日；ドゥシナーゲからトマス・スニェルへ、マドリード、1943年3月9日；ホルダーナからムニスへ、マドリード、1943年3月15日。
30. AMAE-R, 1734-24, ホルダーナからマルドナードへ、マドリード、1943年4月3日。
31. AMAE-R, 1734-24, ムニスからホルダーナへ、北京、1943年4月17日。
32. NARA-RG-457, SRDJ-34718, 重光から須磨へ、東京、1943年4月22日；NARA-RG-457, SRDJ-34229, 北京から南京へ、1943年4月12日；NARA-RG-457, SRDJ-34604, 84854, 北京から南京へ、1943年4月10日。
33. NARA-RG-457, SRDJ-35930, 重光から須磨へ、東京、1943年4月22日。
34. NARA-RG-457, SRDJ-36241, 須磨から重光へ、マドリード、1943年5月12日；NARA-RG-457, SRDJ-36478, 重光から駐ローマ大使へ、東京、1943年5月17日；NARA-RG-457, SRDJ-37300, 須磨から重光へ、マドリード、1943年5月27日；NARA-RG-457, SRDJ-39359, ホルダーナ・須磨会見、マドリード、1943年6月25日；NARA-RG-457, SRDJ-39255, 森島から在ストックホルム公使へ、リスボン、1943年6月7日；*DDI*, 9 serie, Vol. X, doc. 303, バスティアニーニからインデーリへ、ローマ、1943年5月9日、ホルダーナとの会見についての在スペイン・イタリア代表プルーナスの情報を受けて。
35. AMAE-R, 1734-24, マルドナードからホルダーナへ、上海、1943年8月2日。
36. AMAE-R, 3195-32b, 海外局の「フィリピンについてのメモ」、無署名、マドリード、1943年6月1日。
37. AMAE-R, 3195-36, メンデス・デ・ビゴからホルダーナへ、東京、1943年6月28日。
38. *MS*, 5-VII-1943, 重光から須磨へ、東京、1943年6月21日。AMAE-R, 3195-32にはスペイン外務省に渡された訳文がある。この文書については、ABE, Sección

Instituto Español de Moneda Extranjera, Caja 27 も参照のこと。
39. *MS*, 14-VII-1943, 須磨の提案についての報告、AMAE-R, 3195-32, 無署名。
40. 注39の前者の文書。
41. AMAE-R, 3206-15, 日本公使館からホルダーナへ、マドリード、1943年7月15日。
42. AMAE-R, 1737-23, トマス・スニェルからホルダーナへ、マドリード、1943年7月22日。
43. AEET, メンデス・デ・ビゴからホルダーナへ、東京、1943年7月19日。
44. AMAE-R, 1737-23, トマス・スニェル、マドリード、1943年7月22日。
45. *MS*, 12-VIII-1943.
46. *MS*, 12-VIII-1943, パウリッチと須磨の会談、1943年8月2日。
47. これらの会談については次を参照。*FRUS*, 1943, Vol. II, p. 615, ヘイズからハルへ、マドリード、1943年6月29日。
48. 注47と同。
49. CH-1, ヘイズからハルへ、マドリード、1943年7月29日；Hayes, *Wartime mission*…, p. 71.
50. APG-JE-2-51, ホルダーナからアルバ公爵へ、マドリード、1943年8月24日。これはホルダーナが在英大使に送ったフランコとホーアの会談の説明である。ホーアが公にしたものでは少し違っていて、フランコはそこまではっきりとは言ってはいない。それでもホーアによると、総統《カウディーリョ》は一度ならず「太平洋におけるスペイン文化の最も歴史的な中心部」であるフィリピンへの侵入者としての日本への憎悪を表明した。Hoare, *Embajador en misión*…, p. 272. この会談については、リアルプの須磨への発言もある（*MS*, 26-VIII-1943）。
51. *MS*, 17-VII-1943, 須磨から重光へ、マドリード、1943年7月7日。MS, 26-IX-1943 も見られたい。
52. このことについては次を参照のこと。Rodao, ‘El trampolín tecnológico. El “Incidente Laurel” y “España en la II Guerra Mundial”’, *Espacio, Tiempo y Forma*, 6（1994), serie V, pp. 387-405. たとえば、独立付与のこの提案についての1943年8月27日の陸軍の覚書を見られたい。GSK, 昭和18年10月比島独立承認並びに日比同盟条約締結関係（Krebs, ‘Japanese-Spanish...’, p. 21 に引用されている）。
53. *MS*, 13-X-1943.
54. AMAE-R, 2844-5, 須磨からホルダーナへ、マドリード、1943年10月14日。
55. GSK, 昭和18年10月比島独立承認並びに日比同盟条約締結関係、須磨から重光へ、マドリード、1943年10月14日（Krebs, ‘Japanese-Spanish...’, p. 21 に引用されている）。次も参照。*MS*, 18-XI-1943, 須磨から重光へ、マドリード、1943年11月15日。

56. AMAE-R, 2844-5, フィリピン共和国大統領からスペイン外相への明文電報、マニラ、1943年10月13日一二時三〇分（14日二三時一〇分受信）。
57. AMAE-R, 2844-5, デル・カスターニョへの転送のためにホルダーナからメンデス・デ・ビゴへ、マドリード、1943年10月16日。
58.「フィリピンの独立」、『アリーバ！』、1943年10月16日。
59. *Mundo*, 17-X-1943. フィリピン独立の布告については、*Mundo*, 4-VII-1943 参照。
60. AMAE-R, 2844-5, 明文電報三八〇、マドリード、1943年10月18日一九時発信。
61. *FRUS*, 1943, Vol. II, p. 723, ヘイズからハルへ、マドリード、1943年10月27日；NARA-RG-59,811b.01/489.
62.「スペインはラウレルにフィリピンの「自由」を祝福」、『ニューヨーク・タイムズ』、1943年10月27日。
63. *FRUS*, 1943, Vol. II, p. 724, ステッティニアスからヘイズへ、ワシントン、1943年10月28日。
64. *FRUS*, 1943, Vol. II, p. 724, ヘイズからステッティニアスへ、マドリード、1943年11月30日。カルデナスのB・ロングとの会見（ロングはカルデナスの意見を聞いただけ）については次を参照。NARA-RG-59,811b.01/518, カルデナス／ロング、ワシントン、1943年10月30日。また、Hayes, *Wartime mission*…, p. 240も参照。
65. NARA-RG-59,811b.01/489, ヨーロッパ局長H・フリーマン・マシューズから陸海軍総司令官ウイリアム・D・リーヒー海軍大将へ、ワシントン、1943年10月29日。
66. James W. Cortada, *Relaciones España-Estados Unidos. 1941-1945*, Barcelona, 1973, p. 41；ファイス（Herbert Feis, *The Spanish story. Franco and the nations at war*, New York, 1944, p. 229）によると、ラウレルへのメッセージの知らせはスペインの新聞における「フィリピンにおける日本の残虐さ」への弁明の情報とともに届いたという。しかし、スペインの新聞を見てもそのような弁明を見出せない。ヘイズへの電報は、この電報が遅れたのは他の部局「とくに参謀部長たち」との協議が必要だったからだと説明している。*FRUS*, 1943, Vol. II, p. 725, ステッティニアスからヘイズへ、ワシントン、1943年11月 3 日。
67.「マドリードは枢軸国にまたジェスチャーを送っている」、「フランコは傀儡政権を祝福している」、『ニューヨーク・タイムズ』、1943年11月 4 日。
68. AMAE-R, 2844-5, カルデナスからホルダーナへ、ワシントン、1943年11月 4 日；*FRUS*, 1943, Vol. II, p. 727, ステッティニアスからヘイズへ、ワシントン、1943年11月 4 日。
69. AMAE-R, 2844-5, 外相への無署名の覚書、マドリード、1943年11月 5 日。
70. ホルダーナの説明は以下にある。APG-JE-2-8.2, ホルダーナのフランコへの報

告、マドリード、1943年11月5日（最も詳しいので、本書での概略は主にこの報告に基づいている）；AMAE-R, 2844-5, ホルダーナからカルデナスへ、マドリード、1943年11月6日。ホルダーナの日記については、Tusell, *Franco, España*…, pp. 453-454 参照。ホーアの説明は次を参照。*FRUS*, 1943, Vol. II, p. 731, ヘイズからハルへ、マドリード、1943年11月5日。イギリス側の見解は次を参照。PRO-FO-371-34869（13902/12995), ホーアからイーデンへ、マドリード、1943年11月5日。

71. APG-JE-2-8.2, ホルダーナのフランコへの報告、マドリード、1943年11月5日。ヘイズが何故これに反論しなかったのかはわからないが、おそらくこの件の詳細を知らなかったのだろう。
72. PRO-FO-371-34869（13902/12995), ホーアからイーデンへ、マドリード、1943年11月5日。
73. PRO-FO-371-34869（C13200/12995/41), ハリファックスからイーデンへ、ワシントン、1943年11月8日；*FRUS*, 1943, Vol. II, pp. 731-732, ステッティニアスから在マドリード大使へ、ワシントン、1943年11月6日。
74. *FRUS*, 1943, Vol. II, p. 734, ステッティニアスからヘイズへ、ワシントン、1943年11月8日。
75. Tusell, *Franco, España*…, p. 453.
76. このようにバ《マ》ルバ《マ》大佐に伝えられ、この大佐がフランシスコ・フランコ・サルガードにそれを伝えた。AMAE-R, 2844-5, 国家元首の軍事および私的秘書［パコの署名］からフランシスコ・フランコ・バーモンデへ、マドリード、1943年11月6日。1943年11月6日と7日の草稿も参照。
77. PRO-FO-371-34869, ハリファックスからイーデンへの通信（1943年11月6日、ワシントン）へのメモ、1943年11月9日。このメモでは、イギリスからなされたタンジールにおける枢軸国の代理人についての提案にアメリカも賛成したようだ。
78. *FRUS*, 1943, Vol. II, p. 734, ステッティニアスからヘイズへ、ワシントン、1943年11月10日。この日、おそらくこのような対外的関心をよく知ったうえで交わされた電話での会話をスペインの盗聴機関が摑んだ――「フィリピンの出来事があったので、駐米スペイン大使はホワイトハウスに呼ばれなかったし、このフィリピンの件が両国政府間で解決されないうちは今後も呼ばれることはないだろう」、AMAE-R, 2844-5, レターヘッドも署名もないメモ、「電話の盗聴から次の情報を入手した」、1943年11月10日。
79. *FRUS*, 1943, Vol. II, p. 263, ハルからルーズベルトへ、ワシントン、1943年11月20日、ヘイズからハルへ（11月8日の通信への返答）、マドリード、1943年11月10日。この件についてのホーアの報告は以下を見よ。PRO-FO-371-34756（C13256/24/21), ホーアからイーデンへ、マドリード、1943年11月8日；PRO-FO-371-34869（C13383/12995/41), アレグザンダー・カドガンからロバートへ、

ロンドン、日付なし。この件についてのイギリス外務省の情報とイギリス外務省がそれを利用しようとしたことについては以下を参照。PRO-FO-371-34756（C13492/24/21, C13427/24/21), ハリファックスからイーデンへ、ワシントン、1943年11月13日、イーデンからハリファックスへ、ロンドン、1943年11月14日；Feis, *The Spanish*…, p. 230.

80. またデル・カスターニョは、協力国と友好国の居留民を祝した日本大使のレセプションに「我々の多くの代表とともに」出席した。AMAE-R, 2844-5, デル・カスターニョからメンデス・デ・ビゴへ、メンデス・デ・ビゴからホルダーナへ、東京、1943年11月10日。

81. Tusell, *Franco, España*…, p. 248.

82. CH-1, ヘイズから在リスボン・アメリカ大使のウェッブへ、マドリード、1943年12月 8 日、で言及されている1943年11月18日の会見。

83. Hayes, *Wartime mission*…, p. 248. 次も参照。Vicente R. Pilapil, ‘The Far East’, Cortada (ed.), *Spain in the world, 1898-1978*, London, 1980, p. 224. タングステンについては、*MS*, 1-X-1942 も見られたい。ヒューズは、ファランヘ党対外部のメンバーがフィリピンで日本の代理人の役割を果たしているのではないかとの疑念――これは後に確証された、と言う――がアメリカ政府に与えたであろう影響に言及して、ワシントンはスペインとの国交断絶を真剣に検討したとする。Emmet J. Hughes, *Report from Spain*, New York, 1947, p. 258. ファイスは、この件は軍の最も高いレヴェルで検討されたが、スペインからヨーロッパに侵入しようとの計画が立てられたことはないと言う。Feis, *The Spanish*…, p. 230.

84. PRO-FO-371-39654（C6240/2/41）には、英米両国の大使がそれぞれスペイン政府に送った書簡の写しがある。両方とも内容は似たようなもので、日付は1944年 5 月 1 日である。連合国の要求の中で最も重要だったのはスペインのタングステンのドイツへの輸出の禁止だった。Hoare, *Embajador en misión*…, p. 325 も参照。

85. CH-1, W・ペリー・ジョージからヘイズへ、ワシントン、1943年11月29日。

86. 次を見られたい。Armero, *La política exterior de Franco*, p. 134. アメリカやその他の諸国での様々な反応については、AMAE-R, 2844-5 を参照。

87. リアルプ侯爵との1943年10月23日の会話、*MS*, 28-X-1943.

88. 電報の全文の写しは、NARA-RG-453, SRDJ-44784-85 にある。

89. Tusell, *Franco, España*…, p. 453（典拠を示していないが、それはホルダーナの日記であろう).

90. PRO-FO-371-34869, ジョン・ダグデイルの外相への議会での質問、ロンドン、1943年11月 9 日；PRO-FO-371-34869, イーデンからホーアへ、ロンドン、1943年11月 6 日。

91. このことについての議論は、明らかにこの時期までにホーアを最も悩ませたも

のだったが、宣伝の問題と絡むことになった。PRO-FO-371-34766（C13601/26/41, C13668/26/41), ホーアからイーデンへ、マドリード、1943年11月15日、16日；PRO-FO- 371- 34766（C13847/26/41), ハリファックスからイーデンへ、ワシントン、1943年11月16日。

92. AMAE-R, 2844-5,「[外相] 閣下へのメモ」、無署名、日付無；PRO-FO-371-34869, ホーアからイーデンへ、マドリード、1943年11月15日。以下も見られたい。Cortada, *Relaciones España-Estados Unidos*…, p. 36 ; Hayes, *Wartime mission*…, p. 241 ; Pilapil, ‘The Far East’, pp. 224-225.

93. Doussinague, *España tenía razón...*, p. 282.

94. NARA-RG-457, SRDJ-38527, 加瀬から須磨へ、ローマ、1943年３月18日。

95. Hayes, *Wartime mission*…, p. 241；PRO-FO-371-34869（C13902/12995), ホーアからイーデンへ、マドリード、1943年11月15日。

96. AMAE-R, 3195-33, トマス・スニェルからホルダーナへ、マドリード、1944年２月４日。

97. NARA-RG-453, SRDJ-44741, 須磨から重光へ、マドリード、1943年10月19日。

98. Tusell, *Franco, España*…, p. 452（この情報の典拠は示されていない).

99. NARA-RG-59,811b.01/519, ヘイズからハルへ、マドリード、1943年11月13日。

100. NARA-RG-59,811b.01/519, ハルへのメモ、マドリード、1943年11月12日。

101. Archivo Francisco Franco, Leg. 186, fol. 19, メンデス・デ・ビゴからホルダーナへ、東京、1943年12月４日。

102. NARA-RG-453, SRDJ-44784-44785.

103. AEET, チャンドラ・ボースからメンデス・デ・ビゴへ、東京、1943年11月16日；AMAE-R, 1738-1, 須磨からホルダーナへ、マドリード、1943年11月12日。

104. CH-3, ヘイズからルーズベルトへ、マドリード、1943年11月15日。

105. NARA-RG-59,811b.01/631, ハリスンからハルへ、ベルン、1944年１月27日；NARA-RG-59,811b.01/645, ティッツマンからハルへ、バチカン、1944年２月３日。

106. CH-3,「1943年10月以降のスペインに対するアメリカの政策についての若干の考察」。

107. Hayes, *Wartime mission*…, pp. 238-239.

108. CH-1, ヘイズからウエルズへ、マドリード、1942年12月29日。

109. Preston, *Franco*, p. 512 に引用されている。

110. Warren F. Kimball (ed.), *Churchill & Roosevelt, the complete correspondence*, Princeton, 1984, Vol. 3, pp. 162-163（Preston, *Franco*, p. 513 に引用されている).

111. *MS*, 26-X-1943.

112. Hoare, *Embajador en misión...*, p. 301 ; Espadas, *Franquismo...*, p. 138.

113. *MS*, 9-IX-1942, 千葉から谷へ、リスボン、1942年９月９日。ポルトガル側が

とくに不快感を示した他の場合については、*MS*, 24-XII-1942, 6-IX-1943 を参照。チモールについての会談については、*MS*, 15, 17, 19-X, 4-XI-1942 を参照；Dunn, *A critical view*…, pp. 53-55.

114. *MS*, 11-X-1943, 大島から重光へ、ベルリン、1943年９月30日。

115. *MS*, 5, 6, 10-IX, 3, 10, 29-X-1943 を参照。対ポルトガル政策については、*MS*, 17-XII-1943 参照。

116. *Ya*, 27-IX-1943. 次も参照。「『ジョルナル・ド・コメルシオ』はチモールからの日本の撤退を要求」、『アリーバ！』、1943年12月24日。

117. APG-JE-3-3,「プイグドレルス氏とアメリカ大使との会談のメモ」、マドリード、1944年３月14日。ヘイズはおそらく、全国カトリック布教者協会顧問のマリアーノ・プイグドレルス（理事会ではなく、会長のＦ・マルティン・サンチェス・フリアによって指名された）のことを言っている。あるいは次の著書の共著者であるラモン・プイグドレルス（Ramón Puigdollers）かもしれない。*Panhispanismo. Su trascendencia histórica, política y social*, Barcelona, 1926.

118. イギリス側の説明は、PRO-FO-371-34833（C14716/238/41), ホーアからイーデンへ、マドリード、1943年12月13日；スペイン側の説明は、APG-JE-2-8, ホルダーナ・ヘイズ会談、マドリード、1943年12月９日；アメリカ側の説明は、*FRUS*, 1943, Vol. II, p. 722, 1943年12月９日のメモ、その草稿は CH-2 にある。イギリス側の説明とアメリカ側の説明には微妙な差異もある。アメリカ大使にはこのような援助は「スペインの中立を侵すものではない。スペインの行動は国際法に厳密に従っている」との説明がなされたのに対し、イギリス大使にはこの合意は秘密にしておくようにとの要請がなされた。この要請はアメリカ大使にもなされたのかもしれないが、公開される外交文書集にはこのことは記さないようにしたとも考えられる。

119. *MS*, 7-XI-1943.

120. *MS*, 21-VII-1944.

121. NARA-RG-226-108b, « Kobbe ». マウントは、この件に起因して、大使交換をしようとの1945年のスペイン側の提案をカナダ側が拒否し、1953年まで大使交換がなされなかったとしている。しかし、これを説得的に説明するどのような証拠も示していない。Mount, ‘Canada, Spain...’, p. 566 ; *MS*, 21-VII-1944.

122. コッベが罠に陥った最もよく知られた理由は、美しく大それた彼の娘ベアトリスの二人の求婚者が秘密諜報員であり、そのうちの一人がベアトリスの家族に近づいて、父親が情報を送っている時に現行犯で捕まえた、というものである。このでたらめ話はアルカサルが彼の会見者たち（本書の著者もその一人）に広めたものである。Wilcox, *Japan's secret*…, p. 132 ; J. L. Granatstein/David Stafford, *Spy wars : espionage and Canada from Gouzenko to Glasnost*, Toronto, 1990, p. 36. 最も良い叙述で、最近公開された下記の資料も含んだものは次である。

Mount, *Canada's enemies*…, pp. 97-101；DEAC-123s,《E》局のC・K・グレイから在英カナダ高等弁務官へ、バンクーバー、1944年1月25日。
123. DEAC-123s, 国務長官から在英カナダ高等弁務官へ、オタワ、1944年2月2日。
124. DEAC-123s, 在英カナダ高等弁務官からロバートソンへ、ロンドン、1945年2月1日、4月1日；代理大使アーサー・イエンケンからイーデンへ、マドリード、1945年3月24日。
125. DEAC-123s, 在英カナダ高等弁務官からロバートソンへ、ロンドン、1945年5月16日、9月8日。
126. 1944年7月21日の *MS* のコメント；*MS*, 23, 24-I-1944.
127. NARA-RG-226, E-119-22-162, London-x-2-pts. 72.
128. NARA-RG-226-108b, « Alcázar ».
129. AMAE-R, 3195-32, メンデス・デ・ビゴからホルダーナへ、東京、1943年12月3日。
130. AMAE-R, 3195-24, トマス・スニェルの報告、マドリード、1943年12月21日；NARA-RG-59-4,701.5281/7-2544, チャイルズからハルへ、タンジール、1944年7月25日。
131. AMAE-R, 1562-12, カルデナスからホルダーナへ、ワシントン、1944年1月28日。『島よ、目覚めよ』はパラマウントが配給して1942年8月に封切り、ジョン・ファロウ監督、ブリアン・ドンレヴィーとロバート・プレストンが主演；『バターン』は MGM が配給して1943年5月に封切り、テイ・ガーネット監督、ロバート・テイラーとジョン・マーフィーが主演；『誇りをもって迎える』はパラマウントが配給して1943年6月に封切り、マーク・サンドリッチ監督、クローデット・コルバートとポーレット・ゴダール主演。A. Pizarroso Quintero, 'El cine bélico norteamericano 1941-1945', Paz/Montero (eds.), *Historia y cine*…, pp. 196,199,204-206.
132. AMAE-R, 1562-12, ホルダーナから在ベルン公使へ、マドリード、1944年2月8日。
133. AMAE-R, 3195-33, スニェルからホルダーナへ、マドリード、1944年2月4日；AMAE-R, 3195-33, ホルダーナから須磨へ、マドリード、1944年1月24日。
134. AMAE-R, 3195-33, 無署名［スニェル］からホルダーナへ、マドリード、1944年2月28日。1943年の手続きについては、AMAE-R, 2910-27 参照。
135. AMAE-R, 3195-33, ホルダーナからメンデス・デ・ビゴへ、マドリード、1944年3月16日。メンデス・デ・ビゴは、日本側の判断の理由として、日本軍による殺戮が知られるのを妨げようとしたのではないかと言っていた。AMAE-R, 3195-33, メンデス・デ・ビゴからホルダーナへ、東京、1944年3月13日；AMAE-R, 3195-33, ホルダーナから須磨へ、マドリード、1944年3月16日。

136. AMAE-R, 3196-4, ドミンゴ・デ・ラス・バルセナスからホルダーナへ、ローマ、1944年２月７日、バチカンの国務長官から渡された覚書に基づくもの。さらに1944年３月14日のトマス・スニェルの覚書；AMAE-R, 1736-7, 聖アウグスティヌス会のヘラルド・エレーロ、聖アウグスティヌス会で郴州のカトリック教会の長のイポリト・マルティネス、湖南の常徳の助任司祭、郴州と常徳の教区から、1944年１月29日；APG, JE-4-1, グレゴリオからホルダーナへ、上海、1944年６月13日、おそらくホルダーナのものである次のメモがある。「これはこの前の文書で私が話した件である」。

137. AMAE-R, 3195-33, ホルダーナから須磨へ、マドリード、1943年６月21日。さらに、AMAE-R, 1736-30, 1736-7 も参照。

138. *¡ Arriba !*, 12-II-1944. この件についてのホーアのコメントについては、次を見られたい。PRO-FO-371-39735（C2386/216/41), ホーアからイーデンへ、マドリード、1944年２月12日。

139. 註138の PRO の文書；*MS*, 1-III-1944；*The Times*, 14-II-1944.

140. *¡ Arriba !*, 16-II-1944. この記事については、PRO-FO-371-39753（C2612/216/41), ホーアからイーデンへ、マドリード、1944年３月16日；CH-1, ヘイズからハルへ、マドリード、1943年４月15日；NARA-RG-59,752.94, ヘイズからハルへ、マドリード、1944年２月17日。ヘイズは、連合国の要求に対するスペインの抵抗について、彼らは「煙幕を張っている」とみなした。

141. CH-3, ヘイズから戦時情報局のロバート・シャーウッドへ、マドリード、1944年３月１日。

142.「ロシアの中立」(F・I・L署名)、『ヤ』、1943年４月15日。

143. *MS*, 1-III-1944, 須磨から重光へ、マドリード、1944年２月17日。

144. *MS*, 30-III-1943, 重光から村田へ、1943年３月30日。

145. *MS*, 28-IX-1943. ますます高まったタンジールの重要性について次も見よ。*MS*, 17-III-1944, 長谷部の日本の参謀部副部長への報告、タンジール。さらに以下も参照。須磨弥吉郎「須磨情報秘話」『文藝春秋』1950年12月号、一二八〜一三〇ページ；NARA-RG-457, SRDJ-30832, 須磨から谷へ、マドリード、1943年１月31日。

146. *MS*, 23-III-1943, 須磨から重光へ、マドリード、1943年３月18日。

147. *MS*, 23-III-1944, 須磨から重光へ；*MS*, 8-V-1944 によると、須磨がベルリンから戻った後の４月10日のホルダーナとの会見でもこの言明が繰り返された。この後に須磨は、「まず間違いなく」長谷部の地位が問題となることはないとホルダーナが自分に確約したと言うようになった。このような確約は公開された文書には見られない。おそらく公開禁止となった文書に書かれているのだろう。

148. AMAE-R, 1738-3, ホルダーナからルイス・オルガス将軍へ；*MS*, 16, 25-V-1944, 須磨から重光へ、マドリード、1944年５月８日。

149. AMAE-R, 3195-24, スニェルからホルダーナへの「極秘情報」、マドリード、1944年5月20日。スニェルは1944年7月にタンジールに向かった。
150. APG-JE-5-4, メンデス・デ・ビゴからホルダーナへ、東京、1944年2月16日、4月1日。
151. AMAE-R, 3195-23, 1944年6月30日の文書。
152. 1943年5月18日のマドリードでのカルデナス・須磨会談、*MS*, 2-VI-1943, 須磨から重光へ。
153. AMAE-R, 3195-24, ホルダーナからメンデス・デ・ビゴへ、マドリード、1943年1月15日。この文書綴りには、日本の新聞のスペインに関する様々なニュースが収められている。
154. NARA-RG-457, SRDJ-52174, 須磨から重光へ、マドリード、1944年3月2日。

第六章

1. Agustín del Río Cisneros, *Viraje político español durante la II Guerra Mundial, 1942-1945 y réplica al cerco internacional 1945-1946*, Madrid, 1965.
2. Tusell, ' La etapa Jordana... ', p. 189；当時ドイツの破滅は避けられないと見られていたことについては、Marquina, *España en la política de seguridad occidental*, Madrid, 1986, p. 109 参照。他方で須磨は1944年5月に、フランコは連合国の勝利を確信するに至ったと言った。*MS*, 20-V-1944, 須磨から重光へ、マドリード、1944年5月15日。
3. Tusell, *Franco, España*…, p. 51；レケリーカの生涯については、聖人伝に近いものだが、次を見られたい。María Jesús Cava Mesa, *Los diplomáticos de Franco. J. F. de Lequerica, temple y tenacidad*, Bilbao, 1989.
4. あるものは、レケリーカは真珠湾への攻撃を祝してこの七面鳥をほふったと言い、他のものは、それはマニラ陥落の後だったと言う。いずれにしても直接の証拠を示しているものはない。Hughes, *Report from Spain*, p. 10；Foltz, *The Masquerade in Spain*, p. 168；CH-1, 在アスンシオン大使からヘイズへ、アスンシオン、1944年10月18日；CH-3, 覚書、1944年8月11日。
5. *MS*, 30-VIII-1944, 須磨から重光へ、マドリード、1944年8月14日。
6. AMAE-R, 1736-39, カルデナスからレケリーカへ、ワシントン、1944年8月13日。フィリピン新政府はスペインの新聞で歓迎されたが、大いに歓迎されたというのでもなかった。以下を見られたい。AMAE-R, 1844-5, レケリーカからカルデナスへ、マドリード、1944年8月19日；*Mundo*, 4-IX, 8-X-1944；¡ *Arriba* !,

20-VIII-1944. スペインが新政府を支持しなければならなくなったことについては次を見よ。GSK, 本多記録、須磨から重光へ、マドリード、1944年9月14日。

7. *MS*, 7, 8, 14, 21-VII, 10-VIII-1944; Gunn, *A critical view*…, p. 56; Vieira da Rocha, *Timor*…, pp. 166-168.

8. NARA-RG-59,862.20200, ヘイズからハルへ、マドリード、1944年9月14日。

9. Río Cisneros, *Viraje político español*…, p. 326.

10. Río Cisneros, *Viraje político español*…, pp. 327-329.

11. *MS*, 25-IX-1944 のメモ（在マドリード・アメリカ大使の情報に基づく）。ヘイズは8月29日にレケリーカと、9月1日にフランコと会見した。

12. 1944年9月9日の会見（Hayes, *Wartime mission*…, pp. 332-333）; NARA-RG-59,752.95, ヘイズからハルへ、マドリード、1944年9月11日; CH-3, レケリーカ・ヘイズ会談のメモ、サンセバスティアン、1944年8月30日。

13.「フィリピンの出来事」、『アリーバ！』、1945年3月18日。

14.「スペイン的世界の意識と思想」、『アリーバ！』、1944年10月12日。以下も見られたい。『コレーオ・ガジェーゴ』1945年2月4日号のカミーロ・バルシア・トレーリェス論稿;「フィリピンとスペイン圏の将来」、『ヤ』、1945年1月30日号。

15. Río Cisneros, *Viraje político español*…, p. 434.

16.「スペインの足跡」、『ABC』1945年1月20日; WWII-247, バッテンワースからステッティニアスへ、マドリード、1945年1月24日。

17. 1944年9月9日の会見（Hayes, *Wartime mission*…, pp. 332-333）; NARA-RG-59, 752.95, ヘイズからハルへ、マドリード、1944年9月11日。

18. エドゥアルド・アウノス「マニラの悲劇」、『アリーバ！』1945年3月6日。

19. ARE, Europe 1944-1949, Espagne-80, ルノー・シヴァン（フランス共和国臨時政府代表代理）から外相へ、マドリード、1945年7月6日。

20. ARE, Europe 1944-1949, Espagne-80, ルノー・シヴァンから外相へ、マドリード、1945年6月6日。『ヤ』および『アリーバ！』も見られたい。

21. WWII-247, バッテンワースからステッティニアスへ、マドリード、1945年2月8日。

22.『民族』（1942年）は、ホセ・ルイス・サエンス・デ・エレディア監督、脚本はハイメ・デ・アンドラーデの偽名を使ったフランコ将軍によるもの。1950年に『ある民族の精神』との新タイトルが付けられた。これについては、ゴンサーロ・エラルデ監督のドキュメンタリー映画『民族　フランコの精神』（1977年）を見られたい。『フィリピンの最期』はアントニオ・ロマン（アントニオ・フェルナンデス・ガルシーア・ケベードの偽名）監督、アントニオ・ロマンとペドロ・デ・フアン原作、アルマンド・カルボとホセ・ニエト主演、CEA とアルハンブラ映画の制作で、1945年12月に封切り。脚本を担当したエンリーケ・リョベットは、新聞記事を基に脚本を作ったのであり、この作品を事実にそのまま基づ

いたものにする意図は毛頭なかったと言った。アメリカ側にはこの映画の制作を援助しようとの意図があった。この映画については次を参照。A. Rigol/J. Sebastián, 'España aislada : los últimos de Filipinas (1945)', *Film-Historia*, Vol. I, n. 3 (1991), pp. 171-184（この論文を送ってくれたホセ・E・ボラオに感謝する).

23. APG-JE-4-2, ハビエル・M・デ・ベドーヤから人民教育相次官ガブリエル・アリアス・サルガードへ、リスボン、1944年6月2日。
24. Pizarroso, 'El cine bélico…', p. 199 ; チャップリンは、ナチスの力を知っていたなら『独裁者』を撮影しなかっただろうと言った。Philip M. Taylor, *Munitions of the mind. A history of propaganda from the ancient world to the present era*, Manchester, 1995, p. 230.
25. Dower, *War without mercy*…, p. 373 ; Pizarroso, 'El cine bélico… ', p. 198.
26. APG-JE-5-4, レケリーカから須磨へ、マドリード、1945年3月22日。
27. *MS*, 1-IX-1944（おそらく検閲によるカットあり)。このことについては、*MS*, 25-IX-1944 を参照。
28. *MS*, 16-VIII-1944, 森島から重光へ、リスボン、1944年8月9日。次も見られたい。Marquina, *España en la política de seguridad*…, pp. 97-106.
29. このことについては、既に言及したヘイズの回想記、それに在マドリード・フランス臨時政府代表のコメントを参照できる。次も参照。ARE, Europe 1944-1949, Espagne- 80- 813, ジャック・ツルールからジョルジュ・ビドーへ、アルジェ、1944年9月25日。
30. FDRL, SPF-151, ヘイズ「スペインの状況についてのメモ」、ワシントン、1945年2月（以下、日付不明)。
31. Río Cisneros, *Viraje político español*…, pp. 365-366 ; 1944年10月2日の新聞への指示。
32. 1943年12月以来、回答がなかった。このことについては次を見られたい。ABE, Sección, Instituto Español de Moneda Extranjera-27.
33. *MS*, 21-XI-1944, 1944年11月6日の覚書。
34. 1944年11月6日の覚書。
35. *MS*, 27-IX, 1-X, 21-XI-1944.
36. *MS*, 24-XI-1944.
37. *MS*, 10-XII-1944.
38. *MS*, 2-II-1945, 22-X-1944 ; NARA-RG-226-127, OS-33, 無署名のメモ、1945年1月1日。
39. *MS*, 5, 28-II-1945 ; NARA-RG-59, 752. 94, ヒッカーソンからカルバーストンへ、ワシントン、1945年2月19日。
40. AGA-AE-5121, メンデス・デ・ビゴからレケリーカへ、東京、1945年1月27日。

41. 松尾がマドリードで諜報組織をつくるためにスペインに行ったことをデンマークの新聞記者が防諜機関に知らせたので、松尾はとくに追跡されていた。実際に松尾の日記では須磨公使と金銭上の契約を結んでいたことを知ることができる。金で買われたその他の情報については、*MS*, 5-V-1943 を見られたい；NARA-RG-226-108b, « Ishikawa Kenji »；外交官の数については、AEET, メンデス・デ・ビゴからホルダーナへ、東京、1942年12月17日；AGA, Marina-25141, 大石から海相へ、マドリード、1942年11月28日；NARA-RG-457, SRDJ-30642, 森島から谷へ、リスボン、1942年1月22日；NARA-RG-457, SRDJ-24413, 須磨から東郷へ、マドリード、1942年7月3日；*MS*, 2-III-1945. スウエーデンとスイスの役割については、*MS*, 28-IX, 1-XII-1944 も参照。
42. トルコから出国しなければならなくなった時に栗原公使は、マドリードに伝えてくれるように《I》という諜報源をロハス・スペイン大使に連絡した。*MS*, 26-I-1945. フランスでの好意的でない反応については次を見よ。AMAE-R, 2910-7, 在仏大使からレケリーカへ、パリ、1945年3月22日。
43. APG-JE-5-3, カルデナスからレケリーカへ、ワシントン、1945年2月8日。
44. Pardo Sanz, ' La política exterior española en América durante la II Guerra Mundial ', *Espacio, Tiempo y Forma*, Vol. 7 (1995), serie v, p. 225; Humphrey, *Latin America*…, pp. 16-163; Ruiz Moreno, *La neutralidad argentina*…, pp. 271-275.
45. Río Cisneros, *Viraje político español*…, p. 367; AMAE-R, 1373-23a, レケリーカへの「私信で、非公式の、極秘の」メモ（アメリカ側の困惑について）、マドリード、1945年1月8日。
46. 東方商業会議所はバルセロナで登記された会社で、エンリーケ・バフォルス、フアン・ビダールそれにマスなる人物がそれに関与しており、その事業のためにフアン・オリェール・ピニョール大佐も利用しようとしていたようだ。NARA-RG-226, E-127-21, ボゴタからアエネアスへ、マドリード、1945年4月19日。
47. 文字通り、宝石を粉々にすること。日本海軍はガダルカナルとアリューシャン列島のキスカ島に救援部隊を派遣しようとしただけだった。Shunsuke Tsurumi, *An intellectual history of wartime Japan, 1931-1945*, London, 1982, pp. 75-82.
48. AMAE-R, 2910-9, デル・カスターニョからホルダーナへ、マニラ、1944年8月10日；*MS*, 22-X-1944, 村田から重光へ、マニラ、1944年8月18日。カスティーリャ語で公刊された文献に言及した最も詳しいマニラの戦闘の叙述は次のものである。Alfonso J. Aluit, *By sword and fire*, Manila, 1994.
49. マッカーサー将軍を最も批判したのは次のものである。Michael Schaller, *Douglas MacArthur. The Far Eastern general*, Oxford, 1989. 最新の文献は次である。Schaller ' Douglas MacArthur and the politics of the Pacific War ', Bischof/Dupont, *The Pacific War revisited*….

50. AMAE-R, 3195-23, レケリーカの通達、マドリード、1945年２月６日。
51. AMAE-R, 2910-9, カルデナスから国務次官補ジェームス・C・ダンへ、ワシントン、1945年２月20日；AMAE-R, 2910-12, カルデナスからレケリーカへ、ワシントン、1945年２月27日、３月７日。
52. AMAE-P, Del Castaño, レケリーカからカルデナスへ、マドリード、1945年３月10日。文書上では、スペイン人を援助するための国務長官との会見とデル・カスターニョの出国との関連を示すものはないようだ。AMAE-R, 1373-23, カルデナスからレケリーカへ、ワシントン、1945年３月９日。
53. カルデナスの書簡からは、カルデナスがこのことをすでに電報で知らせていたこともわかる。AMAE-R, 1373-23, 1945年２月19日の無署名のメモ。
54. *¡ Arriba !*, 14-III-1945. これについてのコメントは次にある。WWII-752.752. 94/3-2145, 在ワシントン・イギリス大使館からステッティニアスへ、ワシントン、1945年３月21日。
55. Doussinague, *España tenía razón*…, p. 348.
56. Río Cisneros, *Viraje político español*…, p. 401.
57. Martínez, *La guerra en el cine*…, p. 155. 領事館で五〇人の役人が死んだとの情報が流された。この虚偽の報道は日本軍の攻撃の重大性を際立たせるためになされたのだろう。
58. PRO-FO-371-49635, ボーカーから外務省へ、マドリード、1945年３月18日；WWII-248, バターワースからステッティニアスへ、マドリード、1945年３月17日、22日。
59. APG-JE-3-2, クリストーバル・デル・カスティーリョとレケリーカの同意を得たアルバロ・セミナリオのフランシスコ・フランコへの報告、マドリード、1945年３月13日。
60. PRO-FO-371-49635（Z3684/2246/G41), ボーカーから外務省へ、マドリード、1945年３月19日、20日。レケリーカの発言の順序についてはこれでよいかどうかわからない。ボーカーはポルトガルについてのことを翌日に伝えたからである。
61. PRO-FO-371-49635（Z3684/2246/G41), ボーカーから外務省へ、マドリード、1945年３月19日、1945年３月20日のメモ。
62. WWII-247, ジョン・ウィッカーソンのメモ、ワシントン、1945年３月１日。
63. WWII-247, ステッティニアスからノーマン・アーマーへ、ワシントン、1945年３月２日。ステッティニアスのフランス代表へのコメントは次にある。ARE, Europe 1944-1949, Espagne- 80- 813, ツルールから外務省へ、マドリード、1945年３月21日。
64. Dower, *Embracing Defeat : Japan in the wake of world war II*, New York, 1999, pp. 217-223.
65. Sanchís Muñoz, *La Argentina y la Segunda*…, pp. 281-282.

66. PRO-FO-371-49635, ボーカーから外務省へ、マドリード、1945年3月20日。
67. レケリーカの発言は武官に対してなされたが、文面からはそれがイギリス武官なのかアメリカ武官なのかはっきりしない。PRO-FO-371-49635（Z3923/2246/G41), ボーカーから外務省とリスボンへ、マドリード、1945年3月23日。
68. AMAE-R, 3195-23, ドゥシナーゲ署名のメモ、マドリード、1945年3月21日、22日。
69. AMAE-R, 3195-25, レケリーカから須磨へ、マドリード、1945年3月22日。
70. 当時公使館の随員だった林屋永吉とのインタヴュー、東京、1992年2月6日。
71.「容認できない攻撃」『アリーバ！』1945年3月23日；「スペインの抗議」、『アリーバ！』1945年3月25日。
72. *Pueblo*, 24-III-1945. 同紙の以前の記事も同様の名言を含んでいた——「日本は昨日から文化の歴史的項目に記録されることになった」、「野蛮な部族でさえもこんなに不法にこんなに残虐に振る舞えなかったであろう」、「これは日本人の精神の周知の欺瞞性をさらに上回る詐欺的行為である。彼らの欺瞞性にとっては、ヨーロッパで——とりわけキリスト教徒の間で——人々や国々の間で行動の基準となっている誠実さや尊厳などの規範はどうやら何の意義も持っていないのだ」、以上、「フィリピンの悲しみ」、1945年3月20日。
73. *Informaciones*, 25-III-1945.
74. WWII-248, 国務省のメモ、ワシントン、1945年3月24日；NARA-RG-59,752.94, 国務長官の在米全公使館への言明、ワシントン、1945年3月28日。
75. PRO-FO-371-49346, 外務省から在ワシントン大使館へ、ロンドン、1945年3月23日。
76. PRO-FO-371-49346, ハリファックスからイーデンへ、ワシントン、1945年3月25日、外務省から各植民地政府へ、ロンドン、1945年3月26日。
77. AMAE-R, 2910-7, 外務次官との会見についてブルネスからレケリーカへ、ブエノスアイレス、1945年3月20日；Humphrey, *Latin America*…, p. 197.
78. NARA-RG-59,701.5532, アーマーからステッティニアスへ、マドリード、1945年3月26日。
79. Hugh Trevor-Roper（ed.), *Final entries, 1945. The diaries of Joseph Goebbels*, New York, 1978, p. 220（24-III-1945).
80. *MS*, 11, 13-IV-1945.
81. *MS*, 28-III-1945.
82. AMAE-R, 3195-33, 須磨からホルダーナへ、マドリード、1945年3月23日；*MS*, 28-III-1945；NARA-RG-59,752-94, アーマーからステッティニアスへ、マドリード、1945年4月9日。
83. AMAE-R, 3195-25, 日本国公使館からレケリーカへの「極秘のメモ」、マドリード、1945年3月31日。

84. *MS*, 7-V-1945；AMAE-P, Gómez de Molina, カルデナスからマルティン・アルタホへ、ワシントン、1945年5月2日。

85. 国交断絶に至る前に考えるべきことについても桜井武官に話があったが、それは葬り去られた。*MS*, 4-IV-1945, 1945年4月2日の報告。

86. アルカサルは「ウサギ飼育の最も高価なやり方を教えるために」ウサギ飼育を始めたのだとの自身のある友人の説明とともにこのことを思い出した時のセラーノ・スニェルの薄笑いは忘れられない。著者とのインタヴュー、マドリード、1992年3月27日。

87. PRO-FO-371-49635, ボーカーから外務省へ、マドリード、1945年3月30日。

88. AMAE-R, 3195-34, メンデス・デ・ビゴからレケリーカへ、東京、1945年4月5日。メンデス・デ・ビゴへのメモについては、AMAE-R, 3195-34, レケリーカから（対外政策局から発送）メンデス・デ・ビゴへ、マドリード、1945年3月22日。

89. *MS*, 20-IV-1945；AMAE-R, 3195-30, メンデス・デ・ビゴからレケリーカへ、東京、1945年3月22日。1945年3月15日のプラーナスの逮捕については以下を見よ。AGA-SGM-76, エレーラ・デ・ラ・ロサからファランヘ党書記長へ、マドリード、1946年6月29日；AMAE-R, 3195-25, ニコラス・フランコからレケリーカへ、リスボン、1945年8月4日；AEET, プラーナスによる事件の陳述、1945年9月3日、4日、吉田茂から日本の利益代表としてのスイス公使カミーユ・コルジェへ、東京、1945年11月9日（刑事起訴状を添付）。

90. *¡Arriba!*, 4-IV-1945.

91. 「スペインはアメリカのさらなる信望を期待」、『ニューヨーク・タイムズ』1945年4月1日。

92. APG-JE-5-4, レケリーカから須磨へ、マドリード、1945年4月12日、メンデス・デ・ビゴとの1945年4月13日、19日の通信。イギリス側の説明については次を見よ。PRO-FO-371-49635, ボーカーから外務省とリスボンへ、マドリード、1945年4月11日、12日。

93. AMAE-R, 1373-33bis, レケリーカから須磨へ、マドリード、1945年4月12日。

94. アーマーはイタリア大使を通じてこれらのことを知った。後者は、外交官サングロニスから聞いたと言った。WWII-248, アーマーからステッティニアスへ、マドリード、1945年4月12日；NARA-RG-2265,127-21, グローリアおよびペネロペとのボゴタのインタヴュー、マドリード、1945年4月14日。

95. NARA-RG-59,752.95, アーマーからステッティニアスへ、マドリード、1945年5月18日。

96. *¡Arriba!*,11-V-1945.

97. Doussinague, *España tenía razón*…, p. 349.

98. Sanchís Muñoz, *La Argentina y la Segunda*…, pp. 317-318.

99. ローマのヴァージニア・リー・ウォレンを通じて『ニューヨーク・タイムズ』1945年3月22日号が取り上げた。

100. 1945年3月20日のフランス公使との食事会での会談。PRO-FO-371-49635, 1945年3月26日のメモ。次も見られたい。ブラムウエルからデリッチへ、マドリード、1945年3月20日；AMAE-R, 3195-25, 文化関係局長バレーラからアメリカ局長へ、マドリード、1945年4月14日。東アジアにおける宣教師については次の拙稿を見られたい。Rodao, ‘Acabando con la prioridad de los lazos privados: presencia española en Extremo Oriente alrededor de 1945/Ending the priority of private links: the Spanish presence in the Far East around 1945’, *Cuadernos de Historia*, Vol. 1 (Etudios sobre Filipinas durante el periódo español/Studies on the Philippines during the Spanish period), Manila (1998), pp. 69-81, 177-189. 第二次世界大戦の最後の年についての叙述は非常に少ないが、バチカンとの関係については次のものが最も良い。Marquina, *La diplomacia vaticana y la España de Franco* (*1936-1945*), Madrid, 1983.

101. PRO-FO-371-49635, 1945年3月26日のメモ；NARA-RG-59,752.94, ノーウェブからハルへ、リスボン、1944年9月5日；AMAE-R, 1373-23, ニコラス・フランコからレケリーカへ、リスボン、1945年3月8日。

102. APG-JE-5-3, カルデナスからレケリーカへ、ワシントン、1945年3月28日。

103. 註102の文書。

104. NARA-RG-59,752.94, アーマーからステッティニアスへ、マドリード、1945年4月9日。

105.「スペインはアメリカのさらなる信望を期待」、『ニューヨーク・タイムズ』1945年4月1日；WWII-248, アーマーからステッティニアスへ、マドリード、1945年4月12日。

106. NARA-RG-59,752.6211, バターワースからステッティニアスへ、マドリード、1945年3月23日；PRO-FO-371-49346 (Z4512/16/28), 在タンジール領事館から外務省へ、タンジール、1945年3月24日；WWII-248, チャイルズからステッティニアスへ、タンジール、1945年3月23日。

107. ホセ・ルイス・コリーナ署名の記事、『ヤ』1945年1月26日。この記事は1945年1月30日にアメリカ大使館からワシントンに送られた。

108. WWII-247, ウォルトンからステッティニアスへ、マドリード、1945年2月14日；PRO-FO-371-49635 (Z3655/2246/41), 1945年3月20日のメモ。

109. この集会はエリン侯爵が長をしていたスペイン・フィリピン居留民委員会によっても組織されることになっていたようだ。レケリーカのアメリカ代理公使への説明、WWII-247, ウォルトンからステッティニアスへ、マドリード、1945年2月23日；NARA-RG-226, E-127-21, Madrid-SI-Int-45, ブッチからケレスへ、マドリード、1945年3月24日。

110. Hughes, *Report from Spain*…, p. 251.

111. José Luis Arrese, ' Capitalismo, comunismo, cristianismo ', *Obras Completas*, Madrid, 1966, p. 649.

112. NARA-RG-226, E-127-21, Madrid-SI-Int-45, リージョンからヘイズへ、マドリード、1945年4月9日。さらに、コルテス議長エステバン・ビルバオの親友エステバン・アイラーガスの報告。

113. Doussinague, *España tenía razón*…, p. 348.

114. WWII-248, ロバート・F・ホールからステッティニアスへ、メキシコ市、1945年3月25日、以下の記事を含む。「フランコは戦争に向かう…」、『エル・ポプラール』1945年3月24日；「通信欄　日本との対決に向かうスペイン」、『ウルティマス・ノティシアス』1945年3月24日。

115. Doussinague, *España tenía razón*…, pp. 348-349.

116. PRO-FO-371-49635, ボーカーからイーデンへ、マドリード、1945年3月30日、これは1945年4月1日に各植民地政府に伝えられた。

117. 本情報はくだらない情報とされているが、この部分は確かなものであろう。同様に、スペインの対日宣戦布告はアメリカ政府の姿勢にかかっていたと言うのも確かなことである。NARA-RG-226, E-127-21, Madrid-SI-Int-45,「対日宣戦布告へ」、無署名、1945年4月15日。

118. *MS*, 28-III-1945, 1945年3月25日の会談。

119. PRO-FO-371-49.629, 武官からイギリス代理公使への内部秘密コミュニケ第一五一の四五号、マドリード、1945年4月6日。これは次に引用されている。L. B. Buñuel, ' La génesis del cerco internacional al régimen de Franco, 1945-1947 ', *Espacio, Tiempo y Forma*, Vol. I (1988), serie v, p. 321.

120. アーマー大使と外務次官との会談が3月27日（火曜日）だったとすると、日本との国交断絶が決定された4月11日（水曜日）の閣議が「次の」閣議だったとは思われない。WWII-248, アーマーからステッティニアスへ、マドリード、1945年3月29日。この内容は1945年3月27日の電報で伝えられたが、その写しは見出せない。会談のメモは4月25日に国務省に到着した後、5月5日にモスクワとストックホルムに送られた。

121. APG-JE-5-3, カルデナスからレケリーカへ、ワシントン、1945年3月28日；MS, 7-IV-1945.

122. NARA-RG-226, E-127-120216, タンジール、1945年3月23日。

123. AMAE-R, 3195-25, メンデス・デ・ビゴからレケリーカへ、軽井沢、1945年4月21日。

124. AMAE-R, 3195-25, メンデス・デ・ビゴからレケリーカへ、軽井沢、1945年4月16日。

125. AMAE-R, 2881-90, オヘーダからマルティン・アルタホへ、東京、1949年7

月27日。

126. Río Cisneros, *Viraje político español*…, pp. 416–417.

127. Jervis, *The logic of images*…, p. 97. 太平洋戦争の最後の瞬間については以下を見られたい。William Craig, *La Caída del Japón*, Barcelona, 1974 ; Robert J. C. Butow, *Japan's decision to surrender*, Stanford, 1954. 原爆についてのアメリカのディレンマを最もよく解明した書は次である。Gar Alperovitz, *The dicision to use the atomic bomb and the architecture of an American myth*, New York, 1996. 交渉で講和しようとの主要な試みはソ連とバチカンを通じてのものだった。このことについては次を参照。塩崎弘明「太平洋戦争に見る開戦・終戦外交――対バチカン外交を通して――」、『日本歴史』三八九号（1980年10月）、五五～七三ページ。これらの試みについては次も参照。小林竜夫「スゥエーデンを通じる太平洋戦争終結工作」、『国学院法学』第一八巻四号（1980年２月）、九一～一三六ページ。次も見られたい。日本外交学会『太平洋戦争終結論』、東京大学出版会、1958年。

128. APG–JE–6–4, マルティン・アルタホからカルデナスとアルバへ、マドリード、1945年８月16日。

129. *No–Do*, n. 142（septiembre de 1945), n. 148（octubre de 1945)（Rodríguez, *El No–Do*…, pp. 172,185–186,193 に引用されている).

130. 1957年１月８日締結の協定による。AMAE–R, 5443–13, 外務省の覚書、マドリード、1959年６月２日。

131. Florentino Portero, *Franco aislado. La « cuestión española »（1945–1950)*, Madrid, 1988, p. 343.

132. 次も見られたい。Rodao, ' Japón y Extremo Oriente en el marco de las relaciones hispano–norteamericanas, 1945–1953 ', *Revista Española del Pacífico*, Vo. 5（1995), pp. 233–241.